Elias Mattar Assad
Louise Mattar Assad

Doutora Morte?

A Medicina no banco dos réus

O resgate da verdade

1ª Edição
2018

Divulgação Cultural

Inocentada!

Dados para catalogação
Bibliotecária responsável Luciane Magalhães Melo Novinski
CRB 9/1253 - Curitiba, PR.

ASSAD, Elias Mattar
  A medicina no banco dos réus : o resgate da verdade. /
Elias Mattar Assad , Louise Mattar Assad – 1. ed. – Curitiba :
Divulgação Cultural, 2018.
  600 p. : il. ; 23 cm

  ISBN: 978-85-8479-080-7

  1. Julgamentos Criminais. 2. Tribunais criminais. I.
Assad, Louise Mattar. II. Título.

                                        CDD: 341.435

© Copyright – Todos os direitos reservados à Divulgação Cultural Ltda.

Expediente

Direção
Erivaldo Costa de Oliveira
Cesar Henrique de Oliveira

Edição
Márcia Cristina Knopik

Projeto gráfico e capa
Vicente Design

Diagramação
José Cabral Lima Jr.

Revisão
Helena Szostak Prestes

Iconografia
Alexandre de Macedo

Impressão
Gráfica Patras
www.patras.com.br

Divulgação Cultural

Rua Buenos Aires, 1285, Água Verde
Curitiba | Paraná | 80250-070
Fone: (41) 3330-8407 | Fax: (41) 3330-8405
www.editoradc.com.br

Proibida qualquer reprodução, seja mecânica ou eletrônica,
total ou parcial, sem prévia permissão por escrito do editor.

Dedicatória

Dedicamos este livro à médica intensivista Virginia Helena Soares de Souza que suportou o insuportável e a todos que, com suas luzes científicas, dissiparam as trevas que envolveram este caso criminal.

"Existe apenas um bem, o saber, e apenas um mal, a ignorância."
Sócrates

Sumário

Prefácio 9
Agradecimentos 15

Prólogo

.... 17

Capítulo I

"Considere-se presa!" 23
A médica intensivista Virginia Helena Soares de Souza 26
O Hospital Evangélico em seu dia a dia 34
A crise financeira acumulada da última década e a
realidade do meio ambiente de trabalho na UTI do HUEC 38
Equipes atuantes na UTI — relação entre médicos, enfermeiros,
psicólogos, religiosos, assistentes sociais, familiares, etc. 47
Equipes médicas, discussões, exames e farmácias do
HUEC 49

Capítulo II

Os torturantes dias da prisão à liberdade 53
A deslealdade acusatória na troca dos verbos "raciocinar"
por "assassinar" nas falsas transcrições das escutas telefônicas.. 58
A liberdade 61
A saída da prisão 64

Capítulo III

Demonização midiática mediante vazamento de falsas
informações pelos acusadores 67
Conselho Regional de Medicina e sua missão
institucional 86

Capítulo IV

A denúncia do Ministério Público e pedido de penas
que oscilavam entre 85 e 213 anos de prisão 89
Primeiras manifestações de nossa defesa 103
Constatações da defesa após oferta da denúncia 106
Questões de direito da nossa defesa preliminar 107
Ministério Público recorreu para restaurar prisão de
Virginia 111

Capítulo V

O preparo da defesa para as audiências e o
enfrentamento dos equívocos travestidos de verdades.... 113
Decomposição da denúncia em indagações e premissas
lógicas 115
Indagações e cautelas da defesa nas audiências criminais 118
A primeira audiência para audição das testemunhas da
acusação.. 120

A segunda audiência para audição das testemunhas
da acusação 126
A audiência de São Paulo e a violação dos direitos
da acusada 129
A primeira audiência das testemunhas da defesa 132

Capítulo VI
Quanto ao 1º fato da denúncia – Formação
de Quadrilha 145

Capítulo VII
2º fato da denúncia – paciente P. A. P. – acusação de
assassinato com pena pedida de 12 a 30 anos 167

Capítulo VIII
3º fato da denúncia – paciente C. D. C. – acusação de
assassinato com pena pedida de 12 a 30 anos 203

Capítulo IX
4º fato da denúncia – paciente M. M. N. N. – acusação
de assassinato com pena pedida de 12 a 30 anos 237

Capítulo X
5º fato da denúncia – paciente A. R. S. – acusação de
assassinato com pena pedida de 12 a 30 anos 261

Capítulo XI
6º fato da denúncia – paciente R. R. – acusação de
assassinato com pena pedida de 12 a 30 anos 295

Capítulo XII
7º fato da denúncia – paciente L. A. I. – acusação de
assassinato com pena pedida de 12 a 30 anos 341

Capítulo XIII
8º fato da denúncia – paciente I. S. – acusação de
assassinato com pena pedida de 12 a 30 anos 365

Capítulo XIV
Interrogatório judicial da médica Virginia Helena 409

Capítulo XV
A sentença que impronunciou e absolveu sumariamente
a médica Virginia 461

Capítulo XVI
A notícia da sentença e a reação de Virginia 585
A coletiva de imprensa e a ausência de Virginia 587
Como estaríamos no lugar de Virginia? 595

Epílogo
E Virginia como está? 597

Referências 600

Prefácio

À guisa de prefácio.
O advogado e a ré que derrotaram as Eríneas
Por Lenio Luiz Streck

Os gregos inventaram a democracia. E, acreditem, também inventaram a autonomia do Direito. O primeiro tribunal está lá na trilogia de Ésquilo, *Oresteia*, nas *Eumênides*, peça representada pela primeira vez em 458 a.C. Veja-se: o primeiro tribunal nos é apresentado pela mitologia. Agamenon, no retorno da guerra de Troia, é assassinado na banheira de sua casa por sua mulher, Clitemnestra, e seu amante, Egisto. Orestes, o filho desterrado de Agamenon, atiçado pelo deus Apolo, é induzido à vingança.

Até então, essa era a lei. E era a tradição. Orestes deveria matar sua mãe (Clitemnestra) e seu amante, Egisto. E ele mata os dois. Aí vem a culpa. É assaltado pela anoia, a loucura que acomete quem mata sua própria gente. Ao assassinar sua mãe, Orestes desencadeia a fúria das Eríneas, que eram divindades das profundezas ctônicas (eram três: Alepho, Tisífone e Megera). As Eríneas são as deusas da fúria, da raiva, da vingança (hoje todas as Eríneas e seus descendentes estão morando nos confins das redes sociais). Apavorado, Orestes implora o apoio de Apolo. Pede um julgamento, que é aceito pela deusa da Justiça, Palas Atena.

Constitui-se, assim, o primeiro tribunal, cuja função era parar com as mortes de vingança. Antes, não havia tribunais. A vingança era "de ofício". As Eríneas berram na acusação. É o corifeu, o Coro que acusa. Não quer saber de nada, a não ser da condenação. E da entrega de Orestes à vingança. Apolo foi o defensor. Orestes reconheceu a autoria, mas invoca a determinação de Apolo. E este faz uma defesa candente de Orestes. Os votos dos jurados, depositados em uma urna, dão empate.

Palas Atena absolve Orestes, face ao empate. O primeiro *in dubio pro reo*. Moral da história: rompe-se um ciclo. Acabam as vinganças. É uma antevisão da modernidade.

Em pleno século XXI, autoridades não escondem e acham normal que o Direito valha menos que seus desejos morais e políticos. Na Oresteia, os desejos de vingança sucumbiram ao Direito. Embora a moral seja uma questão da modernidade, é possível dizer que o Direito, nesse julgamento, venceu a moral. Não aprendemos nada com isso.

Pois o caso jurídico que o valoroso e combativo advogado Elias Mattar Assad nos conta neste livro – que tenho o prazer de apresentar à comunidade jurídica e à sociedade em geral – mostra que não aprendemos muito com a história e nem como a mitologia. A médica intensivista Virginia Helena Soares de Souza foi acusada e teve decretada a sua morte simbólica pela Polícia, pelo Ministério Público, pelo Poder Judiciário e pela mídia, especialmente esta.

A mídia representa, aqui, o que as Erineas representam na peça Eumênides, da trilogia Oresteia. A leitura do livro do Dr. Elias Mattar nos mostra bem isso. Sensacionalismo, invenções, escatologia: um somatório de coisas espalhadas nos diversos veículos de comunicação. Claro: por vezes, incentivadas e roboradas por autoridades.

A médica Dra. Virginia foi epitetada como Doutora Morte. Ou "anjo da morte". Dramática é a narrativa de Elias, quando da prisão da médica, em pleno expediente no hospital: "Colecionando interrogações, Virginia não teve outra escolha e passou a acompanhar aquele cortejo medieval, sem informações dos reais motivos da anunciada prisão. Naquele momento, nada poderia um estetoscópio e um jaleco contra armas e algemas".

E o advogado Elias Mattar Assad – assessorado por Louise Mattar Assad – então começou a luta em busca da justiça. Em suas palavras: "Os bombardeios midiáticos foram tantos que era muito comum pessoas comentarem: '*Vocês defendem a médica que desligava o aparelho respirador dos pacientes?'*. E eu observar que sequer na investigação ou denúncia do Ministério Público constava tal acusação"!

E tudo era dito como se fossem "verdades absolutas". Mas ambos resistiram: Elias e Virginia. Enfrentando um processo que apontava e buscava uma pena de mais de 200 anos de prisão. Muitas vítimas. Acusação: antecipação da morte. A médica era acusada de *ministrar fármacos e depois proceder ao rebaixamento nos parâmetros ventilatórios dos pacientes-vítimas então dependentes de ventilação mecânica, fazendo-os morrer por asfixia.*

E a luta terminou. Como o bravo advogado do filme *Bridge of Spies* (*Ponte dos Espiões*), a defesa foi descosturando as teses acusatórias. E a médica foi impronunciada em algumas acusações e absolvidas de outras.

Livre da prisão, livre do processo, mas refém de uma injustiça que não se sabe se algum dia poderá ser reparada. Talvez com processos como este comecemos a desmistificar teses que resultam de invencionices epistêmicas, como é o do *in dubio pro societate*. Virginia foi denunciada provavelmente sob o pálio de uma tese que não se sustenta no Direito. Não está na lei; não está na Constituição.  Se existe um *in dubio*, este é aquele que os gregos inventaram: na dúvida, a favor do réu. Por isso, denúncias não devem ser recebidas na base da dúvida em favor da sociedade. Nos Estados Unidos, na maioria dos estados, um processo desse quilate exigiria um júri de vinte e quatro membros para iniciar a ação penal. No Brasil, basta, por vezes, uma decisão de poucas linhas. Vemos isso todos os dias pelo país afora.

Volto ao filme *Ponte dos Espiões*. E ao trabalho de Elias Mattar Assad, presidente da ABRACRIM – Associação Brasileira de Advogados Criminalistas. Luta bravamente todos os dias como o Dr. Sandoval, indicado para defender o espião russo em plena guerra fria nos Estados Unidos. Por isso cunhei uma coisa chamada *Fator Stoic Mujic*. Em homenagem aos advogados criminalistas. No filme, Donavan, interpretado por Hanks, é um advogado de seguros. Por questões políticas, é indicado para defender um espião soviético que fora preso. O ano é 1960, em plena guerra fria. O *establishment* resolve dar o melhor devido processo legal para o espião, para mostrar o funcionamento da democracia americana. Julgamento de fachada. Donavan sabe que isso lhe trará antipatias. Até a sua mulher e seu filho são contra a que ele "pegue" a causa. A empresa diz que seria bom para o país que Donavan fizesse a defesa.

Donavan aceita. E vai falar com o juiz. Que lhe diz que já estava tudo decidido. Em nome de uma espécie atualizada de Razão de Estado, 3.0 e seis cilindros... *American Way of Life*. E o juiz argumenta no melhor estilo solipsista. Por outro lado, na empresa de advocacia, lhe questionam a dedicação, uma vez que ele estava indo "fundo demais". Afinal, Donavan queria saber do mandado de busca e outras questões relativas aos direitos fundamentais previstos da 5.ª Emenda. Pressionado pela CIA, cujo agente lhe diz que, nesses casos, não se seguia nenhum livrinho de regras, Donavan responde: *"Você é descendente de alemães e eu de irlandeses. Sabe o que faz de nós, americanos? Só uma coisa: uma, uma, uma — o livro de regras. Chamamos a isso de Constituição. Concordamos com as regras e é isso que nos faz americanos. E não me perturbe mais, seu filho da mãe"*. Ele não disse "bingo". Mas digo eu.

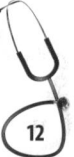

Ele invoca um precedente da *US Supreme Court*, que tratava da ilegitimidade das provas. O juiz diz que o réu não é cidadão americano. É soviético. Logo, a Constituição não se aplica a ele. E Donavan saca o caso de um imigrante chinês, que teve seu direito reconhecido no caso *Yick Wo* contra *Hopkins* (1886) e o juiz lhe passa uma carraspana. O júri condena o espião por cinco delitos. Com o aplauso do juiz.

Donavan decide, então, recorrer à Suprema Corte. É vaiado nas ruas. Sua casa é atingida por disparos. Sua família se vira contra ele. E lá vai Donavan para a Suprema Corte dizer dos direitos do espião. E das garantias que foram violadas. Por escore apertado (5 x 4), a Corte nega o recurso. Donavan chega em casa e seu filho de 10 anos lhe pergunta: *"Por que você está defendendo um comunista? Você é comunista?"* E Donavan responde: *"Apenas estou fazendo meu trabalho."*. Hoje em Pindorama está assim: você defende alguém acusado de corrupção? Então é corrupto.

Há um momento em que, falando com o cliente (espião), este estranha que Donavan nunca lhe tenha perguntado se era inocente. Donavan respondeu: *"Não me importa."*. O que importa é que o Estado é que deve provar isso. E não o contrário. Permito-me usar meu bordão: bingo. Presunção da inocência!

Para coroar isso, há uma cena que é o exemplo que confirma o conceito de princípio. Com a condenação, Donavam diz que recorrerá. E que não desistirá, contra tudo e contra todos. Então o espião conta a seguinte história para Donavan: quando menino, na Rússia, seu pai tinha um amigo. Seu pai dizia: preste atenção nesse homem. Ele não tinha nada de especial. Mas um dia agentes invadiram sua casa, quando lá estava esse amigo. Bateram na sua mãe, no seu pai e no amigo. Que cada vez que caía, surrado e chutado, levantava. E lhe batiam de novo. Caía e levantava. E disse o espião: "*E por isso sobreviveu.*". O espião fez entender, então, que Donavan lembrava a ele esse amigo de seu pai. E disse porque: aquele homem, amigo de seu pai, era um **stoik mujic**, que quer dizer "o homem que fica em pé" (ou o homem estoico, que sofre, mas não cai). Perdão, mas cabe mais um bingo aqui!

O resto do filme você tem de ver. E deve ler o livro do Dr. Elias.

Escrito na Dacha de São José do Herval neste final de verão em que a brisa de outono já ameaça, com mais força, as folhas dos *liquidambars* – que já começam a mudar de cor.

Agradecimentos

Agradeço aos médicos, incansáveis mestres em momentos de dúvidas. Minha colega de defesa e filha Louise Mattar Assad. Ao meu pai Elias Assad, destemido advogado. Mãe Zulmira Mattar e esposa Arlete. Thaise e Caroline, filhas queridas entre familiares e equipe do escritório. Minha cidade natal Lapa (PR) e histórico cerco, onde aprendi nas memórias de seus mártires lições heroicas de resistência. Avante!

Elias Mattar Assad

Prólogo

Um dia inesquecível para a Medicina! Para surpresa geral, eclode notícia da prisão de uma médica que "assassinava pacientes" na Unidade de Terapia Intensiva (UTI) de um hospital em Curitiba.

Como o leitor verá, após a "voz de prisão" dada para a médica Virginia Helena Soares de Souza, dentro da UTI do Hospital Universitário Evangélico de Curitiba (HUEC), ela foi levada para o Núcleo de Repressão aos Crimes Contra a Saúde (NUCRISA).

Nesse ínterim, meu telefone toca.

O telefonema...

Após férias de verão, em 19 de fevereiro de 2013, ano em que nosso escritório jurídico completou 40 anos de atividades, no início do expediente, pela manhã, a secretária anuncia que, com urgência, o Deputado Federal André Zacharow[1] precisava falar comigo:

— Doutor Elias, a médica Virginia Helena Soares de Souza foi presa e está sendo interrogada no Núcleo de Repressão aos Crimes Contra a Saúde e clama por sua presença imediatamente...

Indaguei se o deputado sabia qual era a acusação, ao que respondeu:

— Algo relacionado com eutanásia[2]. Atenda essa médica. Trata-se de uma profissional exemplar...

A caminho da repartição policial, embora tivesse atuado em mais causas criminais do que me permitia lembrar naquele momento de atendimento emergencial, concluí que era a primeira vez que me depararia com uma possível e incomum acusação de eutanásia. Dirigi-me ao local, acompanhado da advogada Louise Mattar Assad, minha filha.

Chegamos à rua Desembargador Ermelino de Leão, 513, parte mais antiga da cidade de Curitiba, nas proximidades das Ruínas de São Francisco, endereço de

---

1 Deputado Federal pelo Estado do Paraná, anterior gestor do Hospital Universitário Evangélico de Curitiba.
2 Eutanásia: Ação de provocar morte (indolor) a um paciente atingido por uma doença sem cura que causa sofrimento e/ou dor insuportáveis. Direito de causar a morte em alguém ou de morrer por esse propósito. Disponível em: <(https://www.dicio.com.br/eutanasia/)>. Acesso em: 18 set. 2017. Ação definida como crime pelo artigo 121 do Código de Processo Penal Brasileiro — CPP (matar alguém).

um velho casarão com escadaria de madeira, conducente ao piso superior, onde funciona o NUCRISA.

Na sala do interrogatório do andar superior, estavam presentes a Delegada de Polícia, a médica Virginia Helena Soares de Souza, o escrivão e mais policiais que entravam e saíam, naquela movimentação típica dos ambientes inquisitoriais.

Com minha chegada, na condição de advogado que assumiria a defesa da suspeita, interrompi o ato do interrogatório que estava em andamento e, após me apresentar, aproximei-me de Virginia, puxando-a para um canto e em voz baixa, que apenas a médica poderia ouvir, indaguei:

Escadas que conduzem ao andar superior do casarão onde funciona o Núcleo de Repressão aos Crimes contra a Saúde do Estado do Paraná.

— Tudo o que a senhora fez naquela UTI tem respaldo na literatura médica?

E ela, convicta, com ar sereno e régio, sussurrou-me:

— Tudo o que fiz na minha vida de médica, posso justificar tecnicamente.

Apertamos as mãos e disse-lhe:

— Aceito a causa. Obrigado pela confiança. Vamos passar por momentos muito difíceis, tenha fé na Justiça...

Indaguei, ainda, se a médica pretendia se reservar ao direito de permanecer calada, ao que respondeu:

— Não tenho nada a esconder, apenas pratiquei atos típicos de medicina intensiva.

Após o sucinto interrogatório, e apesar de requerimento da defesa no sentido da preservação da imagem da investigada, a médica Virginia foi ilegalmente exposta para a imprensa e demonizada.

Após interrogatório e exposição midiática, foi a médica levada por uma viatura policial para uma prisão na Travessa da Lapa, no centro de Curitiba.

Em seguida, estivemos com ela para inspecionar as condições do aprisionamento. Eis que, como médica, tinha direito à prisão especial. Dentro da velha meia-água, o corredor separado pela porta de ferro, típica dos presídios, conduzia ao lugar do aprisionamento da médica Virginia.

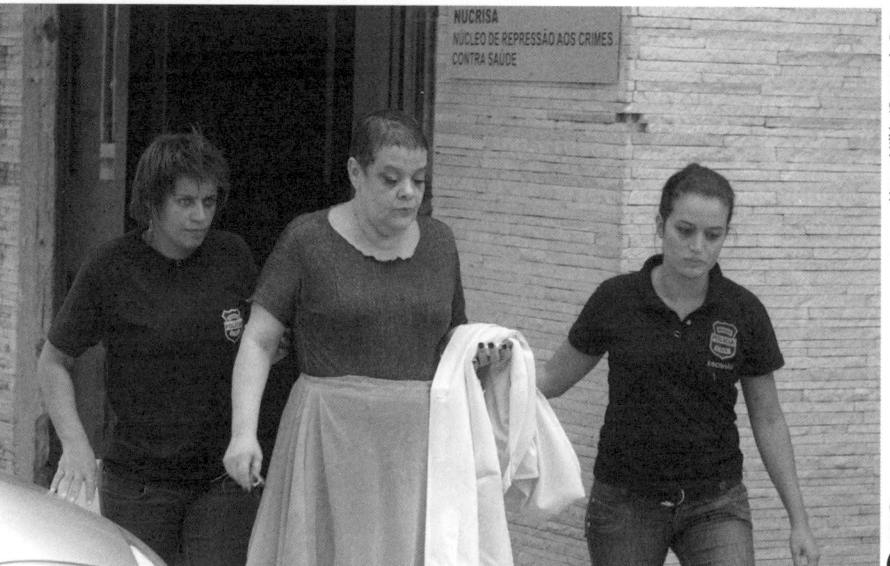

Imagem da médica Virginia Helena Soares de Souza que correu o mundo em tempo real.

Prisão na Travessa da Lapa.

Conhecendo o esgarçado sistema prisional do nosso País, achei menos mal que o aprisionamento dela se desse naquele lugar, separada das presas comuns. Ela indagou se ficaria ali enquanto as coisas se esclareciam e ao me deparar com o local em que ela efetivamente ficaria aprisionada, com uma cama de solteiro, armário, mesa e pequeno banheiro, para o consolo dela, afirmei no final de tarde daquele longo dia:

— Doutora, pode não ser o melhor lugar do mundo, mas é o que o sistema pode oferecer no momento...

E ela, para a minha surpresa, na sua grandeza de espírito, respondeu:

— Se o senhor achou este lugar ruim, é porque não conhece onde ficam os médicos plantonistas, na maioria dos hospitais brasileiros.

Porta de ferro do corredor do presídio da Travessa da Lapa.

Local do aprisionamento da médica Virginia Helena Soares de Souza.

Iniciava, assim, uma longa caminhada na defesa da médica Virginia. Tudo ainda estava em uma zona cinzenta que obscureceu ainda mais, quando os acusadores disseram não se tratar de mera acusação de eutanásia e sim de "vários e dolosos homicídios qualificados e formação de quadrilha naquele hospital".

Embora eu confiasse na palavra da médica Virginia, que jurava nada ter feito além da prática de medicina intensiva, vislumbrava incontáveis desafios no desvendar do caso. Afinal, no dizer de Gustave Le Bom: *"mistério é a alma ignorada das cousas..."*. (LE BOM, Gustave. *As opiniões e as crenças*.)

Gostaria que este livro fosse mera obra de ficção, mas a criatividade dos escritores não iria onde a dura realidade ousa chegar.

Este livro[3] foi escrito, documentado e baseado em fatos reais. Aos meus sentidos, uma repetição da desgraça humana do julgamento de Galileu em uma fantástica máquina do tempo.

D'OLIVEIRA, Pedrosa. **O julgamento de Galileu**. Óleo sobre tela. 120 x 170 cm.

---

3   A linguagem utilizada nas narrativas procura contemplar a um só tempo leitores em geral e versados em ciências médicas e jurídicas. Ressalvam os autores que termos e explicações técnicas foram incontornáveis. Sempre seguidas de narrativas elucidativas.

Capítulo I

"Considere-se presa!"

Jaleco e estetoscópio contra armas e algemas...

Era uma manhã ensolarada em 19 de fevereiro de 2013, dia comum naquela UTI, em ritmo próprio do *front* científico de batalha pela vida, seus arsenais e combatentes, com todos os leitos ocupados e várias intercorrências[4].

Perto das 09h30, um médico da direção do HUEC, visivelmente nervoso, aproximou-se e sussurrou para a médica Virginia na porta da UTI:

— Doutora, doutora, a polícia está aí fora e parece que eles vieram prender a senhora.

Virginia, até então acostumada com policiais em rotinas de internamento de autores e vítimas de crimes, com aquela porta entreaberta enquanto arrumava o jaleco e pensando tratar-se de algum engano, respondeu ao médico diretor:

— Já vou ver o que é...

De costas para a UTI, Virginia fechou a porta e deu alguns passos em direção a uma delegada de polícia que indagou:

— Qual o seu nome?

— Virginia Helena Soares de Souza.

— Considere-se presa e me acompanhe! Dando-lhe "voz de prisão".

---

4 Ocorrência de um evento inesperado em um procedimento médico, que não poderia ser, em geral, previsto ou alertado ao paciente.

Sem saber absolutamente nada do que se tratava, Virginia fez uma objeção ética:

— A UTI está lotada e eu não posso ir com a senhora enquanto outro médico não assumir o meu lugar, isto envolve riscos seríssimos...

A delegada, acompanhada de incontáveis policiais preparados para uma batalha, com a sensibilidade de uma pedra, alertou:

— Se a senhora não quiser me acompanhar agora, vou ter que usar da força policial!

Colecionando interrogações, Virginia não teve outra escolha e passou a acompanhar aquele cortejo medieval, sem informações dos reais motivos da anunciada prisão. Naquele momento, nada poderia um estetoscópio e um jaleco contra armas e algemas.

Como Virginia não tinha dormido na noite anterior, por dedicação ao seu trabalho na UTI e não bastassem as misérias da saúde pública no Brasil, aquelas imagens, em movimento em sua mente, se confundiam entre pessoas, pacientes, funcionários nos corredores com o som de passos marchando e rádios comunicadores dos muitos policiais que hoje parecem aos seus sentidos um pesadelo em *slow motion*.

A traumática "voz de prisão" e seus ecos para sempre registrados no inconsciente de Virginia, entre ruídos da sua condução pelos corredores do hospital e inscientes olhares suspeitos, sua entrada ainda de jaleco na viatura policial e o trajeto até as proximidades das Ruínas de São Francisco de Curitiba onde funciona o Núcleo de Repressão da Polícia Civil do Paraná, é o retrato não somente da abrupta interrupção dos trabalhos da UTI do Hospital Universitário Evangélico de Curitiba, como do desmoronamento da história da vida e honra de uma devotada médica, construída a duros golpes de nobreza.

Mas o que era tudo isso? Qual era a acusação? O que tinha feito Virginia para ser presa sem chances de prévios esclarecimentos? Quais eram as provas? Essas indagações ficaram sem respostas por longo espaço de tempo.

Após ser encaminhada ao Núcleo de Repressão, tentou, sem aconselhamento de advogado, explicar como eram os procedimentos médicos. Tudo em vão, pois ninguém daquela delegacia estava preparado tecnicamente para entender o que a médica tentava explicar. Não havia um médico, quanto mais intensivista. Para se ter uma base do distanciamento de linguagem e interlocução, quando Virginia usou o termo "escolha de Sofia" para se referir a dilemas médicos rotineiros, a delegada indagou: — Quem é Sofia? — com ares superiores de que queria os dados dessa tal Sofia para indiciá-la como cúmplice...

Nesse momento, eu e minha filha Louise chegamos ao Núcleo de Repressão e sala do interrogatório. Interrompemos o ato para nos apresentarmos. No início, a delegada relutou em admitir nosso acompanhamento, mas cedeu aos nossos irrebatíveis argumentos de que era direito tanto do defensor como da pessoa presa ter um contato prévio e reservado, antes do interrogatório. Como defensores, recomendamos o encerramento do ato e que a médica, também pela situação de incompreensão absoluta que reinava entre os protagonistas daquela cerimônia inquisitorial, permanecesse doravante em silêncio até que tivéssemos acesso ao conteúdo e conhecimento completo do que tinha no caderno investigatório a respeito de acusações e provas.

Longos e torturantes dias se passaram até a defesa tomar conhecimento do conteúdo do inquérito policial, em horas de angústias, incompreensões da medicina intensiva e não tão óbvias rotinas hospitalares.

O desenrolar dessa trama o leitor terá na sequência. Antes, no entanto, é preciso conhecer a pessoa da médica Virginia Helena Soares de Souza, sua trajetória profissional ao longo de vários anos de esforço e aprendizado, como também a instituição Hospital Evangélico Universitário de Curitiba e um pouco do dia a dia do trabalho dos profissionais da saúde em uma Unidade de Terapia Intensiva.

A médica intensivista Virginia Helena Soares de Souza

Nasceu na cidade de Santos, em São Paulo, em 1956. Filha de Abelardo Prisco de Souza e Regina Filomena Soares de Souza (casados por 66 anos), é a caçula de 3 irmãos.

Estudou o Ensino Fundamental e Médio no Colégio São José, na cidade de Santos, pertencente a uma congregação de irmãs de ordem francesa.

Prestou vestibular no ano de 1973 e foi aprovada na Faculdade Bandeirante de Medicina, em São Paulo. Formou-se médica em 1979, quando prestou residência no Hospital Matarazo, em São Paulo, nas áreas de Clínica Médica e Terapia Intensiva.

República Federativa do Brasil
Ministério da Educação e Cultura
Faculdade Bandeirante de Medicina
Bragança Paulista · São Paulo

Eu, Dr. Benedicto Márcio Villaça, Diretor da Faculdade Bandeirante de Medicina, tendo presente o termo de colação de grão de **Médico**, conferido no dia 05 de fevereiro de 1980, à

Virgínia Helena Soares de Souza

filha de Abelardo Prisco de Souza e de Regina Philomena Soares de Souza
nascida aos 30 de julho de 1956 em Santos – São Paulo

e usando das atribuições que me incumbem pela legislação em vigor, confiro-lhe o presente diploma de

Médico

para que possa gozar dos direitos e prerrogativas inerentes ao título pelas Leis da República.

Bragança Paulista, 05 de fevereiro de 1980.

Diretor

Médico

Secretário

Técnico em Assuntos Educacionais

Acervo do autor.

Sociedade de Beneficência Hospital Matarazzo
Ex-Umberto 1.º e Casas de Saúde Matarazzo

Certificado de Residência Médica

O Diretor Clínico do Hospital Matarazzo, confere ao Médico

Virgínia Helena Soares de Souza
filho de Abelardo Prisco de Souza e de Regina Philomena Soares de Souza
nascida a 30 de julho de 1956, natural do Estado de São Paulo

depois de ter concluído com êxito o período de Residência em Clínica Médica, no período de Janeiro a dezembro de 1980, este Certificado.

São Paulo, 31 de dezembro de 1980

Superintendente

Diretor Clínico

Chefe de Serviço

Médica

Acervo do autor.

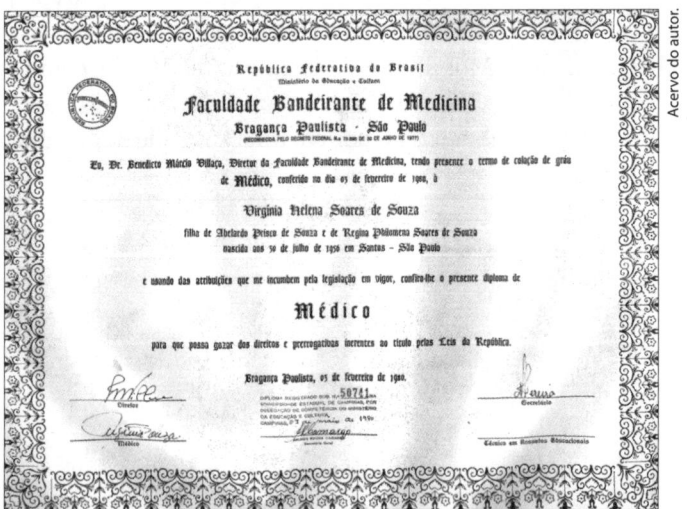

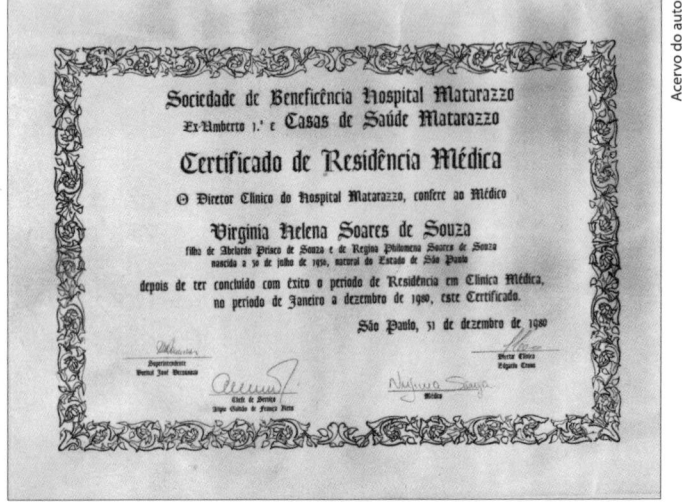

Mudou-se para a cidade de Curitiba no ano de 1982, após ter se casado com o médico curitibano Nelson Marcelino, com quem teve um filho, Leonardo.

Em fevereiro de 1982, foi admitida na UTI do Hospital Santa Cruz como médica plantonista, exercendo suas funções nessa instituição até 1988, quando ingressou no Hospital Universitário Evangélico de Curitiba, por decisão própria.

Do ano de 1988 a 1990, foi plantonista da UTI Geral do HUEC, inscrita no corpo clínico. Trabalhava com plantonistas de diversas áreas de atuação médica, com predomínio de anestesiologistas, nefrologistas, intensivistas e médicos das áreas clínica e cirúrgica, pelo interesse desses profissionais em adquirir experiência com pacientes críticos, aprimorando a formação deles próprios. Já na ocasião, por respeito e confiança, informavam à médica sobre internamentos, intercorrências e solicitações de vagas.

A partir de 1990, Virginia passou a exercer as funções de diarista[5] na UTI Geral do HUEC, com turnos em média de 12 horas diárias.

De 1997 a 2003 participou ativamente do programa de formação de intensivistas, ministrando cursos ou assistindo a eles, pois a UTI Geral fora credenciada pela Associação de Medicina Intensiva Brasileira — AMIB — para a formação de profissionais dessa área.

Em agosto de 2006, com a morte de seu antecessor, assumiu, por decisão da diretoria médica junto ao Corpo Clínico, a função de Médica Coordenadora da Unidade Intensiva Geral do HUEC, estabelecendo recomendações, protocolos, normas e procedimentos operacionais padrões, responsabilizando-se por escala médica, perante diretoria e corpo clínico, administrando vagas e altas e determinando a condução de cada paciente internado no setor.

A condição hierárquica de coordenação do serviço na UTI Geral foi concedida baseando-se em tempo e desempenho de trabalho na unidade, respeito e confiança por parte da diretoria médica e de profissionais pertencentes ao corpo clínico daquele hospital, que, ao longo de 25 anos de exercício nessa instituição, puderam analisar a conduta profissional da médica e elegê-la em reunião do corpo clínico. Virginia exerce as funções de diarista de segunda a sexta-feira, em turnos compreendidos entre 7 e 20 horas, bem como participava de plantões aos finais de semana e eventuais substituições em noturnos para que nunca a unidade ficasse sem cobertura médica.

Permaneceu no HUEC até o dia 19 de fevereiro de 2013, dia inesquecível para a Medicina!

---

5   Diarista é um médico responsável pela rotina dos pacientes de toda Unidade de Terapia Intensiva. Tem contato com os médicos assistentes do paciente e especialistas convocados conforme a necessidade de cada caso. Estabelece contato com médicos de serviço de apoio, tais como radiologistas, endoscopistas e todo o universo de exames necessários aos pacientes.

A médica Virginia Helena Soares de Souza participou de publicações de trabalhos e painéis apresentados nos Congressos de Terapia Intensiva, principalmente na área de protocolos de potenciais doadores de órgãos e tecidos, de relatos de casos clínicos.

Manteve-se sempre atualizada na área de atuação por meio da participação de Simpósios e Congressos, mesmo nas ocasiões em que não tinha disponibilidade de presença, assistindo aos eventos em vídeos, disponibilizados para as equipes médicas.

É coautora do livro *O Hospital — Manual do Ambiente Hospitalar*.

Sua área de atividade atual é em auditoria médica, titulada pela Fundação Anchieta (FAESP) em 2014, com curso de pós-graduação pelo Colégio Brasileiro de Radiologia (CBR), em 2015, tendo se graduado como auditora de qualidade em Serviços de Diagnóstico por Imagem e Laboratorial.

Mesmo após a eclosão deste processo criminal e ter sido colocada em liberdade, continuou se aperfeiçoando, apesar de ser hostilizada nas ruas por onde passava para participar desses cursos com gritos de "assassina" entre mais nomes de baixo calão e ameaças de agressões físicas.

Mais de 30 anos transcorreram do dia em que ao fazer solenemente o Juramento de Hipócrates, comprometeu-se a exercer a Medicina sem causar dano ou mal a alguém, e assim o fez.

Juramento de Hipócrates

"Eu juro, por Apolo médico, por Esculápio, Hígia e Panacea, e tomo por testemunhas todos os deuses e todas as deusas, cumprir, segundo meu poder e minha razão, a promessa que se segue:

Estimar, tanto quanto a meus pais, aquele que me ensinou esta arte; fazer vida comum e, se necessário for, com ele partilhar meus bens; ter seus filhos por meus próprios irmãos; ensinar-lhes esta arte, se eles tiverem necessidade de aprendê-la, sem remuneração e nem compromisso escrito; fazer participar dos preceitos, das lições e de todo o resto do ensino, meus filhos, os de meu mestre e os discípulos inscritos segundo os regulamentos da profissão, porém, só a estes.

Aplicarei os regimes para o bem do doente segundo o meu poder e entendimento, nunca para causar dano ou mal a alguém.

A ninguém darei por comprazer, nem remédio mortal nem um conselho que induza a perda. Do mesmo modo não darei a nenhuma mulher uma substância abortiva.

Conservarei imaculada minha vida e minha arte.

Não praticarei a talha, mesmo sobre um calculoso confirmado; deixarei essa operação aos práticos que disso cuidam.

Em toda casa, aí entrarei para o bem dos doentes, mantendo-me longe de todo o dano voluntário e de toda a sedução, sobretudo dos prazeres do amor, com as mulheres ou com os homens livres ou escravizados.

Àquilo que no exercício ou fora do exercício da profissão e no convívio da sociedade, eu tiver visto ou ouvido, que não seja preciso divulgar, eu conservarei inteiramente secreto.

Se eu cumprir este juramento com fidelidade, que me seja dado gozar felizmente da vida e da minha profissão, honrado para sempre entre os homens; se eu dele me afastar ou infringir, o contrário aconteça[6]."

Quanto à pessoa da médica Virginia Helena, das pesquisas defensivas concluímos que em 33 anos de exercício profissional, Virginia não respondeu a nenhum processo ético profissional junto aos Conselhos Regionais de Medicina (CRM-SP e CRM-PR). Após os equívocos gerados pelo processo criminal que originou este livro, foram abertos 11 processos éticos profissionais junto ao CRM-PR. Fizemos a defesa desses processos junto ao Conselho de Medicina e dois processos foram arquivados por falta de razões técnicas para prosseguimento. Nos demais processos, a médica Virginia foi inocentada.

O Hospital Universitário Evangélico de Curitiba — HUEC[7]

Em 1945, o Hospital Universitário Evangélico de Curitiba nasceu da vontade do Dr. Parísio Cidade, na época também pastor da Igreja Presbiteriana, em oferecer atendimento especializado à população do Paraná e de Santa Catarina, uma vez que Curitiba dispunha apenas de um hospital que oferecia este serviço. Pastores de diversas denominações foram contagiados pela ideia e uniram-se para formar a Sociedade Evangélica Beneficente de Curitiba — SEB, a mantenedora do Hospital.

Em 1947, ações visando à obtenção de recursos para a construção do Hospital foram lideradas pelas igrejas evangélicas e contaram com a participação de toda

---

6   Disponível em: <https://www.cremesp.org.br/?siteAcao=Historia&esc=3>. Acesso em: 30 nov. 2017.

7   Disponível em: <http://www.evangelico.org.br/index.php/a-instituicao/linha-do-tempo-huec>. Acesso em: 20 jun. 2017.

sociedade curitibana. Muitas doações foram recebidas, entre elas um terreno. Então, a SEB pôde lançar a Pedra Fundamental do Hospital Evangélico.

Fundação do hospital.

Finalmente, em 1959, chega o dia da Inauguração do Hospital Universitário Evangélico de Curitiba, em 5 de setembro. Um grande acontecimento para toda a cidade e, especialmente, para a comunidade evangélica. O prefeito de Curitiba, na época, Dr. Iberê de Matos, desceu do carro para participar da solenidade, mas seu dedo ficou trancado na porta. Foi atendido prontamente, sendo o primeiro paciente deste hospital.

Ao longo dos anos, a cidade foi crescendo e a SEB, observando a demanda por profissionais da área de saúde, fundou o Centro de Estudos e Pesquisas Evangélico. Percebendo a força da qualidade do ensino oferecido, em 1969 nasceu a Faculdade Evangélica do Paraná.

Logo após o início das aulas de Medicina, constatou-se a necessidade de ampliação do hospital. No décimo primeiro aniversário do Hospital (1970) foi lançada a pedra fundamental para a construção do novo prédio, um bloco em forma de pentágono, construído acima da edificação já existente, passando de 150 para 450 o número de leitos.

Prédio do Hospital Evangélico.

Hoje, passados mais de 50 anos de relevantes serviços prestados à comunidade paranaense, o Evangélico tornou-se o maior complexo hospitalar privado do Paraná. Possui 548 leitos, sendo 452 dedicados exclusivamente ao Sistema Único de Saúde (SUS), e 530 médicos credenciados em 36 diferentes especialidades médicas. São 1,5 milhão de atendimentos por ano, sendo 90% pelo SUS.

O HUEC é referência em atendimento às vítimas de queimadura, trauma (urgência e emergência), gestação de alto risco, neurocirurgia, transplante renal e no atendimento a vítimas de violência sexual.

Possui os selos mais importantes para uma instituição de saúde, como Hospital Amigo da Criança e Hospital Sentinela. Ainda oferece o benefício de ter um Banco de Leite Humano, que conta com uma média de 1 400 doadoras ao ano, que geram 1 600 litros de leite pasteurizados e distribuídos a mais de 400 bebês da UTI Neonatal, e o primeiro Banco de Pele Humana do Paraná, o quarto do Brasil.

***

Quanto aos fatos que derivaram na acusação e prisão da médica, a direção do Hospital, na ocasião, limitou-se a publicar a seguinte nota:

> **Nota do Hospital Universitário Evangélico de Curitiba.**
> Quando entra a questão de culpado ou inocente, nos vem à mente um texto que traz exatamente o conceito de Deus sobre esta questão, este conceito está claramente expresso no livro de Provérbios capítulo 17 versículo 15, "Há duas coisas que o Senhor Deus detesta: que o inocente seja condenado e que o culpado seja declarado inocente." (NTLH-SBB). Este mesmo conceito também deve estar impregnado no coração de todo ser humano. Não podemos calar diante de injustiças de forma alguma, principalmente quando o inocente está sendo considerado culpado. Assim se sente a Sociedade Evangélica Beneficente de Curitiba — SEB, pois é necessária a autodefesa, como é necessário também que outros mais entrem em defesa desta instituição que mantém o Hospital Universitário Evangélico de Curitiba, para que não continue sofrendo consequências que a mesma não merece. Cabe ainda recordar o quanto esta instituição tem feito em favor da comunidade e da população, sem diferenciar classe, credo ou raça. Os que são encaminhados ao Hospital Universitário Evangélico de Curitiba têm atendimento clínico, social, psicológico e espiritual, visando sempre atender ao ser humano de forma integral.
> Considerando as informações divulgadas em entrevistas concedidas para a mídia, a Sociedade Evangélica Beneficente de Curitiba — SEB, mantenedora do Hospital Universitário Evangélico de Curitiba, esclarece que foram instauradas três sindicâncias para apurar as denúncias. A sindicância interna do próprio hospital, a sindicância da Secretaria Municipal da Saúde e a sindicância do Conselho Regional de Medicina.
> Levando em consideração as questões clínicas que estão sendo veiculadas pela imprensa, o Hospital Universitário Evangélico de Curitiba consultou a coordenação dos médicos intensivistas, que seguindo protocolos internacionais esclareceu algumas questões pontuais sobre os métodos de Terapia Intensiva.
> Quanto à dúvida dos medicamentos utilizados neste ambiente, esclarece que a utilização de medicamentos hipnóticos (que fazem dormir), opioides (que retiram a dor ou sofrimento) e os agentes curarizantes (relaxantes musculares) são drogas comuns no arsenal de uma Unidade de Terapia Intensiva e são utilizados para adequação do paciente no respirador, realização de procedimentos cirúrgicos e principalmente para poupar sofrimentos desnecessários.
> O tratamento, seja ele medicamentoso ou por aparelhos, é decisão médica. Decisões de não tratamento, de omissão ou de suspensão de suporte vital não devem ser considerados atos de eutanásia, mas de exercício médico regular.
> Aliviar a dor e o sofrimento é considerado um dever médico, mesmo quando as intervenções implicam que a vida possa ser abreviada como

consequência. Em outras palavras, as terapias de conforto e alívio de dor são tão ou mais importantes que as terapias que promovem a cura, principalmente nos pacientes em que o processo de morrer é inexorável. Quanto às informações que as famílias recebem, os médicos esclarecem que elas são repassadas no horário de visita, e a presença dos familiares é solicitada em situações de agravamento do estado clínico, ou necessidade de um procedimento em quaisquer horários. Os familiares têm o direito, e o médico tem o dever de manifestar a evolução clínica de um paciente que, durante o internamento em Terapia Intensiva, sofre diversas alterações durante o mesmo dia. Os critérios de piora são avaliados clínica e laboratorialmente por índices de prognóstico.

Alguns pacientes internados em terapia intensiva, submetidos ao estresse do trauma, da doença e do ambiente podem apresentar distúrbios, como *delirium* e alucinações, consequentemente existem relatos formulados pelos pacientes que muitas vezes não correspondem à realidade.

Com relação ao medicamento "adrenalina" esclarece que é a principal droga utilizada pelos protocolos internacionais de reanimação. Este medicamento é utilizado quando o coração já parou, e serve, juntamente com a massagem cardíaca e a oxigenação, para recuperar os batimentos cardíacos. Uma reanimação pode durar até 45 minutos, e a cada 5 minutos se repete entre uma e cinco ampolas de adrenalina, dependendo do caso. Logo, em uma reanimação de 45 minutos, se utilizada uma ampola a cada cinco minutos, durante os 45 minutos, haveria a aplicação de dez ampolas. Para facilitar a prescrição, coloca-se o número total de drogas utilizadas, isto não significa que elas foram utilizadas de uma só vez.

A morte encefálica é diagnosticada clinicamente por exames neurológicos e exames complementares como: eletroencefalograma, Doppler transcraniano ou arteriografia cerebral. Segundo os médicos intensivistas, neste momento o paciente, se a morte cerebral for constatada, é considerado legalmente morto, e as medidas artificiais deverão ser mantidas, somente se o mesmo estiver em protocolo de doação de órgãos, e autorizado pelos familiares. Portanto, drogas e suporte excessivo para manter a vida deverão ser evitados quando a doação de órgãos não for mantida, para não prolongar o sofrimento e a angústia dos familiares.

Diante desses fatos, a Sociedade Evangélica Beneficente de Curitiba está à disposição para demais esclarecimentos e aguarda a conclusão das sindicâncias para que sejam adotadas as medidas cabíveis, bem como confia na Justiça para averiguar as denúncias, e que não se baseia em opinião pessoal de membro de qualquer uma das sindicâncias.[8]

Direção SEB/HUEC

---

8 Disponível em: <http://www1.folha.uol.com.br/cotidiano/1258046-hospital-de-curitiba-diz-que--morte-de-pacientes-em-uti-e-inexoravel.shtml>. Acesso em: 30 nov. 2017.

O Hospital Evangélico em seu dia a dia

A grande porta da esperança...

Não seria possível ao leitor imaginar um hospital do porte deste sem uma descrição de seu entorno e de como nele transitam os profissionais e os pacientes.

Observando o prédio onde funciona o Hospital Evangélico de Curitiba, como todos os congêneres, já começa tumultuado na questão do trânsito. Situa-se com sua entrada principal em uma praça onde se acumulam veículos em buscas desesperadas por vagas de estacionamento, em bairro residencial e comercial. Filas duplas bloqueando a entrada de ambulâncias que chegam e saem a todo momento nas demandas pelo Pronto-Socorro entre gritos e lágrimas de pacientes e familiares que se confundem com os de funcionários, enfermeiros, médicos e paramédicos pedindo para abrir caminho para as macas, com a agravante de vez por outra, enfileirarem duas ou mais ambulâncias em alertas de emergência/urgência!

Ressalta-se que o Pronto-Socorro, à época, era aberto, não necessitando de encaminhamento, atendendo, por ser hospital de referência, a politraumatizados, queimados, pacientes neurocirúrgicos, cardíacos, nefropatas, enfim, toda a sorte de patologias graves.

Para agravar o quadro, há o fluxo de parentes e amigos de pacientes que começam a chegar, desesperados, em busca de informações e exigem respostas prontas para alimentar esperanças, sem compreender o que podem, ou não, os hospitais e a própria ciência médica. Acumulam-se esses que chegam com os que lá estão, com notícias desoladoras, boas, outras incompreendidas e lágrimas pelos óbitos.

A missão dos primeiros atendentes, mesmo nos casos de emergência, é colher dados das pessoas enfermas pessoalmente ou por meio de familiares ou acompanhantes, pela falta de contato e informações de seu ente em atendimento, em salas de espera, altamente estressantes para os que chegam e para quem lá trabalha.

Os pacientes que chegam ao Pronto-Socorro são imediatamente classificados por critérios de emergência, urgência ou patologias cujos sintomas permitem um maior tempo de espera para o atendimento.

Nem todos concordam em aguardar, pensando que pequenas esperas podem agravar o quadro da pessoa do paciente que ali está, porém, "a grande porta da esperança" já se abriu no momento do atendimento. É claro que muitas vezes, por falta de informação, muitos pacientes eletivos[9], de caráter ambulatorial, acessam o Pronto-Socorro por ser uma via mais rápida de atendimento. Esse é um inconveniente severo tanto para os profissionais que atendem nessa área quanto

---

9 Paciente em que se consegue escolher o momento mais adequado para se realizar um procedimento cirúrgico, geralmente realizado após diversos exames.

para os pacientes que terão que aceitar o encaminhamento para ambulatórios ou postos de saúde.

Para o leitor não versado em ciência médica, nem ambientado às rotinas hospitalares, não há como entender o funcionamento de uma UTI sem uma rápida descrição dos procedimentos desde a entrada em um hospital e como pacientes podem, ou não, ser encaminhados para a Unidade de Terapia Intensiva.

A grande maioria dos pacientes da UTI do HUEC provém de Unidades de Pronto Atendimento à Saúde (UPAS), postos de saúde conveniados — CMUMs[10], SIATE[11], como também de atendimento direto no Pronto-Socorro do próprio Hospital.

O Pronto-Socorro possui, via de regra, corpo clínico próprio com especialidades necessárias para atendimento baseado no tipo de paciente a ser atendido. Lá são feitos os registros dos históricos dos pacientes por médicos que os examinam e lançam as informações relevantes, bem como todos os exames requisitados como tomografias, Raios-X, exames laboratoriais, etc., como também é dada a primeira hipótese diagnóstica e lançado no prontuário de cada paciente. Esse prontuário é único e conterá tudo o que a Medicina faz com relação ao paciente e não admite emendas, rasuras, apagamentos e refazimentos de escritos ou prescrições. Em caso de erros, são feitas novas anotações, explicando ou corrigindo a anterior.

Ainda, a dispensação de medicamentos é feita por códigos de barras, mediante prescrição ou ordens médicas (em emergências, as prescrições são feitas posteriormente) que controlam os estoques e as baixas de medicamentos utilizados em cada paciente. Por óbvio, as exigências legais e regulamentares são muito detalhistas visto que hospitais trabalham com medicamentos, por vezes, altamente controlados.

Há pacientes que recebem atendimento no Pronto-Socorro e são liberados para tratamento fora do hospital. Há aqueles que ficam em observação ou são internados e liberados após definição do quadro clínico. A definição da especialidade e a respectiva enfermaria a ser encaminhado o paciente se dá no internamento e é determinada pelo socorrista após a hipótese diagnóstica levantada. O médico assistente escolhido é o especialista na área determinada. Esse médico assistente passa a ser responsável pelo paciente em todo o período de internamento, com liberdade de consultas a outros especialistas ou eventuais transferências, quando necessário, e é responsável pelo paciente desde o internamento até a alta ou eventual óbito. Em casos de transferência, o médico que a aceita passa a exercer esse papel.

---

10 CMUMs: Centros Municipais de Urgências Médicas. Criados pela Secretaria Municipal de Saúde da cidade de Curitiba, Paraná.

11 SIATE: Serviço Integrado de Atendimento ao Trauma em Emergência. Criado por uma parceria entre a Secretaria de Estado de Segurança Pública (SESP), o Instituto de Saúde do Estado do Paraná (ISEP) e a Prefeitura Municipal de Curitiba por meio de Termo de Cooperação Técnica. É o primeiro sistema do gênero implantado no Brasil, servindo como referência para os demais Estados da Federação. Disponível em: <http://www.bombeiros.pr.gov.br/modules/conteudo/conteudo.php?conteudo=151>. Acesso em: 21 jun. 2017.

Só vão para a UTI os pacientes considerados em estado crítico ou em casos de cirurgias de grande porte pelo "pós-operatório".

A Unidade de Terapia Intensiva caracteriza-se pela presença de médicos diuturnamente, assim como equipe de apoio que tem que ser altamente treinada e gabaritada para o bom atendimento no setor. Conta com todos os recursos necessários para o controle contínuo dos dados vitais do paciente assim como os recursos para suporte avançado de vida tais como ventiladores[12], monitores com parâmetros diversos e amplo arsenal medicamentoso disponível em carros de emergência e farmácias de dispensação.

Em suma, na UTI os pacientes têm atendimento diuturno, ininterrupto e avaliações contínuas com equipes multidisciplinares[13]. Possui prioridade para todos os exames necessários, objetivando a melhora e a alta do paciente para continuidade de tratamento ainda no ambiente hospitalar. Mesmo na UTI e, após a alta, os pacientes se fazem acompanhar dos seus médicos assistentes designados já no internamento ou definidos conforme a evolução do paciente. Todas as decisões médicas são tomadas em conjunto com os médicos que assistem aos pacientes.

Em caso de agravamento do quadro clínico, sempre mantendo informações às respectivas famílias, quando presentes ou convocadas, novos tratamentos são instituídos dentro de padrões estabelecidos em protocolos de medicina intensiva, de anestesiologia, consensos de farmacologia em destaques nas literaturas médicas para cada patologia envolvida.

Quando a Medicina não tem mais opções de tratamento para pacientes críticos, sobrevém o denominado "prognóstico fechado" (conceito popular) ou "prognóstico altamente reservado" que traduz o que vulgarmente conhecemos por incurável ou intratável. Em casos de intratabilidade, define-se a condição de terminalidade. Nesses casos, mantém-se terapia com o objetivo de garantir alívio de dor e de desconforto. Essa decisão é sempre estabelecida pela equipe médica e a conduta é informada aos familiares.

Essa conduta é plenamente referendada pelo parágrafo único[14] do artigo 41 do Código de Ética Médica, instituído pelo Conselho Federal de Medicina.

---

12 Equipamento eletromédico cuja função é bombear ar aos pulmões e possibilitar a sua saída de modo cíclico para oferecer suporte ventilatório ao sistema respiratório. Não substitui os pulmões na função de troca gasosa (hematose), sendo um suporte mecânico à "bomba ventilatória" fisiológica (diafragma e músculos acessórios da respiração).

13 Médicos intensivistas, médicos assistentes, médicos consultores, enfermagem de nível universitário, técnicos de enfermagem, fisioterapeutas, nutricionistas e respectiva equipe de apoio, psicólogos, assistentes sociais e equipe de apoio espiritual.

14 *Código de ética médica* - Art. 41. Abreviar a vida do paciente, ainda que a pedido deste ou de seu representante legal.
Parágrafo único. Nos casos de doença incurável e terminal, deve o médico oferecer todos os cuidados paliativos disponíveis sem empreender ações diagnósticas ou terapêuticas inúteis ou obstinadas, levando sempre em consideração a vontade expressa do paciente ou, na sua impossibilidade, a de seu representante legal.

Para a ciência do leitor, já que esta obra focaliza o processo instaurado contra a médica Virginia, registre-se que para nenhum dos casos elencados na denúncia do Ministério Público houve definição de terminalidade. Portanto, os pacientes discutidos no processo foram plenamente tratados e evoluíram a óbito em função de complicações pertinentes ao quadro clínico apresentado.

Outra abordagem necessária para a compreensão do leitor é sobre a denominada "morte encefálica", vulgarmente conhecida como "morte cerebral". É uma situação extremamente bem definida que segue rigorosamente a legislação nacional, determinada tanto pelo Conselho de Medicina como por leis instituídas[15][16][17]. Para se definir este diagnóstico, seguem-se rigorosamente todos os passos determinados pelo protocolo de manutenção de pacientes potenciais doadores de órgãos e tecidos e, nesses casos, amplia-se a equipe médica e multidisciplinar, com comissões formadas, registradas e reconhecidas pela Central de Transplantes do Paraná (como há em outros estados), compostas por médicos, enfermeiros, psicólogos, assistentes sociais, que são treinados, exclusivamente, para este exercício.

Não poderíamos concluir esta pálida incursão na rotina de um hospital sem observar as incompreensões ou falsas impressões que nós leigos levamos conosco após visitar pacientes internados. Achamos esquisitas as roupas, a comida, não aceitamos horários ou restrições de visitas nem recomendações de higienizarmos as mãos. Assustamo-nos e tomamos como verdades palavras de pacientes em estado de *delirium* ou em agitação psicomotora, entre efeitos colaterais das terapias e dos medicamentos em cada caso. Enfim, podemos levar conosco falsa ideia de que o paciente visitado está completamente curado e já poderia trocar de roupas e ir para casa, quando, na realidade, ainda inspira cuidados e atenções especiais, como podemos também imaginar pelo aspecto de alguém sedado e entubado que está com os minutos contados, embora esteja evoluindo bem e progredindo ao estado de cura satisfatoriamente.

Lembremo-nos sempre que Medicina é para os versados em ciências médicas. A nós, que vamos visitar um ente querido hospitalizado ou que assistimos aos profissionais da saúde em procedimentos que não conhecemos e não compreendemos, mas que visam proporcionar o tratamento mais adequado a cada caso, cabe-nos cumprir o que nos é orientado ou consultar a enfermagem sobre o que podemos fazer, ou não fazer, pois não se deve sequer acariciar o rosto de um paciente internado ou mesmo dar-lhe um copo de água, atitudes que podem ser fatais para o paciente, para outros ou mesmo para todos.

---

15 Lei nº 9.434, de 4 de fevereiro de 1997- Dispõe sobre a remoção de órgãos, tecidos e partes do corpo humano para fins de transplante e tratamento e dá outras providências.
16 Disponível em: <http://www.saude.pr.gov.br/arquivos/File/CET/Diretrizes_Sistema_Transplantes-Parana.pdf>. Acesso em: 21 jun.2017.
17 Disponível em: <http://www.portalmedico.org.br/resolucoes/CFM/1997/1480_1997.htm - Morte Encefálica>. Acesso em: 21 jun. 2017.

A crise financeira acumulada da última década e a realidade do meio ambiente de trabalho na UTI do HUEC

Pacientes e hospital em estado crítico...

Da leitura do subtítulo anterior se tem uma ideia do que seria o Hospital Evangélico de Curitiba em boas condições de funcionamento. Mas na época dos fatos tratados no processo criminal, não só aqueles pacientes como o hospital estavam em estado crítico.

Na última década, o Hospital Evangélico passou por dificuldades financeiras, como várias outras instituições congêneres no Brasil, acumulando reclamações trabalhistas em função do não pagamento ou de atrasos nos pagamentos de salários dos funcionários. Reflexamente a crise gerava cancelamento de pedidos de produtos para o hospital, tendo, por diversas vezes, necessidade de fechamento do Pronto-Socorro por falta de medicamentos e insumos básicos para atendimento da população.

Em meio a problemas, os critérios para contratação de enfermagem, por exemplo, foram reduzidos a um quadro sem preparo ou experiência suficiente para lidar com a rotina do hospital, mormente de UTIs, sem conhecimento técnico dos procedimentos realizados nessas unidades. Isso foi confirmado por diversas testemunhas no processo criminal, que afirmaram que o giro de funcionários no hospital era muito superior ao de outras instituições de mesmo gênero. Criou-se um mito em que debitavam incontáveis demissões ao comportamento da médica Virginia que, contrariamente, procurava o melhor para os pacientes e sabia que estava com pessoas sem treinamento adequado ao seu redor. Virginia relatou para nossa defesa que por várias vezes era obrigada a mandar técnicos de enfermagem lavarem as mãos para evitar contaminações, prenderem cabelos, trocar de roupas quando observava necessidade. Quando observava procedimentos errôneos de lavagens de mãos e braços, mandava lavar novamente. Era odiada por cultuar as normas rigidamente.

Para melhor compreensão dos leitores, é fundamental informar que a partir de 2009/2010, o aumento da crise financeira influenciou diretamente os itens de padronização de medicamentos e materiais, por custos. Houve inclusive perda da qualificação exigida para fornecedores, pois poucos estavam dispostos a correr riscos de abastecer o hospital e o setor de compras passou a trabalhar por "pregões", sem levar em consideração a qualificação. Esses fatos, de conhecimento público, persistem até os dias de hoje, atingindo instituições de cunho privado ou públicas, irmandades, sociedades beneficentes e filantrópicas congêneres.

O *deficit* financeiro atingiu e muito a formação de equipes qualificadas, pela intensa rotatividade de funcionários relacionados ao setor. Portanto, a tentativa de atribuição à médica Virginia de que as demissões seriam justificadas por sua conduta, na realidade tem implicação direta com a crise financeira, com os atrasos salariais e com o descumprimento de legislação trabalhista no sentido de pagar horas extras, férias, etc. sem perder de vista a baixa qualidade dos profissionais que povoavam a instituição.

A equipe médica era um pouco mais estável, porém, ao longo dos anos, por transferências para outros locais e estados, cursos de pós-graduação e especialização, o corpo médico vinha sendo alterado. Lamentavelmente, essa é a realidade de grupos médicos que exercem funções em UTIs, em todo território nacional.

Da audição das testemunhas do processo ficou evidente que a crise financeira dificultou a manutenção de uma equipe médica e de uma escala adequada no hospital e pode ter interferido na seleção e qualificação dos profissionais. Conseguir pessoas especializadas para trabalhar no âmbito e com o conhecimento necessário em Terapia Intensiva é muito difícil, desde as equipes médicas até da enfermagem, de todo o grupo envolvido para trabalhar com Terapia Intensiva. A UTI é um setor desgastante e os profissionais acabam se tornando escassos. Com a crise, foi preciso diminuir o número de funcionários.

***

Para fins de defesa junto ao CRM, pedimos para a própria médica Virginia fazer um relato sobre seu meio ambiente de trabalho, rotinas e carências. A narrativa foi posta nos seguintes termos:

> Nos últimos anos, o Hospital Universitário Evangélico de Curitiba passou e passa por graves crises financeiras. Isso repercutiu em todas as áreas de atendimentos e serviços.
> Em relação a fornecedores de materiais e medicamentos, ao longo desses anos, na tentativa de manter atendimento, tínhamos problemas severos. Muitos não mais forneciam o hospital por falta de pagamento. Não mais foi possível a gerentes administrativos e gerência de risco, além da equipe farmacêutica trabalhar com a qualificação desses fornecedores.
> Abastecia-se a Instituição muitas vezes por pregões, sem levar em conta a qualificação. Muitos materiais e medicações adquiridos através de doações feitas sem a necessária averiguação de eficácia e adequação aos padrões recomendados.
> Todos esses dados, quando em situações de ineficácia, eram levados ao conhecimento de diretores e responsáveis, que tentavam, dentro do possível, atender as reivindicações, porém não havia muita margem para negociações por falta de verbas. Quanto às medicações, muitas vezes genéricos e/ou similares, não correspondiam à ação de medicações originais. Com certeza muitos membros desse Conselho puderam vivenciar essas dificuldades. Em alguns casos, tínhamos que trabalhar com doses mais elevadas de medicações, ou tentar associações para obter resposta adequada.

Nessas situações, através do preenchimento de formulários de não conformidade e/ou por contato direto, levávamos nossas dificuldades ao conhecimento da gerência de risco.

Como o médico responsável pela gerência de risco nessa época, Dr. RCCO, já prestou depoimento neste Conselho, na audiência do PEP 04/2014[18], pode confirmar esses dados citando também a interligação do serviço com cerca de 200 (duzentos) hospitais (sentinelas) que viviam estas mesmas dificuldades. Entre as medicações mais citadas estavam analgésicos e sedativos, alguns anticonvulcionantes, eletrólitos e outros. Enfim, tínhamos que nos adaptar a esta situação como confirmou este profissional.

Em relação à enfermagem, com a crise financeira, perdemos incontáveis funcionários gabaritados, tanto em relação à enfermagem padrão quanto a profissionais de nível técnico. O HUEC não era cativante para contratações pelo conhecimento de todos da área dos constantes atrasos salariais, férias sem remuneração, rescisões não pagas adequadamente, portanto, uma Instituição em crise.

As gerências de enfermagem e de recursos humanos, na tentativa de angariarem funcionários, chegavam a admitir profissionais que não haviam sido aprovados nos teste pré-admissionais, na esperança de treiná-los e qualificá-los para poder cumprir escalas. Em dezembro de 2012 / janeiro de 2013, vivemos muitas paralisações e greves (isso já havia acontecido anteriormente, mas, com o tempo, aumentou sua frequência).

A insatisfação comprometeu muito as escalas de trabalho. Portanto, vivíamos com equipe extremamente fragilizada, tanto em número quanto em qualidade. Contávamos com alguns funcionários, enfermeiros e técnicos mais antigos, que se mantiveram nos postos apesar da diversidade. Foi graças ao esforço desses profissionais que a unidade persistiu funcionante.

A cobrança por desempenho em rotinas era constante. Cobravam-se técnicas adequadas, todas no sentido de prestar bom atendimento ao paciente; diminuir taxas de infecção do ambiente; contaminações de cateteres e sondas; anotações completas e checagens adequadas; respeito a técnicas em procedimentos pré-determinados. Essas cobranças foram muitas vezes mal interpretadas. O ambiente era constantemente tenso pelo perfil da unidade, com pacientes politraumatizados, grandes queimados, cirurgias de grande porte, muitas com complicações pertinentes ao quadro, pacientes clínicos extremamente críticos e muitos pacientes dialíticos.

Não conseguíamos reservar leitos para cirurgias eletivas de grande porte, muitas vezes suspensas por internamentos emergenciais. Isso também acarretava problemas aos cirurgiões e seus respectivos pacientes.

---

18 PEEP (pressão positiva expiratória final) — a expiração é feita contra uma pressão positiva. Esse mecanismo é feito por pressão programada através do ventilador. Em resumo, mantém os alvéolos distendidos após expiração. Em condições fisiológicas, a expiração é passiva.

Na época, o hospital dispunha de três unidades de pacientes críticos adultos, e todas vivenciaram essas dificuldades. Esses detalhes foram amplamente discutidos no processo criminal, 2ª Vara do Tribunal do Júri desta capital. Diretores gerais, diretores administrativos, diretores técnicos, diretores clínicos, gerentes de diversas áreas, médicos, enfermeiros e funcionários prestaram testemunho corroborando essas informações.

Voltando à equipe de colaboradores de enfermagem, tínhamos, como citei anteriormente, alguns com experiência distribuídos nos diversos turnos (manhã, tarde, noite alternadas) e outros pouco familiarizados às rotinas. Em escalas, dois enfermeiros a cada turno, e técnicos que contando com as exigências de contratualização eram responsáveis por dois pacientes. Como a unidade dispunha de 14 leitos, tinham suas funções determinadas por enfermeiros responsáveis por cada turno. Havia, também, enfermeiro de 8h que cumpria "em teoria" funções burocráticas. Era o profissional com maior contato com os médicos, participando das visitas multidisciplinares, discussões sobre pacientes, recebendo as prescrições, orientações a cada caso. Providenciava exames solicitados e repassava aos funcionários e aos enfermeiros de 6h suas tarefas.

Com o crescente número de demissões e contratações que não conseguiam ser proporcionais, a realidade era outra, o número de leitos por funcionário (técnicos) muitas vezes era maior que dois pacientes; enfermeiros de 6h assumiam um paciente exercendo a função de técnicos por falta destes, e a enfermeira administrativa por muitas vezes desempenhava papel assistencial. Na tentativa de completar escalas, a coordenação e gerência de enfermagem recrutavam funcionários de outras áreas, pouco ou não familiarizados a rotinas do setor, e alguns descontentes com o remanejamento.

Era difícil para os enfermeiros responsáveis acompanharem os preenchimentos adequados em balanços hídricos, assim como em anotações de enfermagem. Muitas vezes checagens, registros em balanços hídricos, anotações e evoluções[19] de enfermagem eram feitos após a alta do paciente da unidade, retornando os prontuários, por determinação de auditoria, para serem completados. Tais informações corroboram com os depoimentos prestados perante a Justiça.

Em relação às anotações e aos balanços hídricos, à exceção de horários de internamento sempre faziam registros em horários pré-determinados. Mesmo em casos de intercorrências e/ou intervenções nada era registrado fora do horário padrão, mesmo que a intercorrência culminasse em óbito. Também não conseguiam acompanhar, por sobrecarga de trabalho, todas as alterações clínicas e intervenções realizadas. Em alguns casos, isso ocorria por falta de conhecimento.

---

19 Evoluções: descrição das intercorrências diárias e condutas tomadas a cada paciente. Várias áreas fazem evolução no prontuário, como enfermeiros, fisioterapeutas, nutricionistas, psicólogos e médicos.

Tanto as rotinas padrões da unidade quando as manobras realizadas em ventiladores, antes de certos procedimentos, não eram registradas. Como exemplo, quando realizávamos intervenções como aspirações traqueais, broncoscopia, traqueostomia, costumávamos elevar a fração expirada de oxigênio (FiO2) ao valor de 100% entre 10 a 15 minutos antes das manobras, especialmente em pacientes instáveis. Após o término do procedimento, baseados em controles fornecidos por curvas de pressão, fluxo, volume, oxímetro, capnógrafo[20] e traçado eletrocardiográfico, alterávamos novamente os parâmetros, assim que o paciente estabilizasse. Quando em uso de PEEP alto, reduzíamos de 2-2 mmhg, para evitarmos danos por despressurização súbita. Embora realizados, não eram registrados.

Oximetria fornecida pelo monitor e registrada assim como a capnografia que também é fornecida pelo monitor, porém raramente registrada. Muitas vezes até por falta de espaço no gráfico de balanço hídrico, porém, a maioria das vezes creio que por desconhecimento da importância desse recurso. Dos oito processos éticos profissionais a que respondo, somente em um deles temos dois registros em capnografia em uma única tarde, embora utilizemos esse recurso sempre em pacientes mais críticos.

A maioria desconhecia a importância desses registros e seu significado. Pelo fato de o médico estar sempre presente, observando a evolução do paciente, seus gráficos, seus débitos em sondas, infusões administradas em bomba infusora ou não, acreditavam que não havia tanta importância em seus registros, e como havia em passagens de plantão entre médicos as discussões sobre intercorrência e evolução de cada paciente, esses registros tinham mais importância burocrática que propriamente operacional para os médicos.

A dificuldade da equipe em manipular monitores, calibrá-los era constante. Muitas vezes, mesmo em pacientes instáveis, retiravam a monitorização em momentos de banho, não conseguiam compreender os riscos e tinham dificuldade em aceitar determinações de superiores (enfermagem).

Outro problema sério era manipulação de acessos. A dificuldade de manutenção de vias periféricas, o descuido gerando perdas, infiltrações, hematomas, flebites era severo. Em relação aos acessos centrais, muitas vezes monolúmen, eram sobrecarregados com múltiplas infusões de forma errônea, levando, com o tempo à ineficácia de algumas soluções, por precipitações intraluminares causadas por interação química entre as diversas drogas. Apesar dos frequentes disparos em alarmes, muitas vezes atribuíam esses disparos a falta de qualidade das bombas infusoras, não conseguiam compreender essas orientações e nem aceitá-las.

Mesmo com orientação de "aminas vasoativas" serem infundidas isoladamente, sedações deveriam ser administradas em periféricos de calibre satisfatório,

---

20 Capnógrafo é o recurso existente nos monitores multiparâmetros que através de transdutores mensuram a pressão expiratória do gás carbônico.

soluções cristaloides em periféricos além de outras medicações, tinham a visão, muitas vezes por comodidade, de instalar todos em um único acesso central. O descuido gerava danos aos pacientes que por vezes perdiam a viabilidade de veias periféricas, fazendo com que o médico instalasse um maior número de acessos centrais. Em relação aos centrais, muitos eram tracionados ou perdidos em manobras de decúbito e/ou transporte de pacientes para exames ou centros cirúrgicos. Isso também ocorria com cateteres de derivações ventriculares externas, gastrostomias, cistostomias eram perdidas nessas manobras.

Quando não tínhamos respostas adequadas em infusões de drogas vasoativas ou sedações, sempre a primeira providência era a verificação de acessos. Ao serem redistribuídas as infusões, por vezes passávamos a ter boa resposta pelo paciente.

Todos os setores críticos vivenciaram essas situações, presentes também em enfermarias onde muitos pacientes eram atendidos, pois aguardavam disponibilidade de leitos em UTIs. Creio que na prática é a situação vivenciada por muitos médicos em instituições de cunho público, porém não somente. O adequado treinamento e preparo desses funcionários para o trabalho diário vem sendo muito questionado em escolas técnicas, muitas vezes desqualificação por parte dos docentes.

O turno cumprido pelos profissionais de enfermagem era de 6h durante o dia e 12h em noturnos alternados; horários: 7h30, 13h30 e 19h30. Tinham a orientação de chegar 15 minutos antes do horário para a passagem adequada de plantão, porém quase nunca podiam cumprir por trabalharem em várias instituições.

Em relação à fisioterapia, contávamos com um profissional no período diurno (manhã e tarde), provavelmente isso deva ter sido modificado pelas atuais exigências do Ministério de Saúde. Seu turno de trabalho era de 6h coincidindo com horários de enfermagem (algumas exceções com horários especiais). Nesse período prestavam atendimento a 14 pacientes, tanto em fisioterapia respiratória quanto motora. No período da manhã o fisioterapeuta ou acompanhava a passagem de plantão da enfermagem para poder ter ciência da evolução do paciente, ou se dirigia diretamente ao médico plantonista e/ou diarista para receber orientações e discussões sobre os pacientes. Não havia fisioterapeuta no período noturno.

A partir desse momento começava a realizar os atendimentos. Gentilmente, em casos de transporte de pacientes críticos a exames complementares ou a centros cirúrgicos, acompanhava o percurso a fim de garantir, por seu conhecimento, a segurança com ventiladores, evitando, assim, acidentes em transportes. Além dessas tarefas, evoluía os pacientes após atendimento. Muitas vezes poderia haver discordância entre as suas evoluções e as médicas, pelo momento do atendimento. Não conseguia acompanhar todas as intercorrências; não tinha tempo hábil para evoluir, usando o recurso do "copia e cola" com poucas alterações. Isso também foi confirmado nas audiências perante o Tribunal do Júri e, nesse caso em específico, referente à paciente R. R.[21] isso pode ser notado. Atendia muito à beira de leito, sempre priorizando o paciente. Trabalhava junto à equipe médica que nunca delegou a este colaborador as suas funções. Era um trabalho conjunto, no que tange à fisioterapia respiratória! Quanto à equipe de nutrição, seus profissionais participavam com visitas diárias em horários diversos aos da enfermagem e participavam também das discussões multidisciplinares. Eram comunicados sempre que houvesse alguma alteração.

E, por fim, a farmácia e suas formas de dispensação de materiais e medicamentos às unidades críticas. Tínhamos na unidade carro com materiais e medicações para urgência/emergência, porém pela proximidade da farmácia satélite, praticamente apêndice da UTI, sedativos, analgésicos e bloqueadores neuromusculares não constavam nesse carro. Foi uma medida para evitar desvios, ter pleno controle de psicotrópicos, evitar uso indevido e alguns fármacos por necessidade de refrigeração. Forneciam kits para montagem dos boxes; materiais para monitorização; cateteres; sondas de todos os tipos, enfim, todo material necessário ao atendimento do paciente, além da reposição do carro de emergência e medicações utilizadas através de prescrições de enfermagem e médicas.

Pela sua proximidade com a unidade e tendo os profissionais a visão da sobrecarga de atendimento, toleravam por um período de 4h a entrega de prescrições, pela compreensão de ser necessário primeiro o atendimento para posteriormente a equipe médica ter tempo para prescrições. Essas prescrições médicas emergenciais tinham o objetivo de repor esse estoque, evitando falta em atendimentos posteriores e a finalidade de manutenção, controle de estoque e faturamento. Portanto, inúmeras vezes atendíamos o paciente e o medicávamos para posteriormente realizarmos prescrições. A checagem de enfermagem ocorria quando tinha as prescrições em mãos. Não havendo alteração do horário que seria compatível com a administração.

Muitas medicações utilizadas parcialmente nesses atendimentos tinham o restante desprezado pelo preparo em caráter emergencial, devido à necessidade de controle de estoque, eram prescritas em frascos ou ampolagens e não em miligramagem.

A rotina de confecção das prescrições da UTI Geral era iniciada a partir das 14h a cada dia, com isso as prescrições eram válidas por 24h; cabia ao diarista ou plantonista realizar essas prescrições no período compreendido entre 7h e 13h, quando seriam processados em outra farmácia, localizada no 7º andar da Instituição. Esse tempo era necessário para que os 14 doentes pudessem ser prescritos, contando ainda com as possíveis intercorrências que necessitassem de atendimento durante esse período. Infusões diversas com componentes, antibioticoterapia e outros eram fornecidos pela farmácia de diluição que recebia cópias das prescrições através de interligação do sistema

---

21 Abreviação nossa.

de informática vigente. Portanto, no momento em que as prescrições eram impressas concomitantemente o mesmo ocorria na farmácia de diluição. Havia farmacêuticos responsáveis diuturnamente, a diluição era realizada em sala especial, com fluxo laminar. Dispensavam as medicações pertinentes a cada turno e procediam a entrega a cada início de plantão da enfermagem, conferindo com eles o material fornecido a cada paciente. Em casos de internamento ou alguma solicitação em caráter de urgência ou de forma antecipada tinham por acordo prévio de 15 a 30 minutos de prazo para entregar essas medicações. Esses profissionais sempre conferiam com o plantonista médico essas solicitações de urgência ou antecipações. Todas as soluções prescritas eram entregues com identificação completa do paciente, soros com componentes identificados em seus rótulos.

Em casos de ineficácia de soluções, sempre eram solicitados e conferiam desde adequação de acessos venosos centrais e periféricos até a confecção da medicação.

Apesar de todas as dificuldades descritas, a farmácia de diluição era um grande alívio para a enfermagem que somente instalava a medicação, poupando o trabalho de seu preparo (a exceção de medicações emergenciais). Para a equipe médica era uma prestação de serviço com qualidade e a garantia do preparo dentro de técnicas de assepsia, garantida pelo fluxo laminar e pela parlamentação dos técnicos, além de ser uma grande economia para a Instituição.

Em relação à equipe médica, perdemos poucos membros da equipe, ora por transferências para outros locais, ora por questões financeiras, mas conseguimos manter a equipe coesa. Como reflexo da fragilidade da equipe de colaboradores, o desempenho médico junto ao paciente era muito maior considerando a insegurança gerada por este fato. A visão direta do paciente, seu exame clínico, os gráficos de monitores, ventiladores, a visão direta de débitos de sondas e drenos norteavam as condutas. A presença na unidade era constante. Tínhamos tempo restrito para desempenho burocrático, portanto, mesmo que em resumo, costumávamos evoluir diariamente os pacientes anotando suas principais intercorrências. Quem estivesse familiarizado com o setor e com as evoluções e intercorrências conseguiria compreender as condutas. Não nos baseávamos em evoluções de enfermagem, muitas vezes errôneas e sim nas visões do atendimento.

Jamais interferimos diretamente com a equipe de enfermagem. Reportávamos aos enfermeiros em casos de solicitações ou queixas. Todos tinham que ter agilidade em condutas e suas execuções. Não poderíamos somente atender um paciente por intercorrências relatadas, muitas vezes não vistas.

Outra dificuldade que vivíamos era com o sistema de informática adotado na Instituição, embora extremamente interessante em relação às áreas administrativas, tínhamos que sempre solicitar alterações para adequarmos o trabalho médico (exemplo: foi através da UTI que se criou a interligação com a farmácia satélite, adequando a configuração da cópia para poderem ser executadas as medicações de forma fiel, pois anteriormente eram configurados somente para itens de medicações e materiais sem a conveniente configuração). Esse sistema permitia a integração de todos os setores internos ou externos pertencentes ou gerenciados pelo HUEC. Áreas como faturamento, contabilidade, almoxarifados, farmácias, postos de atendimentos, unidades externas vinculadas ao HUEC entre outros, sobrecarregavam o servidor que passou a ser insipiente, gerando lentidão e comprometimento em bancos de dados, com perdas de documentos, evoluções ora prescrições, dificultando muito o trabalho.

O servidor foi trocado em início de fevereiro de 2013, cuja confirmação pode ser obtida junto à Instituição, pois já não tínhamos segurança na execução de inúmeras tarefas. Esses fatos também foram discutidos e relatos em audiências do processo criminal. Peço desculpas pela longa narrativa, mas acredito ser fundamental o conhecimento de todos esses detalhes para coerência e segurança em análise de prontuários. Cabe informar que os serviços complementares tais como laboratório e serviço de radiologia tinham um acordo com unidades críticas no sentido de cumprir rotina diária. Os exames deveriam ser solicitados antes de meia-noite para que pudessem ser, no caso do laboratório, coletados durante o final da madrugada, assim como a execução das radiografias realizadas em leito. Em seus resultados, constavam a data do pedido e não a data de coleta ou confecção das radiografias, que correspondiam ao dia seguinte. Em torno de 6h da manhã já tínhamos esses resultados em campo especial na tela de prescrições. Esse fato pode confundir quem analisa um paciente que tenha falecido em um dia dando a impressão que os exames não foram realizados. Tais fatos foram também amplamente abordados nas audiências criminais, tanto pelas defesas quanto pelo Ministério Público e assistências.[22]

Esse era o triste retrato daquela UTI, nas palavras da própria médica intensivista Virginia Helena, declarado ao Conselho Regional de Medicina do Paraná.

---

22 Defesa apresentada igualmente em todos os processos em que foi inocentada perante ao CRM.

Equipes atuantes na UTI — relação entre médicos, enfermeiros, psicólogos, religiosos, assistentes sociais, familiares, etc.

O objetivo era proteger pacientes...

A relação entre o grupo médico e os enfermeiros padrões era estabelecida por orientações e condutas previstas a cada paciente. Essa hierarquia era baseada no respeito à função dos enfermeiros responsáveis pela unidade, que orientavam e transmitiam as medidas necessárias a cada paciente a seus subordinados, não cabendo ao médico comandar equipes de enfermagem.

As visitas multidisciplinares, que aconteciam na UTI, contavam com os seguintes profissionais: médicos, enfermeiros, fisioterapeutas, nutricionistas, médicos assistentes e suas equipes, psicólogos, pastores e assistentes sociais. Eram realizadas em sala médica, ampla e espaçosa com acomodações para toda a equipe, como também acervo literário, negatoscópios[23] que facilitavam muito o trabalho, evitando excesso de fluxo e circulação dentro da unidade. Assim, preveniam-se e contemplavam-se os riscos de infecção, os ruídos excessivos, pois a UTI Geral tinha espaço extremamente limitado, cuja medida era necessária para evitar notícias ou informações sobre pacientes, alguns conscientes, outros com capacidade para ouvir. Poder-se-ia gerar angústia, insegurança ou conhecimento de diagnóstico de forma traumática, pois nessa sala não havia contato com pacientes. O objetivo era proteger pacientes.

Os momentos de informações médicas aos familiares eram realizados com o apoio da equipe religiosa, de psicólogos, assistentes sociais. Conforme cada caso, outros profissionais disponíveis — enfermeiros, nutricionistas, fisioterapeutas, farmacêuticos — participavam, sempre objetivando à maior privacidade possível. Assim, tentava-se criar ambiente calmo e suave, evitando ruídos e interferências desnecessários que pudessem agravar a tensão do momento.

A médica Virginia nunca delegou a nenhum colaborador a tarefa de fornecer informações sobre o estado clínico e risco de cada paciente a seus familiares para evitar interpretações errôneas dos próprios funcionários, não médicos, que se somariam às incompreensões dos familiares. E funcionários tinham dificuldade em compreender essa cautela médica do motivo pelo qual não deveriam explicar como estavam os pacientes.

O Hospital Evangélico não terceirizava setores, à exceção de exames laboratoriais especiais, como os imunológicos, por exemplo, exames específicos

---

23 Negatoscópio: aparelho dotado de iluminação especial para perfeita observação dos negativos ou das chapas radiográficas. Disponível em: <https://www.dicio.com.br/negatoscopio/>. Acesso em: 22 jun. 2017.

de controle epidemiológico e eventuais exames radiológicos, quando não tinha disponibilidade para realizá-los.

O setor de Recursos Humanos (RH) do hospital era responsável pela contratação e pelo treinamento de funcionários de todas as equipes que compunham a multidisciplinaridade associada a cada unidade: enfermagem nível médio e superior, nutrição, farmácia, fisioterapia, engenharia de manutenção e equipe de apoio, como capelães, psicólogos e assistentes sociais.

Cada equipe tinha um coordenador que era responsável por escalas de trabalho, indicação de profissionais para as funções, garantindo o funcionamento das unidades ao estabelecer protocolos, normas e procedimentos operacionais padrões (POPs). Havia um setor de educação continuada que era responsável pelo treinamento dessa equipe. Cabia a cada coordenador prestar esclarecimentos perante cada diretoria específica, com relatórios de resultados e eventuais dificuldades.

Em relação à equipe médica, o coordenador representava a equipe perante as diretorias médica e administrativa e perante o corpo clínico. A esse coordenador eram atribuídas tarefas de escolha de médicos e seu treinamento. Da mesma forma, responsabilizava-se pelo estabelecimento de protocolos, normas e procedimentos operacionais padrões, sempre relacionados à conduta médica, pertinentes a cada grupo de patologias dos pacientes ali internados. Isso também era exigido a todo grupo que compunha a equipe multidisciplinar.

Não havia hierarquia entre as equipes multidisciplinares que compunham o grupo das UTIs. Todos os coordenadores eram subordinados as suas respectivas diretorias. Poderiam dialogar e apresentar suas dificuldades ou problemas entre si, porém as decisões eram tomadas pelas diretorias de cada área.

Cabia à coordenação médica adequar as condutas à padronização de medicamentos e materiais disponibilizados pela instituição e, em casos de necessidades diversas à padronização, encaminhar à Comissão de Padronização, justificando seu requerimento. Era a diretoria técnica que presidia a comissão que analisava e ponderava as solicitações encaminhadas.

Ressalta-se que os protocolos, normas, POPs, padronização de medicações e materiais, recursos tecnológicos e humanos eram apresentados às Secretarias Municipal e Estadual de Saúde pela contratualização feita entre a instituição e esses órgãos. Todos os auditores externos tinham acesso a todos os protocolos das diversas áreas — médica, farmácia, nutrição, enfermagem, padronização de medicamentos e materiais, padronização de diluição imposta pela equipe de farmacêuticos, prontuários, laboratórios —, enfim, todas as informações necessárias que envolvessem cada setor. Impossível uma falha ou erro não ser detectado de pronto ou a curtíssimo prazo!

Equipes médicas, discussões, exames e farmácias do HUEC

"Da lógica ou ilógica biológica..."

Os pacientes eram discutidos entre assistentes médicos, especialistas convocados e a equipe da UTI Geral, sendo a Dra. Virginia a interlocutora entre equipes. Ficou amplamente provado no processo que a médica nunca exerceu coação sobre profissionais de qualquer área, muito menos passou ordens para agirem contra princípios éticos. Tal afirmação ficou provada tanto no processo criminal quanto nos processos administrativos do CRM

Todos os médicos que compunham as equipes de assistência a cada paciente tinham liberdade de ação, sempre baseando suas condutas em literatura a cada caso.

A médica intensivista Virginia, que chefiava a UTI, como era diarista[24] dentro da unidade, executava as discussões e reivindicações necessárias a cada paciente, junto aos assistentes médicos, especialistas consultados e médicos de serviço de apoio diagnóstico (radiologistas, ecografistas, etc.). Essas discussões eram realizadas em sala médica (apêndice da unidade), com visão para os pacientes, mas em um ambiente amplo, pois a unidade era pequena. Dispunha-se de negatoscópios, acervo literário médico, acesso a sites pela internet de publicações da área. Essa sala comportava a equipe multidisciplinar que participava das discussões. Representando a enfermagem, estava sempre presente a enfermeira administrativa, além de fisioterapeuta, nutricionista e médicos assistentes.

Em discussões médicas e de equipes multidisciplinares surgem opiniões diversas, pois a Medicina trabalha com o paulatino decifrar de uma "lógica ou ilógica biológica" que pode se distanciar, vez por outra, da "lógica racional". Nesses casos, sempre em cunho profissionalíssimo, as decisões eram tomadas na ausência de conflitos, quando atingiam um razoável consenso.

Se houvesse necessidade de exame emergencial, o laboratório era avisado para fazer a coleta imediata. Como os médicos da unidade não trabalhavam com documentos impressos e sim com resultados visualizados pelo sistema de informática, sabia-se exatamente o momento de execução dos exames e seus resultados.

A anexação dos impressos ao prontuário era realizada na ocasião da montagem para fins de faturamento e auditoria, quando já havia a alta hospitalar. Tal fato é mencionado inclusive pelo perito oficial do Instituto Médico Legal (IML) quando da análise dos prontuários durante o seu trabalho pericial, afirmando que baseou suas conclusões em todo o material que lhe foi fornecido, incluindo as audiências de testemunhas.

---

24 Na UTI, é função do médico diarista realizar prescrições e estabelecer condutas diariamente, de onde advém o nome. Em plantões, o médico plantonista tem toda a liberdade de ação, desde que sua conduta seja baseada em literatura da área, consultando prontuários e respeitando os protocolos nacionais e internacionais.

Em relação às farmácias de dispensações, padronizações de diluições impostas por este serviço, eram duas unidades que atendiam as UTIs: uma farmácia denominada farmácia de diluição, responsável por toda rotina das medicações diárias, e a farmácia satélite anexa à UTI Geral. Todas as retiradas de medicamentos das farmácias eram feitas com prescrições médicas, realizadas dentro da UTI, e, por interfaceamento, impressas nas farmácias. Quando o funcionário ia buscar tal medicação o farmacêutico encarregado conferia os dados do paciente, conferia a prescrição para ver se não tinha erro, fazia o registro com código de barras de cada medicamento dispensado e, ainda, registrava o funcionário que retirara o medicamento. Dessa forma, caso o prontuário fosse extraviado, conseguiria reproduzir o que foi aplicado só pelos registros das farmácias.

A farmácia de diluição entregava medicações identificadas por nome de pacientes e conferia com os enfermeiros todos os itens. A entrega era feita em três turnos, tendo início às 13h30, às 19h30 e às 7h30 do dia subsequente, seguindo o horário padronizado na UTI Geral. Em casos de alterações em prescrições, possíveis ao longo do dia, a equipe tinha entre 15 e 30 minutos para encaminhar as medicações à unidade. Os funcionários dispunham de farmacêuticos diuturnamente, portanto, surgidos qualquer erro ou prescrições que lhes gerassem dúvida, entravam em contato com o médico plantonista.

Em situações de emergências ou intercorrências graves, os médicos prestam atendimento ao paciente, e, após estabilização do quadro, executam as prescrições dos medicamentos já utilizados; as medicações ou materiais eram disponibilizados verbalmente e posteriormente aprazados pela enfermagem assim que as prescrições tivessem em mãos, encaminhando à farmácia para comprovação de dispensação. Essa unidade também possuía supervisão de farmacêuticos.

Os profissionais pertencentes ao serviço de farmácia, além de seu conhecimento e bom senso, tinham a compreensão de não haver como um médico prestar atendimento e executar demoradas prescrições concomitantes em teclados de computadores. Essa rotina é frequente em UTIs e setores emergenciais e não fere o Código de Ética Médica, pois a primeira obrigação do médico é prestar socorro ao paciente. Após serenar, passará a relatar no prontuário.

Portanto, é cristalino que as prescrições, feitas em caráter emergencial, dirigem-se à reposição do estoque no carro de emergência. Não há como a farmácia aceitar seringas com medicação residual e frascos violados, nem médicos interromperem salvamentos para digitar em teclados de computadores intercalando outra tarefa de menor nobreza com ressuscitações emergenciais e comprometendo estas.

***

Caro leitor, o rápido apanhado apresentado neste capítulo deve ter fornecido uma visão geral do que acontecia na UTI Geral do HUEC, os problemas por que passava o hospital, o clima de insatisfação de muitos de seus funcionários e a rotina frenética entre a vida e a morte que enfrentavam todos os profissionais que trabalhavam no setor.

Nossa defesa teve muito trabalho para explicar o óbvio, pois, quando se falava *"utilizar a dosagem até atingir o objetivo"*, para a enceguecida acusação esse objetivo era *"matar paciente"* quando garantir vidas era o fim visado por todos os integrantes daquele hospital e em especial da UTI. Salvar vidas como meta da Medicina era o que se tentava fazer e isso ficou amplamente provado! Só uma mente pervertida poderia imaginar outra coisa.

Evidentemente que nossas observações externas levavam a preocupantes reflexões. Concluímos, por exemplo, que é mais fácil um paciente de "plano de saúde particular" vir a óbito por falta de liberação de remédios, exames ou procedimentos, que um paciente do Sistema Único de Saúde (SUS). Para estes as liberações são automáticas e imediatas e não dependem do "pode" dos controladores dos planos de saúde particulares que, vez por outra, demoram horas e dias para autorizarem remédios e procedimentos de alto custo, relegando o direito à vida do paciente para um plano "secundário".

Com isso, já é possível deduzir quantas conclusões errôneas, em função de falta de conhecimento e até por insatisfação com a situação do local de trabalho, foram tiradas e lançadas levianamente sobre a atuação dos que se empenhavam com seriedade para manter a unidade em bom funcionamento e prestar o melhor atendimento possível aos pacientes esperançosos que lá chegavam.

Capítulo II

Os torturantes dias da prisão à liberdade

O irreversível processo de demonização...

Na tarde do longo e caótico dia 19 de fevereiro de 2013, Virginia, eu e minha filha Louise, na prisão da Travessa da Lapa, sem ter podido acessar o conteúdo do inquérito policial, tentávamos entender o que realmente se passava. Imagine o leitor que tínhamos uma médica aprisionada que jurava inocência e repetia à exaustão que apenas tinha praticado atos típicos de medicina seguindo a literatura médica.

Naquele triste pôr do sol de final de verão sulista, precisávamos de respostas e conhecer os fatos imputados ou imaginados, tomar providências para que tudo se esclarecesse o mais rápido possível, mas o desenrolar da história não se deu na velocidade esperada e muitas surpresas catastróficas nos alcançariam nos dias seguintes.

Com a questão resolvida do aprisionamento da médica em lugar especial, separada de presas comuns, pelo diploma em curso superior, era urgente estudar o teor do Inquérito Policial.

Naquela manhã, quando ainda estávamos com ela sendo interrogada, formulamos requerimento[25] para a Delegada de Polícia do Núcleo de Repressão tanto

---
25 Petição da defesa –protocolo NUCRISA nº 6685 – teor requerendo: 1. Cópia integral dos autos de inquérito com todos os anexos e mídias sem que nada seja ocultado da defesa, nas formas do Código de Processo Penal e Súmula Vinculante nº 14 do Supremo Tribunal Federal; (...) 4. Seja assegurado para a Requerente seu direito de imagem, não sendo exposta ou mencionada em

para a defesa acessar os autos de inquérito para exame de eventuais provas, como também que não fosse a acusada exposta para a imprensa. Nada se assegurou para a defesa e foi a médica inconsequentemente exposta para a mídia com falsas impressões leigas acusatórias em irreversível processo de demonização!

Como contraponto, emitimos uma solitária nota para a imprensa no mesmo dia da prisão e exposição midiática, sabendo que seria, como foi, uma gota d'água no oceano da infâmia.

Nota para a imprensa

Nosso escritório jurídico foi mobilizado para defender os interesses da médica Dra. Virginia Helena Soares de Souza, contra a qual se instaurou inquérito para apuração de eventual conduta ilícita junto à UTI do Hospital Evangélico de Curitiba. Da análise preliminar, esclarece a defesa:

I - A Dra. Virginia Helena Soares de Souza é médica intensivista do Hospital Evangélico de Curitiba desde 1988, nada tendo em seu desabono;

II - Nenhum ato ilícito praticou e a suspeita deriva de errada interpretação de escuta telefônica e/ou pessoas próximas não familiarizadas com procedimentos de UTI;

III - Com relação aos parâmetros do respirador, esclarece que tais são alterados o tempo todo na dinâmica dos doentes de acordo com a situação de cada paciente a cada momento examinado;

IV - Sempre agiu preservando vidas dentro da ética médica e dos critérios nacionais de terapia intensiva com criteriosas discussões dos casos com médicos assistentes e famílias dos pacientes;

V - Provará sua inocência.

Curitiba, 19 de fevereiro de 2013.

Elias Mattar Assad
Advogado

---

qualquer meio de comunicação; 5. Seja assegurado prisão especial, tendo em conta ser médica, preenchendo os requisitos para a imediata concessão.

Com a negativa de acesso ao conteúdo do Inquérito Policial, tivemos que pedir ao Juiz da Vara de Inquéritos, que o deferiu[26] no dia seguinte, em 20 de fevereiro de 2013.

A delegada, parecendo visivelmente irritada com a ordem judicial a ela dirigida, passou a fazer toda sorte de retardamentos e exigências como prévio recolhimento da taxa referente às fotocópias de todos os procedimentos em nome de Virginia e exibição do comprovante de pagamento da guia, em franca demonstração de que o dificultar era o objetivo dos acusadores. Para se ter uma ideia, um advogado do nosso escritório ficou nas dependências do Núcleo de Repressão das 11h53 (protocolo nº 6705) até as 16h20 do dia 21 de fevereiro de 2013, sem que fosse cumprida a ordem judicial. Limitou-se a delegada a informar que se fosse para fornecer cópias do inquérito, não daria as dos áudios e das mídias, eis que a ordem do juízo era omissa nesse sentido.

Novamente a defesa volta ao Juiz da Vara de Inquéritos e noticia o descumprimento deliberado da ordem judicial e pede nova ordem explicitando a amplitude do acesso ao inquérito pela defesa, incluindo cópias de documentos, áudios e mídias. Foi deferido e comunicado para a delegada que se recusou a cumprir novamente, alegando estar fora do expediente, gerando novo pedido em Plantão Judiciário que culminou com parecer do Ministério Público acenando para descumprimento de ordem judicial. Somente na segunda-feira, 25 de fevereiro de 2013, seis dias depois da prisão, é que a defesa teve acesso ao conteúdo do Inquérito Policial.

Foi necessária a impetração de três pedidos judiciais para garantir acesso amplo da defesa no material dito probatório, persistindo os mistérios do arbítrio e do descumprimento da legislação pátria e mesmo de ordens judiciais.

***

Na primeira noite da prisão, Virginia arrumou suas coisas no pequeno guarda-roupas e tentou deitar na cama mais para descansar da fadiga que lhe invadia que de sono. Não conseguiu dormir, pensando em seus pacientes deixados na UTI, em sua vida, familiares em raciocínios profusos ou em espécie de "apagão" como ela mesma definiu. Confusa, pensava na vida tentando, em vão, ao menos por alguns momentos, esquecer a Medicina ou o hospital. Não dormiu e isto se repetiu nas primeiras cinco noites nas quais apenas levemente cochilava e acordava com pesadelos de sons de alarmes de bombas infusoras, ventiladores,

---

26 Despacho Judicial – Autos nº 2013.4393-8: "I - Tendo por lastro o disposto no art. 7º, inc. XIV, da Lei 8906/94, bem como na súmula vinculante nº 14, oficie-se à Autoridade Policial do Núcleo de Repressão aos Crimes contra a Saúde – NUCRISA – para que disponibilize aos advogados constituídos, nos termos da procuração de fls. 03, o acesso a todo e qualquer procedimento já documentado sobre a investigada Virginia Helena Soares de Souza. II - Visando a celeridade do procedimento, encaminhe-se o ofício via fax, com cópia da procuração de fls. 03. III. Intime-se. Curitiba, 20 de fevereiro de 2013. PEDRO LUIS SANSON CORAT Juiz de Direito."

monitores, etc. Quando se dava conta, sem compreender e incompreendida, estava imóvel naquela prisão.

O único raciocínio encorajador era a certeza de que era inocente e que apenas cumprira com suas atribuições de médica. Enquanto isso, as notícias mais escandalosas, mentirosas e absurdas eram diuturnamente reverberadas pela imprensa. Virginia passou a não assistir à velha televisão do lugar e nem a ler jornais.

***

Pelo boicote deliberado dos acusadores, as cópias do Inquérito Policial somente chegaram às mãos da defesa quase uma semana após a prisão. Somente a partir do acesso ao conteúdo do inquérito que Virginia e sua defesa puderam fazer os primeiros estudos e anotações sobre o assunto. Inclusive ela conseguiu rir pela primeira vez ao ver o nome de um paciente que tinha recebido alta e que estava sendo dado como morto.

Como advogados, nós estávamos diante de algo completamente novo e inusitado. O tema envolvia matérias de altíssima indagação técnica, incomum no dia a dia de criminalistas. Aliás, com aquela paranoia coletiva alimentada pelos acusadores na imprensa sensacionalista não tínhamos previsão de liberdade em curto prazo, nem ela se preocupava com isso de pronto e sim esclarecer o que era equívoco. Estava em jogo todo o sonho de sua vida e honra profissional. O próprio irmão de Virginia disse que pela demonização era mais seguro para ela no cárcere que em liberdade.

Apuramos daí para frente que a investigação começou com uma denúncia anônima e que já datava de quase um ano até a prisão de Virginia. Ora, imaginávamos que eram ilógicas as acusações, pois do contrário pessoas estariam sendo assassinadas nesse espaço de tempo entre a denúncia anônima e a prisão da médica sob as barbas da Justiça? Ainda, mesmo que estivessem imaginando ação de um *serial killer*, como tudo teria se dado em ambiente hospitalar multidisciplinar, seria a primeira vez na história da psiquiatria forense universal que vários *serial killers* teriam se associado em quadrilha ou bando para cometer crimes sem qualquer lógica.

Enfim, para se ter uma base das revoluções mentais em raciocínios defensivos, dissemos na ocasião para Virginia que na mente dos inscientes acusadores ela "matava pacientes na UTI para abrir vagas, para não deixar que eles morressem nas filas de espera pela UTI". Para quê? Para abrir vagas para que novos doentes não morressem na fila da UTI, para serem mortos na UTI.... Nada fazia sentido nem tinha qualquer lógica!

O problema mais urgente, no entanto, era como as investigações tinham sido feitas, quais eram as provas e como elas tinham sido obtidas, mas veremos isso no capítulo seguinte.

Enquanto isso, fora das grades da prisão e no nosso escritório, o assédio da mídia era insuportável. Todos os telefones tocavam ao mesmo tempo. Todos os *e-mails* com caixas de entrada lotadas de mensagens com pedidos de entrevistas entre em plantões "ao vivo" no lugar do aprisionamento de Virginia quando necessariamente tínhamos que passar várias vezes ao dia pedindo calma, afirmando que tudo se esclareceria em seu devido tempo, tanto que no dia 22 de fevereiro de 2013, lançamos um *Público Manifesto* subscrito em conjunto com o seguinte teor:

Público Manifesto

O livre exercício da medicina está em risco no Brasil. A prosperar o movimento da polícia paranaense no caso da médica subscritora, colocando-se em dúvida, sem provas válidas pré-constituídas, os procedimentos e critérios científicos de terapia intensiva, atestados de óbitos, laudos do IML e afins, doravante tudo será questionado e os profissionais da área serão completamente desmoralizados: se um paciente der entrada na Terapia Intensiva e vier a óbito, dirão no mínimo que foi imperícia ou até mesmo homicídio qualificado. O óbito ou eventuais sequelas naturais serão sempre debitados aos médicos, com os transtornos decorrentes (prisões, agressões, questionamentos éticos, exposições públicas irreparáveis e aborrecimentos sem fim).

A ciência médica não pode ser relativizada ou mesmo inviabilizada no seu livre e ético exercício, pelos altos riscos a que doravante estarão expostos os seus profissionais, mormente socorristas e intensivistas que trabalham diuturnamente na tênue fronteira da vida e da morte. Da leitura atenta dos autos do inquérito com meu advogado, não está provada sequer a existência de fato, quanto mais materialidade de qualquer crime.

É a presente para perpetuar a memória do que está se constituindo no maior erro investigativo e midiático da nossa história. Pedimos especial atenção e minucioso acompanhamento da comunidade científica; e que toda pessoa que conhece realmente o trabalho da médica subscritora que se apresente e se declare.

"A verdade é filha do tempo e não da autoridade..." (Galileu)

Curitiba, 22 de fevereiro de 2013.

Virginia Helena Soares de Souza   Elias Mattar Assad

Além do manifesto, tornamos público que todas as perguntas de interesse da imprensa poderiam ser dirigidas para o *e-mail* do nosso escritório que seriam respondidas em momento oportuno pela própria Virginia, cujas respostas foram dadas como se verá em capítulo próprio.

A deslealdade acusatória na troca dos verbos "raciocinar" por "assassinar" nas falsas transcrições das escutas telefônicas

Isto não faz parte do meu vocabulário...

Nos dias seguintes da prisão, a grande imprensa divulgou a transcrição de um trecho de interceptação telefônica que afirmava que Virginia teria dito para outro médico: *"Estamos livres para assassinar..."* Isso chocou ainda mais a opinião pública que se colocou inclusive contra nós defensores com ofensas e ameaças pelas redes sociais.

De pronto, fomos até a prisão e indagamos para Virginia se teria dito tal frase, ao que ela respondeu:

— Jamais! Isto não faz parte do meu vocabulário, só pode ser montagem...

Naquela mesma tarde e noite nos debruçamos nas gravações telefônicas e descobrimos que o verbo usado era "raciocinar" e não "assassinar". Fazia toda a diferença e lançamos uma ofensiva na imprensa com a qual provamos que a transcrição oficial daqueles áudios era criminosamente falsa.

Esse forjado "documento oficial" possivelmente foi levado com esse trecho de conversa de forma avulsa para o Juiz, como "fiel transcrição" do conteúdo da "prova", grafado *"Estamos livres para assassinar..."* em vez de *"Estamos livres para raciocinar..."* Isso fazia toda a diferença, inclusive para justificar o decreto da prisão!

Desmascarada publicamente a primeira farsa acusatória, com todos os veículos de comunicação esclarecendo e feita a "correção" pela delegada que presidiu o Inquérito, os acusadores, em represália, sem ordem judicial, no dia 27 de fevereiro de 2013 ilegalmente transferiram a médica Virginia da prisão especial, onde se encontrava, para a Penitenciária Feminina em Piraquara, na Região Metropolitana de Curitiba.

Na prisão especial, onde se encontrava, Virginia foi informada abruptamente que seria transferida para a Penitenciária Feminina, sem comunicação aos advogados de defesa. Simplesmente mandaram Virginia pegar suas coisas, pois seria removida.

Portão de acesso à Penitenciária Feminina de Piraquara - Paraná.

Uma jovem médica, que tinha sido presa pela mesma e malfadada investigação e que também estava na mesma viatura, chorava copiosamente no colo de Virginia.

A escolta, embora com tratamento gentil, silente não informava para onde estavam sendo levadas as presas, causando grande e desnecessária angústia no trajeto do centro de Curitiba até a Penitenciária Feminina em Piraquara que fica naquela Região Metropolitana. A noite caía e com ela o medo do desconhecido.

Quando a viatura chegou à Penitenciária Feminina, as médicas passaram pela rotina de entrega de presas com preenchimento de formulários e fotos. O tratamento era hostil. A única informação que deram foi a de que durante trinta dias não receberiam visitas nem os pertences pessoais que seriam armazenados. Ficaram em uma cela com forte odor de restos de comida ali deixados pelas últimas e infelizes ocupantes.

Influenciadas pela demonização midiática, quando souberam pela imprensa que a médica estaria naquela Penitenciária, as presas gritavam em coro durante a noite e nos dias seguintes a ecoar nas galerias: *"Morte, morte, morte!"*.

Quando recebemos a notícia da transferência, eu e minha filha Louise, como defensores, imediatamente nos deslocamos para a Penitenciária Feminina.

Felizmente, naquela penitenciária fomos recebidos por uma gentilíssima servidora que nos assegurou que a médica não seria colocada no convívio com as demais internas, até que a Justiça decidisse sobre seu retorno à prisão especial de onde tinha vindo.

Chegamos a pensar que o objetivo dos acusadores era justamente que a médica fosse linchada e morta pelas demais presas, para tentar cobrir com terra a vergonha que para eles era perfeitamente previsível de uma falsa acusação.

No dia seguinte, formulamos um pedido de retorno da médica para a prisão onde antes se encontrava. Com o pedido deferido em 4 de março de 2013, Virginia retornou à prisão especial do Centro de Triagem I de Curitiba. Ficou cinco dias na penitenciária, isolada das demais detentas, sem direito a tomar sol, com higiene precária de dez minutos para banho, acompanhada de agentes penitenciárias. Havia uma torneira e um tanque na cela. Sem banheiro.

Virginia nos narra que pelo trauma tem uma espécie de eclipse de memória de sua passagem pela penitenciária. Lembra que não conseguia se alimentar por falta absoluta de apetite e que isso foi confundido com greve de fome. Estava tão debilitada por não se alimentar e ficou meio tonta quando chegou a notícia da decisão judicial ordenando sua volta para a prisão onde antes se encontrava. Naquele momento teve que ser amparada pelos agentes da escolta para entrar na viatura e, ao que lembra, incrivelmente feliz como se estivesse rumando para um lugar paradisíaco onde ficou até a libertação...

Foi com o retorno para a prisão especial, onde estava, que Virginia conseguiu estabelecer uma rotina. Acordava antes das seis horas e tomava um café que os próprios presos se revezavam em fazer no pequeno fogão existente. Recebia comida dos parentes e se alimentava sem horário certo e quando tinha fome; dedicava todo o seu tempo para estudos e explicações técnicas para sua defesa.

Nisso sobrevém o dia internacional da mulher, 8 de março, quando no trajeto entre o escritório e a prisão resolvi passar em uma floricultura e levar flores para Virginia pela data e por ter se revelado uma incomparável gladiadora. O que menos ela esperava eram flores e as recebeu com lágrimas e com a voz embargada. Mas logo brotou um sorriso que marcou indelevelmente aquele dia de trabalho e esperança na defesa de uma mulher inocente.

A liberdade

Seus olhos ficaram banhados em lágrimas...

No dia 20 de março de 2013, o Juiz de Direito da 2ª Vara do Júri de Curitiba, Doutor Daniel R. Surdi de Avelar, deferiu nosso pedido defensivo que assegurou para a médica Virginia Helena Soares de Souza, responder em liberdade o processo que se iniciava.

Em nosso pedido de liberdade ponderamos, entre mais argumentos técnicos, que não se faziam presentes os requisitos para uma prisão cautelar considerando que não havia sequer prova da materialidade dos crimes assestados contra Virginia e que ela em liberdade não comprometeria a tramitação da ação penal. Assim, não havia motivo para a manutenção da custódia.

A liberdade foi concedida com imposição das seguintes cautelas judiciais:

I. Proibição de acesso ou frequência a qualquer unidade de terapia intensiva[27];
II. Proibição de manter contato com qualquer das testemunhas indicadas na denúncia;
III. Suspensão da atividade de intensivista;
IV. Comparecimento pessoal e mensal em Juízo sempre na última quinta-feira do mês para informar e justificar suas atividades (...). (*Decisão judicial*. p. 12.)

Com a ciência da decisão que assegurou que a médica respondesse o processo em liberdade, pensamos muito na forma de transmitir a notícia para Virginia. Estando ela fragilizada física e emocionalmente, a notícia poderia causar perigoso choque pela complexidade do equívoco. Estava ela sem qualquer átimo de esperança de liberdade em curto prazo e já por um mês aprisionada e demonizada.

Portas de ferro fazem aqueles barulhos característicos nas aberturas e fechamentos. Os ferrolhos gritam desengraxados, acompanhados dos ecos das batidas secas que reverberam no ambiente carcerário e se eternizam nas memórias dos encarcerados.

Ao entrarmos no lugar do aprisionamento e anunciarem nossa chegada, com o fechamento da ruidosa porta, talvez inspirada nos calabouços medievais, Virginia pensava que era mais um dos longos dias de estudos e resumos para tentar explicar medicina intensiva para leigos...

Dada a notícia, ela apertando as minhas mãos, suspirou algumas vezes. Em longo período de silêncio, seus olhos ficaram banhados em lágrimas. Absolutamente calada, começou a recolher suas coisas. Ficamos atentos, mas seus movimentos mantiveram-se firmes. O momento era de uma felicidade indescritível

---

27 O Juiz na decisão afirmou que isto não impediria o direito ao exercício da Medicina: *"eis que se circunscreve apenas ao local (UTIs) onde em tese, teriam ocorrido as práticas noticiadas na investigação".*

e que somente os libertos e seus advogados conseguem sentir. Louise passou a auxiliar Virginia que, em lágrimas de emoção, disse com a voz embargada:
— Agora começo a acreditar...

TRIBUNAL DE JUSTIÇA DO ESTADO DO PARANÁ
PODER JUDICIÁRIO
VARA PRIVATIVA DO 2º TRIBUNAL DO JÚRI - CURITIBA
Pça Nossa Senhora da Salette, S/N. Bairro: CENTRO CÍVICO, CEP 80530180. Curitiba - PR.

Alvará de Soltura nº 000030731-90

O(a) Dr(a) Daniel Ribeiro Surdi de Avelar, Juiz(a) de Direito da(o) VARA PRIVATIVA DO 2º TRIBUNAL DO JÚRI - CURITIBA.

DETERMINA ao Ilmo. Sr. Delegado de Polícia ou Diretor do Estabelecimento Penal, que coloque em liberdade, se por "al" (outro motivo) não estiver preso, a pessoa abaixo indicada e qualificada.

Qualificação da pessoa a ser solta

Nome: Virginia Helena Soares de Souza
Alcunhas:
Doc. Identidade: 7586284 - PR
C.P.F.: 025.532.578-99
Sexo: Feminino
Nascimento:
Estado Civil:
Naturalidade: Santos - SP
Filiação: Regina Filomena Soares de Souza / Abelardo Prisco de Souza
Marcas/Sinais:

Dados do Processo

Nº Único: 0002362-61.2013.8.16.0013 **Natureza:** Temporária
Nº Inquérito: 2013.3084-4
Artigo(s): ART. 121, § 2º - HOMICIDIO QUALIFICADO
Complemento: §2º, inc. I e IV, por 07 vezes, c.c. art. 62, inc. I, e art. 61, inc. II, alíneas 'g' e 'h', aplicada a regra do art. 69, todos do Código Penal, e art. 288. caput, do Código Penal.

Motivo

Liberdade provisória sem fiança

Observação

Cumpra-se na forma da Lei.
Lavrado por Francielle Kieling Sturm.
CURITIBA, 20 de Março de 2013.

Daniel Ribeiro Surdi de Avelar
Juiz(a) de Direito

eMandado v.2.6.6   Gerado em: 20/03/2013 15:16:50

TRIBUNAL DE JUSTIÇA DO ESTADO DO PARANÁ
PODER JUDICIÁRIO
VARA PRIVATIVA DO 2º TRIBUNAL DO JÚRI - CURITIBA
Pça Nossa Senhora da Salette, S/N. Bairro: CENTRO CÍVICO. CEP 80530180. Curitiba - PR.

Termo de Compromisso

Com fundamento no artigo 282, §1º, do CPP, foram impostas as seguintes medidas cautelares diversas da prisão:
a) proibição de acesso ou frequência a qualquer Unidade de Terapia Intensiva;
b) proibição de manter contato com qualquer das testemunhas indicadas na denúncia;
c) suspensão da atividade de intensivista;
d) comparecimento pessoal e mensal em juízo, sempre na última quinta-feira do mês, para informar e justificar suas atividades.

Ficou ciente e advertido de que o não cumprimento das condições implicará na revogação do benefício, conforme determina o art. 310 do CPP.

O réu disse que aceitava as condições e prometeu cumpri-las.

_____ Assinatura: Virginia Helena Soares de Souza

Esse documento, denominado Alvará de Soltura, foi lido para Virginia e por ela assinado.

A saída da prisão

A ciência libertou a ciência...

No momento de deixar a prisão, ofertando meu braço direito para seu amparo disse para a médica Virginia sair de cabeça erguida como quem realmente é e tem de direito, em seu favor, a presunção constitucional de inocência!

Saída da prisão — Centro de Triagem I de Curtiba-PR.

Naquele corredor, entre a pesada porta de ferro que se abria e nosso automóvel, estava presente toda a imprensa.

Olhando aquela multidão de profissionais da comunicação, lembrei que na história da humanidade não era a primeira vez que a ignorância aprisionava a ciência. Mas uma coisa era certa, desta vez a própria ciência do direito libertou a pessoa cultora da ciência médica e tida por erronia como espécie de bruxa ou herege do terceiro milênio.

Naqueles passos firmes em direção ao intransponível cerco dos profissionais da imprensa, Virginia mirava fixo um horizonte infinito, inimaginável, enquanto eu olhava ao alto agradecendo aos céus por uma etapa defensiva que se cumpria com honras, parecendo que naquele momento uma brisa refrigeradora da alma veio como resposta da mitológica deusa da Justiça, acompanhada de um silêncio melodioso, entre semblantes, passos e movimentos que nenhuma orquestra poderia retratar. Marchávamos para a liberdade!

Nenhuma declaração demos para a imprensa naquele momento, não somente em sinal de protesto contra as infâmias impingidas para a acusada e sua defesa ou por terem feito toda a campanha de demonização e condenação antecipada da médica sem lhe dar chances de explicações ou defesa, mas pelo alto significado da própria concessão da liberdade dada pela Justiça naquele momento processual.

Desvencilhamo-nos dos "canhões midiáticos" e de suas desinformações em tempo real.

Quando saíamos e o veículo lentamente iniciou o movimento, para descontração indagamos a Virginia:

— E agora para onde iremos?

Virginia tentou esboçar resposta, mas um choro compulsivo tomou conta do seu ser e ao serenar disse:

— Voltar para casa, encontrar meu filho, deitar e abraçar o chão, rever as pessoas e afagar meus cachorrinhos. Olhar pela janela e respirar fundo. Dormir e sonhar com a resolução deste pesadelo definitivamente...

Foi um dos momentos mais marcantes da nossa vida profissional.

Advogados indiscutivelmente são indispensáveis para a administração da Justiça como enuncia a nossa Constituição Federal.

Capítulo III

Demonização midiática mediante vazamento de falsas informações pelos acusadores

Os que menos sabiam foram os que mais acusaram.

Como regra, desde a prisão, uma coisa estava no processo e outra na mídia envenenando a opinião pública. Essa relação de amor e ódio da nossa defesa da médica com a imprensa que recebia informações oficiais deturpadas era pautada pelos incansáveis contrapontos defensivos. Notas lançadas, entrevistas censurando os excessos, após cada declaração pública concedida pela acusação.

Os bombardeios midiáticos foram tantos que era muito comum pessoas comentarem: "*Vocês defendem a médica que desligava o aparelho respirador dos pacientes?*". E eu observar que sequer na investigação ou denúncia do Ministério Público constava tal acusação![28]

Desgraçadamente, matérias e notícias sensacionalistas vendem espaços publicitários sempre valorizados pelos índices de audiências de cada veículo. Rapidamente as imagens e histórias de Virginia vicejavam em jornais, rádios, televisões, revistas e redes sociais com o rótulo de "Doutora Morte" em repetidos e ensurdecedores equívocos, que a população dava como certos e definitivos.

No curso deste processo e inspirado nele, em meados de 2015, escrevi esta crônica[29]:

---

28 No processo não há qualquer acusação de que alguém tenha desligado aparelhos, apenas reduzido parâmetros.
29 Disponível em: < http://jornalggn.com.br/noticia/desinformacao-em-tempo-real-e-a-delinquencia-processual>. Acesso em: 29 jun. 2017.

Desinformação em tempo real e a delinquência processual

Com a capacidade de raciocinar eclipsada pelos cerebrinos bombardeios das redes sociais, de blogueiros, além de setores da mídia colaboracionista, nossa população faz ressurgir aquela velha turba que, com igual vigor, grita para culpados e inocentes: "Crucificai-o"!

As reações são as mesmas de outrora. A diferença para com a atualidade está apenas no cenário: roupas, cortes de cabelo e *smartphones* em punho. Facilmente manipuláveis, continuam aplaudindo Judas, escolhendo Barrabás, cultuando bezerros de ouro, matando pessoas em fogueiras, ou de forma vária. Sabem os poderosos que, para cometer injustiças impunemente, é preciso demonizar previamente.

A desinformação em tempo real dá origem a falsas imagens, e a massa ignara transforma-se em monstro multifacetado, no afã de "combater monstros".

Assim, inconsequentes deturpadores de opinião constroem castelos de fumaça, e alienados passam a "residir" neles com seus infalíveis *smartphones*. Nossos bárbaros contemporâneos são emancipados de costumes, predadores do direito posto e ladrões da liberdade. Instintivamente, praticam a Lei de Lynch, atentam contra instituições, banalizam patrimônios, crenças, honras e vidas alheias. Aliás, casos de linchamentos físicos têm aumentado vertiginosamente nesta quadra histórica brasileira, fronteiriça da desesperança, em brados insanos por mais prisões e presídios, afora o silêncio com o sucateamento da educação. Comemoram inaugurações de *shopping centers* e não se incomodam com fechamento de fábricas e hospitais.

Das torres dos seus castelos de fumaça, os alucinados por superexposição midiática vislumbram planícies imaginárias de um mundo perfeito. Daí as ilusões pisoteiam a lógica racional e se propagam geometricamente, rumando ao insuportável do incompreensível. No paraíso dos hedonistas, supor e odiar são mais cômodos do que raciocinar.

Mas se os problemas são reais, como enfrentá-los com ilusões?

Investigações e processos devem partir de fatos determinados, comprováveis tecnicamente e às claras, assegurando defesas. Não se concebem imposições de vontades pessoais para destruir reputações dos investigados ou de terceiros em explícito terrorismo de estado.

Como se não tivéssemos leis, apresentam-nos como troféus a prostituta das provas, agora como rainha e, em público, acusados torturados psicologicamente, coagidos e extorquidos, travestidos de testemunhas "fidedignas" (denominados "delatores"). Para completar a calamidade artificial, muitos tribunais, postos para conter abusos, vivem dias de Pilatos, mortificando a Constituição Federal em suas cláusulas pétreas e até convertendo a maior delas em *"negas corpus"*, como se a única regra fosse esta: "Se o povo gostou, tudo pode…".

Culpas somente podem ser estabelecidas com prudentes sentenças judiciárias calcadas na lógica racional. Investigar, acusar, defender e verdadeiramente julgar são atos de ciência, de construção e de amor pelo próximo, jamais de ódio e de destruição.

Violações de princípios basilares são nefastas para todos. Por justiça divina ou poética, observo que o mesmo governo do Paraná que permitiu o linchamento moral da médica que defendo, em espetaculosa investigação, ficou também exposto a idêntico desatino, enquanto Justiça é obra serena de cultura de um povo!

Há muito tempo luto contra o que denominei "delinquência processual". Não concebo o prometido estado democrático de direito sem uma lei que tutele o manejo das normas processuais, inibindo severamente violações, que solapam os mais elementares direitos das pessoas, com os respectivos violadores impunes.

Indago aos templários do caos, produtores e mercadores desses medievais espetáculos de horror: se mesmo a pena definitiva tem caráter ressocializador, por que prisões temporárias ou preventivas têm esse poder destruidor e irreparável na vida das pessoas?

Ou a nação se mobiliza, suprapartidariamente, em um pronto pacto social para restaurar o Brasil, conforme a Constituição prometeu, ou, entregues ao jugo dos liberticidas, sem volta, entoaremos o canto lúgubre das liberdades perdidas! (ASSAD, Elias Mattar. 21 jul. 2015. Disponível em: < http://jornalggn.com.br/noticia/desinformacao-em-tempo-real-e-a-delinquencia-processual>. Acesso em: 29 jun. 2017.)

> **globo.com | g1 | globoesporte | gshow | famosos & etc | vídeos**
>
> **≡ MENU G1   FANTÁSTICO**
>
> Edição do dia 09/06/2013
> 09/06/2013 21h58 - Atualizado em 09/06/2013 21h58
>
> ## Médica acusada de acelerar mortes na UTI se diz inocente
>
> Doutora Virgínia Soares Souza, uma personagem polêmica. Ela é a médica acusada de apressar a morte de pacientes na UTI de um grande hospital de Curitiba.
>
> **f FACEBOOK** y g+ p
>
> Doutora Virgínia Soares Souza, uma personagem polêmica. Ela é a médica acusada de apressar a morte de pacientes na UTI de um grande hospital de Curitiba. Esta é a primeira vez em que a médica dá uma entrevista, diante das câmeras, para discutir os detalhes do caso. Virgínia diz que é inocente, e que simplesmente praticou a medicina.
>
> "Inocente ou culpado, depende de você agir errado e com má fé", diz a médica Virgínia Helena Soares de Souza.

Diante do que se divulgava desde o início, as pessoas estavam em comoção, e repórteres e jornalistas queriam detalhes do caso, informações sobre os acontecimentos.

Vimos já no raiar da prisão, uma oportunidade de esclarecer os equívocos do que estava sendo divulgado e acalmar a opinião pública. Virginia ainda estava na prisão especial da Travessa da Lapa, e consenti em produzir uma entrevista em áudio, com minha cliente, para tentar esclarecer as coisas. Disponibilizamos um *e-mail* para toda a imprensa que poderia formular perguntas. Demos um prazo e sintetizamos todas as questões, para indagar Virginia dentro da prisão.

Como resultado, segue a entrevista transcrita do áudio concedida para nós da defesa, mediante autorização da chefia da custódia onde se encontrava presa a médica Virginia e publicada, entre vários veículos, também pelo G1 PR[30].

---

30 Disponível em: <http://g1.globo.com/pr/parana/noticia/2013/03/medicina-esta-no-banco-dos--reus-diz-acusada-de-mortes-em-uti.html>. Acesso em: 9 mar. 2017.

"15/03/2013 19h47 – Atualizado em 15/03/2013 19h47

'Medicina está no banco dos réus', diz acusada de mortes em UTIs

Veja trechos inéditos da entrevista de Virginia Soares ao Fantástico.

2ª Vara do Tribunal do Júri aceitou a denúncia do MP nesta sexta (15).

Do G1 PR

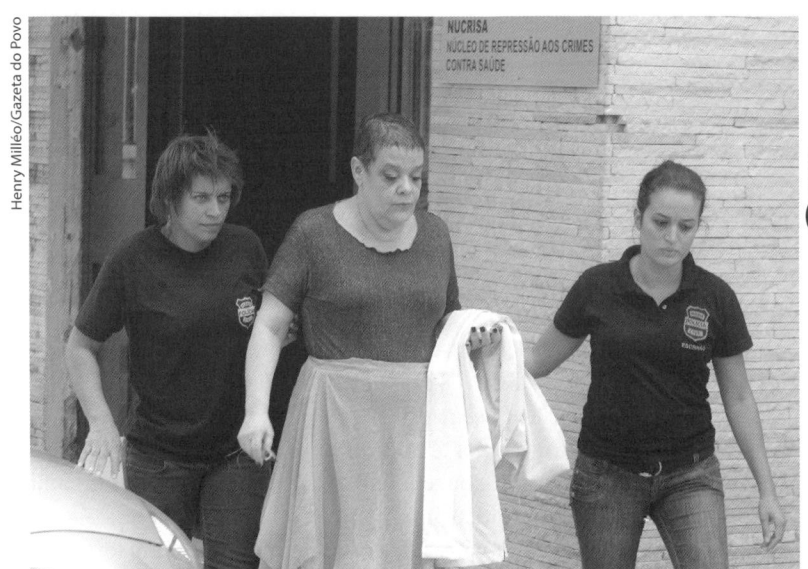

Médica é suspeita de mortes no Hospital Evangélico (Foto: Reprodução/RPCTV)

Presa desde o dia 19 de fevereiro, a médica Virginia Soares de Souza afirmou que o exercício da medicina intensiva está no banco dos réus. A declaração foi concedida ao Fantástico. Nesta sexta-feira (15), dia em que a 2ª Vara do Tribunal do Júri aceitou a denúncia do Ministério Público contra a médica e outras sete pessoas, o G1 mostra trechos inéditos da entrevista, autorizada pela Justiça e feita pelo advogado de defesa da médica, Elias Mattar Assad, durante uma visita à prisão.

Desde 2006, Virgínia era chefe da UTI do Hospital Evangélico, um dos mais importantes do Paraná e referência no Brasil em tratamento de queimados.

Durante a entrevista, questionada se era inocente, a médica respondeu: "A inocência e culpa têm que estar relacionada a um fato comprovado e o fato da minha vida, como médica, é que eu nunca ia omitir socorro. Nunca fui negligente, nunca fui imprudente, nunca tive uma infração ética registrada, uma queixa e exerci a medicina de forma consciente, correta; não sou Deus, não sou perfeita, erros podem ter acontecido, jamais de forma intencional, e nada mais fiz do que exercer com a maior dignidade possível, e com respeito aos pacientes, a medicina intensiva".

Leia e ouça trechos inéditos da entrevista.

A senhora antecipou a morte de pacientes da UTI do Hospital Evangélico que estavam os seus cuidados?

Não. Durante os 25 anos que trabalhei nessa unidade, eu pratiquei atos médicos todos de acordo com os critérios de terapia intensiva, as normas e a rotina desse serviço.

Mais de cem testemunhas, entre elas enfermeiros, funcionários do hospital, a acusam de cometer crimes. Alguns dizem ter presenciado a senhora desligar o «respirador» e injetar medicamentos que levavam os pacientes à morte. Isso é verdade?

Não. Entre essas testemunhas muitas delas foram dispensadas do serviço, muitas vezes, por recomendação médica, e não houve nenhuma testemunha... de perito médico. São todos da área de enfermagem, fisioterapia, higiene, nutrição. Quanto a desligar respirador, não é um procedimento de hábito na nossa unidade, nem em pacientes com morte encefálica quando não há doação (de órgãos) por parte de familiares. Normalmente, os parâmetros são reduzidos e mantidos "suportivos".

A polícia diz ter provas contundentes contra a senhora e essas provas estão em grampos telefônicos e prontuários médicos de pacientes. Como a senhora vê a investigação da polícia?

Em relação aos grampos telefônicos, apesar do linguajar parecer extremamente estarrecedor, é a linguagem que se usa entre médicos num ambiente com pacientes graves, críticos, que pouco se tem a fazer por eles. A outra pergunta é em relação a prontuários. Todos os prontuários foram fornecidos, todos os prontuários estão à disposição. As evoluções estão junto a esse prontuário. Muitas vezes, talvez, devesse ter uma evolução um pouco mais extensa, mas, às vezes, por sobrecarga, o médico pode falhar em escrever menos. Mas, a maioria deles está muito bem documentada. E a prática da UTI é desde que o doente entre, tentar todos os recursos possíveis para sua recuperação. Muitas vezes, infelizmente, isso não é a rotina médica, o insucesso aparece.

A polícia diz que muitas provas ainda não foram apresentadas e que elas vão causar grande clamor popular e indignação. A senhora tem ideia de que provas são essas?

Até o momento, tudo o que foi tido como prova já causou comoção na população porque é muito difícil a um leigo aceitar o linguajar de médico... O paciente não tem retorno, alguns estão mortos, não tem mais o que fazer por eles. E eu não faço ideia de que outras provas possam vir a ter, porque comoção maior, maior do que se causou, eu acho impossível. Já que o caso teve repercussão no Estado, no País, internacionalmente, e de repente eu me tornei uma chefe de quadrilha de morte.

A investigação começou com uma testemunha anônima. Esta testemunha afirmou que a senhora e o médico A. de F. aplicavam "Pavulon"[31] e outros medicamentos e diminuíam a respiração dos pacientes, o que causava a morte deles. A senhora conhece essa pessoa?

A maioria dos denunciantes, eu conheço. Existe muita dificuldade em um indivíduo jovem, inclusive, um médico recém-formado, pois todos nós quando saímos da universidade só pensamos em salvar vidas, independente de estar mantendo um paciente sem viabilidade. Com o tempo, com muito estudo, com muita orientação e com muito preparo, nós começamos a perceber que existe o limite. O limite da doença, o limite da intratabilidade, o limite de suporte. Em relação à droga "Pavulon", nunca é usada isoladamente, isso seria um erro técnico absurdo. Normalmente, essa droga é usada associada a outras drogas anestésicas para que não exista competição do paciente com o "respirador", para que possa otimizar a ventilação. Em relação ao julgamento dessa pessoa, pode ter sido nesse sentido. O doutor A. trabalha na minha equipe. Todos eles, os casos são discutidos, por quê? É importante que se entenda a rotina de um diarista de UTI. É, todos os dias, eu faço as prescrições, eu acompanho os doentes, realizo os exames, então, os detalhes maiores sobre o doente, eu costumo saber muito mais do que um plantonista. A nenhum plantonista é imposto nada, tudo é discutido. Muitos deles, é... Por exemplo, como a doutora K. (W.), a última indiciada, foi acusada, mas ela realizou uma manobra de reanimação num paciente vascular extremamente grave e "sequelado" durante 100 minutos. Então, é dado a todos os médicos o direito de iniciativas próprias, porém, é discutida a possibilidade de essa manobra não ser efetiva. Volto a dizer que a interpretação pode ser de uma pessoa jovem, despreparada a entender que nem sempre conseguimos o melhor para um paciente, que seria a vida. Mas a doença se impõe de uma forma maior.

A polícia indiciou a senhora, outros quatro médicos e uma enfermeira por homicídio qualificado e formação de quadrilha. O que a senhora tem a dizer sobre esse indiciamento?

Eu não entendo o termo quadrilha, porque é um grupo médico, que trabalha junto, uma enfermeira... É importante se entender como funciona a terapia. São dois enfermeiros... Ela tem 14 leitos, são dois enfermeiros pela manhã, um responsável por cada ala, e uma enfermeira de oito horas, que normalmente cumpre uma função administrativa. Porém, nos últimos tempos pela dificuldade, pelas dificuldades que o hospital vem passando, o número de funcionários vem reduzindo de forma importante; essa enfermeira, muitas

---

31 Ver Anexo.

vezes, tem que fazer a parte assistencial. E, apesar de ser uma moça jovem, é a mais treinada, a que conhece a unidade, a que tem mais facilidade para proceder alguns atendimentos. Continuo dizendo que não entendo o termo quadrilha. Qual seria a finalidade de exterminar doentes à luz do dia, sob a visão de todo mundo, com que objetivo?

Advogado de defesa Elias Mattar Assad – Inclusive, aqui, me permita, vou fazer uma complementação porque, falava-se que tinha algum interesse em esvaziar leitos para ocupar leitos porque assim ganharia mais. Dá uma explicada de como era sua remuneração na UTI.

O hospital é um hospital contratualizado pela prefeitura. Então, os pacientes que vêm pelo SUS (Sistema Único de Saúde) vêm nessa contratualização. Nós atendemos os pacientes, todos os procedimentos, findo o atendimento, quer em óbito, quer em alta, são submetidos a uma auditoria interna, e, posteriormente, em essas contas sendo entregues à prefeitura para que exista o faturamento, existem os auditores da prefeitura que revisam todo o processo, todos os procedimentos realizados, as altas complexidades, então tudo é passado por dois sistemas de auditoria, interna e externa. Em relação aos meus honorários em UTI, eu recebo o honorário correspondente à diária médica de UTI. Eu não recebo procedimentos, são... Esses procedimentos, por exemplo, "traqueotomia", "dreno toráxico", são honorários das pessoas que executam o procedimento após avaliar o paciente e ver a sua necessidade. Em relação ao meu ganho, nós temos, no máximo, 14 pacientes. Então, a maneira que eu, vamos dizer, teria pelo SUS uma remuneração total seria 14 pacientes vezes 70 reais dia vezes 30. Esse é o máximo de honorários que eu posso atingir dentro da unidade em pacientes de SUS. Portanto, se eu mantivesse a unidade com 14 doentes durante três meses, os meus honorários iam atingir a taxa máxima e eu não teria esse stress, essa... Esse desgaste, essa desmoralização, esse escárnio público que me foi feito, como uma pessoa do mal, do crime, formadora de quadrilha e... Tentando receber dinheiro de forma ilícita. Nunca cobrei de nenhum paciente do Sistema Único de Saúde, não consta isso, nenhuma denúncia a meu respeito. E nesses 25 anos, nunca respondi por infração ética, por é... Por é... Os erros que um médico pode cometer. Além do que, é importante esclarecer que a Unidade de Terapia Intensiva, ela não tem doentes próprios, são doentes que têm médicos assistentes. A nossa unidade é uma unidade mais de pacientes traumatizados, pacientes em estado gravíssimo, pacientes "nefrológicos", pacientes "oncológicos", pacientes de cirurgia de porte, pacientes clínicos graves, e todos têm médicos assistentes. O que me causa estranheza é que a acusação vem... E não houve nunca nenhum médico que fizesse uma denúncia à diretoria, questionasse alguma coisa, porque a unidade é aberta, de fácil acesso, os doentes são discutidos, as condutas são discutidas, às vezes, existe uma discordância entre uma coisa e outra, mas acaba se fazendo o consenso geral.

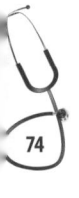

Advogado de defesa Elias Mattar Assad – Então tanto faria aqueles 14 leitos de UTI serem ocupados por a ou por b? O giro não te daria nenhum lucro?
Não faz diferença alguma. Quando se fala em girar a UTI existe um problema que é nacional e de conhecimento de todos, da mídia, de leigos. Nós temos uma demanda por leitos de UTI muito maior do que a oferta, isso é uma regra, é sabido, isso é motivo de matéria, por muitas vezes, em jornais, semanalmente. É de responsabilidade do médico, assim que possível, procurar dar alta aos pacientes com condições e não manter pacientes em situação de irreversibilidade usando de todas as técnicas, o que... Possíveis para sua sobrevida, o que poderia infringir o parágrafo 41 do Código de Ética Médica, que não é lícito o médico proceder dessa maneira. Eu gostaria de aqui dar um exemplo. Na nossa unidade também entram pacientes traumatizados e que acabam evoluindo para morte encefálica. Em terapia intensiva, hoje, se tem recursos de manter esse paciente por um tempo, claro que limitado conforme o motivo, mas já conseguimos manter um paciente sete dias nesse estado, que era um paciente não identificado para que houvesse tempo de identificação e uma possibilidade de doação (de órgãos). Porque desde 1998, os pacientes não identificados não podem mais ser submetidos a protocolos de morte encefálica a não ser que identificados. Antes desse período, quando o paciente não era identificado, existia uma autorização que o diretor médico do hospital assinava e os órgãos poderiam ser retirados. Isso é importante porque o paciente em morte encefálica, ele sofre... É muito difícil manter um morto vivo, muito difícil, porque é um paciente morto e os órgãos vão ter que ser mantidos vivos e a função cerebral tem que ser reposta com medicações, com aparelhagem, com todos os recursos possíveis. O que eu quero dizer com isso, é que se pode manter pacientes inviáveis por tempo indeterminado, se houver intenção para tal, mas isso é completamente absurdo. Eu só estou dando um exemplo dos recursos que se tem hoje para manter (um paciente) vivo.
Alguns trechos da interceptação telefônica impressionaram a opinião pública do País. Gostaríamos que a senhora comentasse: a) o que a senhora quis dizer quando usou a expressão "a missão nossa é intermediá-los do trampolim do além"?
É muito difícil ao médico de terapia, principalmente, em fases em que a UTI tem muitos pacientes sem prognósticos, sem prognósticos... Sem condições de reversibilidade da situação, conversar com familiares, porque é uma tarefa árdua, muito difícil, estressante, tanto para família, claro que muito mais, e acompanhar a dor desses familiares. Qualquer médico gostaria de entrar numa unidade e hipoteticamente ter 100% de bons resultados. É uma felicidade que a gente divide com a família, em que a gente sente a gratidão, em que o nosso trabalho é recompensado. Quando não existem condições em se dar a esse paciente o retorno, o retorno à vida, nós temos por obrigação amparar esta família. (Em uma) Unidade de Terapia Intensiva você tem que atender dois grupos, o paciente e a família, porque não existe dono do paciente, o dono do

paciente é a família. Então, muitas vezes, a gente usa a expressão trampolim do além porque somos nós que anunciamos a morte, somos nós que dizemos a essa família que aquela pessoa não voltará mais ao seu convívio. E assistir essa dor, amparar essa dor, muitas vezes, é muito difícil, o stress emocional da UTI, às vezes, é maior do que o stress médico.

b) o que a senhora quis dizer com: "preciso desentulhar a UTI que está me dando coceira"? E com "a UTI tem de girar"?

Termo infeliz que a gente fala em conversa informal. Mas é desesperador você chegar a um plantão e perceber que entre 14 pacientes, cinco, seis deles não tem o que se fazer por eles. A gente sente vontade de ir embora, porque o médico assume o plantão e fica feliz quando ele tem como fazer, como lutar, usar os recursos e ter bom resultado. Desentulhar foi um termo infeliz, mas quer dizer mudar. A terapia intensiva, ela é muito boa para um doente até uma certa fase; sabe-se que assim que o doente possa ter alta, melhora a imunidade, melhora a condição do paciente, o estado nutricional, esse paciente chega a descolonizar, muitas vezes, eles são colonizados dentro da terapia. Então, a alta se procura dar sempre que o doente tenha condições e o mais rápido possível, porque não tem sentido manter um doente num *stress* de um ambiente desses, onde o paciente perde a noção do dia e da noite; ele não vê o sol, eu não tenho uma unidade com essa estrutura, é uma unidade extremamente barulhenta, porque entra doente, o doente é transportado para fazer algum exame. Por mais que se tente que a unidade seja a mais silenciosa e (menos) estressante possível, muitas vezes, é muito difícil, muito difícil se manter uma unidade sem o *stress* para o paciente do próprio ambiente. O "tem que girar", eu volto a dizer, é essa necessidade, porque hoje nós temos todas as formas possíveis, o Estatuto da Criança, o Estatuto do Adolescente, o Estatuto do Idoso, nós temos pessoas que são provedoras que chegam em situação grave. Então, é muito difícil um médico dizer não tenho vaga. Nós tentamos, dentro do possível, com a maior ética possível atender essa demanda, claro que nunca suficiente. Por muita vezes recebemos ordens do Ministério Público que o doente tem que ser internado para fazer cirurgia e, muitas vezes, mesmo com ordem do Ministério Público, nós não temos vaga. Então, nós passamos por situação de muita cobrança.

O médico "entulhador" significa o médico que não...

Muitas vezes, o médico de UTI tem receio de dar alta ao paciente e que alguma intercorrência ocorra, porque o corpo de enfermagem, de cuidados de uma UTI é grande. Não é igual a um quarto. Muitas famílias têm receio de que o doente tenha alta, e isso não é "infrequente". Alguns doentes que retornam e, isso pode acontecer em sua evolução e com piora, a família, muitas vezes, pede que o doente vá da UTI para casa porque na UTI qualquer movimento, qualquer demanda, o doente é prontamente atendido, o que não é a realidade em enfermarias e quartos.

Em relação à alta, muitas vezes, de pacientes delicados, o que se costuma proceder é chamar o médico assistente, dividimos a responsabilidade, ele cuida do paciente e, se houver uma necessidade, esse paciente pode retornar. *Um trecho forte das escutas se refere à morte do paciente I. S., ocorrida dentro da UTI. Na gravação feita pela polícia, a senhora diz que "já tinha ido com dois e que ir com o terceiro ficava feio" e que o próximo que seria "desligado seria o I.". O que isso quer dizer?*
Na realidade, quando se faz um procedimento onde se mantém um paciente em medidas "suportivas" e se retira... Eu vou, com isso já responder perguntas que eu respondo posteriormente. Desligar não é desligar o respirador. É desligar drogas que têm a capacidade de manter o paciente. Drogas vasoativas, noradrenalina, dobutamina, vasopricina, dopamina, a própria adrenalina. Manter esse paciente em condição de persistência de vida sem retorno. Em relação ao paciente I., o paciente I. era um paciente com doença vascular grave, já com episódios cerebrais prévios e que internou na UTI após uma cirurgia, um enxerto fêmuro-femural. Assim que esse paciente chegou à UTI, ele instabilizou e apresentou parada cardiorrespiratória. A médica, a última que foi indiciada, reanimou esse paciente por 100 minutos. Volto a dizer: é dada a todos os médicos que trabalham na UTI a liberdade de realizar esse procedimento. Essa moça é a médica mais nova na unidade, em treinamento, e ainda tem uma certa dificuldade de compreender que muitos pacientes podem não ter retorno, mas nunca é imposto, mandado ou coagido ninguém a nada. Ela reanimou por 100 minutos, mais de uma hora, com todas as dificuldades de arritmia e conseguiu, de forma muito difícil, com drogas antiarrítmicas, com cardioversão, com aminas vasoativas, manter o paciente. Portanto, era um paciente que já tinha dano cerebral grave, 100 minutos de parada, considerando a idade, se não me falha, acima de 60 anos, a situação neurológica desse paciente já se mostraria com um comprometimento muito difícil. Portanto, o desligar, o termo desligar, seria desligar as drogas que estariam sustentando um paciente sem reversibilidade. Jamais um respirador. Volto a dizer, o respirador é mantido em parâmetros "suportivos".
O que significa a frase "já tinha ido com dois"?
Porque eu tinha tido dois pacientes em estado terminal, onde mantive o paciente é com... Eu já tinha mantido o paciente sedado, e em medidas "suportivas". Em relação à sedação, em que foi usado o termo "propofol"[32], em UTI se usa muita sedação, opiáceos, diazepínicos, bloqueadores em algumas situações, por muitas vezes ao dia. Quando o paciente tem agitação psicomotora, que muitas vezes a sedação, em uso, não é o suficiente para conter o paciente, que pode cair de uma cama, se machucar, machucar, inclusive, a equipe, e isso é bastante frequente, atendemos muito trauma de crânios, muitos com comprometimentos frontais e agitação. Se o paciente é submetido a um procedimento, a um curativo que gere dor, mesmo sedado, existem indícios

---

32 Ver Anexo.

de que o paciente pode estar com dor, a sudorese, a taquicardia. Então, essas drogas são muito frequentes, e inclusive, numa fase final, onde, às vezes, você é... Ou um paciente extremamente grave num momento pré-óbito, também é utilizado. O importante é tirar a dor e o desconforto sempre do paciente, sempre seja qualquer que seja a circunstância, jamais um coquetel letal. Se assim fosse, em cada procedimento, o doente morreria, porque isso é usado com uma frequência muito grande na UTI. Nós temos muitos doentes queimados, queimaduras extensas, 70%, que normalmente os pacientes com 50% a menos, ou menos, costumam ser atendidos, a não ser por intercorrências graves, eles vêm à UTI. Então, os nossos queimados são queimados de porte grande, muitas vezes, sem condições de transporte para o centro cirúrgico de queimados, então, os curativos são feitos na UTI. Essas áreas queimadas perdem uma quantidade de líquido, de plasma, e muitas vezes as drogas sedativas têm que ser usadas em doses muito maiores. Para um leigo, isso é um coquetel letal. Ou pra quem não está habituado ou não tem conhecimento de metabolismo de droga, ou não tem conhecimento da ação de droga, pode ser tido como coquetel letal.

Se as mortes eram naturais, por que ficava feio "ir com o I."? Se o I. estava vivo, ele não deveria ter sido mantido vivo?

Eu acho que a explicação que eu dei mostrou a realidade do senhor I.. Ele estava com o coração batendo, com as drogas todas de suporte para manter a vida, mas sem reversibilidade do quadro. E... A outra pergunta é... Ir com o terceiro... O senhor imagina o porquê eu estou passando pelo que eu estou passando? Porque, se eu realizo "terminalidade", isto é, em um paciente sem retorno, eu mantenho o suporte. Se dois já são suficientes, como foram no meu inquérito, três pacientes graves, de trauma grave, eu estou aqui, no banco dos réus, presa, e fui presa! Se eu consigo fazer isso num ambiente de pessoas tão leigas. O ficar feio significa falta de compreensão das pessoas. Tanto é que eu estou passando pelo que eu estou passando. Eu e os médicos que trabalham comigo e uma enfermeira que trabalha comigo.

Advogado de defesa Elias Mattar Assad — Agora uma pergunta minha para você. É a doutora Virginia, intensivista, que está no banco dos réus, ou é a Medicina, acima de tudo, a medicina intensiva, que está no banco dos réus?

Eu acho que através da minha pessoa toda a dificuldade de se compreender a complexidade de um doente de UTI vem à tona. Muitas vezes, o nosso exercício, e eu acho que todas as pessoas que fazem terapia intensiva concordam comigo, nós também temos as nossas esperanças. Nós trabalhamos com a ciência, mas no fundo não há como se envolver muitas vezes numa situação. E o paciente de terapia, ele pode ter complicações e nós sabemos, súbitas, e mesmo um doente que esteja evoluindo bem pode de repente entrar numa complicação grave e perder a vida. Isso é frustrante a todos os médicos, embora todos tenham o conhecimento de que isso possa vir a acontecer.

Advogado de defesa Elias Mattar Assad – A Medicina é que está no banco dos réus, então, na sua opinião?
Olha, doutor, eu não posso me dizer como a Medicina, seria uma soberba muito grande, mas o exercício dela sim. A capacidade de um médico de dizer que não tem, por exemplo, como tratar um câncer, que é o seu quarto ou quinto esquema de terapia e o doente não responde; que o processo tumoral vem avançando. Então, ele não vai poder parar o tratamento nunca porque há julgamento público e de autoridades (que) isso é antecipação de morte.
Eu gostaria só de complementar a pergunta número oito... Se as mortes eram naturais porque ficaria feio ir com o terceiro... Eu gostaria de fazer um apêndice em relação a isso. O nosso hospital tem uma extrema dificuldade, principalmente pela sua situação financeira hoje, de angariar profissionais extremamente gabaritados pra dentro da terapia. Para vocês terem uma ideia, existe um depoimento de uma auxiliar de nutrição que diz que eu entrei na UTI e desliguei quatro respiradores ao mesmo tempo. E eu confesso que eu não tenho nenhum controle remoto em nenhum respirador meu pra ter essa capacidade. Então, nós ficamos submetidos a julgamento de pessoas sem capacidade de compreensão. E que, talvez por algum problema pessoal, confesso, sou uma pessoa rígida, rigorosa, extremamente disciplinada, hierárquica, eu luto muito pra que as coisas funcionem dentro da terapia. E é importante que vocês entendam: a terapia é multidisciplinar. Existem equipes, equipe de nutrição, de higiene, equipe de manutenção de aparelhagem, de engenharia, médicos, fisioterapeutas, enfermeiros. Mas sempre, em qualquer situação de algum desastre, quem responde é o médico. Então, é muito complicado porque a responsabilidade é muito grande. Se houver algum acidente e, sempre existe, e dizer que não existe é mentira, cabe ao médico esclarecer à família o que aconteceu. Porque a responsabilidade sempre cai sobre o médico.
A denúncia da polícia, baseada em funcionários da UTI, portanto seus colegas, afirma que a senhora apontava os leitos onde deveriam ser colocados os biombos; então a senhora prescrevia um coquetel de medicamentos e as enfermeiras eram obrigadas a administrar essas drogas que levavam os pacientes à morte. É verdade? Para que serviam os biombos na UTI?
Eu creio responder essas perguntas, as duas perguntas de forma conjunta. A Unidade de Terapia Intensiva não tem um espaço ideal. Existe um projeto para que ela seja alterada e que ela vá... Tanto por espaço físico como pela maneira como ela, hoje, é montada. Eu tenho dois boxes fechados, isto é, o paciente não é exposto a nada e nem um ao outro. Todos os outros leitos só têm divisórias laterais, portanto, doze pacientes ficam expostos um à frente do outro. Na unidade de terapia os doentes estão desnudos, não existe sexo, distinção de sexo, então se procura sempre trabalhar com biombo. A enfermagem diz que eu mandava colocar biombo quando eu ia fazer alguma coisa como se fosse alguma forma escusa, e eu brigo o tempo todo pra que qualquer coisa com esses pacientes sejam feitas com biombo, para não expor. Vai se dar um banho

numa senhora, com um homem consciente à frente, já é uma situação onde a pessoa perde a dignidade de ficar sem roupa e exposta pior ainda. Quando se faz curativo, quando se faz procedimento, então biombo é de uso rotineiro e eu brigo por isso. Claro que se um paciente estiver numa situação de uma emergência, sendo atendido numa parada, maior a necessidade ainda pra que os outros pacientes não passem pela angústia de presenciar esse atendimento. Então não é pra esconder, porque um biombo não esconde nada, basta puxar que você enxerga o que está acontecendo. Mas é pra proteção dos pacientes, a não exposição e isso deveria ser a rotina de todos os procedimentos realizados tanto por médicos quanto por enfermagem, curativos, banhos e isto é uma das grandes brigas que eu tenho dentro da unidade.

Se a senhora ouvisse tudo que a polícia está dizendo a seu respeito, e não fosse a senhora a personagem do caso, qual juízo que a senhora faria dessa pessoa?
Veja, é difícil eu falar porque eu conheço meu inquérito. Agora, eu vi e respondi a todos os denunciantes. No último tinha a presença de umas três enfermeiras padrões. Todos os outros denunciantes faziam parte entre higiene, auxiliar de nutrição, alguns fisioterapeutas que acompanhavam a UTI pelo sistema, vieram criticar condutas, então me pareceu uma coisa bizarra. Em relação a desligar respirador, eu acredito que isso aconteça e seja uma rotina de todas as terapias. Não é desligar um respirador, é não manter um paciente com viabilidade. Isso faz parte do trabalho de todas as UTIs. Então, eu não julgaria ninguém. Não tem como julgar alguém. Assassinato é outra coisa. É um doente entrar grave e não se fazer nada por ele. Isso é uma omissão. E o que eu digo é isso, veja, num hospital contratualizado, onde eu já disse que existem dois sistemas de auditoria, onde os doentes da UTI têm médicos assistentes, em vinte e cinco anos, ninguém levantou nada, ninguém se dirigiu a uma comissão de ética e eu estou sendo acusada de exercer isso; tem uma acusação desde oitenta e oito. Então, eu creio que fica um pouco difícil. Pela mídia eu já fui demonizada, mas eu já tenho uma certa prevenção com a mídia e com o sensacionalismo.

Se a senhora não acompanhou a cobertura da imprensa, deve ter sido informada pelo seu advogado. Qual a avaliação que a senhora faz do modo como tem sido tratada pela mídia?
Veja, a mídia tem um objetivo que é a venda, a venda do jornal, um objetivo financeiro que eu não tenho. O que a mídia fez com a minha vida, dos meus familiares, com a vida dessas outras pessoas envolvidas, seus familiares, com as pessoas que acreditavam na gente, com os doentes que, ao longo desses vinte e cinco anos, eu cuidei... E a morte, muitas vezes, é muito difícil de ser aceita por um familiar. A dúvida que essas pessoas têm hoje se o familiar delas tinha condições de sobreviver, o que o Sr. acha que eu sinto? Eu procurei não assistir. Porque, eu não me reconheci da maneira como eu fui rotulada, fui desmoralizada, tudo aquilo que eu lutei a vida inteira... Eu sou uma pessoa que foi quebrado meu sigilo fiscal, eu sobrevivo do meu trabalho, eu nunca

recebi dinheiro de forma ilícita, portanto, é realmente muito difícil, muito difícil passar por tudo isso, é uma situação que não tem recuperação. O que eu estou respondendo ao que veio: O que será da sua vida? Não sei!
Na gravação telefônica feita pela polícia, há um trecho em que a senhora conversa com o E. A, e pergunta "o I, já foi?". O E. responde que "está quase lá" e comenta que virá um paciente de União da Vitória e que seria de um plano de saúde. A senhora pergunta qual é o plano e ele responde que é o PAS. E a senhora diz: "então você tem que ir com o I.". No dia seguinte, ele é levado pela funerária. O que a senhora quis dizer com "você tem que ir com o I."? Que importância teve na morte do paciente a sua determinação?
Ir com o I. eu já expliquei anteriormente. O I. foi mantido com uma série de drogas "suportivas" e não havia reversibilidade. Mas isso contrapõe aquilo que foi afirmado na minha acusação. Essa ordem, de que essas medidas "suportivas" não deveriam ser mais realizadas, mesmo assim o paciente chegou a sobreviver 24 a 26 horas depois. Então isso não é antecipação de óbito.
Que importância teve na sua decisão o fato do novo paciente ser de um plano de saúde?
Porque eu vou confessar, hoje em dia, é muito mais fácil atender paciente do SUS do que paciente de plano de saúde. Isso não é segredo pra ninguém porque isso vem sendo denunciado diariamente por pessoas, familiares, inclusive, a ANVISA trabalhando... A ANS (Agência Nacional de Saúde), perdão, trabalhando de forma muito efetiva na luta contra isso. Muitas vezes é muito mais fácil a gente conseguir a sobrevida de um doente de SUS do que de convênio. Vou lhe dar um exemplo: uma tomografia. Um doente de SUS eu posso fazer uma tomografia. Se ele precisar fazer a segunda tomografia eu faço sem que ninguém me barre, mesmo que isso prejudique o hospital, mas faz parte de quem atende SUS. Eu posso submeter o paciente a qualquer exame, não existe limite. Existe permissão pra que isso seja feito. Então, muitas vezes, é mais fácil um doente sobreviver quando ele é do SUS do que de plano de saúde. Porque alguns procedimentos emergências de planos de saúde, que deveriam ser liberados de forma imediata, demoram a ser liberados, e, com isso, o doente sofre um risco muito grande de ter complicações. Não estou dizendo todos, mas alguns convênios são terríveis, então essa pergunta é em relação a isso.
A senhora tem uma empresa em seu nome, que se chama PSM. O que faz essa empresa?
Na realidade, o hospital paga os médicos via pessoa jurídica. Então, foi uma empresa onde a minha, a minha... A minha colega de trabalho tem uma cota e ela tem o fim só de receber os honorários. Essa empresa tem toda a sua parte fiscal aberta e é de acesso a todos. Não existe finalidade nenhuma a não ser repasse.
Várias testemunhas que trabalharam na UTI afirmam que os equipamentos da UTI pertencem a senhora? Isso é verdade?

Isso é muito fácil de ser comprovado. O hospital... O patrimônio da UTI é todo do hospital. Eles têm como comprovar isso pelo patrimônio, todos os monitores são do hospital, os respiradores, a estrutura física, enfim, eu simplesmente presto serviço médico, nada mais.

A senhora afirmava que a UTI era sua. O que a senhora queria dizer com isso?
Não, eu não dizia que a UTI era minha. O que eu dizia era que quem respondia a tudo que acontecia ali dentro; como estou respondendo hoje na acusação que não tem base, a responsabilidade era minha. Então, muitas vezes, quando eu ia repreender alguém por não fazer alguma coisa, por não conseguir levar um paciente pra tomografia, eu dizia quem vai responder por isso sou eu. Então, eu não sou dona do mundo, eu não sou de nada, eu fui colocada não só como um demônio formador de quadrilha, mas como uma pessoa de soberba. Eu sou uma pessoa rigorosa e chego às vezes até a ser grosseira e confesso, não é bonito isso, mas pela responsabilidade que se tem e pela necessidade que se tem que as coisas funcionem.

A senhora queria fazer a UTI girar para ganhar dinheiro?
O hospital, ele tem por função atender pacientes e a demanda de leitos é muito maior do que a oferta. Então, o girar a UTI significa trabalhar com responsabilidade. Eu já tive doentes internados um ano e meio, oito meses, seis meses, sete meses. É claro que a direção do hospital sempre se preocupa em longa permanência, existe um controle porque, afinal de contas, o hospital não tem fins lucrativos, mas ele precisa sobreviver. Só que o maior problema é a demanda excessiva de leitos e a oferta pequena. Outra coisa, qualquer pessoa hoje pode ir ao Ministério Público e alegar que o seu familiar não está tendo atendimento em UTI, vem ordem para que seja internado. Então, é realmente muito difícil. O hospital não me coage, de forma alguma, mas sempre solicita que eu procure atender, claro, porque a responsabilidade é dele.

É verdade que a senhora preferia pacientes de convênios do que pacientes do SUS e que os pacientes do SUS morriam mais fácil, como dizem as testemunhas?
Eu acho que não preciso responder a isso, né? Até porque muitos convênios, e todos os médicos podem afirmar, estão... É mais fácil receber do SUS do que de convênio...

A senhora é a favor da eutanásia?
Não. Mas, eu sou favorável a ortotanásia, que é um procedimento onde você não tem o direito de prolongar uma situação sem reversibilidade, sem tratamento, sem condições... Sem condições de retorno à família. Eu tenho muitos sobreviventes de traumas que saíram em coma da UTI, são totalmente dependentes, são cuidados pela família. Então, uma das testemunhas disse que quando o paciente vai demorar muito tempo e é paciente que tem sequela eu termino a vida do paciente. Isso é uma total inverdade.

A senhora acha humano abreviar a vida de quem está sofrendo ou não tem muitas chances de sobreviver?

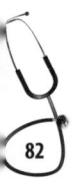

Veja, eu não tenho direito sobre vida e morte, isso sai da mão de um médico, existe a racionalidade de um médico se colocar com um diagnóstico definido, em discussão com outros médicos e chegarmos à conclusão de que não há mais o que se fazer. Prolongar um paciente sem retorno, com um câncer avançado, sem condições de "tratabilidade", a meu ver é desumano.

Muitas vezes, a sobrevida de alguns pacientes, em estado de coma, totalmente dependente, em família com dificuldade financeira, que vai ter dificuldade de cuidar, me causa pena. Porém, jamais eu decido que esse paciente, como conseguiu sobreviver, como respira, como tem seus dados mantidos, como as complicações vão sendo tratadas, não me é direito tirar a vida de ninguém.

Como será sua vida a partir de agora?

Eu já respondi isso anteriormente, eu não faço ideia do que vai ser da minha vida. Eu tenho filhos, a única coisa que eu sei fazer é isso, como vai ser minha vida agora, eu ainda não tive tempo de pensar, porque eu ainda estou em prisão.

A senhora se considera inocente?

Inocente, eu seria porque eu fui... Eu na realidade não entendo até agora o que está acontecendo. Eu vejo assim, não sou uma pessoa... Trabalhei 25 anos, sou muito rigorosa, como médica, fiz amigos e fiz muitos inimigos, pessoas que não gostaram de mim.

Volto a dizer que hoje a gente trabalha com níveis de profissionais para médicos, um pouco mais complicado, um pouco mais difícil, de conhecimento difícil, de... Dificuldades técnicas muito grandes. Dentro de um hospital que vem passando por crises muito severas e que tem problemas trabalhistas com esses funcionários que saíram, a maior parte dos denunciantes. Quer dizer, os denunciantes são os antigos funcionários... Tem dívidas trabalhistas astronômicas, muitos deles chegaram, eu não sei se isso é verdade ou não, a perder o seguro desemprego. Eles não se conformam que o hospital esteve aberto, então eu acho que eu fui o alvo mais fácil para que... Porque não foi só a mim imputado, muitos declarantes disseram que todo o hospital sabia, a diretoria sabia, era voz corrente; portanto, houve tentativa de desmoralização não só da minha pessoa como médica, de quem trabalhava comigo, mas das pessoas idôneas que dirigem o hospital, dos gerentes que dirigem o hospital, enfim, tudo.

Então, eu acho que estou sendo um instrumento de escárnio e de... Uma forma das pessoas se vingarem já que o hospital não tem muitas condições de cumprir seus problemas trabalhistas.

A inocência e culpa tem que estar relacionada a um fato comprovado e o fato da minha vida, como médica, é que eu nunca ia omitir socorro. Nunca fui negligente, nunca fui imprudente, nunca tive uma infração ética registrada, uma queixa e exerci a Medicina de forma consciente, correta; não sou Deus, não sou perfeita, erros podem ter acontecido, jamais de forma intencional, e nada mais fiz do que exercer com a maior dignidade possível, e com respeito aos pacientes, a medicina intensiva.[33] (Disponível em: < http://g1.globo.com/pr/parana/noticia/2013/03/medicina-esta-no-banco-dos-reus-diz-acusada-de-mortes-em-uti.html>. Acesso em: 9 mar. 2017.)

Esta entrevista feita com todas as perguntas que os vários veículos da imprensa tinham formulado se deu com indagações minhas como seu advogado e gravada sem corte ou edição dentro da prisão onde se encontrava a médica Virginia Helena. Mostramos que ela não estava com receio de responder nenhuma indagação. Isto se repetiu no processo todas as vezes que foi questionada. Nada tinha a temer, pois tinha em seu favor a própria literatura médica.

Meios de comunicação, opinião pública, demonização eram apenas algumas das adversidades enfrentadas. Durante todos esses anos, mesmo com a tentativa de preservação da imagem de Virginia, éramos surpreendidos com alguma declaração sensacionalista e inverossímil fornecida à mídia, como a do médico auditor do SUS, que declarou absurdos no programa *Fantástico* do dia 23/03/2013 da emissora Rede Globo, em que destilou inverdades venenosas e mostrou incapacidade técnica de opinar sobre o caso. Isto ficou evidenciado como se verá do próprio depoimento desse antigo médico em capítulo próprio.

Como advogados de Virginia, tivemos que nos valer da Ordem dos Advogados do Brasil, Paraná (OAB/PR) que desagravou esta defesa por falsas declarações emitidas através do blog desse mesmo médico erroneamente tido como "testemunha" e se fazia acompanhado da delegada que conduzia o caso e que alegava "ter mais provas dos crimes" cometidos por Virginia, as quais evidentemente nunca apareceram, tais afirmações tinham somente o intuito de demonizar a médica. Era mais um dos muitos blefes acusatórios, pois como eles poderiam ter mais provas e mantê-las indefinidamente em sigilo?

Mas o estrago estava irreparavelmente feito. Com a eclosão das notícias inverdadeiras, iniciava uma corrida de familiares de pacientes que foram atendidos pelo Hospital Evangélico, também convocados irresponsavelmente pela delegada aos meios de comunicação. Mesmo aqueles que alguma dúvida tivessem sobre a morte do ente querido, pelo o que estava sendo exposto na mídia. Pessoas buscavam notoriedade e indenizações milionárias.

Para se ter uma base do que se passava no imaginário deles, a acusação pediu e teve o "apoio político" do Sindicato dos Delegados, do Delegado Geral e do Governo do Paraná que em várias notas e entrevistas, entre as quais uma coletiva com todos juntos, garantindo que tudo o que investigaram eram "verdades absolutas", enaltecendo a "obra" e induzindo o Governador a dizer que *"nada estava errado naquelas investigações"*. O Delegado Geral, Sr. Marcos Vinicius Michelotto, com ares de "bom xerife" ao lado do Governador declarou

---

33 Adequações textuais feitas pela revisão editorial.

blefando: *"se parte do que nós temos de provas chegar à sociedade, com certeza, a sociedade terá uma revolta muito maior para com esses profissionais. Então nós temos responsabilidade..."*.[34] A esse respeito, sabendo ser mais um blefe acusatório, nossa defesa interpôs um pedido de "busca e apreensão das provas ilegalmente ocultadas" reveladas na mesma entrevista. E nada veio ao processo que fosse diferente do que já constasse erroneamente como "prova". Coincidentemente essa coletiva foi dada no dia seguinte à devolução de Virginia da Penitenciária Feminina para a prisão especial de onde fora tirada sem ordem judicial em retaliação aos movimentos defensivos reveladores dos erros crassos como a troca dos verbos "raciocinar" por "assassinar".

O que se lamenta são os sonhos destruídos. Carreiras erguidas ao longo de décadas de esforços pessoais e privações que em frações de segundo se transformam em pesadelos. Para Virginia, *"A calúnia é uma grande arma de guerra. Roma ganhou guerras partindo de calúnias, partindo de difamações. Então, isso é próprio do ser humano."*.

Para nós da defesa, felizmente a humanidade aboliu a fogueira embora viva sempre ao lado dela, caso contrário, a justiça e a paz das cinzas seriam mais uma vez impostas, para o delírio da massa ignara.

---

34   Entrevista para o programa Paraná TV, 5 mar. 2013. (1:32min).

Conselho Regional de Medicina e sua missão institucional

O templo da ética médica...

Diante daquele embate sem precedentes na história, nossa defesa precisou se valer do Conselho Regional de Medicina do Paraná. Recolhemos todos os elementos tidos como indiciários pelo Núcleo de Repressão, cópias de todo o inquérito com suas intermináveis mídias e prontuários e fomos bater nas portas do que denominei "Templo da Ética Médica". Afinal somente aquela instituição encarregada de autodisciplinar o exercício da Medicina no Brasil, por suas Câmaras Técnicas, poderia dissipar as trevas da ignorância circundante.

Assim, no dia 28 de fevereiro de 2013, com Virginia ainda aprisionada, rumamos até a sede do CRM/PR e protocolizamos cópia de todo o material que tínhamos em arquivo e solicitamos que fossem feitos procedimentos, todos no sentido de aquilatar as condutas médicas adotadas naquela UTI.

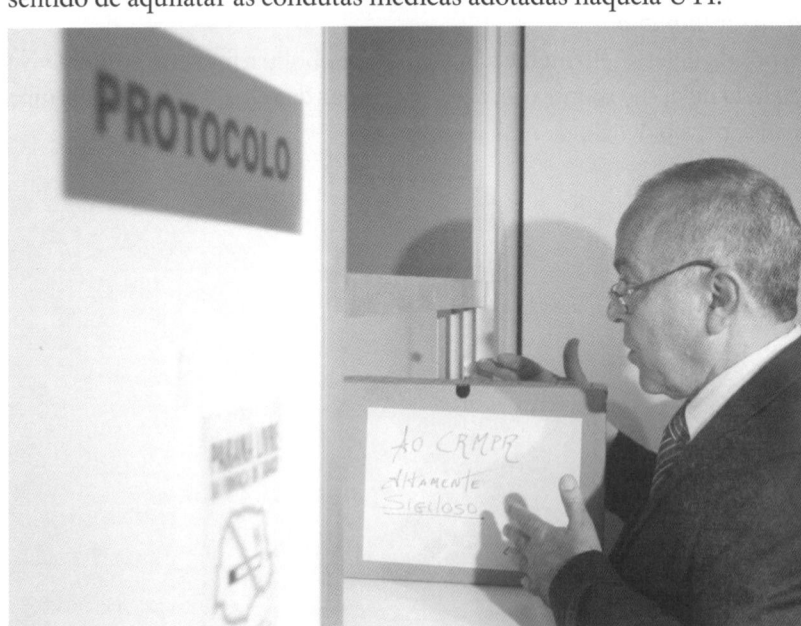

Advogado Elias Mattar Assad protocolizando documentos do caso junto ao CRM/PR.

Muitos colegas advogados não compreenderam a nossa manobra defensiva chegando a dizer que era um "tiro no pé", aos quais respondemos, ironizando: "Só existe um poderoso *que é o titular de um direito. Se o livre exercício da profissão é um direito, exercê-lo não pode ser considerado crime nem falta ética...*".

Como se verá em capítulo próprio, foi uma das mais contundentes manobras de nossa defesa, pois embora muito trabalhosa a discussão técnica naquela Instância Administrativa Disciplinar, as conclusões foram cientificamente perfeitas e inocentaram a médica Virginia. Aliás, a primeira decisão absolvendo causou grande emoção em todos nós. Era a certeza científica de que a nossa médica defendida tinha realmente falado a verdade ao dizer que apenas praticara a medicina intensiva naquela UTI.

Desapareceria por via de consequência qualquer possibilidade de configuração de fato criminoso praticado. Era a evidência técnica, com repercussão devastadora no processo criminal, que não existia nem imperícia, imprudência ou negligência, quanto mais dolo como acenavam os acusadores com base em nada. Era a prova de que realmente apenas a incompreendida Medicina fora exercitada dentro de todos os parâmetros éticos.

Capítulo IV

A denúncia do Ministério Público e pedido de penas que oscilavam entre 85 e 213 anos de prisão[35]

> *"Melhora do quadro clínico de um modo inexplicável para a ciência (?)"*

Pelo direito brasileiro, após a conclusão do inquérito policial, o Ministério Público pode optar por mandar arquivar e encerrar o assunto ou ofertar a

---

35 Quadrilha ou bando Art. 288 - Associarem-se mais de três pessoas, em quadrilha ou bando, para o fim de cometer crimes: Pena - reclusão, de um a três anos.
Art. 121. Matar alguém: Pena - reclusão, de seis a vinte anos.
§ 2º Se o homicídio é cometido:
IV - à traição, de emboscada, ou mediante dissimulação ou outro recurso que dificulte ou torne impossível a defesa do ofendido; (por sete vezes)
Art. 61 - São circunstâncias que sempre agravam a pena, quando não constituem ou qualificam o crime:
II - ter o agente cometido o crime:
g) com abuso de poder ou violação de dever inerente a cargo, ofício, ministério ou profissão;
h) contra criança, maior de 60 (sessenta) anos, enfermo ou mulher grávida;
Agravantes no caso de concurso de pessoas
Art. 62 - A pena será ainda agravada em relação ao agente que:
I - promove, ou organiza a cooperação no crime ou dirige a atividade dos demais agentes;
Concurso material
Art. 69 - Quando o agente, mediante mais de uma ação ou omissão, pratica dois ou mais crimes, idênticos ou não, aplicam-se cumulativamente as penas privativas de liberdade em que haja incorrido. No caso de aplicação cumulativa de penas de reclusão e de detenção, executa-se primeiro aquela.
Como são acusações de sete homicídios qualificados e formação de quadrilha ou bando, **a pena mínima pedida seria de 85 anos e máxima de 213 anos de reclusão com regime fechado**.
Disponível em: <http://www.planalto.gov.br/ccivil_03/decreto-lei/Del2848compilado.htm>. Acesso em: 30 nov. 2017.

denúncia com suas razões técnicas de convencimento de que existem crimes e indícios de autorias a serem discutidos no processo criminal.

Para a melhor compreensão do leitor, o processo criminal se desenvolve perante um juiz de direito e as provas desfilarão diante dele com o denominado "contraditório" que assegura livres discussões das partes que defendem e que acusam. O juiz preside as cerimônias do processo e regula os debates.

Na denúncia contra a médica Virginia, o Ministério Público, demonstrando completa inexistência de assessoria técnica, em argumento acusatório medieval, valeu-se até mesmo de possibilidades de *"melhora do quadro clínico de um modo inexplicável para a ciência (...)"* como se verá neste capítulo.

O leitor também poderá acessar a denúncia no endereço disponível em: <https://projudi.tjpr.jus.br/projudi_consulta/>. Autos número 0029137-50.2012.8.16.0013. Acesso em: 30 nov. 2017.

Excelentíssimo Senhor Juiz de Direito da Vara Privativa do Tribunal do Júri do Foro Central da Comarca da Região Metropolitana de Curitiba – Paraná
O MINISTÉRIO PÚBLICO DO ESTADO DO PARANÁ, através de seus Promotores de Justiça ao final assinados, no uso das atribuições que lhe são conferidas pelo art. 129, I, da Constituição Federal pelo art. 25, da Lei 8.625/93, com base nos autos de Inquérito Policial nº 58.888/2012, originário do Núcleo de Repressão aos Crimes Contra Saúde – NUCRISA, vem oferecer DENÚNCIA contra:
VIRGINIA HELENA SOARES DE SOUZA, brasileira, viúva, médica, RG n. 7.586.284-0 – SSP/PR e CPF n. 025.532.578-99, natural de Santos-SP, nascida em 30.07.56, filha de Abelardo Prisco de Souza e de Regina Philomena Soares de Souza, residente na rua Bruno Filgueira, 2.142, ap. 902, bairro Bigorrilho, Curitiba/PR, atualmente custodiada no setor de carceragem provisória de unidade prisional desta Capital;
(...)
1º fato
No período compreendido pelo menos entre janeiro de 2006 até 19 de fevereiro de 2013, no Hospital Universitário Evangélico de Curitiba, na Alameda Augusto Stellfeld, 908, nesta cidade Comarca de Curitiba, os denunciados médicos VIRGINIA HELENA SOARES DE SOUZA, E. A. S. J., M. I. C. B., A. F., os enfermeiros L. R. G., C. M. N. e P. C. G. R., e a fisioterapeuta C. E. M., além de outros não identificados, com vontades livres e conscientes e sob a liderança da denunciada VIRGINIA HELENA SOARES DE SOUZA, associaram-se, cada qual depois que lá passou a trabalhar, em caráter estável e permanente, para o fim de cometer homicídios de pacientes internados na UTI geral daquela casa de saúde, mediante o uso insidioso e sorrateiro de instrumentos, medicamentos e equipamentos daquela casa hospitalar, na qual trabalhavam no exercício de suas profissões de saúde.

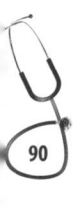

Para tanto, sempre seguindo as orientações da acusada VIRGINIA HELENA SOARES DE SOUZA (esta na condição por todos usualmente reconhecida de médica "chefe" daquela UTI), os denunciados médicos, cada qual em seus plantões naquela UTI, seguindo determinações verbais da denunciada VIRGINIA HELENA SOARES DE SOUZA – inclusive por telefone, quando ela lá não se encontrava, como se infere das conversas gravadas mediante interceptação telefônica decretada pelo Juízo da Vara de Inquérito Policial de Curitiba – prescreviam medicamentos bloqueadores neuromusculares normalmente empregados em medicina intensiva para otimização de ventilação artificial (especialmente o bloqueador neuromuscular pancurônio[36], ou às vezes dibesilato de atracurium), conjugados com fármacos anestésicos como propofol, cloridrato de cetamina e tiopental sódico, sedativos como midazolam e analgésicos como citrato de fentanila, em regra ministrados pelos denunciados enfermeiros L. R. G., C. M. N. e L. C. G. R., ou pelos próprios denunciados médicos.

Ministrados os fármacos, procedia-se ao rebaixamento nos parâmetros ventilatórios dos pacientes-vítimas então dependentes de ventilação mecânica, fazendo-os morrer por asfixia.

Quando não era a própria denunciada VIRGINIA HELENA SOARES DE SOUZA quem prescrevia esses fármacos e providenciava o rebaixamento dos parâmetros dos aparelhos de ventilação mecânica, ela determinava a seus colegas e denunciados E. A. S. J., M. I. C. B e A. F. que assim o fizessem, inclusive a eles possibilitando utilizar o sistema eletrônico de prontuário médico do Hospital Universitário de Curitiba para prescrições, evoluções e solicitações de exames, em nome da denunciada-líder durante os plantões médicos de cada qual, de forma que a grande maioria das prescrições mortais era registrada em nome da denunciada VIRGINIA HELENA SOARES DE SOUZA, mesmo quando esta não estava no hospital.

Aos denunciados enfermeiros L. S. G, C. M. N. e P. C. G. R. e à fisioterapeuta C. E. M., a fim de garantir êxito das empreitadas criminosas do bando, ainda cabiam outras tarefas para simular a aparência insuspeita do exercício regular da assistência à saúde dos pacientes vitimados, tanto registrando suas respectivas evoluções de enfermagem e fisioterapia nos prontuários de forma a "casar" com as evoluções e prescrições médicas criminosas e sorrateiras, quanto orientando os técnicos de enfermagem (subordinados) ou demais profissionais de saúde não participantes da quadrilha a jamais questionarem as atitudes delitivas.

Os denunciados médicos VIRGINIA HELENA SOARES DE SOUZA, E. A. S. J, M. I. C. B. e A. F., os enfermeiros L. S. G., C. M. N. e P. C. G. R. e a fisioterapeuta C. E. M. praticaram esse crime de formação de quadrilha com violação dos deveres inerentes às suas respectivas profissões, no exercício de seus ofícios.

---

36 Pavulon.

Assim é que, no período de atuação da quadrilha, além dos homicídios abaixo denunciados, inúmeros outros óbitos de pacientes internados na UTI geral do Hospital Universitário Evangélico de Curitiba se deram logo após a ministração dos fármacos pancurônio ou dibesilato de atracurium, sem que a prescrição médica estivesse acompanhada de qualquer justificativa terapêutica registrada nos respectivos prontuários dos pacientes falecidos.

2º fato

Às 08h da manhã do dia 08 de maio de 2011, no Hospital Universitário Evangélico de Curitiba, na Alameda Augusto Stellfeld, 908, nesta cidade e Comarca de Curitiba, a vítima P. A. P., idoso de 68 anos de idade, estava internado na UTI geral, em decorrência de embolia e trombose de artérias dos membros superiores, sem conseguir respirar naturalmente, sedado mediante uso de midazolam e analgésico citrato de fentanila desde as 16h30 do dia anterior, com suporte de ventilação mecânica em parâmetros altos, em fração inspirada de oxigênio (FIO2) em 70% (oitenta por cento) e pressão PEEP em 8 (oito), conforme registro na folha "balanço hídrico".

Às 09h28, a denunciada M. I. C. B., *em conluio e prévio ajuste com a denunciada VIRGINIA HELENA SOARES DE SOUZA, com vontade livre e consciente direcionada para matar, ministrou em bolus[37] via endovenosa os medicamentos sedativo midazolam, anestésico cloridrato de cetamina e dibesilato de atracurium, - bloqueador neuromuscular usado em medicina intensiva quando há necessidade de otimizar o suporte de ventilação ao paciente, mas sem justificativa terapêutica registrada no prontuário que justificasse o uso de tal fármaco à vítima naquele momento, conforme parecer médico.*

Assim, sob efeito do medicamento "Tracrium", a vítima estava mais dependente de ventilação mecânica para respirar, quando então, no firme propósito letal, previamente ajustado com a denunciada VIRGINIA HELENA SOARES DE SOUZA, a denunciada M. I. C. B., deliberadamente, providenciou redução dos parâmetros do suporte de ventilação mecânica de fração inspirada de oxigênio (FIO2), provocando asfixia, que foi a causa eficiente da morte (ocorrida às 10h40) da vítima, conforme termos de declaração médica às fls.254 dos autos em apenso em que consta o prontuário da vítima P. A. P.

As denunciadas VIRGINIA HELENA SOARES DE SOUZA e M. I. C. B. praticaram o homicídio por motivo torpe, por se julgar a primeira onipotente no gerenciamento da UTI e possuidora do poder de decretar o momento da morte da vítima, ao arrepio da vontade desta e de seus familiares e em evidente desconformidade com a lei, tudo com a anuência de M. I. C. B. A vítima era escolhida, de modo repugnante ao senso comum, para gerar nova vaga, para "girar a UTI", "desentulhar a UTI", conforme determinações verbais da acusada VIRGINIA HELENA SOARES DE SOUZA.

---

37 Bólus: injeção via venosa de medicações.

Ao causarem a morte da vítima, as acusadas VIRGINIA HELENA SOARES DE SOUZA e M. I. C. B. subtraíram-lhe todas as chances de sobrevivência ou recuperação que pudessem advir do surgimento de tratamento médico, ou mesmo pela melhora de quadro clínico de um modo inexplicável para a ciência. Na consecução do homicídio, as denunciadas VIRGINIA HELENA SOARES DE SOUZA E M. I. C. B. se valeram de meio que dificultou a defesa da vítima, pois antes de lhe sonegar o suporte ventilatório indispensável, ocultando a intenção hostil, aplicaram o medicamento "Tracrium" para paralisar os músculos respiratórios do paciente, deixando-o sem condições de recusar o procedimento indevido que lhe foi imposto, subtraindo qualquer chance de resposta fisiológica de reação do organismo da vítima, ficando esta sem conseguir exigir tratamento médico adequado, pelo estado de inconsciência e de paralisia muscular e em razão de estar internada em setor médico sem a presença contínua de seus familiares.

As denunciadas VIRGINIA HELENA SOARES DE SOUZA e M. I. C. B. praticaram os crimes com violação do dever inerente à profissão de médico, uma vez que se valeram de instrumentos, medicamentos e equipamentos do Hospital Universitário Evangélico de Curitiba, no qual trabalhavam no exercício da medicina.

3º fato
Às 10h do dia 13 de maio de 2011, no Hospital Universitário Evangélico de Curitiba, na Alameda Augusto Stellfeld, 908, nesta cidade e Comarca de Curitiba, a vítima C. D. C., com 50 anos de idade, estava internada na UTI geral, em decorrência de câncer nos pulmões, sem conseguir respirar naturalmente, com suporte de ventilação mecânica em fração inspirada de oxigênio (FIO2) em 30% (trinta por cento) e pressão PEEP em 5 (cinco), conforme registro na folha "balanço hídrico", estando sentada e acordada.

Às 10h30, a denunciada VIRGINIA HELENA SOARES DE SOUZA, com vontade livre e consciente direcionada para matar, prescreveu, para aplicação em bolus via endovenosa, os fármacos analgésico citrato de fentanila, anestésico propofol e pancurônio – que causa paralisia muscular e é usado em medicina intensiva quando há necessidade de otimizar o suporte de ventilação ao paciente, consoante esclarecimentos técnicos em fls. 882/894 deste inquérito policial.

Assim, sob o efeito do medicamento pancurônio ("Pavulon"), a vítima estava mais dependente de ventilação mecânica para respirar, quando então, no firme propósito letal, a denunciada VIRGINIA HELENA SOARES DE SOUZA, deliberadamente, diminuiu os parâmetros do suporte de ventilação mecânica de fração inspirada de oxigênio (FIO2), provocando asfixia, que foi causa eficiente da morte (ocorrida as 11h30) da vítima, conforme termos de declaração médica em fls. 376 dos autos em apenso XXIX.

A denunciada VIRGINIA HELENA SOARES DE SOUZA praticou o homicídio por motivo torpe, por se julgar onipotente no gerenciamento da UTI e possuidora do poder de decretar o momento da morte da vítima, ao arrepio da vontade desta e de seus familiares e em evidente desconformidade com a lei. A vítima era escolhida, de modo repugnante ao senso comum, para gerar nova vaga, para "girar a UTI", "desentulhar a UTI", conforme determinações verbais da acusada VIRGINIA SOARES DE SOUZA.

Ao causar a morte da vítima, a acusada VIRGINIA HELENA SOARES DE SOUZA subtraiu-lhe todas as chances de sobrevivência ou recuperação que pudessem advir do surgimento de tratamento médico, ou mesmo pela melhora de quadro clínico de um modo inexplicável para a ciência.

Na consecução do homicídio, a denunciada VIRGINIA HELENA SOARES DE SOUZA valeu-se de meio que dificultou a defesa da vítima, pois antes de lhe sonegar o suporte ventilatório indispensável, valendo-se de seus conhecimentos médicos insuspeitáveis, ocultando assim a intenção hostil, aplicou o "Pavulon" para paralisar os músculos respiratórios da paciente e deixou a vítima sem condições de recusar o procedimento indevido que lhe foi imposto, subtraindo qualquer chance de resposta fisiológica de reação do organismo da vítima, ficando esta sem conseguir exigir tratamento médico adequado, pelo estado de inconsciência e de paralisia muscular e em razão de estar internada em setor médico sem a presença contínua de seus familiares.

A denunciada VIRGINIA HELENA SOARES DE SOUZA praticou os crimes com violação do dever inerente à profissão de médico, uma vez que se valeu de instrumentos, medicamentos e equipamentos do Hospital Universitário de Curitiba, no qual trabalhava no exercício regular da medicina.

4º fato

Na noite de 06 de fevereiro de 2012, no Hospital Universitário Evangélico de Curitiba, na Alameda Augusto Stellfeld, 908, nesta cidade e Comarca de Curitiba, a vítima M. M. N. N., idoso com 73 anos de idade, estava internado na UTI geral, em decorrência de neoplasia maligna do reto, acordado e comunicativo, sem conseguir respirar naturalmente, às 20h com suporte de ventilação mecânica em fração inspirada de oxigênio (FIO2) em 45% (quarenta e cinco por cento) e pressão PEEP em 8 (oito), conforme registro na folha "balanço hídrico".

Às 22h, sem nenhuma justificativa, com intuito letal, o denunciado E. A. S. J., em conluio e prévio ajuste com a denunciada VIRGINIA HELENA SOARES DE SOUZA, determinou a redução dos parâmetros ventilatórios para 21% de fração inspirada de oxigênio (FIO2), conforme registro na mesma folha de "balanço hídrico".

Persistindo no firme propósito de matar e no mesmo conluio com sua chefe VIRGINIA HELENA SOARES DE SOUZA, às 23h36, o denunciado E. A. S. J. prescreveu, para administração em bolus via endovenosa, os medicamentos analgésico citrato de fentanila, o sedativo midazolam, e o pancurônio – blo-

queador neuromuscular usado em medicina intensiva quando há necessidade de otimizar o suporte de ventilação ao paciente, consoantes esclarecimentos em fls. 882-894.

Em ato contínuo, em unidade de desígnios com os denunciados médicos E. A. S. J. e VIRGINIA HELENA SOARES DE SOUZA, a denunciada P. C. G. R., com intenção de matar e plenamente ciente de sua conduta, eis que os parâmetros do aparelho respiratório estavam no mínimo, ministrou os medicamentos antes mencionados, provocando, pelo bloqueio neuromuscular sem suporte suficiente de ventilação mecânica, asfixia, que foi a causa eficiente da morte (ocorrida às 00h27) da vítima, conforme termos de declaração de fls. 383 dos autos em apenso em que consta o prontuário da vítima M. M.

Os denunciados VIRGINIA HELENA SOARES DE SOUZA, E. A. S. J., e P. C. G. R. praticaram o homicídio por motivo torpe, por se julgar a denunciada VIRGINIA HELENA SOARES DE SOUZA onipotente no gerenciamento da UTI e possuidora do poder de decretar o momento da morte da vítima, ao arrepio da vontade desta e de seus familiares e em evidente desconformidade com a lei, tudo com a anuência de E. A. S. J. e P. C. G. R. A vítima era escolhida, de modo repugnante ao senso comum, para gerar nova vaga, para "girar a UTI", "desentulhar a UTI", conforme determinações verbais da acusada VIRGINIA HELENA SOARES DE SOUZA.

Ao causarem a morte da vítima, os acusados VIRGINIA HELENA SOARES DE SOUZA, E. A. S. J. e P. C. G. R. subtraíram-lhe todas as chances de sobrevivência ou recuperação que pudessem advir do surgimento de tratamento médico, ou mesmo pela melhora de quadro clínico de um modo inexplicável para ciência. Na consecução do homicídio, VIRGINIA HELENA SOARES DE SOUZA, E. A. S. J. e P. C. G. R. usaram de meio que dificultou a defesa da vítima, pois antes de lhe sonegar o suporte ventilatório indispensável, ocultando a intenção hostil, aplicaram o "Pavulon" para paralisar as músculos respiratórios da paciente e deixaram a vítima sem condições de recusar o procedimento indevido que lhe foi imposto, subtraindo qualquer chance de resposta fisiológica de reação do organismo da vítima, ficando esta sem conseguir exigir tratamento médico adequado, pelo estado de inconsciência e de paralisia muscular e em razão de estar internada em setor médico sem a presença contínua de seus familiares.

Os denunciados VIRGINIA HELENA SOARES DE SOUZA, E. A. S. J. e P. C. G. R. praticaram os crimes com violação do dever inerente à profissão de médicos e da profissão de enfermeira, uma vez que se valeram de instrumentos, medicamentos e equipamentos do Hospital Universitário Evangélico de Curitiba, no qual trabalhavam no exercício da medicina e da enfermagem.

5º fato
Na manhã do dia 03 de março de 2012, no Hospital Universitário de Curitiba, na Alameda Augusto Stellfeld, 908, nesta cidade e Comarca de Curitiba, a vítima A. R. S., com 40 anos de idade, estava internada na UTI geral, em decorrência

de queimadura de terceiro grau, com lesão pulmonar, sem conseguir respirar naturalmente, estando sedada mediante uso de analgésico citrato de fentanila e anestésico cloridrato de cetamina desde as 08h29 e constando às 20h com suporte de ventilação mecânica em parâmetros altos, em fração inspirada de oxigênio (FIO2) em 60% (sessenta por cento) e pressão PEEP em 8 (oito).

Às 10h06, a denunciada VIRGINIA HELENA SOARES DE SOUZA, com vontade livre e consciente direcionada para matar, prescreveu, para administração em bolus via endovenosa o medicamento citrato de fentanila e o fármaco pancurônio - bloqueador neuromuscular usado em medicina intensiva quando há necessidade de otimizar o suporte de ventilação ao paciente, consoante esclarecimentos médicos de fls. 882-894 deste inquérito policial.

Assim, sob efeito do medicamento pancurônio ("Pavulon"), a vítima estava mais dependente de ventilação mecânica para respirar, quando então, no firme propósito letal, o denunciado A. D. F., em conluio e prévio ajuste com a denunciada VIRGINIA HELENA SOARES DE SOUZA, com vontade livre e consciente direcionada para matar, diminuiu os parâmetros do suporte de ventilação mecânica para fração inspirada de oxigênio (FIO2) para 21% (vinte e um por cento) e pressão PEEP para 0 (zero), provocando asfixia, que foi a causa eficiente da morte da vítima (ocorrida às 10h30), conforme termos de declaração médica em fls.238 do apenso V.

Os denunciados VIRGINIA HELENA SOARES DE SOUZA e A. D. F. praticaram o homicídio por motivo torpe, por se julgar a denunciada VIRGINIA HELENA SOARES DE SOUZA onipotente no gerenciamento da UTI e possuidora do poder de decretar o momento da morte da vítima, ao arrepio da vontade desta e de seus familiares e em total desconformidade com a lei, tudo com a anuência de A. F. A vítima era escolhida de modo repugnante ao senso comum, para gerar nova vaga, para "girar a UTI", "desentulhar a UTI", conforme determinações verbais da acusada VIRGINIA HELENA SOARES DE SOUZA.

Ao causarem a morte da vítima, os acusados A. F. e VIRGINIA HELENA SOARES DE SOUZA subtraíram-lhe todas as chances de sobrevivência ou recuperação que pudessem advir do surgimento de tratamento médico, ou mesmo pela melhora de quadro clínico de um modo inexplicável para a ciência.

Na consecução do homicídio, as denunciadas VIRGINIA HELENA SOARES DE SOUZA e A. F. se valeram de meio que dificultou a defesa da vítima, pois antes de lhe sonegar o suporte ventilatório indispensável, ocultando a intenção hostil, aplicaram "Pavulon" para paralisar os músculos respiratórios da paciente, deixando a vítima sem condições de recusar o procedimento indevido que lhe foi imposto, subtraindo qualquer chance de resposta fisiológica de reação do organismo da vítima, ficando esta sem conseguir exigir tratamento médico adequado, pelo estado de inconsciência e de paralisia muscular e em razão de estar internada em setor médico sem a presença contínua de seus familiares.

Os denunciados VIRGINIA HELENA SOARES DE SOUZA e A. F. praticaram os crimes com violação do dever inerente à profissão de médico, uma vez que se *valeram de instrumentos, medicamentos e equipamentos do Hospital Universitário Evangélico de Curitiba, no qual trabalhavam no exercício da medicina.*

6º fato
Às 08h do dia 28 de janeiro de 2013, no Hospital Universitário Evangélico de Curitiba, na Alameda Augusto Stellfeld, 908, nesta cidade e Comarca de Curitiba, a vítima R. R., com 59 anos de idade, estava internada na UTI geral, em decorrência de hemorragia digestiva alta, sem conseguir respirar, com suporte de ventilação mecânica em fração inspirada de oxigênio (FIO2) em 60% (sessenta por cento) e pressão PEEP em 13 conforme registro na folha "balanço hídrico".
Às 09h51, a denunciada VIRGINIA HELENA SOARES DE SOUZA, com vontade livre e consciente direcionada para matar, prescreveu os fármacos citrato de fentalina, sedativo propofol e pancurônio - bloqueador neuromuscular usado em medicina intensiva quando há necessidade de otimizar o suporte de ventilação ao paciente, consoante esclarecimentos técnicos em fls. 882/894, para aplicação em bolus via endovenosa, mas sem nenhuma indicação terapêutica registrada no prontuário que justificasse o uso daquele fármaco bloqueador neuromuscular à vítima naquele momento, conforme parecer médico.
Assim, sob o efeito desse medicamento pancurônio ("Pavulon"), a vítima estava mais dependente de ventilação mecânica para respirar, quando então, no firme propósito letal, a denunciada VIRGINIA HELENA SOARES DE SOUZA, deliberadamente, diminuiu os parâmetros do suporte de ventilação mecânica de fração inspirada de oxigênio (FIO2) conforme transcrição de conversa em interceptação telefônica dos autos apensos de degravação, provocando asfixia, que foi a causa eficiente da morte (ocorrida às 10h25) da vítima conforme termos de declaração médica em fls. 186.
A denunciada VIRGINIA HELENA SOARES DE SOUZA praticou o homicídio por motivo torpe, por se julgar onipotente no gerenciamento da UTI e possuidora do poder de decretar o momento da morte da vítima, ao arrepio da vontade desta e de seus familiares e em evidente desconformidade com a lei. A vítima era escolhida, de modo repugnante ao senso comum, para gerar nova vaga, para "girar a UTI", "desentulhar a UTI", conforme determinações verbais da acusada VIRGINIA HELENA SOARES DE SOUZA.
Ao causar a morte da vítima, a acusada VIRGINIA HELENA SOARES DE SOUZA subtraiu-lhe todas as chances de sobrevivência ou recuperação que pudessem advir do surgimento de tratamento médico, ou mesmo pela melhora de quadro clínico de um modo inexplicável para ciência.
Na consecução do homicídio, a denunciada VIRGINIA HELENA SOARES DE SOUZA valeu-se de meio que dificultou a defesa da vítima, pois antes de lhe sonegar suporte ventilatório indispensável, ocultando a intenção hostil, aplicou o "Pavulon" para paralisar os músculos respiratórios da paciente, deixando a vítima sem condições de recusar o procedimento indevido que lhe foi imposto, subtraindo qualquer chance de resposta fisiológica de reação do organismo da

vítima, ficando esta sem conseguir exigir tratamento médico adequado, pelo estado de inconsciência e de paralisia muscular e em razão de estar internada em setor médico sem a presença contínua de seus familiares.

A denunciada VIRGINIA HELENA SOARES DE SOUZA praticou o crime com violação do dever inerente à profissão de médico, uma vez que se valeu de instrumentos, medicamentos e equipamentos do Hospital Universitário Evangélico de Curitiba, no qual trabalhava no exercício da medicina.

7º fato
Na manhã do dia 28 de janeiro de 2013, no Hospital Universitário Evangélico de Curitiba, na Alameda Augusto Stellfeld, 908, nesta cidade e Comarca de Curitiba, a vítima L. A. I., idoso com 75 anos de idade, estava internado na UTI geral, em decorrência de fratura de vértebra lombar, para tratamento conservador, sem conseguir respirar naturalmente, em sedação contínua, mediante uso do medicamento analgésico citrato de fentalina, o sedativo midazolan e o anestésico cloridrato de cetamina, há dois dias em bomba de infusão, com suporte de ventilação mecânica em parâmetros às 08h00 em fração inspirada de oxigênio (FIO2) em 60% (sessenta por cento), pressão PEEP em 5 (cinco) e com saturação de 98%, conforme registro na folha "balanço hídrico".

O paciente foi sedado às 08h11 e submetido à traqueostomia às 08h24 conforme fls. 185 verso, sendo que mesmo depois deste procedimento não se alteraram os referidos parâmetros de ventilação na anotação às 10h00.

Nesta oportunidade, às 10h33 a denunciada VIRGINIA HELENA SOARES DE SOUZA, com o firme propósito letal, em conluio e prévio ajuste com a denunciada L. R. G. prescreveu, para administração em bolos via endovenosa, o medicamento analgésico citrato de fentalina, o medicamento sedativo propofol e o fármaco pancurônio - medicamento que causa paralisia muscular e é usado em medicina intensiva quando há necessidade de otimizar o suporte de ventilação do paciente, consoante esclarecimentos técnicos em fls. 882-894 dos autos de inquérito policial – mas sem nenhuma indicação terapêutica registrada no prontuário que justificasse o uso de tal fármaco à vítima naquele momento, conforme parecer médico.

Ato contínuo, a denunciada L. R. G., com vontade livre e consciente de matar, ministrou os referidos medicamentos prescritos à vítima L.

Assim, sob efeito do medicamento pancurônio "Pavulon" e dos fármacos sedativos, a vítima estava mais dependente de ventilação mecânica para respirar, oportunidade em que, persistindo no intuito letal, a denunciada VIRGINIA HELENA SOARES DE SOUZA, deliberadamente, diminuiu os parâmetros do suporte de ventilação mecânica, provocando asfixia, que foi a causa eficiente da morte da vítima (às 11h), conforme termo em fls. 260 do apenso aos autos principais.

As denunciadas VIRGINIA HELENA SOARES DE SOUZA e L. R. G. praticaram homicídio por motivo torpe, por se julgar a primeira onipotente no gerenciamento *da UTI e possuidoras de poder de decretar o momento da morte da vítima, ao arrepio da vontade desta e de seus familiares e em evidente desconformidade com a lei, tudo com a anuência de L. R. G. A vítima era escolhida, de modo repugnante ao senso comum, para gerar nova vaga, para "girar a UTI", "desentulhar a UTI", conforme determinações verbais da acusada VIRGINIA HELENA SOARES DE SOUZA.*

Ao causarem a morte da vítima, as acusadas VIRGINIA HELENA SOARES DE SOUZA e L. R. G. subtraíram-lhe todas as chances de sobrevivência ou recuperação que pudessem advir do surgimento de tratamento médico, ou mesmo pela melhora de quadro clínico de modo inexplicável para a ciência.

Na consecução do homicídio, as denunciadas VIRGINIA HELENA SOARES DE SOUZA e L. R. G. se valeram de meio que dificultou a defesa da vítima, pois antes de lhe sonegarem o suporte ventilatório indispensável, ocultando a intenção hostil, aplicaram o "Pavulon" para paralisar os músculos respiratórios da paciente, deixando a vítima sem condições de recusar o procedimento indevido que lhe foi imposto, subtraindo qualquer chance de resposta fisiológica de reação do organismo da vítima, ficando esta sem conseguir exigir tratamento médico adequado, pelo estado de inconsciência e de paralisia muscular e em razão de estar internada em setor médico sem a presença contínua de seus familiares.

Os denunciados VIRGINIA HELENA SOARES DE SOUZA e L. R. G. praticaram crimes com violação do dever inerente à profissão de médico e profissão de enfermeira, uma vez que se valeram de instrumentos, medicamentos e equipamentos do Hospital Universitário Evangélico de Curitiba, no qual trabalhavam no exercício da medicina e da enfermagem.

8º fato
Na noite de 28 de janeiro de 2013, no Hospital Universitário Evangélico de Curitiba, na Alameda Augusto Stellfeld, 908, nesta cidade e Comarca de Curitiba, a vítima I. S., idoso de 67 anos de idade, estava internado na UTI geral, apresentando lesão trófica em hálux esquerdo que evoluiu para gangrena, estando hemodinamicamente instável, em uso de drogas vasoativas e sem conseguir respirar naturalmente, sedado de forma contínua, mediante uso do medicamento analgésico citrato de fentanila, o sedativo midazolan e o anestésico cloridrato de cetamina .

Após as 20h o denunciado A. F., em conluio e prévio ajuste de vontades com a denunciada VIRGINIA HELENA SOARES DE SOUZA, com vontade livre e consciente direcionada ao fim de matar a vítima I. S., desligou a bomba infusora que administrava as drogas vasoativas Noradrenalina e Dobutamina, ocasionando hipotensão imediata após a suspensão das mesmas.

O denunciado A. F., mesmo constatando a queda de pressão e iminência de colapso circulatório, persistindo no intento letal, deixou a vítima sem os medicamentos mencionados durante toda a noite do dia 28 e a madrugada do dia 29 de janeiro, até deixar seu plantão no dia seguinte, quando a denunciada Virginia chegaria .

Na manhã do dia 29 de janeiro de 2013, antes das 08h, foram abaixados os parâmetros do ventilador mecânico que mantinha a ventilação assistida para a vítima I. S., restando configurada a frequência respiratória para 8 (oito), fração inspirada de oxigênio (FIO2) para 22% e pressão positiva expiratória (PEEP) em 5 (cinco).

Às 09h39, a denunciada VIRGINIA HELENA SOARES DE SOUZA, dando prosseguimento ao intuito de matar, previamente acordado com o denunciado A. F. e inclusive já mencionado em conversas ocorridas no dia anterior entre os denunciados, prescreveu à vítima I. S., para a administração em bolus via endovenosa, o medicamento analgésico citrato de fentanila, o sedativo propofol e o fármaco pancurônico – medicamento que causa paralisia muscular e é usado em medicina intensiva quando há necessidade de otimizar o suporte de ventilação ao paciente, consoante esclarecimentos médicos em fls. 882/894 dos autos de inquérito policial.

Assim, sob efeito desse medicamento pancurônio "Pavulon", a vítima estava mais dependente de ventilação mecânica para respirar, quando então, no firme propósito mortal, a denunciada VIRGINIA HELENA SOARES DE SOUZA manteve os parâmetros do aparelho de ventilação muito baixos, com frequência respiratória (FR) 08, FIO2 em 22% e pressão em 05.

Considerando que o paciente estava com seus músculos paralisados em decorrência do curarizante "Pavulon" administrado, foi impossível a ele respirar, tendo os denunciados, com sua conduta, provocado asfixia e colapso circulatório pela suspensão das drogas vasoativas, causando a morte da vítima I. S. (ocorrida às 10h30) conforme termo de declaração médica em fls. 301-302 dos autos de apenso.

Os denunciados VIRGINIA HELENA SOARES DE SOUZA e A. F. praticaram o homicídio por motivo torpe, por se julgar a denunciada VIRGINIA HELENA SOARES DE SOUZA onipotente no gerenciamento da UTI e possuidora do poder de decretar o momento da morte da vítima, ao arrepio da vontade desta e de seus familiares e em total desconformidade com a lei, tudo com a anuência de A. F.. A vítima era escolhida, de modo repugnante ao senso comum, para gerar nova vaga, para "girar a UTI", "desentulhar a UTI", conforme determinações verbais da acusada VIRGINIA HELENA SOARES DE SOUZA.

Ao causarem a morte da vítima, os acusados A. F. e VIRGINIA HELENA SOARES DE SOUZA subtraíram-lhe todas as chances de sobrevivência ou recuperação que pudessem advir do surgimento de tratamento médico, ou mesmo pela melhora de quadro clínico de um modo inexplicável para a ciência. Na consecução do homicídio, as denunciadas VIRGINIA HELENA SOARES DE SOUZA e A. F. se valeram de meio que dificultou a defesa da vítima, pois antes de lhe sonegar o suporte ventilatório indispensável, ocultando a intenção hostil, aplicaram o "Pavulon" para paralisar os músculos respiratórios da paciente, deixando a vítima sem condições de recusar o procedimento indevido que lhe foi imposto, subtraindo qualquer chance de resposta fisiológica de reação do *organismo da vítima, ficando esta sem conseguir exigir tratamento médico adequado, pelo estado de inconsciência e de paralisia muscular e em razão de estar internada em setor médico sem a presença contínua de seus familiares. Os denunciados VIRGINIA HELENA SOARES DE SOUZA e A. F. praticaram os crimes com violação do dever inerente à profissão de médico, uma vez que se valeram de instrumentos, medicamentos e equipamentos do Hospital Universitário Evangélico de Curitiba, no qual trabalhavam no exercício da medicina. Assim agindo, incorreram, em tese, todos os denunciados VIRGINIA HELENA SOARES DE SOUZA, E. A. S. J., M. I. C. B., A. F., L. S. F., C. M. N., P. C. G. R. e C. E. M. nas disposições do art. 288, "caput", do Código Penal (quadrilha ou bando), e ainda*

VIRGINIA HELENA SOARES DE SOUZA, em infração, em tese, art. 121, parágrafo 2º, incisos I (motivo torpe) e IV (dificuldade de defesa da vítima), por 07 (sete) vezes (homicídios duplamente qualificados), combinado com o art. 62, I (direção da atividade dos demais agentes) e art. 61, II alíneas "g" (violação de dever de profissão) e "h" (crime contra pessoa idosa), aplicada a regra do art. 69, todos do Código Penal;

A. F., ao art. 121, parágrafo 2º, incisos I (motivo torpe) e IV (dificuldade de defesa da vítima), por 2 (duas) vezes (homicídios duplamente qualificados), combinado com o art. 61, II (violação de dever de profissão) e art. 61, II alíneas "g" (violação de dever de profissão) e "h" (crime contra pessoa idosa), aplicada a regra do art. 69, todos do Código Penal;

E. A. S. J., ao art. 121, parágrafo 2º, incisos I (motivo torpe) e IV (dificuldade de defesa da vítima) - (homicídio duplamente qualificado), combinado com o art. 61, II (violação de dever de profissão) e art. 61, II alíneas "g" (violação de dever de profissão) e "h" (crime contra pessoa idosa), aplicada a regra do art. 69, todos do Código Penal;

M. I. C. B., ao art. 121, parágrafo 2º, incisos I (motivo torpe) e IV (dificuldade de defesa da vítima) - (homicídio duplamente qualificado), combinado com o art. 61, II (violação de dever de profissão) e art. 61, II alíneas "g" (violação de dever de profissão) e "h" (crime contra pessoa idosa), todos do Código Penal;

L. R. G., ao art. 121, parágrafo 2º, incisos I (motivo torpe) e IV (dificuldade de defesa da vítima) - (homicídio duplamente qualificado), combinado com o art. 61, II (violação de dever de profissão) e art. 61, II alíneas "g" (violação de dever de profissão) e "h" (crime contra pessoa idosa), todos do Código Penal;

P. C. G. R., ao art. 121, parágrafo 2º, incisos I (motivo torpe) e IV (dificuldade de defesa da vítima) - (homicídio duplamente qualificado), combinado com o art. 61, II (violação de dever de profissão) e art. 61, II alíneas "g" (violação de dever de profissão) e "h" (crime contra pessoa idosa), todos do Código Penal.

Por tais razões, é oferecida a presente denúncia, que se espera seja recebida e autuada, citando os denunciados para responderem à acusação por escrito no prazo de dez dias, bem como para os demais atos do processo, notificando-se as testemunhas adiante arroladas para deporem, sob as penas da lei, observando o rito previsto para os crimes dolosos contra a vida (art. 406 e seguintes do CPP), tudo com ciência do Ministério Público, culminando com a pronúncia dos denunciados.

Curitiba, 11 de março de 2013.

FERNANDA NAGL GARCEZ
Promotora de Justiça

ANA PAULA M. CESCONETO BRANCO
Promotora de Justiça

PAULO SÉRGIO MARKOWICZ DE LIMA
Promotor de Justiça

Primeiras manifestações de nossa defesa

Falazes ilusões...

Após a oferta da denúncia pelo Ministério Público a lei determina que a defesa se manifeste emitindo opinião geral sobre o conteúdo das investigações, qualidade técnica da denúncia e formulação das provas defensivas. Em um primeiro momento, assim discorremos sobre o "conjunto da obra" dirigindo petição ao Juiz da causa:

> Se querem ter seus dias de "Jim Brass" da série dramática estadunidense *CSI*, incursionem no direito e ciências auxiliares, como naquela ficção. Processo Penal no Brasil não é, ainda, lugar de aventuras...
> A morte e sua causa se prova com documento público denominado "certidão de óbito" ou laudo de necropsia do IML. Sem "outra" *causa mortis*, não há que se cogitar validamente de fato criminoso! Legalmente a pessoa morreu da causa constante de sua certidão de óbito corroborada por laudo do IML. Constituição Federal, art. 19, veda aos Estados – recusar fé aos documentos públicos!
> 1. Aderindo à conduta do anônimo denunciante calunioso, em seus propósitos inconfessáveis, "investigações" foram iniciadas e escutas telefônicas ilegais deferidas, com base nela (STF: hc 108147/PR de 11/12/2012);
> 2. Em velada coação de testemunhas e investigados (*"fale o que quer ouvir a autoridade ou ficarás como cúmplice..."*), no Inquérito se considerou apenas o que disseram os conluiados, sem conhecimentos técnicos de UTI, e os atemorizados. A esmagadora maioria dos "denunciantes/testemunhas" têm processos pendentes contra o Hospital Evangélico. Do setor, por desligamento recomendado pela chefia da UTI;
> 3. Demonizaram os médicos em confessado crime de "falsa perícia". Nas transcrições telefônicas consignaram o termo "assassinar" em vez de "raciocinar". Inseriram o falso na "representação judicial pelas prisões" e essas desastrosamente sobreviveram;
> 4. Sem consultar literatura especializada em farmacologia, medicina intensiva e legal, mistificaram o uso rotineiro de medicamentos como "pavulon", "propofol" e seus efeitos. Tomaram equivocadamente os termos "colabado"[38], "hepatizado"[39], "congestos"[40] e "armados", como falsas evidências de relação de causa e efeito;
> 4.1 Registre-se que tomaram o constante dos laudos de necropsia do IML, nos quais figuram tais termos com exatidão científica e os profanaram. O que neles consta corresponde aos efeitos deletérios das doenças causadoras da morte,

---

38 Colabado: colapso pulmonar.
39 Hepatizado: quando pulmão fica consolidado.
40 Congestos: quando se tem mais sague que o normal ou acúmulo de secreção.

jamais como efeito de tais medicamentos (relaxantes musculares – pavulon e analgésico anestésico – propofol). A erronia é repetida no decreto prisional;

4.2 O fluxo de dispensação de medicamentos prescritos aos pacientes segue normas rígidas desde a compra, controle de estoque (códigos de barra) e administração nominal e criteriosa a cada paciente. O sistema hospitalar informatizado de prescrição médica impossibilita quaisquer eventuais "ordens verbais" de administração de medicamentos. Portanto, não é possível o uso de medicamentos fora dos "Procedimentos Operacionais Padrão", tornando improvável o objeto das investigações;

5. Em violação aos direitos constitucionais decorrentes da não culpabilidade prévia, expuseram a Classe Médica e o Hospital à execração pública, deflagrando uma paranoia coletiva, com "corrida de pessoas" para registrar supostos crimes contra familiares que por aquela UTI passaram;

6. Alheios aos efeitos patológicos e medicamentosos, somados ao confinamento em UTIs, indutores de "agitação psicomotora" (comuníssimos em pacientes submetidos a terapias intensivas), deram crédito absoluto a relatos de pacientes com *delirium* que acomete até 81% dos casos. Familiares confusos e emocionalmente siderados, que teriam se avistado com seus entes queridos naqueles momentos antecedentes dos óbitos, foram tomados em elevadíssima conta;

7. Inócua ainda, foi a intenção investigatória deferida pelo juiz de "infiltrar agente policial enfermeiro" na UTI, para aquilatar atos médicos. O mesmo se diga das impressões leigas genericamente lançadas no IP[41] como "provas testemunhais" em "verdades absolutas";

8. Autoridades policiais blefaram ao juiz em representações por prisões, as quais teriam "recebido ameaças", após satanizarem os investigados no intuito de incutir na autoridade judiciária o temor reverencial de "perigosa organização criminosa". Médicos e enfermeira que poderiam testemunhar a verdade em favor da médica chefe da UTI foram criminosamente presos como "partícipes" apenas para retirar-lhes a credibilidade de suas palavras;

9. Encequecidos pela insânia, não provaram o essencial: "existência de fato criminoso" e sua "materialidade". Inexistentes laudos do IML que pudessem cientificamente elidir as causas das mortes, regular e oportunamente atestadas. Sem fato criminoso e sua prova, não há crime! Por outro turno, depoimentos sequer mencionam quem e quando praticou mortes;

10. Compreende-se agora o temor das Autoridades em dar acesso ao conteúdo do IP aos advogados de defesa, ainda que ordenados judicialmente para tanto. Quem tem compromissos com o erro? Uma coisa é crer e outra conhecer! Altavilla, em sua famosa *Psicologia Judiciária* (PORTO, 1960, v. 5, p. 36-39.), dedicou dois verbetes aos perigos das hipóteses provisórias, que podem *"seduzir o investigador, de maneira a torná-lo daltônico nas apreciações das conclusões de indagações ulteriores"*. Adverte o mestre italiano que, *"uma vez internalizada na mente do policial, do promotor ou do juiz, a procedência*

---

41 Inquérito Policial.

da hipótese provisória, cria-se em seu espírito a necessidade de demonstrar o que considera verdade, à qual ele liga uma especial razão de orgulho", como se a eventual demonstração da improcedência de sua hipótese *"constituísse uma razão de demérito".* E assim, *"intoxicado por sua verdade, sobrevaloriza todos os elementos probatórios que lhe forem favoráveis e diminui 'o valor dos contrários', até o ponto de não serem tomados em consideração num ato.".*
No campo da investigação científica é obrigatório se jogar com todas as hipóteses para se chegar a uma conclusão razoável.

Ainda, para este caso específico, observa-se o teor da *Revista Veja* de 10 de agosto de 2011, edição 2229, ano 44, nº 32, cuja reportagem **é** *Entre a vida e a morte,* nas páginas amarelas, entrevista o médico diretor de bioética, dos Institutos Nacionais de Saúde dos Estados Unidos (NIH), Ezekiel Emanuel, 54 anos, com dois diplomas de Harvard (medicina e filosofia política, professor, foi assessor de Bill Clinton e Barack Obama e escreveu nove livros sobre os dilemas morais da Medicina). Ele traz alguns argumentos nessa reportagem tais como:

A. Talvez os médicos brasileiros tenham de tomar decisões difíceis com mais frequência, infelizmente. Quando os hospitais públicos não dispõem de vagas suficientes nas UTIs para atender a população, é preciso decidir quem ocupará o leito da forma mais ética e moral possível.
B. Todas as vidas humanas têm o mesmo valor. Mas a ética no setor de saúde também é salvar o maior número possível de vidas, e não uma pessoa apenas.
C. Um médico responsável pode decidir se é hora de desligar os tubos ou parar com a medicação. Isso não é o mesmo que uma injeção letal em uma pessoa à beira da morte. Não é eutanásia. É uma medida ética, que garante um fim digno.
(Revista Veja. 10 ago. 2011, n. 32, páginas amarelas)

Pretendem em um processo de júri julgar a medicina intensiva?

Constatações da defesa após oferta da denúncia

Acusaram todos de tudo...

Pelo direito processual penal brasileiro, após investigações policiais o inquérito é remetido para o Poder Judiciário, com relatório da autoridade policial. O Juiz determina que o Ministério Público analise para oferta de denúncia ou pedido de arquivamento. Neste caso foi ofertada denúncia e, em resposta, assim nos manifestamos previamente pela defesa em peça que denominamos "memorial". Assim nos manifestamos:

> I - O Ministério Público usa termos técnicos específicos da Medicina, em conclusões leigas na denúncia, sem ter um único laudo oficial no sentido do que afirma. Contrariamente, os autos possuem certidões dos óbitos e até laudos de necropsia, cada qual com informações oficiais das causas das mortes, subscritos por médicos alheios a este feito. O MP está, com meras ilações, violando o art. 19, II, da CF[42] e negando fé aos documentos públicos (certidões e laudos oficiais). Deveria, antes da denúncia, tentar desconstituí-los, dilucidando tais fatos em procedimentos próprios, para após se cogitar em "existência de fato criminoso";
>
> II- Pretende o MP, em uma única denúncia, abarcar acusações diversas, contra "vítimas" diversas, tempos e modos de execução e "cúmplices" diversos. O tumulto se instalará. Como todos esses acusados poderão exercer defesas individuais, mesmo em um eventual júri. Com tantos óbitos teriam quanto tempo para cada um e cada acusado?
>
> De duas soluções, uma: ou exige-se do MP que para cada óbito com datas e diagnósticos diversos, previamente e de forma personalizada formule uma denúncia, individualizando condutas (quem, como e quando auxiliou...), com prova técnica da "existência de fato criminoso", ou determina-se suspensão (ou correção pelo MP) até que se encerrem as "investigações" sobre os demais óbitos desde 2006 (ou antes), possibilitando um único processo com todos os "**óbitos suspeitos**" (um único peso e uma medida);
>
> Observa-se na denúncia a estratégia de desvirtuamento e confusão dos institutos da coautoria (*societas in crimine*), com o delito de quadrilha ou bando (*societas criminis*). Não se sabendo quem fez o que contra qual "vítima", pela intencional omissão de individualização das imaginadas condutas. Acusam-se "todos de tudo". Reflita-se em hipótese remota de tais terapias terem sido aplicadas com base em convicções técnicas de linhas filosóficas da medicina intensiva, seria imperícia? As "coautorias" passariam a ser de delitos culposos? (Memorial constante do processo, subscrito pela defesa de Virginia)

O leitor pode perceber, então, pela leitura deste memorial, que mesmo com a denúncia do Ministério Público, não tinha a acusação nenhum indício de materialidade ou ocorrência de qualquer crime e de quem pudesse ser o imaginado autor.

---

42 Constituição Federal.

Questões de direito da nossa defesa preliminar
Não existe prova de materialidade de qualquer crime

Tendo o Juiz aberto oportunidade para a defesa rebater as acusações contidas na denúncia e requerer as provas que entendesse necessárias, além do memorial fizemos outras considerações de direito mais aprofundadas. Assim argumentamos em defesa da médica Virginia:

1.Preliminarmente:
1.1.Nulidade das interceptações telefônicas baseadas em "denúncia anônima". De acordo com decisão recente do STF (HC 108147/PR de 11/12/2012), deve ser considerada ilícita a prova de escutas telefônicas baseadas unicamente em "denúncias anônimas". Assim, deve ser reconhecida a ilicitude na solicitação e deferimento derivado da quebra dos sigilos telefônicos destes autos e desentranhados todos os áudios e as transcrições. Ainda, em especial, mesmo que válida fosse, a partir da data do vencimento da ordem, prosseguiu-se com escutas ilegalmente. Assim deve ser proclamada!
1.2. Nulidade das interceptações telefônicas e suas transcrições por incursão em crime de falsa perícia. Consequências devastadoras para a peticionária, ao trocar os verbos "raciocinar" por "assassinar":
Incorreram as Autoridades em crime de falsa perícia pois para conseguirem "provas acusatórias" e induzirem em erro a autoridade judiciária, criminosamente trocaram os verbos "raciocinar" por "assassinar". Deve ser desentranhada dos autos a transcrição para que nenhum efeito produza. A suposta "corrigenda" para tentar assegurar impunidade foi datada de 23 de fevereiro, posterior aos decretos de prisão e detonação das imagens dos investigados na mídia nacional e internacional. Pelo desentranhamento e apuração das responsabilidades.
1.3.Violação do art. 19, II, da CF/88. Violação da competência prévia das Varas de Registros Públicos (Órgão Especial do Tribunal de Justiça aprovou a Resolução nº 07 /2008 – "...*processar e julgar as causas contenciosas ou administrativas que se refiram diretamente aos registros públicos...*").
Esta defesa protestou pela falta da prova da materialidade de delito de "homicídio". Compulsando os autos de inquérito e este feito, as pessoas tidas como "vítimas" têm certidões de óbito e laudos oficiais do IML dando como causas das mortes as mesmas dos atestados médicos (morreram segundo o registro público dos efeitos deletérios dos males que as acometiam).
Assim, oficialmente, não existe prova de materialidade de qualquer crime, pois vigora o princípio da "fé" dos documentos públicos, a que se refere o artigo 19, II, da CF. O Município de Curitiba em sua Sindicância e o Inquérito Policial que derivou neste processo e novas investigações noticiadas negam fé a documentos públicos. Portanto, inválida qualquer prova em sentido

oposto sem antes passar pelo crivo do devido processo legal junto a Vara dos Registros Públicos. Fica arguida também a ilicitude de todos os elementos que pretensamente sejam utilizados para comprovação de materialidade por afronta a CF e normas infraconstitucionais e regulamentares.

Uma mera releitura de dados de prontuários e do IML, por supostos peritos não oficiais, em violação do artigo 159 do CPP não retira a fé do documento público anteriormente firmado. Deveria o MP, ou qualquer outro legitimado, socorrer-se do devido processo legal (A Vara de Registros Públicos é a única competente para modificar dados em documentos públicos), para após decisão transitada em julgado, se cogitar de que a pessoa tenha morrido eventualmente de outra causa. Pela violação da CF/88 e da competência Legal da Vara de Registros Públicos, deve ser reavaliado o recebimento desta ação penal, ressalvando a quem de direito o prévio questionamento via ação e vara própria. Antes disto, se está negando fé aos referidos documentos (certidões de óbitos, laudos oficiais do IML), que somente podem ceder em sua fé com outras provas cientificamente hábeis, o que não ocorreu até o presente momento. (Raciocínio próximo ao entendimento de que crimes tributários exigem prévia preclusão da via administrativa.)[43].

Desta forma, deve ser reapreciada a questão ligada a arguição de falta da prova da materialidade de delitos de homicídio. Não pode ser suprida por nenhuma outra. Aliás, o que se tem nestes autos é justamente prova de que tais pessoas não foram vítimas de homicídios – e isto tem fé pública –, blindada por preceito constitucional. Pela suspensão e extinção do presente feito.

---

43 Mesmo a "Comissão da Verdade", instalada para apurar crimes da ditadura respeitou a fé dos documentos públicos assegurada pelo artigo 19 da Constituição Federal. Neste processo o Estado viola a CF e nega fé pública.
Reiterou esta defesa que não se pode confundir materialidade indireta de crime de homicídio com mera releitura de laudos ou com uma certidão de óbito pelo MP. O fato de constar "causa de morte" diferente no registro de óbito das "vítimas" como quer o MP, faz toda a diferença, pois oficialmente tais pessoas morreram das causas ali constantes! Somente se pode extrair conclusão diversa mediante prévia modificação do conteúdo do documento público determinada pela Vara de Registros Públicos com prévio e devido processo legal e trânsito em julgado. Portanto, a presente ação penal carece do principal: prova de materialidade de crime.
Para evidenciar o absurdo, equivaleria, por exemplo, a um desembargador do tribunal dizer: "Meu nome é Joaquim, sou desembargador, eis minha carteira de magistrado.". E o acusador afirmar: "Essa carteira não tem validade.". A seguir o magistrado retrucar: "Eis minha certidão de nascimento, meu RG, meu diploma de bacharel em direito e certidão da minha posse como magistrado...". E o acusador redarguir: "Nenhum desses documentos merece fé posto que discordo de todos eles eis que estamos na esfera criminal...".
É isto que o artigo 19 da Constituição Federal procura coibir para garantir a segurança jurídica geral. Portanto, afirmar como faz o Ministério Público neste processo que "documentos públicos não guardam relação direta de causalidade na esfera criminal", equivale a dizer que a recíproca seria verdadeira, ou seja, laudos de necropsia não se prestam a provar a materialidade de crime de homicídio. A prevalecer tal entendimento, que ninguém nos acuse da morte de um antepassado nosso pois, caso o faça, a certidão de óbito respectiva dando mostras da real causa da morte em nada nos beneficiaria e a insegurança imperaria e passaríamos a viver sob o império dos humores e das vontades pessoais de quem tem o poder de acusar.

1.4. Arrecadação ilegal dos prontuários médicos pela Autoridade Policial/MP – apreensão de originais sem deixar cópias para o estabelecimento hospitalar (documento de fls. 1215):

Foram arrecadados 1792 prontuários médicos originais do Hospital Evangélico, sem que as autoridades deixassem fotocópias do material apreendido ou cópia de eventual ordem judicial.

Tal ilegalidade retirou a "fé" que a defesa poderia emprestar para os documentos referidos ficando todos os prontuários arrecadados impugnados em suas autenticidades. É razoável a suspeita da defesa pois se falsificaram transcrições telefônicas trocando criminosamente os verbos "raciocinar" por "assassinar", há possibilidades de outros crimes investigativos em perspectiva.

Desta forma, ficam impugnados TODOS os documentos obtidos desta maneira ilegítima (tanto por falta de exibição de ordem judicial de busca e apreensão, como pela contaminação pela forma de arrecadação dos mesmos que lhes retira a autenticidade). Inclusive nos prontuários médicos juntados pelo MP (ou pela polícia) observamos várias anotações em bilhetes que ficaram anexadas em tais prontuários, e acabaram sendo numerados como se estes fizessem parte do acervo, quando em verdade não fazem.

1.5 Coação no curso do processo:

Nitidamente vislumbra-se dos autos que as testemunhas e mesmo os demais denunciados foram todos coagidas pelos condutores das investigações e prisões, sob ameaça de serem incluídos como coautores dos fatos caso não fizessem "delações". Como de fato aconteceu, todas as testemunhas que depuseram a favor da peticionária foram presas e/ou incluídas como coautoras.

1.6 Falsidade Ideológica e usurpações praticadas pelas Autoridades Policiais:

Utilizaram, as autoridades policiais, para conseguirem a prisão temporária e preventiva da peticionária, de falsa perícia e incorreram em crime de falsidade ideológica, subscrevendo representações, alterando a verdade dos fatos maliciosamente.

A usurpação de função pública foi praticada com relação aos peritos do IML. Outros "médicos" de fora dos quadros do IML, induzidos pelos investigadores, fizeram uma ilegal e absurda "releitura" de laudos oficiais, contrariando e usurpando as funções dos peritos do IML. A um só tempo violaram prerrogativas funcionais do Juiz de Varas e Registros Públicos e negaram fé a documentos públicos, no afã de constituírem "prova de materialidade" de delitos de homicídios[44].

---

44 Crimes contra a administração da justiça observados em tese pela defesa: art. 339 do Código Penal (denunciação caluniosa, cometido pelo denunciante anônimo a cuja conduta aderiram as autoridades públicas); art. 342 do CP falsa perícia (idem acordos de vontades); art. 344 do CP (coação de pessoas no curso do processo, em acordos, idem); art. 347 do CP (indução do juiz a erro com fraude processual); art. 330 do CP (negativa de fornecer cópias do IP para a defesa apesar das ordens judiciais); art. 299 do CP (falsidade ideológica/inserção de declaração falsa nas representações por prisão); violou-se o decreto estadual 465, de 11/06/91, constituindo também crime de constrangimento ilegal do artigo 146 do CP (com relação à exposição midiática nas entradas e saídas dos

2. Do Mérito
O livre exercício da Medicina e a Constituição Federal
A Medicina é regulamentada por Lei no Brasil e autoridades públicas ilegalmente cercearam o seu legítimo exercício pela médica Virginia. Profanaram seu local de trabalho com uma ordem judicial obtida por meio de fraude processual, falsidade ideológica e falsa perícia, induzindo o magistrado autor dos decretos prisionais em erro. Prisão ilegal e execração pública, danos irreparáveis à imagem e irrecuperabilidade de sua profissão mesmo que absolvida deste processo. Portanto quanto ao mérito a peticionária alega ser vítima de todos estes crimes praticados pelas Autoridades investigativas, quando legitimamente desempenhava sua profissão. Sentiu-se na Idade Média!
No mérito, a tese da defesa se voltará a evidenciar a inexistência de fatos criminosos. (Defesa preliminar)

Até aqui o leitor tem uma noção mais nítida do que foram os argumentos postos pela acusação e defesa.

Nas discussões seguintes, nas várias audiências em que se desdobrou este caso, o Ministério Público tentou provar a denúncia. Enquanto isso, a defesa fazia sua parte: rebatia as provas e os testemunhos em busca de fatos científicos que comprovassem a inocência da médica Virginia.

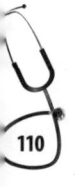

---

investigados no Núcleo Policial de Repressão, apesar de prévio requerimento de preservação da imagem feito pela defesa).

Ministério Público recorreu para restaurar prisão de Virginia

Liberdade é a regra...

Hipnotizada pelas luzes esfuziantes da mídia e entorpecida por um orgulho sem causa, em vez de se render aos argumentos técnicos da defesa, a acusação apregoou aos quatro ventos que discordava da decisão que concedera liberdade para Virginia e que estaria recorrendo ao Tribunal de Justiça do Paraná para restauração da prisão da médica até o final do processo.

Virginia que estava confiante na Justiça e até mais calma com o evoluir do processo em que se lhe assegurou o direito de responder em liberdade, com a notícia recebida, como sempre pelos jornais, passou a ficar inquieta. A partir dessa informação, não mais dormia nem conseguia esquecer dessa maldita possibilidade de ser presa novamente por incompreensões. Tinha pesadelos e cada vez que escutava sirenes de policias, socorristas ou bombeiros, entrava em pânico achando que já estariam em sua porta para levá-la aos calabouços do sistema.

Para recorrer e atingir esses objetivos inexplicáveis à luz da lógica racional, a acusação reviveu falsos argumentos imprópria e capciosamente achando que com tais expedientes induziria a Procuradoria e o Tribunal de Justiça do Paraná em erro.

Apontando graves falhas técnicas deste recurso da acusação, fizemos nossa resposta alegando em síntese que era desnecessária e injusta a prisão cautelar e que não existiam mesmo as elementares provas da existência de fato criminoso e que a acusada apenas tinha praticado atos da incompreendida medicina intensiva dentro de todos os protocolos nacionais.

Conhecendo o Ministério Público e a Magistratura do Paraná ao longo de mais de quarenta anos de advocacia criminal, sempre tive comigo a certeza de que essas respeitáveis instituições são maiores que um ou alguns de seus membros. Tanto que a esse respeito em Segunda Instância[45], **a própria Procuradoria de Justiça em parecer emitido pelo** nobre Procurador Doutor Paulo José Kessler, contrariando promotores de Primeiro Grau[46], emitiu parecer contrário ao pedido de nova prisão. O Tribunal de Justiça do Paraná (TJPR), em sua Primeira Câmara

---

45 Segunda Instância: no segundo grau, os juízes, também chamados de desembargadores, trabalham nos tribunais (exceto os tribunais superiores). Os tribunais de Justiça (TJs) são responsáveis por revisar os casos já analisados pelos juízes singulares de Primeira Instância. São 27 TJs, um em cada unidade da Federação, cuja competência é julgar recursos das decisões dos juízes de Primeiro Grau.
46 Primeira Instância ou Primeiro Grau são as varas ou seções judiciárias onde atuam o Juiz de Direito e promotores. Essa é a principal porta de entrada do Judiciário. Grande parte dos cidadãos que entra com uma ação na Justiça tem o caso julgado por um Juiz na Primeira Instância, que é um Juiz chamado de singular (único), que profere (dá) a sentença (decisão monocrática, de apenas 1 magistrado).

Criminal, pela relatoria do Desembargador Antonio Loyola Vieira, acompanhado pelos integrantes da Corte, manteve a liberdade por unanimidade.

Veja as conclusões a que chegou a Procuradoria de Justiça do Paraná após discordar do recurso interposto pelo próprio Ministério Público e pelo Tribunal de Justiça:

> ...Deste modo, alusões sobre a gravidade abstrata do delito, a credibilidade da Justiça, ou a repercussão social, desvinculados de elementos concretos, não se mostram idôneos à imposição da segregação cautelar, devendo ser assegurado à ré o direito de responder ao processo em liberdade, nos mesmos moldes dos demais acusados, que, igualmente, não se encontram segregados...
> (Procurador Paulo José Kessler)
> DECISÃO: ACORDAM os Senhores Desembargadores integrantes da Primeira Câmara Criminal do Tribunal de Justiça do Paraná, por unanimidade de votos, em negar provimento ao Recurso, nos termos do voto. EMENTA: RECURSO EM SENTIDO ESTRITO - HOMICÍDIOS DUPLAMENTE QUALIFICADOS E FORMAÇÃO DE QUADRILHA - ALEGAÇÃO DE VIOLAÇÃO AO PRINCÍPIO DO PROMOTOR NATURAL - NÃO CONFIGURADO - LIBERDADE PROVISÓRIA CONCEDIDA NA ORIGEM - PLEITO DE MANUTENÇÃO DA PRISÃO CAUTELAR PARA GARANTIA DA ORDEM PUBLICA E CONVENIÊNCIA DA INSTRUÇÃO CRIMINAL - DESNECESSIDADE - REQUISITOS PARA A DECRETAÇÃO DA PRISÃO PREVENTIVA QUE NÃO SE REVELAM PRESENTES - PRISÃO CAUTELAR É MEDIDA EXCEPCIONAL - DECISÃO MANTIDA - RECURSO DESPROVIDO.(Recurso em Sentido Estrito nº 1046978-0, 1ª Câmara Criminal, Relator Desembargador Antonio Loyola Vieira)

Repelidos os falaciosos argumentos acusatórios de "poderosa organização criminosa" que poderia "interferir com a produção da prova", "atemorização de testemunhas" entre mais "receios abstratos" apostos na peça recursal inclusive acenando para uma inverdade propalada pela Delegada de Polícia do Núcleo de Repressão de que teria sofrido "ameaças" da "poderosa organização criminosa investigada", a Procuradoria de Justiça e o Tribunal de Justiça do Paraná mantiveram-se infensos a boatos e exigiram provas.

Esta decisão final sobreveio muito tempo depois da concessão da liberdade. Tinham razão a defesa, o Procurador e o Tribunal de Justiça em prestigiar a decisão libertária do Juiz da Segunda Vara do Tribunal do Júri de Curitiba. Afinal, se um juiz criminal, estudando um processo, não pudesse assegurar para um acusado o direito de responder em liberdade mediante adoção de cautelares menos gravosas, nada poderia...

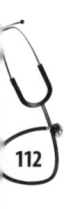

Capítulo V

O preparo da defesa para as audiências e o enfrentamento dos equívocos travestidos de verdades

Morrer alguém não é crime. Crime é matar alguém!

Em meio àquela estonteante tempestade acusatória, tínhamos a palavra de Virginia afirmando que todos os seus atos estavam respaldos na literatura médica.

Durante os vários e turbulentos dias que se seguiram, procuramos nos inteirar dos assuntos que seriam tratados e que em nosso dia a dia profissional é pouco usual. A tese da defesa, desde o início, foi a da inexistência de fato criminoso, pois se tudo o que fora praticado naquela UTI era medicina intensiva com observância de todos os protocolos nacionais e internacionais, não existiria crime.

Nossos primeiros raciocínios defensivos foram no sentido de que embora estivessem provadas existências de mortes naquela UTI, morrer alguém não é crime. Crime é matar alguém! Não bastaria provar existência de mortes em Unidade de Terapia Intensiva de hospital, haveria que se provar relação de causalidade: quando, quem matou quem e de que forma! E nisso, o processo era um nada jurídico.

Virginia nunca firmou um único óbito e os constantes do processo, por exemplo, tinham sido firmados por outros médicos. Certidões de óbito informam as causas das mortes, e isso nunca foi desconstituído pelos meios legais. Mantiveram suas validades e fé pública em certidões como os demais documentos públicos protegidos pela Constituição Federal.

Portanto, não havia nos autos sequer prova de materialidade nem dos crimes da denúncia, nem de qualquer crime.

Mesmo a defesa não tendo obrigação de provar inocência, pedimos exumação de cadáveres para exames, o que foi indeferido sob despacho judicial de que isso nada provaria. No entanto, isso não é um problema de quem defende, mas de quem acusa. A acusação deveria produzir as provas da materialidade. Estávamos tranquilos, pois o que não existiu, não podia ficar provado.

"Mas existem prontuários médicos e foram por nós apreendidos!" bradaram os acusadores. Exatamente, e a defesa teve dificuldade de obter essas ditas "provas" para examinar. Além disso, toda a documentação física e eletrônica tinha sido apreendida, deixando o hospital sem cópias dos prontuários, nem mesmo para encaminhá-los para análise do Conselho Regional de Medicina. Quem providenciou esses documentos para o CRM foi a defesa tão logo teve acesso ao processo. Até a realização da prova pericial foi solicitada pela defesa e não pelo Ministério Público. A perícia trata de esclarecimentos técnicos por um especialista naquele assunto nos moldes do art.159 do Código de Processo Penal.

Uma coisa era certa. Corríamos contra o tempo e perto de dez dias antes da primeira grande audiência, quando seriam ouvidas as testemunhas da acusação, Louise entra na minha sala colecionando algumas interrogações que se resumiam em uma única e densa pergunta: *"Pai, como a nossa defesa vai atuar nas audiências?"*

Processos não deixam de ser guerras civilizadas. Mas neste, não estava bastando para os acusadores meramente responsabilizar alguém pelo que pensavam que fez. Queriam em verdade destruir a acusada como ser humano inclusive em sua parte imortal – a honra e a memória. Assim, todas as experiências de vários anos de exercício de profissão seriam postas à prova diante da jovem advogada e filha que tinha no olhar aquele brilho próprio dos que acreditam no direito. Além do profissional, estava ali o pai diante de tudo o que acreditou em sua vida ou na força do direito e a filha que iniciou seus primeiros passos, assim como suas outras duas irmãs, dentro de um escritório jurídico. Um desafio pessoal e profissional sem precedentes.

Após um café para reflexão dos métodos a serem aplicados, pedi a Louise que me trouxesse a denúncia do Ministério Público, explicando para ela que tudo deveria se travar na confirmação ou não do ali contido.

Parti para o denominado método cartesiano (René Descartes, 1637) segundo o qual devemos partir de quatro tarefas básicas: I- Evidências reais e que não deixem a menor dúvida acerca da coisa estudada; II- Decomposição de cada uma, simplificando e indagando-as profundamente; III- Síntese ou reagrupamento das unidades estudadas em um todo verdadeiro; IV- Conclusões que manterão a ordem do pensamento do que ficou ou não provado. Apresentei essas ideias para Louise e adotamos a seguinte proposta de trabalho:

Decomposição da denúncia em indagações e premissas lógicas

Como a denúncia do Ministério Público era composta de oito fatos, nossos trabalhos de preparo da defesa para indagações em audiências deveriam separar um a um. Em seguida, decompor em raciocínios e indagações para serem respondidas pelas testemunhas tanto da acusação quanto da defesa, no que fosse aplicável.

Quanto ao 1º fato constante da denúncia:
I - Entre janeiro de 2006 até 19 de fevereiro de 2013, sob a liderança de Virginia, associaram-se os denunciados em caráter estável e permanente, para o fim de cometer homicídios em pacientes da UTI, mediante uso insidioso e sorrateiro de instrumentos, medicamentos e equipamentos?
II - Os denunciados, a mando e seguindo determinações de Virginia, inclusive por telefone, prescreviam medicamentos descritos nas páginas 4 e 5 da denúncia – bloqueadores neuromusculares normalmente empregados em medicina intensiva para otimização de ventilação artificial (especialmente o bloqueador neuromuscular pancurônio (pavulom), ou às vezes dibesilato de Atracurium (tracrium)), conjugados com fármacos anestésicos como Propofol (diprivan), cloridrato de cetamina (ketalar) e tiopental sódico (Thionembutal), sedativos como midazolam (dormonid) e analgésicos como citrato de fentanila (fentanil)?
III - Após ministrar os remédios segundo a denúncia →
A. rebaixavam os parâmetros ventilatórios dos pacientes dependentes de ventilação mecânica?
B. Morriam por asfixia?
IV- Virginia possibilitava aos demais utilizar seu sistema eletrônico de prontuários → maioria das prescrições mortais eram registradas sob seu nome, mesmo quando ausente?
V- Enfermeiros e fisioterapeuta (denunciados), para garantir o êxito do crime, registravam as evoluções de enfermagem e fisioterapia no prontuário de forma a "casar" com as prescrições criminosas?
VI - Técnicos de enfermagem (subordinados) ou demais profissionais eram orientados a jamais questionarem as atitudes delitivas?
VII - No período de atuação da "quadrilha" →A. inúmeros óbitos após ministração de pancurônio (pavulon) ou dibesilato de Atracurium (tracrium)?
→B. Sem justificativa terapêutica registrada nos prontuários ou prescrições?

Quanto ao 2º fato constante da denúncia:
I - 8h do dia 08/05/2011 – Paciente P. A. P. (embolia e trombose de artérias dos membros superiores) – sedado desde 16h30 do dia anterior com respirador em 70% (oitenta?) e pressão PEEP em 8?
II - às 09h28 → a médica M. I., em conluio e prévio ajuste com Virginia, ministrou os remédios descritos na folha 6 → A. em bolus via endovenosa? → B.

sem justificativa terapêutica registrada no prontuário? →C. reduziu parâmetros do respirador? → D. causa da morte: asfixia (10h40)? → E. violação do dever inerente à profissão de médico?
III- Virginia → primeira onipotente no gerenciamento da UTI? Possuidora do poder de decretar o momento da morte? → A. gerar nova vaga? → B. desentulhar a UTI? → C. subtraiu todas as chances de sobrevivência ou recuperação? E. Mesmo que advinda de surgimento de tratamento ou cura por causa inexplicável para a ciência?
IV - Valeram-se de meio que dificultou a defesa da vítima? → A. deixando-a em estado de inconsciência e paralisia muscular? → B. por estar internado sem a presença contínua de familiares de acordo com os remédios aplicados, descritos na denúncia?

Quanto ao 3º fato constante da denúncia:
I - 10h do dia 13/05/2011 – paciente C. D. C. (câncer nos pulmões) → A. estava sentada e acordada? → B. estava o respirador em 30% e pressão PEEP em 5?
II - 10h30 Virginia prescreveu → A. para aplicação em bolus, via endovenosa, os fármacos descritos na folha 8? → B. diminuiu os parâmetros do respirador? → C. 11h30 morte por asfixia?
III - Valeu-se de meio que dificultou defesa da vítima? → A. aplicou Pavulon? → B. sonegou o suporte ventilatório?

Quanto ao 4º fato constante da denúncia:
I - Na noite de 06/02/2012 – paciente M. M. N. N. (neoplasia maligna no reto) – acordado e comunicativo?
II - 20h respirador em 45% e pressão PEEP em 8? → 22h o médico E. A. S. J., em conluio com Virginia → A. determinou redução do respirador para 21%? → B. 23h26 o médico E. A. S. J. prescreveu em bolus, via endovenosa, os medicamentos da folha 10? → C. A enfermeira P. C. G. R. ministrou as doses? → D. 00h27 ocorreu morte por asfixia?
III - Valeram-se de meio que dificultou defesa da vítima? → A. aplicou Pavulon? B. sonegou o suporte ventilatório?

Quanto ao 5º fato constante da denúncia:
I - Manhã de 03/05/2012 – paciente A. R. S. (queimadura de 3º grau com lesão pulmonar) - 10h sedado, com respirador em 60% e pressão PEEP em 8?
II - 10h06 Virginia prescreveu em bolus → A. via endovenosa, os medicamentos contidos em folha 12? → B. O médico A. F. diminuiu o respirador para 21% e pressão PEEP para 0? → C. Morte por asfixia?
III - Valeram-se de meio que dificultou defesa da vítima → A. aplicou Pavulon? → B. sonegou o suporte ventilatório?

Quanto ao 6º fato constante da denúncia:
I - 8h do dia 28/01/2013 – paciente R. R. (hemorragia digestiva alta) – 8h respirador em 60% e pressão PEEP em 13?
II - 9h51 Virgínia prescreveu os fármacos contidos em folha 14 → A. para aplicação em bolus, via endovenosa? → B. diminuiu o respirador? → C. 10h25 morte por asfixia?
III - Valeu-se de meio que dificultou a defesa da vítima → A. aplicou Pavulon? → B. sonegou o suporte ventilatório?

Quanto ao 7º fato constante da denúncia:
I - Na manhã de 28/01/2013 – paciente L. A. I. (fratura de vértebra lombar, para tratamento conservador) → A. estava em sedação contínua? → B. há 2 dias em bomba de infusão? → C. 8h respirador em 60%? Pressão PEEP em 5 e saturação de 98%?
II - 8h11 foi sedado? → A. 8h24 traqueostomia? → B. 10h30 Virginia prescreveu em bolus, via endovenosa, os medicamentos citados em folha 16? → C. A enfermeira L. R. G. ministrou os remédios? → D. Virgínia diminuiu o respirador? → E. 11h morte por asfixia?
III - Valeram-se de meio que dificultou defesa da vítima → A. aplicou Pavulon? → B. sonegou o suporte ventilatório?

Quanto ao 8º fato constante da denúncia:
I - Noite de 28/01/2013 – paciente I. S. (lesão trófica em hálux esquerdo → gangrena – hemodinamicamente instável) uso de drogas vasoativas – sedado continuamente?
II - Após 20h o médico A. F., em conluio com Virginia, desligou a bomba infusora que administrava drogas vasoativas (folha 18)? → A. fez hipotensão? → B. vítima sem medicamentos vasoativos durante toda noite e madrugada?
III - Manhã de 29/01/2013, antes das 8h → A. abaixaram respirador 22%? PEEP em 5 e frequência respiratória 8? → B. 9h39 Virginia prescreveu em bolus, via endovenosa medicamento da folha 18? → C. manteve o respirador 22%? PEEP em 5 e frequência respiratória 8? → D. 10h30 morte por asfixia e colapso circulatório pela suspensão das drogas vasoativas?
IV - Valeram-se de meio que dificultou defesa da vítima → A. aplicou Pavulon? → B. sonegou o suporte ventilatório?

Indagações e cautelas da defesa nas audiências criminais

A força da lógica bivalente...

Além da desconstrução da denúncia, elaboramos incontáveis perguntas próprias da advocacia criminal relativas à não configuração de qualquer ilícito entre outras de cunho técnico de Medicina. Quando os testemunhos eram de médicos, nossa defesa fazia perguntas sobre o constante dos prontuários e indagações sobre fármacos e suas dosagens para o caso específico. Tivemos depoimentos minuciosos que duraram até sete horas e vale aqui enaltecer os ingentes esforços de todos os que protagonizaram tais audiências na busca valiosa de informações técnicas e no desvendar dos equívocos acusatórios.

Nossa defesa objetivava, enfim, formular uma pergunta maior com utilização de lógica bivalente aos depoentes médicos e peritos – *"Da leitura dos prontuários dá para concluir pela antecipação de óbitos naquela UTI?"* – na busca de uma resposta fulminante.

Assim, decidimos que a nossa defesa orbitaria em torno dessas perguntas para, obviamente, descaracterizar as afirmações da denúncia. Isto atingiria a nossa meta de evidenciar que não existia nem sequer prova mesmo da existência de qualquer fato criminoso. Que todos os atos de Virginia e dos demais denunciados tinham respaldo na literatura médica, protocolos nacionais e internacionais de medicina intensiva/anestesiologia, consensos de farmacologia, etc.

É o que trataremos nos próximos capítulos.

***

Todas as nossas audiências ligadas ao processo aconteceram perante a 2ª Vara do Tribunal do Júri de Curitiba, situada no Bairro Centro Cívico. Concentram-se aí prédios dos três poderes.

Tribunal do Júri de Curitiba – Bairro Centro Cívico.

A concepção do Centro Cívico já constava no plano urbanístico de 1943, elaborado por Alfred Agache, urbanista francês, mas a construção se deve muito à visão futurista do professor e então governador, Bento Munhoz da Rocha Neto, que destinou uma área da cidade para ser o centro administrativo do Estado e do Município. Projetado pelo arquiteto David Xavier Azambuja, foi inaugurado em 1953, ano em que o Paraná comemorou seu centenário de emancipação política. Em 1970 foi inaugurado o Palácio 29 de Março, onde funciona a Prefeitura de Curitiba. Uma das principais atrações do bairro, o Bosque João Paulo II, foi criado especialmente para a visita do Papa João Paulo II em julho de 1980, e hoje é um local de lazer que abriga um parque ecológico e as tradicionais casas polonesas. [47]

Entre essa bela história da origem do Centro Cívico, tínhamos agora a pesada cruz de por ele desfilarmos tal pesadelo por vários dias, noites e até madrugadas de idas e vindas a esse endereço da Justiça.

***

Nesse espaço de tempo, entre estudos até as datas das audiências, duas ocorrências de ordem pessoal aconteceram em minha vida.

A primeira foi um diagnóstico médico que tive, com recomendação de pronta cirurgia de fígado que realizei em São Paulo no Hospital Sírio Libanês. Ao dar entrada naquele hospital ponderei em tom de brincadeira que poucos seriam mais sírios e libaneses que eu, pois, embora com meus pais já nascidos no Brasil, por ascendência materna tenho o sobrenome Mattar originário do Líbano e Assad, paterno, proveniente da Síria. Felizmente a cirurgia foi um sucesso. Recordo que antes de receber aquela última injeção no centro cirúrgico, o médico me falou: *"Depois desta injeção você somente vai acordar operado. Tem algo a dizer?"* Olhei para a equipe e disse boa sorte para todos nós e viva a Medicina!

Só lembro de ter acordado depois, já na UTI, olhando para aquelas máquinas e equipes e sendo levado ao quarto. Parece que o universo conspirou para que eu passasse das abordagens teóricas defensivas à experiência de ter meus dias de paciente.

A outra ocorrência foi a notícia da gravidez da minha filha Louise, que, de um minuto para outro, me transformou em avô sem pedir licença. Portanto, meu neto Matheus, antes de nascer, passou longas horas nas audiências de instrução junto com mamãe, vovô e Virginia

---

47 Disponível em: <http://www.ippuc.org.br>. Acesso em: 11 set. 2017.

A primeira audiência para audição das testemunhas da acusação

"Tudo vai se esclarecer, confiem na justiça..."

A primeira audiência criminal foi marcada para o dia 25 de setembro de 2013, com início às 13h30. O Código de Processo Penal ordena que primeiro sejam ouvidas as testemunhas escolhidas pela acusação. Na denúncia, foram relacionadas 28 testemunhas, sendo uma "sigilosa". Das testemunhas arroladas, foram ouvidas em dois dias de audiência 18 delas, e a testemunha "sigilosa" ouvida por carta precatória na Comarca de São Paulo. Delas, apenas três eram médicos e o restante enfermeiras e técnicas de enfermagem. Curioso o detalhe que das 18 testemunhas escolhidas pela acusação, 15 eram mulheres com perfis praticamente idênticos. Parecia até, aos nossos sentidos, que a acusação teria deduzido um padrão de imaginada ação criminosa e um padrão de testemunhos que poderiam confirmar o que se passaria naquele campo imaginário.

Dias de pesadelo custam a passar e, enfim, chegou o momento de entrarmos em um automóvel com destino ao endereço da Segunda Vara do Tribunal do Júri de Curitiba. Após colocar no bagageiro do automóvel uma pesada mala contendo cópias do inquérito, resumos e grande munição de literatura médica, seguimos à audiência. Chegamos exatamente no horário designado e logo fomos cercados, ainda no carro, pelos curiosíssimos e insaciáveis senhores e senhoras da mídia. Tentando entrever a porta de entrada do saguão do fórum, tinha uma "segunda bateria" de pessoas com camisetas, faixas e cartazes pedindo "justiça", mas com sensação térmica de "vingança" pelo que foram induzidos a imaginar que tinha acontecido.

Manifestantes bloqueando a entrada do tribunal com faixas, secundados por incontáveis outros nos arredores.

Minha filha Louise advertiu: *"Pai, o senhor e Virginia vão descer assim, sem nenhuma proteção?"* Respondi que sim, pois tínhamos em nosso favor a força moral da defesa e estávamos ali por chamamento da Justiça. Virginia estava no banco de trás e pedi que aguardasse enquanto eu descia e dava a volta para abrir a porta e acompanhá-la.

Por sorte, um problema resolveu o outro. O pessoal da imprensa nos cercou completamente e forçamos os passos em direção à porta principal do Tribunal e isso nos escoltou e isolou dos manifestantes.

Nisto Virginia ouvindo mais perguntas sobrepostas do que podíamos entender, limitava-se a sussurrar: *"Tudo vai se esclarecer, confiem na justiça..."*.

Em todas as demais audiências esses fatos se repetiram cada vez em maior número de pessoas, tanto na entrada como nos términos quando saíamos, ainda de madrugada.

Quando passamos a porta de entrada, já fomos nos dirigindo à sala de audiências que felizmente nos separava daquele tumulto dos flashes das infinitas fotos e intrigas de bastidores e ecos dos seguranças fazendo suas advertências aos mais exaltados que não queriam se submeter às normas, fazendo uma triagem, encaminhamentos de testemunhas, acusados e seus defensores.

Enfim, estávamos na sala de audiências e começamos a tomar os lugares tendo que improvisar todo o nosso material em um canto ao lado da cadeira em que Virginia sentaria de modo a ficarmos no canto da mesa como advogados dela para facilitar a comunicação. Afinal, amplitude de defesa se dá com o acusado ombreando seus defensores nas cerimônias judiciais. Mormente em caso tão complexo, técnico e sem qualquer precedente conhecido.

Pelos cálculos da Louise teríamos ao menos 23 pessoas naquela sala que normalmente comporta em torno de 15. Era início de primavera e salas com pessoas acima da capacidade podem se tornar insuportáveis, quanto mais em meio à tensão própria do momento. Mas o velho ar condicionado começava a funcionar mostrando que viria em nosso auxílio. Minhas outras duas filhas nessa época, Thaise (20) cursando e Caroline (17) com ideia fixa de cursar direito, queriam assistir àquela primeira audiência entre insistentes pedidos outros de estagiários e colegas da advocacia que era impossível, ao menos naquela primeira audiência, pelas limitações físicas do lugar.

Na sequência, com todos os defensores e acusados já acomodados, representantes do Ministério Público que tinham em sua bancada um senhor que parecia ser um médico mobilizado pela acusação para auxiliar nas questões técnicas, adentrou à sala o Juiz de Direito titular da 2ª Vara do Tribunal do Júri - Doutor Daniel Ribeiro Surdi de Avelar - assumindo a cadeira central ao alto, seguido dos serventuários escrivães e meirinhos e assim solenemente foi declarada aberta a audiência.

É impossível citar todos os depoimentos das audiências em função da enorme quantidade de informações. Neste livro, para conhecimento do leitor, referenciamos apenas alguns trechos, mas caso queira conhecer a totalidade do processo, poderá fazê-lo acessando o endereço eletrônico disponível em: <https://projudi.tjpr.jus.br/projudi_consulta/>. Autos número 0029137-50.2012.8.16.0013. Acesso em: 30 nov. 2017.

Neste primeiro dia de audiência, foram ouvidas sete testemunhas de acusação, sendo a última um antigo e desinformado médico, com função pública, que denominaremos pelas iniciais M. L. [48]

A primeira testemunha da acusação a ser chamada foi uma mulher (V. A. B.), técnica de enfermagem, prestando, como rotina, compromisso de dizer a verdade perante o Juiz. Curioso é que tentou se comportar como uma espécie de marionete e respondeu afirmativamente todas as perguntas do Ministério Público parecendo que se delinearia um jogo de cartas marcadas, focando três ou quatro coisas sem muito relevo técnico. Reperguntada pela defesa informou como escolaridade apenas o Ensino Médio, que nada entendia de remédios e que era inexperiente na área de UTI e que estava em seus primeiros dias de profissão. Nos pontos principais, quando questionada, negou ter participado ou testemunhado qualquer crime. Exemplificando para melhor compreensão do leitor:

> Defesa: A partir dos teus conhecimentos técnicos, um paciente com saturação de oxigênio acima de 90%, pode morrer de asfixia?
> Resposta: Não. (21:02 – vídeo 2, audiência de instrução e julgamento)
> Defesa: A senhora já viu algum médico matando paciente?
> Resposta: Não.(31:04 – vídeo 3, audiência de instrução e julgamento)

A segunda testemunha da acusação a ser chamada foi uma mulher (C. F. P. S.), enfermeira, prestando compromisso de dizer a verdade perante o Juiz. Nesta audição foi se confirmando a sensação que tivemos na primeira, queriam fazer um padrão de conduta. Indagamos a testemunha se ela fora ao gabinete do Ministério Público e ela afirmou que não sabia se a sala em que estivera era um gabinete. Assim, ficou a suspeita da defesa de que poderia ter sido instruída a testemunha ou atemorizada. A enfermeira em questão, quando questionada pela defesa, afirmou que era inexperiente à época, que não sabia tecnicamente o que fazia a ventilação mecânica, nem sabia por que eram aplicados os medicamentos.

---

48 Por ter tido esta testemunha um comportamento incomum, focamos sua participação também na sequência do livro.

Defesa: A senhora sabe a diferença entre Tracrium e Ketalar?
Resposta: Não.
Defesa: E agora que você tem experiência, pode afirmar?
Resposta: Não. (19:41 – vídeo 3, audiência de instrução e julgamento)
Defesa: Mas a senhora tem como opinar tecnicamente a respeito do ventilador? Resposta: Ventilador não, não era minha função.
Defesa: Nem do respirador?
Resposta: Como eu disse, eu só montava os respiradores limpos e preparava eles para o próximo paciente. (23:17 – vídeo 3, audiência de instrução e julgamento)

A terceira testemunha da acusação a ser chamada foi uma mulher (A. P. P. C.), técnica de enfermagem, prestando compromisso de dizer a verdade perante o Juiz. Demonstrou não possuir conhecimento técnico sobre ventilação mecânica e seus protocolos, farmacologia, sedação e anestesiologia. Quando perguntada pela defesa negou ter visto Virginia dar ordens para matar pacientes.

Defesa: Você ouviu dizer vai lá e mate esse paciente?
Resposta: Não. (17:52 – vídeo 3, audiência de instrução e julgamento)
Defesa: Em algum momento ela pediu alguma coisa que fosse ilegal, proibida para as enfermeiras?
Resposta: Não, na minha frente não. (18:25 – vídeo 3, audiência de instrução e julgamento)

A quarta testemunha da acusação a ser chamada foi uma mulher (E. A. C.), técnica de enfermagem, trabalhava na UTI há 15 dias, prestando compromisso de dizer a verdade perante o Juiz. Afirmou em seu depoimento que não atendera pacientes da denúncia e que não tinha conhecimento para avaliar atos médicos: *"Eu não estou aqui para acusar ninguém, eu não sei nem porque que fui chamada aqui."* (28:53 – vídeo 1, audiência de instrução e julgamento).

A quinta e sexta testemunha da acusação eram dois médicos legistas (D. M. e E. F. B.), que fizeram laudos de necropsia de dois pacientes constantes do caderno investigatório, prestaram o compromisso de dizer a verdade perante o Juiz, ambos afirmaram que não conheciam a equipe da UTI, nem os pacientes da denúncia. Ainda, que não tinham visto no momento da necropsia qualquer indício de morte criminosa.

A última testemunha da acusação desse primeiro dia de audiência foi a mais ruidosa e excrescente. Situação jamais observada em nossa carreira de mais de quarenta anos de advocacia criminal. Tratava-se de um antigo médico de nome M. L. que com suas manifestações inconsequentes e exóticas "impressões pessoais" figurou nas páginas e espaços dos principais veículos de comunicação do Brasil semeando intrigas e mentiras. Para a defesa, um dos responsáveis pela indução da acusação em erros graves! Em outros momentos deste livro focamos com mais nitidez o que essa "testemunha" afirmou publicamente e que diante do juiz nesta primeira audiência negou.

Quando perguntado pela nossa defesa se teria ele estado com as equipes médicas e acompanhado os pacientes da denúncia durante os internamentos, respondeu que não. Declarou que não era uma testemunha presencial de nada, ou seja, a dita principal testemunha da acusação não era presencial. Indagamos se ele não sendo testemunha presencial de nada, se era ao menos perito nomeado pela Polícia, Ministério Público ou Justiça. Respondeu que não. Aqui tínhamos a evidência de que se não era testemunha presencial nada poderia informar e se não era perito, tecnicamente nada poderia opinar. Em seguida, quando se declarou "auditor do DENASUS"[49] e que presidia uma "sindicância" sobre os fatos, indagamos se tinha nesse procedimento ouvido algumas pessoas do hospital e os médicos acusados no processo. Respondeu que não. Afirmou em bom tom de voz que tinha selecionado e estudado com sua "equipe do DENASUS" mais de trezentos prontuários médicos inclusive dos pacientes da denúncia. Fizemos mais duas perguntas sobre se ele tinha conhecimentos técnicos de medicina intensiva e protocolos nacionais ou se sabia ao menos o que era "ventilação de proteção", ao que respondeu que não.

Para o remate, a última pergunta da defesa foi no sentido de que se ele, e sua "equipe", estudaram tudo, se era possível afirmar com base nos prontuários médicos do processo se naquela UTI haviam acontecido antecipações de óbitos. Respondeu: *"Com base nos prontuários não é possível afirmar que ocorreram antecipações de óbitos naquela UTI."*. (vídeo 3, 41:40/42:05, audiência de instrução e julgamento)

Terminada a audição desta desastrosa "testemunha da acusação", todos os meus movimentos na cadeira da defesa eram cuidadosamente policiados pelo Ministério Público, pois a imprensa estava no saguão do Tribunal do Júri e tudo o que eles não queriam era que esse "desastre" se tornasse público e era o que desejávamos para desagravar médicos, hospital e a própria Medicina. Eu tentava hipocritamente fazer cara séria no momento e, nesse pequeno intervalo entre assinatura da ata e intimação para a nova audiência, falei ao Juiz: *"Excelência, deixo a sala por alguns minutos para ir ao toalete..."*. Levantei, saí e atrás de mim estava um dos promotores[50] que me alcançou no corredor e disse se referindo à imprensa: *"Se você falar, eu vou te processar..."* e eu, sorrindo, disse-lhe: *"Vai..."*.

---

49   O Departamento Nacional de Auditoria do Sistema Único de Saúde (SUS) – DENASUS –, órgão do Ministério da Saúde, é o componente Federal do Sistema Nacional de Auditoria – SNA, que tem a responsabilidade de executar as atividades de auditoria no âmbito do SUS.

50   Ressalvo aqui, que esse mesmo Promotor e eu sempre mantivemos boas relações profissionais e que cessados os ânimos daquele compreensível momento de gládio tudo serenou.

Dei uma rápida entrevista não mencionando o nome da testemunha, mas dizendo: *"A principal testemunha da acusação negou os termos da denúncia."*[51].

Terminada a primeira audiência, perto da meia-noite, o Juiz reafirmou que prosseguiria com a audiência das testemunhas da acusação no dia seguinte (26/09/2013), início às 13h30.

A saída da audiência foi tumultuada tanto quanto a chegada. Estávamos exaustos, mas confiantes de que tudo poderia se esclarecer já nas audições das testemunhas da própria acusação.

---

51 Disponível em: <http://www.bandab.com.br/jornalismo/mp-pr-pretende-processar-advogado--dra-virginia/ - manchete: "MP-PR diz que pretende processar advogado de Dra. Virginia">. Acesso em: 11 set. 2017.

A segunda audiência para audição das testemunhas da acusação

"Vocês não conhecem a rotina dos médicos..."

Era início de primavera em Curitiba e nessa época do ano, florescem os ipês, cerejeiras entre jardins tão bem cuidados por costumes que nos foram legados pelos nossos colonizadores. Os dias sulistas nesta estação preludiando o verão geralmente registram temperaturas mais altas enquanto as noites ainda relembram o inverno que pouco a pouco se distancia como que se recusando a nos deixar.

Cerejeira em flor no início da primavera. Jardim Botânico – Curitiba-Paraná.

Irrompeu uma belíssima manhã no dia seguinte, em 26 de setembro de 2013. Desde cedo já estávamos no escritório reformulando nossos roteiros de perguntas com entrelaçamento de afirmações das testemunhas já ouvidas da acusação com as que estariam por vir naquela tarde. Eram sete testemunhas de acusação que restavam. Virginia foi uma das primeiras a chegar ao escritório, dizendo que não tinha conseguido dormir por nenhum minuto. Isto despertou preocupação pela nossa equipe, mas ela sorrindo disse: *"Vocês não conhecem a rotina dos médicos, mormente intensivistas."*. Segundo ela, médicos chegam a ficar até 36 horas sem dormir entre os expedientes hospitalares.

Quando chegou o horário do almoço, colocamos todos os nossos materiais no automóvel e pensávamos em almoçar ou fazer lanches. Lanchamos, mas Virginia se recusou a comer qualquer coisa.

Início da tarde, horário designado pela Justiça para a audiência, lá estávamos nós com o dilema primeiro que denominamos "desembarque na Normandia"[52], pois éramos alvos dos impiedosos e insensíveis "canhões midiáticos" que procuravam "acender a fogueira" com a "bruxa escolhida" e seus "hereges" do terceiro milênio. Cenas que sempre se repetiram, do abrir de portas do automóvel até a entrada na sala da audiência e nas saídas.

Acomodados na mesma sala e lugares, com a chegada do Juiz foi declarada aberta a audiência com chamada das testemunhas.

A oitava testemunha da acusação a ser chamada foi uma mulher (M. K.), técnica de enfermagem, prestando, como rotina, compromisso de dizer a verdade perante o juiz, afirmou que a UTI do Hospital Evangélico foi seu primeiro trabalho e quando perguntado pela defesa, negou que aconteciam homicídios contra os pacientes naquela UTI.

Terminada a audição desta testemunha, e enquanto um documento era impresso para sua assinatura, entrou uma gentil senhora serenando os ânimos com café para todos.

Seguiu a solenidade judicial com audição da nona testemunha da acusação, uma mulher (J. M. O.), como de rotina, técnica de enfermagem e compromissada a dizer a verdade, perante o juiz afirmou ser o seu primeiro emprego e quando indagada pela defesa se tinha conhecimento que funcionários eram contratados para matar pessoas na UTI, respondeu: *"Que eu saiba não."*. (27:31 – vídeo 1, segundo dia de audiência)

A décima testemunha de acusação, uma mulher (F. S.), enfermeira, que prestou o compromisso de dizer a verdade perante ao juiz, quando perguntado pela defesa se viu algum médico de fato matando algum paciente naquela UTI respondeu: *"Não, como eu falei não presenciei os fatos."*. (27:34 – vídeo 1, segundo dia de audiência)

A décima primeira (P. R. S.), décima segunda (W. A. I.) e décima terceira (J. W. R.) testemunhas da acusação eram filhos de alguns pacientes da denúncia. A primeira declarou que não acompanhava seu pai, e que este tinha sido vítima de 7 AVCs (13:58 – vídeo 1, segundo dia de audiência). A segunda não conseguiu dar qualquer informação sobre a doença e estado clínico do seu pai. A terceira afirmou que acompanhou sua mãe nos quatro dias que ficou na UTI, e que foram dadas todas as informações pertinentes a sua genitora.

---

52 Os desembarques da Normandia foram operações durante a invasão da Normandia pelos aliados, também conhecida como Operação Overlord e Operação Netuno, durante a Segunda Guerra Mundial. No dia 6 de junho de 1944 (chamado de Dia D), cerca de 155 mil soldados, com o apoio de 600 navios e milhares de aviões, desembarcaram na costa da Normandia, França, abrindo uma nova frente de guerra no oeste.

Passando da meia-noite, início da madrugada do dia seguinte, foi encerrada a audiência para a colheita do que seriam as ditas "provas testemunhais da acusação" residentes em Curitiba e restava apenas colher o depoimento da última na cidade de São Paulo no Fórum Criminal Ministro Mário Guimarães, situado na avenida Doutor Abraão Ribeiro, 313 - Barra Funda. Tratava-se de uma fisioterapeuta "denunciante anônima". Com essas afirmações o Juiz colheu assinatura de todos os presentes, declarando finalizado aquele ato.

Com nossas cabeças cheias das informações trazidas pelo restante das testemunhas da denúncia, em um misto de fadiga e sentimento de mais uma parte do dever cumprido, acompanhávamos Virginia naqueles passos firmes em direção ao automóvel. Afinal, qualquer sinal de cansaço poderia parecer aos ávidos fotógrafos e jornalistas que estaríamos "abatidos". Se parecêssemos "felizes" com o resultado dessas audiências iniciais poderiam associar com desrespeito à Justiça. Mas estávamos felizes com o fato de que a nossa tese defensiva de que "não existia prova nem da existência de fato criminoso" começava a se corporificar dentro das trincheiras da acusação. Como Virginia dissera desde o primeiro contato conosco, ainda na delegacia quando a conhecemos e perguntamos aceitando a causa: *"Tudo o que a senhora fez naquela UTI tem respaldo na literatura médica?"* "Sim. Tudo o que fiz na minha vida de médica.".

Na certeza de que Virginia apenas tinha praticado a incompreendida medicina intensiva, estávamos saindo daquelas audiências para rumar posteriormente para a Cidade de São Paulo a fim de colher o testemunho da última das testemunhas acusatórias.

A audiência de São Paulo e a violação dos direitos da acusada

Right to be present...

Tomamos conhecimento de que essa audiência em São Paulo seria somente no dia 5 de dezembro de 2013. De pronto, começamos no preparo de material defensivo e perguntas já com base na desconstrução completa das absurdas teses acusatórias.

Primeiro assunto para resolver era levar ou não Virginia para se fazer presente nessa audiência. Para o leitor ter uma noção, o rolo compressor da mídia sobre nós tornava difícil as locomoções, pois a imagem negativada de Virginia circulava em todos os canais de televisão, jornais, revistas, rádios e redes sociais. Até programas de humor faziam destrutivas referências, satirizando-a. Queiramos ou não, Elias Mattar Assad era o advogado mais odiado do Brasil pois, no inconsciente coletivo, "quem defende demônios, demônio é...". Havia perigos concretos até de linchamentos.

Virginia não concordou em ficar e fez questão absoluta de ir conosco nessa audiência à qual não estaria obrigada a comparecer.

Optamos pelo automóvel para nossa viagem. Seriam em torno de quatrocentos quilômetros de distância. Chegado o dia, fomos para São Paulo pela BR 116, também conhecida por Rodovia Regis Bittencourt.

Na primeira parada para descanso e abastecimento, uma ida nossa ao toalete parou completamente um restaurante com seus clientes viajantes e inseparáveis *smartphones*. Até cozinheiras e frentistas de posto de gasolina nos olhavam boquiabertos e espantados. Recordo-me que em uma das focalizações para foto, coloquei as mãos para o alto como que assaltados em nossos direitos de imagem e privacidade.

Quando chegamos à audiência e entramos no fórum criminal mais povoado do Brasil, milhares de olhos nos miravam e nos acompanhavam em cada movimento como se fôssemos extraterrestres.

Complexo Judiciário Ministro Mário Guimarães – Fórum Criminal da Barra Funda, São Paulo.

Enfim, entramos na sala de audiências da Primeira Vara do Júri e fomos surpreendidos com a presença de uma das Promotoras de Justiça do Paraná que atuava no processo em Curitiba, ao lado da Promotora de São Paulo que ali funcionava. Pelo inusitado daquela presença, encaminhamos um protesto para a Juíza, alegando que "somente tinha legitimidade para participar da audiência a Promotora de São Paulo", que foi relativizado. Mas pelo nosso protesto e cautela, a única que fez perguntas para a testemunha naquele ato foi a Promotora local. Estranhamos o fato, pois não nos recordamos de outro processo criminal no qual um membro do Ministério tenha ido cumprir ou fiscalizar cumprimento de "cartas precatórias" em outras unidades da nossa federação.

Outro incidente que julgamos uma afronta aos direitos da acusada e mesmo um desrespeito pessoal foi o fato de a Juíza paulista ter impedido que Virginia participasse do ato, pois a "testemunha" se dizia "atemorizada" com a sua presença. Não era apenas mais uma das incontáveis injustiças e desrespeitos que experimentava a médica, era uma Juíza que lhe negava um dos mais elementares direitos humanos dos acusados que é o *"right to be present"*[53].

---

53 Artigo 5º – LV da Constituição Brasileira: "LV – aos litigantes, em processo judicial ou administrativo, e aos acusados em geral são assegurados o contraditório e ampla defesa, com os meios e recursos a ela inerentes" – Convenção Americana de Direitos Humanos em seu Artigo 8, que trata

Pelo início daquela inesquecível e brutal audiência, que se iniciava solapando os direitos mais elementares dos acusados, imaginamos o que poderia vir e ficamos em prontidão para não deixarmos passar nenhum dos detalhes técnicos das nossas indagações para a tal "testemunha" e registrar todas as suas respostas, olhares e até respiração, se precisasse.

Mas quando ela começou a testemunhar, declarando-se apenas fisioterapeuta e expondo as misérias da sua falta de conhecimento absoluto a respeito dos temas científicos versados no processo, nosso otimismo retornou. Não sabia ela sequer o que significava "prognóstico reservado ou fechado"[54] e chegou a comparar aparelho de ventilação mecânica com máquina de lavar roupas declarando que ignorava por completo assuntos ligados a farmacologia ou medicação. Quanto a protocolos de sedação e analgesia, ela informou que não tinha a mínima ideia do que isto significava

> Defesa: A senhora consegue dizer o mecanismo de ação, início do efeito e características de drogas hipnóticas?
> Depoente: Não.
> Defesa: Analgésicas e bloqueadoras neuromusculares?
> Depoente: Não.
> Defesa: Perfeito. Eu repito, pode ser que a senhora tenha entendido mal: consegue dizer o mecanismo de ação, tempo, etc., e características hipnóticas, início do efeito, efeito de drogas, rápido ou prolongado, analgésicas e bloqueadoras neuromusculares?
> Depoente: Não. Eu sei o efeito delas, mas eu não sou farmacêutica nem médica.

Nossos temores iam se dissipando à medida que ouvíamos o que falava a testemunha na audiência em São Paulo. Felizmente, tudo o que a médica Virginia afirmara inicialmente de que todos os seus atos tinham respaldo em literatura médica, foi se confirmando.

---

das "Garantias judiciais" – Artigo 14 do Pacto Internacional sobre Direitos Civis e Políticos.
54 Propositalmente em vez do termo "prognóstico fechado ou reservado" utilizei "diagnóstico" para ver se ela me corrigia e ela disse não saber nem o que era uma coisa nem outra.

A primeira audiência das testemunhas da defesa

"Uma médica de excelência..."

Este processo tinha uma cobrança diuturna da mídia e tramitava rapidamente. No dia 8 de outubro de 2013, iniciaram-se os depoimentos das testemunhas das defesas.[55]

A primeira foi a fisioterapeuta, especialista em terapia intensiva (L. S. A.). Esta testemunha por óbvio negou a existência de uma imaginada quadrilha, bem como negou que médicos matavam pacientes.

> Defesa: A senhora viu algum médico matar algum paciente?
> Resposta: Nunca.
> Defesa: A senhora sabe de alguma quadrilha que se instalou no HUEC para matar pacientes dentro da UTI?
> Resposta: Não. (39:31-39:35 – vídeo 2 audiência testemunhas da defesa)

A segunda testemunha defensiva era a filha de uma paciente que passou pelo hospital. Tal paciente não constava na denúncia, mas o depoimento da testemunha era importante por ser de fora dos quadros internos do hospital e que frequentou aquela UTI como acompanhante da sua mãe por mais de dois meses. Afirmou que nunca viu ninguém da equipe matar alguém, muito pelo contrário, que viu muitos salvamentos e pessoas recebendo alta, mas infelizmente viu alguns óbitos como também vários pacientes em estado gravíssimo. Na continuação afirmou que sempre foi informada pela doutora Virginia a evolução da sua mãe, que posteriormente, faleceu. (5:40 – vídeo 1)

A terceira testemunha (G. P. S.), fisioterapeuta, quando perguntado se viu algum médico dar ordem ilegal, matar pacientes ou ainda uma quadrilha que se instalou dentro do hospital respondeu: *"Nunca vi um médico dar uma ordem ilegal ou matar algum paciente. Não sei de nenhuma quadrilha formada dentro da UTI geral para matar pacientes."*. (13:15 – vídeo 1 do depoimento em juízo)

A quarta testemunha defensiva (M. M. F. R.), técnica de enfermagem, atuante na UTI por um ano e meio, afirmou em seu depoimento que quando foi ouvida no NUCRISA a delegada afirmava e queria que a testemunha concordasse com aquilo que ela entendia como verdade, fazendo pressão psicológica, a testemunha ficou muito nervosa, pois ficou 4 horas e meia para dar um depoimento, deu a entender que a delegada somente liberaria as testemunhas quando escutasse o que

---

55 Nos processos criminais com mais de um acusado, cada qual é defendido por seu advogado. Assim, neste processo, além de nossa defesa em favor da médica Virginia, trabalharam mais sete advogados diferentes, um para cada acusado.

queria ouvir, porém não havia nenhuma irregularidade a ser dita (09:15 - vídeo 1 do depoimento em juízo):

> Ela falava e queria que eu concordasse (...) fiquei quatro horas e meia (...). (09:50-10:30 - vídeo 1 do depoimento em juízo)
> Nunca vi nenhum médico dar alguma ordem ilegal a alguém, matar pacientes, ou fiquei sabendo da formação de uma quadrilha de médicos para matar alguém. (11:50 - vídeo 1 do depoimento em juízo)

O depoimento da quarta testemunha foi o último daquela audiência. Precisávamos descansar um pouco e nos preparar para a audiência no dia seguinte, quando outras testemunhas de defesa seriam ouvidas.

No dia seguinte, 9 de outubro de 2013, prosseguiu a audiência das testemunhas de defesa.

A quinta testemunha da defesa (M. A. L.), uma paciente que ficou internada na UTI, vítima de queimaduras de 2º e 3º graus, tendo de 35% a 40% do seu corpo queimado. Importantíssima por ter vivenciado o lugar como paciente, afirmou em seu depoimento que na UTI de forma geral foi recebida e tratada muito bem. Que levava em sua memória a equipe do hospital como se fosse de sua própria família.

E, na sequência: *"É mais vantajoso para o hospital manter um paciente mais antigo do que receber um novo..."*, afirmou com todas as letras a sexta testemunha da defesa – o médico A. R. G., mestre em cirurgia geral e especialista em endoscopia digestiva, professor universitário, que foi diretor técnico do HUEC (1990 até 2006). Afirmou em seu depoimento, contrário ao dito na denúncia do Ministério Público, que do ponto de vista econômico, é mais vantajoso para o hospital manter um paciente mais antigo do que receber um novo, pois este terá que passar por vários procedimentos, custando mais (08:30-08:58 – vídeo 1 do depoimento em audiência). Afirmou ainda não ter conhecimento de que médicos antecipavam óbitos de pacientes, ao contrário, mantinham pacientes por mais tempo do que deveriam. Quanto à versão do Ministério Público de que matavam pacientes para gerar vagas era descabida, visto que pacientes novos são mais caros. Quando este médico leu a denúncia do Ministério Público e a defesa perguntou se teria notícia de que na UTI os médicos antecipavam óbitos, afirmou: *"Não, absolutamente, pelo contrário, mantinham-se pacientes sem nenhuma perspectiva por mais tempo do que se deveria manter."* (14:55-15:09 – vídeo 1, depoimento em audiência).

A sétima testemunha de defesa foi a enfermeira I. T. P., que afirmou desconhecer antecipações de óbito dentro da UTI (04:40 – vídeo 1, depoimento em audiência).

A oitava, uma enfermeira (L. P. S.), a qual desconhecia os fatos narrados na denúncia, mas enalteceu a pessoa dos acusados.

No dia 16 de outubro, prosseguiu o ato judicial de colheita de depoimentos testemunhais defensivos e a nona testemunha ouvida era uma enfermeira (M. C. G. K.) que trabalhava na UTI. Quando perguntado pela defesa sobre o que ela poderia falar da médica sobre sua competência e grau de exigência com pacientes, respondeu: *"Ela é bastante exigente, cobrava bastante trabalho, tanto dos enfermeiros como dos técnicos. Tinha um gênio difícil."* (vídeo 1 – 10:06).

Prosseguindo, *"Ou você fala ou vai ser denunciada junto..."* foi o que declarou a décima testemunha, uma técnica de enfermagem (E. A.). Esta testemunha foi ouvida por três vezes na delegacia, e afirmou em seu depoimento em juízo que na delegacia foi pressionada: *"é por exemplo, ou você fala ou vai ser denunciada junto."* (03:20 – vídeo 1 do depoimento em juízo).

Mais adiante, *"Ela era e é uma médica de excelência e de uma competência que até hoje nunca vi."*. Pontuou a décima primeira testemunha, a enfermeira L. A., que trabalhava na UTI. Quando perguntada por nós sobre como era a médica, afirmou:

> Eu acredito e continuo acreditando até hoje enquanto enfermeira e pela complexidade e pela gravidade que era aquela UTI e falando em medicina que eu acredito que era de alta complexidade que ela era e é uma médica de excelência e de uma competência que até hoje nunca vi. (23:45 – vídeo 1 do depoimento em juízo)

"Quando ela brigava, brigava pelo correto e pelo certo: o justo cuidado do paciente..." Assim foram as exatas palavras da décima terceira testemunha (P. C. L.) também enfermeira, quando perguntado como era a médica, se era grosseira com os funcionários de dentro da UTI e se tinha alguma justificativa para agir desta forma.

> Justificava porque quando ela via algo que estava em desacordo, por exemplo, um paciente mal acomodado no leito que de repente tivesse num posicionamento que acabaria abrindo uma ferida ou horas na mesma posição, ela sabia tudo que acontecia lá. Se ela entrasse e visse o paciente na mesma posição ela chamava atenção do enfermeiro sim. Então quando ela brigava, brigava pelo correto e pelo certo, o justo cuidado do paciente. (16:51 – vídeo 1do depoimento em juízo)

Décima quarta e décima quinta testemunhas, também enfermeiras (V. B. S. e J. N. L.), afirmaram nos depoimentos que nunca presenciaram antecipações de óbitos naquela UTI.

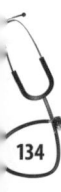

"*Ela nunca queria perder para a morte. Ela sempre queria ganhar da morte...*" Foi o que mais se ouviu entre tantas excelentes referências sobre a médica Virginia, na audiência seguinte no dia 19 de outubro de 2013. Nesta, a grande maioria das pessoas ouvidas eram médicos.

Assim, a décima sexta testemunha (V. H. M.), médico, formado há mais de 37 anos pela Faculdade Evangélica, quando perguntado pela defesa sobre homicídios na UTI e sobre as condutas e responsabilidade ética da médica respondeu:

> Isso é um absurdo. Jamais, nunca.
> Profissionalmente o que eu posso falar dela que sempre foi uma médica muito boa, uma médica com a capacidade intelectual muito grande, estudiosa, colaborativa, trabalhadora, sempre foi um "burro de carga", uma pessoa extremamente exigente nos seus deveres. Ela tratava os funcionários com rigor porque ela exigia coisa muito bem feita. Ela não aceitava coisa mal feita. Eu diria o seguinte na minha concepção, a Dra. Virginia ela sempre pelo menos nos fatos que eu convivi com ela, de sufoco que nós passamos juntos, ela nunca queria perder para morte. Ela sempre queria ganhar da morte. E eu dizia para ela "Virginia não tem como, tem horas que você não tem como ganhar da morte", mas ela "Não, não, tem, tem, vamos fazer, vamos fazer" e era isso que acontecia. Essa é a minha concepção dela. (33:00, 51:41, 52:30 - vídeo 2 do depoimento)

A décima sétima testemunha, um médico (P. S.), cirurgião vascular, torácico e cardiovascular, esclareceu que nunca presenciou antecipações de óbito na UTI. Fez uma análise de prontuário esclarecendo pontos da defesa e da acusação. Ficou por mais de 6 horas depondo perante o juiz.

> Defesa: O Senhor que é do meio médico em termos estatísticos o senhor acha que uma morte por semana em média numa UTI com 14 leitos está acima dos índices tolerados ou está dentro dos padrões do tolerável?
> Resposta: Está abaixo dos padrões.
> Defesa: Pode uma pessoa ter morrido e o aparelho continuar ligado e ela continuar aparentemente respirando?
> Resposta: Se o paciente não for desconectado do ventilador.
> Defesa: Se não desconectar parece que ele está até respirando aos olhos do leigo?
> Resposta: Sim, claro.
> Defesa: Então é possível, por exemplo, um visitante ou alguém confundir achar que aquele paciente está vivo quando na realidade ele já morreu e está respirando mecanicamente?
> Resposta: Na verdade todos os pacientes que estão em morte encefálica estão nesta condição.
> Defesa: Quer dizer já morreram e continuam respirando?

Resposta: Sim.
Defesa: Na terceira página da denúncia onde diz 1º fato, o senhor teve conhecimento de uma associação criminosa que pudesse ter se instalado naquele hospital neste período narrado na denúncia?
Resposta: Não.
Defesa: Os medicamentos descritos na denúncia eles são de uso comum em UTI e centro cirúrgico?
Resposta: Sim.
Defesa: O MP diz na denúncia que depois da administração destes medicamentos comuns de Unidade de Terapia Intensiva que depois da aplicação destes fármacos eram reduzidos os parâmetros ventilatórios. Então eu lhe pergunto a aplicação destes fármacos podem se seguir de redução ou de ampliação dos parâmetros do ventilador dependendo do caso?
Resposta: Nós estamos lidando com duas situações. Uma que o paciente está competindo com o ventilador e é por isso que se usa esses medicamentos. Outra é a redução ou aumento da fração expirada de oxigênio depende da avaliação momentânea do paciente. Estes prontuários, essas anotações são feitas de duas em duas horas e em duas horas muita coisa acontece na UTI. Então é possível que estivesse reduzido pra 21 a saturação baixou daí a fração expirada foi elevada pra 50, 80 a saturação melhorou e nada disso está escrito porque as anotações do prontuário são feitas de duas em duas horas.
Defesa: Então é muito difícil avaliar um prontuário. Mas em situações normais vamos partir do principio do médico bem intencionado ele tem o poder ou a discricionariedade para por ato médico elevar ou baixar os padrões do respirador de acordo com...?
Resposta: Claro.
Defesa: Então o fato de ser aumentado ou reduzido esse parâmetro não quer dizer que tenha antecipado óbito?
Resposta: Não.
Defesa: Além disso também o MP fala na denúncia que era[m] adulteradas as evoluções, anotações em prontuários para casar e dar aparência de regularidade. Tem condições de alterar esses prontuários?
Resposta: Eu já tentei modificar prescrições que eu já havia imprimido e não consigo, eu não sei como fazer isso.
Defesa: O senhor tem condições, conhecendo os médicos e mesmo o corpo de enfermagem que o senhor trabalhou no Evangélico, [de informar] alguma violação de deveres médicos ou fisioterapeutas ou enfermagens que tenham violado seus deveres no período que o Senhor trabalhou no hospital?
Resposta: Não. (11:30, 12:25, 13:20, 14:45 - vídeo 2, 20:09, 24:13 - vídeo 3 do depoimento em juízo).

A décima oitava testemunha defensiva foi o médico anestesiologista R. A. S. que não trabalhava no Hospital Evangélico. Após fazer uma análise do prontuário do paciente do fato dois da denúncia, analisando medicação, bombas e ventilação, respondeu ao juiz.

> Juiz: Pelo que o senhor analisou foi uma atitude correta pelo que consta aí?
> Resposta: Atitude corretíssima.
> Juiz: O senhor faria algo diferente disso?
> Resposta: Não, a mesma coisa. (32:07 – vídeo 2 do depoimento em juízo)

A décima nona testemunha, o médico, também anestesiologista, J. G., relatou em seu depoimento que conviveu com a médica por mais ou menos dois meses e não tinha nada de negativo para contar, pelo contrário, afirmou que ela contribuiu muito para sua formação acadêmica. (02:35 – vídeo 1 do depoimento em juízo)

E assim finalizamos mais aquele dia de audiências.

A audiência seguinte, marcada para o dia 22 de outubro daquele ano, ouviu mais três médicos.

A vigésima testemunha era o médico infectologista S. P. F. que trabalhava no hospital e sempre estava na UTI pela sua especialidade. Foi ouvido por mais de 4 horas em juízo. Fez análise de prontuário e explicou todas as dúvidas dos advogados, promotores e Juiz.

> Defesa: O senhor observou, nestes prontuários analisados, inúmeros óbitos. A pergunta é a seguinte: a ministração de Pancurônio, Atracurium, o senhor observou alguma sem justificativa terapêutica? Ou todas as observadas tinham justificativa terapêutica?
> Testemunha: Eu só analisei este prontuário da paciente R. R.. Neste prontuário, não considero que tenha sido errada a utilização de relaxamento muscular, nem no momento da intubação nem na situação de injúria pulmonar difusa, dificuldade ventilatória, como está descrito.
> Defesa: A Dra. Virginia, no segundo fato aqui, consta que ela se considerava como onipotente no gerenciamento da UTI, que decretava o momento da morte das pessoas. O senhor entende que a atitude dela eram atos médicos, dentro da ética médica, ou eram atos tresloucados, que podiam derivar em mortes de pessoas intencionalmente?
> Testemunha: Eu considero que as ações da Virginia eram atos médicos.
> Defesa: Alguma possibilidade de terem mortes para gerar novas vagas na UTI? Testemunha: Não considero isto possível.
> Defesa: Eu já perguntei ao senhor sobre "desentulhar a UTI", o senhor falou que poderia ser sinônimo de alta para quartos, para gerar novas vagas. O senhor confirma então?
> Testemunha: Confirmo.
> Defesa: Tem um ponto da denúncia que fala o seguinte: os médicos, dentro da premissa acusatória, subtraíram as chances de sobrevivência e recuperação

de pessoas dentro da UTI. O senhor imagina que pessoas na UTI tiveram subtraídas suas chances de sobrevivência e de recuperação, por ato doloso/intencional dos médicos?
Testemunha: Não.
Defesa: Outra questão que preocupa na denúncia, vou fazer uma pergunta neste sentido. Pode ter uma cura advinda de surgimento de tratamento novo ou uma causa inexplicável para a ciência, como diz a denúncia? Os senhores tem compromisso de aguardar tratamento novo ou uma causa inexplicável para a ciência para agir como médicos?
Testemunha: Esta pergunta é difícil. Medicina é um processo de contínua evolução. Sempre pode haver uma nova terapêutica para qualquer tipo de doença. Se isto não ocorresse estaríamos ainda fazendo Medicina "curandeira". Neste sentido sim, sempre pode haver uma nova terapêutica. Mas uma questão é a realidade das questões orgânicas do seu paciente. Se você tem um paciente que tem um grau de comorbidades e falta de resposta terapêutica com o tratamento que está instituído, é muito pouco provável que você tenha alguma terapêutica milagrosa que possa fazer este paciente reverter o quadro clínico muito avançado, e em que determinado momento pode ser visto por diversos médicos como irreversível. (15:00 – vídeo 3 do depoimento em juízo)

A vigésima primeira testemunha, médico ginecologista (J. A. F. C. F.), afirmou em seu depoimento que nunca viu nem ouviu falar em antecipação de óbito no Hospital. Afirmou também que em sua opinião o raciocínio da denúncia que as antecipações de óbito eram para "girar a UTI" era absolutamente pueril e infantil. (7:54 – vídeo 1 do depoimento em juízo)

Na mesma linha, a vigésima segunda testemunha ouvida, o médico L. F. K. M., que era diretor técnico do Hospital à época dos fatos questionados, reafirmou que nunca existira nenhuma quadrilha naquele hospital, que não sabia de nenhum homicídio cometido dentro da UTI. (vídeo 1 do depoimento em juízo)

No dia 19 de novembro de 2013, foram ouvidas mais onze testemunhas de defesa.

O médico C. M. N., especializado em cirurgia vascular, trabalhou no Evangélico do ano de 1975 até o ano de 2006. Foi a vigésima terceira testemunha e afirmou:

Defesa: Ao longo assim da sua gestão antiga dentro daquela unidade hospitalar, teve alguma queixa, alguma suspeita, ainda que remota no sentido de antecipação de óbito dentro da Unidade de Terapia Intensiva?
Resposta: Não eu nunca tive notícia de nenhuma coisa parecida com isso, nunca.
Defesa: Eu vou um pouco além como advogado aqui, também tentando esclarecer para a justiça, pode-se afirmar inclusive o oposto, que havia uma luta da

> Dra. Virginia até para manter além do protocolo a vida do paciente ou como se diz em Medicina preocupação de investir ainda mais e sempre no paciente?
> Resposta: Eu não posso generalizar a sua pergunta, mas isso acontecia com frequência, de doente eu vou usar este termo que o sr. usou investir, que foi investido mais que o habitual, e isso era muito frequente na UTI, muito frequente. (12:13 - vídeo 1 do depoimento em juízo)

A vigésima quarta testemunha médico cardiologista N. M. foi enfática:

> Defesa: Essas denúncias de prescrições mortais de atitudes que contrariam a ética médica e a lei penal, antecipação de óbito etc. o senhor poderia nos dizer se em alguma ocasião o senhor teve alguma suspeita disso, isso teria alguma coincidência ou não pelo que o senhor conhece do hospital e da Dra. Virginia?
> Resposta: Não, nunca tive nenhuma informação sobre isso, aliás eu fiquei sabendo até através da imprensa, nunca nem suspeitei de nada que pudesse eventualmente ter acontecido e também não é um tipo de conduta habitual em hospitais, em UTI, nada disso não é uma atitude habitual. (02:18 - vídeo 1 do depoimento em juízo)

A vigésima quinta testemunha era o capelão atuante no hospital, Pastor O. B., que trabalhou 14 anos naquele ambiente, tendo relatado:

> Defesa: Há um interesse nosso aqui em saber a questão de humanização naquele ambiente de trabalho dos médicos. É correto dizer que era um ambiente que respeitava a dignidade da pessoa humana, era um ambiente que respeitava as crenças era um ambiente que, enfim, era humanizado o atendimento naquele local?
> Resposta: Um dos zelos que nós sempre tivemos foi justamente de preservar a integridade, os rituais dos conceitos estabelecidos pelas famílias nesse sentido se tomava muito cuidado no sentido de preservar a integridade física dos pacientes ou seja exemplificando, quando um paciente estava com o seu corpo exposto num momento de visita, se não estava, procurava fazer ali a colocação de obstáculos que impediam que os de mais enxergassem, no mesmo sentido procurava sempre de novo diante da condição da família de dizer olhe nós somos de crença a, b ou c de permitir o acesso dessas pessoas a estarem ali a visitar os seus entes queridos. Por exemplo se alguém quisesse chamar seja o padre, seja o pastor, seja outra liderança religiosa, o capelão tomava essa função de acionar de buscar ir ao encontro dessas pessoas viabilizando então o acesso porque entendemos que isso é uma forma de humanizar o ambiente ali estabelecido. (00:42-02:40 - vídeo 1 do depoimento em juízo)

A vigésima sexta testemunha era o médico ortopedista M. R., que trabalhou no HEUC por 28 anos e afirmou em seu depoimento perante o juízo que não tinha conhecimento de antecipações de óbito naquela UTI.

A fonoaudióloga R. S., vigésima sétima testemunha, afirmou em seu depoimento:

> Defesa: Qual é a sua opinião sobre a profissional Virginia e a equipe médica que ao entorno da Dra. Virginia trabalhava na UTI, qual sua opinião sobre questão de cumprimento de regras éticas, devoção com o paciente, qual a sua opinião sobre esse aspecto?
> Resposta: Olhe, Dr. Elias, eu penso o seguinte, que se a Dra. Virginia deveria ser acusada de alguma coisa é de tentar ao máximo salvar a vida dos pacientes, porque eu trabalhei com ela desde 97 até 2011. Eu era chamada para atender os pacientes da UTI e às vezes o que eu percebia era assim, se o paciente tivesse 0,01% de chance ela não descansava enquanto esse 0,01 não existisse mais, se ele tivesse esse pouquinho de chance ela tava lutando por esse paciente, né? Então, na minha opinião, a Dra. Virginia é uma pessoa extremamente ética na conduta com os pacientes e não acredito em nada do que está sendo colocado pela acusação, por ter trabalhado com ela durante todo esse tempo e não ter realmente presenciado nada desse tipo. (01:21 – vídeo 1 do depoimento em juízo)

A vigésima oitava testemunha era um pastor (H. E. R.) que atuava na capelania mais especificamente junto a UTI. Ele afirmou:

> Defesa: A questão da humanização naquele ambiente era um ambiente que respeitava a dignidade das pessoas tanto dos pacientes como familiares? As pessoas eram tratadas com respeito e fidalguia naquele local de trabalho?
> Resposta: Ah, sim. Acho que um dos fatores muito presentes dentro do Hospital Evangélico não só nas UTIs, mas principalmente nas UTIs é esse trabalho humanizado porque as pessoas passam por situações que sofrem muito, né, os familiares ali, então se faz um acompanhamento muito de perto a eles ali. (03:02 – vídeo 1 do depoimento em juízo)

A vigésima nona testemunha foi o pai de um paciente que faleceu na UTI, engenheiro P. R. S. N. que afirmou em seu depoimento:

> Defesa: No momento de piora do seu filho, foi explicado o motivo da cirurgia que foi feita?
> Testemunha: Sim. Justamente em função do quadro agravante, do quadro dele, a Dra. Virginia me explicou os procedimentos que seriam tomados e nós até, na terça-feira pela manhã, no dia do falecimento dele, localizamos o médico

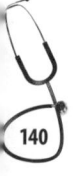

que até então tinha tratado dele, do lúpus. Ficamos de certa forma tranquilos quando ele nos afirmou dos procedimentos, que ele estaria no melhor hospital para ser atendido naquele tipo de doença. Além do que ela, não sei se devo aqui comentar, a Dra.Virginia também de uma doutora, especialista na área, que estava junto com ela tratando do meu filho e este médico, que foi dele noutra época, também comentou a respeito desta doutora, que era de alta especialização. (6:55 - vídeo 1do depoimento em juízo)

Outra testemunha ouvida no mesmo dia, a trigésima, foi o médico L. F. N. P. M., à época residente do HUEC, hoje cardiologista e residente de nefrologia. Declarou:

> Defesa: Mesmo em casos extremamente críticos o senhor presenciou sucesso em terapêutica mesmo em paciente que o senhor pessoalmente não acreditava em sobrevida?
> Resposta: Algumas vezes. Tiveram pacientes marcantes ali da UTI, pacientes de longa permanência em que muitas vezes eu questionei a dra. do porque da gente continuar tentando fazer tanta coisa com paciente que parecia não ter sucesso. Ela tem uma experiência em todos esses anos de UTI de pacientes que ela sabia.
> Defesa: Pode-se dizer então que ela investia no paciente acima do recomendado?
> Resposta: As vezes sim. (15:44 - vídeo 1 do depoimento em juízo)

A trigésima primeira testemunha foi o médico cirurgião A. F. K. que afirmou que a médica Virginia sempre verteu esforços no melhor tratamento aos seus pacientes. (05:35 - vídeo 1 do depoimento em juízo)

As duas últimas testemunhas ouvidas neste dia foram os auxiliares de enfermagem J. R. (trigésima segunda) e A. L. L. (trigésima terceira) que igualmente declararam que jamais ouviram falar em antecipações de óbitos. (7:50 - vídeo 1 do depoimento em juízo; 12:37 - vídeo 1 do depoimento em juízo)

No dia 3 de dezembro de 2013 foram ouvidas as últimas oito testemunhas da defesa.

A trigésima quarta testemunha era um conselheiro da Sociedade Evangélica (R. D. K.) que começou a atuar no hospital em virtude da crise anteriormente às denúncias. Ele declarou que nada sabia dos fatos narrados na denúncia e nunca viu nenhum médico matar pacientes... (23:07- vídeo 1 do depoimento em juízo)

A trigésima quinta testemunha ouvida era diretor geral do HUEC à época dos fatos (J. M. R. F.), que contou ao juízo que seu pai ficou internado na UTI de responsabilidade da médica Virginia e que ficou tranquilo, visto a alta capacidade técnica da médica. Afirmou também que já atuou como médico assistente da UTI e que nunca soube de antecipações de óbitos naquela unidade. (8:57 - vídeo 1 do depoimento em juízo)

A trigésima sexta testemunha foi o responsável pela manutenção técnica dos equipamentos da UTI (F. M.), que afirmou ser a Virgínia muito exigente com a manutenção e funcionamento dos equipamentos da unidade. (9:52 - vídeo 1 do depoimento em juízo)

A próxima testemunha, a trigésima sétima, foi a administradora de empresas I. N. F., que era responsável pelo faturamento do hospital e afirmou que nunca viu uma profissional tão dedicada quanto a médica Virginia. Afirmou também que os prontuários eram sempre auditados especialmente para viabilizar a cobrança dos serviços prestados e recursos utilizados. (7:26 - vídeo 1 do depoimento em juízo)

A trigésima oitava testemunha a ser ouvida foi um funcionário da manutenção do hospital (C. L. S.) que contou que ficou internado na unidade da médica Virginia por causa de um tiro que levara. Afirmou que foi muito bem atendido e que nunca presenciou nenhum crime enquanto esteve internado. (5:42 - vídeo 1 do depoimento em juízo)

Também foi ouvido neste dia o médico anestesiologista e intensivista C. L. F. (trigésima nona testemunha) que trabalha no Hospital Evangélico.

> Defesa: Este processo em andamento interferiu com a conduta médica, baseada sempre em literatura e código de ética? O que o senhor pode nos dizer em relação à segurança no trabalho?
> Testemunha: Lógico, houve uma repercussão muito grande deste caso aqui. Talvez porque eu esteja dentro do Hospital Evangélico, que é o foco das atenções, o clima ficou tenso. Acredito que trabalhar numa Unidade de Terapia ficou mais tenso porque foi colocada em discussão a atividade médica. Acredito que os médicos hoje estão mais inseguros em dar uma alta, ter uma complicação, serem questionados. Eu vivi no começo uma tensão grande porque os familiares sempre tinham uma certa dúvida sobre as condutas médicas. Sempre qualquer coisa que ocorria era levada como "mas será que é porque está sendo atendido no Evangélico, em outro lugar seria melhor?". Acredito até que tudo isto tenha sido natural ter ocorrido. Eu penso que esta discussão toda, no final este desgaste todo que nós estamos passando como médicos, penso que isto tudo deve gerar uma grande reflexão até sobre como lidar com um paciente em um limite tão tênue entre a vida e a morte. Porque é muito diferente você dizer "o paciente foi morto" quando ele já tem uma doença muito complexa, é muito difícil você delinear bem se você está exagerando na conduta. Se tudo isto gerar esta reflexão, até pelo conforto médico, do profissional que trabalha ali... que ficou talvez até com dúvida até que ponto ele deve fazer a prática médica. A prática médica foi, de certa forma, posta em jogo. Só que este limite não está bem estabelecido. Eu penso e reflito tudo isto diariamente e vejo que este limite não está bem estabelecido. (47:10 - vídeo 1 do depoimento em juízo)

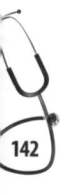

A quadragésima testemunha ouvida foi o médico cirurgião C. R. N. J. que afirmou nunca ter presenciado antecipações de óbitos na UTI daquele hospital. (8:14 – vídeo 1 do depoimento em juízo)

A última testemunha a ser ouvida foi o médico oncologista A. A. G., que trabalha no HUEC desde 2007 e afirmou que nunca teve qualquer problema com a médica Virginia e que ela é profissional muito competente. (32:12 – vídeo 1 do depoimento em juízo)

***

Findadas todas essas audiências, momento conhecido como instrução processual, e ouvidas as testemunhas da acusação e as da defesa, ia ficando claro que muitos equívocos tinham sido constatados. Mas, o processo continuaria ainda por mais tempo.

Na sequência, a esperada elaboração da perícia dos casos clínicos denunciados.

É no momento da perícia que as respostas técnicas são esclarecidas por indagações tanto da acusação quanto das defesas. Tecnicamente as perguntas são denominadas "quesitos".

Após muitas discussões de como seria elaborada a perícia, o Juiz da 2ª Vara do Tribunal do Júri determinou que a perícia fosse elaborada pelo Instituto Médico Legal (IML) e no dia 29 de outubro de 2014 aquele Instituto aceitou elaborar a referida perícia, nomeando como perito o Dr. Carlos Alberto Peixoto.

Cabe esclarecer ao leitor que os acusadores processaram o perito em franca coação no curso do processo, fosse um acusado que tivesse feito isto o juiz teria mandado prender.

O trabalho pericial foi deferido pelo juiz em 29 de outubro de 2014 e ao ser concluído, os resultados do trabalho da perícia oficial foram disponibilizados no processo. A perícia foi inconclusiva para os sete fatos apontados na denúncia do Ministério Público. Por ela não se podia afirmar pela "antecipação de óbitos" na UTI do Hospital Evangélico. Assim, a acusação caiu no vazio.

Vale registrar que terminada a perícia oficial e disponibilizado no processo todo o exaustivo e exemplar trabalho pericial, a acusação deu entrevistas para os meios de comunicação apregoando falsamente que a perícia tinha sido favorável para a tese da acusação enquanto como defensor afirmei que a perícia tinha sido favorável para a defesa e que ou os acusadores não tinham lido com atenção o trabalho pericial apresentado ou, pior, tinham lido e não tinham entendido nada. Depois não tiveram como explicar uma nova entrevista, na qual disseram que discordavam da mesma perícia em lances fanáticos e inscientes.

E aí estávamos novamente diante da ruidosa mídia, mas o momento, agora, era o de retomar tudo o que já tínhamos de informações sobre o caso e nos prepararmos para o que vinha pela frente como parte mais importante do processo criminal no direito brasileiro: peça denominada "alegações finais".

Capítulo VI

Quanto ao 1º fato da denúncia – Formação de Quadrilha[56]

O insuportável do incompreensível...

Depois de áridas e tragicômicas leituras das ocorrências em audiências e já ingressando na fase de refutação das acusações contidas na denúncia do Ministério Público, repito um trecho do meu escrito, para dar ao leitor ideia do que povoava nossos pensamentos naquelas ocasiões:

> Das torres dos seus castelos de fumaça, os alucinados por superexposição midiática vislumbram planícies imaginárias de um mundo perfeito. Daí as ilusões pisoteiam a lógica racional e se propagam geometricamente, rumando ao insuportável do incompreensível... (ASSAD, Elias Mattar)

Sim. Comecemos do raciocínio inicial que hospitais são lugares de livre exercício da ciência médica cujas origens se confundem com a própria história da humanidade, com objetivo de resolver problemas de saúde. Aurélio Buarque de Holanda Ferreira, em seu *Dicionário da Língua Portuguesa* define hospital como sendo: "1.Estabelecimento onde se recebem ou tratam doentes; 2. Casa em que há muitos doentes; 3. Hospital de sangue: hospital onde se tratam feridos em campanha."[57].

---

56 O foco desta obra é a defesa da médica Virginia Helena Soares de Souza, a maior acusada. Ao longo das narrativas, em colheita de provas orais, existem também algumas conexas indagações dos defensores dos corréus, aos quais rendemos nossas homenagens.
57 Disponível em: <https://dicionariodoaurelio.com/hospital>.

Em imperdoável erronia, o Ministério Público, neste primeiro fato, forçou enquadramento no crime do artigo 288 do Código Penal, que enuncia: *"Associarem-se mais de três pessoas, em quadrilha ou bando, para o fim de cometer crimes"*.

Incompreensível este raciocínio inicial acusatório posto que mesmo crianças de tenra idade já dominam o significado e o sentido da palavra "hospital" que, aliás, sempre transmite segurança para as pessoas e grande esperança nas afirmações de solidariedade humana: *"Sua mãe está no hospital e em breve voltará para casa."*.

Em verdade, todos os povos pensam assim e isto foi magistralmente retratado em ilustrações constantes da obra intitulada *Medicine Na Illustrated History*, entre as quais duas definem magistralmente este raciocínio. Vejamos:

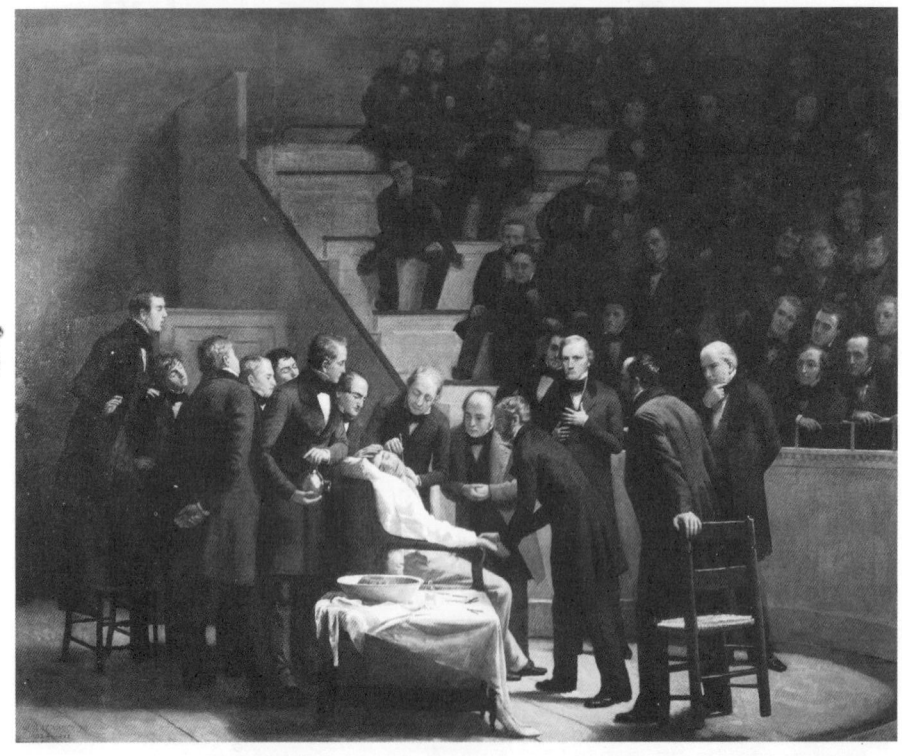

Aos olhos da humanidade, esta ilustração retrata os primórdios da Medicina. Para os acusadores deste nosso processo retrataria *"criminosos agindo em bando contra uma pessoa indefesa"*.

HINCKLEY, Robert C. **A primeira cirurgia com éter**. 1882-1893. Óleo sobre tela, 243 cm x 292 cm. Biblioteca de Medicina Francis A. Countway. Universidade de Harvard, Massachusetts (EUA).

Um *feldsher* realizando uma amputação (autor desconhecido). 1540. Gravura em metal.

E esta ilustração, identicamente, retrata os primórdios das cirurgias. Aos "sentidos" dos acusadores da médica Virginia, em suas confusões mentais, seria uma *"seção de tortura e assassinato"*.

Para a defesa, acusavam médicos do regular e ético exercício da Medicina, como que criminalizando a ciência, como na hipótese da afirmação atribuída a Friedrich Nietzsche: *"E aqueles que foram vistos dançando foram julgados insanos por aqueles que não podiam escutar a música."*.

O leitor deve estar imaginando sobre probabilidades de erros médicos e podem os versados em ciências médicas incorrerem em imperícias ou algum descuido não intencional. O raciocínio que norteia o funcionamento dos hospitais e o exercício dessas profissões envolvidas tem regramentos éticos nos quais os meros erros são excepcionalíssimos pelo número de acertos. Uma coisa é certa, desde o guardião, porteiro, pessoal técnico e administrativo, alunos até os mais hierarquizados cientistas que possam povoar os hospitais, todos querem em aprimoramentos constantes rumar para a solução dos problemas de saúde. Impensável, em mentes sãs, estas premissas acusatórias.

Para o absurdo e contra toda essa lógica circundante, constou da denúncia:

> Entre janeiro de 2006 até 19 de fevereiro de 2013, sob a liderança de Virginia, associaram-se em caráter estável e permanente, para o fim de cometer homicídios em pacientes da UTI, mediante uso insidioso e sorrateiro de instrumentos, medicamentos e equipamentos...

Convenhamos, em tempos em que as ciências projetam tantas luzes, pessoas que reconhecidamente deveriam saber o que estavam fazendo, tomaram equipes médicas e multidisciplinares de hospitais por quadrilha ou bando?

Sim. Para os acusadores não passavam de "bandidos extremamente frios executores de pessoas fragilizadas", rotulando-os como despidos de qualquer sentimento humano. Propagaram isto ao mundo apenas para alimentaremególatras universos de mistérios, na tentativa de referendar e impor suas misérias humanas a ferros sobre todas as evidências e lógicas do processo e do sistema!

Para completar o quadro de calamidade artificial, além da denúncia anônima surgiu das profundezas das trevas do desconhecimento um antigo médico (M. L.), há muito tempo distanciado do exclusivo exercício da Medicina e dedicado a "auditorias" e que depois, como se ouviu nas audiências judiciais, confessou de viva voz suas extremas limitações e ignorância absoluta sobre o tema que, pasmem todos, sem qualquer justificativa científica, precipitou-se e apregoou ao mundo informações e opiniões sobre o caso nos veículos de comunicação, conforme manchete transcrita a seguir:[58]

Lobato: "Perito comparou UTI do Evangélico a campo de concentração"

18 de março de 2013 às 11h16

---

58 Disponível em: <http://www.viomundo.com.br/denuncias/mario-lobato-perito-comparou-o-que-achou-na-uti-do-evangelico-a-campo-de-concentracao.html>. Acesso em: 13 set. 2017.

Esse mesmo antigo médico, tido como a "principal testemunha da acusação", ora negou o que havia dito na polícia e nos veículos de comunicação, ora teve seríssimas contradições na audiência judicial que o desmascararam por completo diante do próprio Ministério Público e Juiz.

Para que o leitor tenha uma noção das incoerências do médico M. L., quando a palavra foi dada para a nossa defesa na audiência, ele respondeu em síntese:

> Defesa: Pela análise dos prontuários, dá para concluir pela antecipação de óbitos naquela UTI?
> Resposta: Pela análise dos prontuários, não! (41:40-42:05 – vídeo 3 do depoimento)

Além dessa "testemunha" se contradizer e dedignar-se em audiência, todas as demais testemunhas, prova pericial, decisões do Conselho Regional de Medicina do Paraná e sentença judicial impuseram sobre suas aleivosias a pesada e piramidal laje da verdade científica em sentido completamente oposto.

O leitor deve estar imaginando incursão no crime de falso testemunho do artigo 342 do Código Penal, mas a nossa lei criou um escape no mesmo artigo, que em seu § 3º enuncia: *"O fato deixa de ser punível, se, antes da sentença, o agente se retrata ou declara a verdade.".* Nosso legislador pretendeu dar um estímulo ao resgate da verdade pressupondo também que o desgaste da vergonha da pessoa que se submete a isso é pior que a pena.

O que se denominou "quadrilheiros" ou "bandoleiros" eram meras equipes praticando atos de medicina

Testemunhas todas: "não", "nunca", "jamais"!

Este ponto da acusação foi completamente afastado por todas as testemunhas tanto de acusação como de defesa.<?>

A perícia oficial do Instituto Médico Legal, por óbvio, também negou essa excrescência da denúncia, quando a defesa questionou-a formalmente:

> 1. Defesa: Há evidências científicas (citar fontes) nos presentes autos de processo, que entre janeiro de 2006 até 19 de fevereiro de 2013, sob a liderança desta acusada Virginia, os denunciados associaram-se em caráter estável e permanente, para o fim de cometer homicídios em pacientes da UTI do HUEC, mediante uso insidioso e sorrateiro de instrumentos, medicamentos e equipamentos daquele Hospital?
> Resposta: **Não.** <?> (fls. 183 da perícia – movimento 146.1)

Quanto a este conteúdo inicial da denúncia, as provas todas negaram a hipotética existência de "quadrilha ou bando" e, como verá o leitor em capítulo próprio, a sentença final de absolvição é rica em fundamentação, afastando possibilidade mesmo de existência de qualquer crime.

---

59 Exemplificando o que todas as testemunhas afirmaram: F. S., arrolada pela acusação, técnica de enfermagem – pergunta formulada pela defesa (27:34 do depoimento em vídeo); M. M. R., arrolada pela acusação, técnica de enfermagem – pergunta da defesa (11:50 do depoimento em vídeo); G. P. S., fisioterapeuta, arrolada e indagada por uma das defesas (13:15 do depoimento em vídeo); L. S. A., fisioterapeuta, arrolada e indagada por uma das defesas (11:50 do depoimento em vídeo).

60 Grifado no original.

Impossível existência da hipótese da denúncia do "uso insidioso e sorrateiro de instrumentos, medicamentos"

Rígidos controles não deixavam dúvidas.

Diante de uma denúncia criminal inusitada como a que se nos apresentava, precisávamos evidenciar ao julgador como funcionava a "dispensação de remédios" no Hospital Evangélico, pois hospitais trabalham com remédios altamente controlados.

De todas as indagações, o processo deixou claríssimo que o estoque e a dispensação de remédios eram informatizados com controle de códigos de barras e que uma vez prescrito no prontuário pelos respectivos terminais de computadores, o sistema não admitia apagadura. Assim, após prescrição médica e conferência, um enfermeiro ia até a farmácia do hospital com seu crachá com código de barras e solicitava os medicamentos ao farmacêutico, que também utilizava um crachá com código de barras. O farmacêutico abria a prescrição na tela do terminal de computador da farmácia e conferia a medicação com o prescrito no prontuário registrando com uso de leitor do código de barras (específico para cada unidade) os remédios prescritos para determinado paciente, ou seja, ficava registrado no sistema o que foi prescrito no prontuário, quem prescreveu (código de barras e senha do médico), o crachá do enfermeiro que retirava a medicação para aquele paciente e o farmacêutico ou bioquímico responsável pelo estoque de remédios do hospital.

Portanto, não havia como ministrar qualquer remédio sem esse rígido controle que não deixava qualquer dúvida pela identificação precisa de todos os atores do procedimento e pacientes destinatários. Após ministrado o remédio no paciente, era feita a checagem e a anotação da enfermagem.

Esses controles eram tão rígidos e precisos que mesmo desaparecendo todos os prontuários, seria possível reconstituir o histórico preciso de cada paciente. Isto tornava impossível a ocorrência imaginada pela acusação de qualquer utilização de remédios para fins não terapêuticos.

Na sequência deste mesmo fato da denúncia, o Ministério Público acusou:

> Os denunciados, a mando (seguindo determinações) de Virginia, inclusive por telefone, prescreviam medicamentos descritos na denúncia (pág. 04/05) – bloqueadores neuromusculares normalmente empregados em medicina intensiva para otimização de ventilação artificial (especialmente o bloqueador neuromuscular Pancurônio (pavulom), ou às vezes dibesilato de Atracurium (tracrium), conjugados com fármacos anestésicos como Propofol (diprivan), cloridrato de cetamina (ketalar) e tiopental sódico (thionemputal), sedativos como midazolam (dormonid) e analgésicos como citrato de fentanila (fentanil).

Como o processo estava no campo dos absurdos e por contar com inúmeros depoimentos, registramos aqui as principais afirmações de testemunhas neste ponto acusatório, mas lembramos ao leitor mais ávido que pode acessar no endereço a seguir o processo em sua totalidade. Disponível em: <https://projudi.tjpr.jus.br/projudi_consulta/>. Autos número 0029137-50.2012.8.16.0013. Acesso em: 30 nov. 2017.

Segue transcrição de parte do depoimento da testemunha A. R. G., médico cirurgião do aparelho digestivo, socorrista e endoscopista ao ser indagada pelo juiz.

Juiz: Essas informações que ela repassava eram de casa? Via telefone?
Resposta: Não, ela tinha informação diária, ela queria saber o quadro clínico de todos os pacientes dela.
Juiz: E quando tinha alteração ela ia até lá ou se manifestava por telefone?
Resposta: Os intensivistas todos eles são suficientemente capazes de fazer qualquer procedimento, todos eles os intensivistas, ela era a chefe da UTI, ela queria saber todas as condições de todos os pacientes dela todo dia, à noite inclusive, isso ela fazia.
Juiz: O senhor não respondeu a minha pergunta, as informações que ela passava eram por telefone ou ela ia até o local?
Resposta: Não, ela ficava o dia todo dentro da UTI, ela ficava 13, 14 horas dentro da UTI, isso à noite quando ela ia para a casa dela.
Juiz: Ela passava informações por telefone, foi isso que o senhor disse?
Resposta: Não passava informação, recebia informação das condições clínicas dos pacientes que ela tinha tratado durante todo dia.
Juiz: Entendi; ela só recebia?
Resposta: Recebia as informações.
Juiz: O senhor nunca presenciou ela dizendo o que deveria ser feito, por telefone?
Resposta: Nunca vi isso.
Juiz: Isso é possível passar informação por telefone?
Resposta: Olha, a troca, a telemedicina isso existe e existe bastante intenso, eu discutir com alguém, algum quadro de algum paciente a distância, e receber alguma orientação, então a pessoa que tem mais experiência, quantas vezes alguns residentes ligam e falam estamos aqui, ou algum outro colega dentro da área que a gente atua fala, qual a sugestão para este paciente? Eu nem conheço o paciente, conheço o caso em tese, você pode passar informação, então muitas vezes a discussão entre médicos é muito comum, de a gente trocar ideias com outros colegas a respeito da condição clínica do paciente, independente de eu conhecer aquele caso. (31:07- 33:07 – vídeo 2)

O médico C. L. F., quando indagado pelo Ministério Público sobre independência de suas prescrições, respondeu:

> MP: Desde quando o senhor presta plantão na UTI Geral? Testemunha: Desde 1998.
> MP: O senhor era subordinado da Dra. Virginia ou o senhor tinha total independência nas suas prescrições, durante seu plantão?
> Testemunha: Ela era coordenadora da UTI. Mas eu fazia minhas prescrições da maneira que eu fazia, que eu achava que deveria fazer.
> MP: Quem é que institui a terapêutica no paciente na UTI? Os antibióticos, necessidades de exames, etc.
> Testemunha: Na UTI Geral, quem instituía a rotina era a Dra. Virginia.
> MP: Então o plantonista prescrevia medicações, atendendo as intercorrências daquele período?
> Testemunha: Naquele momento, se internasse um paciente de madrugada, eu internaria e logo de manhã ele entraria na rotina.
> MP: Não de um paciente que internou naquele momento, mas de um paciente que o senhor pegou ali no plantão. O senhor vai fazer prescrições diferentes daquela da rotina?
> Testemunha: Pode ser feita. Pode ser até um antibiótico. Por exemplo, o laboratório informou que saiu alguma cultura nova de uma bactéria que é resistente ao antibiótico que está sendo usado. Então altera o antibiótico. Ou então a pressão baixou, ou subiu, vai interferir naquele momento, em como a intercorrência deve ser manejada. (11:00 - vídeo 2)

Sobre independência do plantonista o médico L. F. M. fala sobre seu período de residência no Hospital Evangélico:

> Defesa: (01:15) No seu período de residência em outro serviço o que mudou em relação à rotina hospitalar e dinâmica de trabalho?
> Resposta: Bom, eu fui pra um serviço que era bastante diferente era hospital que só atende convênios e particulares então a dinâmica de trabalho era um pouquinho diferente. No Hospital Evangélico a gente tinha mais liberdade pra trabalhar, tinha um pouco mais de autonomia do que nesse outro serviço.
> Defesa: (3:30) O senhor falou de liberdade e autonomia, alguém se aproximou do senhor como médico propondo alguma coisa antiética ou ilegal?
> Resposta: Não. (vídeo 2)

Ficou provado que não havia interferência da médica Virginia em atos médicos de plantonistas. Porém, diálogos por telefone são extremamente frequentes para se discutir condutas e prognósticos.

Em seu depoimento, o médico infectologista S. P. esclarece definitivamente essa rotina médica:

Defesa: Se o senhor fosse plantonista, agora se colocando no lugar, ou se discutisse com um médico ao telefone, entenderia a orientação de baixar esses parâmetros?
Testemunha: Sim.
Defesa: Para quem tem conhecimento e sabe como realizá-los desde que possíveis, como foi o caso, soaria para o senhor aos seus sentidos como uma ordem homicida, uma ordem para matar alguém?
Testemunha: Não, veja, cabe um esclarecimento. Se você tem possibilidade, pela saturação - então aqui você tinha saturação de 99% com FiO2 de 100% -, a conduta correta é a tentativa de redução da FiO2 para evitar a lesão alveolar por oxigênio. O ideal é que você mantenha essa FiO2 na menor fração possível, preferencialmente abaixo de 60. Provavelmente quem estava de plantão conseguiu manter 70% de FiO2 mantendo saturação de 98%. "Isso é um ajuste do parâmetro de respirador para evitar a lesão alveolar por oxigênio."
[...]
Defesa: Os denunciados então prescreviam medicamentos descritos na denúncia. Inclusive a Virginia por telefone determinava coisas com objetivo homicida. Da análise que o senhor fez dos prontuários, também seria uma ficção?
Testemunha: Sim, uma ficção. (35:02 - vídeo 2)

Fizemos questionamentos formais para que o Perito respondesse na perícia oficial do Instituto Médico Legal sobre os fatos descritos na denúncia, cujas respostas evidenciou a negativa dessa hipótese acusatória, como o leitor pode constatar a seguir:

2. Defesa: Há evidências científicas nos presentes autos de processo que os denunciados prescreviam "medicamentos descritos na denúncia (pág. 04/05) - bloqueadores neuromusculares normalmente empregados em medicina intensiva para otimização de ventilação artificial (especialmente o bloqueador neuromuscular Pancurônio (pavulom), ou às vezes dibesilato de Atracurium (tracrium)), conjugados com fármacos anestésicos como Propofol (diprivan), cloridrato de cetamina (ketalar) e tiopentalsódico (Thionembutal), sedativos como midazolam (dormonid) e analgésicos como citrato de fentanil (fentanil)"?
2. Resposta: Sim.
3. Defesa: Em caso afirmativo, é de uso comum em UTIs a utilização e prescrição de tais medicamentos?
3. Resposta: Estes medicamentos, pelo que observamos na literatura médica sobre Sedação e Analgesia em Terapia Intensiva, são os utilizados e também vemos que estes procedimentos estão vinculados às decisões médicas de equipes ou individuais, em UTIs. (fls. 183 da perícia – movimento 146.1)

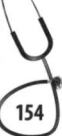

Seguindo os passos da denúncia, em nosso método cartesiano, deparamo-nos com este outro raciocínio acusatório:

> "após ministrar os remédios → A. rebaixavam os parâmetros ventilatórios dos pacientes dependentes de ventilação mecânica → B. morriam por asfixia;"

Quanto a remédios, está bem demonstrado ao leitor que a perícia oficial afirmou que são de uso comum em UTIs. Em sendo, a ministração é rotina médica nessas unidades ressaltando os equívocos acusatórios.

No sentido da inexistência de qualquer fato criminoso, a própria testemunha de acusação F. S., técnica de enfermagem, quando indagada neste particular pelo Ministério Público declarou:

> MP: Você chegou a ver algum paciente falecer logo depois de ter a manipulação dos parâmetros do aparelho de ventilação mecânica? Resposta: Olha na verdade eles diziam que existia um lado da UTI que eram os pacientes mais críticos e eu nunca ficava deste lado então eu não presenciei nenhum fato deste só via os pacientes indo a óbitos, mas não o fato de abaixarem os parâmetros ou a manipulação de drogas nada disso. (12:54 – vídeo 1

Tida como a principal e mais ruidosa testemunha da acusação, o antigo médico auditor M. L. também, além de não confirmar o contido na denúncia, indagado pela nossa defesa confessou expressamente desconhecimento em ventilação e seus parâmetros.

> Defesa: Não é esse o parâmetro maior da denúncia? A redução dos parâmetros?
> Resposta: Eu não posso afirmar isso a partir do prontuário e também não fui eu quem redigi a denúncia. Ele foi a óbito.
> Defesa: O que é ventilação de proteção pulmonar?
> Resposta: Eu não posso entrar em detalhes técnicos sobre ventilação mecânica porque eu não tenho essa especialidade.
> Defesa: O Senhor sabe me dizer quais são os parâmetros ou volumes e pressões recomendadas?
> Resposta: Eu não posso responder esse tipo de pergunta.
> Defesa: O Senhor como médico pode nos dizer o que é pressão de platô?
> Resposta: Eu não posso responder parâmetros técnicos. (14:00-15:43 – vídeo 3 do depoimento em juízo)

A técnica de enfermagem M. M. R., singelamente e com espanto, afirmou:

> Defesa: Nunca viu nenhum paciente receber medicamento que não era aplicado por técnicos, aplicados por enfermeiros e morrer meia hora, uma hora depois?

Resposta: A primeira vez que vi prescrições de casos onde os pacientes morrem após receber medicamentos foi quando fui depor. (16:43 - vídeo 1)

Identicamente, a testemunha, médico P. S., afastou este ponto da denúncia em seu depoimento:

> Defesa: O MP diz na denúncia que depois da administração destes medicamentos comuns de Unidade de Terapia Intensiva que depois da aplicação destes fármacos eram reduzidos os parâmetros ventilatórios. Então eu lhe pergunto, a aplicação destes fármacos pode se seguir de redução ou de ampliação dos parâmetros do ventilador dependendo do caso?
> Resposta: Nós estamos lidando com duas situações. Uma que o paciente está competindo com o ventilador e é por isso que se usa esses medicamentos. Outra é a redução ou aumento da fração expirada de oxigênio, depende da avaliação momentânea do paciente. Estes prontuários, essas anotações são feitas de duas em duas horas e em duas horas muita coisa acontece na UTI. Então é possível que estivesse reduzido para 21 a saturação baixou daí a fração expirada foi elevada para 50, 80 a saturação melhorou e nada disso está escrito porque as anotações do prontuário são feitas de duas em duas horas. Então é muito difícil avaliar um prontuário.
> Defesa: Mas em situações normais vamos partir do princípio do médico bem intencionado, ele tem o poder ou a discricionariedade para por ato médico elevar ou baixar os padrões do respirador de acordo com...?
> Resposta: Claro.
> Defesa: Então o fato de ser aumentado ou reduzido esse parâmetro não quer dizer que tenha antecipado óbito?
> Resposta: Não. (20:09-21:55 - vídeo 5 do depoimento)

O respeitabilíssimo médico intensivista G. G., que atua nos EUA, afirmou em seu depoimento, quando perguntado pelo juiz sobre padrões mínimos de ventiladores:

> Juiz: Qual seria o padrão mínimo?
> Testemunha: Frequência respiratória de 6 ou 8, depende do equipamento, FiO2 de 21% e PEEP de 0. Isto é o parâmetro mínimo do ventilador. Se eu colocar um tubo em você (aponta para o advogado de defesa), agora, te der um bloqueador neuromuscular - nenhum músculo seu vai mexer - e colocar o ventilador a 21% (FiO2), PEEP de 0 e frequência respiratória de 6, você não vai morrer. Ponto. (15:00 - vídeo 5 do depoimento)

Nesta terceira parte do primeiro fato da denúncia, a perícia oficial do Instituto Médico Legal é também claríssima na negativa desta hipótese acusatória.

4. Defesa: Há evidências científicas (citar fontes) nos presentes autos de processo que, após ministrar os remédios descritos no quesito 2, os denunciados criminosamente: A. rebaixavam os parâmetros ventilatórios dos pacientes dependentes de ventilação mecânica e que os mesmos morreram por asfixia?

4. Resposta: Não. Não há evidências científicas nos presentes Autos do processo de que, após administrar os medicamentos utilizados para a sedação do paciente em Unidade de Terapia Intensiva, os denunciados rebaixavam os parâmetros respiratórios dos pacientes dependentes de ventilação mecânica, ocasionando a morte por asfixia.

5. Defesa: É possível alguém morrer por asfixia, ventilado mecanicamente e com saturação satisfatória?

5. Resposta: Não. Com saturação satisfatória. A ventilação mecânica deve ser instituída para reverter a hipoxemia (sinal de asfixia), quando não é possível manter uma SaO2 acima de 90%, mesmo após a oferta de oxigênio por máscara. Quando o paciente mantém uma SaO2 limítrofe, com necessidade de grande esforço respiratório (taquipneia, utilização de musculatura acessória da respiração), principalmente quando a causa da hipoxemia não tem perspectiva de resolução rápida, a ventilação mecânica também deve ser instituída. A presença de instabilidade hemodinâmica deve antecipar o início da ventilação mecânica nessas situações limítrofes. (fls. 183 da perícia – movimento 146.1)

Assim a acusação foi sendo desmistificada ponto a ponto e a duros avanços como em uma guerra de constante metralha adversa. Veja-se agora nestes últimos tópicos acusatórios do primeiro fato:

> "*Virgínia possibilitava aos demais utilizar seu sistema eletrônico de prontuários → maioria das prescrições mortais eram registradas sob seu nome, mesmo quando ausente.*"

Este ponto da denúncia sobre "uso de seu sistema eletrônico de prontuários", na defesa da médica Virginia junto ao Processo Administrativo Disciplinar do Conselho Regional de Medicina do Paraná, pela nossa defesa foi feita justificativa sobre rotinas médicas adotadas na UTI do HUEC e absolvida naquele órgão altamente técnico, onde se argumentou e se reconheceu:

> ... que em muitos serviços do Hospital Universitário Evangélico de Curitiba, a senha e o login do coordenador eram utilizados nos prontuários, inclusive com conhecimento e anuência de toda a diretoria médica e administrativa. Essa conduta facilitava o setor de faturamento em sua tarefa de anexação de todos os documentos pertencentes a cada paciente como, por exemplo, exa-

mes laboratoriais, radiológicos, anatomia patológica, descrições cirúrgicas, gráficos anestésicos, enfim, toda documentação pertencente a cada paciente. O nome da ora peticionária alertava a equipe administrativa em casos de desvios de documentações, pois a senha e login só eram utilizados na UTI Geral. Mesmo assim, na montagem do prontuário ainda havia falhas, mesmo com esses cuidados.

Em relação à parte médica, esta prática auxiliava muito o contato e a agilização de laudos de exames emergenciais. Ao ver o nome da peticionária todos os serviços de apoio ao diagnóstico priorizavam os laudos por conhecer o perfil crítico dos pacientes internados neste setor. Muitas vezes em casos de dúvidas ou achados, estes profissionais entravam em contato com a peticionária, e muitas vezes por telefone, estando a médica presente ou não. Ao receber as informações, a médica entraria em contato com assistentes e as decisões seriam tomadas conjuntamente.

Considerando o fato de ser diarista, tinha conhecimento mais amplo que qualquer plantonista a cada paciente. Equipes de especialistas, quando solicitados, entravam em contato, descrevendo seus pareceres e orientações mesmo quando a médica não estava presente, pelo seu conhecimento sobre os pacientes como diarista.

Outro fato que justifica o uso da senha e login da peticionária era por determinação da diretoria administrativa e do setor de informática, sendo esta a condição de acesso à internet para verificação de *sites* médicos, revistas médicas e consultas diversas dentro da área. Evitavam-se, assim, usos abusivos e prevenção à contaminação dos computadores por vírus, pois os *sites* eram pré-determinados pela equipe e garantiam segurança, além do controle de custos.

Em tempo algum expediu documento médico que fosse tendencioso ou que não correspondesse à realidade, pois, direta ou indiretamente, conhecia todos os pacientes, suas intercorrências e as condutas tomadas. Nenhum médico jamais evoluiu o que não fez.

Cabe ressaltar que a acusada, jamais, utilizou sua senha e login em outros setores do hospital, a não ser na UTI Geral. Mesmo quando auxiliava algum colega de outro setor, deixava a ele a tarefa de evoluções e prescrições de conduta conjunta. "Ficava claro que quando surgisse sua senha e login com o seu nome, este paciente, automaticamente se encontrava na UTI Geral...".
(Defesa em todos os processos do CRM/PR)

Nossa defesa se baseou neste ponto, em dois prontuários de pacientes que fazem parte da denúncia para comprovar, justificar a rotina e exemplificar. A saber:
- No prontuário do fato 4 (paciente M.) as evoluções da equipe de oncologia cirúrgica estão todas em nome do coordenador do serviço médico J. C. S..
- No prontuário do fato 7 (paciente L) todas as evoluções da endocrinologia estão em nome da coordenadora do serviço, médica M. G..

O Diretor técnico do HUEC, à época dos fatos, médico pneumologista L. F. K. testemunhou:

> (...) por exemplo, tem médicos no hospital e em outros que eu trabalho que só ele é o prescritor, como se estivesse permanentemente de plantão pela questão de responsabilidade técnica. (46:00 - vídeo 1)

Por todas essas razões técnicas e fáticas, rotineiras em hospitais, o Conselho Regional de Medicina, quanto a este tópico da denúncia, decidiu no julgamento do Processo Administrativo Disciplinar nº 05/2014:

> Finalmente, em relação ao artigo 80, a evolução da médica denunciada que consta no prontuário é procedente, uma vez que se trata de verdade sobre o paciente que ela realmente atendeu e acompanhou como médica da UTI junto com os demais plantonistas. O sistema de prescrição eletrônica por meio de senha é utilizado com frequência em hospitais e, muitas vezes, a prescrição e a evolução permanecem em aberto, com uma mesma e única senha sendo utilizada por vários profissionais da área da saúde, inclusive a enfermagem, no presente caso pelos depoimentos presentes nos autos, não temos evidência de que a denunciada prescreveu ou evoluiu o paciente, portanto não expediu nenhum documento (...) (Processo Administrativo Disciplinar nº 05/2014, acórdão)

Especificamente quanto à afirmação de existência de "prescrições mortais" contidas na denúncia, a prova pericial oficial respondeu nossas perguntas defensivas não corroborando a acusação:

> 7.Defesa: Qual o significado científico de "prescrições mortais" e se há qualquer evidência nestes autos da existência de eventuais "prescrições mortais", com relação aos óbitos dos pacientes descritos na denúncia? (citar fontes)
> 7. Resposta: Podemos chamar de prescrição médica fatal ou mortal, quando o médico estiver indicando, por escrito, a administração de doses que, se fossem aviadas, mataria o paciente. Pelo registro nas descrições que encontramos nos Autos, de diagnóstico clínico, sinais e sintomas não nos é possível raciocinar criticamente sobre o quadro clínico e os procedimentos clinicamente adotados. Necessitamos de outros dados clínicos, ao tempo da ação, que não constam dos Autos. (fls. 183 da perícia - movimento 146.1)

O médico anestesiologista V. H. M. repele a suposta tese de existência de prescrições mortais.

> Defesa: Aqui a denúncia fala também no outro parágrafo nas duas últimas linhas. Eu queria que o senhor me dissesse primeiro se na sua carreira algum colega seu em algum lugar fez prescrição mortal. Segundo, o que é uma prescrição mortal?
> Resposta: Primeiro lugar nunca vi nenhum colega fazer isso porque pelo menos todos os colegas que eu conheço não são assassinos né. O médico pode errar, ele é uma pessoa humana. Segundo lugar, eu não conheço prescrição mortal, isso não existe. (40:48 – vídeo 2)

O médico infectologista S. P., também, nega a existência de quaisquer "prescrições mortais":

> Defesa: Na folha 92 há a prescrição de diuréticos. Neste caso o senhor entende que é normal esta prescrição de diuréticos?
> Testemunha: Sim. Com objetivo de melhorar o quadro respiratório. O pulmão deveria estar congesto, houve necessidade de retirar volume.
> Defesa: É porque se fala na denúncia em "prescrição mortal". Então aqui está afastada esta questão, está dentro dos padrões da Medicina Intensiva?
> Testemunha: Diurético, neste contexto de ressuscitação de choque, é absolutamente normal. (48:40 – vídeo 2)

Nada mais precioso para a Justiça que, neste tópico acusatório, se basear também na decisão absolutória do Conselho Regional de Medicina pelas suas Câmaras Técnicas a este respeito, no Processo Administrativo Profissional nº 001/2014 – paciente I. S.:

> Muito já foi discutido sobre drogas utilizadas e suas dosagens, porém se tem que, apesar de se tratar de doses e combinações de medicamentos que não são usuais para outras especialidades médicas, dentro da Medicina Intensiva são absolutamente normais e amplamente utilizadas.
> Mais que discutir doses de medicamentos, que foram muito bem esclarecidas pelos depoimentos das testemunhas e da própria denunciada, opiniões corroboradas pelos artigos científicos que foram anexados aos autos e também pelos protocolos da especialidade que são facilmente encontrados em uma revisão bibliográfica sobre o tema, deve-se chamar a atenção a um fato: a importância do relacionamento entre as pessoas da equipe de trabalho da UTI. (Processo Administrativo Profissional nº 001/2014, acórdão)

Mais adiante, na sequência das premissas acusatórias:

> *"enfermeiros e fisioterapeuta (denunciados), para garantir o êxito do crime, registravam as evoluções de enfermagem e fisioterapia no prontuário de forma a "casar" com as prescrições criminosas;"*

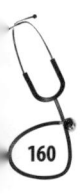

Indagado a este respeito, o médico P. R. S., testemunhando fala sobre as evoluções médicas e de enfermagem:

> Defesa: Além disso, também o MP fala na denúncia que eram adulteradas as evoluções, anotações em prontuários para casar e dar aparência de regularidade. Tem condições de alterar esses prontuários?
> Resposta: Eu já tentei modificar prescrições que eu já havia impresso e não consigo, eu não sei como fazer isso.
> Defesa: O senhor tem condições conhecendo os médicos e mesmo o corpo de enfermagem que o senhor trabalhou no Evangélico alguma violação de deveres médicos ou fisioterapeutas ou enfermagens que tenham violado seus deveres no período em que o Senhor trabalhou no hospital?
> Resposta: Não. (24:13-24:56 – vídeo 5 do depoimento em juízo)

Em suma, declarou que o sistema de informática do HUEC não admitia qualquer alteração do que estivesse já lançado. Em caso de eventual erro até de digitação, outra prescrição corretiva deveria ser feita sem apagamento da anterior. Ainda que, naquele local de trabalho, nunca nenhum dos acusados violou seus deveres éticos.

A enfermeira C. F. P. S., arrolada pelo Ministério Público, também contraria a denúncia, quando afirma que fazia sua evolução sozinha, com seu login e senha:

> MP: E o enfermeiro tinha acesso à evolução médica, a última evolução médica do paciente?
> Resposta: As evoluções que eles imprimiam sim.
> MP: Mas pelo computador não?
> Resposta: Assim, às vezes a gente conseguia visualizar só as evoluções, a gente não conseguia alterar nada, só as que a gente entrava com o nosso login de enfermagem que daí sim a gente fazia nova, porque a gente não conseguia alterar nem o que a gente escrevia. (15:10 – vídeo 2 do depoimento em juízo)

O auxiliar de enfermagem, senhor J. R., afirma para a defesa em seu depoimento:

> Defesa: Alguma vez alguém lá dentro, médico ou pessoal de enfermagem enfim, alguém pediu ao senhor para fazer alguma coisa ilegal ou errada?
> Resposta: Não senhor, tudo que a gente fazia era prescrito e a Dra. Virginia pegava o prontuário do paciente pra gente. (02:35 – vídeo 1)

A fisioterapeuta G. S. afirma em seu depoimento:

> Defesa: Em relação aos registros feitos, em relação à fisioterapia, como eles são feitos? No momento em que você atende cada paciente, é nesse momento no qual você vai e passa o relato no sistema ou não?
> Resposta: A evolução do paciente é feita diariamente no final do turno e relatado isso pelo sistema, indo junto com o prontuário do paciente. Como são 14 leitos, não tinha como atender o paciente e evoluir no sistema, somente depois de atender a todos, podendo ainda ocorrer de tratar do paciente e quando for passado para o sistema este paciente já tenha vindo a óbito, mas deve ser colocado no sistema. (07:20 – vídeo1)
> Defesa: Já viu algum médico da UTI Geral dar alguma ordem ilegal para alguns dos funcionários? A senhora viu algum médico matar algum paciente? Sabe se existe uma quadrilha para matar os pacientes dentro da UTI Geral?
> Resposta: Nunca vi um médico dar uma ordem ilegal ou matar algum paciente. Não sei de nenhuma quadrilha formada dentro da UTI Geral para matar pacientes. (13:15 – vídeo 1)

O médico infectologista S. P. contraria também esta parte da denúncia:

> Defesa: O senhor tem um conhecimento ou histórico de algum fisioterapeuta ou enfermeiro que registrava evolução de enfermagem não real, só para "casar" com prescrição criminosa?
> Testemunha: Não. (12:17 – vídeo 1)

Portanto, a premissa acusatória não se sustenta neste particular, pois o sistema não admitia mudanças nas prescrições lançadas, de forma alguma. Por outro lado, seguiam as normas e faziam cada qual a sua evolução, anotação e prescrição, dentro de suas atribuições.

A perícia oficial também esclarece a ponto de não deixar qualquer frívolo respiradouro para essas assacadilhas acusatórias:

> 8. Defesa: Há evidências científicas neste processo de que enfermeiros e fisioterapeutas (denunciados), para garantia do "êxito do crime", registravam as evoluções de enfermagem e fisioterapia nos prontuários de forma a "casar" com as prescrições criminosas? (citar fontes)
> 8. Resposta: Não. Pelo registro nas descrições que encontramos nos Autos. (46:00 – vídeo 1)

Na odiosa tarefa de dourar o placebo da pílula acusatória, prosseguiram os fervorosos acusadores da denúncia:

> "(...) técnicos de enfermagem (subordinados) ou demais profissionais eram orientados a jamais questionarem as atitudes delitivas;"

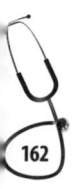

Pelo direito brasileiro, este encargo de provar seria da acusação, pois a defesa não teria como fazer prova de inexistência de imaginada lenda de "lei do silêncio". Mesmo assim, nós da defesa continuamos a arguir as testemunhas em relação aos fatos que não existiam e que, por consequência, não podiam ser provados.

O médico P. R. S. fala sobre este ponto e nega a existência destas afirmações acusatórias:

> Defesa: Ainda essa denúncia fala que para assegurar a impunidade das execuções destas pessoas, dessas prescrições mortais era imposto no Hospital uma "lei do silêncio" esse termo é meu, tipo assim fazia-se a coisa errada e exigia-se dos funcionários hierarquicamente inferiores um silêncio, ninguém conta nada para ninguém do que está acontecendo aqui dentro. O Senhor tem esse conhecimento desta existência?
> Resposta: Eu não sei disso, não posso opinar sobre isso. (23:40 – vídeo 5 do depoimento em juízo)

Se ele que trabalhava naquele local nada sabia, não existia.

Ainda, a enfermeira P. C. L. quando responde à defesa nega também a existência de tal fato em seu depoimento:

> Defesa: Ela tinha objetivo pedagógico até com relação à enfermagem, por exemplo, de orientar enfermeiro, ampliar o conhecimento do enfermeiro, auxiliar no raciocínio, estimulava estudos do pessoal de enfermagem?
> Resposta: Sim. ela fez isso comigo uma vez inclusive eu avisei que o paciente tinha um X de diurese no período e ela me falou "quanto é que um adulto urina por hora/ml assim e assim..." eu fiquei sem resposta e aí ela disse "então estude depois você me responde".
> Defesa: Mas como se fosse uma professora uma mãe preocupada com o conhecimento do filho, do aluno?
> Resposta: Exato, mais ou menos assim você tem que saber o correto então vai lá e se aprofunde estude melhor essa questão. (27:19 – vídeo 5 do depoimento em juízo)

Na mesma linha, a enfermeira L. A. F. vai além e afirma que a médica Virginia estimulava os enfermeiros e outros funcionários a estudarem.

> Defesa: A Dra. Virginia ela orientava os enfermeiros? Auxiliava os raciocínios dos enfermeiros, estimulava os estudos dos enfermeiros? Como que era?
> Resposta: Diariamente.
> Defesa: Ela era muito exigente?
> Resposta: Extremamente.

> Defesa: Como enfermeira a senhora tinha problema com evoluções, falta de preenchimento nos balanços hídricos?
> Resposta: Não. E a partir do momento que nós detectávamos isso ou que algum momento teria deixado de ter sido feito alguma anotação isso era já visto e era cobrado para que aquilo fosse realizado. (24:44 – vídeo 5 do depoimento em juízo)

O médico infectologista S. P. também apresentou depoimento semelhante:

> Defesa: O senhor tem conhecimento de alguma "lei do silêncio" que era imposta aos funcionários? Que não questionassem ou revelassem a ninguém estas atitudes "criminosas"?
> Resposta: Não. (12:19 – vídeo 5 do depoimento em juízo)

O curioso é que além de os acusadores embarcarem sem qualquer vacilo nesse trem da ilusão ou da maldade humana de acusar sem se valerem de conhecimento técnico e provas, deste primeiro ponto em diante da denúncia os acusados para o Ministério Público estavam "rotulados como quadrilheiros".

> *"No período de atuação da quadrilha → A. inúmeros óbitos após ministração de Pancurônio (pavulom) ou dibesilato de Atracurium (tracrium) → B. sem justificativa terapêutica registrada nos prontuários ou prescrições;"*

A defesa foi além do seu dever jurídico e provou a inexistência de fatos criminosos, para contribuir com o Judiciário. A acusação nada provou do que afirmou.

Sobre o *gran finale* da primeira parte da denúncia, o médico P. R. S. também testemunhou sobre este ponto e respondendo à defesa, negou as afirmações acusatórias:

> Defesa: Essas medicações todas mencionadas que o senhor teve contato aqui elas podem ser aplicadas associadas uma com a outra em bomba ou endovenoso, isso pode ser usado dessa forma?
> Resposta: Em bomba, ou seja, por um tempo mais prolongado e dose menor ou em bolus também endovenosa, mas numa administração mais rápida e volume maior pra que o efeito inicial seja obtido.
> Defesa: Então o médico tem o poder de dizer não, eu vou fazer em bolus pra ter efeito imediato 4, 5 minutos?
> Resposta: Sim.
> Defesa: O MP diz na denúncia que depois da administração destes medicamentos comuns de Unidade de Terapia Intensiva, que depois da aplicação destes fármacos eram reduzidos os parâmetros ventilatórios. Então eu lhe pergunto a aplicação destes fármacos pode se seguir de redução ou de ampliação dos parâmetros do ventilador dependendo do caso?

> Resposta: Nós estamos lidando com duas situações. Uma que o paciente está competindo com o ventilador e é por isso que se usam esses medicamentos. Outra é a redução ou aumento da fração expirada de oxigênio depende da avaliação momentânea do paciente. Estes prontuários, essas anotações são feitas de duas em duas horas e em duas horas muita coisa acontece na UTI. Então é possível que estivesse reduzido para 21 a saturação baixou daí a fração expirada foi elevada pra 50, 80 a saturação melhorou e nada disso está escrito porque as anotações do prontuário são feitas de duas em duas horas. Então é muito difícil avaliar um prontuário. (18:38-20:09 – vídeo 5 do depoimento em juízo)

Em seu depoimento, o médico intensivista C. L. F. fala sobre prescrições e justificativas terapêuticas:

> Defesa: Em Unidades com 14 leitos, lotada, havia como o plantonista justificar toda conduta medicamentosa, considerando o tamanho das prescrições, a rotina do serviço? Ou as evoluções eram resumidas pelas principais intercorrências? Testemunha: Se o paciente tivesse apresentando muita variabilidade no quadro clínico... muitas vezes se agrupa numa só prescrição, e às vezes sai no mesmo horário, uma evolução só, mas várias intercorrências. Porque quando você fica ali atendendo um paciente e às vezes complica outro paciente, você não vai ali para prescrever, porque a prescrição é um documento, mas é mais importante a assistência ao paciente. E esta prescrição não é retrógada, então muitas vezes aquele horário não corresponde também à exata hora do procedimento. Você pode na evolução dizer "este medicamento foi realizado há duas horas atrás". Até pode. Mas a evolução médica, posso até estar errado, mas ela deveria ter uma confiabilidade. (31:00 – vídeo 5 do depoimento em juízo)

A prova pericial oficial assim se posicionou a esse respeito:

> 9. Defesa: Existem evidências de descumprimentos dos protocolos nacionais de sedação, analgesia e bloqueio neuromuscular tanto em terapia intensiva quanto na prática anestésica?
> 9. Resposta: Não. O que observamos na literatura médica sobre sedação e analgesia em terapia intensiva são procedimentos vinculados às decisões médicas de equipes ou individuais.

Enfim, quanto a esta primeira das acusações contidas na denúncia – "quadrilha ou bando" –, se erronia da premissa inicial do raciocínio acusatório é falsa, a conclusão também foi.

No raiar do terceiro milênio, a visão do acusador pode até se equivocar partindo de premissas falsas, pois a falibilidade é própria do ser humano. Mas confundir "equipe hospitalar multidisciplinar" com quadrilha ou bando é inadmissível.

Além da paradigmática ilogicidade, a concatenação das ideias postas na denúncia pecam por confundir também o instituto da coautoria com "quadrilha ou bando" (*societas criminis*). Quando a denúncia narra os demais crimes, atribui a um ou dois personagens isoladamente, ou seja, onde estaria a *societas criminis* em cada "delito" narrado? Onde a "permanência", "estabilidade", "objetivos delinquenciais" e, principalmente, qual a vantagem? Aliás, por essa lógica tosca da acusação, os acusados *"matavam para abrir vagas na UTI..."*. Para quê? *"Para receber novos pacientes..."* Para quê? *"Para matar e abrir novas vagas..."* Para quê? *"Para recolher outros pacientes na UTI, matar novamente e abrir novas vagas..."* E assim, ciclicamente (*moto perpétuo*).

Tente o leitor entender o raciocínio acusatório posto na denúncia, "Se não recebessem na UTI os pacientes, eles morreriam por falta de atendimento..." Daí, "giravam a UTI para matá-los lá dentro"?

Esse raciocínio não se sustentou científica, técnica e juridicamente.

E o reflexo da absoluta improcedência deste ponto acusatório inicial reflete nas acusações posteriores da denúncia a ponto de retirar-lhes qualquer razão de ser!

Raciocine-se: se não eram "quadrilheiros ou bandoleiros" que estavam naquele hospital, eram médicos em equipes. Se eram médicos em equipes, os objetivos eram de cura! Se os objetivos eram de cura, não há que se cogitar "cometimentos de crimes". Tornam-se impossíveis e até inexistentes logicamente quaisquer outros raciocínios acusatórios derivados sobre fatos criminosos, pois forçoso assim admitir que as pessoas morreram pelos efeitos deletérios de suas próprias comorbidades, embora a intenção dos acusados fosse de cura...

Finalizando esta abordagem defensiva sobre a primeira das acusações assestadas na denúncia, a conclusão é no sentido da sua total improcedência por inexistência, com reflexos severos nas demais imputações, desarticulando-as por completo.

Capítulo VII

2º fato da denúncia – paciente P. A. P. – acusação de assassinato com pena pedida de 12 a 30 anos<?>

"Não fui eu quem redigi a denúncia..."

Neste e nos próximos seis capítulos vamos abordar cada fato da denúncia, apresentando alguns testemunhos e pareceres do CRM, a fim de demonstrarmos o caminho que nossa defesa seguiu para esclarecer os fatos da denúncia.

Foram muitas as testemunhas ouvidas para cada fato da acusação, mas aqui citamos apenas algumas partes da prova testemunhal para esclarecer o leitor. Se quiser, no entanto, aprofundar-se no que foram aqueles momentos vividos pela nossa defesa e pela médica Virginia, o leitor pode conhecer o teor completo dos depoimentos, acessando o site disponível em: <https://projudi.tjpr.jus.br/projudi_consulta/ autos nº 0029137-50.2012.8.16.0013>. Acesso em: 18 dez. 2017.

Imaginado e inexistente fato criminoso. Pela denúncia, teria o paciente sido morto por ato intencional de médicos na UTI.

Incorreções sérias observamos já na narrativa da peça inicial do Ministério Público:

> I - 8h 08/05/2011 – Paciente P. A. P. (embolia e trombose de artérias dos membros superiores) - sedado desde 16h30 do dia anterior com respirador em 70% (OITENTA?) e pressão PEEP em 8;

---

61 Alertamos o leitor que somos obrigados a incursionar no campo técnico da Medicina, tentando traduzir para linguagem mais acessível. Como se verá, nem sempre isto é possível. Estas ponderações técnicas dos casos específicos da denúncia se prestam aos especializados.

Para uma melhor compreensão do leitor, principiamos a abordagem deste segundo fato com a principal testemunha da acusação, antigo médico M. L.. Quando perguntado pela defesa[62] se a denúncia do Ministério Público quanto a este paciente estava correta, afirmou:

> Defesa: Trocaram os doentes no centro cirúrgico a respeito do paciente (P. A. P.) com problemas nos braços ele acabou amputando a perna, teve algum engano aí?
> Resposta: Olha o que tinha no prontuário era uma gangrena no hálux esquerdo, membro inferior esquerdo.
> Defesa: Inferior ou superior?
> Resposta: Inferior.
> Defesa: Na denúncia está superior.
> Resposta: Mas aí me perdoe não fui eu quem redigi a denúncia. O que eu posso afirmar pro senhor é o que tem no prontuário. (vídeo 3, 20:32.)

A própria prova pericial, em resposta a esta defesa, neste particular também observa o erro da denúncia:

> 1. Diga o senhor perito, baseado nos autos, o motivo do internamento deste paciente em 30/04/2011 no Hospital Universitário Evangélico de Curitiba (HUEC).
> 1. Resposta: Sim. O paciente em 30/04/2011 internou no Hospital Universitário Evangélico de Curitiba em virtude de ferimento corto contuso no pé esquerdo, que evoluiu para necrose, gangrena e infestação de miíase no local. Necessitou submeter-se à amputação do membro inferior esquerdo e evoluiu com bacteremia, sangramento acentuado, instabilidade hemodinâmica, anemia e choque, foi medicado com substâncias vasoativas, reposição de volume e submetido à respiração mecânica controlada. (movimento 146.2 – fls. 225)

Retornado ao depoimento do mesmo antigo médico M. L., em perguntas da defesa:

> (19:14) Defesa: Passaremos para o Fato 2 da denúncia. Paciente P. A. P.. O que tinha descrito no prontuário é que ele tinha uma gangrena, estava em tratamento para isso e estava internado no hospital a partir do dia 30/04. Era esse o quadro do paciente P. A. P.?
> Resposta: Exato.
> (22:56) Defesa: Na revisão desse prontuário os senhores médicos continuariam aceitando essa afirmação da denúncia? Que não houve anotação na evolução?

---

62 A defesa quando indagou "trocaram o paciente" o fez por estratégia de confirmação ou não.

Resposta: Eu imagino que sim porque se passou, nós concordamos com a evolução do CAOPE.
(23:55) Defesa: Se o paciente não estava sedado, ela deveria promover a analgesia, sedação e bloqueio neuromuscular para otimizar o suporte de ventilação do paciente?
Resposta: Se o paciente estiver [com] alguma dificuldade na ventilação se faria esse tipo de sedação. Mas isso nós não encontramos anotação no prontuário justificando previamente.
(24:54) Defesa: Quanto aos parâmetros de ventilação, era 70% ou 80% entre parênteses?
Resposta: Se estava entre parênteses provavelmente alguém anotou em cima, eu não saberia lhe responder. Mas anotação que vale é a que está fora dos parênteses.
(33:44) Defesa: Então numa auditoria eventual, sem checagem de uma medicação prescrita, significa que ela não foi administrada?
Resposta: Que não foi administrada.
(33:54) Defesa: Quem seria o responsável pela checagem?
Resposta: Quem faz a checagem é a enfermeira responsável da UTI que administrou a medicação.
(38:23) Defesa: Baseado no fato dele não estar sedado justifica a médica ter aplicado bolus até que fosse instalados analgesias e sedação feita de forma contínua?
Resposta: Se ele estivesse agitado ou brigando com o respirador, sim.
Defesa: Isso não daria tempo dela tentar melhorar as condições ventilatórias do paciente até que estabilizasse, deixando se o paciente sobrevivesse com os parâmetros que conseguissem estabilizá-los a sedação para evitar a competição com o ventilador?
Resposta: Normalmente isso é o que se espera da sedação e o paciente pare de brigar com o ventilador[63].
(39:00) Defesa: Então por essa afirmação, pode concluir que a intenção era socorrer a emergência já planejando tratamento a seguir, isso significa, por exemplo, na sua concepção de matar alguém?
Resposta: Não se pode afirmar isso analisando prontuário nem contra nem a favor. O que se vê no prontuário é que foi administrado medicação e que o paciente foi a óbito na sequência.
Defesa: Pois é, mas então eu sou obrigado a perguntar o que esses médicos estão fazendo aqui? Com base na sua resposta. Se não dá pra concluir, o que eles estão fazendo aqui?
Resposta: Talvez o Senhor devesse perguntar isso pro Juiz que aceitou a denúncia[64].
(40:45) Defesa: A médica aumentou o valor do PEEP no dia 08/05/2011?

---

63 Foi o que se fez na UTI.
64 A testemunha dá a entender que o processo não deveria ter existido (?).

Resposta: Sim. (vídeo 3)

Parece que aqui encontramos o "ovo da serpente". Pelas provas todas dos autos, perícia, testemunhos e literatura: *"Ninguém morre por asfixia, se ventilado mecanicamente a 21%, mantendo saturação igual ou maior que 90%."*.

Prosseguindo na análise cartesiana da denúncia com relação ao paciente P. A. P.:

> II - às 09h28 → A médica M. I., em conluio e prévio ajuste com Virginia ministrou os remédios descritos na pág. 06 → A. em bolus via endovenosa → B. sem justificativa terapêutica registrada no prontuário → C. reduziu parâmetros do respirador → D. causa da morte: asfixia (10h40) → E. violação do dever inerente à profissão de médico

A denúncia também erra ao não considerar as comorbidades do paciente. Avaliam apenas superficialmente o dia de entrada no hospital e de óbito em conclusão apressada que *"a morte foi por asfixia"*.

Todas as provas contrariam a mera suposição ou lenda criada.

Sobre este paciente e suas comorbidades e intercorrências, discorreu o médico R. A. S., anestesiologista, analisando o prontuário respectivo em audiência:

(02:27) Defesa: Prontuário do Paciente P. A. P. Fls. 131. Estes antibióticos que estão nesta prescrição médica o senhor saberia dizer a que se destina?
Resposta: Temos aqui uma gama de antibióticos de alto espectro de ação incluindo a Polimiquixina B, Usoltec, o Tigacil que é um antibiótico bastante moderno capaz de cobrir praticamente 99,98% das sepses hospitalares altamente resistentes. Pelo visto aqui o paciente P. A. P. está amplamente coberto pela terapêutica antibiótica.
(04:16) Defesa: São antibióticos para infecções graves? Gravíssimas?
Resposta: Sim
(09:49) Defesa: A sedação e o relaxamento muscular servem para que o paciente se adapte melhor à máquina ventilatória e ele melhore o parâmetro de oxigenação?
Resposta: sim.
(15:41) Prossegue a testemunha - Fls. 172 do prontuário P. A.. É uma ficha de anestesia, um relatório do ato anestésico. Gangrena do pé esquerdo. Uma cirurgia de amputação que foi feita sob raquianestesia posteriormente parece que foi administrada anestesia geral. Parece-me que durante a anestesia houve uma piora do estado clínico do paciente. Ele estava sob raquianestesia e aí ele apresentou uma descompensação hemodinâmica, foi administrado anestesia geral, inclusive iniciado algumas drogas para tentar manter a pressão arterial, então foi administrado Noradrenalina, Dobutamina em bomba, como era uma amputação de membro inferior, foi feita uma raquianestesia durante o

procedimento pelo o que eu estou entendendo aqui o paciente piorou o estado clínico e o colega foi obrigado a iniciar uma raquianestesia porque inclusive ele teve que fazer alguns procedimentos invasivos e foi colocado um cateter central e foi iniciada algumas drogas vasoativas. Me parece que o doente piorou bastante durante a cirurgia.
(21:26) Juiz: Pelo que o senhor analisou foi uma atitude correta pelo que consta aí?
Resposta: Atitude corretíssima.
Juiz: O senhor faria algo diferente disso?
Resposta: Não, a mesma coisa.
(24:51) Defesa: Fls. 118. O Senhor sabe dizer se essa medicação ela é adequada para implantação de cateter para hemodiálise?
Resposta: Foi utilizado Fentanil numa dose até baixa e um sedativo que é o Midazolam perfeitamente indicado.
Defesa: O senhor saberia dizer olhando essa folha aí por quanto tempo o paciente permaneceria sedado?
Resposta: Bom, o Fentanil na dosagem que foi usada ele é uma medicação bastante segura e que inclusive não acarretaria numa sedação, ele teria mais um efeito analgésico até uma leve sensação de bem-estar. O Midazolam em 15mg ele no máximo uns 30 minutos ele já recuperaria se fosse só essa medicação ele já recuperaria a consciência.
Defesa: Em 30 minutos?
Resposta: No máximo ou até menos. Vamos dizer 15 minutos.
(26:49) Defesa: Com esta medicação que está aí o Senhor considera possível ele ficar sedado por duas horas?
Resposta: Não, muito difícil.
Defesa: E por 17 horas?
Resposta: Praticamente impossível.
(27:51) Defesa: Fls. 132. Tem Dormonid, Ketalar e Tracrium analisando essa folha aí a quantidade de medicamentos lhe chama a atenção? O Senhor diria que é uma quantidade excessiva?
Resposta: Não.
Defesa: Quantidade normal?
Resposta: Sim, provavelmente foi um ajuste de sedação.
(29:23) Defesa: Essa dosagem que está aí de Dormonid o senhor sabe dizer por quanto tempo aproximadamente faria efeito no paciente?
Resposta: Olha, Midazolam de 15mg é a mesma dose que você encontra nos comprimidos de Midazolam que você utiliza para tratamento da insônia é induzir o sono, por exemplo. Então você pode utilizar 15mg de Midazolam via oral até na sua residência. A única diferença é que você vai estar administrando esse medicamento diretamente na corrente sanguínea então o efeito dele é mais abrupto, mas não é uma medicação de efeito prolongado. Defesa: Mas ele duraria 30 minutos?
Resposta: No máximo.

Defesa: E o Ketalar nessa dosagem que está aí?
Resposta: Olha, o Ketalar aqui também está numa dosagem aqui e também de indução de analgesia, o Ketalar é uma droga bastante distinta. O mecanismo dele de ação ele só causa um efeito dissociativo que a gente chama, então o paciente entra num estado em que ele fica consciente, mas sedado. Inclusive, administrando só Ketalar você não tem efeito sobre a parte respiratória. Você tem um potente efeito analgésico com efeito hipnótico, mas bastante seguro porque o paciente continua respirando.
(32:58) Defesa: E o Tracrium conforme essa prescrição aí?
Resposta: O Tracrium conforme essa prescrição ele vai causar um relaxamento muscular bastante pronunciado inclusive com apneia.
Defesa: Nesta dose quanto tempo dura o efeito?
Resposta: Uma ampola de 5ml entre 30 e 40 minutos.
Defesa: No máximo?
Resposta: Sim. Inclusive a reversão dele é espontânea ele é metabolizado no sangue mesmo. (Depoimento judicial – vídeo 1)

O médico G. G., intensivista, que exerce sua profissão nos EUA, afirma em seu depoimento sobre o prontuário do paciente P. A. P.:

(34:00) Defesa: O prontuário que o senhor vai ver em seguida, é um paciente que procurou o hospital com um corte no pé, já gangrenado. Ele demorou 45 dias para procurar o hospital por conta deste corte. Quando ele entrou no hospital ele tinha miíase. O senhor sabe explicar o que é miíase?
Testemunha: Miíase é quando você tem uma larva, você tem insetos crescendo dentro deste tecido necrosado.
Defesa: O fato de ele ter demorado 45 dias para procurar o hospital pode ter piorado o quadro dele?
Testemunha: Sem dúvida, atraso no atendimento determina a gravidade do paciente.
(35:00) Defesa: (fl. 112) O senhor conhece os antibióticos presentes aí? Testemunha: Sim.
Defesa: O senhor sabe dizer para que servem estas drogas?
Testemunha: Fluconazol é um antifúngico, Cefepime é um antibiótico de amplo espectro.
Defesa: (fl. 116) Polimixina B, Tigeciclina, Ganciclovir. Estes antibióticos são usados para quê?
Testemunha: São antibióticos de uso restrito, de altíssimo custo. Esta combinação de antibióticos me sugere que você tem uma medida quase desesperada de tratar uma infecção generalizada, num paciente em que eles provavelmente não conseguiram determinar qual o agente patológico. Está se tratando todas as possibilidades, e você usa um arsenal terapêutico imenso para tentar tratar o paciente. Eu não consigo nem apontar qual a indicação disto porque a única

forma de justificar esta prescrição é "vamos dar tudo que a gente tem e torcer para que ele melhore", porque não tem como dar mais para este paciente.
Defesa: Então entre estas folhas houve um aumento da abrangência dos antibióticos?
Testemunha: Sim.
(39:30) Defesa: O senhor sabe dizer se um paciente em choque piora com a realização de hemodiálise?
Testemunha: Sem dúvida. A hemodiálise é um procedimento que por natureza reduz a pressão arterial de um paciente. Não é raro você ter um paciente renal crônico, hipertenso, no qual você prescreve medicamento para tratamento da hipertensão e você suspende no dia da diálise. Hemodiálise intermitente num paciente em choque certamente irá piorar o estado de choque, independente do tipo de choque.
Defesa: Um paciente nestas condições pode vir a óbito durante a hemodiálise?
Testemunha: Certamente.
(42:00) Defesa: O senhor sabe dizer se existem níveis de pressão adequados para pacientes em choque séptico?
Testemunha: No geral se busca uma PAM65 de 55, 60, 65. Nesta faixa.
Defesa: (fl.109) O que o senhor pode dizer a respeito dos parâmetros de ventilação?
Testemunha: Primeiro, a PEEP é fisiológica, é 5, com FiO2 inferior a 60%, ou seja, parâmetros adequados, com uma saturação de oxigênio adequada, frequência respiratória fisiológica, menor que 20. Em termos de oxigenação está absolutamente adequado.
Defesa: (fl.129) O senhor pode dizer se houve melhora ou piora na oxigenação do paciente?
Testemunha: Não consigo comentar sobre a ventilação porque eu tenho apenas frequência respiratória, não tenho volume corrente ou pressão de suporte. Mas a oxigenação claramente piorou: a PEEP dele agora é 8, a FiO2 oscila entre valores superiores a 60% e a saturação também oscila entre parâmetros normais e valores baixos.
(44:50) Defesa: (fl.142) A oxigenação dele piorou?
Testemunha: Olha, entre as 08:00 e 10:00 horas a PEEP dele foi aumentada de 8 para 15, a FiO2 aumentada de 70% para 80%, e a saturação de oxigênio baixou de 90 para 84. Piora dramática.
Defesa: O senhor sabe dizer se desenvolvimento de pneumotórax dificulta a ventilação do paciente?
Testemunha: Sem dúvida. É uma causa de morte, por sinal. Em um paciente mecanicamente ventilado, no lado do pulmão que tem o pneumotórax existe colapso pulmonar. Ele "murcha" e não consegue fazer troca gasosa.
Defesa: Então, se o médico quisesse matar o paciente, o que ele precisaria fazer? Precisaria usar bloqueador neuromuscular?

Testemunha: Se o médico quisesse deixar que o paciente morresse, bastaria não tratar o pneumotórax.
Defesa: Não precisaria usar bloqueador neuromuscular nele?
Testemunha: Não. E o bloqueador neuromuscular... não sei se vale a pena eu me estender nele, mas houve um entendimento, pelo menos pelo que acompanhei na imprensa, absolutamente errado do que faz um bloqueador neuromuscular. Mas, para ser simplório na minha resposta, não se necessita bloqueador neuromuscular para "matar" o paciente.
Defesa: O senhor sabe dizer qual é a conduta a ser tomada em um paciente com pneumotórax persistente?
Testemunha: Drenagem torácica.
Defesa: E se a possibilidade for fístula broncopleural?
Testemunha: Se é fístula broncopleural, um dreno de tórax talvez seja o tratamento imediato, mas não definitivo. Isto é uma doença cirúrgica, foge do meu treinamento, mas eu atendo pacientes assim com consulta de um cirurgião torácico. No meu ambiente se faria uma videotoracoscopia para se tentar intervenção cirúrgica para corrigir esta fístula broncopleural. (Depoimento judicial - vídeo 2)
(02:00) Defesa: Na reanimação cardiopulmonar, o paciente pode não ventilar, não oxigenar?
Testemunha: Pode. O médico pode, se possível, reverter a causa. Por exemplo, eu consigo imaginar a impossibilidade de ventilar um paciente que tenha pneumotórax.
Defesa: E o paciente com tromboembolismo pulmonar? Ele vai responder à reanimação?
Testemunha: Tromboembolismo pulmonar é diferente. Ele pode gerar morte ou parada cardiovascular por motivos diferentes. Ele pode gerar hipóxia, ele pode gerar falência do ventrículo direito. O conceito central aqui é o seguinte: quando o paciente tem uma parada cardíaca, a ressuscitação cardiopulmonar busca, de forma heroica, fazer o paciente ter um retorno de circulação espontânea. Porém, se não há resolução da injúria inicial que gerou a parada cardíaca, a ressuscitação vai ser fútil.
Defesa: O senhor sabe precisar se há literatura neste sentido, da taxa de sucesso de uma reanimação cardiopulmonar?
Testemunha: O artigo com o qual eu tive contato mais recentemente foi feita uma revisão sobre o resultado de reanimação cardiopulmonar de todos os pacientes que receberam reanimação cardiopulmonar dentro de hospital. Acredito que totaliza uns 40.000 pacientes. Neste estudo, se não me engano, em torno de 12% a 13% dos pacientes tiveram retorno da circulação espontânea, em torno de 6% a 7% dos pacientes receberam alta hospitalar e acredito que em torno de 3% a 4% depois de um ano não tinham sequelas. São estes números que eu apresento, grosseiramente, quando converso sobre limitações de terapia. Uma visão distorcida que o leigo e a população em geral têm, e

tem outro estudo que mostra isto: dos anos 80 até 2006, 2007, alguém fez um estudo para saber, na televisão, de cada 100 pacientes que são reanimados em seriados de TV quantos que acordam, tossem e estão no mesmo estado anterior à reanimação. 97% dos pacientes dos programas de TV que são reanimados tem um resultado ótimo, acordam sem sequelas. O que está longe da realidade e que justifica, na minha opinião, esta discrepância entre a interpretação dos médicos e da população geral. Justifica, inclusive, a comoção geral que houve nestes casos todos, na minha opinião.

(06:40) Defesa: Seria uma taxa baixa de sucesso, então?

Testemunha: Baixa, é claro. Neste estudo ele separa, se não me engano, reanimação de 1 a 10 minutos, 10 a 15 minutos, 15 a 20 minutos e mais que 20 minutos. O objetivo do estudo não era mostrar qual é o resultado, todo médico sabe que um paciente que tem parada cardíaca tem uma chance de recuperação baixíssima. A pergunta era: quanto tempo deve demorar a reanimação cardiopulmonar? Ele tenta mostrar se o resultado de um paciente que é reanimado por mais tempo é melhor ou pior do que um paciente ressuscitado por menos tempo. A resposta é não, não há diferença estatística. Reanimar por 30 minutos não é melhor do que reanimar por 10 minutos, digamos.

Defesa: E quem toma esta decisão? De iniciar a ressuscitação e de quanto tempo ela vai durar?

Testemunha: O médico assistente que lidera a ressuscitação. Porque veja, é uma equipe que reanima o paciente. Uma das pessoas desta equipe é o líder da ressuscitação cardiopulmonar. É ele quem determina o tempo de ressuscitação. Na verdade, quem determina iniciar esta ressuscitação não é este líder, é o médico que está atendendo. (Depoimento judicial - vídeo 3)

Uma denúncia que troca "membro inferior" por "superior" nem imagina que seriam tratamentos diferentes num e noutro caso, que mesmo o tipo de anestesia seria outro.

Prossegue a peça acusatória inicial em suas derivações baseadas em intrigas de inscientes que possivelmente nutriam ódio pela médica Virginia:

> *III- Virgínia → primeira onipotente no gerenciamento da UTI, possuidora do poder de decretar o momento da morte → A. gerar nova vaga → B. desentulhar a UTI (pág. 07) → C. subtraiu todas as chances de sobrevivência ou recuperação → D. advinda de surgimento de tratamento ou por causa inexplicável;*

O médico S. P., quando foi ouvido em juízo, declarou:

(15:00) Defesa: A Dra. Virginia, no segundo fato aqui, consta que ela se considerava como onipotente no gerenciamento da UTI, que decretava o momento da morte das pessoas. O senhor entende que a atitude dela eram atos médicos, dentro da ética médica, ou eram atos tresloucados, que podiam derivar em mortes de pessoas intencionalmente?

Testemunha: Eu considero que as ações da Virginia eram atos médicos.
Defesa: Alguma possibilidade de terem mortes para gerar novas vagas na UTI? Testemunha: Não considero isto possível.
Defesa: Eu já perguntei ao senhor sobre "desentulhar a UTI", o senhor falou que poderia ser sinônimo de alta para quartos, para gerar novas vagas. O senhor confirma então?
Testemunha: Confirmo.
Defesa: Tem um ponto da denúncia que fala o seguinte: os médicos, dentro da premissa acusatória, subtraíram as chances de sobrevivência e recuperação de pessoas dentro da UTI. O senhor imagina que pessoas na UTI tiveram subtraídas suas chances de sobrevivência e de recuperação, por ato doloso/intencional dos médicos?
Testemunha: Não. (Depoimento judicial – vídeo 3)

A defesa não teria o dever de provar que a acusada não era "onipotente" e nem a acusação provou que "era". Quanto a ser a acusada pretensamente "possuidora do poder de decretar o momento da morte", é uma figura antiética da estratégia da demonização de pessoas acusadas e de desprezo das ciências médicas e jurídicas.

Quanto aos possíveis "objetivos" de *"geração de novas vagas"* e *"desentulhar"* a UTI, ficou provado nos autos que ninguém teria qualquer lucro ou benefício com isso. Nem os médicos e nem o hospital[66]. Ainda, conforme demonstrado isto significava "dar altas" para pacientes ou mandá-los para quartos e nem de longe a maléfica interpretação.

Não explica o MP, com relação a este paciente, "quais chances de sobrevivência ou recuperação foram subtraídas e nem o que seria surgimento de tratamento ou causas não explicáveis."

Finalmente com relação a este paciente P. A. P.:

> *IV - valeram-se de meio que dificultou a defesa da vítima, A. deixando-o em estado de inconsciência e paralisia muscular e; B. por estar internado sem a presença contínua de familiares (de acordo com os remédios aplicados, descritos na denúncia pág. 07);*

A defesa sempre insistiu nos aspectos óbvios de que se Virginia apenas praticou atos médicos, não existiu nem fato criminoso nem vítima. E o óbvio informou que o paciente P. A. P. morreu dos efeitos deletérios de suas doenças.

Tanto assim o é, que o médico V. H. M., anestesiologista, quando interpreta em audiência o prontuário do paciente P. A. P. afirma:

---

66 Como afirmamos alhures, acusações que não resistiram a um questionamento lógico: *"matariam pacientes para gerar novas vagas"*. Para quê? *"Para entrar novos pacientes para serem mortos para gerar novas vagas"*. Para quê? *"Para entrar novos pacientes e gerar novas vagas..."*, em ciclos repetitivos e doentios de atos redundantes dos quais ninguém se beneficiaria...

(13:36) Defesa: Fls. 130 paciente P. A. P., se o senhor puder dar uma olhada. O que significa essa prescrição médica em branco?
Resposta: Bom, à primeira vista assim o que significa pra mim aqui é que essa prescrição não foi executada.
Defesa: É possível que esse medicamento tenha sido aplicado e não tenha sido checado?
Resposta: Não, impossível. Esse aqui mostra que foi uma prescrição feita possivelmente, quando você faz a prescrição antes do paciente morrer ela não foi executada, porque não foi checada aqui em parte nenhuma.
[...]
(15:17) Defesa: Fls. 112. Se o senhor puder dar uma olhadinha. Tem prescrição de antibiótico aí?
Resposta: Sim.
Defesa: O senhor sabe dizer se esses antibióticos eles são prescritos pra infecções graves, médias, leves?
Resposta: São graves infecções graves.
[...]
(16:01) Defesa: As fls. 116. Esses antibióticos aí são medicamentos para infecções leves, graves ou médias?
Resposta: Graves. Infecções graves. São antibióticos potentes.
(16:34) Defesa: Fls. 131. Esses antibióticos aí são pra infecções graves, médias ou leves?
Resposta: Graves.
Defesa: Esses antibióticos são mais potentes que os anteriores?
Resposta: São potentes e caríssimos, mas estes não foram feitos. (Depoimento judicial - vídeo 1)

Sobre parâmetros ventilatórios e medicações do paciente P. A. P., continua o referido médico:

(22:57) Defesa: Fls. 109. O paciente piorou ou melhorou a respiração?
Resposta: Aparentemente ele deu uma melhorada porque foi baixado o índice de oxigênio e a saturação continuou muito boa.
Defesa: Baixou um pouco o índice de oxigênio...
(23:47) Defesa: As fls. 129.
Resposta: Voltou a piorar, voltou a ser dado mais oxigênio para esse paciente, uma saturação aqui também com parâmetros mais baixos inclusive, com índice alto de oxigênio.
Defesa: Aumentou o oxigênio e diminuiu a ventilação?
Resposta: Em alguns casos, a maioria dos casos diminuiu e bastante.
Defesa: Então o senhor diria que o paciente piorou consideravelmente?
Resposta: Piorou muito.
(24:33) Defesa: As Fls. 142.

Resposta: Foi aumentado mais ainda a oferta de oxigênio e a saturação caiu muitíssimo.
Defesa: Caiu muito, então esse paciente piorou?
Resposta: Situação crítica.
Juiz: O senhor pode nos dizer que índice que o senhor achou crítico?
Resposta: 84% de saturação e a frequência de oxigênio de 80, então está ofertando muito oxigênio e não está respondendo.
Juiz: A saturação não está boa, e se ela estivesse em 92 estaria boa?
Resposta: Sim estaria boa.
Juiz: Apesar de o oxigênio estar a 80...
Resposta: Estaria boa por causa do oxigênio, mas a comparação dos dois estaria ruim para o paciente né.
Juiz: É correto afirmar que quanto mais oxigênio eu estou ofertando a um paciente em tese a situação dele não é boa, nós estamos aqui em 21?
Resposta: Hoje? Acho que até menos acho que 19, se formos observar estamos em 19, 20 de oxigênio, que mesmo oxigenação em 100% o paciente morre, ele não aguenta, ninguém aguenta.
[...]
(26:52) Defesa: Nesses casos que o paciente tem extrema dificuldade respiratória o uso em conjunto de midazolan, ketamina e tracrium é adequado?
Resposta: Sem dúvida, sem problemas nenhum.
Defesa: Não tem problema nenhum usar?
Resposta: Não.
Defesa: E como a associação desses medicamentos, com o uso do respirador artificial pode beneficiar o paciente?
Resposta: Usando esses três medicamentos é obrigatório o uso de respiração artificial, principalmente com o Atracurium, que é um relaxante muscular que se fizer um relaxante muscular e não der o aporte ventilatório nele, ele vai morrer.
[...]
(29:55) Defesa: As Fls. 172, o senhor pode interpretar esse gráfico de anestesia?
Resposta: Bom, pelo que diz aqui é um paciente que chegou dia 02/05/2011 com uma pressão arterial boa, pulso bom, temperatura boa, deve ter no prontuário os exames que a gente sempre pede. Em desnutrição, paciente desnutrido, doze horas de jejum, paciente confuso e diagnóstico pré-operatório uma gangrena de pé esquerdo, trocando em miúdos "pé podre". Foi feito uma medicação pré-anestésica de Midazolam 5mg às 13 horas isso é uma sedação. Defesa: Esse Midazolan é para que tipo de anestesia?
Resposta: Esse Midazolam pode ser usado como pré-anestésico. Então aqui foi feito uma raquianestesia neste paciente. (...) Então o que foi feito, para ele não sentir a picada da agulha nas costas, aquela coisa toda, é feito uma sedação anteriormente, no caso aqui o Midazolam, um procedimento normal. Então foi feito Midazolam foi feito lidocaína pesada, morfina que é para aumentar

o tempo anestésico, aí todos os outros remédios, antibióticos, aconteceu que durante o ato anestésico aqui esse paciente teve alguma complicação e foi passado pra anestesia geral [...].
(33:50) Defesa: Analisando isso aí o senhor sabe dizer se havia indicação de pós operatório em UTI?
Resposta: A sim né, porque é um paciente que complicou muito já né. Ele tinha que ter um aporte intensivo.
Defesa: Indução de anestesia é aquele pré-anestésico que o senhor mencionou?
Resposta: Não, isso aí é medicação pré-anestésica.
Defesa: O que é indução de anestesia?
Resposta: Indução é fazer o anestésico geral no caso, ou a raquianestesia, não se chama indução você fez uma punção, fez a anestesia e pronto, o paciente pode ficar acordado ou não, pode dormir como pode não dormir o anestésico a indução da anestesia aqui no caso foi feito com Etomidato, Ketalar e o Atracurium, esse passou para anestesia geral com essas três drogas aqui né.
Defesa: E daí foi para a UTI né?
Resposta: No fim daquele dia foi para UTI. É aqui foi feito punção venosa central, foi feito, pega uma veia aqui e fez possivelmente um choque, porque foi feito Noradrenalina, e Dobutamina, é possivelmente fez um choque. Ele chocou e a necessidade do tratamento intensivo.
Defesa: Tem algum problema em usar bloqueador neuromuscular em paciente em choque?
Resposta: Não, não tem problema nenhum.
Defesa: O senhor sabe dizer por que foram escolhidos esses medicamentos para fazer anestesia geral e não outro tipo de medicamento? O senhor conseguiria dizer?
Resposta: Pelo que o que a gente vê, o Etomidato porque ele já deve ter tido anteriormente aqui algum problema cardíaco, alguma coisa assim de que eu não sei né. O Ketalar também né é um indutor de anestesia, pode ser um indutor de anestesia,
Defesa: E o Ketalar o que ele faz?
Resposta: Faz subir a pressão ao invés de baixar, se você faz um outro medicamento pode baixar a pressão na indução da anestesia, então foi escolhido esse aqui para tentar melhorar as condições pressóricas, e o Atracurium que é relaxante muscular pra colocar no respirador. [...]
(38:41) Defesa: A disfunção renal ela tem indicação de hemodiálise?
Resposta: Sim, claro.
Defesa: O senhor sabe dizer se a administração de uma ampola, veja bem uma ampola de Midazolam mais 2 ml de Fentanil, o senhor sabe dizer quanto tempo o paciente vai ficar sedado com esse medicamento?
Resposta: Bom varia muito de paciente para paciente. 2 ml de Fentanil vai passar rapidamente, não vai demorar muito.
Defesa: O que é passar rapidamente?

Resposta: Digamos que meia hora já não se tenha mais. O Midazolan, tudo depende do paciente né, um pode ter maior ou menor, tem paciente que você pode fazer, cada ampola de Midazolan tem duas apresentações, uma ampola que tem 5 mg.
Defesa: A de 15mg.
Resposta: A de 15 tem 3 ml, então se você fizer uma ampola inteira, você está fazendo 15 mg, 15 mg pode, o tempo é muito relativo eu posso fazer 15 mg em um paciente que for grande ou forte e ele não sentir nada, esse mesmo paciente grande eu posso fazer 2 mg e ele apagar, então é difícil você dizer, você não tem parâmetro para dizer que vai demorar x e y e coisa, cada paciente é um paciente. Um diferente do outro ninguém é igual.
(40:45) Defesa: Pela experiência do senhor o senhor precisaria usar um prazo máximo, vamos dizer um paciente adulto quanto tempo esse medicamento pode durar numa hipótese em tese?
Resposta: Ah, quatro horas no máximo. Muito menos.
Defesa: Essa dose que eu falei para o senhor elas podem manter um paciente sedado 7 horas?
Resposta: Não, muito difícil.
Defesa: Mas existe alguma possibilidade remota teórica?
Resposta: Não com esta, se for com só esse volume de droga não.
(41:33) Defesa: Fls. 132. Essa é aquela prescrição que o senhor falou que não foi feita porque não foi checada. Essa é a hipótese provável, mas vamos considerar que houve uma falha e que essas medicações ela foi ministrada ao paciente, porém não foi checada. Tá? Vamos considerar esta hipótese. Esses medicamentos, caso eles tenham sido aplicados, a dosagem deles o senhor sabe dizer se encontra correta?
Resposta: Correto.
Defesa: Não tem nada de anormal aí?
Resposta: Não.
(43:04) Defesa: O senhor sabe dizer quanto tempo dura no corpo do paciente os efeitos desse Dormonid, dessa dose aplicada aí?
Resposta: É a mesma coisa que eu falei anteriormente, difícil você dizer quanto tempo vai ficar. Não tem um parâmetro, no máximo três horas talvez nem isso. Defesa: E essa dose do Ketalar o senhor sabe precisar quanto tempo?
Resposta: Possivelmente essa dose de ketalar foi feito 2 ml são 100mg, é uma dose digamos indutora de anestesia, uma coisa super normal, uma dose pequena, você pode ver que são 50 mg por ml, um frasco tem 500 mg, um frasco inteiro, você está fazendo 100. Então não tem, é uma dose supernormal. Defesa: Qual que é o efeito do Ketalar nas musculaturas dos brônquios?
Resposta: Ele vai relaxar, vai melhorar a parte respiratória do paciente.
Defesa: Para ajudar na respiração?
Resposta: Sim.
Defesa: E o senhor sabe dizer se o Ketalar é indicado para esse caso ai?

Resposta: Claro.
(44:35) Defesa: E o senhor sabe dizer quanto tempo dura o trakium na dose aplicada aí no paciente? Quanto tempo esse medicamento ia fazer efeito no corpo do paciente?
Resposta: Uma ampola aqui são 50mg com bastante parcimônia, 1 hora.
Defesa: Isso é no máximo?
Resposta: É ou mais ou menos isso é muito relativo. (...)
(45:40) Defesa: Quando é preciso fazer reanimação cardiopulmonar o que fazer quando o paciente não ventila?
Resposta: Quando o paciente não ventila primeira coisa que tem que fazer é entubar o paciente.
Defesa: Se ele já tiver entubado?
Resposta: Daí você vai ventilá-lo mecanicamente.
Defesa: Mas existe a hipótese dele estar entubado e ele não conseguir ventilar durante o movimento de massagem cardiopulmonar?
Resposta: Só se ele não estiver ligado a nada né. Se ele tiver entubado, mas não estiver ligado a nada ele não vai ventilar.
(47:13) Defesa: Nos casos em que o paciente é grave e o estado é terminal de quem é a decisão de interromper o tratamento do paciente quando esse paciente não tem família?
Resposta: Tem que ser de quem está assistindo esse paciente.
Defesa: É do médico?
Resposta: Dos médicos, da equipe médica. (Depoimento judicial – vídeo 1)

O médico P. S., quando analisa o prontuário do paciente P. A. P. assim se manifesta:

(01:57) Defesa: O Senhor se lembra de um paciente chamado P. A. P.?
Resposta: Pelo nome não.
(02:35) Defesa: Consta aí no prontuário que o senhor realizou uma drenagem de pneumotórax. Folhando esse prontuário o senhor se recorda do quadro clínico deste paciente?
Resposta: Ele estava internado em 2011. Então faz 2 anos, é difícil você lembrar de um procedimento que a gente faz em 15 minutos de 2 anos atrás. Se eu ler o prontuário eu vou me lembrar.
(03:40) Defesa: O paciente procurou o Hospital porque ele tinha um corte no pé e posteriormente foi feita uma amputação do pé deste paciente. O fato de o paciente demorar 45 dias pra procurar o Hospital pra tratamento da doença que ele tinha, pode influenciar o quadro de gravidade do paciente?
Resposta: Hipoteticamente sim.
(04:16) Defesa: O senhor pode esclarecer o que é gangrena de pé?
Resposta: Em termos leigos o paciente está tão deteriorado que pouca coisa pode-se fazer; provavelmente a melhor decisão seria amputar.
[...]

(05:05) Defesa: O senhor pode esclarecer o que é septicemia?
Resposta: É uma infecção na corrente sanguínea.
Defesa: Choque séptico?
Resposta: Seria o choque decorrente da infecção na corrente sanguínea.
(05:31) Defesa: Septicemia pode causar lesão pulmonar?
Resposta: Sim.
Defesa: E como que essa lesão pulmonar se desenvolve?
Resposta: Por dificuldade de ventilação, o paciente chega ao ponto dele ter que ser entubado porque ele não consegue respirar sozinho. Esse tipo de problema. [...]
(06:21) Defesa: Segundo fato da denúncia. O Senhor tinha conhecimento que na UTI geral eles praticavam antecipação de óbitos?
Resposta: Não.
(06:37) Defesa: O senhor já ouviu falar alguma coisa neste sentido lá dentro do Hospital?
Resposta: Não.
Defesa: O que o senhor pode esclarecer a respeito do investimento terapêutico nos pacientes que estavam na UTI geral?
Resposta: Você poderia ser mais claro no que seria investimento terapêutico?
(07:01) Defesa: Se era feito tudo o que se podia pelos pacientes ou se eles abandonavam o tratamento quando achavam que tinham que abandonar?
Resposta: Eu acho que era feito o investimento terapêutico. Eu conheço a Dra. Virginia e todos os outros médicos que aqui estão há muito tempo. E eu nunca vi eles abandonarem o tratamento do paciente que estava bem, que estava evoluindo bem. E muito menos de um paciente que estava na UTI em condições de tratamento.
[...]
(14:27) Defesa: Eu peço que o senhor dê uma olhada às fls. 130 do prontuário do paciente P. A.. O que significa essa prescrição médica em branco?
Resposta: Não sei.
Defesa: O senhor saberia dizer se esses medicamentos foram aplicados no paciente?
Resposta: O que pode ter acontecido é que existe a possibilidade de você reimprimir prescrições. Então alguém pode ter perdido a prescrição e ela foi reimpressa para fazer parte do prontuário.
[...]
(16:47) Defesa: O senhor sabe dizer se é possível adulterar a evolução médica no prontuário do paciente?
Resposta: Eu acho que não porque é um dispositivo que quando nós tentamos modificar uma evolução que já foi feita, se ela já foi impressa eu não consigo modificá-la. É óbvio que com a tecnologia nos dias de hoje deva ser possível, mais alguém da informática, nenhum médico que eu conheço conseguiria.

(17:31) Defesa: As fls. 112 do prontuário se o senhor puder dar uma olhada. O senhor tem conhecimento pra que servem esses antibióticos que estão aí prescritos?
Resposta: Sim.
Defesa: O senhor sabe dizer para que servem esses antibióticos?
Resposta: Para tratamento de infecções bacterianas.
Defesa: Infecções graves, médias, leves?
Resposta: Há antibióticos mais fortes, mas são antibióticos de um bom espectro, uma boa cobertura antibiótica.
(18:43) Defesa: As fls.116. Esses antibióticos prescritos eles aumentam a cobertura de bactérias em relação à prescrição anterior?
Resposta: Sim. Antibióticos mais potentes.
Defesa: Então analisando as duas folhas o senhor diria que a infecção do paciente piorou?
Resposta: É ou não melhorou, e aí houve uma readequação de medicamentos, uma nova intenção de com novos antibióticos controlar a infecção.
Defesa: As fls. 131, por favor, os antibióticos que aí estão, eles são na mesma linha dos anteriores eles estão aumentando a ....
Resposta: Com a exceção de Zootec que não estava na última, é um amplo espectro de cobertura. O Zootec foi adicionado além da última.
Defesa: O zootec o senhor saberia para que serve exatamente? Vou reformular, esse tipo de prescrição de antibióticos eles servem para combater bactérias multirresistentes tipo KPC?
Resposta: Sim. Particularmente o segundo e o terceiro.
(21:11) Defesa: Caso o paciente tenha pego a bactéria multirresistente isso piora o quadro do paciente?
Resposta: Muito. O próprio nome diz ela é multirresistente então uma bactéria que você não consiga tratar faz com que a situação do paciente fique muito difícil.
[...]
(22:31) Defesa: Se eu pegar uma folha do balanço hídrico eu consigo saber se o paciente está em choque?
Resposta: Às vezes sim e às vezes não.
Defesa: Quando que é possível analisar isso?
Resposta: Quando você dá uma quantidade grande de volume hídrico de soro para esse paciente e esse paciente não produz urina é um dos indicadores, se este paciente está com febre, se está taquicardíaco, se está hipotenso e aí vai.
Defesa: Esse tipo de indicador é tipo de qual choque?
Resposta: Esse é um indicador de choque. Há vários tipos de choque, é impossível ver uma folha de evolução e dizer esse paciente está em choque séptico. É muito difícil de dizer. Você tem que avaliar o paciente. Cada caso é um caso.
(23:51) Defesa: O que são índices de prognóstico na terapia intensiva?

Resposta: São parâmetros que são avaliados, chega ser um escore, valor independente desse valor você tem uma estimativa da evolução deste paciente. Se ele vai evoluir bem, se ele não vai evoluir. (Depoimento judicial - vídeo 1)

Continua o mesmo médico na análise do prontuário:

(33:33) defesa: Fls. 109. Esses parâmetros de ventilação eles são considerados altos ou baixos?
Resposta: Bom aqui nós vemos uma fração expirada de oxigênio no início da manhã em 60 que depois passou para 50 a saturação não mudou, uma frequência respiratória que variou entre 17 e 14 e o PEEP de 5. Então a fração expirada de oxigênio estava relativamente alta. Em torno de 50-60.
(34:47) Defesa: Fls. 129. Em relação aos parâmetros anteriores houve alguma modificação?
Resposta: A frequência respiratória se manteve exceto 1 aqui com 27 entre 20 e 14 com FIO2 um pouquinho maior e o PEEP um pouco maior também. Passou de 5 pra 8 que é uma alteração discreta. E o FIO2 maior também. Esse FIO2 é significativo 70%. Setenta por cento do ar que está sendo inalado é oxigênio. Defesa: Isso significa piora no quadro de ventilação do paciente?
Resposta: Sim. E isso é ruim. 70% de oxigênio faz muito mal. O ideal seria 21%?
Resposta: É o mais próximo disso.
(36:05) Defesa: Fls. 142. Os parâmetros de ventilação tiveram modificação?
Resposta: FIO2 foi aumentado para 80 de 70 para 80 e o PEEP foi aumentado para 15, então houve uma piora progressiva. Do paciente porque houve o aumento dos parâmetros ventilatórios.
(36:54) Defesa: Como que se diagnostica o esforço ventilatório?
Resposta: Pela avaliação clínica do paciente. "Você tem que ver o paciente competindo com a máquina." (Depoimento judicial - vídeo 1)

Quando perguntado sobre a ventilação e a medicação do paciente da denúncia, o médico P. S. comentou:

(04:14) Defesa: Nos casos em que o paciente tem extrema dificuldade respiratória o uso de Midazolam, Ketamina e Tracrium é adequado?
Resposta: Estando na UTI e entubado, sim.
(04:39) Defesa: Como a associação desses medicamentos com o respirador artificial pode beneficiar o paciente?
Resposta: Fazendo com que nós possamos ventilá-lo adequadamente. Porque a finalidade da ventilação mecânica num paciente grave é justamente substituir o esforço que o paciente teria que fazer para respirar sozinho pela máquina, deixar de forma concentrando as energias que esse paciente tem para tratar a sepse.

Defesa: A máquina respira por ele?
Resposta: Sim.
(05:31) Defesa: Se o médico quisesse matar esse paciente com pneumotórax, ele precisaria ministrar bloqueador neuromuscular?
Resposta: Não, bastava grampear o tubo e deixar que o pulmão continuasse vazando o ar e isso faria com que ele morresse.
(05:56) Defesa: O senhor pode explicar o que seria sedação?
Resposta: É o ato de administrar ao paciente medicamentos que façam relaxamento não muscular porque isso é um relaxante muscular. Sedativo é... eu não sou anestesista então...o sedativo é uma substância que relaxa você. Pode tirar a consciência.
(06:28) Defesa: O senhor sabe dizer se existe diferença entre sedação e anestesia geral?
Resposta: Eu acredito que sedativos em grande quantidade podem anestesiar o paciente.
[...]
(10:34) Defesa: Então não tem nada de estranho em aplicar o medicamento via bolus e em seguida aplicar o mesmo medicamento via bomba infusora?
Resposta: Isso é o que se faz. Ou quando o paciente já vinha recebendo aquele medicamento se aumenta a dose do medicamento na infusão que já vinha acontecendo.
[...]
(15:06) Defesa: Nas fls. 118 do prontuário, essa medicação que está aí o senhor saberia dizer se é adequada para cateter de hemodiálise?
Resposta: Esse é o que eu uso para fazer traqueostomia.
Defesa: E ela pode ser adequada para colocação de cateter de hemodiálise?
Resposta: Sim.
Defesa O senhor sabe dizer quanto tempo essa medicação faz efeito no paciente?
Resposta: Isso novamente depende de vários fatores, eu tive pacientes que é, praticamente não sofreram efeitos nenhum ao sofrerem estas exatas doses e já tive pacientes que ficaram dormindo 2 horas depois do procedimento.
Defesa: Então vamos pegar um caso extremo e o senhor mencionou que um paciente que com essa dose ficou duas horas, pegando o caso extremo o senhor acredita na possibilidade de um paciente ficar com essa dose 3/4 horas sedado?
Resposta: Não, pouco provável.
Defesa: É possível que com essa dose um paciente fique sedado por 17 horas?
Resposta: Impossível, com essa dose eu nunca vi.
(17:07) Defesa: O senhor sabe dizer que tipos de sedativos são utilizados em UTI?
Resposta: Esses dois (se refere ao prontuário). Propofol, midazolam, ketamina etc. esses são os mais comuns.
(17:47) Defesa: Qual é a indicação de uso do bloqueador neuromuscular em UTI?

Resposta: Esses medicamentos que nós falamos aqui, por exemplo, Fentanil é um medicamento teoricamente 100 vezes mais potente que a morfina, então é uma morfina melhorada. Então não faz nada com a musculatura. É um medicamento analgésico bastante potente. Já o Dormonid é um sedativo, ele faz dormir. Os bloqueadores neuromusculares vêm pra permitir que você consiga fazer o paciente parar de competir com o ventilador. Então se eu administrasse um bloqueador neuromuscular em você agora, você ia morrer porque não ia conseguir respirar, mas ia ter perfeita consciência disso.

Defesa: Então para que você não submeta os pacientes a isso eles são sedados e aí são bloqueados. E colocados em ventilação mecânica senão o paciente morre?

Resposta: Sim.

(18:59) Defesa: Que tipo de bloqueador neuromuscular é utilizado na UTI?

Resposta: O Pavulon acho que é o mais comum.

Defesa: O Tracrium?

Resposta: É outro.

(19:34) Defesa: Fls. 132. Aí consta prescrição de Dormonid, Ketamina e Tracrium correto? Essa é uma folha que não está checada certo?

Resposta: sim.

Defesa: Vamos trabalhar com a hipótese de que esses medicamentos foram ministrados ao paciente, tá? O senhor saberia dizer se é possível essa dosagem ela está correta ou está excessiva?

Resposta: Não é uma dosagem excessiva.

[...]

(28:47) Defesa: O processo de reanimação do paciente é sempre obrigatório na UTI?

Resposta: Não.

Defesa: Existem casos em que o paciente sofre a parada cardiorrespiratória e o médico não precisa reanimar?

Resposta: É a evolução natural deste paciente. (Depoimento judicial – vídeo 2)

A prova pericial oficial sobre este paciente afirma:

20. Qual foi a causa da morte e se havia evidências em evoluções médicas, controles de enfermagem, exames laboratoriais que corroboram as hipóteses levantadas em todas as evoluções médicas do paciente P. A. P. em relação à patologia? (citar fontes)

20. Resposta: A causa foi Choque Séptico, Infecção generalizada ou Síndrome de disfunção múltipla de órgãos (MODS) e Insuficiência Renal.

21. Existem anotações comprovando redução dos parâmetros de ventilação no dia do óbito neste caso ou o oposto? (citar fontes)

21. Resposta: Constam dos registros que observamos dos Autos a tentativa de correção dos episódios de dessaturação que apresentava, aumentando a FiO2 para 75% e PEEP de 08 para 10 cmH2O. (Página 186 da perícia)

110. Diga o senhor perito, baseado no balanço hídrico do dia do óbito, se houve alterações entre horários de 08horas, 10 horas, em relação a FiO2, PEEP e FR? Foram aumentados?
110. Resposta: Sim. Observamos o registro, para mais, da FR, PEEP e FiO2. (Página 239 da perícia de movimento 146.2)

Cabe esclarecer que neste fato da denúncia, a acusação apenas alegou e não produziu qualquer prova. A perícia afirma exatamente o contrário do que na denúncia constou, ou seja, que os parâmetros foram aumentados e não diminuídos. A perícia nada diz que pudesse embasar essa gravíssima acusação e nem a testemunha de acusação enfermeira C. que, em resumo, deixou claro que nada viu, relatou em audiência que foi atender outros pacientes e não ter conhecimento de farmacologia, nem saber os efeitos dessas medicações citadas e nenhum conhecimento ter em ventilação mecânica. Como característica essa enfermeira repetiu inúmeras vezes ser inexperiente e que esse seria seu primeiro plantão:

(05:36) MP: Quando você foi trabalhar no Evangélico já tinha trabalhado em algum outro hospital?
Resposta: Já tinha trabalhado por pouco tempo em outros hospitais, mas não com paciente grave.
MP: Mas tinha trabalhado antes em UTI?
Resposta: Não. E quando eu entrei lá minha gerente e minha coordenadora sabiam que eu não tinha experiência.
[...]
(17:13) No meu primeiro plantão de final de semana ela quis que eu fizesse medicação por ordem verbal, por uma via, mas assim, como eu tinha medo eu entrei lá sem experiência eu não sabia nada, né, eu não tinha entendido o que ela queria para o paciente, aí ela disse não eu vou (fazer), ela falou lá a lista de medicamentos e falou que queria EV direto, EV direto que eu sabia era direto no cateter ou na punção do paciente, só que daí eu não entendi e com medo de perguntar também ela disse assim que ia trazer a prescrição, ela foi lá e fez a prescrição e me entregou.
[...]
(26:32) Testemunha: E eu tava nervosa porque era a minha primeira parada sozinha, sem experiência.
[...]
(42:02) MP: Você viu se o paciente estava em choque ou não?
Resposta: Não eu não tinha na verdade noção assim né, era um paciente grave, eu sabia que ele estava mal, bem ele não tava né, porque né ele estava fazendo hemodiálise cheio de bombas infusoras, no respirador, bem não tava.
(Depoimento judicial – vídeo 1)

Portanto, em nada pôde contribuir com a tese acusatória, já que não tinha conhecimento sobre ventilação mecânica, como afirmou no depoimento:

> (12:45) MP: Você tinha condições de ver se algum paciente estava brigando com o respirador?
> Resposta: Não, eu não sabia. Tanto que eu demorei pra saber o que era baixar parâmetros. Então não sabia ver se o paciente estava brigando com o respirador. (Depoimento judicial - vídeo 2)
> (23:17) Defesa: Mas você não tem como opinar tecnicamente a respeito de ventilador?
> Resposta: Ventilador não, não era minha função.
> Defesa: Nem do respirador?
> Resposta: Como eu disse eu só montava os respiradores limpos e preparava eles para o próximo paciente.
> (25:39) Defesa: Os parâmetros então, a partir das oito, estavam sendo aumentados ou diminuídos?
> Resposta: Eu não sei. Eu não entendia na época de respirador. (Depoimento judicial - vídeo 3)

Nas perguntas desta defesa, não conseguiu responder como seria a técnica para insuflar balonetes de traqueostomia e/ou tubo orotraqueal. Essa técnica é descrita em toda literatura de enfermagem, podendo ser realizada por médicos, mas normalmente a checagem para verificação de insuflação ideal do balonete é de enfermagem. Prossegue:

> (37:49) Defesa: Para insuflar qual é a técnica?
> Resposta: Isso quem tem que responder é o médico e o fisioterapeuta.
> Defesa: A enfermagem não precisa?
> Resposta: Não.
> Defesa: O que a Senhora aprendeu na faculdade?
> Resposta: Muita coisa.
> (38:04) Defesa: Qual é a técnica correta para insuflar o balonete?
> Resposta: Não sei.
> (38:06) Defesa: Que número de seringa se pega para insuflar o balonete?
> Resposta: Não sei. (Depoimento judicial - vídeo 3)

Ainda, essa testemunha, fugindo dos padrões, afirmou que trabalhava no período da tarde e em alguns plantões do noturno. O estranho é que no noturno não há fisioterapeuta. É obrigação da enfermeira noturna auxiliar o funcionário em momentos de aspirações traqueais. Ela declarou que não sabia insuflar balonetes, que é algo trivial para tais profissionais. Vejamos:

(09:08) MP: Como que era o teu horário de trabalho, assim quantas horas você fazia por dia e que horário?
Resposta: No início, eu não me recordo quantos meses, eu fiquei à tarde, mas acho que pelo menos três meses eu fiquei à tarde, daí era da 1 às 7 da noite, não era da 1:30 às 7:30. Daí depois, claro porque a gente fazia extra porque sempre faltava funcionário e tudo mais, daí depois era das 7:30 da manhã à 1:30 da tarde.
MP: Você alguma vez chegou a fazer plantão fora desses horários determinados, ou outros dias?
Resposta: Extra, aham.
MP: Era comum isso acontecer?
Resposta: Era, tanto técnicos de enfermagem quanto enfermeiros, funcionários de outros setores também. (Depoimento judicial – vídeo 1)

Também confessou nada saber sobre farmacologia ou medicações. Logo, para o fim de provar os termos da denúncia, foi um testemunho estéril. Empobreceu-se ainda mais a acusação quando pretendeu se valer deste testemunho desvirtuando seu conteúdo e qualidade.

Na audiência, mesmo com acesso ao prontuário durante o depoimento, insistiu que o paciente se encontrava com plano de sedo-analgesia em infusão contínua, quando não estava – parecendo depoimento encomendado de "forma a casar com trecho da denúncia" claramente equivocado, fora da realidade e desmentido. Levianamente tenta envolver a equipe de farmácia ao afirmar que lhe entregaram medicações não solicitadas, quando isto não foi comprovado pela baixa do estoque, lembrando que tudo era controlado telematicamente por código de barras:

(19:41) MP: Só uma dúvida, voltando um pouquinho, que eu queria deixar bem claro, a prescrição que você recebeu dizia que era em bomba infusora ou via endovenosa?
Resposta: Em bomba infusora, a impressa em bomba infusora, mas a verbal que ela tinha me dado antes era ev direto.
MP: E você foi buscar na farmácia daí?
Resposta: Fui, porque ela disse vai buscar que eu faço, então tá bom, daí eu levei a prescrição e o pessoal da farmácia me deu diferente, a impressão que deu foi que eles já sabiam como que tinha que entregar quando aparecia aquele tipo de prescrição.
MP: Nesse momento o paciente estava recebendo outros medicamentos em bombas infusoras?
Resposta: Sim, tinha várias bombas, mas não me recordo o que ele estava recebendo. Mas tinha várias bombas lá. (Depoimento judicial – vídeo 1)

As provas dos autos demonstram claramente que em nenhum momento esse paciente usou Atracurium em infusão contínua, o que demostra que a testemunha – pessoa simples e amedrontada – foi induzida em erro por um amontoado de palavras e papéis. Ainda, afirma ter largado a medicação na mesinha e ir atender a outros pacientes, revoltada com o comportamento do médico de plantão, não sabendo responder se foi aplicado ou não:

> (19:00) Testemunha: Aí eu fui lá até o box do paciente, deixei as medicações lá na mesinha, ela foi pegando e se dirigindo ao paciente, eu peguei deixei a medicação ali e fui fazer as minhas tarefas, porque eu tava com pouco funcionário e estava com 13 pacientes aquela dia, daí em aproximadamente 1 hora ou 1 hora e meia o paciente veio a parar, ter uma parada cardiorrespiratória...
> Juiz: Quem é o paciente?
> Resposta: P. A. P., que foi no meu primeiro plantão de final de semana, no domingo.
> (20:19) MP: E daí a medicação que você recebeu na farmácia você falou que veio em seringas, você viu essa medicação ser administrada no paciente?
> Resposta: Eu vi ela pegando né uma delas e se dirigindo ao paciente eu não fiquei lá para ver o que ela ia fazer sabe, porque assim ela me demonstrou que estava com pressa assim não sei, meio brava e eu tinha medo dela, pensei né eu não vou questionar.
> MP: Tinha mais algum técnico de enfermagem junto neste momento?
> Resposta: Não.
> MP: Tinha algum outro enfermeiro junto?
> Resposta: Tinha uma pessoa que eu não me recordo quem é, que estava fazendo hemodiálise neste paciente neste dia, e daí esse técnico cuidava da máquina de hemodiálise, eu não sei se ele prestava atenção no resto das coisas, porque lá todo mundo tinha medo e receio dela.
> (31:47) MP: Depois do momento que você diz que viu a dra. M. I. mexendo naquela medicação que você trouxe lá da farmácia, depois daquilo ela continuou ali ao lado do paciente ou não?
> Resposta: Olha, acredito que ela tenha ficado lá, porque eu não fiquei no box com ela, sabe, acredito que ela somente tenha ficado tempo suficiente para administrar todas as medicações.
> (32:45) MP: Você viu ela saindo da beira do leito do paciente P. A. P. depois dessa medicação?
> Resposta: Eu não vi exatamente, porque assim, eu entreguei as medicações ali e fui fazer as minhas outras coisas, porque tinha poucos funcionários e tudo mais, eu tinha que ajudar a outra enfermeira também né, do outro lado, então assim, eu fui fazer as minhas coisas né, não fiquei lá observando.
> (Depoimento judicial – vídeo 2)

Se foi cuidar de outros pacientes, fica estranho que tenha providenciado o carro de parada já que não estava assistindo à evolução do mesmo. Havia um funcionário de nefrologia, além do técnico de enfermagem, pois são necessários 2 funcionários, um da equipe da nefrologia e 1 da equipe de UTI, sendo que o primeiro controla a máquina e os circuitos de diálise, conferindo os dados vitais do paciente por monitores. Seriam esses os funcionários que providenciariam o carro e não a testemunha que, emocionada, diz ter gritado por ajuda para reanimar o paciente, mas foi impedida pelo médico.

> (25:35) MP: Você se recorda mais ou menos quanto tempo se passou desde o momento que você viu a Dra. MI mexendo na medicação até o momento da parada cardiorrespiratória no paciente?
> Resposta: Olha, aproximadamente uma hora, uma hora e meia.
> (25:53) MP: E o paciente estava em hemodiálise?
> Resposta: Estava.
> (26:59) MP: Quando ele teve essa parada Cardiorrespiratória você foi reanimá-lo ou alguém foi lá para fazer alguma manobra nele?
> Resposta: Sim, porque era minha primeira parada sozinha, eu peguei o carrinho que também ficava próximo ao Box e já quis chamar os outros técnicos. Só que daí logo em seguida ela (MI) veio e falou que aquele lá não precisava.
> (Depoimento judicial – vídeo 3)

Confusa, por ser principiante, não conseguiu sequer responder se esse paciente era amputado:

> (35:37) Defesa: A senhora sabe qual era o quadro clínico do paciente?
> Resposta: Já disse que não sei sobre o quadro clínico do paciente (P. A.). Defesa: Ele teve amputado membro inferior ou superior?
> Resposta: (...) Juiz intervém dizendo que ela não sabe o quadro.
> (36:08) Defesa: Mas o paciente sem braço, sem perna você olhando na UTI você não sabe responder?
> Resposta: Não, não sei responder.
> Defesa: Poxa, eu estou colocando em dúvida o seu testemunho. (Depoimento judicial – vídeo 3)

Muito suspeitos os relatos cambaleantes dessa "testemunha". Observe-se que por pesquisas e provas da defesa da médica dra. M. I. (constante dos autos movimento 1.556), essa pessoa nem estava no hospital nesse dia! É grave e repita-se: comprova ausência desta testemunha nesse dia de plantão. Por ser funcionária e esse documento corresponder ao RH, trabalhando sem registro de presença no cartão ponto, não receberia pelo dia de trabalho e estava em fase de experiência. Seria muito difícil o hospital deixar de registrar uma em todos e a própria se submeter a trabalhar sem receber naquele dia...

Ficou provado que o paciente em questão não apresentava o diagnóstico constante da denúncia. A comprovação se deu pela fundamentação exposta: a. não teve seus parâmetros de ventilação reduzidos, pelo contrário, como registra o próprio prontuário; b. não estava em bom estado geral, como tenta induzir a promotoria que não deve ter nem lido ou compreendido os documentos médicos constantes dos autos.

Os fármacos citados são absolutamente compatíveis com a conduta para casos de pacientes criticamente enfermos, com piora da condição ventilatória. Contrariamente ao descrito na denúncia: a. não estava sob plano de sedo-analgesia contínua e; b. exatamente pela necessidade de aumento em parâmetros de ventilação; c. necessitou o uso de analgésicos, sedativos e bloqueador neuromuscular.

No parecer técnico a este respeito, em sua primeira e segunda análise, o perito do IML não considerou iatrogenia e sim ato médico. Inclusive pelo tempo de duração de ação dos fármacos, poderia ainda ter um residual de Midazolan em circulação, o que não causa óbito descrito em nenhuma literatura.

Fundamentação deste caso clínico em literatura médica específica

Um erro crasso de interpretação!

Paciente então encaminhado do CMUM com história de trauma em pé esquerdo, há cerca de 45 dias, com infecção em necrose local. História de tabagismo pesado "30 anos – 1 maço por dia". Fez uso de antibiótico não identificado e pó secante, sem melhora. *"Apresenta necrose úmida extensa em dorso de pé esquerdo, com exposição óssea e de tendões. Inicia antibioticoterapia no CMUM."* (fls. 69 do prontuário)

No HUEC a equipe de cirurgia vascular assume o paciente e descreve gangrena de pé esquerdo, miíase abundante (infestação por larvas de mosca) e odor fétido. Nega hipertensão arterial sistêmica e diabetes mellitus[67].

Contrapondo a afirmação do assistente técnico do MP, tratava-se de necrose úmida de pé esquerdo (não seca como afirmado pelo especialista), condição fundamental para o desenvolvimento de miíase, em condições precárias de cuidados.

Em casos de infecção, o tempo entre o diagnóstico e o tratamento é fundamental para garantia de sucesso. Extremamente tardio, certamente influenciou a evolução, elevando e em muito a taxa de morbimortalidades.

O paciente foi internado no hospital em 30/04/2011, devidamente tratado em enfermaria com reposições volêmicas e antibióticos e é levado à cirurgia em 02/05/2011.

Já em sua admissão no centro cirúrgico geral, em evolução anestésica, o profissional descreve paciente confuso[68]. Esse sintoma é altamente sugestivo de infecção não mais localizada em membro inferior esquerdo e, sim, sistêmica. Inicia, naquele centro cirúrgico, com raquianestesia e converte para anestesia geral por instabilidade hemodinâmica, garantindo assim boas condições ventilatórias e hemodinâmicas em transoperatório, fundamentais para a sua sobrevida[69]. Foi realizada a amputação supracondiliana de membro inferior esquerdo (acima do joelho).

Não se consegue compreender como o Ministério Público afirma que o paciente ficou bem em enfermaria sem sepse. Disse o MP que *"a cirurgia transcorreu sem intercorrência alguma"* (*Alegações finais*), o testemunho (retro transcrito) do médico R. A. S., anestesiologista do hospital do trabalhador que analisou o gráfico anestésico citado.

Não se pode considerar "confusão mental" como "evento natural", como pretendiam os acusadores.

---

67 Mais adiante se descobre que era portador de hipertensão sistêmica e diabetes mellitus.
68 fls. 12 do prontuário.
69 fls. 12 do prontuário.

Admitido na UTI Geral após intervenção cirúrgica, em "choque e acidose metabólica severa em transoperatório", sendo entubado.

O período transoperatório corresponde a todo o período do paciente no centro cirúrgico desde sua admissão até o momento da alta desse setor (contrapondo novamente a dificuldade de interpretação do prontuário pelo MP). Foi submetido à hidratação vigorosa, transfusão e hemoderivados e infusão de aminas vasoativas. Já havia suspeita de insuficiência renal crônica agudizada e choque séptico.

Novamente ressalta-se a dificuldade de interpretação de dados de prontuário pela promotoria, julgando bem e estável um paciente nas condições acima relatadas e cabalmente provadas nos documentos médicos, perícia oficial e testemunhos de *experts*.

Com o panorama, foi ampliado o esquema antibiótico frente ao quadro séptico e mesmo instável hemodinamicamente, para ajuste do paciente ao ventilador, foram ministrados analgésicos, sedativos e bloqueadores neuromusculares em sua admissão, prescritos como "EV AGORA". Como descrito anteriormente, esses fármacos são administrados lentamente de forma alternada e não todos juntos, com a indicação de garantir eficácia em ventilação mecânica e boa saturação de oxigênio. Isto não resultou em agravos à condição clínica do paciente e fazem parte do arsenal disponível no hospital, encontrando pleno respaldo na literatura para esta conduta.

Nossa defesa pontuou a inconsistência da fala constante da promotoria, em tentar afirmar asfixia, pelo uso desses fármacos em função do perito do IML haver afirmado que causariam depressão respiratória e inatividade muscular. O perito não estava errado. Mas novamente era um erro crasso de interpretação do MP, pois paciente em ventilação tem nesses efeitos, suas melhores condições para adequadíssima ventilação, saturando acima de 90%. Se essa afirmação do MP fosse plausível, como poderia esse paciente ter sobrevivido já no momento de admissão, utilizando os famosos "fármacos mortais" arrolados pela acusação?[70]

Ainda, nesse dia foi necessária drenagem torácica por Pneumotórax à esquerda, possivelmente causado por punção de acesso central no centro cirúrgico geral, complicação contemplada em literatura para esse procedimento[71], do prontuário.

No verso de fls. 34 do prontuário, vê-se que a técnica de enfermagem descreve "*paciente vítima de embolia e trombose de artérias de membros superiores, em pós-operatório de amputação de pé esquerdo por gangrena*". Essa descrição foi a responsável pelo erro na formulação da denúncia do MP, ao basear o diagnóstico em simples descrições de um técnico de enfermagem.

---

70 Na admissão deste paciente no hospital foram utilizados esses mesmos fármacos em doses superiores e não morreu... Se não morreu lá, como morreria aqui?
71 fls. 24 e 186 do prontuário.

Notam-se por essa descrição as dificuldades que a equipe médica enfrentava com os seus colaboradores. Não há em nenhum documento médico essa descrição de diagnóstico, assim como a amputação realizada não foi em pé e sim mais ampla, com retirada da perna esquerda em nível superior ao joelho.

A defesa rebate e se contrapõe à afirmação dos inúmeros itens de alegações finais do MP, de que *"mesmo leigos poderiam compreender o que se passava naquela UTI"* (*Alegações finais*). Ou seja, se nem mesmo o MP com seus colaboradores estão compreendendo hoje, pelo dito em alegações finais de um processo, imagine-se leigos!

Ficou nítido que a equipe médica não exercia suas atividades com facilidade, sendo obrigada a conferir o trabalho dessas "supostas pessoas leigas". Essas opiniões leigas talvez sejam a explicação para a morte de pacientes previamente atendidos e dispensados pela enfermagem. Para tal, faz-se necessário um treinamento em recepção de pacientes, valorizando sinais e sintomas pré-determinados que seguem protocolos de emergência, urgência ou atendimentos em tempo normal. Se forem leigos em assuntos que requerem formação médica e/ou conhecimentos mais profundos, no momento de triagem, em unidades de pronto atendimento (UPAS) de constantes denúncias transmitidas pela mídia, triados e "dispensados" não chegavam a dar entrada nos hospitais. Assim, pode-se morrer, porque o enfermeiro dispensou quem não podia ser dispensado e internou quem não precisaria de internamento[72].

Antes do afastamento da médica acusada, todo paciente admitido em sepse, teria o acompanhamento da equipe de infectologia e comissão de infecção intra-hospitalar. Essa rotina adotada pelo HUEC era determinada com o objetivo rigoroso no trato de infecção e uso racional de antibióticos para evitar o fenômeno de multirresistência, além da vantagem de gerar discussões de casos pela equipe e isso resultaria em melhor atendimento ao paciente.

Não era científica a afirmação de um parecer do assistente técnico da promotoria, pois mesmo acadêmicos de Medicina sabem que a amputação pode não ser suficiente para resolução do quadro séptico. Tal opinião se chocava frontalmente com a opinião técnica e científica do perito do IML, de outros assistentes técnicos, mas, principalmente, do médico infectologista chefe do serviço e da comissão de infecção hospitalar, S. P. que, em seu depoimento, na audiência de instrução, respondeu ao questionamento do magistrado, esclarecendo exatamente esta questão.

---

72 Em vez de a promotoria afirmar em reportagens serem necessárias investigações, esses acontecimentos seriam evitados se houvesse a mudança no conceito de que leigos possam compreender a gravidade do quadro apresentado por um paciente. Há protocolos que orientam os critérios de atendimentos em UPAS, CMUM e Prontos-socorros, com estabelecimento de sinais e sintomas, com a classificação pelo conjunto apresentado de emergência, urgência ou atendimento que possa aguardar por um tempo.

A infecção em membros inferiores através de fáscias, tendões, bainhas e todos os elementos que envolvem a estrutura óssea podem ascender ao local de foco visível e perpetuar quadro infeccioso. Há também a manipulação cirúrgica que contribui para disseminação da infecção por via hematogênica (pelo sangue). Vê-se que a infecção descrita era em pé esquerdo, porém a amputação foi realizada em nível bem superior ao foco, mas não havia como garantir que esse nível fosse suficiente.

Embora não haja um consenso firmado e sim recomendações que vieram a ser aprimoradas ao longo dos anos, a corticoterapia foi indicada pela presença de choque séptico e o uso de aminas vasoativas, além do quadro pulmonar de broncoespasmo importante. Ressalta-se que os corticosteroides têm efeito de imunossupressão, porém, relacionado ao seu uso crônico e não a doses ministradas em poucos dias. Essa conduta foi hipervalorizada pela promotoria que de forma estranha tentou atribuir a gravidade de forma contraditória, pois muitas vezes negada pelo MP, ao uso desse fármaco. Porém, no outro caso da denúncia, da senhora C. D. C. quando foram utilizadas doses altíssimas desses mesmos medicamentos, essa crítica não foi feita e nem podia, já que a paciente não faleceu por infecção (e fazia uso crônico).

Em resposta a quesitos gerais, tanto o senhor perito do IML quanto o assistente técnico da promotoria concordaram que o problema do corticoide era relacionado ao tempo de uso. Posteriormente, o assistente técnico deve ter "mudado de opinião", ou o MP não soube interpretar aspectos descritos do próprio assistente...

Muitos trabalhos com grupos que utilizaram corticosteroides mostraram não ter havido piora de infecção, nem severos distúrbios em glicemia e eventos de hemorragia digestiva com essa prática[73].

Na linha de raciocínio vê-se no prontuário que em 03/05/2011, a dose de corticosteroides foi reduzida de 375 mg para 250 mg, sendo elevada, posteriormente, quando houve o agravo da situação ventilatória.

Em relação ao dreno torácico, discordou-se do assistente do MP quando afirmava que havia drenagem do lado errado do tórax, agravando as condições do paciente. É fato que houve erro na mera descrição cirúrgica assinada pelo médico P. S. (fls. 174 do prontuário), porém, certamente, essa descrição por engano médico devia pertencer a outro paciente, pois a descrição é de Hemopneumotórax à direita e o paciente em questão apresentava Pneumotórax à esquerda (são patologias diversas). O médico P. S. prestou depoimento na audiência de instrução e é especialista em cirurgia toracocardiovascular e intensivista. Internava e atendia a diversos pacientes nas três UTIs de adultos e certamente houve troca

---

73 Citados em um levantamento feito entre ANS, AMB e CFM, em capítulo pertinente ao uso de corticosteroides em sepse.

de descrições no preenchimento nominal desse documento, sendo anexado pela equipe de pré-faturamento[74].

Confirma-se a afirmação de que o dreno de tórax (instalado em 02/05 e reinstalado 04/05/2011) sempre esteve à esquerda, pelos laudos de raios-X de tórax em fls. 185, 188, 186 e 189 do prontuário, e também essa descrição presente em anotação de enfermagem.

O mais interessante é que o perito do IML sempre afirmou "dreno à esquerda", possivelmente por conferência de anotações de enfermagem e nos laudos dos raios-X presentes nos autos. Parece que o MP garimpou o processo e tentou se apegar até mesmo em equívocos para encontrar razões de que as complicações dos pacientes teriam se dado através de erros médicos. Ninguém errou e ninguém tem culpa pela incompreensão da Medicina Intensiva!

Apesar de manter diurese, o paciente apresentava disfunção renal, sendo tal diagnóstico confirmado pelos níveis de ureia e creatinina que agravaram e em muito a morbi-mortalidade do paciente em questão.

O senhor P. A. P. apresentou-se em um laudo de ecocardiograma (fls. 152 do prontuário) com hipertrofia concêntrica do ventrículo esquerdo, de grau discreto, laudo esse que sugere que fosse hipertenso. A hipótese de insuficiência renal crônica agudizada, também, corroboraria a possibilidade de hipertensão arterial já que o binômio sugestivo de insuficiência renal crônica é hipertensão arterial e anemia.

Em fls. 153 do prontuário, vê-se o laudo de ecodoppler de membros inferiores, com trombose venosa aguda em membro inferior esquerdo, estabelecendo risco de embolia pulmonar durante todo o período de internamento, sendo possivelmente um dos fatores de piora do quadro ventilatório apresentado, além de infecção sistêmica, pois, próximo ao óbito, apresentava Leucograma com número de leucócitos próximos a 50 mil conhecido em meio médico como reação leucemoide devido a valor tão alto.

Portanto, em resumo, estava-se frente a paciente em quadro de admissão de choque séptico, que respondeu parcialmente ao tratamento ao longo dos dias, conseguindo inclusive a retirada de aminas vasoativas, porém, com a piora do quadro pulmonar, foram utilizados parâmetros elevados em ventilação e no dia 07/05/2011, novamente necessitou de aminas vasoativas por severa hipotensão durante a primeira sessão de hemodiálise, sendo mantidas essas drogas até o momento do óbito.

Nota-se a retirada do plano de sedo-analgesia em fls. 91, em evolução médica do dia 06/05/2011.

---

74 Registra-se que dois prontuários pertencentes aos pacientes da denúncia têm laudos de exames que não lhes pertencem: I. S. e R. R..

Da mesma forma não é possível compreender o afirmado pelo MP que em 08/05/2011 esse paciente estava estável sem uso de aminas vasoativas; novamente deva ter sido outro erro de interpretação dos dados registrados. Da mesma forma, afirma na denúncia que o paciente estava sedado desde as 16h do dia 07/05/2011, o que não corresponde à realidade. Essa medicação foi utilizada para garantir ao paciente o conforto e a ausência de dor necessários para implantação de um cateter de hemodiálise, cujo lúmen se assemelha ao de uma caneta.

Pela resposta terapêutica apresentada pelo paciente P. A. P., sem plena efetividade, foram solicitadas culturas e novamente foi alterado o esquema antibiótico, com ampliação do espectro, pensando em multirresistência, considerando o ambiente de UTI e inclusive germes oportunistas.

Mesmo que aparentemente tenha sido difícil para o MP entender o motivo da alteração do esquema antibiótico, fica evidente para qualquer profissional médico, familiarizado com a conduta, que essa prática demonstra a preocupação com a evolução do paciente e é feita no sentido de lhe dar mais chances de sobrevida. Em 07/05/2011, foi submetido à hemodiálise após avaliação da equipe de nefrologia. A equipe de UTI pode indicar o procedimento, porém só é realizado com anuência da equipe de nefrologia que o realiza. Nesse dia, o paciente estava sem plano de sedo-analgesia contínua, tendo recebido analgésicos e sedativos de forma intermitente para que fosse possível implantar o cateter de hemodiálise.

Como intercorrência, durante a hemodiálise, apresentou instabilidade hemodinâmica necessitando novamente do uso de aminas vasoativas, durante e após o procedimento dialítico. Em 8/05/2011, volta a piorar a condição ventilatória sendo necessário aumento de parâmetros em ventilação. Esses parâmetros abrangem modalidade ventilatória, pressão inspiratória, volume corrente/kg/minuto, tempo inspiratório, relação I: E, pressões de pico e plateau, frequência respiratória, sensibilidade do ventilador, além de FiO_2 e PEEP que se encontram registrados nos balanços hídricos.

Em atendimentos emergenciais, não há como a enfermagem anotar pari passu todas as intervenções realizadas. Pela evolução médica em fls. 135 do prontuário, vê-se que todos os recursos foram utilizados e certamente foram elevados os parâmetros respiratórios ao máximo possível, assim como a vazão de aminas vasoativas, não havendo resposta por parte do paciente que evolui a óbito, estando em hemodiálise.

Pode-se notar que não há checagem por parte da enfermagem em nenhum item da prescrição, no dia 08/05/2011[75].

Independentemente de ter sido o médico, funcionário ou enfermeiro que tenha aplicado as medicações, a checagem é de obrigação da enfermagem, mesmo

---

75 fls. 130 a 133 do prontuário.

que um médico administre a medicação. A alegação da promotoria baseada no depoimento da enfermeira C., demonstra total falta de conhecimento dos protocolos de enfermagem. Deveria ser essa pessoa, se realmente estivesse presente no plantão, a responsável por verificação de checagens.

Mesmo que esses fármacos tivessem sido aplicados, em um paciente não sedado, haveria justificativa pelo desconforto gerado pela elevação dos parâmetros de ventilação que foram efetuados pelos registros no balanço hídrico dos horários de 8h e 10h. A alegação de que o paciente estava estável nesse período é totalmente absurda. Esses fármacos foram utilizados no dia da admissão desse paciente sem prejuízo, com a diferença de ter sido utilizado Ketalar e não Fentanil. O Ketalar também eleva o débito cardíaco. É importante ressaltar que se dispunha de 3 tipos de bloqueadores neuromusculares: Succinil-Colina (Quelicin) utilizado para sequência rápida de entubação, Pancurônio (Pavulon) e Atracurium (Tracrium) utilizado em paciente com insuficiência renal.

Não há na evolução médica a descrição de reanimação cardiopulmonar, pois, durante toda a manhã ficou evidente a conduta para evitar a evolução à parada cardíaca. Quando não é possível garantir boa oxigenação, saturação de oxigênio e nem adequada perfusão tecidual, mesmo com altas vazões de aminas vasoativas, as manobras de reanimação tornam-se ineficazes pela irreversibilidade do quadro clínico acima descrito.

Reforça-se que nenhum médico interferia em anotações ou evoluções de enfermagem até porque no momento de emergência, nem as liam. Essa afirmação foi corroborada pelas testemunhas de acusação. Em síntese: os médicos não eram responsáveis por suas anotações, mas sim suas coordenações.

Finalmente, o único documento público oficial, com validade plena que certifica morte das pessoas e suas causas finais, denomina-se "certidão de óbito". Não era Virginia que atestava mortes de pacientes e sim médicos assistentes entre outros que trataram dos pacientes que foram a óbito.

Além da verificação da falta da prova de materialidade de qualquer delito com relação ao paciente P. A. P., registre-se que a causa da sua morte está descrita na certidão de óbito atestada por outro médico que não a acusada[76].

Portanto, a morte deste paciente se deu pelas causas registradas em sua certidão de óbito.

Não se evidenciou existência do fato criminoso narrado na denúncia e sim folclores e incompreensões sobre a Medicina Intensiva.

A indigência de provas era tanta que não havia que se falar nem mesmo em "culpados" ou "inocentes", pois "existência de fato criminoso" é pressuposto da razão de ser do processo penal, sem o que não deveria ter existido.

---

76 fls. 1/8 do arrazoado defensivo final que transcreve o contido na certidão de óbito, que pelo artigo 19 da Constituição Federal não se pode negar fé.

Pedido de absolvição deste segundo fato da denúncia[77]

Fato criminoso é a razão de ser do processo penal.

Em repetição fanática, novamente trata a denúncia de acusação de incursão: no artigo 121, parágrafo 2º, inciso I (motivo torpe) e IV (dificuldade de defesa da vítima), combinado com o artigo 62, I (direção da atividade dos demais agentes) e art. 61, II, alínea "g" (violação do dever de profissão) e "h"(crime contra pessoa idosa), aplicada a regra do artigo 69, todos do Código Penal.

---

[77] Como a denúncia é repetitiva e estabeleceu um "padrão acusatório" para tentar induzir raciocínio de "crimes em série", sintetizamos nossos argumentos jurídicos nas narrativas finais de cada fato da denúncia que são postas para uma melhor compreensão do leitor.

Síntese dos argumentos lógico-jurídicos defensivos

Trata-se de falsa imputação do delito de homicídio na sua forma qualificada. No caso *sub examine*, o verbo do tipo não se verificou, ou seja, ninguém matou alguém!

É certo dizer que "morreu alguém" no caso deste paciente descrito na denúncia. Apenas isto ficou provado. É mais certo ainda dizer que meramente *morrer alguém, não é crime*!

Os documentos oficiais informam apenas isto. "Morreu alguém" e das investigações científicas deste processo criminal, dos males que padecia e complicações daí advindas. Paciente de hospital que não resistiu.

Não se provou que alguma ação humana tenha sido praticada objetivando "matar alguém". Contrariamente, todas as ações humanas existentes derivaram do regular exercício da Medicina, com todo o arsenal que estava ao alcance em ambiente hospitalar no intuito de bem exercer as profissões de todos os integrantes das equipes multidisciplinares ali disponíveis para tentar salvar vidas.

Exige-se prova cabal de existência de fato criminoso, possíveis autores além da presença de **dolo ou culpa**, que não se presumem e devem ser provados cabalmente.

Médicos em hospitais trabalham com intenção de curar pacientes!

A única prova científica e oficialmente válida (certidão de óbito) apontava desde o início para essa conclusão e no tramitar deste processo isto apenas se confirmou ou nunca foi contrariado. A causa da morte está descrita na certidão de óbito atestada por outro médico que não a acusada,[78] como se pode ver:

> Paciente P. A. P. (primeiro da denúncia – 2º fato) certidão de óbito na qual consta como causa da morte: "CHOQUE SÉPTICO GANGRENA DE PÉ ESQUERDO". Médica que atestou o óbito: Dra. M. Y., CRM nº 23.297

Não há prova sequer da existência do fato criminoso narrado na denúncia.
Não há que se falar nem mesmo em "culpados" ou "inocentes", pois "existência de fato criminoso" é pressuposto da razão de ser do processo penal.
Não há outro caminho que não a sumária absolvição.

---

[78] fls. 1/8 das razões finais da defesa que transcreve o contido na certidão de óbito, que pela Constituição Federal não se pode negar fé.

Capítulo VIII

3º fato da denúncia – paciente C. D. C. – acusação de assassinato com pena pedida de 12 a 30 anos[79]

> "O que você vai fazer com esse paciente que não tem prognóstico?"

Conforme narrativas postas na denúncia:

> I - 10h 13/05/2011 – C. D. C. (câncer nos pulmões) – A. estava sentada e acordada – B. respirador em 30% e pressão PEEP em 5; II - 10h30 Virginia prescreveu, A. para aplicação em bolus, via endovenosa, os fármacos descritos em pág. 08 → B. diminuiu os parâmetros do respirador → C. 11h30 morte por asfixia;

A acusação principia também em errônea narrativa sobre esta paciente. Não era o caso somente de "câncer nos pulmões". Vejamos o que comprovou a perícia oficial ao responder as nossas indagações defensivas:

> 22. Defesa: A denúncia alega (fls. 08/09) que a paciente estava sentada e acordada, baseado nesta afirmação, revendo o prontuário era esse o quadro da paciente?
> 22. Resposta: A paciente apresentava, no decorrer do internamento, o rebaixamento dos níveis de consciência, com períodos de resposta a comandos verbais, quando retirada a sedação.

---

79 Alertamos o leitor que somos obrigados a incursionar no campo técnico da Medicina, tentando traduzir para linguagem mais acessível. Como se verá, nem sempre isto é possível. Estas ponderações técnicas dos casos específicos da denúncia, se prestam aos especializados.

23. Defesa: Descreve a denúncia (fls. 08/09) portadora de câncer nos pulmões. Era esse o quadro real do processo carcinomatoso? Não foi comprovado pelo prontuário carcinoma invasivo endobrônquico à esquerda, com colapso de seguimento, metástases para ambos os parênquimas pulmonares e múltiplas metástases cerebrais, muda prognóstico?

23. Resposta: Sim, a paciente estava acometida de adenocarcinoma de pulmão, invasivo e metastático, com múltiplas lesões cerebrais. Não sendo um carcinoma restrito a uma área do pulmão, mas sim invasivo e metastático, com múltiplas lesões cerebrais, muda o prognóstico da evolução clínica, para pior.

24. Defesa: Descreve a denúncia que após a medicação foi sonegado à vítima o suporte ventilatório. Da análise do prontuário diga o senhor Perito se é possível comprovar essa alegação.

24. Resposta: Não. Não há como comprovar essa alegação, pelo que observamos registrado nas descrições dos Autos.

25. Defesa: Pela análise do prontuário de CDC haveria alguma chance de sobrevivência ou recuperação que pudesse advir de surgimento de tratamento médico, conforme consta na denúncia?

25. Resposta: Não, pelo que observamos no prontuário médico da paciente C. D. C.. A doença, adenocarcinoma de pulmão, invasivo e metastático, com múltiplas lesões cerebrais é de prognóstico reservado.

26. Defesa: Considerando quase todas as evoluções com paciente acordada e com esforço respiratório, não haveria indicação para uso de sedativos, analgésicos e bloqueadores neuromusculares até sua plena adaptação?

26. Resposta: Sim. O quadro clínico da paciente justificava a indicação de Sedação e Analgesia. (Página 186 da perícia)

A testemunha da denúncia J. M. O., técnica de enfermagem, respondendo ao Ministério Público diz coisas que, quando reperguntada pela defesa, contradiz e invalida o que disse anteriormente:

(08:47) MP: Essa paciente C. D. C. você se recorda se era de dia ou de noite?
Resposta: Não, não vou afirmar eu não me recordo.
MP: E por que você se lembra da C. D. C.?
Resposta: Porque foi marcante o dela. A gente sentou ela na poltrona seguindo ordens e depois mandaram voltar ela pra cama e em seguida fizeram a medicação e uma hora depois ela foi a óbito.
(09:19) MP: Quem que mandou ela deitar na cama?
Resposta: A médica de plantão.
MP: Quem era a médica de plantão?
Resposta: Dra. Virginia.
MP: Quando a Dra. Virginia mandou deitar a paciente na cama a paciente reclamou de dor?

Resposta: Não, quando nós sentamos ela na poltrona ela reclamou de uma dor na perna.
MP: E vocês avisaram a Dra. Virginia da dor na perna dela?
Resposta: Avisamos a enfermeira.
(10:52) MP: Quando a Dra. Virginia mandou deitar ela na cama a Dra. tinha examinado a paciente ou não?
Resposta: Não.
MP: Depois que a Dra. Virginia mandou deitar ela você se recorda mais ou menos quanto tempo passou do momento que ela deitou que a enfermeira veio com a medicação?
Resposta: Olha o tempo eu não sei te informar, mas foi pouco tempo. Foi no máximo uma hora.
(11:23) MP: Você viu essa enfermeira aplicar essa medicação?
Resposta: Sim.
MP: Essa medicação foi em bomba infusora?
Resposta: Não, endovenosa.
(12:45) MP: Você se recorda se alguém reanimou esta paciente?
Resposta: Não reanimaram.
(15:11) MP: As enfermeiras mexiam no respirador, nos parâmetros?
Resposta: Não que eu me lembre não pelo menos eu nunca vi. A função é do médico ou do fisioterapeuta.
(15:50) MP: Foi colocado biombo nesta paciente?
Resposta: Depois que foi feita a sedação sim. (vídeo 1)

Como o leitor verá em seguida, quando a defesa questionou, a testemunha se desnuda afirmando de nada lembrar com precisão e que "não atendeu esta paciente no dia do óbito". Nega o que respondeu ao MP sendo evasiva[80]. Foi desmascarada pela própria e dita principal testemunha da acusação, antigo médico M. L., pela perícia, pelo prontuário e pela unanimidade do Conselho Pleno e da Câmara Técnica do Conselho de Medicina. Para o remate, seu nome sequer constou nas evoluções da paciente:

(11:05) Defesa: A Sra. é testemunha aqui, o MP arrolou a senhora como testemunha do fato 3, que é a paciente C. D. C. a Sra. atendeu pessoalmente a paciente C. D. C.? Era sua paciente?
Resposta: No dia do óbito não.
Defesa: Mas a senhora atendeu ela?
Resposta: Provavelmente sim.
Defesa: Provavelmente sim ou não?
Resposta: Eu não me lembro.

---

80 Característica do que denominamos "testemunha de viveiro", ou seja, quando a testemunha fala o que dela fora "encomendado" ou o que foi treinada para dizer.

(13:56) Defesa: A paciente que a Sra. é testemunha Sra. C. D. C., a Sra. sabe qual era o diagnóstico dela?
Resposta: Não.
Defesa: Qual era a doença dela, a Sra. sabe?
Resposta: Não, não me lembro, na época eu até deveria saber, mas hoje eu não sei te falar.
Defesa: O seu nome não consta nas evoluções da paciente C. D. C. por quê?
Resposta: Porque provavelmente eu não tenha ficado com ela.
Defesa: Então não foi a senhora que atendeu a paciente C. D. C. ou foi?
Resposta: No dia do óbito eu já falei que não. (vídeo 2)

Desta forma, por óbvio este falso testemunho não mereceu crédito judicial. A testemunha "principal" da denúncia, antigo médico M. L., após desconstruir toda a denúncia[81], ainda a este respeito respondeu:

(48:22) Defesa: Passaremos para o Fato 3 da denúncia. Paciente C. D. C.. Começa na denúncia.... (lendo parte da denúncia)... isso é correto?
Resposta: Correto.
(49:47) Defesa: A paciente foi admitida em pós-operatório e biópsia de massa pulmonar à esquerda com drenagem torácica. Foi admitida extubada, correto?
Resposta: Eu teria que ver o prontuário.[82]
(50:11) Defesa: A paciente foi entubada por duas vezes até ser traqueostomizada no dia 07/05 isso é correto?
Resposta: Ela foi traqueostomizada pouco depois da admissão da UTI. Eu não saberia exatamente a data.
(50:28) Defesa: Pela prescrição realizada no dia 06/05/2011 a paciente foi submetida a uso de analgésicos, sedativos e bloqueador neuromuscular e evoluiu a óbito?
Resposta: A medicação que consta na página 360 é uma medicação contínua endovenosa, uma sedação contínua.
Defesa: Ela evoluiu a óbito?
Resposta: Não, com sedação contínua não. Há não perdão... tem abaixo da sedação contínua tem EV agora com Dormonid, ketalar e pavulon.

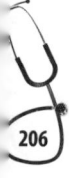

---

81 Com relação ao desastroso testemunho deste médico. Nossa defesa ao indagar solenemente que tendo ele declarado que presidiu uma "sindicância" e "analisou todos os prontuários com uma equipe ao seu dispor no âmbito administrativo do SUS", em resposta surpreendeu a todos na audiência de instrução. Perguntou a defesa: "Pela análise dos prontuários, dá para concluir pela antecipação de óbitos naquela UTI? Resposta: Pela análise dos prontuários, não!" (vídeo 3, 41:40/42:05). Isto desconstruiu toda a denúncia do Ministério Público de forma irreparável e isto foi reproduzido na sentença de absolvição!

82 Embora tenha declarado que "com sua equipe" na sindicância do DENASUS teria analisado todos os prontuários. Em verdade, se analisou algum, observou apenas a primeira parte (do internamento) e a última (do óbito), sem analisar as comorbidades e intercorrências. Foi também desmentido pela perícia oficial e pelo Conselho Regional de Medicina em suas Câmaras Técnicas e Conselho Pleno que trataram desta matéria exaurientemente.

Defesa: Quantas ampolas de cada um?
Resposta: Uma ampola de... 3 ml de ketalar e duas ampolas de pavulon.[83] (vídeo 2)
(00:57) Defesa: Existe a modalidade de ventilação que possam ser alteradas pelos ventiladores da Unidade que deveriam ser anotadas, porém nem sempre o são, que mostre a cada dia as alterações perpetradas?
Resposta: Eu não posso afirmar isso até porque eu desconheço o protocolo que era seguido na Unidade. (vídeo 3)

Aqui a "testemunha" confessa sua ignorância em matéria de medicina intensiva:

(01:32) Defesa: Os ventiladores dessa Unidade todos possuem curvas?
Resposta: Não posso afirmar.
(01:40) Defesa: Todos os ventiladores desta Unidade têm monitor externo?
Resposta: Não posso afirmar.
(01:48) Defesa: O senhor, sendo médico, saberia analisar curvas de pressão, fluxo e volume?
Resposta: Isso é uma atribuição dos médicos com formação em terapia intensiva.[84]
(01:59) Defesa: O senhor saberia dizer o que significa pressão de platô e pressão de pico?
Resposta: Não posso afirmar.
(04:40) Defesa: Confirmando então a conduta das equipes médicas que acompanhavam a paciente além da UTI, considerando seu investimento, sua busca diagnóstica, exames invasivos realizados, culturas realizadas, antibioticoterapia realizada. Além de outras medicações de rotina da Unidade, há como afirmar que o prognóstico da doente era considerado fechado?
Resposta: Não posso afirmar isso.
(05:50) Defesa: Teria indicação cirúrgica?
Resposta: Essa paciente não teria indicação cirúrgica por causa das metástases.
(06:41) Defesa: Havia condições terapêuticas para restituir a condição de vida?
Resposta: Eu não posso afirmar.
(06:50) Defesa: Chegando em 13/05/2011 a denúncia refere que a medicação foi feita em paciente que não conseguia respirar naturalmente, o senhor julga ser verdade?
Resposta: Essa paciente estava sob ventilação assistida e foi feita a medicação.
(09:36) Defesa: Teria esse paciente indicação de reanimação?
Resposta: Esse paciente não teria indicação de reanimação. (vídeo 4)

---

83 Tentou esconder sua contradição técnica, pois se a paciente no dia anterior teve a mesma medicação, inclusive com doses mais altas, e não fez óbito, ele, sem ter o que responder, ficou reticente...
84 Nestas três respostas revela que nunca esteve naquela Unidade de Terapia Intensiva. Como também é leigo em medicina intensiva e anestesiologia.

Esta "testemunha" do MP é tão absurda que chega a ser tragicômica. Choca-se com outras testemunhas da própria acusação J. e M., técnicas de enfermagem, que por absoluta impossibilidade de avaliação de atos médicos, se "impressionaram" com o fato desta paciente "não ter condição científica de reanimação" e entrado em óbito pelos naturais efeitos deletérios de seus males.

Até parece conversa de advogado de defesa, como se diz em linguagem prosaica, mas analise o leitor o depoimento da testemunha da acusação M. K., sobre esta mesma paciente C. D. C.:

> (8:30) MP: Você se recorda de algum paciente que recebeu isso aí? (referindo-se ao pavulon).
> Resposta: Vários pacientes recebiam, por nome, salvo engano uma paciente chamada C. D. C., uma senhora.
> MP: Você se lembra qual era a doença e por que ela foi para UTI, qual era a doença de origem dela?
> Resposta: Não me lembro exatamente do caso dela, só sei te dizer que era uma paciente que estava bem debilitada, o prognóstico dela não era muito bom e que ela estava sentada em uma poltrona – "nóis tirava de manhã os paciente pra senta em poltrona" – ela estava bem, conversando – ai "tiramo o paciente da poltrona" – aí ela pediu água, disse que estava com dor, aí foi feito o medicamento conforme a prescrição médica, "aí foi administrado o coquetel" por uma enfermeira, não me lembro a qual, "aí foi colocado os biombo e ela acabo indo a óbito.
> MP: Essa paciente a senhora se recorda se ela estava com traqueostomia?
> Resposta: Não estou me recordando, mas mesmo que tivesse a gente se comunicava com gestos com o paciente.[85] (vídeo 1)

Sobre esse arremedo de testemunho[86], importante ressaltar:
> (9:51) MP: Era comum os pacientes que estavam acordados se comunicarem com os técnicos?
> Resposta: Era comum.
> MP: E nessa hora assim, que você diz que viu esse paciente receber a medicação, você se recorda quem era a enfermeira que aplicou?

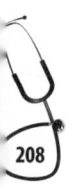

---

85 Alguns pacientes necessitavam mudar de posição física para evitar ou minimizar feridas próprias de longos períodos deitados. Eram retirados do leito, com todos os tubos, aparelhagem e medicamentos, para ficarem em uma poltrona ao lado do leito (recomendação do protocolo: "mudança de decúbito").
Pelo vocabulário e expressões, apesar do Ensino Médio completo, revela ser pessoa não versada em assuntos científicos de maior complexidade, nem ter qualquer prática naquele ambiente de UTI.
É desmentida pela Perícia Oficial, pelo prontuário, pela testemunha de acusação M. L., pelo CRM e pela lógica racional.

86 Imaginemos o impossível de uma pessoa traqueostomizada, nas condições descritas no Prontuário, segundo a narrativa "conversou com a testemunha e reclamou da dor pedindo água".

Resposta: Não me recordo porque tinha alta rotatividade de enfermeiras. (vídeo 1)

Para melhor compreensão do leitor, os pacientes tentarem comunicação é frequente em ambiente de UTI. Porém, a capacidade de compreensão é difícil, posto que traqueostomizados requerem leitura labial. Para facilitar a comunicação, era oferecido, quando possível, prancheta para que pudessem escrever ou cartaz com alfabeto para que pudessem apontar. Prossegue o relato desta testemunha em audiência[87]:

> (11:30) MP: Você se recorda onde era a dor dela?
> Resposta: Não me recordo onde era a dor.
> (15:09) MP: Por que passaram da poltrona para a cama?
> Resposta: Por pedido médico, foi a médica Virginia.
> (15:15) MP: Então a Dra. foi lá ver?
> Resposta: Eu não lembro se ela foi lá ver, porque eu fui auxiliar passar da poltrona para o leito.
> (15:50) MP: A senhora disse que foi a médica quem mandou, a senhora viu a médica mandando?
> Resposta: Eu não ouvi.
> (16:02) MP: Então a senhora sabe por que ela foi passada de volta da poltrona para a cama?
> Resposta: Foi a pedido da médica.
> MP: Quem falou isso pra senhora?
> Resposta: Foi a enfermeira que mandou.[88]
> (19:46) MP: Essa medicação era pra quê?
> Resposta: Era pra induzir o óbito.
> MP: Como a senhora sabe disso?
> Resposta: Porque quando era administrada aquela medicação, todos os pacientes que recebiam, iam a óbito.
> (19:58) MP: É, mas a senhora não sabe qual medicação era...
> Resposta: Não sei porque eu não pegava as prescrições e não pegava a medicação. (vídeo 1)

A vergonha é o preço que se paga quando se tenta ensinar alguém a depor! De repente a testemunha que disse ter "Ensino Médio completo" foi quase transformada em espécie de "corregedora de atos médicos" e "avaliadora de utilização de fármacos".

Este absurdo falou por si próprio! Nada viu, nada sabe ou conhece e foi mandada em juízo apenas para tentar referendar uma lenda!

---

87 Observa-se que o próprio MP ao ver a dificuldade da testemunha, pela simplicidade da fala, teve que utilizar perguntas mais simples para conseguir respostas.
88 A enfermeira "mandou falar isso" na Justiça?

Como a acusação criou uma espécie de "padrão acusatório" na denúncia, com repetições fanáticas das mesmas situações em todos os fatos, em que se repete a fórmula diabólica também para esta paciente[89], por amor à síntese remete-se o leitor para o segundo fato.

Embora a acusação repita um padrão também quanto à utilização de fármacos, cada caso exige uma explicação técnica diferente. Assim, a respeito da paciente C. D. C., quanto a este ponto acusatório constante da denúncia:

> III - valeu-se de meio que dificultou defesa da vítima → A. aplicou Pavulon e B. sonegou o suporte ventilatório;

Fatos amplamente negados pela perícia oficial e pela prova testemunhal, a ponto do respeitado médico S. P., em testemunho, contrariar a acusação afirmando categoricamente que a paciente C. D. C. nem deveria ter ido para UTI por causa da irreversibilidade em verdadeira aula de ética médica:

> (10:38/24:14) Ministério Público: fls. 270, 271, o senhor consegue saber qual foi a conduta a terapêutica que foi instituída ao paciente depois de 11:18 do dia 13 de maio?
> Testemunha: Veja, infelizmente a Sra. C. C. tinha uma doença que ela não devia estar na Unidade de Terapia Intensiva, a conduta para ela seria aquela ter ficado na unidade de internamento, terapêutica paliativa fora da Unidade de Terapia Intensiva, este é um exemplo clássico de uma doença gravíssima,

---

[89] Quanto à acusação: *"subtraiu todas as chances de sobrevivência ou recuperação"* e *"advinda de surgimento de tratamento ou por causa inexplicável..."* o médico S. P. declarou: *"(15:00) Defesa: A Dra. Virginia, no segundo fato aqui, consta que ela se considerava como onipotente no gerenciamento da UTI, que decretava o momento da morte das pessoas. O senhor entende que a atitude dela eram atos médicos, dentro da ética médica, ou eram atos tresloucados, que podiam derivar em mortes de pessoas intencionalmente? Testemunha: Eu considero que as ações da Virginia eram atos médicos. Defesa: Alguma possibilidade de terem mortes para gerar novas vagas na UTI? Testemunha: Não considero isto possível. Defesa: Eu já perguntei ao senhor sobre 'desentulhar a UTI', o senhor falou que poderia ser sinônimo de alta para quartos, para gerar novas vagas. O senhor confirma então? Testemunha: Confirmo. Defesa: Tem um ponto da denúncia que fala o seguinte: os médicos, dentro da premissa acusatória, subtraíram as chances de sobrevivência e recuperação de pessoas dentro da UTI. O senhor imagina que pessoas na UTI tiveram subtraídas suas chances de sobrevivência e de recuperação, por ato doloso/intencional dos médicos? Testemunha: Não. (16:00) Defesa: Uma outra questão que preocupa na denúncia, vou fazer uma pergunta neste sentido. Pode ter uma cura advinda de surgimento de tratamento novo ou uma causa inexplicável para a ciência, como diz a denúncia? Os senhores têm compromisso de aguardar tratamento novo ou uma causa inexplicável para a ciência para agir como médicos? Testemunha: Esta pergunta é difícil. Medicina é um processo de contínua evolução. Sempre pode haver uma nova terapêutica para qualquer tipo de doença. Se isto não ocorresse estaríamos ainda fazendo Medicina 'curandeira'. Neste sentido sim, sempre pode haver uma nova terapêutica. Mas uma questão é a realidade das questões orgânicas do seu paciente. Se você tem um paciente que tem um grau de comorbidade e falta de resposta terapêutica com o tratamento que está instituído, é muito pouco provável que você tenha alguma terapêutica milagrosa que possa fazer este paciente reverter o quadro clínico muito avançado, e em que determinado momento pode ser visto por diversos médicos como irreversível."* (vídeo 3)

irreversível, cujo tratamento com quimioterapia não produziria nenhum benefício para ela e cujo tratamento suportivo na terapêutica intensiva somente teria o objetivo de gerar conforto, isso é um exemplo claro onde você não tem o que fazer pelo doente, essa paciente eu não li o prontuário inteiro mas só pelo diagnóstico de adenocarcinoma moderadamente diferenciado invasor com metástase cerebral, uma paciente que não deveria estar na Unidade de Terapia Intensiva, exceto se fosse uma questão meramente suportiva um paciente com asfixia, insuficiência respiratória, você deve trazer algum conforto no momento final da vida dele.

Ministério Público: Mas mesmo que o paciente não quisesse?

Juiz: Só um pouquinho uma observação, é quem que define que esse paciente vai para a Unidade de Terapia Intensiva?

Resposta: Veja, quem define....

Juiz: Nós temos na verdade atuação de um médico que solicita (....) Testemunha: Temos vários fatores, esse tipo de doente...

Juiz: Eu faço na verdade duas perguntas doutor, aproveitando esse ensejo, quem determina que vá, se é uma determinação isolada de um médico, e se o médico que está na UTI pode dizer não aceito, existindo vaga?

Resposta: Veja a ponderação é interessante, o que acontece do ponto de vista técnico essa paciente tem uma doença absolutamente irreversível ela não vai responder com quimioterapia, ela não vai responder com radioterapia, não existe chance de reversibilidade desta doença, mas essa paciente pode estar em agonia franca, pode estar em uma situação onde o sofrimento dela pode ser muito intenso, nesse tipo de situação, e isso não é uma opinião pessoal minha isso é uma coisa que se faz no mundo inteiro, se faz tratamento suportivo, o que é o tratamento suportivo? Se tira a dor e se dá dignidade a este paciente, se esse paciente tem agonia, tem asfixia, você pode colocar ele no respirador e deixar um suporte ventilatório para que a pessoa não tenha a sensação de morrer com sofrimento, que não sofra no momento da morte, a insuficiência respiratória, a asfixia é uma evolução natural deste tipo de doença, todo mundo que tem essa doença, se nada for feito vai evoluir com asfixia, com uma morte com muito sofrimento, até o momento que a pessoa entra naturalmente em coma, essa doença especificamente em relação ao suporte, é suporte clínico, cada vez que você coloca um paciente com esse tipo de doença dentro da Unidade de Terapia Intensiva, você está tirando a chance de você tratar um paciente com uma doença potencialmente reversível, a pergunta que você me fez é importante, por que que mesmo a gente sabendo disso um médico toma a decisão de levar esse paciente para a terapia intensiva, por que que isso pode acontecer, não acontece em regra, mas pode acontecer, são diversas situações, a primeira situação diz respeito a uma pressão familiar, então você tem uma família que simplesmente não entende que aquela paciente tem uma doença irreversível e você se obriga a fazer um tratamento suportivo dentro da Unidade de Terapia Intensiva para dar um tempo para família assimilar essa questão da irreversibilidade da doença, não é uma situação tão rara o quanto a gente imagina, as vezes a família descobre a doença ou entende a doença em um período muito próximo da morte e você tem que dar um suporte para a família, quem já teve um familiar morrendo e viveu essa situação sabe que você tem que conversar com familiar.

Juiz: O senhor está dizendo o seguinte é que o médico que solicita o encaminhamento ele está ciente do prognóstico, é um caso de prognóstico fechado?
Resposta: Fechado.
Juiz: Ele faz isso por questões alheias à Medicina?
Resposta: correto.
Juiz: Uma pressão familiar, uma possível responsabilização jurídica para evitar um problema maior digamos assim, né, ele que solicita, e o médico que está na UTI pode negar que esse paciente ocupe um leito, isso é correto?
Resposta: Então, o médico que está na UTI tem que fazer escolhas se você tem um leito de UTI e tem um pedido, normalmente o médico aceita entende este contexto, mesmo que um contexto familiar e você opta por dar o suporte, agora o quanto o intensivista vai exercer o seu trabalho de terapia intensiva no paciente que tem o prognóstico fechado é uma questão clara, esse paciente não vai ser dialisado, não vai ser dado antibióticos de alta complexidade, não vai usar parâmetros de ventilador muito alto, vai ter tratamento suportivo, vai ter tratamento paliativo.
Juiz: Ou seja o médico da UTI ele também, mais talvez que outro médico tem noção do prognóstico fechado.
Resposta: Sim, e a pergunta é sempre essa, se você tem uma vaga e dois pacientes você vai ter que decidir, o que acontece, isso em qualquer lugar do mundo, não só aqui em Curitiba, não só no HUEC, você tem um leito de UTI você tem que fazer uma escolha, você vai escolher quem tem o melhor prognóstico, o que você vai fazer com esse paciente que não tem prognóstico? Então esse doente tem um prognóstico ruim você vai deixar de tratá-lo, você não vai deixar de tratá-lo, você vai tratá-lo com todo, com todas as ferramentas que você tem, então se hoje eu tiver, eu tô aqui depondo com vocês, mas eu tenho um paciente agora que está em insuficiência respiratória e o meu residente entubou, ele vai entubar esse paciente, ele vai colocar no respirador mesmo fora da Unidade de Terapia Intensiva e nós vamos pedir vaga na UTI, se a gente pede uma vaga na UTI mas não tem a vaga, nós vamos tratar com todos os recursos de terapia intensiva fora da unidade, com monitor, ventilador, medicamento, a gente vai cuidar dele, e a gente vai pedir uma vaga na central de vagas, porque precisa de uma vaga na terapia intensiva mas não tem a vaga, nós vamos colocar ele na central de vagas no hospital, se ocorrer uma vaga no hospital ele vai ser transferido, mas se não ocorrer a vaga em outro hospital, ou dentro do hospital dentro da Unidade de Terapia Intensiva, nós vamos cuidar dele em uma enfermaria com os recursos que temos disponíveis, por quanto tempo?

Juiz: Só para deixar claro, o médico que está na UTI, intensivista, existindo vaga, ele pode dizer para esse médico que prescreve, não aceito o seu doente porque ele é prognóstico fechado?
Resposta: Do ponto de vista ético sim, ele pode chegar para o médico e dizer que ele não...
Juiz: Mesmo existindo vaga, eu tenho sei lá, 7 leitos desocupados, eu estou falando algo hipotético, mas eu não aceito a sua solicitação....
Resposta: Ele pode dizer que a terapêutica é fútil e que não vai dar nenhum conforto ao paciente e o nosso Código de Ética Médica ampara isso, ao mesmo tempo eu sou infectologista, faço auditoria de antibiótico e você prescreve um antibiótico que não tem indicação, que é fútil, eu embasado pelo meu código de ética a dizer para você que eu não vou deixar você usar aquele medicamento, existe respaldo técnico para isso, porque aquele medicamento não vai gerar benefício para o paciente, a terapêutica intensiva ela não vai gerar benefício para o doente.
Juiz: O senhor quer dizer que eticamente ele pode mas na prática não ocorre...
Resposta: Mas na prática não ocorre, porque o desgaste...
Juiz: Para enfrentar essas questões éticas é maior do que você aceitar o paciente e dar a terapêutica suportiva... (vídeo 6)

Talvez este tenha sido o depoimento mais realista, que traçou um elo e deu mostras do abismo entre a realidade e as hipóteses imaginárias leigas.
A Câmara Técnica do Conselho Regional de Medicina analisou o prontuário desta paciente C. D. C. e o Conselho Pleno do Órgão, inocentou Virginia como se pode ver:

> DENÚNCIA "EX OFFICIO" – MEDICINA INTENSIVA – ATENDIMENTO EM UTI – EUTANÁSIA – REDUÇÃO DOS PARÂMETROS DE VENTILAÇÃO – UTILIZAÇÃO DE MEDICAMENTOS APLICADOS VIA VENOSA QUE POSSAM TER CONTRIBUÍDO PARA ANTECIPAÇÃO DO ÓBITO DA PACIENTE – DENUNCIADA CHEFE DA UTI QUE TERIA IMPOSTO CONDUTAS AOS DEMAIS PLANTONISTAS – GRANDE NÚMERO DE PRESCRIÇÕES EM NOME DA DENUNCIANTE EM HORÁRIOS DE PLANTÕES DE COLEGAS – SITUAÇÃO DE GRANDE PROJEÇÃO NACIONAL – HIPÓTESE DOS AUTOS CONSISTE EM QUADRO DE EVOLUÇÃO CERTEIRA DE ÓBITO – PROVA DE USO DE TODOS OS MEIOS DE DIAGNÓSTICO E TRATAMENTO EM FAVOR DA PACIENTE – HIPÓTESE DE EUTANÁSIA DESCARTADA – AÇÕES DE GRANDE TRATAMENTO PARA TODAS AS POSSÍVEIS PATOLOGIAS ASSOCIADAS POR PARTE DA MÉDICA DENUNCIADA – RESPALDO CIENTÍFICO PARA TODAS AS MEDIDAS ADOTADAS – CONDIÇÕES BUROCRÁTICAS E FÁTICAS, QUE SE DESENROLAM NO MOMENTO DA EMERGÊNCIA, QUE RESUL-

TAM EM ALGUMAS DISTORÇÕES NAS ANOTAÇÕES DE PRONTUÁRIO – ANÁLISE QUE LEVA EM CONTA A REALIDADE VIVIDA NUMA UNIDADE EMERGENCIAL – IMPOSSIBILIDADE DE ANOTAR E ATUAR AO MESMO TEMPO, FICANDO AS ANOTAÇÕES PARA UM TEMPO FUTURO O QUE PODE NÃO TRADUZIR EXATAMENTE A SEQUÊNCIA FÁTICA DE MOMENTOS PRETÉRITOS - ARTIGOS 14, 41, 56 E 80 DO CÓDIGO DE ÉTICA MÉDICA – IMPROCEDÊNCIA. (Acórdão nº 166/15)

Portanto, ficou provado que essa paciente não tinha o diagnóstico que consta na denúncia, e sim adenocarcinoma moderadamente diferenciado e invasor, com metástases em pulmão contralateral, mediastino, com comprometimento ganglionar e perineural, e metástases cerebrais em áreas extremamente críticas desse órgão, causando uma série de sintomas, incluindo coma na evolução.

E ficou provado que as medicações foram feitas todas no sentido de reduzir os sinais neurológicos de hipertensão intracraniana, amplamente embasado na literatura e o ajuste em ventilação garantiu saturação maior ou igual a 95%, o que é totalmente incompatível com hipóxia e como assim o queria o MP "asfixia". A condição ventilatória, com excelente troca gasosa foi um item de concordância em todos os pareceres técnicos, desde perito oficial a assistentes técnicos.

Histórico e fundamentação deste caso clínico em literatura médica específica

Hipóteses leigas formuladas pela promotoria...

Paciente de 50 anos de idade, reinternada no HUEC, em 26/04/2011, às 16h50[90]. Portadora de tumor pulmonar, com metástase em adrenal, tendo recebido alta há 5 dias (21/04/2011). Retorna com queixa de dor torácica, ventilatório-dependente (dor relacionada aos movimentos durante a respiração) e dispneia (falta de ar)[91].

Possuía o histórico de múltiplos internamentos para investigação de Síndrome Consumptiva (emagrecimento, queda do estado geral, etc.) e massa em hilo pulmonar à esquerda. Havia sido realizado mediastinoscopia há cerca de 20 dias. Estava em uso domiciliar há semanas de Tylex e Tramal (dois derivados opioides), com alívio parcial da dor. Histórico familiar de carcinomas e pessoal, de tabagismo.

É possível a noção por esses dados, que a paciente já foi admitida com hipótese diagnóstica de carcinoma pulmonar, com comprometimento linfático e vascular (pela citação de hilo à esquerda) e que mantinha dor apesar do uso crônico de derivados opioides.

Essa informação por si já corrobora o fenômeno de tolerância frequente com o uso desses fármacos e amplamente discutido em literatura. A Síndrome Consumptiva era comprovada pela referência de perda ponderal há meses. A mediastinoscopia havia sido indicada para coleta de gânglios linfáticos próximos à massa tumoral. Apesar das evidências clínicas e do diagnóstico ser claro, ainda não havia diagnóstico comprovado da neoplasia por exame anatomopatológico.

Permaneceu internada em enfermaria para compensação do quadro clínico, e otimização da analgesia com opioides, no período de 26/04/2011 a 05/05/2011, quando foi avaliada e decidida a biópsia a céu aberto[92] por toracotomia exploradora, junto à equipe de cirurgia torácica. Nota-se que a intervenção foi indicada para diagnóstico através de biópsia da massa pulmonar (e não nódulo pulmonar como referido pela promotoria) e de gânglios, pois já não havia indicação, pela extensão do comprometimento e estado clínico da paciente, de ser realizado pneumectomia (retirada de um segmento ou lobo pulmonar) ou pneumonectomia à esquerda (retirada de todo o pulmão).

Em 5/5/2011, pela manhã, foi submetida à toracotomia exploradora, biópsia de segmento da massa tumoral e de linfonodos e toracotomia esquerda, com drenagem fechada em selo d'agua número 28[93]. Em relatório cirúrgico, no item

---

90 fls.109 do prontuário.
91 fls. 125-126 do prontuário.
92 A céu aberto significa visualização através da abertura da região a ser explorada.
93 fls. 127 do prontuário.

5, o cirurgião descreve pequena quantidade de líquido seroso na cavidade; identificados linfonodos aumentados de volume e consistência endurecida na região hilar e cisural; identificada massa endurecida envolvendo região hilar, cisural e do segmento superior do lobo inferior esquerdo. Realizada biópsia excisional de 2 linfonodos. A seguir continua a descrição da intervenção sem acidentes durante a cirurgia.

E em folhas 129 do prontuário desta paciente, vemos o gráfico anestésico. Na parte superior, acima do gráfico, nessa mesma paginação, vemos a descrição do anestesiologista: No campo AP (aparelho) Respiratório descreve, taquidispneia, cianose central, Ap Circulatório perfusão periférica discretamente lenta (lentificada), eletrocardiograma Taqui S. A. (Taquicardia Sinu-atrial), estado mental GLS15 (Glasgow 15), estado físico ASA 3, risco alto. No campo de despertar reflexos na SO sim, em condições MEG P/UTI (mau estado geral para UTI).

No campo de manutenção onde são descritas as drogas utilizadas vemos Etomidato 20 mg; Ketalar 50 mg; Dormonid 5 mg; Pancurônio 8 mg; antibioticoterapia – Cefazolin 1 g; Toragesic 30 g; Zofran 8 g. Em agentes anestésicos vemos Oxigênio (O_2) e Forane. Ao final do gráfico, Dexametazona 10 mg; Metadona 5 mg e Dipirona 2 g.

A título de esclarecimento, como agentes indutores de hipnose (efeito sedativo mais profundo levando à inconsciência) foram usados: Forame - anestésico volátil; Etomidato, Dormonid e Ketalar. Como analgésicos: Ketalar, Toragesic (anti-inflamatório não hormonal com efeito analgésico), Metadona e Dipirona em doses máximas.

Pode-se notar que foram utilizados drogas e gás (Forame) em doses elevadas considerando a associação para a produção de hipnose, assim como analgésicos. Fez uso ainda de antieméticos (Zofran). Embora descritos em conjunto, foram feitos passo a passo.

A nossa defesa pontuou[94] que o MP faltou com a verdade, mais uma vez violando o princípio da boa-fé nos processos, quando em alegações finais se refere à *"inconsistência da defesa"* e que a Dra. Virginia em seu interrogatório aumentou a gravidade da paciente. Note o leitor que esse gráfico anestésico foi feito antes da admissão da paciente na UTI, assim como a referência de Síndrome Consumptiva foi feita pela equipe que assumiu a paciente em ocasião de seu internamento. A alegação de que a paciente estaria em "bom estado geral" após a cirurgia contraria toda a lógica.

Ainda, sem querer ironizar, indaga-se:

— Por que essa paciente foi submetida a tantos exames de investigação, avaliação da infectologia e neurocirurgia, se estava "tão bem" na UTI?

---

94 Alegações finais da defesa de Virginia.

É importante relatar que para o sucesso dessa intervenção, foi necessário o colapso pulmonar do lado que seria manipulado, nesse caso esquerdo. Não há condições de um cirurgião realizar intervenção com o pulmão expandindo a cada inspiração. Para tanto, o anestesista entuba o paciente com uma cânula especial do tipo Carlens, que promove a seletividade do pulmão que será ventilado, levando à atelectasia total do lado a ser manipulado. Essa é a conduta correta. A paciente permaneceu em torno de 4 horas nessas condições, sem que isso lhe trouxesse danos à vida.

Tais evidências contrariam as inúmeras hipóteses leigas formuladas pela promotoria sobre *"atelectasias levarem o paciente sempre a óbito"* e, nesse caso, assim como em todos submetidos a esse procedimento cirúrgico, com os devidos cuidados anestésicos, em ventilação, o paciente não sofre complicações durante o transoperatório. Esses questionamentos foram feitos para a retirada da PEEP e sua possível evolução para atelectasia pulmonar. É claro ser importante um bom controle pré-operatório e transoperatório.

A paciente é transferida para a UTI Geral para controles de pós-operatório. Essas informações podem ser comprovadas em fls. 335 a 341 (prescrições médicas) e em fls. 347 a 349 (evolução e prescrição de enfermagem) do prontuário desta paciente.

A defesa observou que houve um erro na montagem desse prontuário. O atendimento inicial na UTI encontra-se em suas últimas páginas, o que gerou erro de interpretação tanto em sindicância do CRM/PR quanto do senhor Perito do IML, sobre a data de internamento. Esses detalhes são importantes pela relação entre clínica de admissão, evoluções e condutas tomadas nos dias 5, 6 e 7 de maio de 2011.

Ao descrever a sua admissão na UTI, o médico, a princípio, interpretou como pós-operatório de cirurgia eletiva, já descrita. *"A paciente encontra-se extubada, com troca gasosa adequada, lúcida e sonolenta. Hemodinamicamente estável, periferia aberta, mucosas descoradas. Dreno torácico com débito mínimo, sanguinolento".* (fls. 343 do prontuário)

A conduta médica foi hidratação, reposição de perdas sanguíneas, antibioticoterapia profilático, associada a anti-helmínticos. O uso de anti-helmínticos foi indicado em função do uso crônico de cortico-esteroides, tentando evitar infestação por parasitas, pois, com a evidência tumoral e uso crônico de cortico-esteroides, inclusive domiciliar, trariam maior risco, após o estresse desencadeado pela manipulação cirúrgica. Outras medidas pertinentes em terapia intensiva como reposição hidroeletrolítica, broncodilatadores, corticoterapia venosa, analgésicos, enfim, medicações pertinentes à rotina da unidade foram instituídas. Apesar de checada pela enfermagem em prescrição médica, não há registro de uso de aminas vasoativas em balanço hídrico[95]. Permanecia extubada, exames de rotina em andamento, com pesquisas de função hepática, renal, cardíaca, enfim, os exames utilizados em todos os pacientes com potencial risco.

Nesse mesmo dia, na madrugada de 6/5/2011, pelo fato de a paciente apresentar fadiga respiratória, o plantonista atendeu a paciente, iniciou a ventilação com ambu e máscara facial ligados ao oxigênio a 100%, administrou sedativos e analgésicos e entubou a paciente[96].

Demonstramos no processo que, apesar de não estar escrito, o médico ventilou com máscara e ambu, ligados a oxigênio a 100% e fez uso de um laringoscópio para poder visualizar epiglote/glote. E o procedimento não descrito faz parte do processo de entubação orotraqueal padronizado. O mesmo ocorreu no centro cirúrgico onde o anestesista não descreve uso de laringoscópio, máscara e ambu, pois é um procedimento de padrão internacional.

Em fls. 351 do prontuário, nota-se em balanço hídrico, no período da noite, isto é, às 02h do dia 06/05/2011, o registro de ventilação mecânica. Em fls. 354, houve a checagem de 3 ampolas de Midazolam e 3 ml de Fentanil do dia 06/05/2011. No verso da fl. 151, em anotações de enfermagem, há a referência de entubação às 00:30 h, pelo plantonista, por esforço respiratório e dessaturação. Mas, ao analisar o balanço hídrico, fls. 351 do mesmo prontuário, vemos um aumento da frequência respiratória à 0h. Não há registro de dessaturação presente nas anotações de enfermagem.

Portanto, a análise de evolução de pacientes somente baseada em balanços hídricos, com registros a cada 2 horas, muitas vezes incompletos, pode traduzir estabilidade inexistente ou incompatível com o quadro apresentado pelo paciente. Sempre em caso de piora, o atendimento é realizado à beira de leito e após estabilização do quadro. O médico executa a prescrição médica, repondo a medicação que foi retirada do estoque. Não representa a sequência determinada de aplicação, a velocidade de administração da medicação e algumas vezes nem a miligramagem utilizada, já que ao se conseguir o efeito desejado, o residual dessas medicações é desprezado, por orientação da farmácia e da comissão de infecção hospitalar.

A dosagem de sedativos (Midazolam) foi muito elevada, demonstrando a dificuldade para se conseguir hipnose necessária para realização de entubação orotraqueal. Normalmente a dose utilizada é de até 0,3 mg/kg. O peso predito dessa paciente era 60 kg, embora não estivesse anotado no prontuário. Algumas vezes se tem dificuldade de conseguir sedação/hipnose com a utilização de dose

---

95 fls. 351 do prontuário.
96 fls. 353 – evolução médica e parte de prescrição de plano sedo-analgesia e material de entubação. E em fls. 354 do mesmo prontuário, temos sedativos e analgésicos aplicados EV para ser possível o procedimento de entubação.

normal. Já foi relatado anteriormente que inúmeros fatores podem justificar o fracasso terapêutico, principalmente com Midazolam e com literatura. Mas, o mais importante é que essa conduta de elevadas doses de Midazolam não causou danos e instabilidade hemodinâmica a esta paciente pelas precauções devidamente tomadas, mesmo com a dose de 150 mcg de Fentanil associado. Foi mantida após a entubação com plano de sedo-analgesia em infusão contínua[97].

Sempre após o processo de entubação traqueal, procedem-se aspirações traqueais e mantém-se FiO_2 em 100% para minimizar hipoxemia, no momento da desconexão com o ventilador. Em casos extremamente críticos, associa-se hiperinsulflação com total 50% maior que o basal durante 3 a 6 ciclos respiratórios. Após estabilização do paciente, diminuir parâmetros de ventilação com auxílio de monitores que registram oximetria, capnografia, eletrocardiografia, além de monitores dos ventiladores, chegando a valores ideais a cada momento[98].

Por ser rotina, não há descrição pela equipe de enfermagem. Normalmente esses registros deveriam ser feitos pela fisioterapia, porém não havia disponibilidade de profissional no período noturno e, mesmo durante o dia, por sobrecarga de trabalho, muitas vezes não eram feitos os registros, porém cumpridos.

Em relação ainda ao balanço hídrico deste dia, nota-se em fls. 351, que não há registro em valores de PEEP até às 06h, porém seu registro aparece no balanço hídrico do dia 6/5/2011 às 08 h[99]. Conclui-se que esse era o valor da PEEP no momento da instalação da ventilação mecânica, com valores fisiológicos, já que não havia contraindicação para o seu uso. Se não tivesse sido utilizada, deveria estar registrado valor 0 (zero). Ao longo da análise de todos os balanços do período de internamento desta paciente, nota-se que muitas vezes esses valores de PEEP não foram registrados a cada turno, correspondendo à falha de enfermagem e não conduta médica.

Essas falhas em anotações tinham fatores inúmeros. Muitos funcionários inexperientes e que às vezes não tinham conhecimento da importância desses registros, como também, a finalidade.

Temos, como exemplo, o depoimento da testemunha de acusação A. P. C. que responde a um dos defensores dos médicos E. e A., que não sabia o que era PEEP. Ainda, a testemunha V. B. falou em seu depoimento que não sabia o que era FiO_2. Muitas vezes funcionários de outros setores, permutados para completar escala (pela dificuldade de manter colaboradores em número adequado), colaboravam sem o conhecimento das devidas rotinas.

---

97 fls. 353 do prontuário.
98 Essa conduta segue as instruções do III Consenso Brasileiro de Ventilação Mecânica, capítulo Fisioterapia no paciente sob ventilação, no item Aspiração traqueal – prevenção de hipoxemia.
99 fls. 371 verso.

A testemunha K. F. K. P., administradora de empresa, trabalhou no hospital por 18 anos, e descreveu como eram admitidas algumas funcionárias:

> (19:31) Defesa: Agora ao longo desses anos a senhora pode traçar um perfil da equipe de enfermagem em termo de rotatividade, qualidade e número de pessoas e relações de item como faturamento, ela tinha problemas com questão de faturamento, falta de evoluções, falta de checagem, preenchimento de balanço, como era isso internamente?
> Resposta: Então assim, o turn ouver do Hospital Evangélico é um turn over bem alto, a taxa de absenteísmo é bem alta, a média de mercado e as metas hoje instituídas a nível nacional é no máximo de 4% que já é pouco aceitável em alguns hospitais, mais era muito maior que isso chegava a 7,5%, chegou até 9%, 12%, e com vagas inclusive não preenchidas isso acontecia muito, por conta das questões financeiras que atrelavam o hospital da falta de profissionais inclusive e por esse motivo aí entra o perfil que o senhor está me pedindo a gente acabava contratando pessoas sem nenhum tipo de experiência e às vezes sem o COREN ou em fase de resolução junto ao COREN isso acontecia. (vídeo 1)

Em 06/05/2011, novamente foi tentado desmame de ventilação e extubação (retirada do tubo orotraqueal), após a suspensão da sedação pela manhã. Essa afirmação se encontra na evolução médica no dia 06/05/2011, fls. 352 do prontuário, porém houve o registro da infusão de sedação em balanço hídrico até as 12 h, quando já havia sido suspensa antes de 09h30[100].

Havia por parte dos funcionários, o hábito de registrar o volume de soluções com valores fixados pelas prescrições médicas para serem infundidos em bombas infusoras, pela prescrição, assim que assumiam o plantão, completando os horários. A justificativa dada, quando repreendidos por essa prática, é que faziam para "adiantar" o trabalho. Quando surpreendidos pela enfermeira, eram obrigados a refazer o balanço, pois não poderia haver rasuras.

Este erro de conduta era presente inclusive no período noturno em que a tarefa de refazer o balanço significava copiar os dados referentes ao dia todo. Alguns funcionários foram demitidos, pois os pacientes apresentaram intercorrências como óbito antes dos horários previamente registrados. Esse comentário foi feito, pois deu margem a dúvidas na leitura do assistente técnico da promotoria que baseado no balanço hídrico e não na evolução médica considerou que a suspensão foi às 12h. Ainda em relação ao balanço hídrico em fls. 371 verso, notam-se falhas em anotações de frequência respiratória, mas às 18h, a paciente estava extubada em névoa úmida, saturando a 91%.

---

100 Balanço em fls. 371 verso.

Às 20h, temos uma anotação controversa: paciente com frequência respiratória em 13 ipm, em névoa úmida, com saturação em 91%, todavia com registro de PEEP em 6 cmH$_2$O. Ou essa paciente foi entubada antes das 20h e o registro de névoa úmida foi incorreto ou permanecia extubada e o registro da PEEP foi incorreto, a paciente estava em névoa úmida. Não há descrição de máscara de ventilação não invasiva, para ser possível PEEP deve-se utilizar alguma forma de ventilação sob pressão. Portanto, podemos notar como é difícil interpretar corretamente o quadro clínico, evolução dos pacientes, baseados unicamente em balanços hídricos. Não se entende a narrativa, porém pode-se notar falha ao longo dos dias de internamento. Para quem conhecia o ambiente era fácil a percepção de falhas.

Novamente, no período noturno deste mesmo dia, a paciente foi anestesiada e colocada em ventilação mecânica, sendo prescrita sedo-analgesia contínua. Em fls. 360 do prontuário, vemos o uso de Etomidato (sedativo), Ketalar (sedativo e analgésico) e Pancurônio para o procedimento de reentubação. Novamente, é perceptível que a aplicação desses fármacos não causou danos ou instabilidade hemodinâmica a essa paciente. Mesmo constando de uma única prescrição, as medicações não são feitas "as três juntas" e com os devidos cuidados não houve hipotensão, bradicardia e dessaturação.

Questionamos: se por duas vezes essa paciente fez uso desses fármacos sem danos e com indicação, por que teriam sido, no seu momento de piora, esses fármacos ou semelhantes os responsáveis pelo óbito da mesma paciente? Se a resposta for baseada em dosagens, na última prescrição de fls. 360 do prontuário foram utilizadas 2 drogas com efeito sedativo, sendo uma delas com efeito também analgésico.

A paciente começou a apresentar períodos de taquicardia e hipertensão ao longo dos dias. Sempre o primeiro raciocínio médico é de reação à dor, porém não havia resposta pela paciente quando aplicados analgésicos. Em relação às visíveis *"inconsistências da defesa"*, apontadas em alegações finais do MP, refutou-se a acusação de omissão por parte da médica, de que nada teria sido feito[101].

O que a doutora Virginia assume é a sua falta de percepção de que já poderia se tratar de comprometimento cerebral por metástases até então desconhecidas, por haver médico assistente que quando questionado sobre sintomas neurológicos e inclusive isso pode ser comprovado em evoluções na ocasião de sua permanência em enfermaria, o mesmo afirmou que a paciente nunca havia se queixado e não mostrava as alterações hemodinâmicas.

O primeiro raciocínio foi de encefalite associada ao quadro tumoral, quando não respondeu a analgésicos. Cita-se para ilustrar, o trecho apresentado no

---

101 Como o MP poderia prever inconsistências da defesa se a defesa somente é apresentada depois das alegações finais da acusação? Teria consultado a mesma bola de cristal, xamãs ou prestidigitadores?

capítulo 45, subitem Neoplasias, pelo Dr. Elias Knobel, em seu livro *Condutas no paciente grave*:

> as metástases cerebrais podem produzir convulsões, efeitos de massa ou hemorragia. A presença recente de múltiplas metástases pode produzir estados confusionais e evoluir rapidamente para coma. Além das metástases, Síndrome Paraneoplásicas pode produzir confusão mental em pacientes internados em UTI. Duas Síndromes Paraneoplásicas que podem afetar a consciência são a encefalite límbica e a encefalite de tronco cerebral. Ambas estão associadas a tumores pulmonares de células pequenas. Naturalmente as lesões metastáticas são muito mais comuns e devem ser excluídas através de exames de neuro-imagem antes do diagnóstico dessas encefalites. (KNOBEL, Elias. 2002, p. 621.)

É nesse momento que a médica Virginia assume a sua falha de percepção, pois, na ausência de história, pensou-se primeiro em encefalites e posteriormente em metástases. O fato de a paciente usar cronicamente cortico-esteroides e ser mantida na UTI desde a admissão com este fármaco em doses mais elevadas, pode ter mascarado o quadro relativo às metástases cerebrais. No momento da comprovação de metástases e principalmente pelas suas localizações e características descritas no laudo é que o raciocínio de ser consequência de quadro de hipertensão intracraniana ficou claro. As metástases cerebrais não surgiram subitamente na UTI; até o momento em que o organismo conseguiu equilibrar o aumento de pressão intracraniana causado pela presença de nódulos com edema perilesional, os sintomas e sinais foram indiretos. E em relação à necessidade de a paciente ser entubada por duas vezes na UTI, por fracasso de desmame, o pneumologista avaliou que esse quadro era secundário ao DPOC e seu comprometimento sistêmico com reflexos do quadro consumptivo prévio e efeitos em pós-operatório e suas consequências na função pulmonar previamente deficitária da paciente. Com a cirurgia ocorre perda importante de performance respiratória, levando à fadiga muscular precoce. Esse tipo de complicação pós-operatório acomete pacientes submetidos a procedimentos cirúrgicos, especialmente os que envolvem a manipulação de caixa torácica e pulmões, sob anestesia geral. Outro fator, discutido após essas intercorrências, era a possibilidade de quadro infeccioso associado agravando a condição respiratória, principalmente pela descrição cirúrgica, em que a massa tumoral exercia compressão em lobo inferior esquerdo que poderia gerar atelectasia do segmento (comprovada pela broncoscopia no dia 10/05/2011), e infecção secundária. Ainda, no dia 06/05/2011, houve alteração do esquema antibiótico aumentando o seu espectro e início de terapia com antifúngicos.

Portanto, pelo acima descrito, podem-se ver os inúmeros fatores que podem influenciar a evolução de uma paciente aparentemente simples, para leigos, sem conhecimento de todo o comprometimento orgânico que fazia parte do quadro clínico.

No dia 07/05/2011, pela manhã, é submetida à traqueostomia por decisão entre equipes. E novamente foi retirado plano de sedo-analgesia contínua mantendo analgésicos de forma intermitente (Tramadol e Dipirona). Nesse mesmo dia, foi solicitado tomografia de tórax, pois havia imagens sugestivas de implantes secundários em pulmão contralateral e broncoscopia com coleta de material para anatomia patológica e para diversas culturas. Nesse momento, por sugestão do infectologista, foi associado ao esquema antibiótico recentemente alterado, tuberculostático.

É muito importante salientar que apesar de sempre estarem cientes das condutas, tanto o pneumologista quanto o cirurgião torácico acreditavam em processo tumoral invasivo e metastático. Segundo esses profissionais, pelos Raios-x de tórax (que eram realizados diariamente), as imagens eram compatíveis com metástases para o parênquima pulmonar direito. Fica visível que jamais houve omissão em tratar intercorrências e persistir em investigações.

Tratar uma hipertensão arterial e uma taquicardia não é tarefa difícil a qualquer médico informado. Porém, se esses sintomas forem secundários a algum processo ainda não diagnosticado, significa uma resposta do organismo à agressão sofrida. Não seria conduta adequada abolir esses sinais e sintomas porque seria abolir a defesa do próprio organismo, sem investigação que pudesse explicar essas alterações até aquele momento. Relacionou-se como complicações secundárias ao processo tumoral, infecções, etc.

Durante esses dias, muitas alterações foram feitas em parâmetros de ventilação, sempre procurando evitar danos por altas pressões positivas intratorácicas e por alta oferta de Oxigênio, sendo utilizado o menor valor possível para uma saturação maior ou igual a 90% e PaO_2 maior ou igual 60 mmhg.

Em 08/05/2011, começou a apresentar alterações do quadro neurológico nos períodos da tarde e noite. Como em sua admissão não havia referências de queixas neurológicas, a equipe médica começa a discutir quadro de encefalite, possivelmente como sintoma de Síndrome Paraneoplásica. Os tumores liberam proteínas inflamatórias, citocinas que podem causar processo símile à resposta inflamatória sistêmica. Podem apresentar fenômenos trombóticos com complicações vasculares, cardíacas, neurológicas, endócrinas, enfim, uma gama de complicações possíveis. Nos casos de tumores pulmonares são descritas encefalites límbicas e de tronco cerebral, porém é mais frequente que o quadro neurológico seja associado a metástases, como acima referido com base em literatura.

É possível que a corticoterapia crônica, que essa paciente recebia, tenha mascarado os sintomas neurológicos. Apesar de a equipe médica tentar justificar seu padrão de evolução, a paciente em questão não evoluiu de maneira rotineira para o procedimento cirúrgico, embora com riscos previstos. As complicações ocorreram diversas das esperadas para o padrão de cirurgia.

Como a equipe de colaboradores era inexperiente em sua maioria, pouco familiarizada ao ambiente de UTI, mesmo nela trabalhando, tinha dificuldade em compreender o quadro clínico apresentado pelos pacientes e extrema dificuldade em avaliação de quadros neurológicos.

Constam, inclusive em literatura médica, os erros de interpretação cometidos por profissionais pouco treinados ao exame de paciente confuso, assim como os riscos sofridos e possíveis em portadores de confusão mental de instalação recente.

Confusão mental é classificada em UTIs e serviços de emergência como emergência médica. Como a agitação psicomotora é frequente em pacientes críticos internados, principalmente nessa unidade de terapia com um número significativo de paciente com trauma de crânio e neurocirúrgicos, muitas vezes esse padrão é visto como "normal" ao ambiente por funcionários, principalmente se não forem pacientes combativos, agressivos.

A confusão mental exige da equipe médica intensa agilidade em investigação e busca diagnóstica para minimizar morbi/mortalidade quando possível, o que não foi o caso da paciente em questão. Para elucidar as explicações, indicamos a leitura do capítulo 45 da obra de Elias Knobel, *Condutas no paciente grave*[102].

Na madrugada do dia 9/5/2011, houve o relato do plantonista de severo rebaixamento do nível de consciência, dúvidas em relação às pupilas que lhe pareceram médio-fixas, embora mantivesse ínfima fotorreação e somente resposta a estímulos dolorosos profundos. Só foi possível encaminhar a paciente para tomografia de crânio pela manhã, por disponibilidade de pessoas para realizar transporte com plena segurança.

Em breve resposta, nossa defesa respondeu ao absurdo da promotoria, que afirmou que a médica Virginia tentou "lograr" o magistrado, com a afirmação do rebaixamento de consciência (esse termo "lograr" utilizado incorretamente pelo MP revelava estar ele se orientando com o pessoal técnico de enfermagem que tem "Ensino Médio completo" – entre xamãs).

Somou-se também a essa afirmação a resposta do Perito do IML quando questionado pela acusação sobre esse rebaixamento, o mesmo respondeu que se baseou em evoluções médicas, evoluções de fisioterapia e resultados de tomografias realizados nessa data. E no mesmo sentido, o Ministério Público adulterou o diagnóstico elaborado pela médica ao magistrado, em que falou em *"estado*

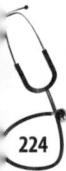

---

102 Elias Knobel, primeiro volume, capítulo 45. As páginas 618 e 619 descrevem e alertam para o exame do paciente confuso. Todo capítulo em questão discorre sobre diagnóstico diferencial, investigação de anomalias de consciência e tratamentos a serem seguidos. Todos foram rigorosamente cumpridos pelas equipes responsáveis pelo atendimento da paciente C. D. C.. O capítulo de número 46 da mesma obra discorre sobre Hipertensão Intracraniana e Edema Cerebral.

de mal parcial complexo" (interrogatório), inclusive explanando ao mesmo, qual seria a clínica correspondente e informando que a conduta foi aumentar a dose do anticonvulsivante já em uso. Para esclarecimento do leitor cita-se o capítulo 50, do mesmo autor Elias Knobel, na página 689, em que descreve a classificação dos estados convulsivos. O mesmo se estende para o laudo do assistente técnico da promotoria anexado convenientemente após o término da instrução criminal, em que responde que paciente convulsivo não poderia estar sentado e uma série de outras afirmações baseando o diagnóstico em "Estado de Mal Epiléptico Generalizado" e não o diagnóstico dado pela médica de "Estado de Mal Epiléptico Parcial".

Em capítulo 45 do livro citado, subitem Doença Cerebral Primária, em Síndromes Epilépticas, o autor descreve:

> há uma forma não rara de distúrbio epiléptico que pode causar estado confusional. Trata-se do estado de mal parcial complexo. Ocorre geralmente em indivíduos previamente epiléticos, mas pode também ser o sintoma inaugural da epilepsia, ou ainda ocorrer como consequência de lesão neurológica focal aguda, como AVC, Meningoencefalite ou Trauma. Os pacientes apresentam-se aparentemente despertos, com o olhar vago e responsividade parcial aos estímulos. Classicamente há automatismos que são movimentos estereotipados ou mesmo aparentemente motivados, que acometem, sobretudo, a região oromandibular, como movimentos mastigatórios. (KNOBEL, 2002, p. 620.)

A paciente, como pode se observar, poderia perfeitamente estar sentada.

A paciente mantinha sempre tendência à hipertensão arterial e taquicardia. Embora com importante comprometimento pulmonar bilateral, mantinha excelente condição ventilatória, ou melhor, respiratória, sem a necessidade de parâmetros elevados em ventilação mecânica[103].

A paciente também apresentava excelente volume urinário, até superior ao esperado pela hidratação, mas esse detalhe só se tornou mais evidente no dia do óbito, levando à suspeita de um possível descontrole em hormônio antidiurético, causado pelo inchaço cerebral e seu efeito compressivo no sistema vascular cerebral.

Essa defesa pontuou o absurdo comentário nas alegações finais do MP quando afirma que esse volume urinário era alto em função do uso do diurético Lasix. Essa medicação foi administrada no dia 12/05/2011 em fls. 251 do prontuário, checada às 11h03. Qualquer médico ou leitor de bulas tem conhecimento de que o tempo de ação dessa medicação é de 3 horas, não justificando a diurese do dia do óbito.

---

103 fls. 193 do prontuário.

Dois exames de tomografia de crânio foram realizados em 09/05/2011[104]. Em fls. 4, a tomografia, em seu laudo, feita sem contraste, descreve nódulos mal delimitados e com apagamento dos sulcos corticais adjacentes, sugerindo implantes secundários. Ventrículos laterais, III e IV ventrículos de topografia, morfologia e dimensões normais. Ausência de coleções extra-axiais. Em fls. 13, a tomografia realizada com contraste tem em seu laudo: "Lesões nodulares, com densidade heterogênea e realce irregular após administração do contraste, mostrando moderado edema perilesional em lobos frontal esquerdo, temporal direito e hemisférios cerebelares.".

A defesa apontou o absurdo proferido pela promotoria na "*inconsistência da defesa*" quando afirmou que o Edema Perilesional era somente em lobo temporal, contrariando de forma contundente o laudo do radiologista.

A segunda afirmativa de que a tomografia deveria ter efeito massa em estruturas, ventrículos colabados, para configurar hipertensão intracraniana, poderia ser até verdadeira. Mas, se tivesse esse padrão tomográfico já teria evoluído a óbito. A hipertensão intracraniana apresenta graus variados e Virginia afirmou, em seu interrogatório ao magistrado, que a paciente apresentou superficialização do quadro neurológico, talvez por altíssimas doses de cortico-esteroides ministrados.

Outro dado importante, que deveria ser de conhecimento de todo médico intensivista, é que a compressão de tronco cerebral e bulbo normalmente não são visualizados em tomografias adequadamente. Para esse diagnóstico seria necessária ressonância magnética. A afirmação de que nenhum neurocirurgião fecharia o prognóstico sem biópsia é contestável, pois depende da experiência e conhecimento do neurocirurgião, principalmente considerando a região cerebelar comprometida bilateralmente.

Embora a equipe de neurocirurgia não tenha evoluído a paciente, em fls. 192 do prontuário, item 53, vemos na justificativa de solicitação da segunda tomografia, colocado entre parênteses "segundo o Dr. Fábio da neurocirurgia". As discussões foram verbais e inclusive desaconselharam de forma absoluta novas tomografias e ressonância magnética, pois não haveria conduta cirúrgica e muito menos a instalação de cateter cerebral para monitorização de hipertensão intracraniana, pois pareceria um procedimento realizado por motivos financeiros, já que não traria benefício às condições da paciente.

A equipe de neurocirurgia, que já acompanhava a paciente desde a madrugada de 09/05/2011, familiarizando-se com todo o quadro clínico, atribuiu a possível alteração pupilar e rebaixamento do nível de consciência à compressão exercida pelas lesões cerebelares sobre o tronco cerebral. Em capítulo 45 do já citado livro *Condutas no paciente grave*, página 620, no item 2, apesar da referência a infartos

---

[104] fls. 4 e 13 do prontuário.

cerebrais há descrição desse tipo de complicação conforme a região atingida, o mesmo valendo para processos tumorais.

A gravidade em metástases cerebrais está justamente relacionada a regiões atingidas, como afirmou Virginia em seu interrogatório ao magistrado dizendo que somente alusão a metástases cerebrais não seria certeza de óbito, porém o fator determinante é a região cerebral atingida.

A equipe alertou para risco de isquemias secundárias ao inchaço cerebral e, principalmente, para os riscos de hidrocefalia aguda e herniação cerebral pelas lesões cerebelares. Não havia nem condições e nem indicação cirúrgica pela hipótese diagnóstica e a herniação cerebral se faria pela não intervenção na hidrocefalia. Ponderaram que seria praticamente impossível a não confirmação do diagnóstico de carcinoma metastático.

O diagnóstico de hipertensão intracraniana é sugerido pelas tomografias, sendo que essa patologia é de diagnóstico muito mais clínico do que radiológico, considerando a associação de hipertensão arterial, taquicardia e rebaixamento do nível de consciência.

A causa da hipertensão intracraniana pode ser bem compreendida em capítulo 46 do mesmo livro de Knobel, páginas 632 a 634 e em todo o capítulo, pois o componente parenquimatoso cerebral apresentou inchaço pelas lesões, desequilibrando os 3 componentes intracranianos: Parenquimatoso, Vascular e Líquor. No momento da realização das tomografias, não havia hidrocefalia, pois os ventrículos laterais eram normais, porém o alerta de evolução para esse quadro foi feito pela equipe de neurocirurgia, que inclusive contraindicou novos exames de acompanhamento, pois não haveria conduta a ser tomada. O óbito dessa paciente seria inexorável.

Para o melhor esclarecimento da evolução para coma em 09/05/2011, esta defesa utilizou como referencial a escala de coma Glasgow. Pode também ser encontrada em capítulo 46 do mesmo livro citado em página 637.

Essa explanação se tornou necessária, pois, embora o senhor perito do IML tenha concordado com o quadro de hipertensão intracraniana, em resposta aos quesitos, o senhor assistente técnico do MP, intensivista, foi o único profissional que negou a sua existência, incluindo os médicos componentes do plenário técnico do CRM/PR, além dos assistentes técnicos da defesa. Mesmo que essas informações não estejam contidas no prontuário, é de ciência comum a todo intensivista, habituado ao atendimento de pacientes neurológicos ou neurocirúrgicos, que essas informações são baseadas na clínica e nos achados tomográficos encontrados. Talvez tenha confundido com Hidrocefalia que realmente não estava presente naquele momento nos exames, porém não necessariamente seja essa última patologia a causa única de HIC que é um diagnóstico clínico, baseado em todo conjunto de sinais e sintomas. Inclusive, esse profissional faz referência aos períodos de hipertensão arterial e taquicardia, que faziam parte do quadro clínico, ou não compreendendo esse quadro, não reconhecendo indicação para os fármacos utilizados.

Continuando a evolução da paciente, mesmo contrariando a opinião da neurocirurgia e do médico chefe da equipe de infectologia (depoimento médico S. P. em resposta ao MP), as equipes de UTI e médico assistente da infectologia tentaram através de tratamento empírico de diagnósticos possíveis, porém pouco prováveis, restabelecer ou tentar o resgate da precária condição clínica da paciente. O quadro clínico vinha se agravando a cada dia e os exames comprovaram a causa da piora. Em relação às condições respiratórias sempre essa paciente apresentou excelente resposta, porém nunca foi possível o desmame definitivo de ventilação mecânica[105].

Foram associados empiricamente, porém de forma segura, novos antibióticos, antifúngicos, antivirais, cobertura para germes oportunistas. Pulsoterapia com cortico-esteroides, terapêutica essa para alguns diagnósticos descritos como Sarcoidose, Granulomatose de Wegener, a sugestão de biópsia cerebral feita pela infectologista foi imediatamente rejeitada pela equipe de neurocirurgia com concordância inclusive do assistente técnico da promotoria.

O que causou estranheza para esta defesa é que nesse caso não houve críticas em relação ao uso de cortico-esteroides, feita pelo assistente técnico da promotoria em diversos casos desse processo. Foram as doses extremamente mais altas e em nenhum momento se levantou a condição de *deficit* imunitário e complicações infecciosas possíveis neste caso.

Fica evidente pelo prontuário que a infecção não foi a causa da evolução a óbito desta paciente, corroborando a hipótese desses riscos, em todos os casos citados na denúncia, estarem relacionados ao tempo de uso do fármaco e não às doses em curto tempo. E, ainda, deve ser considerado que essa paciente fazia uso crônico da medicação e nem assim evoluiu para quadro séptico.

As investigações prosseguiram com punção e coleta de Líquor para culturas. Em 10/05/2011, foi realizado laringotraqueobroncoscopia à tarde[106], com a descrição de: presença de edema e hiperemia, por múltiplas entubações e, em árvore brônquica esquerda, a presença de lesão endobrônquica com característica de lesão infiltrativa, ao nível do brônquio para segmento superior do lobo inferior esquerdo (B_6- E), com oclusão total desse segmento a partir de 10 mm do seu óstio. Foi também realizada a biópsia da lesão.

Para tal procedimento, foi utilizado o fármaco Propofol 1 ampola EV AGORA. Podemos notar que essa aplicação não lhe causou danos, continuando a manter períodos de hipertensão arterial e taquicardia. Em alguns períodos, nesse mesmo

---

105 fls. 193, 216, 235 – evolução de infectologia fls. 215, 233 todas do prontuário.
106 fls. 15 do prontuário.

dia, já havia suspeita de mal parcial complexo, pois em períodos de superficialização do coma, apresentava sintomas sugestivos dessa patologia acima descrita. Como o eletroencefalograma não estava disponível, por manutenção, aumenta-se a dose de cabamazepina como anticonvulsivante. Esse quadro é muito sutil e exige experiência e treinamento para ser identificado. A região temporal cerebral atingida poderia ser o foco desse sintoma, assim como a agitação psicomotora apresentada estar relacionada à região frontal.

Cabe ressaltar que a broncoscopia somente corroborou o laudo cirúrgico do cirurgião.

Começava a ficar evidente que o quadro neurológico dominava a referida impressão de piora clínica, descrita nas evoluções.

Em 11/05/2011, houve contato telefônico da equipe de patologia com a equipe de assistentes, confirmando *"adenocarcinoma moderadamente diferenciado e invasor"*. Não houve crescimento de bactérias, fungos ou outros patógenos nas culturas e esse diagnóstico era presente tanto na massa pulmonar como, posteriormente, foi confirmado em biópsia endobrônquica. Nesse dia, o infectologista procede ao desescalonamento terapêutico, mantendo antibioticoterapia de amplo espectro e descreve prognóstico ruim, apesar de a paciente estar "estável". Cabe ressaltar que os familiares foram informados de todos os fatos e do diagnóstico definitivo. São nítidas, analisando as evoluções de fisioterapia, as alterações de sensório apresentada nos dias 11 e 12, assim como evoluções da enfermagem.

Pasmem todos! Revolve-se neste momento a declaração feita pela testemunha da acusação senhora C. F[107], que aparentemente comovida, disse ter lembranças dessa paciente sentada e acordada no dia 12/05/2011 no período em que trabalhava, isto é, à tarde. É importante relembrar que conforme afirmado por alguns enfermeiros, o turno da tarde era iniciado às 13h30. A paciente foi medicada com 30 mg de Midazolam e 150 mcg de Fentanil em torno das 14h. O Midazolam pode ter seu efeito durante 1 a 4 h e o Fentanil entre 30 a 60 minutos. Encantadora a informação da enfermeira, pois, sedada, a paciente estava incrivelmente acordada e contactuante. Cabe também a referência de não haver instabilidade hemodinâmica, após a aplicação desses fármacos.

Em 13/05/2011, no início do plantão, já apresentava alteração respiratória, tendendo a hiperventilação, registrada como esforço respiratório, o que certamente foi desencadeando a agitação. Havia sido prescrito um plano de sedo-analgesia que deveria ter sido instalado às 08h18[108], porém, a pedido médico foi suspenso, pois era preciso estabilizá-la e tentar, com o atendimento, compreender a causa da piora. Essa paciente se encontrava sentada em uma poltrona. Tinha curativos

---

107 Já citada no início da narrativa desta paciente e transcrita em suas principais contradições e absurdos tragicômicos.
108 fls. 266 do prontuário.

a serem realizados em região cirúrgica. A incisão da toracotomia certamente causavam dor, por cirurgia recente. A retirada do dreno de tórax, que havia sido realizada no dia 12/05/2011, poderia causar um pneumotórax, justificando o quadro ventilatório.

Para poder ser examinada, foi colocada de volta ao leito. Essa mobilização causa dor. Teria também que ser submetida a aspirações traqueais, para afastar possibilidade de arrolhamento de secreções. Todas essas manobras geram dor e causam agitação psicomotora agravando progressivamente esses sintomas. Foi então iniciada, com a paciente ainda sentada, dose intercalada de Fentanil, sem resposta efetiva. Mantinha tendência a taquicardia e hipertensão arterial notada nos controles.

No leito, foi novamente administrada mais uma dose de Fentanil, na tentativa do bloqueio de dor. Afastada a possibilidade de pneumotórax, pelo controle radiológico do dia e avaliação de cirurgião torácico, para a continuidade do atendimento não haveria condições de curativos e aspirações com a paciente agitada. Já ficava nítido o aumento do volume urinário durante todo esse período de atendimento, que não é tão rápido. Nesse momento foi administrado Propofol, sempre lentamente, dando condições para realização das aspirações e curativos. Como essa droga tem seu efeito de início extremamente rápido sendo que esses mesmos efeitos cessam em 10 minutos, novamente a paciente começa a superficializar e agitar. Nova dose de Fentanil foi aplicada. Para ficar claro, a ampola de Fentanil tem 10 ml, facilitando a sua aplicação por doses, quando em seringa.

Nesse momento, novamente a neurocirurgia avalia a paciente e afirma que seria a evolução esperada pelas condições neurológicas. Concorda com a sedo-analgesia e inclusive com a escolha dos fármacos em função de o Propofol ser de uso frequente em neurologia e neurocirurgia, reduzindo a pressão intracraniana. O mesmo se estende ao Thionembutal. Para novamente ser promovida a hipnose, a dose preconizada do Thionembutal é de 3,5 – 5 mg/kg aplicados em 10 minutos e posterior infusão de 5 mg/kg/h. O padrão de dispensação da farmácia, em relação a esse fármaco era de 1 ampola de solução fisiológica para a diluição do pó e 100 ml de soro fisiológico para facilitar a enfermagem na administração, inclusive respeitando o tempo, através de bomba infusora. Como seu efeito é rápido, foi possível atingir a hipnose esperada.

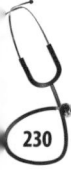

A dúvida ficou se seria somente dada a dose de ataque ou se seria mantido, pois, mesmo com vantagens temporárias, o Thionembutal também diminui a pressão intracraniana por venodilatação e essas medidas seriam importantes para alívio dos sintomas apresentados, porém não solucionaria o problema. Após, foi aplicado o bloqueador neuromuscular Pancurônio que, apesar da desvantagem de aumentar débito cardíaco, frequência cardíaca e pressão arterial, além da indicação em casos de hipertensão intracraniana desse fármaco, minimizaria os possíveis efeitos adversos causados pelos opioides, além de inibir a taquidispneia de origem neurogênica (distúrbio ventilatório gerado por compressão de bulbo cerebral).

Como essa paciente sustentava taquicardia e hipertensão, todos esses fármacos dificilmente gerariam hipotensão e bradicardia, considerando também estar a paciente plenamente monitorizada, em ventilação mecânica, com Oximetria e capnografia mantidas, com soluções cristaloides em curso. Todos os cuidados possíveis foram realizados e mesmo com essas medicações manteve tendência à hipertensão e taquicardia. Em verso de fls. 282 do prontuário, temos o balanço hídrico correspondente ao dia 13/05/2011. Foram ajustados os parâmetros ventilatórios, desde a modalidade em relação ao registro de 08h. No controle de 10h, foi possível reduzir FiO_2 de 35 para 30 %, mantendo excelente saturação.

Há um detalhe que parece ter passado despercebido pelo MP quanto à frequência respiratória que passou de 10 ipm para 17 ipm. Esta defesa pontuou a afirmação feita pela promotoria na *"inconsistência da defesa"*, que afirmou não ter sido instalado hiperventilação, para manter $PaCO_2$ entre 30-35 mmhg e essa elevação de frequência foi feita com esse intuito. A crítica com relação à falta de uso de manitol, embora bem colocada, foi pela argumentação da neurocirurgia em concordância com a equipe da UTI que sem monitorização de pressão intracraniana, às cegas, o manitol poderia induzir a herniação cerebral. Nesse momento (10h) a paciente já estava plenamente anestesiada. Mesmo que pareça estranha a anotação de "sentada" às 10h, é compatível, pois estava sentada já no leito, pois o decúbito elevado também auxilia na redução da pressão intracraniana.

As prescrições só foram realizadas, posteriormente, quando houve tempo para tal. Não contemplaram a sequência correta da administração, a miligramagem utilizada, a velocidade de administração. Foram realizadas até possivelmente por um residente mesmo com a senha e login de Virginia, pois, por ser seu plantão, o computador da sala de médicos ficava aberto com os seus dados. Possivelmente o residente não incluiu Thionembutal nessa mesma prescrição.

O motivo seria pela indecisão da médica de manter ou não a infusão deste fármaco, como acima descrito. Possivelmente tenha sido realizada essa prescrição a pedido da enfermagem para apresentar ao farmacêutico que se encontrava na farmácia satélite. Novamente afirma-se que essas prescrições tinham como objetivo repor o estoque emergencial do carro, porém, nele não eram inseridos pela necessidade de controle rigoroso de psicotrópicos, necessidade de refrigeração, e profilaxia para eventuais desvios com finalidades ilícitas.

A paciente permaneceu com tendência a hipertensão arterial mantendo a taquicardia. As medicações não interferiram com suas condições hemodinâmicas, assim como já havia ocorrido anteriormente em todas as vezes que necessitou de medicação intermitente.

Mesmo que possa ser difícil para não versados nos temas abordados compreender o acima relatado e considerar o horário de aplicação como sendo o horário de checagem, importante ressaltar que o Propofol cessa seus efeitos em 10 minutos; Fentanil em 30-60 minutos (normalmente antes) e o Pancurônio em média de 100 minutos. Quanto ao Thionembutal, cita-se o texto do livro, *Bases farmacológicas da terapêutica*, de Goodman & Gilmam: *"a dose letal de barbitúricos varia de acordo com inúmeros fatores, mas o envenenamento grave é provável que ocorra com a administração de mais de 10 vezes a dose total hipnótica de uma só vez"* (GOODMAN, GILMAM, 2003, p. 317 e 318.). Considerando paciente de aproximadamente 60 kg, seria necessária dosagem superior a 3 g. Mas não foi administrada essa dose como consta em prescrição. Contestamos a afirmação do MP que a dose de 1g seria letal, pois seu próprio assistente técnico respondeu que essa dose seria de 50 mg por quilograma, portanto, pelo cálculo de peso de 60 kg, seriam 3 gramas, embora o livro coloque que teria que ser superior a esse valor. Poder-se-ia alegar que se tratava de erro de digitação, pois essa resposta foi dada a um quesito. Porém esse erro coincidiu com o livro da farmacologia. Portanto, no momento do óbito, considerando o horário de checagem, teria circulante, talvez, Pancurônio e um residual de Thionembutal, considerando que seu efeito dura 8 minutos.

Infelizmente, o último horário de controle foi às 10h, pois respeitou o padrão seguido pela enfermagem. Sua evolução foi de quadro súbito de bradicardia e assistolia, corroborando com a hipótese de herniação cerebral.

Como não há registro após as 10h, não há como se afirmar que os parâmetros de ventilação foram ainda mais reduzidos, porém o próprio assistente técnico da promotoria, em suas respostas, reafirmou a excelente condição ventilatória da paciente.

Quanto ao perito do IML, em suas primeiras e segundas declarações, afirmou que não pode haver asfixia em paciente mantido sob ventilação mecânica saturando 90% ou mais.

Em relação ao uso de drogas, sedativos, hipnóticos e bloqueadores neuromusculares, inúmeras vezes afirmou que não tinha dados no prontuário que justificassem seu uso e que essa era uma decisão médica.

Em relação à acusação de que Virginia "inventava diagnósticos", todos os dados informam que quem se especializou em inventar situações foram os acusadores, desertando de suas missões reservadas em lei.

Reiteramos a inexistência de fatos criminosos e qualquer intenção da Dra. Virginia em antecipar o óbito da paciente Sra. C. D. C.. Valemo-nos aqui do teor do acórdão do CRM/PR que ao julgar este caso inocentou a médica por unanimidade, a saber:

Não obstante se esteja julgando uma situação que ganhou uma projeção inédita na mídia nacional, cabe ao CRM apenas a análise cartesiana da conduta da Denunciada, frente a um grave caso. Identificamos coerência nas diversas oportunidades de defesa exercidas pela Denunciada.

É inafastável a hipótese de que se tratava de um quadro de evolução certeira ao óbito, apesar de todos os esforços de toda a equipe responsável. Resta cristalino, ainda, a incansável tentativa da Dra. Virginia em cercar todos os possíveis diagnósticos, outros em seu lugar teriam desistido muito antes.

Este Conselheiro descarta a possibilidade de prática de eutanásia e/ou tentativa de antecipação de óbito, muito pelo contrário, se vislumbram ações de grande dedicação para estabelecer o real diagnóstico e o tratamento para todas as possíveis patologias associadas.

Do mesmo modo, constata-se grande dedicação e atuação em equipe, juntamente aos vários profissionais envolvidos, por óbvio suas ações predominam, pois atuava diariamente e se dispunha 24 horas para melhor e mais ágil conduta, auxiliando nas decisões, chamando para si a responsabilidade e exigindo prontidão da equipe, o que, muitas vezes, pode ser interpretado como autoritarismo. Quem já esteve no comando de situações emergenciais compreende facilmente atitudes dosadas de certa agressividade sob pena de se perder o momento da ação. Nas várias oportunidades de esclarecimentos, a denunciada justificou um a um os motivos para ter utilizado os medicamentos questionados.

A todo instante na Medicina há situações em que é necessário fazer escolhas, costumeiramente se baseia em experiência, ciência e ocasião, sem nunca deixar de ponderar a relação risco/benefício. A farta documentação acostada nos autos dá subsídios suficientes para se justificar cada escolha adotada pela médica Denunciada.

Quanto à documentação de prontuário, as condições burocráticas e as fáticas que se desenrolam no momento da emergência levam a compreender o porquê de algumas distorções nas anotações, que aos olhos do analisador que se afasta da realidade vivida numa unidade emergencial, pode fazer erro de juízo.

Humanamente é impossível anotar e atuar ao mesmo tempo, ficando as anotações para um tempo futuro o que não pode traduzir exatamente a sequência fática de momentos pretéritos. Sem deixar de lembrar que na unidade comandada pela Denunciada havia outros casos, tão ou mais graves como este, simultaneamente. Portanto, não se vislumbra infração ética nessa atuação. Denúncia improcedente. (Acórdão CRMPR 16015 Processo nº 06/2014.)

Assim, nada mais a ponderar.

Pedido de absolvição deste terceiro fato da denúncia[109]

Ninguém matou alguém!

Em repetição fanática, novamente trata a denúncia de acusação de incursão: no artigo 121, parágrafo 2º, inciso I (motivo torpe) e IV (dificuldade de defesa da vítima), combinado com o artigo 62, I (direção da atividade dos demais agentes) e art. 61, II, alínea "g" (violação do dever de profissão) e "h"(crime contra pessoa idosa), aplicada a regra do artigo 69, todos do Código Penal.

---

109 Pedido constante das alegações finais da defesa no processo criminal.

Síntese dos argumentos lógico-jurídicos defensivos

Trata-se de falsa imputação do delito de homicídio na sua forma qualificada. No caso *sub examine*, o verbo do tipo não se verificou, ou seja, ninguém matou alguém! É certo dizer que *"morreu alguém"* no caso deste paciente descrito na denúncia. Apenas isto ficou provado. É mais certo ainda dizer que meramente *morrer alguém, não é crime*!

Os documentos oficiais informam apenas isto. "Morreu alguém" e das investigações científicas deste processo criminal, dos males que padecia e complicações daí advindas. Paciente de hospital que não resistiu.

Não se provou que alguma ação humana tenha sido praticada objetivando "matar alguém". Contrariamente, todas as ações humanas existentes derivaram do regular exercício da Medicina, com todo o arsenal que estava ao alcance em ambiente hospitalar no intuito de bem exercer as profissões de todos os integrantes das equipes multidisciplinares ali disponíveis para tentar salvar vidas.

Exige-se prova cabal de existência de fato criminoso, possíveis autores além da presença de **dolo ou culpa**, que não se presumem e devem ser provados cabalmente.

Médicos em hospitais trabalham com intenção de curar pacientes!

A única prova científica e oficialmente válida (certidão de óbito) apontava desde o início para essa conclusão e no tramitar deste processo isto apenas se confirmou ou nunca foi contrariado. A causa da morte está descrita na certidão de óbito atestada por outro médico que não a acusada,[110] como se pode ver:

> Paciente C. D. C. (segunda da denúncia – 3º fato) certidão de óbito na qual consta como causa da morte: "INSUFICIÊNCIA RESPIRATÓRIA/ADENOCARCINOMA DE PULMÃO INVASIVO". Médica que atestou o óbito: Dra. K. K., CRM nº 25.853.

Não há prova sequer da existência do fato criminoso narrado na denúncia.
Não há que se falar nem mesmo em "culpados" ou "inocentes", pois "existência de fato criminoso" é pressuposto da razão de ser do processo penal.
Não há outro caminho que não a sumária absolvição.

---

110 Vide fls. 1/8 das razões finais da defesa que transcreve o contido na certidão de óbito, que pela Constituição Federal não se pode negar fé.

Capítulo IX

4º fato da denúncia – paciente M. M. N. N. – acusação de assassinato com pena pedida de 12 a 30 anos[111]

Os agravos do paciente, nos ombros da Medicina...

Lembramos ao leitor que aqui citamos apenas alguns dos testemunhos ouvidos neste fato da denúncia, mas se quiser conhecer com mais detalhes tudo o que foi apurado e vivenciado por nós da defesa e pela médica Virginia, o leitor pode conhecer o teor completo deste processo acessando o site disponível em: <https://projudi.tjpr.jus.br/projudi_consulta/ autos nº 0029137-50.2012.8.16.0013>. Acesso em: 18 dez. 2017.

Conforme narrativas postas na denúncia:

I - Noite de 06/02/2012 – M. M. N. N. (neoplasia maligna no reto) – acordado e comunicativo;
II - 20h respirador em 45% e pressão PEEP em 8 → 22h médico E. A. S. J., em conluio com Virginia, A. determinou redução do respirador para 21% → B. 23h26 E. prescreveu em bolus, via endovenosa, os medicamentos de fl. 10 → C. Enfermeira P. C. G. R. ministrou as doses → D. 00h27 morte por asfixia;
III - valeram-se de meio que dificultou defesa da vítima → A. aplicou Pavulon e B. sonegou o suporte ventilatório;

---

111 Alertamos o leitor que somos obrigados a incursionar no campo técnico da Medicina, tentando traduzir para linguagem mais acessível. Como se verá, nem sempre isto é possível. Estas ponderações técnicas dos casos específicos da denúncia, se prestam aos especializados.

Como a acusação criou uma espécie de "padrão acusatório" na denúncia, com repetições fanáticas das mesmas situações em todos os fatos, em que se repete a fórmula diabólica também para esta paciente[112], por amor à síntese remete-se o leitor para o segundo fato.

Em meio ao fanatismo acusatório, em que se tinha mera e equivocada "convicção" sem provas técnicas, a testemunha de defesa, médico S. P. contrariou frontalmente o inteiro teor deste ponto da referida denúncia:

> (46:00) Defesa: Paciente M. M. N. N.. Este é um paciente com câncer de cólon, era idoso, sepse, endocardite bacteriana, coronariopatia, arritmia. Minha pergunta: uma vez que a demanda metabólica do paciente e o esforço respiratório diminuem com a sedação e a ventilação mecânica, não é possível, apesar deste momento, reduzir parâmetros de FiO2 e demais parâmetros desde que a oximetria seja satisfatória?
> Testemunha: Ajuste gasométrico. Se você tiver tratado a hipoxemia você vai colocar a menor FiO2 que mantenha parâmetros mínimos de oxigenação. A redução da fração inspirada de oxigênio faz parte do tratamento.
> Defesa: Existe alguma regra pré-definida para todo e qualquer caso para estes parâmetros de FiO2 e PEEP, ou estes ajustes de respirador são feitos de caso a caso, para cada paciente e verificando a resposta deste paciente?
> Testemunha: Exatamente, são feitos de caso a caso. Mas preferencialmente você tem que manter uma pressão de oxigênio acima de 80, isto seria o ideal.

---

112 Quanto à acusação: *"subtraiu todas as chances de sobrevivência ou recuperação" e "advinda de surgimento de tratamento ou por causa inexplicável..." o médico S. P., declarou: "(15:00) Defesa: A Dra. Virginia, no segundo fato aqui, consta que ela se considerava como onipotente no gerenciamento da UTI, que decretava o momento da morte das pessoas. O senhor entende que a atitude dela eram atos médicos, dentro da ética médica, ou eram atos tresloucados, que podiam derivar em mortes de pessoas intencionalmente? Testemunha: Eu considero que as ações da Virginia eram atos médicos. Defesa: Alguma possibilidade de terem mortes para gerar novas vagas na UTI? Testemunha: Não considero isto possível. Defesa: Eu já perguntei ao senhor sobre "desentulhar a UTI", o senhor falou que poderia ser sinônimo de alta para quartos, para gerar novas vagas. O senhor confirma então? Testemunha: Confirmo. Defesa: Tem um ponto da denúncia que fala o seguinte: os médicos, dentro da premissa acusatória, subtraíram as chances de sobrevivência e recuperação de pessoas dentro da UTI. O senhor imagina que pessoas na UTI tiveram subtraídas suas chances de sobrevivência e de recuperação, por ato doloso/intencional dos médicos? Testemunha: Não.(16:00) Defesa: Uma outra questão que preocupa na denúncia, vou fazer uma pergunta neste sentido. Pode ter uma cura advinda de surgimento de tratamento novo ou uma causa inexplicável para a ciência, como diz a denúncia? Os senhores têm compromisso de aguardar tratamento novo ou uma causa inexplicável para a ciência para agir como médicos? Testemunha: Esta pergunta é difícil. Medicina é um processo de contínua evolução. Sempre pode haver uma nova terapêutica para qualquer tipo de doença. Se isto não ocorresse estaríamos ainda fazendo Medicina "curandeira". Neste sentido sim, sempre pode haver uma nova terapêutica. Mas uma questão é a realidade das questões orgânicas do seu paciente. Se você tem um paciente que tem um grau de comorbidade e falta de resposta terapêutica com o tratamento que está instituído, é muito pouco provável que você tenha alguma terapêutica milagrosa que possa fazer este paciente reverter o quadro clínico muito avançado, e em que determinado momento pode ser visto por diversos médicos como irreversível."* (Depoimento judicial – vídeo 3)

Mas, às vezes, mesmo que você tenha um FiO2 elevado, você não consegue manter esta pressão.
Defesa: Os parâmetros de oxigenação, fl. 223, indicam que no dia do óbito o paciente teve saturação em torno de 92% e 98%. A fixação de valores de FiO2 e PEEP realizadas pelo médico eram naquele momento apropriados ao paciente?
Testemunha: Precisava analisar a pressão de oxigênio. Ele estava com um FiO2 relativamente baixo. Estava saturando bem, com 45% de FiO2 estava saturando 98%, era adequado até este momento. A partir das 21 horas ocorreu a decisão para redução para 21%.
Defesa: Mas ele continua saturando de forma alta?
Testemunha: 97%. (vídeo 3 – depoimento em juízo)

A testemunha defensiva, médico P. S., sobre o mesmo paciente M. M. N. N.:

(07:55) Defesa: Nas fls. 223 verso nós temos aqui o dia do óbito. Ele teve saturação sempre entre 92 e 98% certo?
Resposta: Sim.
Defesa: Então posso dizer que a saturação dele era satisfatória?
Resposta: Sim.
[...]
(10:35) Defesa: A saturação de oxigênio de 90% ou acima de 90% chegando a 97% perto do óbito é compatível com asfixia?
Resposta: Não.
Defesa: Seria impossível falar em asfixia?
Resposta: Asfixia? Não!
(12:24) Defesa: Com base no que consta no prontuário fls.224, readequação de sedativos teria ocorrido às 23h36, ela de alguma forma surtiu efeitos positivos no paciente? Se o paciente estivesse brigando com o ventilador nesta hora seria possível fazer essa medicação das fls. 224?
Resposta: Sim.
Defesa: E a dose é uma dose absurda, dose dentro do normal?
Resposta: Essa dose é muito semelhante àquela do outro prontuário. E aqui nós temos sedativos e bloqueador neuromuscular, então como comentei anteriormente você não pode fazer um bloqueador isoladamente tem que estar acompanhado de sedativos.
(14:36) Defesa: Em relação ao Pancurônio quanto tempo ele demoraria para agir neste paciente?
Resposta: Poucos minutos, 1, 2 minutos.
Defesa: Essa administração do Pancurônio teria sido feita às 23h36 está aqui nas fls. 224 mesmo assim é possível dizer que 24 minutos depois a saturação de oxigênio ainda estava em 97%?
Resposta: Sim.

(16:10) Defesa: Bom então se eu não posso falar em asfixia aqui por conta que o senhor acabou de falar aqui uma saturação de 97% é incompatível com asfixia. Eu posso concluir é lícito concluir, que é razoável dizer que esse paciente pode ter morrido efetivamente por conta das doenças de base dele como: endocardite, câncer, sepse, arritmia eram graves suficientes? Principalmente endocardite bacteriana para matar, mata pacientes em UTI?
Resposta: Sim. Claro!
(16:54) Defesa: Num paciente grave como o senhor M. M. N. N. que recebe em torno de 40 a 60 itens de prescrição por dia. É necessário e comum que toda e qualquer ação do médico seja explicada exaustivamente em prontuário? É normal isso, o senhor já viu alguma UTI que cada um das 40, 60 prescrições que um paciente desse grave recebe por dia seja explicada exaustivamente em prontuário?
Resposta: Não. A finalidade da evolução médica ao meu entender é que você depois de um ano abra o prontuário e consiga ter uma imagem do que aconteceu. Então essa é ao meu entender a principal finalidade da evolução médica. Que o que foi feito de importante para aquele paciente seja anotado. É impossível você anotar detalhes ainda mais numa UTI que é extremamente dinâmica. Se você for anotar todas as alterações que você faz em 10 pacientes você vai passar o dia inteiro fazendo evolução médica.
(20:30) Defesa: Provavelmente ele sairia vivo daquela UTI?
Resposta: Eu acho que não, pela gravidade da doença. (vídeo 4 – depoimento em juízo)

A testemunha, médico V. H. M., concorda com seus colegas neste fato e afirma em seu depoimento:

(17:08) Defesa: Paciente M. M. N. N.. Fls. 223 verso. Com essa saturação aqui não tem nada de anormal. Saturação de oxigênio de 90% chegando a 97% a hora do óbito ou perto da hora do óbito é compatível com asfixia?
Resposta: Claro que não. Evidente que não. De jeito nenhum.
Defesa: Mesmo com FIO2 em 21?
Resposta: Mesmo.
(18:11) Defesa: O senhor concorda que o Pancurônio seria necessário para que o paciente entrasse novamente em sincronia com o ventilador, se ele tivesse algum tipo de briga com o ventilador?
Resposta: É, o uso do Pancurônio aqui está certamente bem indicado, não tem problema nenhum.
(18:33) Defesa: Quanto tempo o Pancurônio demoraria para agir no paciente?
Resposta: Seria rápido.
Defesa: Poucos minutos?
Resposta: Poucos minutos.

(18:47) Defesa: Com base do que consta no prontuário é possível dizer que ele teria pelo menos, é o que consta na denúncia ele teria recebido o Pancurônio e teria se mantido com uma saturação de oxigênio ainda em 97 muito alta.
Resposta: Alta.
(20:27) Defesa: É possível estabelecer algum nexo de causalidade entre a atuação do Pancurônio nesse caso e uma asfixia em um paciente que no momento da morte apresenta saturação de 97%?
Resposta: Jamais, não sei porque que tá falando em asfixia.
(21:26) Defesa: Seria possível cogitar que a morte teria sido então produto das doenças de base, como sepse; ele era cancerígeno, tinha endocardite bacteriana, coronariopatia, arritmia etc. Então é possível cogitar, mesmo o senhor não conhecendo.
Resposta: Pelo o que você está falando aí para mim já é uma coisa muito agravante do paciente morrer.
Defesa: Principalmente a endocardite?
Resposta: Sem dúvida. A endocardite mata mesmo.
(22:10) Defesa: É comum num ambiente de UTI que pacientes que estejam aparentemente bem na visão de um leigo tentando conversar com um enfermeiro, familiares ou que até eventualmente peçam um objeto como óculos ou um livro. É possível que um paciente aparentemente bem aos olhos de um leigo ele venha a morrer abruptamente por conta das questões das doenças de base dele dentro de uma UTI, isso é comum?
Resposta: Não é comum, mas isso pode acontecer.
(23:08) Defesa: Essa dose de medicamentos das fls. 224, ela foge do normal? Ou é algo que pode ser administrado?
Resposta: Não, isso é algo que é usado diariamente. Não tem nada de anormal no uso desses medicamentos. (vídeo 2 – depoimento em juízo)

A ruidosa testemunha da denúncia, antigo médico M. L., declarou[113]:

(10:06) Defesa: Na noite de 06/02/2012 o paciente M. M. N. N., idoso com 73 anos estava internado na UTI em decorrência de neoplasia do reto, isso corresponde ao quadro do paciente?
Resposta: Corresponde ao que estava anotado.
Defesa: Bom, o paciente internou na UTI pós-operatório imediato realizado no dia 26/01/2012, de cirurgia emergencial por abdômen agudo tendo sido diagnosticado na intervenção cirúrgica carcinoma de cólon esquerdo inva-

---

113 Com relação ao testemunho do antigo médico M. L., lembramos que ao perguntar solenemente para este médico testemunho da acusação – que teria presidido uma "sindicância" e "analisado todos os prontuários com uma equipe ao seu dispor no âmbito administrativo do SUS" – surpreendeu a todos na audiência de instrução. Perguntou a defesa: *"Pela análise dos prontuários, dá para concluir pela antecipação de óbitos naquela UTI? Resposta: Pela análise dos prontuários, não!"* (vídeo 3, 41:40/42:05). Isto destruiu toda a denúncia de forma irreparável!

sivo perfurado e bloqueado pelo baço com sinais estetoscópicos com invasão gástrica pela aderência e múltiplas metástases epitáticas, é isso que ele tinha.
Que intervenção foi realizada o senhor pode descrever?
Resposta: Preciso verificar o prontuário...
(10:54) Defesa: Que intervenção foi realizada? O senhor pode dizer?
Resposta: Eu teria que verificar o prontuário. A página 31 do prontuário tem aqui ressecção múltipla de tubos digestivos, toracostomia e biópsia de fígado.
(11:37) Defesa: Ele foi submetido à colectomia esquerda, esplectonomia pela presença de abscessos em baço, gastrectomia parcial em grande curvatura, biópsia hepática em uma das múltiplas metástases e drenagem torácica à esquerda.
Resposta: É isso não está aqui anotado.
(12:03) Defesa: Considerando o gráfico anestésico, qual foi o índice de gravidade anotada?
Resposta: Eu não posso afirmar isso, mas posso verificar aqui. É ASA 4
(12:18) Defesa: Considerando ASA 4E, era paciente de altíssimo risco de morte durante o procedimento?
Resposta: Sim.
(12:27) Defesa: Considerando o gráfico anestésico evolução da equipe cirúrgica oncológica e admissão médica da UTI, a cirurgia teve intercorrências? Apresentou arritmias cardíacas? Houve muita perda de sangue?
Resposta: Esse paciente foi admitido em grau de instabilidade muito grande na UTI.
(13:50) Defesa: O paciente estava instável com drogas vasoativas, sedado e parâmetros baixos para proteção em vias aéreas e não foi a óbito.
Resposta: Não foi a óbito.
(14:00) Defesa: Não é esse o parâmetro maior da denúncia? A redução dos parâmetros?
Resposta: Eu não posso afirmar isso a partir do prontuário e também não fui eu quem redigi a denúncia. Ele foi a óbito.
(15:20) Defesa: O que é ventilação de proteção pulmonar?
Resposta: Eu não posso entrar em detalhes técnicos sobre ventilação mecânica porque eu não tenho essa especialidade.
(15:31) Defesa: O senhor sabe me dizer quais são os parâmetros ou volumes e pressões recomendadas?
Resposta: Eu não posso responder esse tipo de pergunta.
(15:43) Defesa: O Senhor como médico pode nos dizer o que é pressão de platô?
Resposta: Eu não posso responder parâmetros técnicos.
(16:13) Defesa: A descrição de incisão xifo-púbica interferiria com a condição de ventilação?
Resposta: Com certeza.
(16:22) Defesa: E mesmo assim o doente sobreviveu com parâmetros baixos de ventilação, isso lhe parece correto?

Resposta: É o que está descrito no prontuário.
(16:32) Defesa: Considerando todos os outros dias de evolução houve investigações no sentido de avaliar a possível ou as possíveis metástases?
Resposta: Eu não posso afirmar isso agora, a não ser que eu fosse verificar o prontuário todo[114].
(16:46) Defesa: Então mediante esses dados da UTI, não considerou o doente terminal desde a sua admissão?
Resposta: Isso é discutido com a equipe e isso não estava anotado aqui, não nesses termos.
(19:19) Defesa: Houve antibioticoterapia necessária para o quadro?
Resposta: O paciente recebeu antibiótico.
(19:27) Defesa: Esta forma de se conduzir o paciente rotulado como terminal?
Resposta: Não é a forma de um paciente rotulado terminal.[115]
(19:42) Defesa: Mediante todas as complicações apresentadas durante os 10 dias de permanência na UTI, sendo que uma delas foi a causa do óbito e não a redução de parâmetros em relação à redução de FIO2 e PIP? Como vimos pelas questões discutidas anteriormente? Não seria lógico que o óbito foi causado por todas essas complicações?
Resposta: Era um paciente que viria a óbito com essas complicações.
(20:11) Defesa: Havia outros recursos possíveis para o tratamento de carcinoma invasivo com múltiplas metástases sem quimioterapia ou radioterapia associadas?
Resposta: Neste caso, na minha opinião não.
(20:33) Defesa: Por tudo que foi explanado até o momento, sedação, analgesia e bloqueio neuromuscular ou anestesia endovenosa, não estaria indicado em pacientes submetidos a múltiplas invasões como cirurgia, transporte para exames, diagnósticos, já que praticamente todo curso de evolução a sedação foi retirada tentando dar condições de o doente retornar mesmo com prognóstico de terminalidade ao convívio familiar? O que mais poderia ser feito?
Resposta: Tem uma anotação realmente no prontuário deste paciente do Dr. J. C. S. se não me engano. Não me recordo exatamente, mas falando neste sentido que tentaria estabilizá-lo para ele retornar ao convívio da família e ter alta da UTI. O que chamou a atenção nesse caso é que esse é um dos casos que está descrito a diminuição de parâmetros do ventilador, um paciente que estava estável a ponto de pedir um óculos pra leitura e que foi feita a medicação e ele um pouquinho tempo depois foi a óbito. Então isso chamou a nossa atenção. Acredito tenha sido isso.[116] (vídeo 3 – depoimento em juízo)

---

114 Observa-se que para os meios de comunicação essa testemunha se apresentava como expert e emitia coisas estapafúrdias. Em juízo nega conhecimento, chegando a duvidar se realmente presidiu sindicância do SUS como afirmado.
115 Chamamos a atenção do leitor para observar que neste ponto ele afirma que Virginia investia na vida desse paciente acima do recomendado. Isto é o oposto do que diz a denúncia em seu todo!
116 Observamos que neste ponto o depoente tenta justificar seus equívocos anteriores com relação a esse paciente. Ou seja, analisando na audiência reviu sua impressão.

Evidente que o Ministério Público analisou somente o começo e o fim de todos os prontuários, sem levar em consideração todas as comorbidades do paciente. Levando em consideração somente evolução de enfermagem.

A única testemunha da denúncia quanto a este fato é a técnica de enfermagem V. A. B., que mostra sua inexperiência, como também afirma que não tinha noção alguma quanto às doenças que acometiam este paciente:

> (16:07) MP: Era só você que recebia essa ordem de anotar na evolução coisas que não tinham acontecido, ou os outros também recebiam esta ordem?
> Resposta: Todo mundo recebia essas ordens.
> MP: Daí seus colegas obedeciam essa ordem?
> Resposta: Todo mundo obedecia.
> MP: E você sabe por que obedeciam?
> Resposta: Na verdade era... a gente estava trabalhando e cumprindo ordens a gente achava que estava fazendo o correto, apesar de não né, eu achava que era o correto quando acontecia isso na minha cabeça o paciente tinha um prognóstico fechado, não tinha mais o que ser feito com o paciente e por isso que acontecia isso, até aconteceu com paciente que estava acordado conversando comigo, então até aí eu achava que era certo, eu não tinha essa, não tinha maldade nenhuma, porque eu não tenho nada contra nenhum médico que está sendo acusado, eu não tenho nada contra a enfermeira que está sendo acusada, pois para mim eles faziam o correto até acontecer isso, não tinha essa dimensão, porque lá foi o meu primeiro emprego na UTI, então eu não sabia o que acontecia nas outras UTIs, eu não tenho uma outra experiência em outro lugar, então quando eu vi com um paciente acordado pensei, isso não é normal.
> MP: Você lembra quem era esse paciente?
> Resposta: Porque eu me apeguei muito com ele é o seu M. M. N. N..
> MP: Tá você lembra qual era a doença dele?
> Resposta: Ele tinha um câncer de intestino mas eu não sei em que estágio ou o que.....
> MP: Você diz que se recorda dele acordado era de manhã, à tarde ou à noite?
> Resposta: À noite.
> MP: Ele estava acordado quando você estava atendendo ele?
> Resposta: Então assim é eu atendi ele em vários plantões e ele era um senhorzinho que parecia uma criança, então as vezes ele ficava mesmo agitado ele usava bolsa de colostomia ele arrancava para chamar a atenção, então eu me apeguei muito a ele, e nesse dia não era eu que tinha assumido ele, mas estava do lado dos 6[117] ajudando né, então a gente se ajudava, e nesse dia que eu cheguei ele estava acordado, ele ficou em névoa, ficou no respirador várias vezes, então assim, eu acredito que o caso dele era grave mesmo pelo pouco

---

117 Do lado da UTI que possuía 6 leitos.

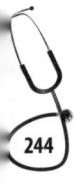

que a gente lia né, mas ele tava acordado ele me pediu o óculos para ler ele né, tava traqueostomizado em ventilação mecânica mas ele mexia a boca e a gente conseguia entender o que eles falavam né, não estava verbalizando (...) (vídeo 1 - depoimento em juízo)

Ressaltamos que o relatado pela testemunha, que ele arrancava a bolsa de colostomia, soa absurdo afirmar que fazia para chamar atenção, mostra desconhecimento total de tudo que estava acontecendo com os pacientes. Isso se chama "agitação psicomotora" e é comum em pacientes de UTI (delirium). Esta é daquelas novatas "técnicas de enfermagem" que tem como requisito apenas o "Ensino Médio completo".

Veja-se nesta parte do depoimento, para o qual parece ter recebido algum treinamento, que mais para frente com as indagações técnicas tudo vira nada:

(21:40) MP: Você lembra o que aconteceu com ele nesse dia?
Resposta: Lembro, ele tava acordado responsivo, é, tinham passado no plantão que ele estava com períodos de agitação, tiveram que conter ele, porque ele se agitava, mas ele era um senhor de idade né, e daí a gente trabalhando, eu me lembro do Dr. E. entregar um prescrição de Propofol e pavulon né e fazer um plano de sedação, ele não tava sedado na hora, dai eu fui e questionei com a enfermeira P., "P. ele tá acordado" porque o que ia acontecer? A gente já sabia o que ia acontecer, imaginava que o paciente ia a óbito, mas nunca vi com o paciente acordado. [...]
(26:01) MP: Depois que aplicaram você ouviu se tocou algum aparelho?
Resposta: Então, quando acontece isso é desligado os aparelhos, daí o monitor é desligado pra não fazer barulho, pra não alarmar outros pacientes que possam estar acordados. É feita a medicação e é desligado. Eles abaixam os parâmetros do respirador e daí é questão de pouco tempo pro paciente ir a óbito. (vídeo 1)

A pessoa que eventualmente "treinou" a testemunha para falsamente acusar Virginia não obteve "sucesso" em seu infausto périplo, pois ela se desnuda na resposta dada ao próprio Ministério Público:

(26:35) MP: Você viu quem baixou (parâmetros do respirador)?
Resposta: Não
(27:39) MP: Essa aplicação do Pavulon foi na bomba infusora do paciente?
Resposta: Não, direto no equipo, direto na veia do paciente. [...]
(28:10) MP: Essa que você viu com o Pavulon, foi uma ampola só? Você viu?
Resposta: Eu não me recordo. [...]
(30:48) MP: Lembra que fez anotação quando os parâmetros do oxigênio foram baixados?

Resposta: Não sei o que é FiO2 (parâmetros do oxigênio). [...]
(01:14) MP: Essa prescrição do Pavulon, você já viu alguma outra enfermeira aplicar além da P.?
Resposta: Não me recordo. (vídeo 2)
(19:39) Defesa: A senhora disse no início do seu depoimento, que foi ministrado Propofol, aí a promotora mostrou o prontuário e a senhora disse que era Pavulon.
Resposta: Passou muito tempo e eu não me lembrava.
Defesa: Já que a senhora falou que não era a senhora que estava cuidando do paciente, somente auxiliando às vezes ele. Pode ter acontecido alguma intercorrência respiratória nele sem que a senhora tenha visto?
Resposta: Que eu não tenha visto, pode ser que sim.
(21:02) Defesa: A partir dos teus conhecimentos técnicos, um paciente com saturação de oxigênio acima de 90%, pode morrer de asfixia?
Resposta: Não
(21:50) Defesa: A senhora reconhece que esse paciente tinha períodos de agitação?
Resposta: Sim. [...]
(27:00) Testemunha: A sedação endovenosa foi às 21h e ele foi a óbito depois da meia-noite.
Defesa: Na polícia, a senhora falou que ele veio a óbito 20 minutos depois.
Resposta: Eu não me lembrava. Eu sei que tinha o caso assim, mas é rápido.
(27:30) Juiz: A senhora confirma essa incongruência, entre 20 minutos e horas?
Resposta: Então, eu pra mim, que tinha sido bem rápido, né? Mas quando fui no MP, eu tive acesso ao processo e vi que não foi tão rápido. Aí eu vi que me contradisse nisso. Mas na minha lembrança, foi bem rápido, mas também não sei te falar os minutos. [...]
(30:15) Defesa: O que os médicos ou a equipe médica fez para que esse paciente tivesse a morte antecipada?
Resposta: Porque depois que foi administrado os medicamentos ninguém fez nada para reanimar o paciente.
Defesa: Todo paciente tem que ser reanimado?
Resposta: Na concepção minha, se fosse meu familiar, eu queria que fosse. Mas não sei se existe alguma regulamentação quanto isso. Não tenho acesso a isso. (vídeo 2)

É uma única testemunha, mas parecem duas ou três testemunhas bipolares ou contraditórias frontais. Quando se analisa seu depoimento. Evidentemente que o MP, em seu infausto périplo, tenta fazer "casar" testemunha, denúncia e prontuário. Salta aos olhos que tentam amoldar o fato à denúncia e não denúncia ao fato, de maneira obsessiva[118]. Continua a referida técnica:

---

118 Fanatismo acusatório.

> (0:05) Defesa: A respeito da medicação que está no carrinho, como é utilizada e depois como é prescrito?
> Resposta: A gente utiliza, pega o que o médico pede na hora da emergência. Mas se foi quebrado 10 ampolas de adrenalina, não significa que foram usadas as 10. Mas na prescrição o médico pede o tanto que foi quebrado pra repor. Nem sempre tudo o que foi prescrito foi utilizado. Primeiro é ministrado e depois vai pro prontuário com horário retroativo. O correto é na evolução escrever o quanto foi utilizado, mas nem sempre era feito isso. (Vídeo 4 – depoimento em juízo)

Quanto à testemunha da denúncia, A. P. C., que se intitulava inexperiente, mostra evidente desconhecimento em técnicas e conceitos quanto à manutenção de pacientes. Quanto a este paciente:

> (11:07) Testemunha: Tinha um paciente, eu não me lembro se o nome dele era H. ou M., eu não sei definir porque o paciente não era meu, ele estava no lado dos 6 no primeiro box, esse paciente estava consciente, na hora da visita que era 7h ou 7:30h e lá por umas 10:30/11:00h o paciente foi a óbito e ele tava lendo um livro, eu me lembro perfeitamente e eu lembro que ele pediu um óculos para a minha colega. [...]
> (12:00) Juiz: Só um pouquinho, a Sra. viu ele pedir um óculos, ou a Sra. viu ele pedindo um óculos e lendo um livro?
> Resposta: Ele estava com um livro, e ele pediu um óculos porque a vista dele estava cansada, já estava com livro. [...]
> (12:52) MP: Depois disso você viu se o paciente teve alguma alteração, se começou a ficar azul, se começou a ficar roxo, se ele começou a se desestabilizar, ele apresentou algum sinal de hipotensão?
> Resposta: Não porque eu não estava com esse paciente, esse paciente não era meu, era da minha colega, então assim, eu vi que enfermeira foi chamada até a sala, era o Dr. E. A. que estava de plantão, foi chamada até a sala dele lá, daí a enfermeira veio e mexeu lá na bomba, no respirador lá, e daí logo após ele foi a óbito. Uma colega minha até questionou, a enfermeira falou "Ele já ia morrer mesmo". (vídeo 1)

Ficou evidenciada a contradição entre as testemunhas da denúncia. Além disso, a técnica A. P. C. não estava atendendo o paciente, como declarado, e a testemunha V. A. B., que estava atendendo o paciente, não se recordava sequer das comorbidades e gravidade do paciente em questão. Ainda, conforme documento juntado pela defesa da médica M. I.[119], a referida técnica não estava na escala do dia do óbito.

---

119 Movimento 1.556.

A voz da ciência aplicada, retratada na Perícia oficial, afastou qualquer possível "crendice leiga". Aquele que meramente crê, como os acusadores deste processo, não necessitam de provas, bastando-lhes a fanática "fé". Processo é um laboratório jurídico e a ciência exige provas:

27. A denúncia (fls. 10) refere paciente internado na UTI geral em decorrência de neoplasia maligna do reto, acordado e comunicativo. Diga o senhor perito pela análise do prontuário se a causa do internamento da UTI era essa. Se a localização do tumor corresponde à denúncia, e se no dia do óbito que ocorreu aos 00:30 da transição para o dia 7 se o paciente estava acordado e comunicativo?

27. Resposta: O paciente M. M. N. N. foi internado na UTI por choque hipovolêmico, instabilidade hemodinâmica e necessidade de ventilação mecânica controlada. O tumor, de que foi acometido, era um Tumor Obstrutivo do Ângulo Esplênico do Cólon Abscedado e bloqueado com o baço, aderido ao estômago, portanto na cavidade abdominal, no quadrante superior à esquerda. O paciente estava acordado, agitado, confuso, não contactuando adequadamente com o meio ambiente.

28. Documentada no prontuário a redução nos parâmetros de ventilação após sedação analgesia e bloqueio neuromuscular houve saturação em 97%. Há como se afirmar como consta na denúncia nas fls. 10 que o paciente se encontrava sem suporte suficiente de ventilação mecânica e que evoluiu para asfixia?

28. Resposta: Não, pelo que vemos descrito nos registros que constam dos Autos.

29. Baseado nas evoluções médicas do dia 6/2/2012 além de evolução de enfermagem e exames de imagem realizados em que paciente se encontrava acordado e agitado, diga o Sr. perito se há contraindicação em literatura para o uso de sedativos, analgésicos e bloqueadores neuromusculares a fim de adaptar o paciente à ventilação? (citar fontes)

29. Resposta: Não. A curarização está indicada em pacientes desadaptados à ventilação mecânica, entre outras. 188 SLULLITEL, A.; SOUSA, A. M. Analgesia, sedação e bloqueio neuromuscular em UTI. Medicina. Ribeirão Preto, 31: 507-516, out./dez. 1998. Disponível em: <http://www.sbp.com.br/pdfs/sedação–e-analgesia-em-vent-mec.pdf>.

30. Diga o senhor perito se após essas medicações o anestesista tem condições de alterar parâmetros ou até reduzi-los se a saturação se mantém acima de 90%. (citar fontes)

30. Resposta: Sim. Podemos manter ou alterar a fração inspirada de oxigênio (FiO2). O objetivo é ter valores de SpO2 iguais ou superiores a 96%, necessários para garantir saturação arterial da oxihemoglobina (SaO2) superiores a 90%, em pacientes de terapia intensiva.

BONASSA, J. Princípios básicos dos ventiladores artificiais. In: CARVALHO, C. R. R. Ventilação mecânica. v. I - Básico. São Paulo: Editora Atheneu, 2000, p. 69-124.

CARVALHO, C. R. R. III Consenso Brasileiro de Ventilação Mecânica. J Bras Pneumol, 2007. 33: suplemento.
2. PINHEIRO, B. V.; HOLANDA, M. A. Novas Modalidades de Ventilação Mecânica. In: CARVALHO, C. R. R. Ventilação mecânica. v. II - Avançado. São Paulo: Editora Atheneu, 2000, p. 311-352.
31. Diga o senhor perito se esse paciente apresentava alterações no sistema cardiovascular descritas e documentadas no prontuário. (citar fontes)
31. Resposta: Sim, instabilidade hemodinâmica por falência da bomba (coração), por quadro clínico compatível com endocardite bacteriana (infecção das estruturas internas do coração). (Movimento 146.2 – fls. 281)

Como rotina, neste paciente as drogas utilizadas tiveram base em seu uso e indicação, pelo quadro clínico apresentado de agitação e confusão mental. Praticamente no dia do óbito é submetido a exames radiológicos e investigativos para avaliação de sistema nervoso central e possíveis complicações. As alterações efetuadas em ventilação garantiram saturação de oxigênio em torno de 97%. Não existia hipóxia e nem tão pouco a alegada asfixia suposta pela promotoria com esses níveis de saturação. Tinha complicações, principalmente, cardíacas, descritas detalhadamente em fundamentação.

Acusar uma enfermeira, que somente estava cumprindo sua função, dentro de todas as rotinas e familiarizada com o uso dessas drogas que, em muitos casos garantiram a sobrevida de outros pacientes, beira a inconsequência.

A médica Virginia, coordenadora da UTI, não poderia sequer ser acusada, pois não estava presente. Totalmente infundado e injurídico o teor da acusação.

Também a testemunha de acusação (V. A. B.), ao ver o prontuário, em respostas ao patrono de um dos médicos atuante neste fato, desfaz a afirmação de hipóxia e a suposta asfixia. Como foi afirmado por inúmeras testemunhas de defesa, médicos, perito do IML o bloqueador neuromuscular facilita a ventilação, não levando à rigidez de caixa torácica, mas sim ao oposto.

Histórico e fundamentação deste caso clínico em literatura médica específica

Nenhum médico adultera os critérios de risco...

Paciente M. M. N. N., de 74 anos de idade, internado no HUEC, em 24/01/2012 às 22h56, transferido da cidade de Paranaguá. Foi encaminhado para o serviço de oncologia cirúrgica em nome do médico assistente J. C. S., coordenador do serviço.

A título de informação, é possível notar que todas as prescrições e evoluções feitas por essa equipe têm a senha e login do coordenador do serviço. Isto corrobora o afirmado de que era rotina de muitos serviços no hospital adotarem essa prática.

O paciente em questão havia ficado internado em Paranaguá, litoral do Estado do Paraná, antes de sua admissão no HUEC por 25 dias, para esclarecimento de dor abdominal e febre. Realizou colonoscopia, incompleta pela presença de tumor obstrutivo em cólon e ressecou alguns pólipos. De acordo com médicos, consultados por esta defesa, esse período de espera interferiu de forma crucial em morbidade do caso e impôs riscos maiores de mortalidade.

A hipótese diagnóstica na admissão era de carcinoma de cólon e metástases hepáticas. Foi admitido na UTI Geral do HUEC, em pós-operatório imediato, como comprovam as prescrições médicas[120].

No processo, nossa defesa impugnou veementemente o afirmado pelo assistente técnico do Ministério Público, o qual sugeriu que a cirurgia não foi realizada em caráter emergencial e que na informação de ASA IV E[121] o E corresponderia a "encaixe". Os gráficos, anestésico e avaliação dessa equipe estão presentes em fls. 30 do prontuário. Foi classificado pela equipe, em critérios de risco, como ASA IV E. O termo E significa emergencial e faz parte da classificação, pois o paciente corria riscos de morte. Nenhum médico adultera os critérios de risco, sendo este critério universal.

Nota-se, no preenchimento do gráfico anestésico, a descrição de derrame pleural à esquerda, má-perfusão periférica, hipopotassemia, MEG[122]. Portanto, não foi compreensível a afirmação de "E" significar encaixe, pois esse termo sempre caracteriza emergência nos critérios ASA e corrobora com as descrições de MEG e má-perfusão periférica[123]. Má-perfusão periférica é indicativo de estado de choque.

---

120 fls. 42 a 49 do prontuário.
121 Tabela de critério de riscos = ASA.
122 Mau estado geral.
123 O Assistente técnico escolhido pelo Ministério Público, na ótica da defesa, é conhecido mais como grande empresário de UTIs que por atuar como médico no dia a dia e beiras de leitos. Estava mais interessado nos holofotes midiáticos que compromissado com a ciência. Sua falta de compreensão sobre o tema versado no processo é visível em suas próprias afirmações.

Conforme comprovado, a cirurgia foi realizada sob importante instabilidade hemodinâmica e perda de aproximadamente 3 litros de sangue[124], duração do ato cirúrgico foi de aproximadamente 4 horas.

Foram realizadas na intervenção: colectomia esquerda, gastrectomia parcial, esplenectomia, colostomia na altura de cólon transverso, presença de tumor de cólon abscedado e bloqueado pelo baço e aderido ao estômago. Foram realizadas biópsias hepáticas (não há descrição do número e localização das metástases no parênquima hepático) e toracostomia esquerda com drenagem fechada.

O carcinoma de cólon tinha como complicação a perfuração. Havia formação de abscesso bloqueado pelo baço e pelo estômago, sendo que esse bloqueio faz parte do processo de defesa do organismo, na tentativa de isolar o foco de infecção. Esse bloqueio requer alguns dias para chegar às condições descritas em cirurgia. A referência de não haver descrição da localização das metástases hepáticas podem traduzir a impossibilidade de suas ressecções a posteriori e algumas vezes só possível com transplante hepático.

O fato de haver a descrição de não apresentar sinais de peritonite difusa[125], não exclui o diagnóstico de infecção severa, pois, com a perfuração, houve extravasamento de conteúdo fecal para a cavidade, com bactérias. Esse quadro leva à suboclusão ou à oclusão intestinal, por paralisia das alças intestinais pela infecção. Na sequência, pela fisiopatogenia ocorre o fenômeno de translocação bacteriana que corresponde à migração de bactérias intestinais para todos os órgãos, pela corrente sanguínea.

Com o devido respeito profissional, nem médicos residentes aceitariam a afirmação feita pelo assistente técnico do MP que não se tratava de quadro séptico, contra a opinião do perito do IML e médicos que discutiram esse caso em audiências perante a justiça, principalmente o médico A. G., cirurgião assistente da oncologia.

Conforme provas dos autos como prontuários, depoimentos de médicos e perícia oficial, tratava-se de paciente ex-tabagista[126]. Foi admitido na UTI e baseado na descrição cirúrgica alterou-se a antibioticoterapia ministrada em transoperatório, ampliando-se muito o seu espectro. É importante lembrar que em todo quadro séptico, em que se faz necessária ampliação de espectro de antibióticos, há a participação da infectologia e da comissão de controle de infecção intra-hospitalar.

Já estando na UTI, em madrugada de 2/01/2012, evoluiu com importante instabilidade hemodinâmica, necessitando o uso de aminas vasoativas, apesar da vigorosa reposição em cristaloides e hemoderivados, tanto em transoperatório

---
124 fls. 30 do prontuário.
125 Pus e abcessos disseminados.
126 fls. 51 do prontuário.

quanto em pós-operatório imediato. Foi mantido com plano de sedo-analgesia em POi[127] realizado na UTI nesta data. O paciente em questão manteve severa instabilidade hemodinâmica ao longo de todo o dia 27/01/2012, como comprovam as prescrições médicas[128] do dia e os dados registrados em fls. 80 e seu verso, onde se tem o balanço hídrico e anotações de enfermagem.

Mesmo perante caso tão crítico, foi possível manter FiO2 entre 50 – 40% e PEEP em 6 cmH$_2$O, com excelente saturação, acima de 97%. Em fls. 71 do prontuário nota-se que pela evolução médica houve alteração no tipo de amina vasoativa utilizada, o que é conduta frequente conforme a necessidade do paciente, a cada momento. Foi possível também manter ventilação de proteção pulmonar com baixos parâmetros, tentando evitar evolução para LPA/SDRA129 complicação possível no caso em questão, considerando choque reposição volêmica, hemotransfusão e infecção em corrente sanguínea.

Apresentava também arritmias cardíacas desde o transoperatório, sendo medicado para essa correção tanto pelo anestesiologista quanto pelo médico da UTI.

Essas medidas foram fundamentais para a sobrevida desse paciente nas primeiras horas de pós-operatório. Pelas intervenções do médico, que é injusta e diretamente acusado, é que houve condições de sobrevida naquele momento.

Em 28/01/2012, foi mantida a conduta e em fls. 84 do prontuário tem-se a descrição de presença de arritmias cardíacas, mas sem necessidade de intervenção medicamentosa. A traqueostomia foi realizada pela equipe de oncocirurgia. Ainda havia estase gástrica, que se apresenta como um débito alto pela sonda nasogástrica, comprovando a ausência de trânsito intestinal.

Em 29/01/2012, em fls. 93 a 96 do mesmo prontuário, vê-se que o plano de sedo-analgesia foi interrompido em prescrição médica, sendo mantida somente analgesia contínua. Essa conduta é também contemplada em recomendações da AMIB. Com a dose de opioides utilizada, o paciente poderia até chegar ao alerta, pois opioides tiram dor. Ocorre a melhora hemodinâmica, sendo retirado Dopamina e mantidos inotrópicos[130]. Já havia uma resposta positiva pelo paciente. Sempre a equipe de oncologia acompanhava a evolução do paciente pelos documentos presentes no prontuário.

Em 30/01/2012, em fls. 106 a 109 do prontuário, veem-se as prescrições do dia com a retirada de analgésicos de uso contínuo, passando a intermitência. Foram solicitados eletrocardiograma, ecocardiograma com Doppler colorido e ecodoppler venoso de membros inferiores. Em fls. 111 do prontuário, em evolução médica do dia 30/01/2012, nota-se a hipótese de doença coronariana, considerando

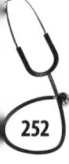

---

127 Pós-operatório imediato.
128 fls. 62 a 69 do prontuário.
129 Lesão pulmonar aguda e síndrome do desconforto respiratório agudo.
130 Dobutamina.

faixa etária e hábito tabágico, além da presença de neoplasia com as alterações próprias principalmente em crase sanguínea, pela concomitância possível de Síndrome Paraneoplásico, com liberação de citocinas, fator de necrose tumoral e outras proteínas inflamatórias, com alta incidência de fenômenos trombóticos. Começa a investigação cardiológica.

O ecodoppler de membros inferiores foi solicitado pela maior incidência de trombose venosa profunda nesse grupo de pacientes. Havia também a possibilidade de comprometimento de veia cava inferior por complicações tumorais. Ainda nesse dia, foi possível a manutenção de FiO_2 oscilando entre 40 – 37% e PEEP em 6 cmH_2O com excelente saturação. Em 31/01/2012, a equipe médica solicita angiografia digital via venosa[131] em instalação de filtro em veia cava inferior[132]. A indicação seria de prevenção de tromboembolismo pulmonar. Esse filtro fica instalado sempre abaixo das veias renais. O paciente apresentava importante edema de membros inferiores[133] e riscos de fenômenos trombóticos pelo quadro de neoplasia. Com o resultado do ecocardiograma, em discussão com a equipe que realizava o exame, houve a suspeita de Endocardite Bacteriana por alteração em folheto de válvula tricúspide. Era possível pela vigência de quadro séptico, certamente até anterior a sua admissão no HUEC. A endocardite é caracterizada pelo comprometimento de válvulas cardíacas em situações de infecção em corrente sanguínea, severa.

Em 01/02/2012, tanto em evolução médica[134] quanto em evolução de fisioterapia, vê-se o plano de desmame de ventilação, tendo sido possível no período da tarde[135].

Apesar da gravidade do quadro, até esse momento, era visível a resposta positiva por parte do paciente. Embora, jamais fora de risco por todas as alterações cardíacas acima citadas.

Consciente, traqueostomizado e em névoa úmida, teve maior mobilidade, inclusive fora de leito, o que é extremamente positivo para a melhora das condições pulmonares, intestinais, conforto do paciente e evitando até quadros de agitação psicomotora[136].

Assim permaneceu este paciente até a madrugada de 03/02/2012, quando ocorre piora clínica, voltando à ventilação mecânica com FiO_2 em 60% e saturação entre 95-97%[137]. Não há valores da PEEP registrados, não significando que não

---
131 Cavografia.
132 fls. 121 do prontuário.
133 Descrito pela fisioterapia na admissão em enfermaria.
134 fls. 139 – prontuário.
135 Verso de fls. 143, a partir de 14h, sob tubo T em névoa úmida.
136 Não foi novidade o afirmado pelo assistente técnico do MP que a mobilização era uma medida importante em quadros de agitação.
137 fls. 156 verso do prontuário.

tenha sido utilizada. Novamente necessita de vasopressores/aminas vasoativas em fls. 157.

Em fls. 158, veem-se as solicitações de tomografia de crânio e tórax para esclarecimento sobre a causa da piora do quadro clínico. Ainda na manhã de 03/02/2012[138], pode-se comprovar alteração do esquema antibiótico, com um aumento importante do espectro em relação ao esquema anterior.

Por parte da equipe havia forte suspeita de que o quadro infeccioso estivesse sem controle. Foram solicitadas culturas diversas, troca de acesso venoso central[139], eletrocardiograma[140] e novo ecocardiograma com Doppler colorido[141].

O que fica evidente neste prontuário é que se mantivesse exatamente a conduta que pautou o serviço ao longo dos anos, todas as intercorrências foram amplamente investigadas e tratadas. Em nenhum período, até o momento do óbito, esse paciente foi conduzido como terminal. Como já descrito pelas testemunhas elencadas neste capítulo. Esses depoimentos são esclarecedores a ponto de afastar qualquer dúvida.

No dia 04/02/2012, a evolução médica cita confusão mental[142]. A equipe de oncologia relata os resultados de tomografias, e não indica intervenção no derrame pericárdico. A princípio, naquele momento não havia sinais de tamponamento cardíaco e/ou pericardite constritiva. O laudo eletrocardiograma mostrava distúrbio de condução no ramo direito. Fica reforçada a possibilidade de doença coronariana, mais provável pela idade e hábito tabágico ou no sistema de condução[143].

Em tomografia de tórax, cujo laudo pode ser confirmado em fls. 266 do prontuário, vê-se a descrição de ectasia da aorta-descendente. Placas ateromatosas em arco aórtico e sinais de derrame pericárdico. Derrame pleural bilateral com atelectasia parcial dos lobos inferiores. Consolidações em pulmão esquerdo. Sinais de linfonodomegalia mediastinal. A tomografia de crânio tem em laudo: "Calcificação do hemisfério cerebelar à direita, sem sinais de lesões expansivas ou realces anômalos. Processo ateromatoso em artérias carótidas internas, segmentos intracavernosos.".

Sem sombra de dúvidas e cientificamente falando, além de ser portador de doença carcinomatosa, estar em quadro séptico, era também portador de doença aterosclerótica sistêmica com suas possíveis complicações. Refutamos veementemente a tentativa do MP em minimizar a gravidade do quadro clínico

---

138 fls. 159 do prontuário.
139 fls. 161-162 do prontuário.
140 fls. 163 do prontuário.
141 fls. 174 do prontuário.
142 fls. 187 do prontuário.
143 fls. 273 do prontuário.

dos pacientes, trombando com a ciência e contrariando laudos de exame de investigação.

A indigente alegação de que Virginia "inventava comorbidades" fez parte da "campanha de demonização" e não parou em pé! Era uma tentativa insana de colocar os agravos do paciente, nos ombros da Medicina.

Analisar esse paciente somente levando em consideração a isolada monovisão de balanços hídricos, em que há aparente "estabilidade" de valores nem sempre registrados, não representa a real condição do paciente. Ainda, não leva em consideração evoluções médicas, exames e seus laudos, levando a erro severo de interpretação do quadro clínico. Um médico, quando solicita um exame, sempre tem em mente as possibilidades de patologias para cada paciente. É essa a regra para o exercício da profissão!

Observou-se nas fls. 200, no dia 05/02/2012, que a evolução médica descreveu invasão hepática, mediastinal e pericárdica.

Em fls. 331, vê-se a descrição de anatomia patológica não encontrada pelo perito do IML e nem pelo assistente técnico da promotoria. Evidenciou-se invasão de tecido perigástrico, além da serosa, com invasão angiolinfática e infiltração perineural. Baço com infarto extenso, serosite crônica e aguda, fibrinoleucocitária extensa. Invasão hepática.

Tratava-se de carcinoma de cólon, em estado avançado, com perfuração intestinal, quadro de sepse e comprometimento cardíaco importante que, por si só, poderia gerar um desfecho súbito, em um quadro irreversível. Atribuir o óbito do paciente às condutas realizadas parece implausível, não só para nós da defesa como para toda comunidade científica.

Em 06/02/2012, em fls. 214 do prontuário, há descrição de piora clínica, confusão mental. Poderia fazer parte do quadro séptico, ainda sem controle, pois, como podemos notar, os drenos abdominais não haviam sido retirados e tinham alto débito.

A cirurgia de grande porte realizada não estava isenta de complicações como fístulas, deiscências de suturas viscerais, abscessos, considerando ter sido realizada com presença de infecção local importante.

Por melhor que seja a técnica cirúrgica, esses riscos são previstos[144].

A confusão mental poderia fazer parte do quadro séptico. Elias Knobel, no capítulo 45, com subtítulo Encefalopatia na Síndrome Séptica, descreve que: "pacientes sépticos com encefalopatia apresentam mortalidade significativamente maior que pacientes sépticos sem encefalopatia." (KNOBEL, 2002, p. 621). Por esse motivo, as chances de complicações vasculares intracranianas poderiam estar presentes nesse momento. A equipe solicitou tomografia de crânio e ecodoppler

---

144 E os drenos tinham ainda alto débito considerando 11º PO.

de carótidas e vertebrais nesse dia, que praticamente foi o dia do óbito, pois o paciente veio a falecer em torno de 00:30h do dia 07/02/2012.

É implausível qualquer intenção escusa contra um paciente que praticamente no dia de seu falecimento tinha sido submetido a exames investigativos.

Em seu interrogatório, o doutor E. A. assume a responsabilidade de forma plena pela escolha das medicações administradas e explana ao magistrado, de forma detalhada, a sua conduta, pois Virginia não estava sequer presente naquele período noturno.

O paciente manteve saturação de O_2 excelente, sempre acima de 90%, momentos antes do óbito. A redução foi realizada pelo médico supracitado e também explanada ao juízo. Essas medicações são as mais indicadas para pacientes instáveis e por suas características farmacológicas, considerando associação não levariam o paciente a óbito[145].

Não se sabe de onde a promotoria tirou, quando afirmou em suas alegações finais, que " a enfermeira C. aplicou medicação por ordem telefônica." [146]

Vê-se que o médico explanou a conduta, citou literatura, embasando desta forma seu ato médico. Interessante pontuar que, nas anotações de enfermagem, em verso de balanço hídrico do dia 06/02/2012, no controle que abrange até 6 horas do dia 07/02/2012, a técnica relata que o paciente apresentou "parada cardiovasculatória". Esse detalhe foi visto pelos assistentes técnicos desta defesa. Esse termo "cardiovasculatória" é inexistente, tanto em literatura médica como em fala médica e de enfermagem. De forma contrária à opinião do MP, trabalhar com leigos era um fardo para a equipe. Isso também ficou bem claro nas audiências.

O Perito Oficial do IML nega asfixia em todos quesitos do Ministério Público, sendo que posteriormente tenta associar à ação das drogas, com potencial hipóxia tecidual, que ocorreu não por ação humana, mas sim pelos distúrbios cardíacos que esse paciente apresentava.

Também, respondendo aos insistentes quesitos do Ministério Público quanto à redução da PEEP, foi muito bem explanado pelo médico E. A. em seu interrogatório, como também por exemplos citados na defesa que comprovavam que atelectasias em pacientes mantidos em ventilação mecânica podem ser inclusive conduta terapêutica e assim não levam o paciente a óbito.

---

145 Embora uma "lenda urbana" tenha se formado, embalada pela Promotoria, em nenhuma interceptação telefônica existe menção de qualquer fármaco a ser utilizado.
146 Nos jargões médicos e como forma de descompressão laboral, usam chacotas como a rápida referência a Menguele, como fez Dr. E. A., e que foi tomado em contexto completamente adulterado quando a médica Virginia pergunta se havia prescrito analgésicos intermitentes, pois havia suspenso o plano contínuo. Pede ao médico que confira os analgésicos... Recorde-se que Menguele pela história fazia exatamente o oposto, ou seja, deixava os pacientes sem a medicação e com dores.

Encerra-se este capítulo com o que afirmou o antigo médico M. L., tida como principal testemunha da denúncia. Ele próprio desconstrói todo o castelo de fumaça acusatório que ajudou a construir:

> Defesa: Pela análise dos prontuários, dá para concluir pela antecipação de óbitos naquela UTI?
> Resposta: Pela análise dos prontuários, não! (41:40/42:05 – vídeo 3, audiência perante o juízo)

Pedido de absolvição deste quarto fato da denúncia[147]
"Morreu alguém" e dos males de que padecia...

Neste quarto fato, tratou a denúncia de acusação de incursão: no artigo 121, parágrafo 2º, inciso I (motivo torpe) e IV (dificuldade de defesa da vítima), combinado com o artigo 62, I (direção da atividade dos demais agentes) e art. 61, II, alínea "g" (violação do dever de profissão) e "h" (crime contra pessoa idosa), aplicada a regra do artigo 69, todos do Código Penal.

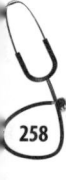

---

147 Pedido constante das alegações finais da defesa no processo criminal.

Síntese dos argumentos lógico-jurídicos defensivos

Trata-se de falsa imputação do delito de homicídio na sua forma qualificada. No caso sub examine, o verbo do tipo não se verificou, ou seja, ninguém matou alguém! É certo dizer que "morreu alguém" no caso deste paciente descrito na denúncia. Apenas isto ficou provado. É mais certo ainda dizer que meramente morrer alguém, não é crime!

Os documentos oficiais informam apenas isto. "Morreu alguém" e das investigações científicas deste processo criminal, dos males que padecia e complicações daí advindas. Paciente de hospital que não resistiu.

Não se provou que alguma ação humana tenha sido praticada objetivando "matar alguém". Contrariamente, todas as ações humanas existentes derivaram do regular exercício da Medicina, com todo o arsenal que estava ao alcance em ambiente hospitalar no intuito de bem exercer as profissões de todos os integrantes das equipes multidisciplinares ali disponíveis para tentar salvar vidas.

Exige-se prova cabal de existência de fato criminoso, possíveis autores, além da presença de **dolo ou culpa**, que não se presumem e devem ser provados cabalmente.

Médicos em hospitais trabalham com intenção de curar pacientes!

A única prova científica e oficialmente válida (certidão de óbito) apontava desde o início para essa conclusão e no tramitar deste processo isto apenas se confirmou ou nunca foi contrariado. A causa da morte está descrita na certidão de óbito atestada por outro médico que não a acusada.148

Portanto, a morte deste paciente se deu pelas causas registradas em sua certidão de óbito:

> *Paciente M. M. N. N. (4º fato da denúncia) certidão de óbito consta como causa da morte:* "CHOQUE SÉPTICO PERITONITE DIFUSA/CA COLON". *Médico que atestou o óbito: J. F. M., CRM nº 28.385.*

Não há prova sequer da existência do fato criminoso narrado na denúncia.
Não há que se falar nem mesmo em "culpados" ou "inocentes", pois "existência de fato criminoso" é pressuposto da razão de ser do processo penal.
Não há outro caminho que não a sumária absolvição.

---

148 Vide fls. 1/8 das razões finais da defesa que transcreve o contido na certidão de óbito, que pela Constituição Federal não se pode negar fé.

Capítulo X

5º fato da denúncia – paciente A. R. S. – acusação de assassinato com pena pedida de 12 a 30 anos[149]

"Um paciente como este, no melhor hospital do mundo..."

Conforme narrativas da denúncia:

I - Manhã de 03/05/2012 – A. R. S. (queimadura de 3º grau com lesão pulmonar) – 10h sedado, com respirador em 60% e pressão PEEP em 8;
II - 10h06 Virginia prescreveu em bolus, A. via endovenosa, os medicamentos contidos em fl. 12; B. A. F. diminuiu o respirador para 21% e pressão PEEP para 0; C. morte por asfixia;
III - valeram-se de meio que dificultou defesa da vítima. A. aplicou Pavulon e B. sonegou o suporte ventilatório;

Como a acusação criou uma espécie de "padrão acusatório" na denúncia, com repetições fanáticas das mesmas situações em todos os fatos, em que se repete a fórmula diabólica também para este paciente, por amor à síntese remete-se o leitor para o segundo fato, abordado anteriormente.

Este paciente sofreu gravíssimas queimaduras com gasolina em mais da metade do corpo. Oriundo da cidade de Toledo, no Paraná, há mais de quinhentos

---

149 Alertamos o leitor que somos obrigados a incursionar no campo técnico da Medicina, tentando traduzir para linguagem mais acessível. Como se verá, nem sempre isto é possível. Estas ponderações técnicas dos casos específicos da denúncia, se prestam aos especializados.

quilômetros de Curitiba, de onde veio diretamente para internamento em UTI do HUEC[150].

O médico intensivista Dr. G. G. analisou o prontuário deste paciente em audiência de instrução e repeliu veementemente a denúncia:

>(03:40) Defesa: Dr. G. G., este é um paciente que teve queimaduras em mais de 50% da superfície corporal, a queimadura dele é decorrente de uma explosão com gasolina, teve então também queimadura de vias aéreas. Eu lhe pergunto: o paciente com 50% da superfície corporal queimada pode ser caracterizado como um grande queimado?
>Testemunha: Eu acredito que sim.
>Defesa: O senhor poderia definir o que é SARA?
>Testemunha: Síndrome da Angústia Respiratória do Adulto. Ela é definida como a incapacidade do pulmão de extrair oxigênio do ar que lhe é provido, dado que a pressão vascular dentro do pulmão seja baixa. Ou seja, quer dizer que o pulmão não consegue extrair oxigênio do ar, não sendo em decorrência de edema de pulmão, por uma falência cardíaca. Então se define a lesão pulmonar aguda ou a SARA pela razão entre a fração inspirada de oxigênio e a pressão parcial de oxigênio medida no sangue arterial de um paciente.
>Defesa: O senhor sabe quais eventuais valores desta relação entre PaO_2 e FiO_2 caracterizam a SARA?
>Testemunha: Então, respeitado este critério da baixa pressão venosa do pulmão, ou seja, sem ser em decorrência de lesão cardíaca, uma razão inferior a 300 caracterizaria injúria aguda pulmonar, uma razão menor do que 200 caracterizaria SARA e uma razão inferior a 100 caracterizaria o que poderia se chamar SARA grave. O grupo mais grave de lesão pulmonar poderia ser caracterizado como SARA grave.
>Defesa: Se eu lhe disser que neste paciente os valores pré-óbitos são 76, 71.5 e depois 68.75 então concluo que é SARA grave.
>Testemunha: É um paciente gravíssimo.
>Defesa: Sepse e lesão inalatória podem ser consideradas causas de SARA?
>Testemunha: Sem dúvida. Sepse, por um mecanismo particular de reação inflamatória difusa, pode sim gerar inflamação pulmonar e causar SARA. Lesão inalatória por queimadura obviamente causaria SARA grave.
>Defesa: Vou lhe dizer a situação deste paciente e eu queria saber sobre marcadores de mortalidade. Ele tinha superfície corporal queimada de 50%, septicemia por pneumonia e infecção de queimaduras, queimadura de vias aéreas, recebeu sangue em três oportunidades, era homem, usou pelo menos quatro acessos venosos centrais em momentos diferentes durante o internamento. Comorbidades: apresentou hemorragia digestiva alta, piora de lesão pulmonar, secreção pulmonar purulenta e sanguinolenta nas evoluções de

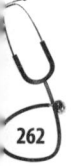

---

150 Referência em queimados.

enfermagem, apresentava hipernatremia, piora de valores de ureia, anemia com necessidade de reposição de bolsas de sangue, distúrbio de coagulação, febril durante todo o internamento, hemograma com sinais inequívocos de infecção, descrição de piora do padrão de queimadura com a presença de sinais de infecção pela equipe de enfermagem. Diante de todo este quadro, este era um paciente em gravíssimo estado?

Testemunha: Sem dúvida. Existem marcadores de mortalidade, não vou descrevê-los aqui, mas em Medicina Intensiva é comum se quantificar o risco de morte de um paciente, talvez o mais popular é o *score* APACHE, mas existem outros. Não posso dar um número, mas independente do *score* fica claro para qualquer profissional que trabalha na área que este é um paciente gravíssimo.

Defesa: Este paciente passou mais de 15 dias em ventilação com FiO_2 superior a 60%. Isto também era deletério a ele?

Testemunha: Sem dúvida. Este é um ponto de mudança da Medicina Intensiva de, digamos, 20-25 anos atrás para a Medicina Intensiva que se faz desde a metade dos anos 90. Provavelmente no início dos anos 70 e 80, o principal objetivo de um médico que está tratando de um paciente mecanicamente ventilado é ter uma gasometria ótima. Faziam manobras extremas para obter uma gasometria (ideal) nestes pacientes. Há aproximadamente 20 anos atrás começaram a demonstrar que buscar uma gasometria perfeita aumentava a mortalidade de um paciente mecanicamente ventilado. Por mais que imediatamente você possa ter números melhores num resultado laboratorial de um paciente, pressão em excesso nas vias aéreas e oxigênio a 100% geram lesão pulmonar. Então se definiu o que em Medicina chama-se estratégia de proteção pulmonar, que significa o médico tolerar uma gasometria não ótima, um sangue mais ácido, uma oxigenação subótima, mas a longo prazo aumenta a sobrevida. Reduz-se a mortalidade do paciente. Num paciente que necessita FiO_2 superior a 60% ou PEEP alta, denota medidas extremas, talvez eu diria até heroicas, para se manter um paciente vivo.

(16:40) Defesa: Aqui eu tenho a folha de balanço hídrico do dia do óbito (fl. 118 e fl. 97, pressão de pico). Gostaria de saber se os valores presentes correspondem a padrões extremos.

Testemunha: O que me chama atenção nesta folha, o balanço hídrico do dia do óbito do paciente, são três parâmetros. Primeiro, a FiO_2 é de 80%, superior a este objetivo de 60%, um nível tóxico de oxigênio. O segundo parâmetro que é suprafisiológico deste paciente é a PEEP de 8. O terceiro parâmetro é a frequência respiratória de 30, que é um parâmetro também bastante alto em ventilação mecânica.

(26:10) Defesa: Frequência respiratória de 30 é um padrão alto?

Testemunha: Altíssimo. A não ser que alguém documente o volume corrente deste paciente, eu presumo que ele era baixíssimo. O que eu presumo com uma frequência respiratória de 30 é que, mesmo com esta pressão de 50, o volume corrente talvez fosse 150, 200ml, baixíssimo. Para compensar este volume corrente baixíssimo, se aumenta drasticamente a frequência respiratória e a ventilação por minuto é, de alguma forma, preservada.

(27:40) Defesa: Posso inferir com esta frequência respiratória de 30 que este paciente fazia auto PEEP?

Testemunha: Num paciente com a frequência respiratória determinada de 30, eu acho improvável que não houvesse auto PEEP. O problema de auto PEEP é que, se existe pressão em excesso dentro da via aérea do paciente, este paciente pode morrer. Em longo prazo, dias, ele pode morrer pelo trauma que esta pressão em excesso causa no pulmão. Mas, de forma imediata, e isto é crítico em um paciente que é crítico em Terapia Intensiva, esta pressão em demasia dentro da via aérea reduz a *performance* cardíaca. Pressão em excesso dentro do tórax reduz o retorno venoso para o coração. Recebendo menos sangue, o coração também bombeia menos sangue e há colapso circulatório.

(31:40) Defesa: Um paciente com tamanha gravidade, havendo aqui evoluções de enfermagem dizendo que ele competia com o ventilador, possuía secreção traqueal abundante, necessidade de aspiração de vias aéreas, evoluindo na manhã do óbito com baixos valores de PaO_2 e saturação de O_2. Gostaria de saber se era recomendável que ele fosse sedado e fossem usados bloqueadores neuromusculares.

Testemunha: Melhorar a sedação é uma das formas de corrigir isto (competição do paciente com o ventilador). A segunda forma é bloqueador neuromuscular. Você bloqueia a respiração espontânea do paciente, permite que o respirador mecânico trabalhe de forma mais adequada, reduz o auto PEEP. No caso deste paciente específico, que está em modo controlado por pressão e não por volume, com a mesma pressão dentro da via aérea eu consigo aumentar o volume corrente dele usando bloqueador neuromuscular. Isto sem dúvida é uma medida terapêutica altamente indicada, pelo que posso ver no prontuário.

(37:00) Defesa: Mudando um pouco de assunto, a questão dos antibióticos que foram ministrados neste paciente (fl. 87 e 87 verso). Houve administração de antibióticos neste paciente?

Testemunha: Tazocin, Piperacilina Tazobactan, é um antibiótico de amplo espectro, no sexto dia de 15. Vancomicina, também no sexto dia. Fluconazol, um antifúngico, que não se usa comumente em um paciente com pneumonia ou com SARA, já mostra que estão tentando medidas extremas, tratar coisas que não se pode sequer provar, que o paciente tem uma pneumonia fúngica, o que é improvável. Mas enfim, estão tentando tudo o que podem provavelmente. O Ganciclovir é um antiviral... mais ainda do que o Fluconazol, talvez mais desesperados estavam estes médicos de tratar esta pneumonia, inclusive com um antiviral que, obviamente, improvável de ser o caso. O caso de uma lesão pulmonar como a que o paciente teve é provavelmente bacteriana.

(39:40) Defesa: Além disso, na fl. 194 em diante, temos o Raio-x deste paciente.

Testemunha: Na fl. 194, infiltrado pulmonar mal definido, bilateral, pode ser o aspecto radiológico de SARA. (Na fl.195) Consolidação pulmonar já sugere

um caso como pneumonia. (fl.197) Consolidação pulmonar difusa bilateral é uma pneumonia que se desenvolve apesar do arsenal terapêutico.
Defesa: E a tomografia de tórax, na fl. 200.
Testemunha: Confirma o que a radiografia tinha mostrado. Consolidação pulmonar densidade padrão vidro fosco, multifocais, difusas em ambos os pulmões, mais intensa nos nodos inferiores, bilateral.
Defesa: E, por fim, a fl. 147 em comparação com a fl. 188.
Testemunha: A mesma piora do laudo radiográfico é a mesma piora laboratorial da gasometria arterial deste paciente.
(44:00) Defesa: Mostrando este quadro, e lembrando que o prontuário também atesta que ele já vinha, antes de entrar na UTI do Hospital Evangélico, ele esteve 12 dias em outro hospital, também recebendo antibióticos por 5 dias, ele respondia à terapêutica? [...]
Testemunha: Pelo menos 8 dias de antibioticoterapia adequada até o dia do óbito. Isto completa um curso completo de antibioticoterapia para um paciente com pneumonia associada a ventilação mecânica.
Defesa: E ele respondeu de forma positiva?
Testemunha: Claramente não. Radiologicamente e laboratorialmente não.
Defesa: Sem nenhum tipo de melhora, a equipe (médica) já estaria em obstinação terapêutica?
Testemunha: Eu acredito que sim. Eu não consigo imaginar um cenário no qual ele fosse melhorar, claro, muito fácil afirmar isto retrospectivamente.
Defesa: O senhor consegue imaginar, no hospital em que o senhor trabalha nos EUA, uma reversão deste quadro (caso fosse tratado lá)?
Testemunha: Não. Eu acredito que um paciente como este, no melhor hospital do mundo, com o melhor médico do mundo, com a melhor equipe de enfermagem do mundo – porque estas medicações são de padrão internacional, consigo imaginá-lo em qualquer hospital do mundo recebendo o mesmo tratamento. Não consigo imaginar um paciente com esta evolução clínica e o mesmo tipo de tratamento que recebeu tendo alta hospitalar, sucesso terapêutico.
(50:00) Defesa: É possível que o médico comece uma reanimação e, antes mesmo de injetar qualquer droga no paciente, ele conclua que não é possível reanimar este paciente?
Testemunha: A reanimação cardiopulmonar inclui várias intervenções. A droga, que você diz, não é a primeira intervenção. O tipo de reanimação que um paciente recebe depende do que levou à parada cardiopulmonar. A primeira medida de reanimação cardiopulmonar se chama massagem cardíaca. Ou seja, você pode reanimar um paciente com dois ciclos e meio de reanimação cardiopulmonar antes da primeira dose de Norepinefrina, por protocolo de ACLS.
Defesa: E é possível que, por rigidez de tórax, o médico perceba que é impossível perfundir...?

Testemunha: Não perfundir, ele pode perceber que é impossível rebaixar o esterno de 5 a 10 cm, que é o que se preconiza na ACLS. É possível que mecanicamente não se possa proceder à reanimação cardiopulmonar.

(54:40) Defesa: Tecnicamente, este paciente possuía condições de reanimação?

Testemunha: Esta me parece a questão central, não sei se só deste paciente mas, pelo que acompanhei na mídia, na maioria destes pacientes. Eu acredito que, depois do terceiro ou quarto dia de antibioticoterapia, sem qualquer melhora clínica, eu acho no mínimo questionável iniciar manobra de reanimação cardiopulmonar. Se eu tento me colocar na beira do leito vendo este paciente, vendo esta progressão natural, inexorável, irreversível, eu acredito que eu não reanimaria este paciente. (vídeo 1 – depoimento em juízo)

Na mesma linha de raciocínio científico, a testemunha defensiva, o médico V. H. M. declarou:

(00:11) Defesa: Doutor, um queimado paciente que tenha um nível de queimadura de 50% ou mais da superfície corporal é um grande queimado? É um paciente grave?

Resposta: É um paciente gravíssimo.

(04:25) Defesa: Os parâmetros de ventilação mecânica foram otimizados nas últimas 24 horas de vida do doente. Fls. 106 depois continua na 118 e verso o que nós tivemos em relação aos parâmetros de ventilação mecânica nas últimas 24 horas de vida do doente?

Resposta: Foram aumentando a oferta de oxigênio e o índice de saturação baixou ou manteve mais baixo um pouco.

(05:28) Defesa: Houve aumento de frequência respiratória e FIO_2?

Resposta: Sim, houve aumento.

(05:42) Defesa: Nas mesmas folhas existe alguma diminuição de FIO_2?

Resposta: Não, só aumento.

Defesa: E no final?

Resposta: Só mantendo.

Defesa: Esse aumento vai para 80% e ficou mantendo 80. Que já é muito alto ou não?

Resposta: Muito alto.

(07:41) Defesa: Parâmetros de ventilação mais extremos pode exigir otimização de sedação ou analgesia ou uso de bloqueadores neuromusculares?

Resposta: Pode.

(08:06) Defesa: De acordo com as evoluções de enfermagem o paciente possuía secreção traqueal abundante com necessidade de aspiração de vias aéreas e competia com o ventilador evoluindo na manhã com baixos valores de PO_2 e saturação de O_2. Otimização de analgesia e sedação, ventilação mecânica e até o uso de bloqueadores neuromusculares podem fazer parte do arsenal terapêutico?

Resposta: Pode e deve. Porque a gente fala na linguagem nossa que o paciente está brigando com o respirador. Então você tem que sedá-lo e fazer um relaxamento muscular pra que a ventilação seja adequada com o respirador.
(08:55) Defesa: Nas fls. 106 existe uma evolução de enfermagem escrita à mão. Noite do dia 02, ele fala alguma coisa sobre reação a estímulos dolorosos e secreção traqueal?
Resposta: O estímulo que foi feito nele ele abriu os olhos e de certo fez alguma careta alguma coisa assim para mostrar que estava doendo.
(11:48) Defesa: Nas fls 92 e 93 temos prescrições de sedações intermitentes inclusive com bloqueio neuromuscular que seria o Tracrium. A descrição de instabilidade hemodinâmica de alguma conduta seja em evoluções ou em fluxograma de balanço hídrico eu estou perguntando em relação às fls. 106. Se existe uma descrição de instabilidade hemodinâmica com a conduta?
Resposta: Aqui possivelmente esse paciente não estava mais urinando aí foi feita aqui também para ele urinar.
(13:31) Defesa: Má adaptação a ventilação mecânica e secreção pulmonar abundante interfere na ventilação mecânica?
Resposta: Totalmente.
(13:41) Defesa: De acordo com os protocolos médicos é importante proporcionar adequada analgesia e sedação antes do uso de bloqueadores neuromusculares?
Resposta: Sedação sim, claro. (vídeos 1 e 2 – audição perante o juízo)

Na mesma linha de trazer conhecimentos médicos ao processo e desmistificar a denúncia, a testemunha médico S. P., ponderou:

(23:30) Defesa: Começo com o Apenso V do paciente A. R. S.. Trata-se de um paciente que teve uma queimadura de mais de 50% da superfície corporal, queimadura de vias aéreas, de 2º e 3º graus. A queimadura se deu por uma explosão com gasolina. Um paciente com 50% de superfície corporal queimada é caracterizado como um grande queimado?
Testemunha: Pode ser caracterizado como um grande queimado.
Defesa: O senhor sabe definir o que é SARA?
Testemunha: Sim. SARA é um termo antigo, o que a gente usa é *distress* respiratório agudo. É um processo inflamatório dos vasos pulmonares e do alvéolo pulmonar, leva a um aumento da capacidade de transudação, ou seja, da saída de líquido de dentro da corrente sanguínea para o espaço de respiração. Este edema, este líquido dentro alvéolo, que ocorre não por uma disfunção do coração, é considerado síndrome do *distress* respiratório agudo. É o edema pulmonar, o líquido dentro do pulmão, não causado por uma disfunção cardíaca.
Defesa: Sepse e lesão inalatória podem ser consideradas as principais causas de SARA?

Testemunha: Sepse é uma das principais causas de SARA. Lesão inalatória por substância química é uma causa muito frequente da síndrome do *distress* respiratório agudo.

(26:00) Defesa: Sobre marcadores de mortalidade de um paciente com estas condições: superfície corporal queimada de 50% ou mais, septicemia por pneumonia e infecção de queimaduras, queimadura de vias aéreas, ele recebeu sangue em três oportunidades, era homem, usou pelo menos 4 acessos centrais durante o internamento e tinha uma relação de PaO_2/FiO_2 extremamente baixa (76, 71.25 e 68.75). Nós temos dados, que vamos trazer aos autos, de literatura médica que em SARA a relação seria menor que 200.

Defesa: Posso até mostrar a fl.118 para lhe mostrar o quanto tínhamos de FiO_2 e saturação.

Testemunha: (analisando o documento) Disfunção respiratória gravíssima.

Defesa: Então ele tinha todas estas questões e, conforme fl.118 verso, uma quantidade bastante alta de FiO_2 para que se mantivesse a saturação que consta na fl.118 verso. Havia marcadores de mortalidade altos neste paciente?

Testemunha: Sim.

(28:20) Defesa: Além disso, ele também teve comorbidades adquiridas na UTI. Apresentou hemorragia digestiva alta, piora de lesão pulmonar – principalmente a tomografia de tórax na fl. 200, secreção pulmonar purulenta e sanguinolenta abundante – isto está em todas as folhas de anotação de enfermagem –, hipernatremia, piora de valores de ureia – 74mg/dl na admissão para 162mg/dl no dia do óbito –, anemia com necessidade de reposição de bolsas de sangue, distúrbio de coagulação, febril em todas as folhas de balanço hídrico, hemograma com sinais inequívocos de infecção, descrição de piora do padrão de queimaduras com presença de sinais de infecção pela equipe de enfermagem. Ou seja, somando-se todos estes fatores, este paciente tinha um marcador de mortalidade alto? E, se o senhor puder, se for possível, qual seria a probabilidade de óbito deste paciente?

Testemunha: Próximo de 100%.

Defesa: Além disso, o paciente permaneceu por mais de 15 dias com índices de FiO2 superiores à 60%. Isto também é deletério para o paciente?

Testemunha: Sim.

(30:30) Defesa: fls. 147, admissão, e 185, referente ao dia do óbito. No primeiro dia nós tínhamos FiO2 de 60%, no último dia 80%.

Testemunha: Este paciente, em 16 de março, tinha um distúrbio hidroeletrolítico ou um distúrbio ácido/básico mais grave que existe. Ele tinha alcalose metabólica. Este distúrbio é considerado um distúrbio fatal. Quase todas as pessoas que fazem este distúrbio vão a óbito. Este é o pior distúrbio ácido/básico que existe. Na fl.185, no dia do óbito, ele já estava desenvolvendo uma acidose respiratória gravíssima – 7.29 de pH com PCO2 de 42 e não tinha capacidade de troca. Injúria pulmonar, o processo inflamatório gerado pela queimadura e pela inalação de gasolina, e pela própria terapia, este paciente não conseguia ventilar. Este paciente aqui não teria como sobreviver.

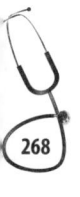

(32:30) Juiz: Com base na sua experiência, este distúrbio ao qual o senhor fez referência. O senhor já tratou de inúmeros pacientes com este distúrbio?
Testemunha: Já.
Juiz: Uma média de 10 portadores deste distúrbio, o senhor chegaria a que conclusão em termos de óbito, de fatalidade?
Testemunha: Mortalidade de 95% com distúrbio de alcalose metabólica. Alcalose metabólica é secundária a uma injúria aguda. É um evento em que você não consegue reversão, você não tem mecanismo de reversão para o rim. Você já esgotou todo tipo de reversão. Conseguindo tratar a doença de base, você tem alguma chance. Mas quando você olha uma gasometria com alcalose metabólica num doente com infecção, com injúria, este é um marcador sério de mortalidade para este paciente.
Defesa: Isto com base na gasometria da fl. 147. E a gasometria da fl.185, do dia do óbito?
Testemunha: Pela história que você me passou, de queimadura da via respiratória por gasolina e com todo o tempo de tratamento, uma hipoxemia severa refratária ao tratamento. Incompatível com a vida.
Defesa: Incompatível com a vida?
Testemunha: Incompatível.
Defesa: Com sepse associada mais ainda?
Testemunha: A sepse é um complicador. Foi como expliquei no começo, atividade inflamatória sanguínea que leva à inflamação do pulmão, transudação do líquido dentro do vaso sanguíneo para o pulmão e afogamento por esta quantidade de líquido. Você pode tentar diálise, diurético, mas é uma situação em que o líquido que o paciente tem acaba transudando para o pulmão. Você não consegue manejar este líquido dentro do pulmão.
(34:30) Defesa: Este é um dos poucos casos dentro do processo em que nós tivemos necropsia, houve abertura do cadáver. O médico que fez esta abertura declarou septicemia como causa da morte. É compatível?
Testemunha: É compatível. Certamente tem septicemia pela colocação aqui.
Defesa: Na fl. 87, o esquema de antibiótico era algo razoável?
Testemunha: Sim. Uma terapêutica padrão de paciente grande queimado. Poderia ser inadequado no contexto deste paciente, poderia ser um antibiótico sem cobertura do patógeno – não sei quais foram as culturas que foram isoladas. É um esquema habitualmente prescrito para paciente grande queimado.
(36:00) Defesa: Fl. 200. É uma tomografia.
Testemunha: Tomografia de tórax.
Defesa: Isso. É condizente com o que até agora foi mostrado para o senhor?
Testemunha: Consolidações pulmonares padrão vidro fosco multifocais e difusas em ambos os pulmões, mais intenso no lobo inferior bilateral. Então é compatível com infecção pulmonar e injúria pulmonar, *distress* respiratório.
Defesa: Fl. 118 novamente, gostaria de saber se os padrões de FiO2 eram extremos.

Testemunha: Sim. FiO2 de 80%.
Defesa: Num paciente em que nós temos 88% de saturação. O senhor agora pouco disse que, respondendo à pergunta do outro defensor, o senhor afirmou que às vezes o aumento de FiO2 é aconselhável, ainda que lesiva, para evitar a hipoxemia. O senhor ainda falou para "ganhar tempo".
Testemunha: Para tratar a hipoxemia.
Defesa: Mas isto desde que a oximetria indique necessidade de mais oxigênio?
Testemunha: Sim.
Defesa: Num paciente crônico, é melhor trabalhar com FiO2 menores, tentando manter um nível de 88/92% (saturação), ou ele recebendo 80% era caso de aumentar para 100% de FiO2, num paciente que tem injúria pulmonar?
Testemunha: Muito provavelmente você não tem benefício, a FiO2 só vai lesar mais o pulmão do que já está lesado.
(38:30) Defesa: Havendo relatos claros de enfermagem, fls. 118 e 106, mostrando competição com o ventilador mecânico e esforço respiratório, há como saber isto por curvas de pressão no ventilador?
Testemunha: Sim. Mensuração da complacência e do volume de pressão de Platô.
Defesa: Havendo este tipo de relato é o caso de uso de sedação e relaxamento muscular, para que o médico tente otimizar a ventilação mecânica?
Testemunha: Sim.
Defesa: Parâmetros de ventilação mecânica mais extremos podem exigir otimização de sedação, analgesia e uso de bloqueadores neuromusculares?
Testemunha: Exigem, obrigatório. Você não consegue ventilar um paciente sem sedação muito intensa.
Defesa: Este paciente, sem sedação e sem bloqueio neuromuscular, teria grandes chances de sentir dor, fazendo com que ele competisse com o ventilador?
Testemunha: Sim.
(40:00) Defesa: Taquifilaxia também poderia gerar uma necessidade de aumento de doses de determinado medicamento?
Testemunha: Sim.
Defesa: Na adaptação à ventilação mecânica, secreção pulmonar abundante interfere na ventilação mecânica?
Testemunha: Sim. Prejudica a ventilação mecânica.
Defesa: O uso do relaxante muscular poderia diminuir também o consumo de oxigênio neste paciente?
Testemunha: Sim.
Defesa: E eventualmente otimizar a oxigenação de órgãos nobres. Isto seria correto dizer?
Testemunha: A estratégia, quando você não consegue apenas com sedação e analgesia uma dinâmica de ventilação adequada, é a utilização de relaxantes musculares. Faz parte da terapêutica.
(43:00) Defesa: Num paciente que tem inviabilidade de vias respiratórias, de poder ventilar este paciente, poderia ser comum, até inviabilizando massagem,

rigidez de tórax, enfim, é possível que o médico comece uma tal reanimação e tão logo inicie esta massagem, chegue à conclusão de que a reanimação é inviável e então pare?
Testemunha: Sim.
Defesa: Antes mesmo de utilizar qualquer droga relativa à reanimação, ele veja que é inviável a massagem?
Testemunha: Ele percebe que é irreversível, as manobras de reanimação são fúteis. Ele pode decidir que não vai reanimar. (vídeo 4)

Identicamente a defesa vislumbra no depoimento do médico P. S. também uma desmistificação do conteúdo da denúncia:

(03:04) Defesa: Olhando para as fls. 180, 185, 188 que o senhor olhou agora pouco. Esses valores melhoraram ou pioraram durante a evolução do paciente na UTI?
Resposta: Piorou.
(05:03) Defesa: Fls. 200. Gostaria que o senhor comparasse a tomografia de fls. 197 com as fls. 200. Esses achados de gasometria, com esses dados eles denotam uma gravidade extrema desse paciente nesta situação?
Resposta: No Raio-x de tórax eles observam infiltrados pulmonares difusos bilaterais, um derrame pleural do lado esquerdo e na tomografia a tradução tomográfica nesses mesmos achados ou seja, (...) pulmonares multifocais bilaterais e mais intenso nos glóbulos inferiores. Havia infiltrados difusos bilaterais.
Defesa: E isso é grave no paciente?
Resposta: Sim.
Defesa: Ainda mais num paciente queimado como esse?
Resposta: Esse tipo de achado, isso pode ser pneumonia associada à lesão por inalação de fumaça.
(11:00) Defesa: Gostaria que o senhor comparasse as fls.118 verso, com os balanços hídricos das fls. 106 e 118 a parte de ventilação. Os parâmetros de ventilação mecânica, eles foram otimizados nas últimas 24 horas de vida desse doente? Ou seja, verificando o fluxograma dessas folhas 106 e fls. 118, houve aumento de frequência respiratória e FIO2?
Resposta: A frequência respiratória estava em 14 na manhã do dia 01 e estava em 30 na manhã do dia 03, a FIO2 estava em 60 e progrediu pra 80 e a pressão positiva no final da expiração tava em 10 foi pra 14.
Defesa: Esses parâmetros que o senhor está vendo aí são parâmetros digamos extremos?
Resposta: Um paciente que está respirando 30 incursões por minuto normalmente respira uns 10, 14, expirando 80% de oxigênio quando no ar tem 21, tá com parâmetros bem elevados.

(13:08) Defesa: Não há relatos de redução de parâmetros de ventilação mecânica nestas folhas ou há?
Resposta: Redução não.
(13:21) Defesa: Na folha 101, evolução de enfermagem, a gente tem uma descrição de Ramsey 5. O senhor tem conhecimento?
Resposta: É um paciente que está adequadamente sedado.
Defesa: Mas isso pode ser alterado em período de nove horas?
Resposta: Sim, em UTI é muito dinâmica.
(16:17) Defesa: A perda da dinâmica respiratória pode fazer auto PEEP?
Resposta: O auto PEEP pode acontecer quando o paciente está competindo com a máquina.
(16:40) Defesa: Com isso poderia concluir ou não que a PEEP real dentro do paciente, já que ele estava com um esforço respiratório, acabava sendo maior que aquela que estava sendo dada no ventilador? É lícito dizer isso, é razoável?
Resposta: A PEEP anotada no prontuário é a PEEP lida no respirador, não tem uma maneira de você medir a PEEP do paciente. Então se está 8 tá anotado 8 é 8. É a maneira como a enfermagem anota.
(19:20) Defesa: A PEEP alta ou muito alta, o que ela faz com a condição hemodinâmica do paciente?
Resposta: Em 8 quase nada, mas PEEP de 15, 20 reduz o retorno venoso porque as veias têm uma complacência muito grande. Então, se você aumenta muito a pressão intratorácica, que é o que a PEEP alta faz, eu a mantenho a pressão no final da ventilação, parâmetros ventilatórios são medidos em centímetros de água. A pressão intratorácica no final da expiração que é a mais alta supostamente em torno de menos 4, menos 3. Então no final da expiração ele chega a menos 7, menos 8 então ela é sempre negativa. Então de repente eu transformo essa pressão em mais 20, o que isso faz? Isso pinça as duas veias cavas e diminui bastante o retorno venoso porque eu tenho que ter um retorno venoso maior que 20 centímetros de água, que é mais ou menos 17 milímetros de mercúrio pra fazer o sangue voltar pro coração pra que ele possa ser bombeado pro pulmão pra que ele seja oxigenado.
(20:42) Defesa: Em um paciente como esse, parâmetros de ventilação mecânica mais extremos podem exigir otimização de sedação, analgesia e uso de bloqueadores neuromusculares?
Resposta: Neste caso aqui, pela frequência de 30 esse paciente não estava adequadamente sedado e certamente não estava bloqueado. Ninguém respira 30 bloqueado e sedado.
(21:06) Defesa: De acordo com as evoluções de enfermagem, o paciente possuía secreção traqueal abundante com necessidade de aspiração de vias aéreas e ele competia com o ventilador, evoluindo na manhã com baixos valores de PO2 e saturações de O2, como o senhor já falou. Otimização de analgesias e sedação, ventilação mecânica e até uso de bloqueadores neuromusculares podem fazer parte do arsenal terapêutico?

Resposta: Fazem.
(23:45) Defesa: Fls. 98. Gostaria de saber o que diz a evolução médica e o que isso quer dizer num paciente deste grau de gravidade, se é compatível com o que até agora falamos deste prontuário?
Resposta: Esse parágrafo é um resumo de tudo que vinha acontecendo com o paciente desde o internamento até o presente momento. Este franco estado hiperdinâmico é um achado relativamente frequente em grandes queimados. E a Dra. Virginia conclui com evolução desfavorável com óbito provável.
Defesa: Essa é uma descrição compatível com o que até agora falamos deste nosso prontuário?
Resposta: Sim, é um resumo desta situação.
(37:11) Testemunha: Tem um detalhe deste caso em particular, há pacientes queimados que são hiperdinâmicos, e pacientes hiperdinâmicos consomem medicamentos, eles têm uma fisiologia diferente da fisiologia de um não queimado, uma fisiopatologia. Então todos os sistemas enzimáticos de um paciente queimado estão desregulados. Então normalmente eles precisam de mais remédios para ter um mesmo efeito de um paciente não queimado.
(39:04) Defesa: Qual é a causa, nas fls. 236, a causa da morte no atestado de óbito? De acordo com o que nós falamos aqui sobre este prontuário de acordo com o que foi mostrado para o senhor aqui. É razoável falar que um grande queimado dessa magnitude com esses dados poderia ir a óbito por septicemia?
Resposta: É o mais plausível porque ele tava febril, taquicárdico, taquipneico, provável que ele estivesse séptico.
(40:38) Defesa: A fls. 107 a 118 e conclui-se se houve alguma supressão, se foi suspenso alguma terapia de suporte a vida deste paciente como antibióticos, drogas vasoativas, parâmetros de ventilação mecânica ou medicações adjuvantes?
Resposta: Só tem uma prescrição.
Defesa: Mas com a suspensão de alguma coisa?
Resposta: Não.
(42:31) Defesa: Para um paciente que tem SARA grave com todos esses altíssimos parâmetros de ventilação, oxigenação com FIO2 80%. Então eu coloco para o senhor, valores de oximetria entre 88% e 95%, esse paciente estava aqui a princípio com 88 perto do momento do óbito. Considerando as gravíssimas injúrias pulmonares que este paciente tinha, eu posso concluir que 88% aqui de saturação era até um parâmetro satisfatório?
Resposta: Já está com parâmetros bastante altos.
Defesa: dá para por em 100%?
Resposta: Dá.
Defesa: E isso faria com que a saturação fosse para 95?
Resposta: Provavelmente não.
Defesa: Poderia ir de 88 pra 90 e isso ia melhorar a situação do paciente?

Resposta: Com certeza não. Porque ventilar alguém a 100% é pior do que ventilar a 90% que é pior que ventilar 80 e assim por diante. Então o que nós temos que ponderar, eu acredito, é: o que nós queremos é um prontuário que apareça bonito no final do dia ou um paciente vivo? Porque eu posso pôr em 100% de FiO2 com pressões absurdas e daí com certeza eu sei que esse paciente vai morrer. Mas durante um dia, dois ou três ele vai ficar com valores muito bonitos no ventilador e no prontuário. Então com o passar do tempo você vai vendo que tem um pouco de coisas que não fazem sentido e se o paciente já está com 80% de FiO2, frequência respiratória de 30, talvez desse para aumentar a PEEP para 14, mas aí como ele está respirando a 30 poderia que a auto PEEP fosse pra valores absurdos e eu fizesse um pneumotórax bilateral e ele morresse.

(47:09) Defesa: Então de alguma forma poderíamos dizer assim não ter aumentado isso daqui não é antecipar o óbito do paciente?

Resposta: Não.

(47:18) Defesa: Em relação à reanimação deste paciente muito tem se perguntado. Sabendo-se que o objetivo da reanimação é restabelecer a perfusão principalmente cerebral, se não se conseguiu massagear e ventilar esse paciente simplesmente porque não entrava ar ali. Fazia algum sentido continuar reanimando? Estou pensando hipoteticamente.

Resposta: Existem protocolos para tudo isso. Existe protocolo de ressuscitação e todos esses protocolos são seguidos por médicos de UTIs. Mas há certos limites que você com bom senso impõe. Então não é porque um protocolo diz que eu tenho que parar em 30 minutos se eu achar que aquele paciente tem chance de sobreviver eu vou parar em 30 minutos. Eu vou parar quando eu achar que eu devo parar. Assim como se eu estou massageando um cadáver e o protocolo diz que você tem que massagear por três horas sem parar, eu não vou fazer isso. O protocolo foi feito porque se estudaram milhares de casos e aquela é provavelmente a melhor maneira de se conduzir de uma maneira geral. Mas há casos e casos.

(03:13) Defesa: Começa massageando e vê que não é possível. E parar é possível isso?

Resposta: Eu acredito que sim.

(03:25) Juiz. O Senhor já fez isso alguma vez? Já viu isso acontecer?

Resposta: Eu já vi acontecer de pacientes que eu não reanimei.

Juiz: Não reanimou? Seja mecanicamente, seja com ...?

Resposta: Deixei morrer. (vídeos 2,3 e 4)

A ruidosa, autodestrutiva e tida como principal testemunha da denúncia, o antigo médico M. L., em verdade contribui com a defesa:

(22:11) Defesa: Em relação ao fato 5, o paciente A., nos autos, não temos a análise do médico da CAOPE desse paciente. Então a pergunta é se o prontuário foi revisto.
Resposta: Esse prontuário foi visto por alguém da nossa equipe e deve ter sido visto por mim.
(22:33) Defesa: Em resposta à Promotoria, foi que, se houvesse redução de FIO2 para 21% o que aconteceria?
Resposta: Em um paciente que recebe sedação que o A. recebeu e que os parâmetros tivessem sido reduzidos, iria a óbito por asfixia[151].
(22:52) Defesa: O senhor reafirma asfixia nessas condições aqui?
Resposta: Sim.
Defesa: Quer dizer regra geral, asfixia na sua opinião?
Resposta: Com essa medicação endovenosa sim.
Defesa: Mesmo com ventilação?
Resposta: Mesmo com ventilação.
(23:11) Defesa: Então na sua opinião isto não é opinião digamos baseada em literatura médica? É uma opinião sua? Pessoal?
Resposta: É uma opinião baseada também em literatura médica afirmando que um paciente que tá dependendo de ventilação e você abaixa a oferta de oxigênio para ar ambiente esse paciente vai a óbito.
(23:33) Defesa: O senhor pode citar a literatura?
Resposta: Não posso citar isso, aqui não.
(24:48) Defesa: Que tipos de respiradores possui a UTI em análise?
Resposta: Eu não posso afirmar isso porque eu não fui lá.
(27:51) Defesa: Na acusação o FIO2 era 60%, porém desde o dia anterior estava em 70%, amanhecendo em 80%, o senhor concorda com isso?
Resposta: Confere 80%.
(29:31) Defesa: Considerando, do dia do acidente que era queimadura, quantos dias ele levou pra ir a óbito?
Resposta: Dá em torno de uns 30 dias, um pouco mais do que isso.
(06:36) Defesa: O senhor pode verificar no prontuário se o parâmetro foi aumentado nas últimas 24 horas?
Resposta: Nas últimas horas esses parâmetros de FIO2 e PEEP se mantiveram e a saturação se manteve, e até tava melhor que antes.
Defesa: Não houve um aumento de 60 pra 80%?
Resposta: Houve.
Defesa: E da frequência também?
Resposta: Da frequência respiratória também.
(09:15) Defesa: O senhor consegue ver qual foi a dose do Pavulon? Quantos kg tinha o paciente?

---

151 Pergunta propositál da defesa para evidenciar falsa afirmação dessa testemunha – ou desconhecimento absoluto – neste tópico.

Resposta: Praticamente nenhum prontuário tinha anotado o peso do paciente. Normalmente as doses que estavam aqui colocadas, eram doses padrão, nada exagerado.
(15:57) Defesa: O senhor pode falar quais são os principais mecanismos de parada cardiorrespiratória no ambiente de terapia intensiva?
Resposta: Não posso responder isso[152]. (vídeo 4)

E nestes dois pontos finais de transcrição de seus inacreditáveis relatos – incompatíveis mesmo com a condição de médico – M. L., sem perceber ou querer, inocenta os acusados:

(16:29) Defesa: Então nesse prontuário não existe nenhuma anotação de FIO2 de 21% e PEEP zero?
Resposta: Não, não tem essa anotação.
(37:54) Defesa: Pela análise dos prontuários, o senhor pode afirmar que teve antecipação de óbito por ato humano de algum médico, enfermeiro?
Resposta: A partir do prontuário, eu posso afirmar que um paciente que recebeu a medicação endovenosa e alguns minutos depois morreu, isso não quer dizer antecipação de óbito, é uma constatação de prontuário. (vídeo 3)

Já a testemunha tida como "denunciante anônima" que ensejou a investigação, K. C. B., declarando-se "fisioterapeuta iniciante e inexperiente que nunca teria trabalhado em UTI" informou nada saber sobre os "outros pacientes" e se intitulou "testemunha" apenas do paciente A. R. S. do qual "nada viu" e "nada sabe". Como também e incrivelmente "nada disse".

Para a acusação, as "denúncias anônimas" abrangeram *"cinco pacientes vítimas de morte violenta"*, todos encaminhados ao Instituto Médico Legal para realização de necropsia e/ou laudos cadavéricos. Oportuno observar que os resultados desses laudos necroscópicos também desmentem as "denúncias anônimas"[153]. Para o remate, após a identificação da denunciante anônima, confirmou-se que a referida profissional "testemunha" não estava presente no momento do óbito de quatro pacientes e com relação ao último, apesar de presente, não prestou atendimento a ele no dia do óbito, não realizando sua evolução, como confirmado em audiência de carta precatória realizada na cidade de São Paulo[154]. Afirmou textualmente que "deduziu" o ocorrido a cada paciente, por "diálogos com alguns colegas, dois técnicos de enfermagem e uma enfermeira", os quais "emitiram suas opiniões", criando assim, *modus operandi* para tentar justificar cada óbito.

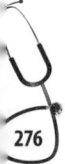

---

152 Mostrando total desconhecimento em Medicina Intensiva a testemunha M. L. confessa não dominar nem o óbvio do elementar.
153 Laudos constantes do processo criminal.
154 Audiência descrita com riqueza de detalhes em capítulo anterior deste livro.

Lembra-se aqui da exigência apenas de "Ensino Médio completo" para os técnicos referidos pela "testemunha" e que também não identificou a "enfermeira" que teria sido "sua interlocutora...". Recusou-se a discutir questões técnicas, inclusive solicitando à juíza o direito de não responder. Alertou a juíza nesse momento: *"testemunha que se recusa a responder, nega ou cala o que sabe, a rigor responde por falso testemunho".*

Como lhe foi alertado e negado o pedido desta "testemunha" de não responder a questões técnicas, ao iniciar suas respostas demonstrou total desconhecimento sobre ventilação mecânica, sua evolução ao longo dos anos, no sentido de minimizar danos em pacientes contemplados com esta terapêutica. Vejamos:

> MP: Não poderia ocorrer o rebaixamento dos parâmetros por que o paciente foi sedado e necessitaria de menos trabalho da máquina respiradora?
>
> Depoente: Não, em alguns momentos talvez a sedação, mas a maneira, a alteração dos parâmetros não era uma alteração fisiológica para a pessoa, tanto para pessoas em ventilação mecânica, mesmo que com sedação, sem sedação, porque, às vezes, muitas vezes acontece de o paciente estar desconfortável, brigando com a máquina e ser necessário sedar para ele ficar mais tranquilo e conseguir adaptar os parâmetros ao respirador, porém a alteração de parâmetros que acontecia não era uma alteração fisiológica. Por exemplo, a PEEP, que é uma quantidade de ar que permanece nos pulmões, mesmo depois que o paciente expira, para ele não colabar, e essa PEEP era zerada. Então, era como se colabasse o pulmão do paciente, e isso não é fisiológico, independente de estar com sedação ou sem sedação; não é uma coisa fisiológica. (Notas taquigráficas – fls. 19 do depoimento.)

Demonstrou desconhecimento sobre "ventilação de proteção pulmonar", prática que vem ganhando cada vez mais espaço em Terapia Intensiva, desde meados dos anos 90. Declarou:

> MP: Essa ventilação, ela poderia ser considerada protetora?
>
> Depoente: Não. Às vezes, protetora... pode acontecer uma ventilação protetora junto com sedação, mas, geralmente, quando o paciente necessita de parâmetros muito elevados de, por exemplo, uma PEEP de doze, quinze, até vinte, quando ele ficaria desconfortável sem sedação, mas a ventilação protetora ocorre com altos parâmetros altos, e não baixos. (Notas taquigráficas – fls. 20 do depoimento.)

Tal manobra de aumentar parâmetros como afirmado pela *"testemunha" fica implausível, pois se refere a "parâmetros muitos altos"*. Não detalha quais parâmetros, pois em termos de pressão inspiratória e volume corrente/kg/minuto, a ventilação de proteção pulmonar, como o próprio nome o diz, indica o uso de pressões inspiratórias menores que 30 cmH₂O, assim como volume em torno de 6 ml/kg/minuto. A ventilação convencional, utilizada nos idos dos anos 80, trabalhava com pressões elevadas e volume em torno de até 12 ml/kg/minuto, portanto o oposto do afirmado.

Após várias negativas de responder perguntas técnicas elaboradas pela defesa, era para esconder o desconhecimento total da matéria, quando respondeu o que é ventilação de proteção pulmonar responde erroneamente:

> Defesa: Ninguém quer nada além disso. A pergunta é o seguinte: a senhora pode nos esclarecer o que é ventilação de proteção pulmonar?
> Juíza: A senhora poderia falar rapidamente?
> Depoente: Geralmente, é uma ventilação que você vai sedar o paciente, vai colocar parâmetros geralmente mais elevados para evitar atelectasia, evitar que o paciente tenha barotrauma. Rapidamente explicando, é isso, porque é uma coisa mais profunda. (Fls. 45 do depoimento.)

Tal explicação completamente errônea pode ser comprovada na literatura[155]. Evidente que a "testemunha" não entende nada de ventilação mecânica. Pode-se também comprovar a erronia pelos depoimentos dos *experts* ouvidos e aqui já transcritos como Dr. G. G.[156].

Prosseguiu em sua aula de desconhecimento sobre toxicidade de oxigenioterapia em pacientes adultos:

> Defesa: Então na sequência, adultos também submetidos a longo tempo, em altas frações inspiradas, poderão ter problemas sérios de pulmão, etc.?
> Depoente: Eu desconheço algum adulto que tenha tido alguma sequela por conta do uso de oxigênio. (Fls. 49 do depoimento.)

É difícil aceitar que essa profissional tenha qualquer tipo de graduação em ventilação mecânica[157]. É de conhecimento de quaisquer profissionais da área da saúde o efeito lesivo de altas doses de oxigênio, estando o paciente em ventilação ou não. Como exemplo: Um paciente DPOC que seja hipoxêmico corre extremo risco de morte com uso de oxigênio a 3 litros por minuto se tiver hipercapnia, isto é, CO2 elevado. É causa de morte desse tipo de paciente em ambulâncias.

O conhecimento desta testemunha em farmacologia é do mesmo estofo:

> MP: A senhora tem conhecimento de farmacologia?

---

155 *Recomendações do III Consenso Brasileiro de Ventilação Mecânica.*
156 Primeira das testemunhas transcritas deste caso da denúncia.
157 Não há seu *curriculum lattes* e nem qualquer menção na rede mundial, no sentido.

Depoente: Eu tenho conhecimento, porque eu estudei tanto na faculdade quanto na especialização; porém, não é uma coisa que eu trabalhava, assim, no meu dia a dia, mas eu tenho um conhecimento; talvez, não tenho tanto quanto um médico, um farmacêutico ou uma enfermeira.
MP: A senhora sabe para que serve e os efeitos colaterais do Fentanil?
Depoente: Que é uma sedação. O efeito colateral, assim, eu não sei.[158] (fls. 35 do depoimento)
MP: A senhora sabe para que servem e quais os efeitos colaterais desses medicamentos que eu já mencionei: Pavulon, Pancurônio, Fentanil, Diprivan, Midazolam ou Dormonid? Então são todos sedativos?
Depoente: É, o Pancurônio, ele é um bloqueador neuromuscular; esse eu tenho um pouquinho mais de conhecimento porque, na minha prática profissional, quando o paciente está muito grave e brigando com a máquina, a gente precisa colocar parâmetros muito altos. Geralmente, a gente conversa com o médico para ver se ele não pode administrar o Pancurônio, com o objetivo de deixar o paciente com esse bloqueio neuromuscular, mesmo para conseguir ventilar ele adequadamente. Então, isso é um pouquinho mais utilizado na nossa prática, mas não que a gente administre ou prescreva. Sempre a gente discute com o médico.[159] (fls. 37 do depoimento)

Ainda, quando perguntada pela defesa:

Defesa: A senhora consegue dizer o mecanismo de ação, início do efeito e características de drogas hipnóticas?
Depoente: Não.
Defesa: Analgésicas e bloqueadoras neuromusculares?
Depoente: Não. (Notas taquigráficas, fls. 51 do depoimento.)

Perante ao juízo de São Paulo, negou ter citado a administração de cloreto de potássio na denúncia anônima que fez no início da investigação em Curitiba. Apesar de estar registrado em seus depoimentos de denúncia anônima junto ao MP. Isto gerou espanto pela defesa pela contradição de seu depoimento policial:
Defesa dirigindo-se para a Juíza:

Defesa: Mas a pergunta é a seguinte: uma das denúncias que ela fez, ela falou de potássio, que administrava potássio no paciente, correto?
Depoente: Não falei sobre potássio não.
Defesa: Qual remédio administrado que seria letal para o paciente?
Depoente: Sobre potássio, eu nunca falei, porque até é um...

---

158 O medicamento citado é analgésico.
159 Tal afirmação seria válida se este paciente já estivesse com sedo-analgesia adequada, pois é proibitivo uso de Pancurônio sem uso prévio de sedação e analgesia adequada. Logo deve ter sido treinada e "decorado" coisas para dizer e feito confusão sem qualquer base teórica ou prática.

> Defesa: Mas qual o remédio que seria letal, que matava o paciente?
> Depoente: Juntamente com a redução dos parâmetros da ventilação, eram os bloqueadores neuromusculares porque, quando diminuía os parâmetros de ventilação mecânica e administrava bloqueador neuromuscular, o paciente, ele não tinha como brigar com uma máquina para tentar vencer aquela resistência e respirar, mas que seriam medicamentos que também poderiam ser administrados numa ocasião, como já foi dito anteriormente, de cálculo de PEEP ideal, de recrutamento alveolar, de fazer uma ventilação protetora para o paciente, mas que, nesses casos, não.[160] (Notas taquigráficas, fls. 58 do depoimento judicial em SP.)

Essa "testemunha" ainda afirma ao Ministério Público, na página 34 de seu depoimento que não estava no momento do óbito do paciente A. R. S.:

> MP: No dia 3 de março, consta que o paciente morreu às dez e meia. Não consta se atendeu o paciente no dia do óbito dele. Recorda se efetuou atendimento?
> Depoente: Não, se não evolui, não atendi, mas, esse paciente, eu me recordo, eu estava de plantão, nesse dia. Como eu entrava... de fim de semana, nosso horário era das oito às duas da tarde, acabou não dando tempo de eu atender porque ele foi a óbito antes de eu atendê-lo. (Fls. 34 do depoimento judicial.)

Em seguida, folhas 35 do depoimento, esta cambaleante senhora afirma em resposta ao Ministério Público:

> MP: Isso. A senhora presenciou alguma coisa, algum procedimento médico que lhe chamou a atenção?
> Depoente: Sim, presenciei o doutor A. F. se dirigindo até o aparelho de ventilação mecânica. Não me recordo de ter sido usado biombo nesse dia, nem antes nem depois; eu estava atendendo um paciente próximo, do lado dos seis também, esse paciente estava do lado dos seis, eu vi ele reduzindo os parâmetros da ventilação. (Fls. 35 do depoimento judicial.)

Continua:
> MP: A senhora acompanhou o momento do óbito do A. R. .S?
> Depoente: Eu vi; eu estava dentro da UTI e eu vi.[161] (Fls. 35 do depoimento judicial.)

---

160 Demonstrou desconhecimento absoluto, pois não há como evitar assincronia entre ser humano e máquina sem a correta medicação. Ainda, contrariou todos os médicos, perícia oficial e literatura médica trazida, evidenciando que ninguém morre ventilado mecanicamente em parâmetro de 21% com saturação igual ou maior de 90%, com as medicações acenadas sonambulicamente pela testemunha.
161 Declara simultaneamente que viu e que não viu.

O que a "testemunha" disse que viu eram medicações de rotina nas UTIs e procedimentos comuns conforme toda a prova dos autos[162]. Esta pseudo testemunha/denunciante reafirmou na referida audiência, conforme "sua intuição pessoal", que a redução em parâmetros de ventilação e diminuição ou retirada do PEEP são fatores para "colapso pulmonar", porém, por desconhecimento não tomou em consideração que o PEEP é utilizado no sentido de evitar colapso alveolar no final da expiração e não colapso pulmonar[163].

Houve total demonstração de falta de conhecimento da fisiologia e dinâmica pulmonar, principalmente, estabelecendo regra única, deixando de considerar as diferenças clínicas, doenças de base, possibilidade de auto-PEEP, enfim, todo o universo de intercorrências possíveis a cada paciente. Não poderia ser diferente, pois Medicina Intensiva é assunto para médicos intensivistas, jamais para fisioterapeuta sem formação adequada e sem suporte médico[164].

Encerra-se a análise desta falsa "testemunha/denunciante", apenas com um profundo lamento!

Quanto à Perícia Oficial em análise deste caso específico, respondendo as indagações da nossa defesa de Virginia, aclarou:

> 32. No início da denúncia (Fls. 12) descreve paciente internado na UTI em decorrência de queimadura de 3º sem citar extensão com lesão pulmonar. Diga o Sr. Perito, se da análise do prontuário era esse o quadro clínico real do paciente? Considerando suas complicações e disfunções? (citar fontes)
> 32. Resposta: Na análise do prontuário, o quadro clínico apresentava: queimaduras extensas no corpo, localizadas na face e tronco, evoluindo com instabilidade hemodinâmica, instabilidade ventilatória, hemorragia digestiva e septicemia.
> 33. Na mesma denúncia (Fls. 12) afirma que o paciente sem conseguir respirar naturalmente mediante uso do analgésico, citrato de fentanila e anestésico cloridrato de cetamina desde 08h29min, diga o Sr. Perito se era essa a situação de sedação somente nesse momento e o tempo de duração destas drogas, considerando horário onde às 10h descreve os parâmetros em ventilação?
> 33. Resposta: Os parâmetros ventilatórios às 10 horas eram: FiO2 80%, Saturação de O2 88 e 90%, PEEP 8, Frequência respiratória 30, Frequência cardíaca 127.

---

162 Testemunhas *experts* altamente especializadas, perícia oficial, decisões do CRM em suas Câmaras Técnicas que analisaram vários dos casos da denúncia com os mesmos procedimentos ventilatórios e fármacos ministrados e laudo de necropsia inocentaram Virginia.
163 Essa falsa "denunciante" foi a causa da indução inicial em erro da acusação.
164 Em laudos cadavéricos ao serem descritas as alterações pulmonares, termos como congestão, hepatização, hiperemia eram citados para cada paciente. Em nenhum deles foi descrito colapso pulmonar. É de conhecimento médico que todas essas alterações descritas são frequentes em pacientes com terapia de ventilação mecânica durante seu internamento.

34. No seguimento da denúncia descreve que às 10h do dia 3/3/2012 o paciente estava com suporte de ventilação em parâmetros altos e fração expirada em 60% e PEEP em 8. Diga o Sr. Perito se eram esses os valores anotados neste horário ou se a FiO2 estava em 80% 7.(citar fontes)

34. Resposta: Os parâmetros ventilatórios às 10 horas eram: FiO2 80%, Saturação de O2 88 e 90%, PEEP 8.

35. Diga o Sr. Perito se FiO2 em 80% demonstra gravidade baseada em literatura em relação à FiO2 em 60% 7.(citar fontes)

35. Resposta: Não. Os ajustes do ventilador que mais influenciam a oxigenação são a FiO2 e a pressão expiratória final positiva (*positive end-expiratory pressure* – PEEP). Quanto à FiO2, deve ser mantida no menor valor possível para, junto com a PEEP, manter SaO_2 por volta de 90% ou $PaO_2 > 55 - 60$ mmHg.

36. A afirmação da denúncia (fls.12) de que a aplicação de bolus via venosa de citrato de fentanila e fármaco pancurônio, foi ministrado de forma livre e consciente direcionada para matar. Diga o Sr. perito analisando o prontuário se pela descrição médica e de enfermagem, estando o paciente competindo com o ventilador, e sendo grande queimado se há na literatura alguma contraindicação para o uso destes fármacos? (citar fontes)

36. Resposta: Não. O que observamos na literatura médica sobre Sedação e Analgesia em Terapia Intensiva são procedimentos vinculados às decisões médicas de equipes ou individuais.

SLULLITEL, A. & SOUSA, A. M. *Analgesia, sedação e bloqueio neuromuscular em UTI*. Medicina, Ribeirão Preto, 31: 507-516, out./dez. 1998. <http://www.sbp.com.br/pdfs/sedação – e -analgesia -em-vent-mec.pdf>. Acessado às 23 horas e 00 minutos do dia 10/04/2015.

37. Afirma a denúncia que com vontade livre e consciente direcionada para matar, o médico A. F. diminuiu os parâmetros de respiração para FiO2 em 21% e PEEP O mm Hg provocando asfixia, que foi a causa da morte da vítima (ocorrida às 10:30), conforme termos de declaração médica em fls. 238 do apenso V, diga o Sr. perito se há algum registro nesse prontuário que comprovem esses parâmetros de respiração?

37. Resposta: Não. Pela análise dos prontuários que constam dos Autos, não observamos os registros desses parâmetros respiratórios. (Movimento 146.2 – fls. 255.)

Novamente se volta ao lamentável começo em que Virginia disse para sua defesa que "tudo o que fez em sua vida de médica teve respaldo em literatura".

O paciente em questão, vítima de explosão em tanque de gasolina, desde sua admissão em Toledo até a transferência para o Hospital Universitário Evangélico de Curitiba apresentava quadro de Síndrome de Desconforto Respiratório Agudo e Síndrome de Resposta Inflamatória Sistêmica, bem documentados em fundamentação. Não houve em nenhum momento redução de parâmetros ventilatórios, como tentou impor a promotoria baseada apenas na cambaleante testemunha K. C. B.. A fantasiosa e leviana afirmação foi desmentida pelo antigo e ruidoso médico M. L., demais testemunhas *experts* da defesa que analisaram todos os prontuários, perícia oficial e laudo de necropsia, médico injustamente acusado A. F., assistentes técnicos que comprovaram por literatura o acerto de doses, indicação e ação, corroborando o objetivo que sempre foi tentar garantir oxigenação adequada, em lesão pulmonar gravíssima.

Virginia não estava sequer presente. Foi inocentada também pelo Conselho Regional de Medicina junto com o médico A. F., como se verá mais adiante.

Histórico e fundamentação deste caso clínico em literatura médica específica

Por que em umas o paciente morre e em outras não?

Paciente A. R. S. de 40 anos de idade foi internado no Hospital Universitário Evangélico de Curitiba em 26/02/2012, sendo assumido pela equipe responsável de cirurgiões plásticos (queimados)[165].

Vítima de explosão em tanque de gasolina, apresentava queimaduras em torno de 50% de superfície corporal e vias aéreas superiores. Atendido a princípio no Hospital Bom Jesus na cidade de Toledo, já com suspeita de queimaduras em vias aéreas superiores, permanecendo nesse local de 16/02/2012 até o momento de sua transferência para o HUEC[166].

Em seu período de internamento em Toledo, em fls. 121 a 139 desse prontuário, desde sua admissão apresentava quadro de Síndrome do Desconforto Respiratório Agudo (SDRA ou SARA), constatados pela demanda de altos parâmetros em ventilação mecânica. Apresentava queimaduras em face, tronco e membros superiores.

Apesar das infundadas críticas feitas pelo assistente técnico da promotoria, vê-se que, já naquela instituição em Toledo, foi mantido o paciente com plano de sedo-analgesia sempre em um único frasco (sedativos + analgésicos). Como já citado, essa era a maneira como a maioria dos serviços tentava driblar as dificuldades financeiras e de recursos disponíveis a cada instituição.

Ainda na cidade de Toledo, fls. 128, nota-se a prescrição de Soro Fisiológico de 250 ml, 10 ampolas de Midazolam e 6 frascos de Fentanil, prescritos para uso contínuo. Há checagem dessa solução em até 3 horários no mesmo dia. Isso corresponderia a 30 ampolas de Midazolam e 18 frascos de Fentanil em alguns dias. Não lhe causou danos maiores do que já apresentava e foi a única maneira encontrada pela equipe para poder ventilá-lo adequadamente para manter sua PAO2 maior ou igual a 60 mmhg e saturação maior ou igual a 90%.

Sedação e analgesia em grandes queimados é amplamente discutida em Tratados de Terapia Intensiva, Anestesiologia e incontáveis publicações de serviços de referência em queimados.

Inúmeros fatores podem e devem ser levados em consideração. Dentre eles a intensa transudação/exsudação com perdas, muitas vezes em plasma através da superfície queimada. Nesse ínterim, tem-se discordância ou erro científico na

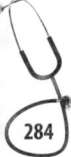

---

165 Fazendo um reparo nas informações do Ministério Público em alegações finais, a data de internamento deste paciente no HUEC foi em 26/02/2012 e não 24/02/2012.
166 Corrigindo novamente o alegado pelo MP, o acidente foi em 16/02/2012 e não 17/02/2012 como afirmado.

afirmação do assistente técnico do MP quando afirma que essa perda é vigente somente nas primeiras 48h do evento. Essa colocação é válida para pacientes amplamente desbridados e com enxertia precoce ou com uso de materiais especiais como pele artificial, placas e filmes próprios para esses curativos, inacessíveis para a maioria dos convênios, incluindo SUS. Esse paciente tinha ainda áreas de necrose e infecção na superfície queimada, com desbridamentos a serem feitos, se não tivesse evoluído a óbito. Essa era a realidade do HUEC até fevereiro de 2013.

Essa transudação/exsudação gera perdas em níveis séricos de inúmeros fármacos. Citam-se:

- O aumento dos receptores em placas motoras à Acetilcolina, interferindo diretamente na ação dos bloqueadores neuromusculares;
- A possibilidade de tolerância descrita em literatura tanto para opioides, quanto para sedativos;
- As chances de fracasso terapêutico por fenômenos genéticos, farmacocinéticos e farmacodinâmicos;
- Deve-se também levar em consideração os fármacos e materiais padronizados a cada instituição;
- A eficácia dessas medicações utilizadas, genéricos e/ou similares, que na prática médica muitas vezes não correspondem à ação dos fármacos originais, embora aprovados pela ANVISA[167].

O paciente em questão foi admitido em 26/02/2012 à 00:30h, como consta em primeira prescrição médica, em fls. 2, 3 e 4 do prontuário. Em fls. 2, a evolução médica de admissão, com paciente já traqueostomizado, instável hemodinamicamente, e termina citando a gravidade e o mau prognóstico, pelas condições clínicas. Inicia terapêutica com reposição de volume em cristaloides, reposição hidro-eletrolítica, plano de sedo-analgesia em infusão contínua, broncodilatadores, antibioticoterapia de amplo espectro e antifúngicos. Pelo fato de o HUEC ser hospital de referência em queimados, o índice de infecções precoces por fungos, particularmente em queimaduras de vias aéreas, foi a indicação feita pela infectologia. Outros fármacos de uso de rotina na unidade foram associados.

Destaca-se que além da queimadura por explosão, havia um detalhe extremamente importante, que parece ter sido esquecido pela promotoria sobre o veículo causador da explosão. A gasolina por si só gera um quadro severo de reação química nos órgãos vitais, principalmente em pulmões e conforme o

---

[167] Novamente corrigindo o texto contido nas alegações finais do Ministério Público, as complicações já estavam presentes quando da admissão no hospital de Toledo e não desenvolveu insuficiência respiratória no HUEC, onde apresentou outras complicações.

tempo entre a explosão e o atendimento, seu residual é absorvido pelos vasos sanguíneos na região de queimaduras.

Houve necessidade do uso de aminas vasoativas na admissão, pois somente a administração de cristaloides não foi suficiente para manter perfusão tecidual. No mesmo dia pela manhã já se iniciou terapia diurética e houve redução parcial em reposição de volume, baseado nas perdas apresentadas. Ampliou-se o espectro antibiótico e houve associação de antivirais.

Essa conduta adotada pela infectologia baseou-se em quadro de Síndrome de Resposta Inflamatória Sistêmica e suas complicações e seguiu as orientações do *Surviving Sepse Campaing*, além dos protocolos da Sociedade de Infectologia. Diversas culturas foram solicitadas já na admissão.

Em fls. 13, registra-se a evolução médica relacionando o uso de plano de sedo-analgesia para otimização de ventilação; a presença de instabilidade hemodinâmica com aminas vasoativas em vazões elevadas. Há também o relato do péssimo padrão em raios-X de tórax do paciente. No dia de admissão é descrito lentificação da perfusão periférica.

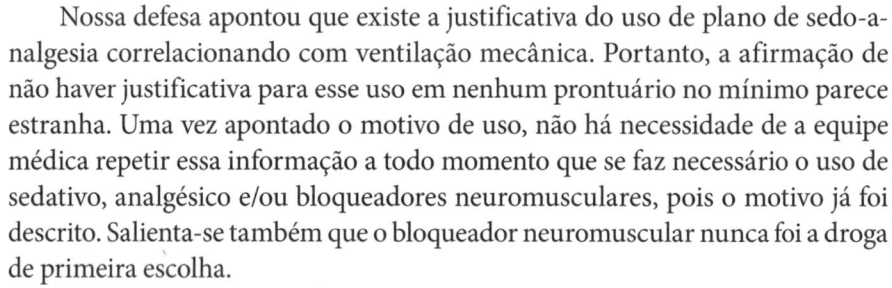

Nossa defesa apontou que existe a justificativa do uso de plano de sedo-analgesia correlacionando com ventilação mecânica. Portanto, a afirmação de não haver justificativa para esse uso em nenhum prontuário no mínimo parece estranha. Uma vez apontado o motivo de uso, não há necessidade de a equipe médica repetir essa informação a todo momento que se faz necessário o uso de sedativo, analgésico e/ou bloqueadores neuromusculares, pois o motivo já foi descrito. Salienta-se também que o bloqueador neuromuscular nunca foi a droga de primeira escolha.

O paciente em questão apresentava picos febris elevados desde sua admissão em Toledo e assim persistiu durante todo o internamento no HUEC. Associado ao fato de ter sido mantido em ventilação mecânica, sempre em parâmetros altos, é demonstrado que ele desde o início do acidente desenvolveu SRIS (Síndrome de Resposta Inflamatória Sistêmica) e SDRA (Síndrome de Desconforto Respiratório Agudo).

Começou já haver a necessidade de potencialização da sedo-analgesia contínua, com uso de sedativos e analgésicos via venosa, ora para curativos, ora para adequação do paciente à ventilação mecânica. Foram também administrados bloqueadores neuromusculares em algumas ocasiões, sendo que essa administração não agravou a condição do paciente.

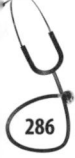

Chamamos a atenção para a tentativa do MP em colocar que a administração de sedativos, analgésicos e bloqueadores neuromusculares foi causadora de catástrofes que sempre levam o paciente a óbito. Cabe uma reflexão: por que a anestesia geral é tão utilizada mundialmente, baseando a sua indução sempre nessas três categorias de fármacos se sempre o resultado é catastrófico? Por que em umas o paciente morre e em outras não?

Importante ressaltar que essas prescrições de sedativos e analgésicos, prescrições "avulsas" visam à reposição de estoque emergencial. Não representam o tempo de administração da medicação, conforme o atendimento, a sequência correta de aplicação e a real miligramagem utilizada. Mas é fundamental perceber que essas aplicações mantiveram o paciente com vida.

Embora essas medicações possam ter os efeitos adversos descritos, assim como qualquer fármaco em sua bula, incluindo aspirina e paracetamol, com os devidos cuidados, esses efeitos não são tão frequentes como tenta colocar a promotoria. Mesmo analisando as respostas do perito do IML, que sempre afirmou que as medicações não gerariam "asfixia" pois os pacientes estavam mantidos em ventilador. Somente passou a responder sobre instabilidade hemodinâmica, quando foi pressionado para tal, pois esse efeito pode acontecer. Recorda-se aqui o depoimento do Dr. A. R. G., quando afirmou por diversas vezes ao MP que não tinha esse problema com os pacientes em atendimento ambulatorial. Ressalta-se que não se referiu a bloqueadores neuromusculares, pois no ambulatório teria somente o material para recurso em emergência de ventilação e não ventiladores propriamente ditos.

Tentou-se seguir, como sempre, as *Recomendações do III Consenso Brasileiro de Ventilação Mecânica*, porém em dias subsequentes, já não foi mais possível se manter o ideal, nos quesitos volume corrente/kG/minuto, pressão inspiratória, tempo inspiratório, frequência respiratória, pois não se conseguia manter boa expansibilidade pulmonar devido a graves alterações em complacência.

Passa então a ser ventilado com altas pressões intratorácicas, com risco de toda forma de trauma gerada por altas pressões, além de interferência importante com o débito cardíaco. Era uma preocupação constante, pois o quadro de Síndrome de Resposta Inflamatória Sistêmica, leva à depressão do miocárdio, impondo maiores riscos ao paciente.

Nesse contexto, é inaceitável a opinião do assistente técnico do MP pois, segundo ele, não notou preocupação da equipe de tentar ventilação mais adequada. Que bases tinha para tal conclusão? Anotações em balanços hídricos, muitas vezes incompletas e sem anotações de PEEP em momentos, sem registros em horários intermediários seriam suficientes para tal afirmação? Nesse quesito, a análise do Sr. Perito do IML foi objetiva e totalmente contrária à do assistente técnico do MP.

Em fls. 30, no dia 27/02/2012, em evolução médica há o relato de injúria pulmonar gravíssima e relaciona também, além de queimaduras em vias aéreas superiores por inalação, a possibilidade de pneumonite química relacionada à gasolina.

Durante todo o período compreendido entre 27/02/2012 a 01/03/2012, esse paciente foi mantido com o mesmo plano de sedo-analgesia, cujas vazões poderiam ser elevadas ou reduzidas conforme a necessidade. Teve potencialização com fármacos venosos sempre que necessário. As culturas coletadas inclusive de área queimada não mostraram crescimento bacteriano que indicasse troca de antibióticos.

Várias intervenções com alterações em reposição de cristaloides, algumas vezes suspensos, diuréticos enfim, toda conduta no sentido de amenizar danos por possível hipervolemia.

Em 01/03/2012, apresenta, como agravante, hemorragia digestiva alta e necessidade de hemotransfusão. Mesmo sendo necessário, sabia-se dos riscos dessa reposição de sangue, que sempre altera função pulmonar no sentido negativo. São decisões entre beneficência/maledicência.

Era crescente a necessidade de elevação em parâmetro de ventilação e aumentos progressivos em FiO2 e PEEP para manter sobrevida. Cateteres venosos centrais foram trocados e encaminhados a culturas. Todas as intervenções possíveis foram feitas para o resgate da condição clínica do paciente A. R. S..

É importante ressaltar dados pertencentes ao dia 01/03/2012, em verso de fls. 85 do prontuário, analisando-se o balanço hídrico, no campo de anotação da PEEP que foi mantida em 14 cmH2O durante toda a tarde, não foi registrado no período noturno. Não haveria razão para tal conduta, pois, se tivesse sido suspensa, deveria constar como valor zero. Isso foi notado e questionado como incerteza pelo assistente técnico da promotoria. A redução e a despressurização de um paciente na vigência de PEEP 14 reduzido a zero, sem elevação da FiO2, teria gerado grave instabilidade, o que não ocorreu.

Corroborando essa afirmação, em 02/02/2012, verso de fls. 106 do prontuário, vê-se a PEEP em 18 cmH2O. Anteriormente a esse horário (08h), foram iniciadas as manobras de recrutamento alveolar, tentando com isso reduzir os parâmetros ventilatórios com o ganho em áreas hipoventiladas, que é o objetivo dessa manobra. Havia realizado tomografias de crânio e tórax no dia anterior, com a tomografia de tórax (fls. 200) mostrando severo comprometimento pulmonar.

Esse balanço hídrico, em especial, demonstra a dificuldade em se interpretar condutas. Apesar de o paciente se manter sem uso de aminas vasoativas, estando em franco estado hiperdinâmico com febre, taquicardia e hipertensão arterial, ao ser tentado a PEEP decremental que faz parte dessa manobra de recrutamento alveolar, teve-se que reduzir as pressões intratorácicas por instabilidade hemodinâmica. Houve queda de pressão arterial e frequência cardíaca não registradas o que levou à redução da PEEP a 8 cmH2O, com elevação da FiO2 para 75%, posteriormente 70%. A redução da PEEP para 8 cmH2O foi efetuada à beira de leito pelos registros em gráficos e curvas fornecidas pelo ventilador, apontando a existência de auto-PEEP.

Ainda em verso de fls. 106, nota-se que, no período da tarde, a frequência respiratória foi elevada a 30 ipm (inspiração por minuto) e medicações venosas, em prescrições "avulsas" como analgésicos, sedativos, diurético, bloqueador neuromuscular e pulsoterapia com Metilprednisona foram administrados. Apesar das condutas, paciente estava evoluindo com hipoxemia refratária, pelas gasometrias daquele dia. Era o agravamento do quadro de SDRA, sendo que, nesse dia, as relações FiO2/ PAO2 sempre estiveram abaixo de 100, comprovando SARA grave. A partir de 22h a FiO2 foi elevada a 80%, mantendo saturação entre 91 e 92%.

As aspirações traqueais nesse dia eram extremamente difíceis, pois mesmo com os cuidados já relatados acima quando se descreve rotina em ventilação, geravam severa dessaturação nos momentos de desconexão do ventilador, necessária para poder ser introduzida a sonda de aspiração. Entende-se é claro que essa manobra é realizada em tempo rápido e é necessária para garantir perveabilidade de via aérea. Não se dispunha de sistemas fechados de aspiração contínua para esses casos. Inclusive ainda consta em literatura o questionamento sobre as possíveis lesões traqueais e em mucosas que podem ser causadas por esse esquema, sem estudos até 2013, reforçando a necessidade do seu uso como imperativo.

Em 03/02/2012, quando ocorreu o óbito, a impressão diagnóstica pela equipe foi em consequência à evolução grave de SARA e danos cardíacos pela Síndrome de Resposta Inflamatória Sistêmica, associada a parâmetros altos de ventilação[168].

Quanto ao parecer do assistente técnico do MP, que sugere que deveria ter sido tentado ECMO, isto é, oxigenação por membrana extracorpórea e remoção extracorpórea de CO2, além de não se dispor desse recurso, em *Recomendações do III Consenso Brasileiro de Ventilação Mecânica*, no capítulo de Ventilação Mecânica, na LPA/SDRA, há a descrição: *"não há, no momento, justificativa para o uso rotineiro de oxigenação por membrana extracorpórea ou remoção extracorpórea de CO2, em pacientes adultos com LPA/SDRA".* (Recomendações do III Consenso Brasileiro de Ventilação, ano 2007)

Quanto à realização de hemodiafiltração, também recomendada pelo assistente técnico do MP, a tendência atual da Nefrologia é não indicar terapia renal substitutiva em pacientes com diurese e que respondam a medicações, pois o rim ainda é o melhor filtro e a terapia renal substitutiva poderia precipitar óbito pelos riscos de instabilidade hemodinâmica.

E o nosso maior ponto de indignação e frontal discordância com o parecer do assistente técnico do MP, não corroborado pelo perito do IML é sobre insinuação de hiper-hidratação, pois não há como contestar o quadro de SARA

---

168 Depoimento Dr. G., transcrito anteriormente.

grave pelas relações FiO2/PAO2 apresentados, sempre abaixo de 100. Em ciência médica não se pode "encomendar" um parecer[169]. Há toda uma lógica biológica que desmente inconsequentes.

Quando se analisa um balanço hídrico, não basta levar em consideração a operação de subtração entre ganhos e perdas, registrados nesses documentos. É imperativo considerar as perdas insensíveis que não podem ser mensuradas como: secreções diversas produzidas pelo paciente, perdas pelo estado de catabolismo severo provocado por SRIS; perdas em curativos realizados diariamente em regiões de queimaduras; perdas nos desbridamentos cirúrgicos realizados; perdas por hipertemia praticamente constante nesse caso; perdas pelo processo inflamatório químico gerado por gasolina; perdas por hemorragia digestiva alta não quantificadas na UTI e nem em sala de endoscopia, mas que indicaram transfusão sanguínea; perdas por sondas diversas e por aspirações traqueais.

Não era uma tarefa fácil repor as perdas desse e de qualquer paciente grande queimado, a não ser por seu acompanhamento e avaliação clínica constante à beira de leito. Podem ser vistas, em prescrições, as alterações em infusões de cristaloides, uso de diuréticos e em alguns momentos a suspensão da hidratação.

Quando a equipe médica está à frente de um paciente hiper-hidratado, como tentou colocar a promotoria, há sinais clínicos que nos orientam para o diagnóstico. Esse paciente não tinha antecedentes de doença cardíaca, pois caso o tivesse, dificilmente teria sobrevivido ainda em Toledo. O organismo tenta compensar a alta oferta, redistribuindo esse volume em órgãos, tecidos e serosas diversas, considerando que praticamente 70% do líquido corporal humano é água. Se houvesse hiper-hidratação, haveria alguns sinais:
- Edema conjuntival (olhos);
- Edema generalizado em tecidos de pele e subcutâneo (anasaca);
- Derrames diversos em pleuras, pericárdio;
- Edema miocárdico;
- Edema de alças intestinais severo, etc.

O paciente em questão foi submetido a exame cadavérico e necropsia (fls. 236 do prontuário). O assistente técnico do MP estimou o balanço de 33 litros positivo. Se estivesse correto, teria a descrição de edema conjuntival, anasarca, inclusive com extensão para região inguino-escrotal com presença de aumento importante da genitália, por edema (inchaço) e lesões tegumentares por distensão e até vasculares, como consequência de parafimose. Teria descrições de derrames pleurais e pericárdico, dilatação de área cardíaca e vasos de base. Nada foi descrito nesse documento.

---

[169] "Encomendar parecer técnico" para satisfazer fanatismos acusatórios sem compromissos com a ciência?

Analisando também exames laboratoriais de fls. 189 do prontuário, vê-se sódio = 161 nmol/h; ureia = 162 mg/dl (normal 43 mg/dl); creatinina = 0,3 mg/dl. Nessa analise, hipernatremia (sódio alto) e desproporção entre ureia e creatinina poderiam sugerir insuficiência renal pré renal, isto é, falta de volume. Mas a análise da desproporção entre ureia e creatinina foi interpretada pelo estado de hipercatabolismo além da presença de sangue em alças intestinais, que sendo absorvido tende a elevar os níveis de ureia.

Em fls. 200 do prontuário, vê-se o laudo de tomografia de tórax no dia 01/02/2012. Há a seguinte descrição: *"estruturas vasculares mediastinais preservadas"*. Não há descrição de derrames pleurais, nem aumento de área cardíaca. Essa descrição é totalmente contrária à hipótese de hiper-hidratação, pois deveria estar descrito edema cardíaco e alterações em vasos pulmonares para confirmar esse diagnóstico. Continuando a leitura da necropsia, a descrição de pulmões armados, congestos, hepatizados é totalmente compatível com SARA.

Após evidenciarmos e discordarmos da análise feita pelo assistente técnico do MP, não corroborada pelo perito do IML e por nenhum outro médico entre assistentes técnicos e testemunhas de defesa, cita-se o 6º Capítulo do livro do festejado autor Elias Knobel (volume 1) em subtítulo *Destaques*, que aponta:

> A restrição de volume não reduziu a mortalidade de SDRA (SARA) em duas décadas de observação;
> - o custo de uma reposição volêmica bem monitorizada é certamente menor do que aquele decorrente de falências sequenciais de múltiplos órgãos, devido à hipovolemia não reconhecida;
> - o manuseio de edema agudo de pulmão secundário à hiper-hidratação é mais fácil e acarreta menor morbi-mortalidade do que a NTA (Necrose Tubular Aguda = Insuficiência Renal Aguda) secundária à sub-hidratação. (KNOBEL, 2002, p. 110.)

Quando se combatem mistificações com argumentos de ciência pura, é uma tarefa árida. Felizmente nada do que acusou ficou provado. Sem provas, o caminho da Justiça é absolver acusados.

Pedido de absolvição deste fato da denúncia

Falsa imputação

Como nos demais e próximos pacientes, trata a denúncia de acusação de incursão: no artigo 121, parágrafo 2º, inciso I (motivo torpe) e IV (dificuldade de defesa da vítima), combinado com o artigo 62, I (direção da atividade dos demais agentes) e art. 61, II, alínea "g" (violação do dever de profissão) e "h"(crime contra pessoa idosa), aplicada a regra do artigo 69, todos do Código Penal.

Síntese dos argumentos lógico-jurídicos defensivos

Trata-se de falsa imputação do delito de homicídio na sua forma qualificada. No caso *sub examine*, o verbo do tipo não se verificou, ou seja, ninguém matou alguém! É certo dizer que *"morreu alguém"* no caso deste paciente descrito na denúncia. Apenas isto ficou provado. É mais certo ainda dizer que meramente *morrer alguém, não é crime!*

Os documentos oficiais informam apenas isto. "Morreu alguém" e das investigações científicas deste processo criminal, dos males que padecia e complicações daí advindas. Paciente de hospital que não resistiu.

Não se provou que alguma ação humana tenha sido praticada objetivando "matar alguém". Contrariamente, todas as ações humanas existentes derivaram do regular exercício da Medicina, com todo o arsenal que estava ao alcance em ambiente hospitalar no intuito de bem exercer as profissões de todos os integrantes das equipes multidisciplinares ali disponíveis para tentar salvar vidas.

Exige-se prova cabal de existência de fato criminoso, possíveis autores, além da presença de **dolo ou culpa**, que não se presumem e devem ser provados cabalmente.

Médicos em hospitais trabalham com intenção de curar pacientes!

A única prova científica e oficialmente válida (certidão de óbito) apontava desde o início para essa conclusão e no tramitar deste processo isto apenas se confirmou ou nunca foi contrariado. A causa da morte está descrita na certidão de óbito atestada por outro médico que não a acusada,[170] como se pode ver:

> Paciente A. R. S. (5º fato da denúncia) certidão de óbito consta como causa da morte: "SEPTICEMIA/QUEIMADURAS DE 2º GRAU PROFUNDO/ENERGIA FÍSICO QUÍMICA". Médico que atestou o óbito: Dr. L. F. S. A., CRM nº 10.760.

Ainda, o corpo deste paciente passou pelo IML e tem laudo de necropsia amparando a conclusão constante da certidão de óbito.

Não há prova sequer da existência do fato criminoso narrado na denúncia.

Não há que se falar nem mesmo em "culpados" ou "inocentes", pois "existência de fato criminoso" é pressuposto da razão de ser do processo penal.

Não há outro caminho que não a sumária absolvição.

---

[170] fls. 1/8 das razões finais da defesa que transcreve o contido na certidão de óbito, que pela Constituição Federal não se pode negar fé.

Capítulo XI

6º fato da denúncia – paciente R. R. – acusação de assassinato com pena pedida de 12 a 30 anos[171]

"Em qualquer lugar do mundo funciona dessa forma..."

Conforme narrativas da denúncia:

> I - 8h 28/01/2013 – R. R. (hemorragia digestiva alta) - 8h respirador em 60% e pressão PEEP em 13;
>
> II - 9h51 Virgínia prescreveu os fármacos contidos em fl. 14, A. para aplicação em bolus, via endovenosa → B. diminuiu o respirador → C. 10h25 morte por asfixia;
>
> III - valeu-se de meio que dificultou defesa da vítima → A. aplicou Pavulon e B. sonegou o suporte ventilatório;

Como a acusação criou uma espécie de "padrão acusatório" na denúncia, com repetições fanáticas das mesmas situações em todos os fatos, em que se repete a mediavalesca fórmula também para esta paciente, por amor à síntese remete-se o leitor para o segundo fato, conforme indicado em capítulos anteriores.

---

[171] Alertamos o leitor que somos obrigados a incursionar no campo técnico da Medicina, tentando traduzir para linguagem mais acessível. Como se verá, nem sempre isto é possível. Estas ponderações técnicas dos casos específicos da denúncia, se prestam aos especializados.
Lembramos ao leitor que pode conhecer o teor completo deste processo acessando o site disponível em: <https://projudi.tjpr.jus.br/projudi_consulta/ autos nº 0029137-50.2012.8.16.0013>. Acesso em: 18 dez. 2017.

Mais uma vez, evidentemente que Virginia não matou ninguém. O padrão acusatório gravíssimo parte de informações de pessoas leigas e de má compreensão da Medicina Intensiva. Nesta paciente, a testemunha defensiva, médico S. P., infectologista, em seu depoimento perante o juízo analisou, entre outros, o prontuário da paciente R. R.:

> (09:29) Defesa: Nós vamos lhe fazer algumas indagações a esse respeito. O tempo de sangramento relatado de 3 dias poderia agravar a situação já crítica do paciente?
> Testemunha: Sim.
> Defesa: O uso de medicações, lendo as comorbidades aí, e o uso de medicações utilizadas pelo paciente. Gostaríamos de ouvir a sua opinião sobre as possibilidades diagnósticas e riscos e se as medicações utilizadas eram direcionadas a doenças? Ou somente sintomáticas?
> Testemunha: O paciente usava anti-inflamatório não hormonal, que provavelmente foi a causa da úlcera gástrica que ela teve, sangrante. Então o Ibuprofeno e o Tandrilax são anti-inflamatórios antigos cuja porcentagem de desencadeamento de úlcera péptica é muito alta, e isso provavelmente fez essa úlcera com vaso exposto. Claro que precisa rever a biópsia desta úlcera para ver se não tinha uma lesão tumoral no estômago. Mas, num primeiro momento, pode ser uma úlcera relacionada ao anti-inflamatório. Isso é um tratamento aparentemente sintomático desta dor articular, alguma coisa que ela tinha usando esse tipo de medicamento.
> Defesa: Vendo as comorbidades e o uso de medicações utilizadas. O senhor está fazendo a leitura das comorbidades?
> Testemunha: É um paciente com muitas comorbidades, hipertensão arterial, diabetes, esteatose hepática, podia ter obesidade... aqui não está descrito. Depressão aqui não seria um grande problema, tinha artrose, tinha alterações de tireoide. Aqui mostra distireoidismo, mas provavelmente o médico que escreveu não sabia exatamente qual era o distúrbio de tireoide que o paciente apresentava. Tomava, certamente, o anti-inflamatório não hormonal por causa da artrose, dor articular, que devia ser importante. Agora, a diabetes mellitus, hipertensão e algum grau de disfunção hepática são comorbidades.
> (11:58) Defesa: Lendo a página 108 e 109, LDH.
> Testemunha: LDH 992 elevado.
> Defesa: 992 é elevado?
> Testemunha: É elevado.
> Defesa: Certo. Proteína C Reativa em 70,20 mg.
> Testemunha: Elevado.
> Defesa: Página 112, VHS 98.
> Testemunha: Elevado.
> Defesa: 98, na página 112 é elevado. Página 116, vou me adiantar aqui. CPK 119, elevado?

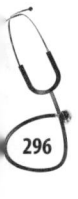

Testemunha: CPK não, CPK era normal.
Defesa: E CPK MB 78,0.
Testemunha: 178. É elevado.
Defesa: Relação CKMB/CK 149,58.
Testemunha: Elevado.
Defesa: LDH 112,08.
Testemunha: 1.208.
Defesa: Desculpe, 1.208. Isso corrobora com a sua ideia de doença sistêmica?
Testemunha: Certamente essa paciente tinha uma doença sistêmica. Com esses dados agora de atividade inflamatória é possível que, ao invés de artrose, essa paciente tivesse artrite, um processo inflamatório de articulações. Dentro desse contexto, esse aumento de CPK poderia justificar algum processo cardíaco também. Ela tinha uma CKMB muito mais elevada do que a CPK, que seria uma enzima muscular. Então, existe a possibilidade de que essa paciente tivesse uma isquemia cardíaca, um infarto no miocárdio, no contexto desse tratamento.
Defesa: O foco do internamento era choque hemorrágico por úlcera sangrante. Partindo desse princípio, na fl. 8 dos autos, vemos um laudo de endoscopia digestiva. O senhor consegue identificar por onde foi pedido e realizado?
Testemunha: Pronto-socorro. Foi realizado provavelmente pelo serviço de endoscopia do Hospital Evangélico.
Defesa: E na fl. 17, no boletim de atendimento médico existe o carimbo do exame. Portanto esse procedimento foi realizado com o doente ainda no Pronto-socorro[172]? É correto afirmar isso?
Testemunha: É correto.
Defesa: Na fl. 9 existe a descrição do tratamento da lesão, correto?
Testemunha: Correto.
Defesa: Seguindo, a fl. 10 e fl. 56, nova endoscopia realizada, agora pela UTI, correto?
Testemunha: Só uma questão. Existe algo nesse laudo aqui do dia dessa endoscopia. Ele coloca esclerose de varizes esofágicas. Na verdade, deve ter sido algum erro de digitação, porque na verdade foi injeção de álcool absoluto em vaso exposto em fundo de úlcera gástrica. Então isso aqui não foi varizes de esôfago, isso aqui foi úlcera gástrica que é condizente com o laudo da endoscopia.
Defesa: Quais são as folhas?
Testemunha: As fls. 8 e 9, existe endoscopia digestiva alta. Tem a descrição da úlcera gástrica sangrenta e tem o procedimento do tratamento do sangramento, que foi alcoolização, que é injeção de álcool absoluto em vaso exposto de úlcera gástrica. Só que em cima tem esclerose de varizes de esôfago, isso aqui deve ser desconsiderado porque não é condizente com o laudo que foi descrito.
Defesa: Fl. 10.

---

172 Por redundante que possa parecer, ainda não estava no ambiente de UTI da médica Virginia.

Testemunha: Sim. Na folha 10 tem uma reendoscopia feita dentro da Unidade de Terapia Intensiva e aí foi descrito então a lesão ulcerada, fundo recoberto por fibrina, restos necróticos e coágulo sem sangramento ativo. Então, neste momento esse sangramento havia sido contido com o processo de alcoolização da úlcera.
Defesa: Os dois endoscopistas são cirurgiões?
Testemunha: São.
Defesa: Doutor C. N., plantonista do Pronto-socorro.
Testemunha: Sim.
Defesa: Se houvesse indicação cirúrgica no momento, poderia ser acionado?
Testemunha: Sim.
Defesa: Voltando então às fls. 38 e 17 dos autos. O médico que atende descreve conduta com transfusões de sangue às cegas, além da reposição de cristaloides e o laudo da endoscopia com alcoolização da úlcera, correto?
Testemunha: Sim.
(17:43) Defesa: Agora na fl. 19, verso. Consta a evolução da enfermagem, do Pronto-socorro. Descrevendo o quadro, citando: obesidade, má perfusão e a dificuldade na intubação, possivelmente por reação e principalmente pelo biotipo.
Testemunha: Choque hipovolêmico, sudoreica. Procedimento de enfermagem, a punção, membro superior direito, membro superior esquerdo, então pegou dois acessos. Choque hipovolêmico, obesidade. Estou tentando traduzir aqui, reclamam dos médicos, mas a enfermagem também não ajuda muito. Perfusão periférica prejudicada, realizada tipagem sanguínea, iniciado Dormonid e Fentanil EV para entubação orotraqueal. Usado um tubo 7,5 com dois tubos 8, usado uma ampola de Pavulon com sedação, cliente se encontrava rígida e com baixa saturação, dificuldade de entubação. Após a entubação, realizada a sondagem nasogástrica e vesical com sonda nasogástrica 20, obtendo pouca diurese, clara, e pouco... alguma coisa sanguinolento em sonda nasogástrica. Iniciada transfusão sanguínea, duas bolsas, aguarda endoscopia. Qual a dúvida?
Defesa: Foi necessário o uso de bloqueadores neuromusculares nesse caso?
Testemunha: Sim.
Defesa: O médico que atende no Pronto-socorro relata dificuldades ao plantonista e, além da broncoaspiração de conteúdo gástrico com sangue, descreve atelectasia de pulmão esquerdo por locação da prótese. Esses dados podem ser confirmados na fl. 43?
Testemunha: Entubação difícil com provável aspiração de sangue e conteúdo gástrico. Instabilidade hemodinâmica, necessidade de drogas vasoativas, reposição de hemoderivados. Úlcera tratada com embolização por endoscopia, não descarta-se a necessidade de cirurgia. Paciente grave com prognóstico reservado. Isso aqui é evoluído...
Defesa: Depois vem a evolução médica e laudo.
Testemunha: 104?

Defesa: Sim. 43 e 104.
(21:26) Testemunha: Pulmão direito normotransparente, velamento do hemitórax esquerdo. Pode ter ocorrido uma atelectasia deste pulmão.
Defesa: O senhor concorda que a paciente já tinha sido admitida na UTI com lesão pulmonar aguda?
Testemunha: Sim
Defesa: Segue aí fls. 43, 44, 45 e 46. A conduta na admissão da UTI com reposições. Sedação, drogas vasoativas, reposição aguda, antibioticoterapia. O que o senhor tem a dizer a respeito dessa conduta médica?
Testemunha: Conduta para quem tem choque hipovolêmico por hemorragia digestiva alta. Úlcera sangrante, foi transfundido, foi reposto hemoderivado. Foi feito um plano de sedação, expansão plasmática. Droga vasoativa, porque o paciente estava em choque, tinha sinais de hipotensão descritos aqui. Antibioticoterapia por pneumonia aspirativa e antiparasitário. Talvez a condição socioeconômica da paciente podia não ser muito satisfatória, há risco de fazer disseminação aguda de vermes em quem tem um paciente com choque, nesse sentido uma conduta correta. Pantoprazol, que é a droga de eleição em bomba para o tratamento da úlcera e os cuidados de terapia intensiva. Eu diria que a conduta desse caso aqui é absolutamente correta.
Defesa: Na fl. 52 dos autos, balanço hídrico, vazões de drogas, infusões, hemoterapia, diurese, PAM. Analisando esses dados, em sua opinião qual era a gravidade dessa paciente?
Testemunha: O paciente foi admitido em choque, 85 por 64 de pressão arterial. Um pulso de 92, hiperdinâmico e saturando mal. Então um paciente muito grave. Dessaturação corresponde a um quadro de falta de oxigenação intenso, um choque hipovolêmico. Às 16:00 horas conseguiu alguma melhora, melhora da pressão, 130 por 100. Diminuição da frequência cardíaca para 63, a frequência respiratória não se altera porque isso provavelmente é um dado do respirador, e melhora da saturação. A situação de diurese era baixa, depois ela melhorou a diurese a partir das, do controle das 18h, já começou a urinar 1000 mls, desculpe, 400 mls por hora. A paciente chegou em choque hipovolêmico, mas que conseguiu algum grau de reversão do choque em seguida com uma terapêutica instituída.
Defesa: Nas fls. 53, 54, 55, 56, 57 e 58, condutas tomadas durante todo o dia, com transfusões de sangue, 3 hemácias, 6 de plasma, além de 2 hemácias no Pronto-socorro e 2 hemácias no dia anterior. Já na UTI, além de reposição de volume.
Testemunha: Qual a pergunta?
Defesa: Esse tipo de conduta é necessário em quadro de choque hemorrágico?
Testemunha: Sim.
Defesa: E poderiam agravar o quadro pulmonar?
Testemunha: Sim[173].

---

173 Observa-se que tudo parecia tão óbvio para especialistas que demonstravam até mesmo irritação

Defesa: Na fl. 60, evolução médica. Apesar de não descrever a nova endoscopia pelo horário da evolução realizada às 19h30 como verá na fl. 56, o médico que descreve o quadro considera a possibilidade de intervenção cirúrgica, seus riscos?

Testemunha: A evolução é muito clara e é condizente com o tratamento que foi instituído. Provavelmente essa paciente voltou a apresentar sangramento e foi cogitado um procedimento de alta complexidade que às vezes é um procedimento salvador de embolização. O que é uma embolização? É um cateterismo da artéria que está sangrando, e a colocação ou de uma espuma ou de um líquido que possa obstruir esse vaso sanguíneo. Algumas vezes existe dificuldade, se o sangramento não for um sangramento muito importante, ou se a característica clínica do paciente não permitir um estudo radiográfico adequado. A colocação da possibilidade de laparotomia é uma colocação absolutamente correta se você não consegue controlar o sangramento. A hipótese também de que o paciente possa ter um câncer gástrico, ela também é plausível. Mesmo que a hipótese principal seja sangramento por uso de anti-inflamatório não hormonal. A princípio, o que está sendo descrito aqui é condizente com uma conduta médica, nesse contexto clínico que está registrado no prontuário.

(27:37) Defesa: Conhecendo a estrutura do hospital, área física, em doentes críticos o setor de angiografia é mais próximo à UTI que o de endoscopia ou do centro cirúrgico geral? Isso importa considerando os riscos de transporte do paciente?

Testemunha: Sim, o setor de angiografia é no mesmo andar da UTI. Se você pudesse fazer um procedimento de angiografia para esse caso e conseguisse conter o sangramento, seria o melhor procedimento, porque você daria uma condição, se no caso fosse necessário cirurgia, melhor para o paciente. Outra coisa, muito provavelmente essa paciente devia ter dificuldade de ventilação, pelo porte físico, pela broncoaspiração, então se você pudesse transportar o mínimo possível minimizaria o risco para o paciente.

Defesa: Fls. 127, 132, 138, 143 e 148. Considerando que após a endoscopia não houve intervenção cirúrgica, apesar de não haver descrição por extenso em evoluções, gostaria que o senhor analisasse a sequência de hemogramas.

Testemunha: No primeiro hemograma tinha anemia, tinha uma leucocitose com desvio que é condizente com o quadro de anemia aguda ou infecção, as duas coisas podem fazer essa leucocitose. Não tinha plaquetopenia aqui no exame do dia 24 de janeiro.

Ministério Público: Só por uma questão de ordem, dá para fazer referência das fls.?

Defesa: Fls. 127, 132, 138, 143 e 148.

Testemunha: No exame do dia 25 de janeiro, fl. 132, já não havia sinais de leucócitos, então não havia leucocitose, a anemia havia praticamente equilibrado, então tinha praticamente o mesmo valor de hematócrito e uma pequena queda de plaqueta, não significativo. Na fl. 138, já havia correção do processo de anemia, aqui apresentava um pouco de leucocitose e plaquetas estavam normais. Essa leucocitose aqui não era significativa dentro desse contexto. Na fl. 142, aí não é um hemograma, é um coagulograma, aonde você tinha uma discreta discrasia sanguínea observada pelo aumento do tempo de tromboplastina parcial, do TTP, então, uma discreta alteração de coagulação aqui, mas se a gente analisar o ratio, provavelmente esse paciente estava equilibrado do ponto de vista de coagulação nesse momento aqui.

Defesa: 143 e 148.

Testemunha: Novo hemograma, já equilibrado à perda sanguínea, anemia aqui havia sido tratada. O leucograma com uma certa leucocitose não significativa, plaquetas normais. Fibrinogênio alto, provavelmente por reposição. Fl. 148 mantendo o hemograma, a quantidade de hemácias equilibradas, ainda com uma discreta leucocitose não significativa e plaquetas normais.

(31:35) Defesa: O senhor poderia concluir por esses resultados se houve sensatez e ponderação para a decisão de não intervenção?

Testemunha: Não intervenção cirúrgica?

Defesa: Isto.

Testemunha: Eu não olhei o que foi transfundido. Se não havia sinais de sangramento e se o paciente mantinha esse volume globular sem transfusão, não teria indicação cirúrgica.

Defesa: E em casos de perfuração, em nenhum dos Raios-X de tórax que foram realizados na Unidade, faltando seu laudo nos autos houve sinais de... (inaudível). As incisões abdominais interferem com ventilação? O senhor pode nos explicar?

Testemunha: As incisões abdominais interferem com ventilação? Elas podem interferir na ventilação se você, secundário às cirurgias, você tiver hérnias internas ou áreas de fibrose. Então é possível que você tenha uma dificuldade de ventilação em pacientes que tenham sido submetidos a múltiplas cirurgias.

Defesa: Na fl. 68, doutor, balanço hídrico do dia 25/01. O senhor pode analisar com atenção as variações em PA, PAM, frequência respiratória, FIO2, vazões de drogas vasoativas, e notar que não há controle de PVC. O que o senhor pode dizer a respeito do estado desta paciente através desses controles?

Testemunha: Essa paciente tinha uma instabilidade hemodinâmica, porque ela usava droga vasoativa desde as 8 horas da manhã. Portanto ela mantinha pressão com droga vasoativa. Às 16 horas ela teve uma queda de pressão mesmo utilizando droga vasoativa e daí foi expandida com ringer. Então foi iniciado reposição volêmica para ela com soro fisiológico e ringer. Aparentemente não teve sucesso na melhora da pressão, manteve-se 9 por 7 e houve necessidade de aumento de droga vasoativa, então de 40 para 80 mls/hora de droga vasoativa. Mesmo sem melhora da pressão, mesmo com a hidratação de 2000 mls de ringer aqui, foi necessário aumentar a droga vasoativa para 160. A partir desse momento, das 20 horas, manteve-se hipotensa, mas provavelmente teve congestão pulmonar, tem uma descrição de que foi prescrito Lasix aqui. Houve redução da droga vasoativa momentaneamente para posteriormente novamente aumentar a droga vasoativa. Depois conseguiu diminuir um pouco a droga vasoativa e a partir das 22 horas ocorreu um controle da hipotensão e uma melhora da diurese. O trabalho que foi feito das 16 horas até as 22 horas obteve o resultado de melhora da diurese. Manteve-se a instabilidade hemodinâmica, mas houve controle do choque com as ações que foram tomadas nesse período.

Defesa: E o FiO2?

Testemunha: Provavelmente, devido à necessidade de expansão plasmática, esse pulmão deve ter gerado edema pulmonar e houve necessidade de aumento de FiO2 para 70%.

(37:15) Defesa: Existem anotações nessa mesma folha de volume/minuto/kg, pressão de pico, pressão de platô, relação IE e outros dados fornecidos pelos gráficos do ventilador?

Testemunha: Nessa?

Defesa: É.

Testemunha: O que existe de dado aqui é o PEEP que foi marcado, então, como eu já havia comentado, ocorreu um aumento da FiO2, foi necessário dar mais oxigênio para o paciente e aumentar a pressão expiratória final para melhorar a parte ventilatória, para melhorar essa saturação que não era boa. Nessa folha aqui, eu não encontro aqui a descrição de pressão de platô e nenhuma outra descrição.

[...]

Defesa: Certo. Voltando à fl. 68 então. No balanço hídrico, entre 16 horas e 2 horas do período noturno, o que o senhor pode falar a respeito da condição do paciente?

Testemunha: Das 16 horas houve piora significativa. A partir das 22 horas o trabalho de quem estava de plantão conseguiu algum equilíbrio, ocorrendo uma pequena melhora. A diurese era muito ruim, então voltou a urinar, teve uma melhora da diurese. Ou seja, ocorreu tratamento do choque. Uma piora clínica que foi tratada e, a partir das 22 horas, houve uma melhora do quadro clínico, no que diz respeito ao controle do choque. O paciente podia estar muito grave, provavelmente o estava, porque houve necessidade de aumento da FiO2. Mas as medidas que foram executadas nesse momento surtiram algum efeito, mesmo que momentâneo.

(39:47) Defesa: Lesão pulmonar aguda, por exemplo?

Testemunha: Certamente.

Defesa: Ou já pode ser definida a síndrome do desconforto respiratório agudo?

Testemunha: É preciso analisar os dados de gasometria. Se a gasometria fosse condizente com isso, certamente. Mas, pelo histórico de choque e necessidade de infusão de grande quantidade de líquido para manter a questão da pressão e aumento da droga vasoativa, certamente injúria pulmonar difusa ocorria nesse caso.

Defesa: Fl. 68 novamente. Entre 22 horas e 24 horas houve redução do FiO2 e diminuição de vazão de aminas vasoativas. É correto afirmar isso?

Testemunha: Na verdade, houve um aumento da droga vasoativa e depois, a partir das 22 horas, houve uma discreta redução, de 40 para 80 e depois para 60. E de FiO2, ocorreu um aumento aqui às 22 horas e depois uma possível redução para 70% de oxigênio.

Defesa: O senhor que trabalhou e trabalha junto nessa área pode dizer se essas alterações são feitas de forma abrupta?

Testemunha: São feitas de forma abrupta.

Defesa: É comum?

Testemunha: É comum.

[...]

Defesa: Vamos adiante então. Em relação a FiO2 em 100%, se mantida, pode causar danos a lesões pulmonares graves?

Testemunha: Sim.

Defesa: Nesse momento e nesse mesmo sentido, particularmente nesse caso de úlcera com vaso exposto e alcoolizada, altas vazões de aminas vasoativas impõem riscos?

Testemunha: Sim.

Defesa: Se o senhor fosse plantonista, agora se colocando no lugar, ou se discutisse com um médico ao telefone, entenderia a orientação de baixar esses parâmetros?

Testemunha: Sim.

Defesa: Para quem tem conhecimento e sabe como realizá-los desde que possíveis, como foi o caso, soaria para o senhor aos seus sentidos como uma ordem homicida, uma ordem para matar alguém?

Testemunha: Não, veja, cabe um esclarecimento. Se você tem possibilidade, pela saturação – então aqui você tinha saturação de 99% com FiO2 de 100% –, a conduta correta é a tentativa de redução da FiO2 para evitar a lesão alveolar por oxigênio. O ideal é que você mantenha essa FiO2 na menor fração possível, preferencialmente abaixo de 60. Provavelmente quem estava de plantão conseguiu manter 70% de FiO2 mantendo saturação de 98%. Isso é um ajuste do parâmetro de respirador para evitar a lesão alveolar por oxigênio.

Defesa: Se houvesse óbito, por exemplo, às 23 horas. Pela falta de anotações em horários intermediários e pela falta de descrição na anotação da enfermagem, não seria o resumo de evolução médica a base para se compreender as alterações realizadas, o sucesso ou o insucesso?

Testemunha: Veja, é possível que você tenha um óbito entre um horário e outro. Esse paciente é um paciente dinâmico. O que nós temos aqui é descrição apenas de parâmetros hemodinâmicos e parâmetros de respirador. Este paciente pode fazer uma arritmia cardíaca e vir a óbito, ele pode fazer um novo sangramento maciço e vir a óbito. A descrição do médico no obituário é fundamental para compreender o evento.

Defesa: Dentro desse raciocínio, parece-me um grande dilema aqui da justiça: um leigo teria condições de interpretar essas discussões, em caso de óbito, poderia supor uma ação venal, por exemplo?

Testemunha: Não tenho como responder, acredito que seja uma questão complexa. Isso aqui é uma discussão de choque, de ventilação mecânica, ajustes de drogas, né?

Defesa: Para compreender com exatidão, se fosse entre *experts*, travado assim, teria uma exatidão a compreensão.

Testemunha: Sim.

Defesa: Sobre enfoque científico.

Testemunha: Uhum.

Defesa: Ainda nessa linha de raciocínio, a insistência em chamar familiares para explanar riscos, não para anunciar óbito, lhe parece lógica?

Testemunha: Sim. Correto, normalmente você chama os familiares para explicar que o paciente está instável, que está piorando, é uma conduta correta.

Defesa: O senhor já fez isso como médico?

Testemunha: Muitas vezes.

Defesa: E é difícil explicar a familiares?

Testemunha: Às vezes é difícil.

Defesa: Então uma visão aqui minha, de advogado. Por exemplo, para o médico, para o meio médico, o paciente pode estar meio morto. Mas, para a família, ele pode estar meio vivo, mais ou menos isso. A família sempre acha que há como reverter o quadro, via de regra?

Testemunha: O médico e a família sempre querem reverter o quadro, ninguém espera que o paciente venha a falecer. O objetivo do tratamento é reverter a doença grave do paciente, mas muitas vezes o próprio familiar percebe que a situação é muito difícil de reversão. Agora, em um país religioso, como o nosso, numa situação cultural que a gente vive, a gente sempre acha que é possível.

Defesa: Perfeito. Se piorasse o sangramento abruptamente, há cirurgião geral disponível 24 horas no hospital que possa prestar atendimento nessa situação?

Testemunha: Deveria ter. Agora, no contexto de um hospital universitário com trauma, muitas vezes a gente não sabe. Muitas vezes tem um cirurgião operando, eles chamam um segundo cirurgião para o plantão para resolver mais uma questão. É possível que você não tenha cirurgião para operar um paciente de emergência dentro do hospital. Isso é possível. Não sei se ocorreu nesse caso, mas essa possibilidade existe. E daí, se hierarquiza a prioridade no caso. Você não tem o profissional que possa fazer as duas coisas ao mesmo tempo. Mas há sempre uma hierarquização em relação à prioridade. Mas isso não é só aqui no nosso hospital, em qualquer lugar do mundo funciona dessa forma.

Defesa: Há riscos de embolia pulmonar nessa paciente?

Testemunha: Sim.

Defesa: Nota-se que, em todas as evoluções da enfermagem desde o Pronto--socorro, há referência a edema de membros inferiores e lentidão de retorno venoso. Com as comorbidades, pode ser possível? Já poderia ter ocorrido baseado na instabilidade do dia 25/01?

Testemunha: Tem riscos de embolia pulmonar. Não temos como afirmar que já poderia ter ocorrido, isso é um diagnóstico clínico muito difícil, como já falei. Necessita, às vezes, de exame, mas é possível sim que um paciente nesse contexto clínico, de politransfusão, de mobilização de edema, que ele desenvolva um processo de embolia pulmonar em vigência desse tratamento.

Defesa: Fl. 91, verso. Em anotações de enfermagem, veja a descrição das infusões no acesso central. Sedações, aminas vasoativas, eletrólitos, pantoprazol...

Testemunha: Ok, qual é a pergunta?

Defesa: Isso é o ideal, tanto para a sedação quanto aminas vasoativas? Conhecendo o setor, existe dificuldade na manutenção de acessos?

Testemunha: Não, a utilização de droga vasoativa, de sedação, está adequada. Exatamente isso que é a rotina. Quanto ao acesso venoso, aparentemente, acredito que está adequado, mas aqui não há nenhuma menção sobre quantos acessos a gente tem aqui nesse paciente, mas provavelmente deveria ter acesso para venoso central.

Testemunha: Na evolução de enfermagem tem escrito que teve uma subclávia esquerdo com sedação, noradrenalina e pantoprazol em curso e bomba de infusão, tinha acesso central aparentemente e era adequado.

Defesa: Voltando às folhas 91, agora no balanço hídrico. Notar a diferença entre os registros: às 16 e 18 horas. Pergunta-se: houve mudança nos dados? FiO2 e PEEP? Baseado nestes dados, o senhor considera que estava estável este paciente?

Testemunha: Houve piora dos dados. Então das 16 às 18 houve um aumento da fração inspirada de oxigênio. Provavelmente ocorreu uma dessaturação ou uma piora clínica, quem avaliou o paciente observou que este paciente precisava receber mais oxigênio por algum motivo. Isto está evidente, de 60% para 100% de fração inspirada. A gente já discutiu que aumentar por muito tempo fração inspirada de oxigênio é uma estratégia lesiva, mas que às vezes você tem que usar isto para ganhar tempo, para o tratamento da hipoxemia.

Defesa: Foi correto este procedimento então?

Testemunha: Pelo que está descrito aqui, ocorreu cianose, dificuldade para a ventilação, impossibilidade de aspiração. Está escrito: impossibilitando realização de aspiração da traqueostomia. Muito provavelmente ocorreu uma piora do quadro sistêmico, motivado por uma piora da hipoxemia que obrigou a manutenção da fração de oxigênio em 100%, impossibilitando a desconexão do respirador para poder realizar aspiração. É condizente a conduta de ventilação com a descrição aqui da enfermagem.

Defesa: Então por estar registrado já às 18 horas estas alterações, é provável que tenham sido realizadas antes?
Testemunha: É possível. Você não poder fazer duas coisas ao mesmo tempo: primeiro você faz a alteração dentro do parâmetro e posteriormente registra no prontuário.
Defesa: Diminuir o FiO2 seria atitude homicida?
Testemunha: Não. Ocorreu um ajuste entre 16 e 18 horas para um FiO2 de 100%. Posteriormente a saturação melhorou de 91% para 96%. Ocorreu depois a redução com a manutenção de oxigenoterapia. É uma decisão clínica dentro da interpretação dos exames laboratoriais. Eu não sei se tem uma gasometria que corrobora neste horário, mas se tiver uma gasometria que lhe mostre que tenha tratamento da hipoxemia arterial a redução seria absolutamente correta.
(03:30) Defesa: Neste balanço diminui o volume urinário no controle de 20, 22 e 24 horas.
Testemunha: Neste horário das 20 às 22 horas houve uma contração significativa da diurese. Isto é uma piora clínica, correspondente ao choque.
Defesa: Na folha 92 há a prescrição de diuréticos. Neste caso o senhor entende que é normal esta prescrição de diuréticos?
Testemunha: Sim. Com objetivo de melhorar o quadro respiratório. O pulmão deveria estar congesto, houve necessidade de retirar volume.
Defesa: É porque se fala na denúncia em "prescrição mortal". Então aqui está afastada esta questão, está dentro dos padrões da Medicina Intensiva?
Testemunha: Diurético, neste contexto de ressuscitação de choque, é absolutamente normal.
Defesa: Trabalhando em emergência neste setor, há como utilizar Diprivan, Fentanil, Pavulon, diuréticos, e depois prescrevê-los?
Testemunha: Sim.
Defesa: Fls. 92 e 93, a enfermagem costuma checar no horário administrado ou quando tem em mãos a prescrição? Como é feita esta checagem?
Testemunha: Quando tem em mãos a prescrição.
(05:18) Defesa: Considerando o horário das 06 horas, da fl.91, e horário das 08, da fl. 101, houve alteração dos níveis de PEEP?
Testemunha: Sim.
Defesa: Ainda na fl. 101, na anotação de enfermagem, não há relato de Ramsay e sim sedado, com pupilas fotorreagentes. Ventilação mecânica, com PEEP em 14.
Testemunha: Está descrito aqui PEEP de 14, enquanto no registro o PEEP é de 13, mas isto tem pouca relevância.
Defesa: Ao analisar, por exemplo, o balanço hídrico. Consta anotação de PEEP?
Testemunha: Anotação de PEEP existe. O balanço hídrico tem uma diurese de 75 ml às 8 horas, que sugere que tenha ocorrido uma contração de volume, uma diminuição da perfusão renal.
(07:00) Defesa: O senhor já atendeu inúmeras emergências na Unidade. Mesmo na ausência de anotações passo a passo, a evolução do paciente feita pelo médico não é suficiente para esclarecer o quadro?

Testemunha: A evolução do médico é de esclarecer o quadro, ela tem que ser condizente com os parâmetros clínicos que estão descritos. Mas suficiente... eu diria para você que elas são associadas a uma análise ampla do prontuário. Só a evolução médica não é suficiente.
Defesa: Páginas 13 e 94 doutor. O senhor vê compatibilidade entre os resumos médicos e o quadro do paciente?
Testemunha: Sim.
Defesa: Há muito questionamento aqui entre nós, leigos em Medicina, sobre a questão de aplicação destes fármacos de uso comum em Medicina Intensiva via bomba e via endovenosa. A pergunta é: a aplicação destes fármacos via endovenosa é possível?
Testemunha: É possível.
(18:00) Defesa: somente o fato de se aplicar via endovenosa pode levar o paciente à óbito?
Testemunha: Não.
Defesa: Na questão de diminuir parâmetros de ventilador, qual é a diferença de asfixia e hipóxia?
Testemunha: Asfixia é um processo de obstrução da via respiratória.
Defesa: Mecânica?
Testemunha: Mecânica, ou por uma obstrução. No caso de Terapia Intensiva, uma rolha que pode obstruir o tubo, uma quantidade muito grande de sangramento, uma inundação pulmonar por edema de pulmão...
Defesa: Tranca o tubo?
Testemunha: Entope. E isto é asfixia. Hipoxemia é a falta de oxigênio no sangue. A ventilação mecânica, o oxigênio no nariz, são tratamentos da hipoxemia. Então você aumenta o oxigênio para tratar hipoxemia. Isto é uma coisa que é dia a dia. Você analisou este prontuário aqui, você viu que diversas vezes aumentaram e diminuíram o respirador como parte da Terapia Intensiva. Durante o dia, diversas vezes o médico modifica estes parâmetros. Num contexto de limitação de suporte – neste caso aqui que eu vi não houve limitação de suporte, ela foi tratada até o momento em que teve uma parada cardíaca – não faz sentido você manter uma fração inspirada de oxigênio consideravelmente alta. No contexto de limitação de suporte você evita ficar aumentando a fração inspirada de oxigênio, não vai ter benefício nenhum ao paciente; ao contrário, você vai trazer malefício. Hipoxemia é um diagnóstico clínico, cujo tratamento é a oxigenoterapia. E asfixia é um processo mecânico de obstrução da via respiratória.
(20:00) Defesa: Quando se fala em aplicação em bolus, seria no caso associação de dois medicamentos ou mais? O que é a aplicação em bolus?
Testemunha: Aplicação em bolus é você colocar o medicamento numa seringa e aplicar diretamente na veia.
Defesa: No caso da paciente R. R., especificamente analisado, diz o sexto fato que, às 08:00 horas do dia 28, o respirador estava em 60% e PEEP em 13. E

que Virginia prescreveu os fármacos contidos na fl. 14, que a prescrição destes fármacos em bolus via endovenosa e a diminuição do ventilador causou, às 10h25, morte por asfixia. O senhor acha isto correto? Ou é ficção? Ou cientificamente não tem fundamento?

Testemunha: Pelos dados do prontuário, não é possível afirmar isto.

(36:20) MP: O senhor fez uma análise de alguns pontos que lhe foram mostrados daquela paciente, R. R., de hemorragia digestiva alta. A hemorragia digestiva alta é uma doença reversível ou não?

Testemunha: Hemorragia digestiva alta é uma doença que pode ser reversível, mas pode ser irreversível. É uma doença de mortalidade grande no nosso meio. Posso até te explicar o porquê. Toda vez que você tem hemorragia, para você tratar o choque hemorrágico, você precisa usar hemoderivados. Concentrado globular, que é hemácias, fatores de coagulação no plasma fresco ou no crioprecipitado. As pessoas que são Testemunhas de Jeová são contra hemoderivados por uma questão religiosa. Mas, por incrível que pareça, eles têm razão do ponto de vista médico... que, se você puder não usar hemoderivados, você vai ter uma sobrevida muito melhor dos pacientes do que utilizando hemoderivados. Há dez anos, a gente transfundia os pacientes por qualquer coisinha. Hoje a gente tem um critério brutal para indicar uma transfusão. A gente só indica transfusão quando faz parte do contexto de tratamento do choque. Se economizou a transfusão. Por quê? Sangue demais, hemoderivados demais geram muita resposta inflamatória. E esta resposta inflamatória é o que leva o paciente a óbito. Ora, ninguém hoje transfunde em excesso um doente, a não ser que o paciente precise transfundir em excesso. E, neste caso, se você tem muita hemorragia que você não consegue controlar, você é obrigado a transfundir em excesso. Então, hemorragia digestiva alta – a gente atende todo dia no hospital –, eu diria para você que 80% dos casos de hemorragia digestiva alta vão embora em três a quatro dias de internamento. Mas 20% precisam de UTI, e mais ou menos 10% dos pacientes, mesmo com tratamento correto, eles vêm a óbito por disfunções orgânicas relacionadas ou à impossibilidade de controlar o sangramento ou efeito adverso da politransfusão. Isto é bastante frequente.

MP: 10%? Com o tratamento correto?

Testemunha: Sim, com o tratamento correto. Quando a gente analisa mortalidade, tudo que se escreve de literatura médica sobre mortalidade é com o tratamento correto.

MP: Você pode mostrar para ele, ele voltar de novo no balanço hídrico da fl.101, verso? De 8:00 para 10 horas, ali pelos dados do balanço hídrico, de sinal vital. Das indicações ali, pode ser que a paciente estivesse entrando em choque ou não?

Testemunha: Às 10:00 horas ela estava hipotensa, mesmo com a dose alta de nora. Às 8:00 horas ela tinha uma pressão de perfusão satisfatória. Mantinha diurese. É possível que ela estivesse entrando em choque.

MP: E neste tipo de choque qual é a conduta normalmente empregada?
Testemunha: No caso desta paciente é difícil eu colocar qualquer opinião, porque era multifatorial, ela tinha risco de novo sangramento, embolia, choque séptico. Eu diria para você que pelo menos umas cinco situações poderiam ter gerado o choque dela, diferentes da causa de admissão.
MP: A partir deste horário, 9:51 horas, com a aplicação de Diprivan, Fentanil e Pavulon, até o horário da morte desta paciente, o senhor consegue entender qual foi a terapêutica instituída e oferecida para esta paciente até a hora do óbito, ou não?
Testemunha: 9:51 horas é o horário de prescrição, então isto pode ter sido prescrito um pouco antes ou um pouco depois, foi o horário de checagem. E o horário de evolução do óbito foi 10:36 pelo que aparece no prontuário eletrônico, ou 11:00 horas... é o que está aqui em cima, não entendo este prontuário, se é às 11:00 horas ou às 10:36 horas. A impressão é que este paciente teve uma intercorrência que necessitou de sedação e, depois desta intercorrência, tomaram-se condutas que o paciente não teve resposta. Mas, como te falei, não atendi este paciente, estou lendo um dado de prontuário.
MP: E esta seria uma intercorrência importante?
Testemunha: Sem dúvida. É uma intercorrência em que o paciente foi a óbito.
MP: Mas seria alguma medicação? Seria aumento de volume?
Testemunha: A questão é a seguinte: se você teve uma intercorrência aguda, uma embolia pulmonar, uma sedação... você vai tomar alguma atitude técnica, você dá ao paciente para ele poder ventilar, nem sempre você vai ter o registro no prontuário. Você está registrando o óbito. Às vezes a intercorrência naquele momento, e que você atuou com determinada droga – aumentei droga vasoativa, mudei ventilação e sedação – pode não estar descrita no prontuário. A evolução aqui, do dia 27, de instabilidade hemodinâmica, que é compatível com os dados de evolução da enfermagem. Certamente, por toda história que a gente leu deste prontuário, é um paciente com prognóstico realmente reservado e com alto risco de complicações. Sangramento, embolia pulmonar, novo processo infeccioso, arritmia cardíaca...
(44:30) MP: Tá. O senhor pode olhar e consegue ver se, pelas duas endoscopias que tem, parou ou não parou o sangramento desta paciente?
Testemunha: Na endoscopia de entrada ele descreve uma úlcera gástrica com vaso exposto, ele faz alcoolização, e no que a gente chama de *"second look"* ele descreve uma úlcera ativa com sinais de sangramento recente. Formou um coágulo que tamponou. Mas isto não é garantia que o paciente não possa voltar a sangrar.
MP: Não, estou perguntando se neste momento o paciente estava sangrando ou não.
Testemunha: No momento da endoscopia, o colega que descreve a endoscopia descreve como ausência de sangramento. História de que teve sangramento recente, mas aparentemente controlado.

MP: E a gente não encontra nenhuma outra endoscopia, somente as duas, do dia 24 e do dia 25. Dá para dizer, das evoluções médicas, se depois do dia 25 a paciente continuou sangrando ou não?
Testemunha: Olhando a evolução dos exames de sangue, dos hemogramas, você pode inferir. Mas também isto não é uma certeza absoluta, porque você pode ter pequeno grau de sangramento, e pode ter anemia neste tipo de doente, não necessariamente só pelo sangramento, mas comparado à produção de glóbulos vermelhos. Doente crítico para de produzir hemácias, e isto é muito frequente por causa de diversas agressões que ele está sofrendo. E neste sentido você pode ter queda do VG mesmo sem sangramento ativo[174]. (vídeos 1, 2 e 3 - depoimento em juízo)

Tida como a principal testemunha da acusação, o antigo médico auditor M. L. sobre a paciente R. R. afirma:

(37:23) Defesa: O Senhor pode afirmar que a paciente R. R. pelos prontuários, ela teve antecipação de óbito com certeza cientifica?
Resposta: A partir do prontuário não. (vídeo 3)

A prova pericial produzida por perito do Instituto Médico Legal do Estado do Paraná, ao responder as indagações da defesa, afirmou:

38. Defesa: Começa a denúncia (fls. 13/15) afirmando que a paciente R. R. de 59 anos às 8h do dia 28/01/2013 estava internada na UTI em decorrência de hemorragia digestiva alta sem conseguir respirar naturalmente, com suporte de ventilação mecânica com FiO2 em 60% e PEEP13. Diga o Sr. perito se nessa data analisando o prontuário, laudos de endoscopia e exames laboratoriais se o quadro de hemorragia digestiva, razão do seu internamento, ainda se mantinha? (citar fontes)
38. Resposta: A paciente apresentava, úlcera gástrica com sangramento intenso, contida por alcoolização, choque hipovolêmico e quadro clínico compatível com embolia pulmonar.
39. Defesa: Diga o Sr. perito se o quadro no dia do óbito baseado na análise do prontuário não poderia corresponder à Síndrome do Desconforto Respiratório Agudo? (citar fontes)
39. Resposta: Sim. A SDRA é caracterizada por inflamação difusa da membrana alvéolo-capilar, em resposta a vários fatores de risco pulmonares ou extrapulmonares e cuja intensidade da lesão pulmonar tem relação com o comprometimento das trocas gasosas e da mecânica do sistema respiratório.

---

[174] O Ministério Público em suas próprias perguntas e respostas dadas por esta testemunha teve um quadro da complexidade que envolve atos médicos em Medicina Intensiva. Ou seja, tardiamente flagrou-se da precipitação de ter ofertado denúncia sem exaustivos e prévios estudos científicos.

40. Defesa: Diga o Sr. perito se além da hemorragia digestiva e choque na admissão havia referências no prontuário de múltiplas comorbidades? (citar fontes)

40. Resposta: Conforme vemos das descrições que constam dos Autos, além da hemorragia e choque hipovolêmico, apresentava hipertensão arterial sistêmica, injúria pulmonar com quadro clínico compatível com embolia pulmonar.

41. Defesa: Diga o Sr. perito se a ausência de citações pela denúncia (fls. 14) dessas comorbidades e complicações apresentadas durante o internamento não induziriam a erro de avaliação do prognóstico, considerando que na data citada pela denúncia a paciente não mais apresentava hemorragia digestiva? (citar fontes)

41. Resposta: Pelo registro nas descrições que encontramos nos Autos, não nos é possível raciocinar criticamente sobre o que fundamentou a denúncia. Necessitaríamos de outros informes que não constam dos Autos.

42. Defesa: Diga o Sr. perito levando em consideração todas as alterações realizadas em parâmetro de ventilação durante o internamento, principalmente entre 6h e 8h do dia 28/01/2013, aumentam valores de PEEP, se considerado o quadro pulmonar, haver contraindicação pela literatura do uso de analgésicos, sedativos e bloqueadores neuromusculares para ajustes nos parâmetros de ventilação? Esse fato corresponderia à denúncia de que a prescrição foi realizada com vontade livre e consciente direcionada para matar? (citar fontes)

42. Resposta: Não. O aumento da PEEP e a sedação da paciente podem, sim, estar em conformidade com o quadro clínico da paciente.

O que observamos na literatura médica sobre Sedação e Analgesia em Terapia Intensiva são procedimentos vinculados às decisões médicas de equipes ou individuais.

Pelo registro nas descrições que encontramos nos Autos, de diagnóstico clínico, sinais e sintomas não nos é possível raciocinar criticamente sobre o quadro clínico que justifique o uso destas drogas, na forma endovenosa, agora. Necessitamos de outros dados clínicos, ao tempo da ação, que não constam dos Autos.

43. Defesa: A denúncia afirma que sem nenhuma indicação terapêutica registrada no prontuário que justificasse o uso de bloqueador neoromuscular a vítima naquele momento conforme parecer médico (fls. 14). Diga o Sr. perito se, baseado nas evoluções médicas, de enfermagem, alterações importantes em parâmetros de ventilação, principalmente em 25/01/2013 e 27/01/2013 e considerando a evolução médica, se haveria necessidade de justificativa em prescrição protocolar? (citar fontes)

43. Resposta: Pelo registro nas descrições que encontramos nos Autos, de diagnóstico clínico, sinais e sintomas não nos é possível raciocinar criticamente sobre o quadro clínico que levou a sedação, bloqueio neuromuscular e ao ajuste dos parâmetros respiratórios. Necessitamos de outros dados clínicos, ao tempo da ação, que não constam dos Autos.

44. Defesa: A referência ao parecer médico, diga o Sr. perito se da revisão deste parecer constam todas as comorbidades e medicações utilizadas previamente pela paciente? Consta o laudo de 2 endoscopias realizadas tendo esse parecer descrito somente a primeira e se o parecer sobre a intervenção cirúrgica tinha fundamento analisando o laudo da 2ª endoscopia, datas de transfusões e análise e hemogramas sequenciais? (citar fontes)

44. Resposta: Pelo registro nas descrições que encontramos nos Autos e nossa opinião que a conduta da equipe cirúrgica foi a mais adequada para aquele momento.

45. Defesa: Baseado na denúncia diga o Sr. perito se a registro no prontuário se existe diminuição de fração inspirada no dia 28/01/2013 que tivesse ocasionado queda de saturação menor que 90%?

45. Resposta: Não.

45. Defesa: Diga o Sr. perito se a ordem registrada nas interceptações telefônicas não corresponderia a alterações efetuadas nos momentos em que atingiu FiO2 em 100% como na noite de 25/01/2013 e às 18h do dia 27/01/2013. Ainda neste quesito diga o Sr. perito se é essa fração indicada nos consensos.

45 Resposta: Sim, este valor para a FiO2 100% é a que também podemos encontrar nos consensos brasileiros de ventilação mecânica em Casos de Síndrome do Desconforto Respiratório Agudo.

46. Defesa: Diga o Sr. perito se a manutenção de frações inspiradas de oxigênio acima de 60% poderiam aumentar o quadro de injúria pulmonar e de que forma?

46. Resposta: Como efeito deletério temos a depressão da respiração e aumento da PaCO2; atelectasia de absorção; diminuição da capacidade vital; aumento do *shunt* arteriovenoso pulmonar; diminuição do reflexo alvéolo-arterial; alteração da relação V/Q; diminuição de surfactante; desidratação das mucosas (necessidade de umidificação do gás inalado) (DAVID et al., 2004).

Suas fases a exposição do oxigênio e suas devidas consequências: Na fase inicial temos ausência ou mínimas lesões durante 24 a 72 horas. Na fase exsudativa temos preenchimento alveolar por edema, depósito de material proteináceo, membrana hialina, sangue e microatelectasia. Na fase infiltrativa temos, como o próprio nome diz, infiltração por polimorfonucleares e ativação plaquetária. Saturações arteriais 92% clinicamente são satisfatórias e correspondem a PaO2 de > 60mmHg. Quando o débito cardíaco, a hemoglobina e a oferta tecidual de oxigênio (DO2) forem adequados e a perfusão tecidual boa podem aceitar mesmo SaO2 menor do que 92% (88-90%) e diminuir a FiO2 (DAVID et al., 2004). Se analisar o tempo de exposição do oxigênio a 100% e suas devidas manifestações clínicas temos: agudos e crônicos. Agudos com as seguintes manifestações clínicas: 12 – 24 horas – traqueobronquite, tosse seca, taquipneia, diminuição da capacidade vital, dor subesternal, diminuição de clerance mucociliar; 24 – 36 horas – Parestesias, náuseas e vômitos, diminuição acentuada da capacidade vital; 36 – 48 horas – Parestesias, náuseas e vômitos,

diminuição acentuada da capacidade vital, alteração da síntese proteica nas células endoteliais. Pode haver alteração da função celular; 48 – 60 horas – Inativação do surfactante; edema alveolar por aumento da permeabilidade > 60 horas – SARA; morte. Crônicos, temos as seguintes manifestações clínicas – Disfunção pulmonar restritiva obstrutiva (DAVID et al., 2004).
DAVID, C; PINHEIRO, C; SILVA, N, et al. *AIMB Associação de Medicina Intensiva Brasileira*. São Paulo: Revinter, 2004.
DAVID, C. *Ventilação mecânica da fisiologia a prática clínica*. Rio de Janeiro: Revinter, 2001. EUR Respir J 2000; 16; 263-268.
47. Defesa: Continua a denúncia (folha 14) alegando que "a Dra. Virginia" possuidora do poder de decretar o momento da morte da vítima "ao arrepio da vontade desta e dos seus familiares em evidente desconformidade com a lei". Diga o Sr. perito se, baseado na análise do prontuário, evoluções médicas, evoluções de enfermagem, registros laboratoriais chega-se a esta conclusão?
47. Resposta: Pelo registro nas descrições que encontramos nos Autos, de diagnóstico clínico, sinais e sintomas não nos é possível raciocinar criticamente sobre o quadro clínico que levou a sedação, bloqueio neuromuscular e ao ajuste dos parâmetros respiratórios. Necessitamos de outros dados clínicos, ao tempo da ação, que não constam dos Autos.
48. Defesa: Conforme consta nos autos, que o familiar que participava constantemente das informações médicas declarou ao NUCRISA que nada tinha a acrescentar ao inquérito, quando questionada sobre condutas. Diga o Sr. perito se existe compatibilidade entre esta declaração e a afirmação de que a morte foi decretada por decisão médica.
48. Resposta: Não. Não existe compatibilidade entre as declarações do familiar, acompanhante e a afirmação de que a morte foi decretada por decisão médica.

Na ótica da defesa, o quadro clínico desta paciente, suas complicações e a real gravidade estão descritos de forma extensa em fundamentações. Pela condição ventilatória, extremamente instável, os fármacos foram ministrados para facilitar a ventilação e as manobras necessárias que são utilizadas nesse sentido. Não houve em seus momentos finais redução em parâmetros de ventilação, mas sim interrupção de manobra de recrutamento alveolar, sendo os parâmetros ventilatórios aumentados neste momento. Na sanha acusatória, a alternativa que restou à promotoria foi rotular a evolução médica como "falsa"[175], com plena incompatibilidade com a condição clínica que vinha apresentando ao longo dos dias.

A gravidade da condição ventilatória desta paciente foi reconhecida pela Perícia Oficial do IML, todos os pareceres técnicos, inclusive da promotoria, e diversos assistentes técnicos e testemunhas *experts* de defesa.

---

175 Embora isso não conste nem da denúncia que iniciou esta ação penal.

Como sempre neste processo, a promotoria tentou desvirtuar as "interceptações telefônicas", descontextualizando[176]. O absurdo é tamanho que a cegueira do fanatismo acusatório impediu que observassem que na data do óbito desta paciente e em tempo não compatível com o afirmado, Virginia estava presente na UTI. Assim, na tese tragicômica e ilusionista do Ministério Público, *Virginia nesse dia teria feito ligação telefônica e dado ordens para ela mesma (?!)*.

Dos elementos trazidos ao processo, todos são favoráveis à defesa. Nada ampara os raciocínios hostis do Ministério Público com relação a médica Virginia e mesmo para com a Medicina como um todo, em visão absoluta e completamente deturpada!

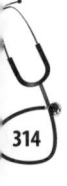

---

176 Pinçando palavras isoladas e tentando formar um "terceiro" raciocínio que não existiu.

Histórico e fundamentação deste caso clínico em literatura médica específica

A hemorragia digestiva alta era como a ponta de um iceberg...

Paciente de 59 anos deu entrada no Pronto-socorro Clínico do Hospital Universitário Evangélico de Curitiba, em torno de 7h20 do dia 24/01/2013, como consta no boletim de atendimento médico, em fls. 13 do prontuário desta paciente. Quadro de hematêmese há três dias.

Nesse documento em história do exame clínico, temos: *"chega pelo SAMU. Familiar refere que a paciente ao acordar, apresentou hematêmese em grande quantidade, refere também melena há três dias, nega episódios anteriores"*. Para esclarecimento, hematêmese significa vômito com sangue digerido e/ou vivo. Melena são fezes diarreicas com sangue digerido.

Nesse mesmo documento já existe o carimbo de realização de endoscopia digestiva alta e Raios-X de tórax feitos ainda no Pronto-socorro. No item materiais e medicamentos utilizados temos: SNG nº 20[177]; Concentrado de Hemácias 2 unidades EV AGORA; Soro Glicosado 5% + 3 ampolas de noradrenalina; Soro Glicosado 5% + 10 ampolas de Dormonid + 2 frascos de Fentanil; Soro Fisiológico 0,9% 1000 ml + 3 ampolas de Dormonid + 4 frascos de Fentanil; uma ampola de Losec; material de acesso central; TOT 8 e 7,5; ventilação mecânica; material de sonda vesical; 5 ampolas de Dormonid + 2 ampolas de Fentanil. Checagem entre 8h20 e 9h45.

Em relação à medicação descrita, nota-se que a preocupação foi no sentido de reposição de medicações e materiais utilizados e não representa, a maneira de sua infusão, tempo e velocidade de aplicação, nem o tempo exato de administração ao longo do atendimento. A primeira visão dessas medicações surpreende pela quantidade de sedativos e hipnóticos, principalmente considerando as condições clínicas da admissão desta paciente. Foi admitida em choque hipovolêmico grave, caracterizado por hipotensão arterial (PA menor que 90 mmhg), palidez cutânea, sudorese e má perfusão periférica.

Em fls. 18 do prontuário, constam os dados do SAMU que registra a presença de aproximadamente 2 litros de sangue em um balde encontrado na residência. Em dados vitais: PA menor do que 90 mmhg, pulso 110 bpm, FR 30 SAT O_2 em 100%.

Drogas analgésicas (Fentanil), sedativos (Dormonid) e bloqueadores neuromusculares (Pavulon – embora não conste no rol de medicações, posteriormente vê-se que foi aplicado) foram necessários ao pleno atendimento, mesmo em paciente admitida em choque hipovolêmico, condição de extremo risco para o uso de sedativos e analgésicos. O que se coloca neste momento é que apesar dos

---

177 Sonda nasogástrica.

riscos seria a única condição para lhe prestar atendimento adequado. Para ser possível tal tratamento, todos os cuidados adequados em infusões de cristaloides (Soro Fisiológico e Ringer Lactato), hemoderivados, providenciando acesso central para instalação de aminas vasoativas (Noradrenalina) e em sala de alto risco, instalados os monitores multiparâmetros e ventiladores, presentes nessa sala, para diminuir possíveis efeitos adversos.

Certamente o atendimento foi feito passo a passo, prestando de imediato assistência ventilatória, após procedimento de entubação orotraqueal. Todos esses procedimentos são invasivos e desconfortáveis, desde a passagem de uma sonda nasogástrica, que é introduzida e levada ao estômago através de uma das narinas; o acesso central cuja agulha de punção tem um calibre grande, sendo instalado na veia que fica abaixo da clavícula e a instalação de um tubo para acessar a traqueia descrito como entubação orotraqueal. A sedo-analgesia e o bloqueador neuromuscular se fizeram necessários para que o atendimento fosse possível.

Não há tempo hábil frente a quadro tão grave para descrição médica e de enfermagem, a cada momento de atendimento. Vemos a primeira anotação de enfermagem, ainda no Pronto-socorro, em fls. 19 do prontuário com os dados vitais registrados às 8h e em seu verso, as anotações de enfermagem realizadas às 9h15, em fls. 38 do prontuário, a primeira evolução médica realizada no sistema de informática às 13h30. Portanto, apesar do seu pronto e adequado atendimento, em casos emergenciais não há tempo hábil para descrições de conduta concomitantemente.

À primeira visão, pode-se ter a impressão de excessivas doses de medicamentos, não levando em consideração o intervalo de atendimento, o biotipo da paciente e as diferenças em resposta a esses fármacos a cada paciente atendido com diversidades em sensibilidade. Voltando às fls. 19 do prontuário em seu verso, o técnico relata:

> encaminhada do CMUM do Campo Comprido por apresentar HDA (hemorragia digestiva alta) há um dia. Cliente chega ao Pronto-socorro em choque hipovolêmico, sudoreica. Puncionado AVP (acesso venoso periférico) 18 (número do cateter) em MSD e MSE (membros superiores direito e esquerdo). Mantém soroterapia em curso em ambos os acessos. Puncionado sem sucesso AVP 18 em MSD. Cliente em choque hipovolêmico e obesa, com perfusão periférica prejudicada. Realizado tipagem sanguínea. Iniciado Dormonid e Fentanil EV para entubação orotraqueal. Usado um tubo 7,5 e dois tubos 8 (tubo orotraqueal e a numeração pertinente a cada um dos utilizados). Usado também uma ampola de Pavulon, pois mesmo com sedação "normal", cliente encontrava-se rígida e com baixa saturação, dificultando a entubação. Após entubação, realizado sondagem nasogástrica e vesical com SNG 20 e SVD (sonda vesical de demora) 16 obtendo pouca diurese clara e pouco débito

sanguinolento em SNG. Iniciado transfusão sanguínea de 2 BS. Aguarda endoscopia. (Fls. 19 do prontuário)

Para quem tem o hábito de trabalhar com técnicos, a defesa observou que esse profissional detalhou o atendimento, o que era cada vez mais raro. Mostrava-se um profissional experiente e podia-se notar que se surpreendera com a quantidade de medicação necessária para que fosse possível a entubação orotraqueal. Esse procedimento foi realizado com dificuldades conforme descrito pelo funcionário, além do número de tubos utilizados para tal procedimento. A entubação traqueal certamente foi difícil pelo biotipo da paciente, obesa e de pescoço curto. Essa mesma análise foi feita pelo Dr. S. P. F. (já antes transcrito) ao analisar esse prontuário em sua oitiva na audiência de instrução.

Observa-se, pela literatura específica, que a obesidade associada ao uso de medicações prévias (antidepressivos) certamente influenciou na dosagem dos fármacos utilizados. A associação de Midazolam, Fentanil e Pancurônio não agravou a condição hemodinâmica da paciente, até pelo fato do Pancurônio, por sua atividade farmacológica de promover efeitos simpaticomiméticos e parassimpaticolíticos, minimizar os possíveis efeitos adversos dos opioides como a rigidez citada, promovendo aumento da frequência cardíaca, débito cardíaco e pressão arterial. Essa informação Essa informação foi anexada ao processo pela nossa defesa, com literatura específica[178].

Foi então realizada a endoscopia digestiva alta, em fls. 8 do prontuário, tendo como conclusão: "*ulcera gástrica com vaso exposto. Alcoolização de vaso exposto em úlcera gástrica.*".

Em fls. 38 e 151 do prontuário, tem-se a primeira evolução médica:

> R. R., 59 anos.
> Paciente admitida via SAMU. Filha refere que a mãe sentiu-se mal pela manhã e queixava-se de dor abdominal. Refere que a paciente ligou para a central do SAMU e alegou ter fezes e vômitos com sangue, sendo orientada a procurar CMUM. A filha refere que a paciente usava Tandrilax e Ibuprofeno há anos. Relato de grande quantidade de sangue proveniente de hematêmese (aproximadamente 2,5 litros). (Fls. 38 e 151 do prontuário)

Observamos com veemência, neste momento, o fato de que ao entrar em contato com o SAMU, este deveria tê-la encaminhado a um Pronto-socorro hospitalar e não a um CMUM, que não teria condições de fornecer transfusões de imediato e nem condições ideais para prestar atendimento a paciente que necessitava de endoscopia ou até mesmo cirurgia de emergência. Essas situações são postas diuturnamente para as pessoas pelos meios de comunicação, apontando a

---

178 Sedação em pacientes difíceis.

dificuldade vivida por pacientes que em situações análogas não sabem exatamente para onde devem se dirigir e vez por outra são encaminhados também de forma errônea, contribuindo para o aumento dos índices nacionais de óbitos.
Continua a descrição da paciente:

> HMP: HAS (Hipertensão Arterial Sistêmica). DM (Diabetes Mellitus), esteatose hepática, depressão, vertigem, hiperuricemia, artrose, distireoidismo diagnóstico recente, ainda sem tratamento. Filha informa uso de Cinarizina 75 mg/dia (medicação antivertiginosa); Alopurinol 300 mg/dia; Ibuprofeno 600 mg/dia diariamente, Tandrilax 3 vezes ao dia, Fluoxetina (antidepressivo) e Amoxicilina (esse último devido a procedimento odontológico). Desconhece outros medicamentos e doses.
> Hábitos: Etilismo esporádico e em pequena quantidade, nega tabagismo. Trabalhava como diarista.
> Exame físico: REG (regular estado geral), chocada, hipocorada ++/++++, desidratada, afebril.
> Cabeça e pescoço: pupilas isocóricas, sem desvios na face, nuca livre.
> Cardio: bulhas cardíacas hipofonéticas e sopro sistólico.
> Pulmões: murmúrio vesicular presente, com roncos bilateralmente, e estertores bolhosos em bases.
> Abdome: globoso, depressível, sem sinais de peritonite. Ruídos hidroaéreos presentes.
> MMIIs (membros inferiores): edema +/++++, sem empastamentos.
> Hipótese diagnóstica: hemorragia digestiva alta e choque hipovolêmico.
> Condutas: entubação orotraqueal e ventilação mecânica. Acesso venoso em subclávia esquerda. Raios-X de tórax: velamento de hemitórax à esquerda (tubo seletivo). Reposição de 4,5 litros de Soro Fisiológico. Infusão de 2 unidades de hemácias.
> Endoscopia digestiva alta: úlcera com vaso exposto – esclerose com álcool absoluto. Dr. R. recomenda a repetição do exame em 24/48h. Vaga na UTI assim que solicitado. (Fls. 38 e 151 do prontuário)

Em outras palavras, entrando em contato com a UTI, a equipe socorrista descreveu o quadro clínico e comorbidades, a saber:

> - Tratava-se de paciente com HDA[179], já tratada endoscopicamente no Pronto-socorro, instável hemodinamicamente e em ventilação mecânica;
> - Tinha apresentado bronco-aspiração maciça de conteúdo gástrico sanguinolento;
> - Havia apresentado atelectasia total de pulmão esquerdo por entubação seletiva;

---
179 Hemorragia digestiva alta.

- Em comorbidades, os antecedentes mórbidos eram compatíveis com Síndrome Metabólica: Hipertensão arterial sistêmica + Diabete Mellitus + Esteatose hepática + Hiperuricemia + Distireoidismo + Dislipidemia + Sobrepeso e Obesidade.

Só a obesidade, por si, era um fator de risco (*Guia prático de saúde* – Clínica Médica, páginas 96 a 99. Não se tinha avaliação cardíaca prévia. Já apresentava edema de membros inferiores compatível com insuficiência venosa. Estava oligúrica[180] e o uso crônico de anti-inflamatórios não hormonais por anos poderia predispor à insuficiência renal. Há estudos que o uso crônico desses fármacos extrapolam a gastrite e a úlcera gastroduodenal. O estudo mostra aumento da mortalidade geral em 47% quando comparado a não usuários de anti-inflamatórios não hormonais e quando analisada apenas a mortalidade por causas cardíacas, a diferença foi relevante: 226% de óbitos a mais.[181]

As provas inflamatórias coletadas no Pronto-socorro mostravam LDH elevada; proteína C reativa 70,20; VHS98 mm. Todos os valores extremamente elevados mesmo considerando um quadro de úlcera sangrante. A título de exemplo, somente o VHS seria suficiente para uma suspeita de doenças como tuberculose ou uma vasculite necrotizante autoimune.

Poder-se-ia estar frente a um quadro como doença autoimune, considerando as queixas de artrose, artralgia e hipertensão arterial que fazem parte dos quadros de vasculite necrotizante. A Síndrome Metabólica por si só já é um severo fator de risco de tromboembolismo pulmonar, principalmente se for levada em conta a presença de insuficiência venosa periférica, choque hemorrágico e alterações de crase sanguínea, que elevariam em muito a ocorrência de tromboembolismo pulmonar.

A equipe médica não teve condições de realização de ecocardiograma com Doppler colorido para avaliação de função cardíaca; Doppler de carótidas e vertebrais para avaliação das artérias que levam o sangue ao cérebro, pela queixa de vertigens que podem ser manifestação de hipertensão arterial sem controle, neuronite vestibular ou doença cérebro vascular aterosclerótica; Doppler venoso de membros inferiores para avaliação de sistema venoso pela presença de edema e lentificação no retorno venoso. A falta de condições foi causada pela saída da equipe responsável pelo serviço que executa todos os exames acima descritos e era proprietária dos aparelhos em meados de janeiro de 2013 por rescisão contratual com a Instituição. Da mesma maneira a intenção de serem realizadas tomografias de tórax, pois a paciente já estava com lesão pulmonar aguda pelo episódio de bronco-aspiração, agravada pela atelectasia de pulmão esquerdo e tomografia de

---

180 Pouca diurese apesar da reposição.
181 The Americam Jornal of Medicine, July, 2011, v. 124, p. 614-620.

abdômen para avaliação hepática com referência de esteatose e outras possíveis patologias que pudessem justificar o número de queixas e diagnósticos da paciente em questão. A assistência técnica de nossa defesa, um como diretor técnico que é responsável pelos equipamentos para bom trabalho da equipe médica e o outro como socorrista, pertencente ao grupo médico do SIATE que era informado das deficiências momentâneas que pudessem interferir com o atendimento, descreveu o prontuário em perícias apresentadas no processo ao juiz a nosso pedido.

Além de não constar na denúncia que iniciou esta ação penal, refutamos da maneira mais firme a afirmação da promotoria de que Virginia "criava" ou "inventava" complicações não existentes. As patologias e os sintomas apresentados pela Sra. R. R. foram descritos por sua filha J. R. quando da admissão da paciente que não tinha condições para dar informações. Da mesma forma o fez em relação aos medicamentos de que sua mãe fazia uso. A equipe do Pronto-socorro, que pertence à clínica médica solicita provas inflamatórias tentando esclarecer as queixas e patologias descritas e, como de obrigação de qualquer grupo médico, reduzir em patologias que englobem tais sinais e sintomas. O próprio Sr. perito do IML afirma que essa paciente era possuidora de doença sistêmica. Até o assistente técnico da promotoria concordou com a estatística aumentada de embolia pulmonar para pacientes obesos e diabéticos. Quando questionado sobre doença autoimune ou vasculite necrotizante afirma que essa paciente poderia ter essa patologia, criticando o fato de essas questões não estarem descritas em evoluções médicas.

Coloca-se neste momento a crucial necessidade desta paciente ser imediatamente atendida e que esforços deveriam ser feitos para a reversão do seu quadro de choque e controle do sangramento digestivo. Essa condição era a que poderia causar óbito a essa paciente ainda na admissão. A hemorragia digestiva alta era como a ponta de um iceberg possivelmente causada por ação de anti-inflamatórios não hormonais, embora fossem utilizados pela paciente há anos. Portanto, o foco do internamento naquele momento era hemorragia. Todas as ponderações feitas acima, embora discutidas, não foram colocadas em evoluções até por falta de tempo, pois o atendimento médico era prioritário. A partir do momento em que se consegue estabilizar um paciente é que se avança na investigação diagnóstica e se aponta em evoluções o porquê dos exames solicitados, considerando os recursos disponíveis e os riscos de transporte em paciente instável. O próprio perito do IML, quando questionado sobre investigações diagnósticas e riscos em transporte de pacientes, pondera que esse seja um fator que limita a ação médica.

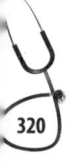

É obrigação de todo grupo médico participante, tanto clínico quanto intensivista, levar em consideração as comorbidades relatadas de um paciente, pensando nas patologias presentes e possíveis complicações que possam interferir negativamente na evolução do quadro clínico. Tratava-se de paciente diabética, restrita ao leito, em choque por hemorragia digestiva, com risco de ser necessário intervenção cirúrgica e mesmo assim fez uso de heparina de baixo peso molecular, porém, em dose incipiente para o peso predito da paciente, medicação essa utilizada para prevenir trombose venosa profunda e riscos de tromboembolismo pulmonar, que tem seus riscos aumentados em pacientes diabéticos.

A paciente em questão é admitida na UTI do HUEC antes de 15h do dia 24/01/2013[182]. A primeira prescrição médica da UTI assim como o registro de evolução de admissão podem ser encontrados em fls. 43 do prontuário. Ao receber o paciente em ventilador de transporte, como soluções em bombas infusoras, o plantonista concomitantemente recebe as informações do socorrista e adapta ventiladores, monitores, bombas infusoras junto à enfermagem, até ser possível "estabilizar a paciente". Isso quer dizer, até o momento em que o médico pode se afastar para realizar prescrições e evoluções e deixar temporariamente o paciente aos cuidados da enfermagem, estando disponível a qualquer momento para ser chamado mesmo que interrompa suas atividades. O ventilador de transporte utiliza FiO_2 em 100% e ao receber a paciente, confere-se tubo traqueal, seu adequado posicionamento, se há reação pelo paciente que muitas vezes pode morder o tubo em uma reação de defesa e se não estiver com cânula de Guedel que protege contra o colapso do tubo pelos dentes; aspirações traqueais são realizadas e, nessa fase, por segurança, trabalha-se com FiO_2 alto, como comentado anteriormente na descrição da UTI Geral em relação à ventilação. "Estabilizando o quadro", o plantonista começa a adequar os parâmetros de ventilação, sempre seguindo as recomendações do *III Consenso Brasileiro de Ventilação Mecânica*, sendo as adequações realizadas com auxílio de monitores que fornecem oximetria e capnografia. Apesar da insistência para o registro, o $EtCO_2$[183] não era registrado por falta de campo no balanço hídrico ou até mesmo pelo desconhecimento por parte dos funcionários da importância desses dados.

Os ventiladores fornecem os valores programados pelo operador e curvas de fluxo, pressão e volume/tempo, apresentados em gráficos pelos monitores, auxiliando na adequação dos parâmetros levando em consideração a complacência pulmonar[184].

Nesse caso a modalidade ventilatória foi PCV, modalidade essa controlada à pressão, já que a paciente se encontrava em plano de sedo-analgesia contínua. Em fls. 52 do prontuário, há as anotações de enfermagem e em seu verso o balanço hídrico do dia 24/01/2013. Vê-se que foi possível a manutenção de FiO_2 entre 45 e 40% nesse dia, garantindo saturação entre 92 a 98%.

---

182 Fls. 52 do prontuário.
183 Taxa de CO_2 expirado – fornecido por capnografia.
184 Intensamente discutida pelo perito criminal do IML.

Tinha sido admitida já com lesão pulmonar aguda considerando o episódio de bronco-aspiração de conteúdo gástrico hemorrágico e atelectasia total de pulmão esquerdo[185] e riscos de evolução para Síndrome do Desconforto Respiratório Agudo (SDRA) ou Síndrome de Angústia Respiratória Aguda (SARA), considerando transfusões, volumosas reposições de cristaloides e o estado de choque.

Consideramos desleal a afirmação da promotoria que tentou negar a existência de Lesão Pulmonar Aguda e Síndrome do Desconforto Respiratório Agudo, contra a opinião do perito criminal do IML e inclusive de seu próprio assistente técnico, quando afirma que SDRA teria como causa: bronco-aspiração, reposição volêmica e Trali[186].

É incontestável que o quadro de bronco-aspiração por si só já seja causa de Lesão Pulmonar Aguda e inclusive possa levar à Síndrome do Desconforto Respiratório Agudo, mesmo não se levando em consideração a politransfusão e a necessidade de grandes reposições para recuperação do choque. Essa afirmação da promotoria não foi feita sob orientação médica.

A ventilação de proteção pulmonar, utilizando parâmetros mais baixos em pressão, isto é, pressão inspiratória menor ou igual a 30 cmH$_2$O, com volume corrente em 6 ml/kg/minuto e valores da PEEP obedecendo ao gráfico de pressão, seria a forma de se evitar aumento de morbidade por possíveis danos causados pela ventilação. Todos os demais parâmetros de ventilação como os acima citados, tempo inspiratório, relação I:E, adequações de frequência respiratória, sensibilidade, pressões de platô e pico e FiO$_2$, deveriam ser anotados pela equipe de fisioterapia e não o foram.

Em seu interrogatório, a médica Virginia afirma ao magistrado que não tinha como culpar a fisioterapia por sobrecarga de trabalho e, nesse momento, descreve as atividades dessa equipe. Pode-se notar que as evoluções de fisioterapia continham sempre poucas informações, com um padrão de "copia e cola" a cada dia[187], certamente pela sobrecarga de trabalho mencionada. Inclusive, pode-se notar que a paciente foi traqueostomizada em 25/01/2013 e somente em fls. 62 e 95 do prontuário há descrição TQT (traqueostomia), as demais com TOT (tubo orotraqueal), sem correlação com a data correta.

A conduta médica[188] foi de tentativa de ressuscitação volêmica com cristaloides e hemoderivados. Ainda foi necessária a manutenção de aminas vasoativas para garantia de perfusão e manutenção de adequados fluxos cerebral e visceral. A paciente tinha antecedentes de hipertensão arterial sistêmica e a equipe médica não conhecia seus controles basais de pressão. A função renal dentro da norma-

---

185 Raio-X de tórax confirmando em fls. 104 do prontuário.
186 Reação transfusional causando lesões pulmonares.
187 Fls. 51, 61, 62, 74, 85, 91 do prontuário.
188 Fls. 43 a 46 do prontuário.

lidade era imprescindível, pois, como agravantes dessa função, além do choque hipovolêmico, fazia uso excessivo de anti-inflamatórios não hormonais por anos, com o seu efeito conhecido de nefrotoxicidade. As aminas vasoativas são recursos que se tenta evitar nesses casos, porém, sem efetiva resposta a cristaloides e hemoderivados, fez-se necessário.

A noradrenalina, como amina vasoativa, tem a desvantagem de promover vasoconstrição periférica, tanto arterial quanto venosa, que poderia comprometer a perfusão visceral, diminuindo o fluxo esplâncnico com riscos para órgãos intra-abdominais. Como havia história de hipertensão, tentou-se manter pressão arterial média acima de 65 mmhg, como recomendado, para garantir fluxo visceral.

Foram mantidos plano de sedo-analgesia, para otimizar ventilação, medicações para o quadro pulmonar como antibioticoterapia recomendada pelo padrão da comissão de infecção hospitalar em casos de bronco-aspiração; medicações para o tratamento da úlcera propriamente dita e todas as medicações de rotina da unidade. Em fls. 52 do prontuário, vê-se que todas as medicações prescritas para serem infundidas através de bombas foram instaladas no acesso central monolúmen. Essa prática não é recomendada, pois pode gerar precipitações intraluminares de medicações no cateter, comprometendo a eficácia de todas essas medicações. Esse fato foi confirmado pelo perito oficial do IML, assim como a prática também condenada pelo assistente técnico do MP. Embora os funcionários fossem treinados, alertados e repreendidos tanto pela enfermagem padrão quanto por farmacêuticos, além da equipe médica, não tinham cuidados devidos em preservação de acessos periféricos.

Em verso de fls. 52 do prontuário, vemos que a vazão em noradrenalina foi alterada, reduzida a partir de 14-15h, com registro de 14 ml às 16h. Às 18h foi elevada a 20 ml. Somente observando os valores registrados, sempre a cada 2 horas, fica difícil a compreensão por que a vazão foi aumentada, pois não houve registro de queda significativa em valores de PAM. Certamente nesse intervalo de 2 horas, houve oscilação que justificou a conduta.

Outro erro pode ser visto na anotação do volume em 2 horas da medicação Pantozol. O correto seria 42 ml, porém somente no dia 26/01/2013, em verso de fls. 79 é que podemos perceber a correção realizada pela equipe do noturno, pois, até então, estavam registrando ml/h e não volume em 2 horas. Outro exemplo, ainda em fls. 52 verso do prontuário, no balanço hídrico às 14h15, onde se encontra registrado 3.500 ml de Ringer Lactato nesse exato horário. Não haveria tempo hábil para essa infusão, pois a paciente acabara de chegar e a prescrição (fls. 43) contemplando essa ordem tem a checagem desse item às 14h54.

Portanto, fica difícil, somente analisando esses gráficos, traçar o perfil clínico e a resposta apresentada pelo paciente. Pode parecer a pessoas não familiarizadas, estabilidade não correspondente à realidade. Apresentou 2 picos febris já na admissão. Tinha inúmeros fatores para tal manifestação clínica.

Em 25/01/2013, em verso de fls. 68 do prontuário, tem-se o balanço hídrico em que a partir das 8h, já houve aumento em vazões de aminas vasoativas, apesar da reposição de volume. Aponta-se outro erro de anotação: apesar de manter em prescrições de fls. 43 do prontuário, com checagem de Soro Fisiológico neste dia e Ringer Lactato checado às 7h, não estão registrados no balanço hídrico da manhã, somente no período da tarde e noite. Houve nova prescrição de hemoderivados e a paciente se mantinha instável, apesar de aparente "estabilidade" pelos registros em balanço hídrico. Às 18h, houve novamente aumento da vazão de aminas vasoativas e nova infusão rápida de cristaloides. Coloca-se a afirmação de ter sido aumentado anteriormente a esse horário, pois a enfermagem anota na averiguação e não na alteração realizada, sempre em horários padrões.

Tratava-se de paciente grave e instável!

Em fls. 56 do prontuário, vê-se a prescrição de nova endoscopia digestiva alta, checada às 19h30.

Novamente fomos obrigados a discordar, por ser absurda, da afirmação feita pela promotoria, de que não houve piora do quadro clínico após a execução da endoscopia, contra a opinião de seu próprio assistente técnico que afirmava haver piora hemodinâmica, mas principalmente piora nas condições ventilatórias, baseado na leitura do balanço hídrico em verso de fls. 68, em período noturno até madrugada de 26/01/2013. Tanto FiO_2 quanto valores de PEEP e vazão de aminas vasoativas foram elevadas a partir de 20h. Incorreu em erronia também o MP quando afirmou que o perito do IML corroborou esta hipótese de estabilidade após a segunda endoscopia, pois o mesmo se referia aos dias 26 e 27/01/2013, quando também não percebeu a importante piora, registrada às 18h (27/01/2013). O assistente técnico da promotoria, quando responde ao quesito da defesa, atribui a piora da condição ventilatória a três fatores: bronco-aspiração, Trali e reposição volêmica. A tentativa insana da promotoria em desqualificar a gravidade da paciente foi demonstrada por essas contradições. Não se pode ter compromisso com o erro, quanto mais por um orgulho sem causa.

Repudiamos a afirmação de que essa paciente foi tratada como terminal, em acordo com a própria afirmação do Sr. perito do IML que mesmo em respostas a inúmeros quesitos baseados em hipóteses, versando sobre o mesmo tema afirmou estar a paciente em ventilação mecânica com FiO_2 em 60% em PEEP em 13 cmH_2O, recebendo soluções cristaloides e drogas vasoativas, equivocando-se compreensivelmente que também recebia hemoderivados, que não eram necessários na data do óbito em 28/01/2013.

Em alicerce ao acima afirmado, para ter sido realizada a endoscopia, houve necessidade de transporte da paciente para a sala de endoscopia, que ficava localizada no primeiro andar sendo que a UTI era no quarto andar. Para tanto, foram necessários deslocamentos de funcionários, enfermeiros, médico residente, pois o transporte contou com o ventilador em uso na UTI, monitores com oxímetro, bombas infusoras com as soluções prescritas, soros, além de toda medicação em curso. A paciente é transferida da cama para a maca e depois encaminhada ao setor pelos elevadores de transporte. Na sala de endoscopia é realizado o procedimento e a paciente retorna à UTI, sendo novamente deslocada da maca e devidamente posicionada no leito.

Cabe aqui uma consideração sobre a rotina de enfermagem. A passagem de plantão entre enfermeiros e funcionários é realizada próximo às 19h30. Nesse caso citamos esse horário de troca de turno, pois era extremamente difícil manter suas anotações de forma adequada, visto que, com razão, tinham rejeição em admitir, transportar ou transferir pacientes nesse horário; tais procedimentos atrapalhavam a troca do plantão. Apesar da compreensão, a equipe médica não poderia aceitar essa rejeição, pois era imprescindível a paciente realizar esse exame. Com essa explanação tenta-se fazer compreensível que o funcionário em momentos de saída não retorna para anotações e o funcionário que está iniciando seu plantão não tem tempo para registrar intercorrências próximas a sua admissão. Ainda, nenhuma Instituição aceita o registro do cartão ponto além do horário determinado, para não pagar horas extras; muitos se deslocam para outro trabalho, tendo horário a cumprir.

Em fls. 60 do prontuário, tem-se a evolução médica do dia. Ao comentar sobre a possibilidade de se tratar de um carcinoma gástrico e não de uma simples úlcera, pela faixa etária, pela localização da lesão e pelo conjunto de comorbidades e sintomas relatados pela filha da paciente, que poderiam fazer parte de Síndrome Paraneoplásica que também pode gerar esse conjunto de sintomas relacionados à liberação de proteínas inflamatórias pela neoplasia, tentava-se, como é de obrigação, estabelecer diagnósticos diferenciais. Continuou apontando na evolução que seria necessário biópsia da lesão para confirmação da patologia suposta. Em momento algum foi tentado atribuir a essa possibilidade diagnóstica (carcinoma) levantada a condição de terminalidade, como tentou afirmar a promotoria.

É obrigação do médico pensar sobre a patologia ou patologias que possam nesse caso possam ser responsáveis pelo quadro hemorrágico. A lesão pode, como já foi afirmado anteriormente, ter sido ocasionada pelo uso abusivo de anti-inflamatórios não hormonais, mas pareceu estranho pelo fato de fazer uso há anos, sem episódios anteriores de sangramento, relatados por sua filha J.. Por que sangraria depois de tantos anos? Era possível ser o primeiro sangramento atribuído à úlcera, porém devia alertar a equipe médica para outra possibilidade de diagnóstico diferenciado.

Para o diagnóstico de carcinoma seria imperativo a realização de biópsia da lesão e insano por parte do endoscopista realizá-la em momento de tão grave hemorragia secundária a vaso exposto. Desencadearia com o procedimento nova hemorragia, talvez até fatal. Haveria necessidade de tratamento dessa lesão para posteriormente avaliar as condições para biópsia. Não houve tempo para novas investigações em função do óbito da paciente.

Prosseguindo na análise da evolução médica de fls. 60 do prontuário, continua relatando a presença de sangue digerido em SNG (hematêmese), podendo ser até residual. Pela instabilidade hemodinâmica, abre-se discussão para realização de angiografia mesentérica, porém o biotipo da paciente, obesa, e analisando a capacidade de subtração do arco digital[189], considerando baixo o volume de drenagem de sangue digerido pela sonda nasogástrica, levaria o procedimento ao fracasso, visando à embolização de vasos que nutriam a lesão. De forma diferente da endoscopia, a angiografia tem condições de interromper o sangramento, atuando dentro do vaso sanguíneo utilizando cateteres microscópicos e injetando substâncias que promovam o fechamento desses vasos. Para tanto é também necessário que o paciente sangre em média 1 ml/segundo, o que pelo volume de drenagem não era compatível. Considerou-se também ser procedimento invasivo, com riscos menores que uma cirurgia, mas perfeitamente indicado se naquele momento tivesse sangramento de vulto, pela possibilidade de embolização do vaso.

Baseado no acima descrito, contestamos frontalmente a afirmação do MP de que não houve continuidade em investigação. Pontua-se nesse momento o extremo desconhecimento de uma profissional que o MP designou para a área de saúde que deveria ter a ciência de que pouquíssimos hospitais públicos dispõem do serviço de angiografia digital como arma diagnóstica e também de tratamento. Até 2013, os hospitais que atendiam SUS, dispondo desse serviço de angiografia em Curitiba, não no volume do Hospital Evangélico, eram Hospital Cajuru[190] e Hospital São Vicente. O maior hospital do Estado do Paraná, o Hospital de Clínicas e seu anexo Hospital do Trabalhador não dispunham desse serviço.

Daí supormos o total desconhecimento da promotoria sobre tais fatos e assuntos que tentava versar não sendo da área médica nem se socorrendo de notórios peritos com ênfase na matéria examinada.

Apesar das dificuldades, o HUEC ainda possuía serviços de excelência e considerados de ponta.

Optou-se então por avaliação da equipe cirúrgica. Dr. C. N.[191] era o plantonista chefe da equipe cirúrgica do Pronto-socorro. Fazia parte da equipe de endoscopia digestiva da instituição. Ao avaliar a paciente, ele decide por realizar

---

189 Aparelho utilizado para realização de angiografia.
190 Somente para neurologia.
191 Médico que assina o laudo de endoscopia digestiva – fls. 10 do prontuário.

imediatamente a endoscopia para se ter ideia do resultado da alcoolização realizada anteriormente, seguindo as orientações do primeiro endoscopista.

Foram levadas em consideração as condições clínicas da paciente e os riscos certos de uma cirurgia emergencial, em período transoperatório de intervenção de grande porte, incluindo o óbito.

No laudo de fls. 10 do prontuário, temos em conclusão do exame: *"lesão ulcerada ativa de corpo gástrico com estigma de sangramento recente"*. Em descrição de estômago: *"coágulos em moderada quantidade em fundo gástrico"*. As paredes gástricas distenderam-se de forma habitual. Na pequena curvatura do corpo gástrico, observou-se extensa lesão ulcerada, com cerca de 2x1 cm de comprimento, com bordos elevados e fundo recoberto por fibrina, restos necróticos e coágulos. Sem sangramento ativo.

O exame coincidiu com o parecer do médico responsável por angiografia digital. A decisão médica foi de aguardar a resposta pela paciente às transfusões que tinham sido efetuadas e caso fosse necessário, em situação de ressangramento, que não ocorreu, ou a angiografia e/ou a cirurgia seriam realizadas. Os resultados laboratoriais correspondentes a hemograma e hematócrito atingiam já valores próximos à normalidade nesse momento.

Era uma decisão complexa. Seria mais simples para a equipe de UTI indicar a cirurgia, porém em sendo serviço de suporte, com responsabilidade compartilhada, a equipe médica de terapia intensiva tem por obrigação ponderar beneficência/maledicência e não somente transferir a responsabilidade única e exclusivamente a um cirurgião. Coloca-se que também a equipe do assistente médico que assumiu a paciente participava das discussões de decisões. Poderia ser uma decisão de risco se a paciente voltasse a sangrar, mas há momentos em que esses riscos têm que ser assumidos e inclusive compartilhados com familiares, que foram chamados para estarem cientes dessa decisão. Poderia ser alterada conforme a evolução da paciente. A referida piora relatada acima, após a segunda endoscopia, tratou de condições ventilatórias e hemodinâmicas da paciente, e não de seu quadro de admissão de hemorragia digestiva, que já havia parado como comprova o laudo da segunda endoscopia.

A paciente se encontrava mais instável hemodinamicamente no momento do transporte para a endoscopia e como comprovou o laudo, essa instabilidade não estava relacionada ao sangramento, pois havia cessado. Traduzia complicações do quadro clínico da paciente, previstos pelo estado de choque, de tardio atendimento, considerando melena há três dias e o não encaminhamento dessa paciente de imediato para um hospital. A necessidade de transporte para a sala de endoscopia, mesmo com todos os cuidados, ventilador a 100%, bombas infusoras, medicação em curso, contribuiu para desestabilizar ainda mais o quadro clínico, principalmente ventilatório, havendo nesse momento a primeira suspeita clínica de embolia pulmonar, embora a bronco-aspiração, a atelectasia inicial, a politransfusão e a sobrecarga de volume pudessem explicar tal piora.

Pode-se notar que, a partir de 20h do dia 25/01/2013, houve elevação dos parâmetros ventilatórios. Em fls. 59 do prontuário, tem-se a suspensão de cristaloides a partir de 23h30 e início de infusão contínua de diuréticos. Essa medida foi tomada na tentativa de redução de danos possíveis por altas reposições volêmicas. Havia também na prescrição médica desse dia, Heparina de baixo peso molecular, para prevenção de trombose venosa profunda e consequente embolia, porém em doses baixas considerando o peso da paciente e os riscos de novos sangramentos. A partir de 20h, a elevação de valores de PEEP e FiO_2[192]. Às 22h, novo aumento atingindo 100% e PEEP em 11 cmH₂O. A vazão de aminas vasoativas também foi aumentada. Essas alterações são perceptíveis nesses horários fixos, porém certamente as alterações foram perceptíveis e as intervenções realizadas anteriormente. Uma funcionária, em resposta a um questionamento do magistrado, responde que os registros eram feitos no momento da averiguação e não das alterações realizadas.

Considerando o volume de cristaloides e hemoderivados repostos e a piora ventilatória foram suspensos os cristaloides e iniciados os diuréticos[193]. Essa conduta visava evitar agravos à condição ventilatória gerada por sobrecarga volêmica. A checagem foi feita às 23h30, em conjunto com a ordem impressa de suspensão de Soro Fisiológico e Ringer Lactato.

Porém no verso de fls. 68, os volumes em Soro Fisiológico e Ringer não deveriam ter sido anotados a partir das 00:00h, pois já estavam suspensos. Foram registrados até as 12h do dia 26/01/2013. A explicação lamentável para tal era o hábito de a enfermagem "adiantar" o serviço, registrando os volumes previamente determinados já no início do plantão, em todos os horários. Certamente o enfermeiro não notou o erro, porém influenciou em valores de balanço hídrico não reais.

Tinha-se que tentar reduzir FiO_2 que chegando a 100% agravaria as condições ventilatórias pelas lesões promovidas pelo próprio oxigênio, como atelectasias de reabsorção e danos vasculares pulmonares. Para tanto, são necessários adequações em outros parâmetros de ventilação, como aumento da pressão inspiratória, volume corrente/kg/minuto, tempo inspiratório, relação I:E e PEEP quando for possível para não agravar a condição hemodinâmica por altas pressões intratorácicas. Foi possível a redução de 100 para 70%.

Essas manipulações em ventiladores de pacientes críticos são extremamente frequentes ao longo do dia. Outra rotina adotada por alguns plantonistas[194] é alterar

---

192 Verso de fls. 68 do prontuário.
193 Fls. 59 do prontuário.
194 Depoimento de P. S. já transcrito.

a vazão do plano de sedo-analgesia para mais ou para menos, conforme a resposta do paciente. Não existe fidelidade nos registros de enfermagem, acompanhando *pari passu* essas alterações. Em momentos de hipotensão, por exemplo, reduz-se ou desliga-se temporariamente essas infusões e após obter resposta, retorna-se à condição anterior. O mesmo ocorre quando há assincronia com o ventilador. Essas manobras às vezes cursam com um bom resultado, sem serem necessários suplementos com medicações venosas.

Em 26/01/2013, há o registro em evolução médica de má perfusão periférica e a FiO_2 pode ser mantida em 60%, ou seja, nenhum sinal de melhora dos parâmetros ventilatórios e/ou perfusionais.

Discordamos frontalmente da promotoria quando, contrariando todas as evidências do processo e da ciência, afirmou não ter havido a piora clínica após a realização da 2ª endoscopia e de a paciente estar estável em 26/01/2013. Um paciente estável é aquele que não está em uso de aminas vasoativas para manter PAM e perfusão periférica adequada e há o registro de má-perfusão periférica em evolução médica. Também estão presentes episódios de febrículas e essa paciente já apresentava febre desde o dia de sua admissão. Paciente estável pode estar sob ventilação mecânica, porém não com FiO_2 em 60% e a PEEP em 11 cmH_2O, pois o valor de FiO_2 em 60% é o limite máximo recomendado em literatura na ocasião.

Nas fls. 70 verso do prontuário, no balanço hídrico do dia 26-27/01/2013, no período noturno às 06h, não há registros de infusões de aminas vasoativas. Certamente esquecimento da anotação, pois não havia motivos para a suspensão. Nesse mesmo dia, em fls. 69 do prontuário, vê-se a manutenção da terapia com diuréticos em item de nº 5 da prescrição, sendo não mais prescritos Soro Fisiológico e Ringer Lactato. Discordou-se da resposta do assistente técnico do MP em matéria relacionada nesse quesito, quando, por inconfessáveis motivos egoísticos, negou que estivesse sendo administrado o diurético, apesar de prescrito e checado. Essa conduta buscava a melhora do quadro ventilatório e a redução em parâmetros ventilatórios se e quando possível.

No dia 27/01/2013, fls. 80 a 83 do prontuário, em prescrições médicas, o diurético é suspenso e novamente retorna o uso de cristaloides. Os riscos de disfunção renal eram importantes e o Furosemide pode causar lesão renal. A evolução dessa paciente para um quadro de disfunção renal, que não ocorreu, agravaria o quadro clínico aumentando morbimortalidade. Portanto, todos os cuidados foram tomados e as condutas meticulosamente analisadas a cada dia considerando riscos/benefícios.

Os diuréticos têm potencial agressão aos rins e tinha-se que considerar os antecedentes de Hipertensão Arterial Sistêmica e Diabetes Mellitus que potencialmente já causam lesões renais. Tinha que ser considerado também o quadro de choque enfrentado por essa paciente, com potencial agressão também renal. É delicada a manutenção desses pacientes. Tem-se que tentar ao máximo minimizar possíveis complicações secundárias às condutas e ao quadro clínico do paciente.

Em 27/01/2013, a paciente passa a apresentar picos febris, principalmente à tarde com maior frequência e a partir das 16h, apresenta queda súbita de saturação[195]. Em anotações de enfermagem, há referência de: *"paciente apresentou cianose em face, dessaturando, impossibilitando a realização de aspiração da traqueostomia"*. Nota-se que a enfermeira só descreve a intercorrência, porém não a atitude médica. A referência acima dessa alteração deve ter sido feita a partir das 16h, e pelo fato de haver o registro da atitude médica às 18h, quando foram elevados os parâmetros de ventilação[196].

Tem-se em verso de fls. 91 do prontuário, em balanço hídrico o registro de: PA 131/79; PAM 101; P ou F 96; FR 16; FiO_2 100%; PEEP 16 cmH_2O, SAT 91%. Foi um quadro inesperado de piora, quando o plantonista presta atendimento à paciente e se vê frente à dessaturação e à cianose facial, certamente por hipóxia e hipercapnia. Apesar de ter o registro em anotações de enfermagem, pela mera leitura do balanço hídrico só se consegue confirmar a elevação de FiO_2 para 100%, PEEP para 16 cmH_2O, e saturação em 91%, além da taquicardia no momento. Não existe o registro do momento da dessaturação. Explana-se aqui a título de conhecimento que a hipóxia (queda de saturação) tem como sinal clínico intensa palidez e cianose (paciente roxo) e representa a elevação de $PaCO_2$, isso é, houve acúmulo de gás carbônico no sangue. Questionamos: esse relato é compatível com estabilidade?

Foi difícil conseguir a recuperação dessa intercorrência, pois, mesmo sendo utilizada FiO_2 em 100% e PEEP em 16 cmH_2O, com outros parâmetros não registrados, atingir a saturação de 91%, que foi o menor valor registrado nesse dia, pois não há anotação do momento da dessaturação, como citado.

Era um evento não esperado. Todas as possibilidades de intercorrências com o ventilador foram checadas, como verificação de circuitos e membranas e inclusive, em dúvida troca-se o ventilador. Também se procedem habituais aspirações traqueais para certificação de não haver arrolhamentos de secreções, enfim, todos os cuidados de rotina em manipulação de vias aéreas. Em situações

---

195 Em fls. 91 do prontuário – anotações de enfermagem e em verso o balanço hídrico.
196 Pedimos uma reflexão ao leitor: pelas interceptações telefônicas havia orientação de se tentar reduzir FiO2 ao menor valor possível para garantir saturação maior ou igual a 90%. Supondo que essa paciente falecesse antes das 18:00h, só anotando óbito e não descrevendo o momento, seria essa a prova cabal da médica Virginia ser responsável pelo óbito, já que a enfermagem não registra conduta médica? Também inaceitável a afirmação da promotoria de estar essa paciente nesse dia estável, pois paciente estável não apresenta picos febris, não dessatura com FiO2 em 60% e PEEP em 11 cmH2O e não necessita de aminas vasoativas para manter perfusão. Outra afirmação questionável é que essa piora tenha sido pontual. Afinal a doente piorou ou não, como tentou afirmar a promotoria? Como confirmado pelo Dr. P. S. em resposta a um questionamento da promotoria, em duas horas de intervalo de tempo dentro de uma UTI muita coisa pode acontecer.

de intercorrências como acima descritas, o plantonista entra em contato com o coordenador de unidade e com o médico assistente da paciente ou sua equipe, informando a intercorrência, já que não era esperada. Foi discutida a fortíssima possibilidade de embolia pulmonar, que sempre havia sido o temor, inclusive na noite de 25/01 como já relatado, porém naquele instante, outras causas também poderiam estar envolvidas. Não se tinha condições para investigações, pois o exame mais inócuo seria angiotomografia de tórax e o aparelho estava indisponível, em manutenção. Também poderia se tentar ecocardiograma, mas, ,como também relatado acima, sem disponibilidade.

A terapia para embolia pulmonar é feita com anticoagulantes e/ou trombolíticos. Com o advento da úlcera gástrica alcoolizada seria extremamente lesiva uma tentativa de tratamento empírico e com consequências desastrosas, inclusive óbito por hemorragia profusa. Mesmo se o diagnóstico fosse confirmado, o problema seria o mesmo. Era uma situação angustiante pela instabilidade hemodinâmica e a manutenção dos altos parâmetros em ventilação.

Como citado anteriormente, para serem elevados os parâmetros de ventilação o plantonista elevou a vazão do plano de sedo-analgesia e momentaneamente também a vazão em aminas vasoativas, retornando aos valores anteriores, após o sucesso do procedimento. Em relação a esse episódio, discorda-se frontalmente da inconsequente opinião do assistente técnico do MP, que apesar de aceitar a possibilidade de um fenômeno tromboembólico, alegou ser *"pouco provável por não ter havido hipotensão"*. Cita-se como base o capítulo 12 do livro *Condutas no paciente grave*, do autor Elias Knobel, páginas 199, 200, 201 e 202, nos itens Fisiopatogenia e Manifestações Clínicas. Em Manifestações Clínicas, em último parágrafo registra: "*o quadro clínico de TEP (tromboembolismo pulmonar) é variável e inespecífico, muitas vezes silencioso*". (KNOBEL, 2002, p.201)

Pensava-se nesse diagnóstico por todos os fatores de riscos apresentados pela paciente, baseados nas informações de sua filha J. R., que não poderiam ser palavras consideradas "folhas ao vento", mas sim informações de suma importância para raciocínio médico.

No período da noite nesse mesmo dia, em anotações de 27-28/01/2013, foi possível a redução de FiO_2 que sempre é o maior objetivo, reduzindo-se também a PEEP em 11 cmH_2O. Portanto, em nenhum momento, pode-se afirmar que a paciente estava estável nessa data, pois mesmo apresentando boa resposta à redução do FiO_2 ratifica-se que foi possível, por aumento de outros parâmetros em ventilação como acima referido. Em fls. 92 do prontuário, prescrição de nova intervenção com diuréticos às 1h44, do dia 28/01/2013.

Ao chegar ao plantão no dia 28/01/2013, antes até de 7h, a médica Virginia já encontrou o plantonista prestando atendimento à beira de leito. Novamente a paciente tendia à dessaturação. Os aumentos em parâmetros de ventilação por ele realizado trouxeram pouco resultado, pois, apesar de aumentar a vazão da sedação, a paciente competia com o ventilador e tinha expressão de dor e desconforto em face.

Como Virginia afirmou ao Juiz em seu interrogatório, três motivos existiram para justificar a superficialização de consciência:
- Tolerância ao plano de sedo-analgesia em uso há dias;
- Ineficácia das soluções por sobrecarga, por instalação de múltiplas infusões em um único acesso central monolúmen;
- Eficácia de resposta naquele instante a sedativos e analgésicos em curso.

A primeira providência foi a punção de novo acesso periférico para distribuição das soluções em infusão. Nesse momento com FiO_2 em 100%, ainda não apresentava boa saturação. Sem a eficácia necessária, foi desligado o plano de sedo-analgesia e nesse momento se iniciaram doses intercaladas de analgésicos (Fentanil), sem efeito ainda adequado, sendo então associado Propofol (Diprivan). O cálculo de dose de Propofol, pelo sobrepeso apresentado da paciente, excedia a 1 ampola pelo cálculo de 3 mg/kg (ampola com 200 mg). Em recomendações da AMIB, para anestesia que era naquele momento o objetivo, essa dose associada a opioides como o foi, pode chegar até 12 mg/kg em uma hora. Foi utilizada uma ampola e meia e o restante desprezado. O Propofol tem como diluente solução de lipídeos, o que traz riscos importantes de contaminação por esse veículo. O desprezo do residual é sempre recomendado pela farmácia e comissão de infecção hospitalar.

Para se tentar diminuir FiO_2, que naquele instante estava em níveis elevados, iniciou-se a manobra de recrutamento alveolar após a administração de Pancurônio, condição contemplada em literatura como necessária para realização dessa manobra sem riscos. O paciente não pode competir com o ventilador e precisava estar em pleno relaxamento muscular para facilitá-la. A dose do Pancurônio que seria de 0,05 – 0,1 mg/Kg, foi até inferior baseado em cálculo de peso. E para ser possível o uso do Pancurônio, já que esse fármaco não promove nem analgesia e nem hipnose, sedativos e analgésicos devem ser administrados anteriormente.

Nota-se que em verso de fls. 101 do prontuário, às 8h, em balanço hídrico, a PEEP está registrada em 13 cmH_2O. Como afirmado pelo assistente técnico do MP que a elevação de PEEP poderia ou não corresponder à manobra de recrutamento alveolar, a médica Virginia afirma que foi. A crítica feita por esse profissional de que seria possível nesse momento já reduzir a vazão de aminas vasoativas pelos níveis de PAM, é correta. Exatamente o maior risco dessa manobra em ventilação é gerar hipotensão. Por esse motivo é que Virginia manteve os níveis de PAM mais elevados para evitar hipotensão.

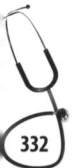

O atendimento foi prestado, tentando melhorar as condições ventilatórias da paciente e a prescrição foi feita posteriormente como registrado em fls. 93 do prontuário. Voltando à manobra de recrutamento alveolar realizada antes de 8h, é possível notar que não gerou hipotensão[197].

Essa prescrição teve o objetivo de repor as medicações retiradas do estoque e não contempla a sequência correta de fármacos utilizados, a velocidade de aplicação e nem a miligramagem exata utilizada, pois sempre o excedente é desprezado. Quando o perito respondeu sobre esse quesito disse ser recomendável e frequente o desprezo de resíduos de medicações não aplicadas.

Julgamos importante, embora já esteja descrito em inúmeros quesitos respondidos pelo perito do IML, que inclusive concordou com a possibilidade de que esta manobra estivesse sendo realizada, e em concordância com o afirmado pela Dra. Virginia perante o magistrado em seu interrogatório, explicar o porquê e quais os objetivos desta técnica. Para o recrutamento alveolar faz-se necessária a elevação da pressão inspiratória a níveis de 40, 50 e até 60 cmH_2O em curto período, de 30 segundos, utilizando-se FiO_2 em 100%, diminuindo posteriormente a pressão inspiratória, que nesse caso não foi possível a redução abaixo de 40 cmH_2O, pois a paciente tendia a dessaturar. Com esse aumento de pressão tem-se como objetivo abrir o maior número possível de alvéolos que estejam colapsados. Eleva-se a seguir a PEEP a níveis acima de 20 cmH_2O, reduzindo-se posteriormente. Denomina-se essa redução de PEEP decremental, até valores ideais obtidos por curvas do ventilador. Essa descrição, extremamente resumida, pois o processo é mais complexo, encontra-se em literatura.[198]

Poder-se-ia ter tentado também a posição prona[199], porém não havia enfermagem treinada para tanto, sendo condição *sine qua non* equipe treinada para realizar essa mudança de posição sem riscos.

Portanto, nesse momento, antes de 8h a medicação referida foi aplicada, não as três juntas e sim intercaladas como descrito. O recrutamento alveolar não gerou hipotensão nesse momento, porém ao se tentar novamente a manobra houve hipotensão, sendo imediatamente interrompida. Para a segurança da paciente, recorda-se que estava monitorizada, com monitores multiparâmetros, em ventilação mecânica com monitores de curvas, de fluxo, pressão e volume/tempo, capnografia[200], oximetria. Estava com aminas vasoativas em curso e com soluções cristaloides. No momento da hipotensão, além de sua interrupção, imediatamente foi aumentada a vazão de cristaloides, sendo desnecessária uma nova prescrição já que estava em uso assim como aminas vasoativas. A paciente nesse instante respondeu, porém sua saturação caiu a 91%.

---

197 Fls. 101 do prontuário.
198 *Recomendações do III Consenso Brasileiro de Ventilação Mecânica*, em capítulo de Ventilação em Quadro de Lesão Pulmonar Aguda/Síndrome do Desconforto Respiratório Agudo.
199 Paciente colocada de bruços no leito.
200 Nunca registrado.

Embora ainda dentro da normalidade, passou-se então a ventilá-la com FiO_2 em 100%, porém com dificuldade em manter oximetria. Nesse instante aumentou-se a vazão de aminas vasoativas, porém o quadro apresentado foi de dessaturação progressiva mesmo com pressões inspiratórias elevadas, FiO_2 em nível máximo e PEEP mantido em 13 cmH_2O. Esse quadro é altamente sugestivo de *deficit* de perfusão pulmonar, pois a paciente conseguia ventilar, mas não conseguia saturação suficiente e nem conseguia diminuir níveis de $EtCO_2$[201].

Esse quadro é sugestivo e compatível com embolia pulmonar. Embora, ao considerar o horário afirmado pela médica Virginia de aplicação dos fármacos, a paciente ainda estaria com o nível residual de Pancurônio em segundos próximos ao óbito. Essa condição de doente anestesiado, com hipnose e analgesia garantidas e com relaxamento muscular, é a melhor condição possível para se ventilar um paciente em estado tão crítico. Como as alterações foram realizadas em horários de troca de turno, já que o turno da manhã se inicia às 7h30, por motivos já citados, inclusive por Virgínia em seu interrogatório ao magistrado, não houve o registro da intercorrência.

Em quesito feito pela defesa, o perito do IML aceitou a possibilidade de a prescrição ter sido feita tardiamente em razão do atendimento a paciente. O assistente técnico do MP, apesar de questionar que a prescrição foi feita somente após aproximadamente 2h, reconheceu que existia essa possibilidade em ambiente de terapia intensiva.

Vê-se em fls. 101, em anotações de enfermagem, o registro feito de PEEP em 14 cmH_2O, e adiante o registro de saturação de 96%. Nenhum desses valores estão registrados no verso de fls. 101 em balanço hídrico. Como afirmado acima, o valor dessa PEEP, registrada pela técnica, seria altamente possível já pelo descrito de redução obedecendo à PEEP decremental. O mesmo para o valor da saturação de 96% registrado pela funcionária em anotações em um momento diferente do que fez os registros no balanço hídrico. O mesmo é válido para a evolução de fisioterapia do dia que registra saturação de 90%. Nenhum desses dois últimos valores citados acima de saturação constam no balanço hídrico. Não se trata de inverdades e sim do momento de avaliação desses profissionais.

Um paciente pode flutuar os valores que são registrados rigorosamente a cada duas horas, pois os registros são estáticos e o quadro clínico extremamente dinâmico.

O óbito dessa paciente ocorreu por não haver resposta aos parâmetros de ventilação máximos, atingindo saturação crítica, instabilizando pressão, evoluindo a choque e assistolia. Nesse período, a paciente foi socorrida e não houve resposta e, portanto, mostrava-se nesse instante em situação irreversível já que o

---

201 Níveis de gás carbônico expirado.

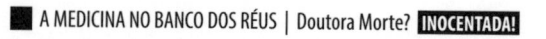

objetivo da reanimação, que foi tentada ainda com o coração batendo, é oxigenar o paciente e manter níveis de pressão adequados. As drogas vasoativas estavam em valores elevadíssimos, sem resposta em função de hipóxia severa.

Mesmo que para a Justiça não fosse possível considerar e aceitar que as medicações tenham sido feitas anteriormente ao horário de checagem (9h51), descreve-se:

- Considerando 9h51 – o Propofol cessa seus efeitos em 10 minutos, portanto, não teria nível sérico no momento do óbito que ocorreu às 10h25;
- Teria talvez um residual de Fentanil, cujos efeitos podem cessar entre 30 e 60 minutos;
- Restaria o Pancurônio que em média tem seus efeitos até 100-120 minutos e a sua associação minimizaria a possível hipotensão, se essa for atribuída aos fármacos, pelos seus efeitos farmacológicos como já citados e com literatura referendando.

Pontuamos as inúmeras testemunhas, compostas por diversos médicos anestesiologistas, três médicos intensivistas, além de profissionais de outras áreas, ainda com o depoimento do médico S. P. F., que analisou esse prontuário em audiência, e em nenhum momento tiveram dificuldade ou espanto ao reconhecerem as medicações e explanaram a sua indicação. Jamais se pode tentar atribuir asfixia em doentes plenamente ventilados. A depressão respiratória e a inatividade muscular causada pelo uso desses fármacos facilitam e em muito o processo de ventilação mecânica. Em suas primeiras respostas, o perito do IML, por inúmeras vezes, negou asfixia pelo fato de os pacientes estarem sob ventilação mecânica.

É fato não haver evoluções de todos os detalhes descritos, porém a evolução médica coloca que mesmo sedada, sendo o mais correto termo anestesiada, a paciente não respondia aos aumentos de parâmetro de ventilação. É fato também que nesse momento não há registro de que esses parâmetros tenham sido reduzidos.

Em relação à hipotensão, aproveitando nesse momento a resposta do assistente técnico do MP, de que a paciente já estava chegando a hipertensão e o uso de drogas vasoativas seria iatrogenia, era a condição menos provável de evolução para hipotensão relacionada aos fármacos utilizados, que são aplicados lentamente e não em conjunto. Seus efeitos adversos foram hipervalorizados por este profissional. Nota-se que na maioria das respostas do perito criminal, quando se refere a efeitos adversos desses fármacos, cita constantemente que causariam depressão respiratória e inatividade muscular. Não seria problema nesse caso, pois essa paciente estava sob ventilação controlada.

Fazemos referência ao afirmado por sua Constituinte Virginia perante o magistrado que o ideal nesse caso seria encaminhar a paciente a um serviço de verificação de óbitos, explanando as dificuldades que as equipes enfrentam por falta desses serviços inclusive em Curitiba[202].

Também trazemos para a apreciação do leitor o trecho do depoimento do Sr. J. R., outro filho da paciente, que além de confirmar o excesso de peso de sua mãe, negado pelo assistente técnico pelo MP, disse que a princípio acreditou na evolução, porém com a explosão de notícias da mídia queria entender o que acontecera com sua mãe, pois até então não havia notado nada diferente.

> 00:31 MP: A sua mãe esteve internada no Hospital Evangélico?
> Testemunha: Sim
> 00:38 MP: Você visitou ela?
> Testemunha: Visitei, acompanhei os 4 dias que ela permaneceu no hospital.
> 00:45 MP: Só você visitou ou teve mais alguém da família que visitou?
> Testemunha: A minha irmã, a J. F. R..
> 00:51 MP: Você e a sua irmã quando visitaram você teve algum acesso a algum médico?
> Testemunha: Sim, sempre tive acesso ao médico.
> 01:02 MP: Às vezes que você esteve lá qual foi a informação que você teve do médico?
> Testemunha: Que possivelmente a minha mãe sairia viva da UTI.
> 03:17 Defesa Dra. Virginia: O Sr. sabe qual era a doença da sua mãe?
> Testemunha: Ela deu entrada com úlcera e hemorragia.
> 03:27 Defesa Dra. Virginia: O Sr. sabe quem que deu as informações do Evangélico de quais doenças a sua mãe tinha?
> Testemunha: Até então foi a minha irmã J. R., ela quem acompanhou.
> 04:07 Defesa Dra. Virginia: O senhor sabe quais remédios a sua mãe fazia uso?
> Testemunha: Não me recordo.
> 04:19 Defesa Dra. Virginia: A sua mãe era uma pessoa de biotipo magro ou ela tinha um biotipo mais pesado?
> Testemunha: Não, ela tinha um excesso de peso. (vídeo 1)

Compreendemos que um parente próximo, que não comparece ao serviço de UTI para visitar seu ente querido e obter informações médicas, tenha muita dificuldade em aceitar que a morte foi por causas próprias da evolução da doença e não por atos nefastos.

Quanto mais se deu espaço para a acusação falar neste processo, mais evidenciou suas incompreensões e falta de suporte técnico nas matérias versadas neste processo. Na falta de razões científicas, tentou desqualificar os assistentes técnicos da defesa[203]. Essas assacadilhas baratas foram esmagadas por decisões

---

202 Já transcritos os depoimentos dos médicos P. S. e S. P. F. sobre esse assunto.
203 Nenhum profissional médico coloca em risco sua própria profissão em defesa de outro por amizade ou simpatia. Seria assumir um risco desnecessário a sua continuidade profissional. Foram

do Conselho Regional de Medicina e pelo Perito Oficial[204]. Lamentamos e registramos nosso apreço à nobre instituição que é infinitamente maior que um ou alguns de seus membros.

---

também ao CRM/PR prestar seus depoimentos e em seus pareceres e relatos constam anexos literários.
204 Jamais essa paciente foi conduzida como terminal. Mesmo levantando-se a hipótese de carcinoma, como temos em outros casos da denúncia, essa hipótese foi feita por raciocínio de possíveis complicações que possam ser atribuídas a essa forma de patologia e não uma tentativa de convencimento a ninguém de que pelo fato de um paciente ter câncer evoluiria fatalmente à morte.

Pedido de absolvição deste fato da denúncia[205]

Médicos trabalham com intenção de curar pacientes!

Em repetição fanática, novamente trata a denúncia de acusação de incursão: no artigo 121, parágrafo 2º, inciso I (motivo torpe) e IV (dificuldade de defesa da vítima), combinado com o artigo 62, I (direção da atividade dos demais agentes) e art. 61, II, alínea "g" (violação do dever de profissão) e "h"(crime contra pessoa idosa), aplicada a regra do artigo 69, todos do Código Penal.

---

[205] Pedido constante das alegações finais da defesa no processo criminal.

Síntese dos argumentos lógico-jurídicos defensivos

Trata-se de falsa imputação do delito de homicídio na sua forma qualificada. No caso *sub examine*, o verbo do tipo não se verificou, ou seja, ninguém matou alguém! É certo dizer que *"morreu alguém"* no caso deste paciente descrito na denúncia. Apenas isto ficou provado. É mais certo ainda dizer que meramente *morrer alguém, não é crime*!

Os documentos oficiais informam apenas isto. "Morreu alguém" e das investigações científicas deste processo criminal, dos males que padecia e complicações daí advindas. Paciente de hospital que não resistiu.

Não se provou que alguma ação humana tenha sido praticada objetivando "matar alguém". Contrariamente, todas as ações humanas existentes derivaram do regular exercício da Medicina, com todo o arsenal que estava ao alcance em ambiente hospitalar no intuito de bem exercer as profissões de todos os integrantes das equipes multidisciplinares ali disponíveis para tentar salvar vidas.

Exige-se prova cabal de existência de fato criminoso, possíveis autores além da presença de **dolo ou culpa**, que não se presumem e devem ser provados cabalmente.

Médicos em hospitais trabalham com intenção de curar pacientes!

A única prova científica e oficialmente válida (certidão de óbito) apontava desde o início para essa conclusão e no tramitar deste processo isto apenas se confirmou ou nunca foi contrariado. A causa da morte está descrita na certidão de óbito atestada por outro médico que não a acusada,[206] como se pode ver:

> *Paciente R. R. (6º fato da denúncia) certidão de óbito na qual consta como causa da morte: "ÚLCERA GÁSTRICA HEMORRÁGICA, HIPERTENSÃO ARTERIAL SISTÊMICA". Médico que atestou o óbito: Dra. A. B. B., CRM nº 29035.*

Não há prova sequer da existência do fato criminoso narrado na denúncia.

Não há que se falar nem mesmo em "culpados" ou "inocentes", pois "existência de fato criminoso" é pressuposto da razão de ser do processo penal.

Não há outro caminho que não a sumária absolvição.

---

206 Fls. 1/8 das razões finais da defesa que transcreve o contido na certidão de óbito, que pela Constituição Federal não se pode negar fé.

Capítulo XII

7º fato da denúncia – paciente L. A. I. – acusação de assassinato com pena pedida de 12 a 30 anos[207]

"Este conjunto de medicamentos não é venenoso, não é letal..."

Como se observa em todos os fatos, o fanatismo não cansa. Para combater "crenças" com a razão a tarefa é hercúlea.

Extrai-se da denúncia:

> I - Manhã de 28/01/2013 – L. A. I. (fratura de vértebra lombar, para tratamento conservador) – A. sedação contínua – B. há 2 dias em bomba de infusão; C. 8h respirador em 60%, pressão PEEP em 5 e saturação de 98%;
>
> II - 8h11 foi sedado → A. 8h24 traqueostomia → B. 10h30 Virginia prescreveu em bolus, via endovenosa, os medicamentos citados em fl. 16 → C. Enfermeira L. R. G. ministrou os remédios → D. Virginia diminuiu o respirador → E. 11h morte por asfixia;
>
> III - valeram-se de meio que dificultou defesa da vítima → A. aplicou Pavulon e B. sonegou o suporte ventilatório;

---

207 Alertamos o leitor que somos obrigados a incursionar no campo técnico da Medicina, tentando traduzir para linguagem mais acessível. Como se verá, nem sempre isto é possível. Estas ponderações técnicas dos casos específicos da denúncia, se prestam aos especializados.
Lembramos ao leitor que pode conhecer o teor completo deste processo acessando o site: Disponível em: <https://projudi.tjpr.jus.br/projudi_consulta/...>. Autos nº 002913750.2012.8.16.0013. Acesso em: 22 jan.2018.

Como a acusação criou uma espécie de "padrão acusatório" na denúncia, com repetições fanáticas das mesmas situações em todos os fatos, onde se repete a fórmula diabólica também para este paciente, por amor à síntese remete-se o leitor para o segundo fato.

A acusação incorreu em erros crassos em todos os casos versados na denúncia. Quanto a este paciente, o médico intensivista G. G. analisou a última prescrição feita ao paciente e concluiu:

Defesa: Eu vou mostrar para o senhor uma prescrição médica num prontuário e gostaria que o senhor me dissesse se esta prescrição médica pode ser considerada inaceitável ou ilegal, e se aquilo poderia ser administrado ou não em um paciente. Prontuário do paciente L. A. I.:
(13:50) Testemunha: (fl.186 do prontuário) Vou ser bastante objetivo no que vou responder, e acredito que é um dos pontos centrais deste processo. Medicação Pavulon, pancurônio. Em que circunstâncias esta prescrição pode ser incorreta, ilegal ou letal? Num paciente que respira espontaneamente. Num paciente que não está conectado a um ventilador mecânico, este medicamento pode gerar morte. Por quê? Porque um bloqueador neuromuscular paralisa a respiração espontânea e o paciente entra em colapso respiratório. Num paciente que respira conectado a um ventilador, independentemente de qual a FiO2 e de qual frequência respiratória. Em parâmetros mínimos de ventilação mecânica este medicamento não gera dano. Porque o paciente independe da sua respiração espontânea para respirar.
Juiz: Qual seria o padrão mínimo?
Testemunha: Frequência respiratória de 6 ou 8, depende do equipamento, FiO2 de 21% e PEEP de 0. Isto é o parâmetro mínimo do ventilador. Se eu colocar um tubo em você (aponta para o advogado de defesa), agora, te der um bloqueador neuromuscular — nenhum músculo seu vai mexer — e colocar o ventilador a 21% (FiO2), PEEP de 0 e frequência respiratória de 6, você não vai morrer. Ponto.
(15:30) Defesa: Pode-se dizer então que uma prescrição nestas condições que o senhor falou, para que seja administrado pelo enfermeiro ou técnica de enfermagem, que não tem todo este conhecimento que o senhor nos explicou aqui, ela é uma prescrição ilegal, irregular ou ilícita? Ou até mesmo uma prescrição duvidosa?
Testemunha: Para responder a esta pergunta, o único pedaço de informação que preciso saber é se este paciente está mecanicamente ventilado ou não. Sem saber nada disso, esta prescrição é ilegal ou assassina? Em princípio não. Isto aqui não é um veneno. Para colocar num termo claro, este conjunto de medicamentos não é venenoso, não é letal. São medicamentos que são usados habitualmente em Terapia Intensiva. (vídeo 3)

A testemunha, E. A. C., técnica de enfermagem, que a acusação tanto valorizou nada soube responder e afirmou que não estava no momento do óbito do referido paciente:

> (28:49) Defesa: A senhora recebeu treinamento para avaliar atos médicos?
> Resposta: Doutor, para começo de conversa eu não estou aqui para acusar ninguém e não sei nem porque eu fui chamada aqui...
> Defesa: Nem eu, só o MP que sabe.
> Defesa: A senhora acompanhou algum paciente: pegou do começo, o desenvolvimento?
> Resposta: Não, eu não tive tempo para isso. Sozinha, eu não tinha experiência para isso.
> Defesa: A senhora foi buscar alguma medicação na farmácia?
> Resposta: Sim.
> Defesa: Qual medicação?
> Resposta: Eu não me dou parte dos acontecimentos como vou me lembrar de medicamentos.
> Defesa: Qual paciente?
> Resposta: Não me recordo, para o L. A. I. eu fui.
> Defesa: Sim, mas qual o procedimento para pegar medicamento na farmácia?
> Resposta: Precisava da prescrição.
> Defesa: Pega prescrição no prontuário?
> Resposta: É. Pega a prescriçãozinha e leva para eles verem [....]
> (31:00) Defesa: O paciente L. A. I. sofria de qual doença?
> Resposta: Como eu falei para a doutora (MP) não me recordo. [...]
> (33:04) Defesa: A senhora viu ele falecer?
> Resposta: Se eu não estava na sala como eu iria ver? (vídeo 3)

Já a ruidosa e contraditória testemunha, antigo médico M. L., declarou:

> (37:54) Defesa: Pergunta em relação a L. A. I.. A pergunta é essa...Pela análise dos prontuários o senhor pode afirmar que teve antecipação de óbito por ato humano de algum médico, enfermeiro?
> Resposta: A partir do prontuário eu posso afirmar que um paciente que recebeu a medicação endovenosa e alguns minutos depois morreu, isso não quer dizer antecipação de óbito, é uma constatação de prontuário. (vídeo 3)

A voz da ciência, retratada pela Perícia Oficial do IML, respondendo aos questionamentos da defesa afirmou:

> 49. Defesa: Na manhã de 28/01/2013 a denúncia (fls. 15) a suposta vítima, idoso com 75 anos estava internado na UTI em decorrência de fratura de vértebra

lombar para tratamento conservador. Diga o Sr. perito se era esse o quadro do paciente em admissão na UTI e se pela análise do prontuário se a fratura era apenas de vértebra lombar, baseado na ressonância?

49. Resposta: Não. Pelo exame de ressonância magnética havia fratura da 9ª vértebra torácica e da 1ª vértebra lombar.

50. Defesa: Diga o Sr. perito se o fato de o paciente não conseguir respirar naturalmente estava relacionado diretamente à fratura da pretensa vértebra lombar ou se havia complicações descritas e documentadas ao longo de seu internamento antes de admissão na UTI?

50. Resposta: O paciente apresentava Hipertensão Arterial Sistêmica, Diabete Mellitus, Cardiopatia e Coronariopatia, com angioplastias, a última há 10 anos e era tabagista. Foi acometido de fratura da 9ª vértebra torácica e da 1ª vértebra lombar.

51. Defesa: Diga o Sr. perito se existe registro de diminuição de parâmetro em ventilação em algum momento dos controles do dia do óbito?

51. Resposta: Não. Pelo registro nas descrições que encontramos nos Autos, não observamos procedimento de diminuição dos parâmetros respiratórios.

52. Defesa: Diga o Sr. perito se, como citado pela denúncia (fls. 16) e parecer do médico do CAOP[208], se o paciente foi admitido para prevenção de choque medular, como descrito, e pneumonia de ventilação mecânica já que foi entubado na enfermaria e instituído ventilação mecânica algumas horas antes da admissão na UTI?

52. Resposta: O paciente foi levado à UTI em virtude da insuficiência respiratória e da necessidade de ventilação mecânica controlada. No sentido de estabelecer nexo de causalidade com este quadro clinico – insuficiência respiratória pode-se considerar a fratura da Coluna Torácica – T9 e onde o controle de tronco é variável, a Cardiopatia e a Coronariopatia de que estava acometido.

53. Defesa: Diga o Sr. perito se o parecer médico em sua descrição contempla todos os dados de evolução do paciente, suas comorbidades de forma plena e se esse paciente foi admitido ou não na entidade já entubado?

53. Resposta: Sim, o paciente foi levado à UTI, entubado e com necessidade de respiração mecânica controlada. Não observamos na descrição do parecer médico, todos os sinais e sintomas clínicos que caracterizavam a evolução de que estava acometido o paciente. (fls. 350 do laudo)

O Conselho Regional de Medicina, por suas Câmaras Técnicas, analisou estes fatos e inocentou a médica Virginia por unanimidade de votos – CRM – ABSOLVIÇÃO – Acordão nº 228/15:

---

208 CAOP = Centro de Apoio Operacional da Promotoria.

DENÚNCIA EX OFFICIO – NEUROLOGIA – UNIDADE DE TERAPIA INTENSIVA – INTERNAMENTO – PACIENTE VITIMA DE QUEDA DE MESMO NÍVEL HÁ 8 DIAS – TRAUMA DIRETO NA COLUNA LOMBO-SACRA E QUADRIL – CARDIOPATA – CATETERISMOS E ANGIOPLASTIA ANTERIORES – EX-TABAGISTA – DOR IMPORTANTE À PALPAÇÃO DO QUADRIL – HIPÓTESES DE FRATURAS PATOLÓGICAS EM T9 E L1 – INVESTIGAÇÃO DE MIELOMA MÚLTIPLO – EM AMBIENTE DE UTI POR INSUFICIÊNCA RESPIRATÓRIA AGUDA – GRAVIDADE DO QUADRO – EVOLUÇÃO A ÓBITO – ARTIGOS 14, 41, 56 E 80 DO CÓDIGO DE ÉTICA MÉDICA – ABSOLVIÇÃO EM UNANIMIDADE DE VOTOS. (Acórdão nº 228/15)

Em Manual do Ministério da Saúde que trata de quedas em idosos temos os seguintes conceitos.

A queda é um evento bastante comum e devastador em idosos. Embora não seja uma consequência inevitável do envelhecimento, pode sinalizar o início da fragilidade ou indicar doença aguda. Além dos problemas médicos, as quedas apresentam custo social, econômico e psicológico enormes, aumentando a dependência e a institucionalização. Estima-se que há uma queda para cada três indivíduos com mais de 65 anos e, que um em vinte daqueles que sofreram uma queda sofram uma fratura ou necessitem de internação. Dentre os mais idosos, com 80 anos e mais, 40% caem a cada ano. Dos que moram em asilos e casa de repouso, a frequência de quedas é de 50%. A prevenção de quedas é tarefa difícil devido à variedade de fatores que predispõem.

Na parcela idosa da população, a redução gradual e progressiva da capacidade funcional, o processo de envelhecimento, bem como a carga de afecções crônicas resultam em maior consumo de serviços de saúde, tanto ambulatoriais quanto hospitalares. Os idosos apresentam taxas de internação hospitalar bem mais elevadas do que as observadas em outros grupos etários, assim como uma permanência hospitalar mais prolongada e uma recuperação mais lenta e complicada. As hospitalizações podem resultar em repercussões na capacidade funcional e em mudanças na qualidade de vida, muitas vezes de forma irreversível.

Além da incapacidade funcional, temos também o risco da infecção nosocomial, o que agrava muito o prognóstico do paciente idoso internado. Contrair uma infecção durante a internação pode parecer absurdo em uma época de tantos avanços na Medicina, mas é mais comum do se imagina. Só nos Estados Unidos, segundo estimativas dos Centros de Prevenção do Controle de Doenças, de 5% a 10% dos pacientes internados desenvolvem alguma infecção associada ao atendimento. São 2 milhões de casos por ano, 100 mil dos quais resultam em morte.

As infecções mais comuns são as do trato urinário e de sítio cirúrgico. Em seguida, vêm as infecções pulmonares, decorrentes de ventilação mecânica, e as da corrente sanguínea, provocadas pelo uso de cateter na veia para administração de soro e medicamentos.

Nas infecções respiratórias de origem hospitalar a pneumonia é a que tem maior prevalência nos hospitais. A pneumonia hospitalar aumenta em oito a nove dias o período de internação em unidades clínicas, e três vezes mais a permanência em UTI e o tempo de ventilação mecânica dos pacientes.

A assistência fisioterapêutica contínua ao paciente idoso hospitalizado e acamado por longo tempo é fundamental para a minimização dos danos e manutenção da sua capacidade funcional, além de técnicas respiratórias para melhor ventilação do pulmão. É importante estimular o mais rápido possível que ele saía do leito, fique mais sentado e caminhe para evitar doenças circulatórias. A longa permanência na cama também pode fazer com que as secreções se acumulem no pulmão, complicando ainda mais sua situação já debilitada.

A análise do prontuário em questão revela um paciente com 75 anos, era diabético, hipertenso, ex-tabagista e contava com várias angioplastias. Sofreu queda com consequente fratura de vértebras (2) e foi encaminhado para o Hospital através da Central de Leitos com alguns dias de evolução. Conduta terapêutica: tratamento conservador intra-hospitalar.

Mais ainda, a prescrição médica diária revela que as medicações utilizadas estavam adequadamente relacionadas aos diagnósticos. Houve assistência fisioterapêutica diária e a descrição feita relata redução da força muscular em MMII[209] com o passar dos dias de internação. Os dados da enfermagem revelam paciente comunicativo e consciente no início da internação; posteriormente, começou a apresentar episódios de agitação e confusão mental concomitante ao quadro infeccioso pulmonar.

Temos assim, uma evolução clínica arrastada (presença de dor lombar à movimentação e palpação da bacia) além de exames realizados levaram a suspeita de Mieloma Múltiplo e ocorrência de fraturas patológicas e durante a investigação deste quadro, houve a ocorrência de quadro infeccioso pneumônico bilateral com prescrição de antibioticoterapia (TAZOCIN); paciente não respondeu de forma adequada e evoluiu para insuficiência respiratória aguda. Foi realizada entubação orotraqueal, sedação e encaminhamento para a UTI Geral no dia 26/01/13. Suspeita de embolia pulmonar. Hemocultura positiva para *Enterobacter aerogenes* (material colhido em 23/01/13 com paciente ainda internado na enfermaria). Apresentava também insuficiência renal e glicemia de difícil controle.

Em UTI, o paciente evoluiu com necessidade crescente nos parâmetros de oxigenação até chegar a situação de refratariedade ao uso de aminas a parada cardiorrespiratória, com óbito. Absolvição que se impõe. (Acórdão nº 228/15)

---

209 MMII: membros inferiores.

Tentar emitir qualquer outro juízo de valor após essa criteriosa análise técnico-científica equivaleria a pretender tocar violino depois de Paganini[210].

Este paciente internou e confirmou o diagnóstico de fraturas de coluna em regiões tóraco-lombossacra, confirmados por exame de excelência que foi ressonância magnética de coluna. Suas comorbidades, complicações e gravidade estão descritas em fundamentação clínica do caso, a seguir. Os fármacos aplicados foram necessários para serem possíveis ajustes de parâmetros em ventilação que foram elevados e não reduzidos. A tentativa de basear a evolução do paciente na testemunha da acusação E. A. C.[211] caiu por terra por uma simples resposta: a testemunha se ausentou da UTI em torno de 30/40 minutos e não presenciou a evolução do paciente em seu dia de óbito. Também colocou de forma clara que havia iniciado sua atividade como técnica de enfermagem em UTI há 15 dias.

Além da decisão unânime do CRM, o perito do IML, até na penúltima resposta do laudo do IML confirma a possibilidade de óbito pela evolução do quadro clínico.

---

210 Niccolò Paganini (Gênova, 27 de outubro de 1782 — Nice, 27 de maio de 1840) foi um compositor e violinista italiano que revolucionou a arte de tocar violino, e deixou a sua marca como um dos pilares da moderna técnica de violino.
211 A mesma que afirmou que nem sabia o que estava fazendo na Justiça nem o motivo de ter sido chamada a depor.

Histórico e fundamentação deste caso clínico em literatura médica específica

É difícil para o médico enfrentar momentos de morte...

O paciente L. A. I., de 75 anos, foi internado no HUEC em 07/01/2013, em torno de 15h. Foi admitido via Central de Leitos com relato[212]:

- História de queda do mesmo nível há 8 dias, com trauma direto da região da coluna lombar/sacra/quadril. Admitido em Glasgow 15, pupilas normais. Restrito ao leito devido a dor importante;

- Antecedentes mórbidos: Hipertensão Arterial Sistêmica, Diabetes Melittus, Cardiopatia Isquêmica (submetido a 4 cateterismos cardíacos e angioplastias, sendo o último procedimento realizado há 10 anos);

- Tabagismo por 20 anos, abstênio há 20 anos.

Argumentamos que os antecedentes mórbidos foram relatados à equipe médica assistente que assumiu o paciente no internamento. Não foram suposições ou patologias criadas pela mente da médica Virginia, pois está escrito no prontuário. Sabe-se que doença coronariana é progressiva e se não forem feitos exames periódicos, esse hiato de acompanhamento é um extremo fator de risco que pode se manifestar a qualquer momento.

Em fls. 24 do prontuário, em exame físico: *"Força muscular grau III em membros inferiores. Reflexos patelar e aquileu ausentes. Babinsky negativo. Dor importante à palpação de quadril"*.

Trata-se de paciente idoso com comorbidades importantes e paralelamente à conduta medicamentosa, tem início o processo de investigação dos possíveis motivos para a queda e de suas consequências.

Permaneceu internado em enfermaria entre os dias 07/01/2013 a 26/01/2013, até o início da tarde quando foi transferido para a UTI Geral em caráter emergencial.

No período de enfermaria, a conduta médica foi manter o paciente com dieta, hidratação, analgesia com derivados opioides, anti-inflamatórios não hormonais, Dipirona de horário, bloqueadores H_2 (para prevenção de gastrites ou úlceras gastroduodenais), anti-hipertensivos, Heparina fracionada profilática e Insulinoterapia.

A Heparina visa prevenção de possível Trombose Venosa Profunda, risco importante causado principalmente pela restrição ao leito nesse caso, além de antecedentes de Diabetes Mellitus que aumentam esses riscos. A Trombose Venosa Profunda tem como complicação possível o Trombo-Embolismo Pulmonar.

---

212 Fls. 24 do prontuário.

Estatisticamente, a incidência de TEP nessas condições é elevada, mesmo com profilaxia adequada.

Iniciou-se o processo de investigação com solicitações de exames laboratoriais de rotina, eletrocardiograma, Raios-X de coluna dorsal, bacia, região lombossacra, tórax, coluna cervical. Tomografia de crânio e coluna, ressonância magnética de coluna lombossacra.

O ecocardiograma que seria fundamental para avaliação das condições cardiológicas, embora solicitado, não foi realizado por indisponibilidade do serviço, conforme comentamos em capítulo anterior.

Desde a admissão, começa o acompanhamento pela equipe de endocrinologia. Reforçamos a afirmação de que evoluções e prescrições médicas eram em muitos serviços do HUEC realizados com senha e login do coordenador do serviço, como pode ser visto no prontuário e já comentado.

No dia 09/01/2013, foram solicitados exames laboratoriais por suspeita de fraturas patológicas, levantando-se a hipótese de Mieloma Múltiplo. Já havia também a suspeita de fratura em vértebra torácica, além da região lombossacra.

Pelos resultados de Raios-X (fls. 247) tem-se a confirmação de desmineralização óssea difusa, compatível com osteoporose. Com o laudo de ressonância magnética (fls. 245) foi confirmada a presença de fraturas em colunas tóraco-lombo-sacra, sendo decidido pela equipe de neurocirurgia conduta conservadora com uso de colete Putti Alto. Em todos os exames radiológicos foram encontradas alterações[213].

Durante seu período de internamento na enfermaria, sempre havia referências à dor, em alguns períodos confusão mental, outros períodos de agitação e sonolência. Em relação à investigação de Mieloma Múltiplo, os exames laboratoriais não foram positivos porém não foi realizada punção/biópsia de medula óssea, que seria imperativo para o diagnóstico. Também não foram investigados outros tipos de carcinoma como, por exemplo, próstata.

Essas patologias, se presentes, aumentariam os riscos de fenômenos trombóticos/embólicos, porém não foram sequer citadas quando o paciente apresentou intercorrência severa que o fez ser encaminhado à UTI Geral.

É importante também esclarecer que o colete Putti Alto indicado não foi instalado até o momento do óbito, por ser manufaturado sob medida e não houve tempo hábil para a entrega. Embora as fraturas fossem estáveis, como houve insucesso em tentativas de decúbito supino[214], toda sua manipulação deveria ser feita em bloco para evitar, principalmente nesse caso, severa dor, já que o colete faria as funções de estabilização das fraturas.

---

213 Fls. 245, 246, 247, 248, 249, 250, 251 e 252 do prontuário.
214 Deixar o paciente em pé.

Em 23/01/2013, paciente apresenta ainda em enfermaria intercorrência importante[215]. Segundo evolução médica: *"queixa-se de náuseas, mal estar intenso e astenia. Encontra-se em REG (regular estado geral), hipocorado+/++++, hipotenso 80 x 50, desidratado, afebril. MV (murmúrio vesicular) diminuído em base de hemitórax direito, roncos e estertores crepitantes difusos bilateralmente. Solicito exames e início terapêutico".*

A conduta inicial foi alteração de dieta, instalação de solução cristaloide em infusão rápida e antibioticoterapia. A escolha foi Piperacilina-Tazobactam 4,5 g/frasco em dose de ataque e na manutenção 13,5 g, divididos em três aplicações. A terapia empírica com esse antibiótico contemplava germes multirresistentes, presentes em infecções nosocomiais, possíveis pelo tempo de internamento do paciente. Para tal liberação, faz-se necessário contato com o médico da comissão de infecção hospitalar.

Foram associadas medicações sintomáticas e solicitados exames laboratoriais. Abrangiam enzimas cardíacas[216]. Solicitada gasometria arterial, duas amostras de hemoculturas, eletrocardiograma e Raios-X de tórax no leito.

Vê-se então, em fls. 213, o resultado da hemocultura coletada e em fls. 215, o antibiograma correspondente ao patógeno *Enterobacter Aerogenes* (CESP), sensível ao antibiótico utilizado.

Em 26/01/2013 pela manhã, apresentou a intercorrência mais severa[217]. Essas prescrições foram feitas por residente do serviço de neurocirurgia, profissional experiente (R_4), que acompanhava os serviços das UTIs. Em intercorrências graves em enfermaria, normalmente as equipes são auxiliadas por plantonistas do Pronto-socorro ou das UTIs. Nesse caso, foi a equipe do Pronto-socorro que deu o suporte.

Em torno de 8h10, do dia 26/01/2013, inicia com pulso de 500 mg de Solumedrol (EV) e meia ampola de Brycanil subcutânea, associando nebulização com broncodilatadores, essa conduta visa terapêutica de broncoespasmo severo.

A seguir, com checagem às 9h55, foram prescritas duas ampolas de Lasix e uma ampola de Dimorf 2 ml/ampola EV. Essa conduta é compatível com tratamento de Edema Agudo de Pulmão.

Nova prescrição às 10h35, com mais duas ampolas de Lasix e nova ampola de Dimorf. Vê-se pela prescrição, considerando intervalo de tempo, a dificuldade de se conseguir analgesia adequada, sendo utilizadas duas ampolas de Morfina (Dimorf) em intervalo menor que 1 hora. Esse paciente já vinha em uso de derivados opioides anteriormente, que causam tolerância rapidamente, descrito

---

215 Fls. 137 e 138 do prontuário.
216 Incluindo Troponina I, cujo resultado não se encontra no prontuário, possivelmente pela ausência do kit necessário naquela ocasião.
217 Fls. 153 – 159 do prontuário.

em literatura. Até nesse sentido, a promotoria tentou invalidar a possibilidade de tolerância, não considerando o intervalo preconizado em literatura para uso de Morfina em doses intermitentes.

Nova prescrição às 10h36, com mais uma ampola de Lasix. A seguir, prescrições contemplando sondagem vesical e acesso central. Às 10h50, tem-se a prescrição de plano de sedo-analgesia com Soro Fisiológico de 250 ml + 10 ampolas de Dormonid + 4 frascos de Fentanil, com gotejamento programado para 12 horas. A seguir tem-se a prescrição de Dormonid 1 ampola EV AGORA e Fentanil 4 ml EV agora. As duas últimas medicações foram administradas para que fosse possível entubação orotraqueal e instalação de ventilação mecânica. Não deve ter sido uma entubação fácil pela solicitação de dois tubos orotraqueais. Considerando o intervalo entre duas ampolas de Morfina e esse horário com 200mcg de Fentanil, parece claro o fenômeno de tolerância a opioides.

Persistiu sob ventilação mecânica em enfermaria de neurocirurgia até o momento de sua transferência para UTI Geral, que ocorreu em 26/01/2013 em torno de 13h[218].

Nesse momento, paciente ainda se encontrava em enfermaria de neurocirurgia, aguardando vaga na UTI. Considerando a dose de analgésicos elevada e intervalo de tempo entre as aplicações de Morfina – Fentanil, era nítida a dificuldade de analgesia apresentada pelo paciente. Muitas vezes, as doses têm que ser aumentadas para que seja possível o procedimento e a adaptação à ventilação mecânica. Não lhe trouxeram danos maiores aos já existentes.

Os casos admitidos na UTI são sempre discutidos entre médicos assistentes, plantonista e coordenador das unidades. Ao descrever o quadro, dados importantes:

- Traumatismo de coluna por queda de mesmo nível, suspeita de fratura patológica com investigação para Mieloma Múltiplo;
- Histórico de restrição ao leito há 27 dias, considerando 19 dias de enfermaria e 8 dias em Central de Leitos.

O atendimento e as medicações utilizadas na enfermaria na manhã de 26/01/2013 eram compatíveis com terapêutica para Edema Agudo de Pulmão. Havia recebido atendimento pela fisioterapia em todo o período de enfermaria, com referência inclusive de tentativas de decúbito supino, não tolerado pelo paciente.

Paciente coronariano, hipertenso e diabético, tendo sido submetido a quatro cateterismos cardíacos, com angioplastia, sendo sua última intervenção realizada há 10 anos. Portador de doença aterosclerótica sistêmica, considerando a Hipertensão Arterial Sistêmica e a Diabete Mellitus. Em fls. 253 do prontuário, tem-se o laudo de tomografia de crânio, com hipodensidade difusa de substância branca bilateral, provável lesão de pequenos vasos, compatível com diagnóstico de doença

---

218 Fls. 168 – evolução de enfermagem – prontuário.

aterosclerótica sistêmica. A tomografia de crânio foi um dos exames solicitados para se tentar afastar quadro neurológico que justificasse queda.

Considerando o acima descrito, em relação à intercorrência apresentada na manhã de 26/01/2013, levantou-se a hipótese de Edema Agudo de Pulmão em consequência a Infarto e/ou Isquemia Miocárdica. Embolia pulmonar caberia como diagnóstico diferencial nessas circunstâncias, com forte possibilidade para tal.

Havia hemocultura positiva para germe gram-negativo, tendo como foco inicial a suspeita de infecção pulmonar, evoluindo para infecção em corrente sanguínea, com hemocultura positiva. Em anotações de enfermagem no período de enfermaria, havia referências de taquicardia, confusão mental, agitação que seriam explicadas por quadro séptico. A sepse poderia justificar o Edema Agudo de Pulmão, não cardiogênico, considerando evolução de Lesão Pulmonar Aguda / Síndrome do Desconforto Respiratório Agudo. Em pacientes criticamente enfermos, inúmeras causas e complicações podem estar associadas.

Em relação à programação para investigação, o exame mais inócuo que, de certa forma, poderia afastar ou confirmar embolia pulmonar seria angiotomografia de tórax, porém não se dispunha desse recurso em função de manutenção do aparelho. Outros recursos como ecocardiograma com Doppler colorido e ecodoppler diversos (venoso de membros inferiores, arterial de artérias carótidas e vertebrais, renais), também indisponível pela saída da equipe de médicos responsáveis por esse setor, proprietários dos equipamentos por quebra contratual com a Instituição[219].

O Sr. L. A. I. interna na UTI Geral em torno de 13h do dia 26/01/2013, conforme anotações em evolução de enfermagem em fls. 168 do prontuário. Rotineiramente, o plantonista recebe o paciente e as informações da equipe que prestou assistência no momento crítico, examina, instala monitores, ventiladores, oxímetro, capnógrafo, bombas infusoras junto com a equipe de enfermagem, enfim todo arsenal necessário para o bom atendimento do paciente. Confere dados registrados por esses monitores, acessos e começa verbalmente a orientação de condutas. Muitas vezes faz intervenções medicamentosas, ajustes em bombas infusoras, soros, determinando vazões de aminas vasoativas (era o caso), plano de sedo-analgesia como era necessário neste caso. Orienta aspirações traqueais e/ou auxilia nesse procedimento, ajusta parâmetros de ventilação entre outras medidas. Após conseguir certa "estabilização" do quadro, como já referido em outros fatos da denúncia, realiza prescrições e evoluções médicas.

---

219 Portanto, respondendo a dúvidas do assistente técnico da promotoria, as investigações não prosseguiram por problemas em manutenção de equipamentos e disponibilidade dos mesmos pela Instituição, naquela ocasião e considerando o estado clínico de admissão do paciente, o deslocamento necessário e transporte para que fossem possíveis esses exames aumentariam em muito os riscos do seu quadro clínico.

Em fls. 160, vê-se a prescrição e a evolução médicas. Foram levantadas as hipóteses de Pneumonia Nosocomial (hospitalar), Infarto do Miocárdio e Embolia Pulmonar. Como citado acima, eram as hipóteses possíveis e a investigação para diagnóstico diferencial limitada pelo anteriormente descrito. O plantonista apontou suas condições de admissão: já entubado pelo quadro de insuficiência respiratória apresentada na enfermaria, instabilidade hemodinâmica com necessidade de drogas vasoativas, diurese contraída. Relatou também diálogo com familiares, esclarecendo a gravidade do quadro e seus riscos.

A rotina da unidade sempre foi essa. Assim que acontecessem internamentos ou intercorrências graves, os familiares eram convocados para obter informações. Prestavam suporte neste momento junto ao médico, a equipe de apoio composta por capelães, assistentes sociais e psicólogos. Como pode ser observado nos depoimentos dos capelães H. R. e O. M.[220], que compareceram e depuseram a este respeito na audiência perante o juiz.

A conduta médica foi no sentido de tentar, através da reposição hídrica, promover a ressuscitação volêmica e o mais precoce possível a redução ou retirada de aminas vasoativas. A amina vasoativa utilizada foi a Noradrenalina, cuja desvantagem é a vasoconstrição periférica tanto arterial quanto venosa. Foram mantidas soluções com broncodilatadores, antibioticoterapia que já havia sido iniciada pela equipe de neurocirurgia. Em medicações de rotina, a Dipirona não foi mais utilizada em horários determinados, como ocorria em enfermaria, pois poderia mascarar quadro febril[221].

O uso de Dipirona em horários determinados interfere também em resultados laboratoriais como, por exemplo, dosagem de creatinina. Foi também alterada a profilaxia para trombose venosa profunda, utilizando Heparina de Baixo Peso Molecular, mais efetiva.

Às 22h30[222], foi realizada a prescrição médica de uma ampola de Atropina EV, entubação orotraqueal, material para entubação com dois tubos 8,5 e um tubo 8,0. Apesar de sedado e em uso de analgésicos de forma contínua e o paciente extubou-se. A Atropina foi utilizada pelo fato de o paciente ter apresentado bradicardia durante ou após o procedimento. Essa informação pode ser corroborada em anotações de enfermagem do período noturno, descrevendo a intercorrência em fls. 171 do prontuário. Em verso de fls. 171 do prontuário temos o balaço hídrico do dia 26/01/2013 e madrugada de 27/01/2013.

Importante salientar que somente pela visão de dados anotados nesse balanço torna-se muito difícil a compreensão da real evolução desse paciente. A aparente

---

220 Capelão coordenador da ouvidoria e diretor geral da Instituição na época dos fato.s
221 A defesa evidenciou que o Protocolo de Analgesia, Sedação e Bloqueio Neuromuscular foi coordenado pela Dra. F. R. M..
222 Fls. 165 do prontuário.

estabilidade nos registros pode não corresponder ao quadro clínico apresentado, suas intercorrências e intervenções realizadas. Em verso de fls. 171 do prontuário, só houve anotações em horários intermediários, no momento de admissão. A partir de então, rigorosamente o registro foi feito a cada 2 horas. "Rigorosamente" em termos, pois há itens prescritos tanto por médicos como enfermeiros que não foram registrados. Cita-se como exemplo o controle e registro de PVC (pressão venosa central) não foi realizado em nenhum horário desse dia. Esse controle é importante principalmente em casos de choque, para mensurar a resposta do paciente à reposição de volume. Não há registros de que o médico ou enfermeiro tenham suspenso esse procedimento.

Nos últimos anos, devido principalmente à crise financeira vivida pela Instituição, já relatado em capítulo próprio, foram até alterados os critérios de admissão dos funcionários, sendo aceitos muitos que não haviam sido aprovados em testes admissionais, na esperança de treiná-los com o tempo e poder cumprir a escala necessária ao atendimento dos pacientes.

Para controle de PVC é necessário treinamento para manipulação de acesso venoso central, adequação de posição de paciente ao leito e instalação de um equipamento próprio para o procedimento que funciona como um sistema de vasos comunicantes. Entre outros detalhes que fazem parte desse procedimento, a necessidade de temporariamente ser realizada desconexão do paciente ao ventilador por segundos, para ser obtido o valor real. Em resumo, requer treinamento e extremos cuidados.

Outra possibilidade para a falta de registro é falta de tempo para execução, pois muitas vezes a escala não estava completa. Enfermeira P. em seu depoimento afirma:

> (29:28) Defesa: Se o paciente atendido em emergência à beira de leito com alterações de vazões de drogas, alterações de ventilação há tempo e pessoal disponível para anotar passo a passo todas as alterações realizadas?
> Resposta: Impossível só se eu tivesse uma pessoa só pra ficar para cada paciente anotar tudo que estava acontecendo.
> (29:52) Defesa: Se houver óbito em horários intermediários aos padrões o atendimento é registrado passo a passo?
> Resposta: É registrado, mas não num passo a passo até porque não havia tempo hábil pra poder parar e anotar cada sequência do atendimento.
> (30:13) Defesa: Existe dificuldade pela equipe em calibrar monitores, adaptar sensores, corrigir traçados somente de funcionários ou também de enfermeiras?
> Resposta: Não, principalmente os técnicos eles realmente não têm habilidade às vezes existia uma interferência num monitor e quando você ia perceber eu tinha eletrodos trocados, é uma coisa fácil de corrigir, mas o técnico não tinha essa percepção.

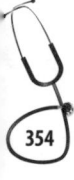

[...]
Defesa: Em transfusões de sangue, anotações de infusões, drogas com vazões alteradas, ventiladores com parâmetros alterados, havia dificuldade pela equipe de técnicos em anotar todos os dados mesmo em horários padrões?
Resposta: Havia, muitas vezes tinham que fazer esse registro eles perguntavam para o enfermeiro, mas como que eu vou ter que anotar isso que está entrando agora, então tem que tá explicando, vai ter que entrar infusão agora, começa nesse horário a infusão X.
Defesa: Muito bem a senhora já deixou mais ou menos implícito, eu vou tornar explícito, o serviço era árduo, havia equipe em número e qualidade para realizar todos os atendimentos necessários?
Resposta: Árduo sim, e na maioria das vezes não havia número correto de funcionários.
Defesa: A senhora teve problemas com funcionários em extras de outros setores que não estavam habituados àquela rotina?
Resposta: Sim.
Defesa: Exemplifique algum problema.
Resposta: Às vezes eles não sabiam como começar a prescrição médica, teve um período que eu trabalhei à tarde, o meu horário começava às 13:30 às 14:00 iniciava a prescrição médica, uma vez uma técnica de enfermagem colocou uma medicação que não era para ser colocada na vazão etc e tal, porque existia critério médico naquela prescrição e ela foi lá e colocou, então é uma pessoa que é fora do setor, não conhece a rotina, não está habituada com aquela prescrição, com a maioria dos medicamentos inclusive, inclusive o manuseio do paciente, então até às vezes era até ruim receber extra de outro setor, porque eu tinha que ficar em cima não só eu mas como a outra colega enfermeira também tinha que ficar em cima, atenta.
Defesa: É correto afirmar que os acessos periféricos são de função do técnico.
Resposta: Sim.
Defesa: Havia cuidados adequados por parte dos funcionários em preservar esses acessos?
Resposta: Em cuidados deles? Nenhum, eles adoravam perder acesso periférico, por descuido mesmo doutor, às vezes vai manusear o paciente esbarra sem querer na fixação e arrancava fora. (vídeo 1)

Às 13h, momento de admissão, temos o registro no balanço hídrico de: FR 16; FiO_2 60%; PEEP 5 cmH_2O. Noradrenalina em 40 ml e sedação em 42 ml. Em relação ao valor de 40 ml registrado em Noradrenalina, esse valor deve corresponder a ml infundidos em duas horas, e não a vazão ml/h. Mas em sendo o horário de admissão, não haveria tempo para infusão de 40 ml. Para corroborar essa informação pode-se notar que na evolução da enfermeira no sistema, em fls. 168, há o relato de Noradrenalina a 20 ml/h. A seguir vem a sedação com o registro de 42 ml, provavelmente seguindo a infusão ainda instalada na enfermaria de neurocirurgia, prescrita com vazão de 21 ml/h[223]. O mesmo raciocínio se presta para o volume administrado, considerando o tempo de admissão. Parece pequeno esse erro de registro de volume, porém em alguns momentos não o é.

A prescrição foi liberada às 14h, fls. 160 do prontuário e por interfaceamento a 2ª via foi impressa na farmácia de diluição, como já explanado em capítulo próprio. Essa equipe tem entre 15 a 30 minutos para proceder a entrega de todas as medicações, sendo que a farmácia satélite eventualmente daria cobertura em casos mais emergenciais (aminas vasoativas, cristaloides de infusão rápida, etc). Assim que recebem as medicações, conferidas por farmacêuticos e enfermeiros, os técnicos devem instalá-las, desprezando soluções similares de infusões anteriores, obedecendo à vazão determinada pelo médico plantonista. As vazões de aminas vasoativas são alteradas gradativamente, conforme a necessidade de cada paciente.

Em uma visão pouco esclarecida da rotina, tem-se impressão, ao analisar o balanço hídrico, de as aminas vasoativas serem reduzidas de 40 ml para 10 ml de forma súbita, e não gradativa como é feito. Foi reduzida a 5 ml/h e assim mantida, pois a tentativa de suspensão desta infusão reduziu os valores de PAM impossibilitando a sua retirada. Esta afirmação foi válida até uma hora próxima ao momento da intercorrência que culminou em óbito.

Em relação ao plano de sedo-analgesia, por erro na instalação, teve sua vazão mantida em 21 ml/h e isso é o dobro do valor que constava em prescrição. Coloca-se, nesse momento, que apesar da infusão, que nesse caso foi elevada, considerando a dose de fármacos contidos nessa solução, não houve prejuízo algum ao paciente. Em fls. 171, em anotações de enfermagem do período noturno, a técnica descreve o ocorrido, relatando o término da sedação às 06h do dia 27/01/2013. Refere também que no início do plantão (cujo horário era 19h30) houve troca de tubo orotraqueal pelo médico plantonista J. O. Z. R.; o paciente apresentou bradicardia, sendo medicado com uma ampola de Atropina.

Voltando ao verso das fls. 171, em balanço hídrico, pode-se notar que não há registro de frequência cardíaca abaixo de 61 bpm que justificasse o uso da Atropina. O que se tenta explicar é que essa medicação foi utilizada certamente em horários intermediários e o registro de horários padrões não corroboram nem a afirmação da técnica nem justificam a medicação registrada. Se a Atropina fosse utilizada desnecessariamente, teria causado taquicardia importante ao paciente.

Pode-se ver, considerando o atendimento pré-admissão do paciente realizado na enfermaria e pelo acima relatado que esse paciente apresentava difícil resposta a analgesia e sedativos, pois no último caso conseguiu retirar o tubo orotraqueal mesmo com a infusão em doses dobradas às ordens médicas.

---

223 Fls. 159 do prontuário.

Fazemos aqui outro veemente protesto com o afirmado pela promotoria em alegações finais no processo criminal, no qual afirma que durante o interrogatório da Dra. Virginia esta tenha tentado pelas suas afirmações uma forma de "ludibriar o juízo". Alegação venal e solta sem nenhuma base científica! Foi muita ousadia de quem demonstrou escuridão completa em tudo o que escreveu e falou no processo, que revela fanatismo enceguecido ou mesmo um transtorno obsessivo compulsivo.

Está sendo muito difícil para a médica Virginia a submissão indevida e injusta ao processo após demonização midiática promovida pela acusação. Mesmo assim, na era da acusolatria[224] quem acusa não respeita o sagrado direito de autodefesa dos acusados e defesas técnicas, mas não aceitar evidências científicas? É absurdo digno da idade das trevas.

Em fls. 171 do prontuário, vê-se a nova prescrição do plano de sedo-analgesia, que havia terminado às 6h, conforme anotação do técnico de enfermagem. Prescrito às 6h09, somente foi checado às 8h20. Fica evidente que esse paciente ficou sem sedação nessas duas horas. Porém, em fls. 181 em seu verso, vê-se o registro de 22 ml no campo de sedação que corresponderia ao volume infundido entre 6 e 8h. Não havia sedação instalada nesse momento, como comprova a checagem.

Esta descrição corrobora o que a defesa pontuou. Mesmo que fosse por decisão médica a suspensão temporária, conforme afirmado no interrogatório da médica Virginia, os funcionários mantinham anotações não correspondentes no balanço hídrico. Não se tem intenção de acusar, pois alguns em anotações de enfermagem descrevem o que não foi registrado no balanço hídrico. O mesmo raciocínio se emprega para valores de PEEP não registradas às 4h e 6h do dia 27/01/2013[225].

Não havia motivo para a suspensão e se fosse feita deveria constar valor zero. Nesse mesmo dia, o paciente manteve-se com FiO_2 em 60% e PEEP em 5 cmH_2O, pois as tentativas de redução desses valores não foram bem sucedidas. O fato de não haver registros dessas tentativas não significa que não foram feitas. O mesmo ocorreu na tentativa de suspensão de doses de aminas vasoativas.

Sempre que manipulado o Sr. L. A. I. apresentava dor, como descrito em anotações de enfermagem e tendia a agitação não referendada nessas evoluções. Sempre a dor esteve presente em todos seus momentos de internamento mesmo com todas as medidas para revertê-la. O colete teria sido fundamental para a redução desse sintoma, mas já foi explanado acima o motivo de não ter sido utilizado. Vê-se que em fls. 175 do prontuário há prescrição de Dormonid 1 ampola (15 mg) e Fentanil 3 ml (150 mcg) às 12h15, com dor e agitação, passava a competir com o ventilador, lembrando que em horas anteriores já havia utilizado indevidamente doses elevadas desses dois fármacos. Mesmo que tenha ficado por

---
224 Expressão usada pelo advogado Lenio Strek em palestras.
225 Fls. 171 verso do prontuário.

duas horas sem essa infusão, teoricamente se fosse responsivo a esses fármacos como esperado, não deveria ser necessária a potencialização, visto que retornou ao plano de sedo-analgesia a partir de 08h20 desse mesmo dia.

Seguiu a equipe em todo o curso deste internamento as *Recomendações do III Consenso Brasileiro de Ventilação Mecânica, Surviving Sepse Campaign*, as *Recomendações de Sedo-Analgesia da AMIB* e Tratados de Anestesiologia, Capítulo 12 do *Tratado de Anestesiologia Barash* – Sistema Nervoso Autônomo – Fisiologia e Farmacologia, que versa sobre indicações e uso de aminas vasoativas.

No dia 28/01/2013, seguindo o planejamento previsto para os cuidados com esse paciente, foi realizada traqueostomia pela manhã. A prescrição que iria ser vigente a partir de 14h[226] contava com insulina venosa contínua para melhor controle glicêmico e redução de dose de corticoterapia de 375 mg para 250 mg, pois já havia melhora das condições hemodinâmicas em relação à admissão e o quadro de choque estava praticamente revertido no momento dessa prescrição. Apontamos e corrigimos nesse ponto outro erro da promotoria quando confundiu os valores de aminas vasoativas, citando em suas alegações finais 25 ml/h quando na realidade estava em 5 ml/h.

Houve sedação e analgesia para realização de traqueostomia com Dormonid 1 ampola e 3 ml de Fentanil comprováveis em fls. 183. O uso dessas drogas foi justificado, lembrando que esse procedimento é sempre realizado com anestésicos locais. Não só um procedimento cirúrgico reflete a necessidade de analgésicos e sedativos, como em aspirações traqueais muitas vezes há reflexos de tosse, que geram momentânea inadaptação do paciente ao ventilador, dificultando inclusive o ato cirúrgico.

Em fls. 188 do prontuário, no item 2, vê-se a checagem de novo acesso periférico às 07h30. Essa referência mostra a insistência por parte dos enfermeiros chefes em obter acessos periféricos na tentativa de melhor distribuição de infusões, para evitar sobrecarga em cateter venoso central monolúmen. A dificuldade e a falta de devidos cuidados traziam perda desses acessos em uma frequência não tolerável, como transcrito no depoimento da enfermeira P..

A não resposta satisfatória ao plano de sedo-analgesia, além da resposta apresentada pelo paciente, tem fundamento também em qualidade dos fármacos, resposta individuais e também pela interação medicamentosa ocorrida por múltiplas soluções em infusão concomitante em acesso único. Mesmo criticado, este hábito de sobrecarga do acesso central era difícil de ser corrigido pela falta de compreensão dos funcionários e até alguns enfermeiros, embora essas orientações e determinações façam parte do protocolo de enfermagem.

---

226 Fls. 184, não numerada, e 185 do prontuário.

A traqueostomia foi realizada com sucesso e, para tanto, seguiu-se a rotina do consenso de ventilação, elevando-se FiO_2 em 100% por 10 a 15 minutos antes do procedimento, retornando aos parâmetros de ventilação anteriores, após seu término e estabilização do paciente.

A intercorrência clínica ocorreu após a mobilização do paciente. Foi um agravamento súbito, em que o paciente passou a apresentar agitação, expressão facial de dor, palidez e assincronia com o ventilador. Apresentou hipotensão leve nesse momento e sudorese.

A mobilização desse paciente foi complexa e casos assim requerem extremo cuidado, pois era um paciente conectado a um ventilador, com seus circuitos que podiam dobrar, angular e até desconectar sem os cuidados devidos.

Estava com acesso venoso central onde soluções estavam instaladas com bombas infusoras e da mesma forma para mobilização tem-se que observar o possível tracionamento, angulação ou até arrancamento do cateter.

Tratava-se, no caso, de paciente com fraturas em colunas tóraco-lombo-sacra. Ainda que essas fraturas fossem estáveis, pela falta de uso de colete, deveria ser mobilizado em bloco para diminuir o estímulo à dor mantendo a coluna reta. Havia também realizado intervenção cirúrgica horas antes e a traqueostomia recente teria riscos de, com a mobilização, deslocar ou perder a cânula traqueal, perdendo o acesso à via aérea. Quando isso ocorre, a hemorragia consequente por falta de cicatrização e estabelecimento de trajeto fistuloso dificulta a reentubação ou até mesmo a tentativa de recolocação da cânula na traqueia.

Seriam necessários 4 a 5 funcionários bem treinados para essa mobilização ser bem-sucedida. Achamos risível a referência da promotoria sobre o depoimento da testemunha E. A.[227], como sendo espécie de "prova cabal" de que algo ilícito estava sendo realizado.

Essa "testemunha" deixou claro sua inexperiência e tempo de UTI de 15 dias fazendo parte do seu período de experiência, que necessitava de colegas até para ensinarem a rotina e observar se suas atitudes eram corretas, inclusive para essa testemunha era "estranho" as medicações já virem prontas da farmácia, pois havia feito estágio e "entendido" que a enfermagem deveria preparar e diluir as medicações e não o farmacêutico.

Totalmente franca se desnudou em ignorância e inexperiência por essas afirmações[228], ficando visível que não foi treinada, orientada, inclusive sobre rotinas. Quando se refere que o banho que estava dando ao referido paciente, junto com mais uma funcionária, foi interrompido[229], é claro que não conseguiu

---

227 Repita-se: aquela que indagou na audiência o que estaria fazendo ali... posto que nada sabia.
228 Prefere-se a sinceridade que ilusionismos teatrais acusatórios. A ingenuidade revela pureza de intenções enquanto lendas baratas podem obstruir a Justiça ou induzir julgadores em erro.
229 É importante lembrar que para ser feito banho, necessita-se de mobilização do paciente para que

compreender o ato podendo até ter achado que essas rotinas eram "desumanas". Certamente desconhecia todas as possibilidades de complicações acima descritas pertencente a uma mobilização inadequada. Revelou como testemunha quando respondeu à defesa que não sabia sequer o que estava fazendo naquela audiência de instrução.

Ainda sobre a referida testemunha, alegou ter saído da UTI, não presenciando o atendimento do paciente e ter se ausentado por 30 ou 40 minutos. Nessa hipótese confessada, a defesa questionou se essa senhora poderia ser testemunha de algo nas premissas acusatórias postas e que valor teriam esses relatos leigos de "segunda mão".

Intercorrências deste tipo são possíveis em qualquer paciente internado em um nosocômio, com incidência maior em pacientes com todos os fatores de risco que tinha esse senhor.

A tentativa frustrada de negação por parte do MP, de que este paciente fosse coronariano, não levando em conta Hipertensão Arterial e Diabetes Mellitus, foi no mínimo insana. Coronariopatia é uma doença progressiva, e sem acompanhamento periódico adequado estabelece riscos a um paciente a qualquer momento, internado ou não.

A assincronia do paciente com o ventilador poderia causar inclusive barotrauma (pneumotórax ou pneumomediastino). Ao se atender em emergência, todos esses fatores relacionados têm que ser verificados e ao mesmo tempo, para melhorar a ventilação, os parâmetros são elevados ao máximo, FiO2 colocada a 100% e pela hipotensão, acelera-se a vazão de cristaloides e aminas vasoativas que já estavam em curso, sendo administradas conforme prescrição, sem a necessidade de novas prescrições com o mesmo item.

Afastadas as complicações descritas causadas pela mobilização e, após essas manobras em ventiladores, infusão de soros e aumento de drogas vasoativas, em agitação o paciente não apresentava melhora. Foi medicado com analgésicos, no caso Fentanil em doses alternadas ao sedativo Propofol, que foi aplicado lentamente na dose de 3 mg/Kg, atingindo o seu efeito após a administração de 270 mg (ampola 200 mg) e o restante desprezado, como afirmado pela Dra. Virginia em seu interrogatório, perante o magistrado.

Virginia afirma cientificamente ter utilizado a medicação e não "confessa", como interpretado pela promotoria[230].

Pelos aumentos nos demais parâmetros ventilatórios, como já explicado por inúmeras vezes, para que o paciente pudesse suportar seria necessário o relaxa-

---

todas as faces sejam higienizadas.
230 Aliás, a única parte do processo criminal que falou, escreveu e "confessou" desconhecimento assinando embaixo foi a promotoria e seus auxiliares nada técnicos. Com o que protagonizaram este que se considera o maior erro investigativo, processual e midiático da história do Brasil.

mento muscular. A dose do Fentanil pode oscilar de 50 a 500 mcg em uma hora, conforme tempo de atendimento; a dose do Propofol para anestesia EV, que foi realizada por ser necessária naquele momento pode chegar de 3 a 12 mg/kg em uma hora. Mesmo que fossem consideradas duas ampolas, que não foi o caso, seria inferior à margem descrita acima e na publicação das *Recomendações em Analgesia, Sedação e Bloqueio Neuromuscular* que consta do acervo da AMIB.

Mesmo com antecedentes de coronariopatia, o Propofol é amplamente utilizado em cirurgias cardíacas e em seus pós-operatórios. Como afirmou a médica ao magistrado, é medicação de uso mais frequente em ambulatórios. Apesar de reações adversas serem descritas em toda bula ou literatura de todos os fármacos, a reação adversa não é a regra, mas sim exceção, pois caso contrário essa medicação estaria proibida para uso ambulatorial. O Pancurônio foi utilizado para auxiliar a ventilação pelo relaxamento muscular e suas características farmacológicas de promover aumento do débito cardíaco, elevando a frequência cardíaca e a pressão arterial, minimizando os possíveis efeitos adversos de opioides.

De forma alguma, essas drogas "gerariam asfixia", e diferente do que tentou afirmar a promotoria, são amplamente contempladas em indução anestésica. Deixa-se claro que não é somente para ser realizada cirurgia que se indica o uso e sim quando há necessidade de, por momentos ou hora, manter-se um paciente nessas condições.

Embora o Perito Oficial tenha afirmado não encontrar em literatura descrições desses fármacos para esses casos, esclareceu não haver homogeneidade de condutas em relação à sedo-analgesia, sendo que cada equipe decide pelos fármacos que irá utilizar. Além de faltarem, no prontuário, elementos para que pudesse embasar sua resposta, na evolução médica havia encontrado a explicação que o paciente evoluiu a choque refratário não respondendo aos aumentos de vazões de aminas vasoativas e parâmetros de ventilação[231].

Neste particular ficou afastada qualquer dúvida, pois o CRM avaliou magistralmente pelas suas Câmaras Técnicas e o julgamento foi pela absolvição.

Apesar de todos os esforços, o paciente não apresentou resposta evoluindo a óbito por choque refratário e dessaturação crítica. A não reanimação foi decisão do momento, pois, durante quase uma hora, foi tentado que respondesse à oxigenação pela elevação dos parâmetros de ventilação e que mantivesse perfusão com aumentos de drogas vasoativas, além do aumento de soluções cristaloides. A hipótese de embolia pulmonar foi levantada, porém tinha fatores de riscos cardíacos para tal evolução.

---

231 O Perito Oficial, ao ser indagado na mesma tabela pelo MP com as mesmas medicações usadas a cada paciente, respondeu serem medicações de uso comum em UTI e em respostas diversas corroborou associação de sedo-analgesia que, não sendo suficiente para garantir boa ventilação, está indicado bloqueador neuromuscular.

A não realização de necropsia tem a mesma explicação em outro caso já relatado. Infelizmente a equipe médica do HUEC e de todos os hospitais universitários da cidade tinham dificuldade a esse acesso.

Não compreendemos a tentativa de se vincular esse óbito ao da senhora R. R., paciente do sexto fato, que ocorreu no mesmo dia, em momento anterior. Quem conhece e frequenta serviços de terapia intensiva e conversa com intensivistas sabe que intercorrências, muitas vezes inesperadas, podem ocorrer em tempo, inclusive concomitantemente.

É extremamente difícil para um médico enfrentar o momento de morte de seu paciente, é uma triste constatação que atinge os médicos assistentes e também respectivos familiares. Apesar de habituados e treinados, as perdas geram dor e pesar em toda equipe que trabalha nesse ambiente tão tenso. É claro que em conversas informais e em desabafos, ao passar um plantão, o médico que irá substituir pergunta: — Morreu alguém em seu plantão? Quantos foram?

Apesar de causar estranheza e repúdio a leigos, essa é a forma mais frequente em diálogos médicos, inclusive em forma de desabafo. O plantonista que irá substituir o médico que presenciou os óbitos sabe que encontrará um ambiente tenso, triste e pesaroso, com mais intensidade do que em dias em que isso não ocorre.

A prescrição que consta em fls. 186, descrevendo essas medicações foram feitas após a administração desses fármacos, pois só se sabe a quantidade a ser utilizada observando a reação do paciente e teve como objetivo a reposição de estoque e não representa a forma, velocidade de administração, sequência correta de fármacos e nem a miligramagem real administrada. Vê-se nestas longas narrativas que as explanações sobre medicações contemplaram as prescrições em suas quantidades de ampolas de reposição.

Finalmente, repetimos aqui uma frase final do acórdão do julgamento do CRM/PR, neste caso quanto à atitude da médica Virginia Helena: *"Absolvição que se impõe"*.

Em relação à enfermeira, acusada junto com Virginia neste mesmo fato, independentemente de quem tenha sido a responsável pela aplicação das medicações, esse é um ato médico, supervisionado por um ou mais médicos. Não há sentido criminalizar uma postura profissional que tem o dever e o hábito de administrar essas medicações prescritas, que muitas vezes foram responsáveis pela sobrevida de outros pacientes e inclusive já haviam sido utilizadas anteriormente por esses mesmos pacientes.

Pedido de absolvição deste fato da denúncia[232]

Morrer alguém, não é crime!

Em repetição fanática, novamente trata a denúncia de acusação de incursão: no artigo 121, parágrafo 2º, inciso I (motivo torpe) e IV (dificuldade de defesa da vítima), combinado com o artigo 62, I (direção da atividade dos demais agentes) e art. 61, II, alínea "g" (violação do dever de profissão) e "h"(crime contra pessoa idosa), aplicada a regra do artigo 69, todos do Código Penal.

---

232 Pedido constante das alegações finais da defesa no processo criminal.

Síntese dos argumentos lógico-jurídicos defensivos

Trata-se de falsa imputação do delito de homicídio na sua forma qualificada. No caso *sub examine*, o verbo do tipo não se verificou, ou seja, ninguém matou alguém! É certo dizer que *"morreu alguém"* no caso deste paciente descrito na denúncia. Apenas isto ficou provado. É mais certo ainda dizer que meramente *morrer alguém, não é crime*!

Os documentos oficiais informam apenas isto. "Morreu alguém" e das investigações científicas deste processo criminal, dos males que padecia e complicações daí advindas. Paciente de hospital que não resistiu.

Não se provou que alguma ação humana tenha sido praticada objetivando "matar alguém". Contrariamente, todas as ações humanas existentes derivaram do regular exercício da Medicina, com todo o arsenal que estava ao alcance em ambiente hospitalar no intuito de bem exercer as profissões de todos os integrantes das equipes multidisciplinares ali disponíveis para tentar salvar vidas.

Exige-se prova cabal de existência de fato criminoso, possíveis autores além da presença de **dolo ou culpa**, que não se presumem e devem ser provados cabalmente.

Médicos em hospitais trabalham com intenção de curar pacientes!

A única prova científica e oficialmente válida (certidão de óbito) apontava desde o início para essa conclusão e no tramitar deste processo isto apenas se confirmou ou nunca foi contrariado. A causa da morte está descrita na certidão de óbito atestada por outro médico que não a acusada,[233] como se pode ver:

> Paciente L. A. I. (7º fato da denúncia) certidão de óbito na qual consta como causa da morte: "PNEUMONIA/OSTEOPOROSE". Médico que atestou o óbito: Dr. P. E. H. N., CRM nº 27174.

Não há prova sequer da existência do fato criminoso narrado na denúncia.
Não há que se falar nem mesmo em "culpados" ou "inocentes", pois "existência de fato criminoso" é pressuposto da razão de ser do processo penal.
Não há outro caminho que não a sumária absolvição.

---

[233] Fls. 1/8 das razões finais da defesa que transcreve o contido na certidão de óbito, que pela Constituição Federal não se pode negar fé.

Capítulo XIII

8º fato da denúncia – paciente I. S. – acusação de assassinato com pena pedida de 12 a 30 anos[234]

"A Medicina não pode afastar a morte indefinidamente..."

Após muita tinta se gastar, chegamos à análise do último paciente da denúncia. Conforme narrativas da denúncia:

> I - Noite de 28/01/2013 – I. S. (lesão trófica em hálux esquerdo → gangrena – hemodinamicamente instável) uso de drogas vasoativas – sedado continuamente;
> II - após 20h, A. F., em conluio com Virginia, desligou a bomba infusora que administrava drogas vasoativas (fl. 18) → A. fez hipotensão → B. vítima sem medicamentos vasoativos durante toda noite e madrugada;
> III - manhã de 29/01/2013, antes das 8h → A. abaixaram respirador 22%, PEEP em 5 e frequência respiratória 8 → B. 9h39, Virginia prescreveu em bolus, via endovenosa medicamento de fl. 18 → C. manteve o respirador 22%, PEEP em 5 e frequência respiratória 8 → D. 10h30 morte por asfixia e colapso circulatório pela suspensão das drogas vasoativas;
> IV - valeram-se de meio que dificultou defesa da vítima → A. aplicou Pavulon e B. sonegou o suporte ventilatório;

---

234 Alertamos o leitor que somos obrigados a incursionar no campo técnico da Medicina, tentando traduzir para linguagem mais acessível. Como se verá, nem sempre isto é possível. Estas ponderações técnicas dos casos específicos da denúncia, se prestam aos especializados.
Lembramos ao leitor que pode conhecer o teor completo deste processo acessando o site: Disponível em: <https://projudi.tjpr.jus.br/projudi_consulta/...>. Autos nº 002913750.2012.8.16.0013. Acesso em: 22 jan.2018.

Como a acusação criou uma espécie de "padrão acusatório" na denúncia, com repetições fanáticas das mesmas situações em todos os fatos, em que se repete a fórmula diabólica também para este paciente por amor à síntese remete-se o leitor para o segundo fato.

Neste caso, o Ministério Público vislumbrou homicídio qualificado; entre nuvens escuras do desconhecimento, ficou provado cientificamente que era apenas a prática de atos médicos baseados em literatura especializada.

O médico G. G. analisou o prontuário do paciente I. S.:

(00h20) Defesa: Dr. G., este aqui é um paciente de 67 anos; ele apresentava doença arterial obstrutiva periférica, Leriche Fontaine de 4, 7 AVCs, acamado. Ele tinha lesão trófica no hálux esquerdo, era tabagista de 2 maços de cigarro por dia, por 50 anos. Ele teve uma parada respiratória na UTI do Hospital Evangélico e foi tentado reanimação por 101 minutos. Após a reanimação, foi iniciado medicamento Ancoron, amiodarona, por taquiarritmia (fls. 43 e 54).
Testemunha: Por que ele foi para a UTI?
Defesa: Choque intraoperatório. Segundo a denúncia, nas folhas de balanço hídrico (fls. 97 e 107), o médico E. A. teria entrado no hospital na noite do dia 28; começava o plantão dele. De acordo com a fl. 97, verso, ele teria hipoteticamente suspendido as drogas vasoativas, noradrenalina e dobutamina.
Testemunha: Dobutamina não é uma droga vasoativa, é um inotrópico positivo do miocárdio.
Defesa: Tudo bem, só estou fazendo a leitura da denúncia. A denúncia diz que às 20 horas ele teria cortado as drogas vasoativas, e o paciente vem a falecer somente às 10 horas da manhã.
Testemunha: A parada dele foi quando?
Defesa: Foi no dia 24. Segundo a denúncia, uma das causas da morte deste paciente seria o colapso cardiovascular ocasionado pela suspensão das drogas vasoativas. As minhas perguntas vão versar sobre este ponto. A primeira questão é em relação à PAM. Na fl. 97, verso, temos a retirada das drogas vasoativas aqui na linha referente às 22 horas. Existe uma redução da pressão logo após a retirada?
Testemunha: De 104 para 43. Sem dúvida.
Defesa: Mas eu posso dizer que depois esta pressão retoma níveis aceitáveis?
Testemunha: Na próxima evolução, da meia-noite, a PAM é 64.
Defesa: Em relação à diurese, o senhor consegue verificar se, mesmo depois da retirada das drogas vasoativas, o paciente continua com diurese?
(09h) Testemunha: A diurese dele é semelhante. Diurese de 30 ml/h é adequada. É isto que se busca. Ele tem diurese superior a 30 ml/h durante todo este período.
(10h20) Defesa: Na fl. 89, verso, nós temos o perfil glicêmico. Manteve-se adequado o nível glicêmico?

Testemunha: Ele era diabético?
Defesa: Não, não era diabético.
Testemunha: Então é perfeitamente adequado.
Defesa: Mesmo depois das 20 horas?
Testemunha: Olha, eu diria que essa flutuação é ruído, não é mudança real. É o mesmo parâmetro, não está nem melhor nem pior, é idêntico. E está adequado também.
Defesa: Se ele tivesse entrado em colapso com a supressão das drogas vasoativas, teria havido aqui uma alteração drástica?
Testemunha: Provavelmente sim. Isso é mais comum em choque séptico, mas pelo que foi descrito, não me parece ser esse o tipo de doença que o paciente tinha.
(11h30) Defesa: Vamos para a questão do excesso de base e bicarbonato. Comparando agora a fl. 156 com a fl. 141. Temos aqui a comparação entre duas gasometrias, sendo que na fl. 141, ele ainda estaria recebendo droga vasoativa. E na fl. 156, ele não estaria mais recebendo a droga vasoativa. Comparando essas duas folhas, qual possui uma gasometria mais adequada para o paciente?
Testemunha: Na folha do dia 25 de janeiro, ele tem alcalose respiratória e oxigenação adequada. Na segunda gasometria, o pH dele é fisiológico, a pressão parcial de gás carbônico é fisiológica e a pressão parcial de oxigênio é fisiológica. Esta aqui é uma gasometria normal.
(13h20) Defesa: Então a gasometria é melhor que a anterior?
Testemunha: Melhor no seguinte sentido: na anterior ele tem alcalose... quando eu vejo a gasometria do dia 25 de janeiro, a preocupação que me gera quando vejo um paciente entubado com pH alcalino, é que o paciente deve estar com dor. Paciente com dor, mal sedado, respira mais rápido do que deveria.
(15h) Defesa: Se ele tivesse entrado em colapso, a gasometria seria esta?
Testemunha: Se ele estivesse em choque, provavelmente não.
Defesa: Agora em relação à temperatura. Ele perdeu consideravelmente temperatura ou não?
Testemunha: A curva térmica dele me parece estável. Eu vejo essas pequenas variações, novamente, como ruído, não como tendência à hipotermia.
(16h30) Defesa: A retirada das drogas vasoativas piorou a situação deste paciente?
Testemunha: Existe uma resposta simples e uma complexa. A resposta simples é imediata pela aferição dos dados... Sinceramente, a gasometria e a glicemia pouco me importam, o que me importa é o débito urinário e a pressão arterial dele, e elas se mostram estáveis. Agora, a pergunta mais difícil é: como ele não piorou? Com a informação que me foi dada, 7 AVCs, doença vascular periférica, teve parada cardíaca no pós-operatório por taquicardia ventricular, recebeu amiodarona. A história que eu posso contar deste paciente, posso presumir que, se a artéria do cérebro dele está entupida, se a artéria da perna esquerda dele está entupida, eu posso inferir que a artéria do coração dele

também está entupida. Existem dois grandes grupos de parada cardíaca: pode ter uma parada cardíaca por atividade elétrica sem pulso, ou assistolia; outro grupo de parada cardíaca é a parada por arritmia, é a parada por taquicardia ventricular ou fibrilação ventricular. Então, em primeiro lugar, qual é o tipo de parada cardíaca que eu espero que este paciente teve? Eu espero que ele teve o segundo tipo de parada cardíaca, por arritmia. Aliás, eu espero não, está documentado que foi por arritmia. O que gera parada por arritmia? Isquemia, infarto do miocárdio. Uma parte do coração dele não recebeu sangue suficiente, provavelmente durante a cirurgia. Este infarto do miocárdio que ele teve gera arritmia. Tanto é assim que se usou amiodarona neste paciente, um anti-arrítmico que trata estas arritmias letais. Isto está me dizendo, em resumo, que ele tem um coração ruim. Que ele tem um coração fraco. Provavelmente, se ele esteve em choque, ele tinha choque cardiogênico, o coração dele não conseguia bombear o suficiente para perfundir o corpo dele. Tem muito médico que não consegue compreender este conceito, mas uma medicação como noradrenalina, que o paciente estava recebendo, que artificialmente aumenta a pressão arterial sistêmica e faz aquele número da PAM parecer um número bom. Esta droga que, para um médico mais desavisado, está gerando benefício, gera malefício. Num paciente com choque cardiogênico você não quer que a pressão dele seja alta. Você quer que a pressão sistêmica dele seja baixa. Por quê? O coração é uma bomba hidráulica que bombeia sangue contra a pressão sistêmica. A resistência à ejeção do sangue do coração é a pressão dentro da aorta. Se eu aumento a pressão sistêmica deste paciente, uma PAM de 90, 100, que aparentemente pode parecer boa, eu faço com que uma bomba, que é fraca, tenha que bombear contra uma pressão maior. Esta bomba funciona pior. O débito cardíaco, a quantidade de sangue que o coração consegue bombear é menor. Num paciente com choque cardiogênico, não só não se usa noradrenalina, como se pode usar uma droga vasodilatadora, que é o inverso do que o que a noradrenalina faz.
Intervenção do Ministério Público questionando a dedução de que o choque teria sido cardiogênico.
A testemunha repete: Posso presumir que, se a artéria do cérebro dele está entupida, se a artéria da perna esquerda dele está entupida, eu posso inferir que a artéria do coração dele também está entupida.
(26h) Testemunha: Para concluir meu raciocínio, por que a pressão arterial dele imediatamente abaixa e depois melhora (com a suspensão de drogas vasoativas)? Porque a droga que ele estava recebendo estava, provavelmente, não ajudando ele. Talvez até atrapalhando. Porque, de novo, você está dando uma pressão alta para um coração fraco, que não consegue bombear contra esta pressão sistêmica alta. Você retira a noradrenalina, a noradrenalina "fecha" o vaso. Em alguns casos você usa droga que "abre" o vaso. Para reduzir a resistência. Aqui, mais que Medicina, é hidráulica, é física que está sendo discutida. Se você reduz a resistência deste circuito fechado que é o sistema

circulatório, o fluxo sanguíneo melhora. É isso que justifica a pressão dele, após a retirada, abaixar imediatamente e depois voltar a ficar estável. Mas depois ele morre. Como que ele morre? Não sei se está no prontuário, mas provavelmente – posso inferir – que a mesma arritmia letal que ele teve, em que foi reanimado por 101 minutos, ele teve novamente na manhã do óbito.
(27h50) Defesa: Por que o senhor conclui desta forma? Quais foram os dados que foram ditos, desde o início desta audiência, para concluir-se que se tratava de choque cardiogênico?
Testemunha: Fatores de risco: doença vascular cerebral e periférica, que põe ele em risco de doença arterial coronariana; o tipo de parada cardiorrespiratória, por taquiarritmia ventricular, que está documentada, tratada com amiodarona; terceiro, suspendendo noradrenalina, a PAM dele baixa instantaneamente e melhora posteriormente. Não tenho, como médico, outra forma de explicar como que a pressão dele se manteve estável por 10 horas sem a droga vasoativa que ele recebia.
(29h30) Defesa: Com base em que dados que o senhor já adianta que, possivelmente, na manhã do dia seguinte, ele teria morrido por esta causa que o senhor acaba de dizer?
Testemunha: Porque eu não vejo uma tendência hipotensão, de baixo débito cardíaco, de débito urinário abaixando, ou dos parâmetros de laboratório piorando durante este período. Não há piora. Parece súbita a morte dele. Retrospectivamente, se alguém já parou, dias antes, por uma arritmia letal, em que foi ressuscitado, provavelmente aconteceu novamente dias depois. E aí ele entra em óbito.
(30h30) Defesa: Não seria possível então estabelecer um nexo causal entre a retirada de drogas vasoativas e a morte deste paciente?
Testemunha: A retirada de droga vasoativa causou o óbito dele? Não. A pressão arterial dele se manteve, o débito urinário dele se manteve, o laboratório dele se manteve. Não foi a retirada destes medicamentos que causou a morte dele.
(vídeo 2 – depoimento em juízo)

O médico P. S. também analisou o prontuário:

(26h07) Defesa: Níveis de saturação de 90% ou 92%, a denúncia fala que Fentanil, Diprivan mais Pavulon mantendo o que está aqui levaria o paciente a óbito por asfixia. Aí, eu lhe pergunto se 90%, 92% de saturação é compatível com asfixia?
Resposta: O que eu posso ver aqui concretamente que às 8 horas da manhã o paciente estava com esses parâmetros saturando 92% e, duas horas depois, continuava com os mesmos parâmetros.
Defesa: Com esses parâmetros a asfixia não seria possível?
Resposta: Aqui às 10 horas não havia asfixia.

(27h05) Defesa: A medicação Fentanil, Diprivan e Pavulon foi administrada 09h39; isto está na fls. 98, é lícito falar que 21 minutos após os dados vitais serem anotados, ainda testavam 90% de saturação e pressão arterial média de 62 milímetros de mercúrio. Se houvesse algum efeito diverso da sedação administrada às 09h39, já não teria sido possível verificar isso na anotação das 10 horas?

Resposta: O Diprivan tem ação imediata; é segundos e também perde o efeito em poucos minutos. O Fentanil tem uma duração mais prolongada e o Pavulon tem início de ação em 3 minutos.

Defesa: Então já seria possível verificar isso algum efeito adverso dessa sedação?

Resposta: Considerando que os medicamentos foram feitos neste momento, sim.

(34h59) Defesa: Se o senhor I. S. mantivesse satisfatória perfusão tecidual, teria necessidade de aumentar a pressão arterial a custas de vasopressores?

Resposta: Provavelmente não.

(35h19) Defesa: às 20 horas o senhor I. S. apresentava pressão arterial média de 104 milímetros de mercúrio, certo? Pelo que esta aí.

Resposta: Sim.

Defesa: Existe alguma indicação de manutenção destes níveis pressóricos à custa de drogas vasoativas, uma vez que a condição clínica não apresentava nenhuma melhora?

Resposta: Duas horas depois a pressão dele estava 50 por 30, então provavelmente...

Defesa: Mas depois ela aumenta (advogado).

Resposta: Pois é, se eu me basear nesse valor, eu reiniciaria os medicamentos. Mas como houve melhora, essa melhora foi sem drogas, sem modificar nada.

Defesa: Nós temos uma pressão de 104 às 20 horas; diz a denúncia que neste momento tem-se a retirada de drogas vasoativas, aí nós temos uma diminuição pra 43 e depois uma manutenção de 64, 51, 67, 58, ou seja, um aumento considerado logo depois...

Resposta: A noradrenalina faz uma vasoconstrição periférica muito importante, então o paciente cardiopata quanto mais vaso espasmo eu faço, pior fica a situação do paciente.

(39h44) Defesa: Se o prontuário atesta que houve aumento de volume?

Resposta: É, já estava recebendo um volume e continuou recebendo. Não houve bolus de nova quantidade de volume não. Não tem anotações aqui.

(04h15) Defesa: Se a retirada das drogas vasoativas não teria piorado o estado clínico deste paciente, porque causa da questão do ph, acidose e a pressão. Se a retirada às 20 horas das drogas vasoativas não teria piorado a situação clínica deste paciente, a minha pergunta é se às 20 horas ele estava dependente de dobutamina e noradrenalina?

Resposta: Não. Como já falei, a pressão tava 135 por 77 quando caiu pra 50 por 30; eu, nesse momento, ficaria nervoso e, provavelmente, teria reiniciado as drogas, mas na aferição seguinte ela já estava em parâmetros adequados sem drogas. Então, eu não sei se nesse momento aqui que a auxiliar de enfermagem anotou e não avisou e daí esse valor simplesmente escapou e ele não foi informado e, por esse motivo, ele não fez modificação nenhuma. (Vídeos 4 e 5)

A testemunha da denúncia, velho médico M. L. assim depôs:

(41h40) Defesa: Da análise do prontuário é plausível chegar a conclusão que houve antecipação de óbito do I. S.?
Resposta: Da análise do prontuário não é possível afirmar. (Vídeo 3)

Dados da Perícia Oficial também inocentam Virginia.

54. Na denúncia fls. 17, afirma-se que, na noite de 28/01/2013, a suposta vítima I. S., idoso de 67 anos de idade, estava internado na UTI geral apresentando lesão trófica em hálux esquerdo que evolui para gangrena. Diga o senhor perito se analisando o prontuário antes da sua admissão na UTI se era esse o quadro do paciente?
54. Resposta: O paciente I. S. no pós-imediato de cirurgia vascular foi acometido de instabilidade hemodinâmica, broncoespasmo e choque, necessitando do uso de drogas vasoativas e de sedação para aperfeiçoar parâmetros de uso da ventilação mecânica controlada.
55. Na denúncia de fls. 17, o paciente estava hemodinamicamente instável em uso de drogas vasoativas e sem conseguir respirar naturalmente. Diga o Sr. perito baseado em toda análise do prontuário, considerando que esse paciente deu entrada na UTI pós complicações em transoperatório de enxerto femuro femural?
55. Resposta: Sim. O paciente I. S. no pós-imediato de cirurgia vascular foi acometido de instabilidade hemodinâmica, broncoespasmo e choque, necessitando do uso de drogas vasoativas e de sedação para aperfeiçoar parâmetros de uso da ventilação mecânica controlada.
56. Diga o Sr. perito se havia no prontuário descrições, medicações, evoluções que comprovaram perda tendo sido reanimado por 101 minutos e após esse episódio mantido com altas doses de aminas vasoativas inotrópicas, antiarrítmicos cardíacos e altos parâmetros em ventilação?
56. Resposta: Sim. Pelo registro nas descrições que encontramos nos Autos, observamos estes procedimentos no prontuário médico.
57. Diga o Sr. perito se a omissão deste evento do quesito 56 muda completamente o prognóstico e se a omissão deste fato pela denúncia não muda o contexto?
57. Resposta: A ocorrência destes eventos transforma o prognóstico para um prognóstico reservado ou fechado. Sobre a outra indagação, o perito não tem elementos para responder.

58. Diga o Sr. perito se as doses, considerando a quantidade de ampolas diluídas em soro, trouxeram benefícios em relação a microcirculação?

58. Resposta: As medicações utilizadas são as recomendadas para este tipo de procedimento. Sobre ter ou não ter obtido benefício em relação à microcirculação, pelo registro nas descrições que encontramos nos Autos, o perito não tem elementos para responder.

59. Diga o Sr. perito se a manutenção desta droga, que causa vasoconstrição periférica, manteria a enxertia permeável?

59. Resposta: A manutenção desta droga, por longo tempo, poderia comprometer a permeabilidade do enxerto.

60. Diga o Sr. perito, analisando gasometrias e todos os dados do controle de balanço hídrico, do dia 21/01/2013, à noite, se o paciente apresentava hipotensão ou colapso circulatório considerando dados gasométricos, manutenção de diurese e oximetria de pulso com registro constante?

60. Resposta: Sim. Apresentava hipotensão ou colapso circulatório, pelo registro nas descrições que encontramos nos Autos.

61. Diga o Sr. perito se 101 minutos de reanimação garantiriam bom fluxo cerebral e também fluxo coronariano adequado?

61. Resposta: Não, 101 minutos de reanimação não garantiriam bom fluxo cerebral e também fluxo coronariano adequado, não obstante a boa prática utilizada no procedimento de ressuscitação.

62. Diga o Sr. perito se da análise dos parâmetros de ventilação e oximetria se houve queda do nível de saturação até a proximidade do óbito?

62. Resposta: Não, pelo registro nas descrições que encontramos nos Autos.

63. Diga o Sr. Perito se não foram registrados os parâmetros de ventilação já com seus valores diminuídos?

63. Resposta: Sim.

64. Diga o Sr. perito se há registros de modalidade ventilatória, pressão de platô, pressão de pico, volume corrente inspirado/minuto, relações I:E. Não são esses os dados necessários para se analisar parâmetros ventilatórios? FiO2 e saturação de 02 não corresponderiam aos dados de oxigenação sérica do paciente?

64. Resposta: Sim. Podemos manter ou alterar a fração inspirada de oxigênio (FiO2). O objetivo é ter valores de SpO2 iguais ou superiores a 96%, necessários para garantir saturação arterial da oxihemoglobina (SaO2) superiores a 90%, em pacientes de terapia intensiva.

65. Considerando que o paciente tinha histórico, documentado no prontuário de sete episódios isquêmicos cerebrais e *deficit* motor em consequência ao primeiro AVE, diga o Sr. perito se o paciente, considerando 101 minutos de reanimação, não seria portador de encefalopatia anóxico-isquêmica secundário ao tempo de atendimento?

65. Resposta: Sim. Em virtude do histórico anterior, de ter sido acometido de sete episódios de acidentes vasculares encefálicos, ter sido submetido a proce-

dimentos de ressuscitação por um período de 101 minutos, pode sim, acarretar em novo dano vascular encefálico, do tipo encefalopatia anóxica-isquêmica.
66. Diga o Sr. perito se existe alguma anotação – sinais vitais, evoluções médicas e de enfermagem, que nesse paciente indiquem morte encefálica?
66. Resposta: Não, pelo registro nas descrições que encontramos nos Autos.
67. Diga o Sr. perito, considerando o dia do óbito, se o uso desses fármacos, levando em consideração que o paciente sempre foi mantido em ventilação, não seriam possíveis para alívio de dor, angústia e desconforto em seus momentos finais?
67. Resposta: Pelo registro nas descrições que encontramos nos Autos, de diagnóstico clínico, sinais e sintomas, não nos é possível raciocinar criticamente sobre o quadro clínico que justificou o uso destas drogas, na forma endovenosa, agora. Necessitamos de outros dados clínicos, ao tempo da ação, que não constam dos Autos.
O que observamos na literatura médica sobre Sedação e Analgesia em Terapia Intensiva são procedimentos vinculados às decisões médicas de equipes ou individuais.
68. Diga o Sr. perito se o pancurônio teria, em sendo simpaticomimético e parassimpaticolítico, neutralizado os possíveis danos hemodinâmicos ocasionados pelo opioide?
68. Resposta: Sim, porque os opioides reduzem tanto a excitabilidade neuronal como a liberação de neurotransmissores. A escolha do agente analgésico depende de sua farmacologia, farmacocinética e dos seus efeitos adversos potenciais. Os opiáceos atuam como analgésicos interagindo com receptores opioides centrais e periféricos, principalmente receptores µ e κ. A morfina e o fentanil são os dois opiáceos mais comumente utilizados em UTIP. No entanto, o Remifentanil tem surgido como um opioide novo e potente com propriedades únicas. A Morfina apresenta a menor solubilidade lipídica de todos os opioides, alcança seu efeito máximo no sistema nervoso central (SNC) em 15 a 20 minutos e apresenta a maior duração de ação, que é de três a seis horas. O seu metabolismo é hepático e a eliminação é renal o que pode resultar em acúmulo de metabólitos em pacientes em insuficiência renal. Dentre seus efeitos adversos estão liberação de quantidades significantes de histamina e inibição da resposta simpática compensatória que pode resultar em hipotensão, principalmente após administração em bolus. Há também o risco de síndrome de abstinência com a interrupção da infusão. Neste caso os sinais e sintomas incluem: dilatação pupilar, lacrimejamento, sudorese, arrepios, hipertensão, hipertermia, vômito, dor abdominal, diarreia, dor muscular, artralgias e alterações comportamentais. O Fentanil derivado opioide sintético tem potência analgésica 60 a 100 vezes maior do que a morfina. Possui alta lipossolubilidade e, por isso, rápido início de ação, o que o coloca como o preferido para pacientes agudamente enfermos que necessitem de analgesia imediata. Administração endovenosa resulta em meia vida

relativamente curta, de 30 a 60 minutos, devido à distribuição rápida para compartimentos periféricos. Quando administrado por tempo prolongado, resulta em acúmulo nos compartimentos periféricos e, em tecido adiposo, a tolerância pode se desenvolver rapidamente. Seu metabolismo é quase que exclusivamente hepático. Não resulta em metabólitos ativos e provoca menor liberação de histamina proporcionando maior estabilidade hemodinâmica ao paciente. O Fentanil pode ainda reduzir o débito cardíaco por reduzir a frequência cardíaca e assim representar uma vantagem em pacientes nos quais se objetive bloqueio do estresse e/ou resposta vasopressora.

BRESOLIN, Nilzete Liberato; FERNANDES, Vera Regina. *Sedação, Analgesia e Bloqueio Neuromuscular*. Estudos relevantes publicados e identificados através de pesquisas das bases de dados do Cochrane, MEDLINE e LILACS. Graus de recomendação e força de evidência. Associação de Medicina Intensiva Brasileira – AMIB, Filiada à WFSICCM. (Perícia oficial do IML)

Chamado a decidir o CRM/PR neste caso do paciente I. S., sempre com amparo científico e em suas câmaras técnicas, absolveu a médica Virginia por unanimidade de votos:

ACÓRDÃO N. 219/15
DENÚNCIA 'EX OFFICIO' – UNIDADE DE TERAPIA INTENSIVA – INVESTIGAÇÃO POLICIAL – DIVULGAÇÃO JORNALÍSTICA – CARDIOLOGIA – CIRURGIA VASCULAR – EMBOLIA E TROMBOSE DE ARTÉRIAS DOS MEMBROS – INSTABILIDADE HEMODINÂMICA – REANIMAÇÃO COM VOLUME E COM DROGAS VASOATIVAS NO CENTRO CIRÚRGICO – ESTADO DE CHOQUE – PARADA CARDÍACA OSCILANDO ENTRE ASSISTOLIA E FIBRILAÇÃO VENTRICULAR DE DURAÇÃO DE 101 MINUTOS – SEQUELAS DE ACIDENTE VASCULAR ENCEFÁLICO, CONSTANDO NO PRONTUÁRIO SETE EPISÓDIOS – HIPERTENSÃO ARTERIAL E DIABETES – CHOQUE E INSTABILIDADE HEMODINÂMICA, SEM CONDIÇÕES CIRÚRGICAS – IMPOSSIBILIDADE – REDUÇÃO DOS PARÂMETROS DE VENTILAÇÃO – ÓBITO – ARTIGOS 14, 41, 56 E 80 DO CÓDIGO DE ÉTICA MÉDICA – ABSOLVIÇÃO EM UNANIMIDADE DE VOTOS. (Acórdão nº 219/15)

Se a Medicina aceitasse a morte como um limite que não pode ser vencido e usasse esse limite para pensar a respeito da doença, a realidade da morte, como parte de nossa vida biológica, seria vista como uma nota discordante na busca da saúde e bem-estar, mas como um ponto final previsível e não como uma falha científica a ser corrigida. A aceitação e a compreensão da morte seriam parte integrante do objeto principal da Medicina: a busca da saúde. A Medicina não pode afastar a morte indefinidamente. A morte finalmente acaba chegando e vencendo. Quando a terapia médica não consegue mais atingir os objetivos de preservar a saúde ou aliviar o sofrimento, novos tratamentos tornam-se uma futilidade ou peso. Surge então a obrigação moral de parar o que é medicamente inútil e intensificar os esforços no sentido de amenizar o desconforto de morrer.

Muitas vezes, o desejo de recuperação do doente a todo custo, ao invés de ajudar ou permitir uma morte natural, acaba prolongando sua agonia. Conforme Maria Helena Diniz, *"trata-se do prolongamento exagerado da morte de um paciente terminal ou tratamento inútil. Não visa prolongar a vida, mas sim o processo de morte".* É esse o conceito de distanásia: é o prolongamento artificial do processo de morte.

O paciente, com 67 anos de idade, foi encaminhado para o hospital para realizar uma cirurgia, pois apresentava doença isquêmica do Membro Inferior Esquerdo, já com gangrena do Hálux. Era tabagista há 50 anos, ex-etilista e se encontrava acamado devido às sequelas de Acidente Vascular Encefálico em 7 ocasiões. Não fazia uso contínuo de nenhuma medicação. Foi submetido à cirurgia de *by-pass* femorofemoral cruzado, porém necessitou ser encaminhado para UTI após a cirurgia, sedado e em respiração mecânica, sendo que já no PO imediato apresentou parada cardiorrespiratória e foi reanimado por 101 minutos. Após este episódio evoluiu necessitando de sedação e drogas vasoativas em alta dose.

Cabe aqui expor que o paciente era de alto risco para cirurgia. Com os dados encontrados no prontuário pode-se inferir que se tratava de paciente classificado com ASA IV, tendo como mortalidade um índice que pode chegar a 23%. Contudo, mesmo com este elevado risco a cirurgia se fazia necessária. O objetivo deste tratamento seria alcançado apenas se o pós-operatório transcorresse sem nenhuma intercorrência, pois se tratando de paciente com doença aterosclerótica multiarterial (comprovadamente em membros inferiores e Carótidas), tabagista, provavelmente também portador de doença coronária. E por apresentar Doença Pulmonar Obstrutiva Crônica, o ideal seria extubá-lo logo após o procedimento. Porém, evoluiu já no PO imediato com instabilidade hemodinâmica e parada cardíaca.

Foi atendido na UTI Geral pela médica denunciada que utilizou todos os meios para reverter o quadro de choque e manter a saturação de oxigênio o mais próximo ao normal, mas o paciente evoluiu para óbito no 5º PO.

Trata-se de um caso comum em hospital de alta complexidade. São muitos os pacientes que chegam sem tratamento prévio para cuidar das suas muitas doenças decorrentes de hábitos de vida desregrados e sem acompanhamento médico.

Muito já foi discutido sobre as drogas utilizadas e suas dosagens, porém se tem que, apesar de se tratar de doses e combinações de medicamentos que não são usuais para outras especialidades médicas, dentro da Medicina Intensiva são absolutamente normais e amplamente utilizadas.

Mais que discutir doses de medicamentos, que foram muito bem esclarecidas pelos depoimentos das testemunhas e da própria denunciada, opiniões corroboradas pelos artigos científicos que foram anexados aos autos e também pelos protocolos da especialidade que são facilmente encontrados em uma revisão bibliográfica sobre o tema, deve-se chamar a atenção a um fato: a importância do relacionamento entre as pessoas da equipe de trabalho da UTI.

As UTIs são ambientes complexos e estressantes e fazem com que todos que desenvolvem ali o seu trabalho necessitem interagir uns com os outros para alcançar o resultado: A melhoria e o bem-estar do paciente.

O impacto negativo desse ambiente fica mais evidente, quando as tarefas necessárias para atendimento ideal são multidisciplinares, realizadas com sobrecarga de informações, que não necessariamente são transmitidas por todos e para todos.

É fato que o médico tem a obrigação legal da coordenação de todos os que aí trabalham e cabem a ele decisões que, muitas vezes, precisam ser tomadas rapidamente, mas comumente a integração dos médicos e equipes de enfermagem não apresenta um sistema com fluxo de informações estruturadas, agravado pela participação de outros profissionais, que também encontram dificuldade de veicular informações para toda a equipe.

A falta de padronização universal da comunicação (adequada e estruturada) gera um ambiente propício para formação de dúvidas e até desconfianças quanto às condutas tomadas, condutas estas que podem ser analisadas sem luz da ciência, e desencadear, em momentos de crise, queixas e denúncias infundadas que poderiam não existir, se houvesse abertura e disponibilidade de discussão destas condutas, mesmo que posteriormente dentro de todo grupo.

Absolvição que se impõe em unanimidade de votos. (Acórdão nº 219/15)

Paciente em questão teve realmente a suspensão de aminas vasoativas, cujo motivo se encontra muito bem detalhado em fundamentação, assunto tratado a seguir. Apesar de uma hipotensão severa, evoluiu *a posteriori* com hipotensão, porém apresentando diurese e melhora gasométrica, totalmente incompatível com colapso circulatório. Em relação à redução dos parâmetros de ventilação, ocorreram, e em nenhum momento, no dia do óbito, saturou abaixo de 90%, o que é totalmente incompatível com asfixia. O uso de fármacos se fez necessário pelo quadro neurológico em que se apresentava, decorrente de encefalopatia anóxico-isquêmica secundária à parada cardíaca apresentada e tempo de reanimação, também explana em fundamentação.

A base da promotoria foi, novamente, apontar interceptações telefônicas adulteradas, descontextualizadas com pleno desconhecimento de fala entre profissionais médicos, desconsiderando inclusive a informalidade presente em momentos de diálogos. Desmistificamos e explicamos no processo.

O perito do IML, até a sua terceira análise e mesmo em suas últimas respostas, reconhece a lesão neurológica secundária à parada cardíaca.

Como tem sido a regra, o MP tentou insuflar opinião pública por meio de mídias totalmente adulteradas, principalmente em relação a este paciente, cujos vídeos expostos no programa *Fantástico* da Rede Globo, em relação ao paciente, mostraram-se totalmente contrários às informações contidas no prontuário antes de sua admissão na UTI. Como se fossem duas pessoas diferentes. Uma real que estava retratada no prontuário e outra imaginária e virtualmente criada como se fosse uma pessoa que gozava de plena saúde. Apresentaram-na ao público como um "pescador" com imagens de quinze anos atrás.

A acusação, nesse caso, apenas falou e nada provou! Sem testemunhas ou quaisquer evidências científicas. Apresentou apenas descontextualizações de conversas informais de rotina entre médicos e seus jargões... Uma lástima!

Histórico e fundamentação deste caso clínico em literatura médica específica

Paciente grave com prognóstico reservado.

Paciente de 67 anos foi admitido no HUEC via Central de Leitos, transferido do Hospital Regional do Litoral, em 19/01/2013, como comprova o prontuário, com documento de encaminhamento anexo em fls. 214 a 218. Assumido no HUEC pela equipe de cirurgia vascular.

No relatório de transferência, assinado pelo médico M. T. M., em história clínica (dados de anamnese), há descrição de necrose de hálux. Em exame físico a descrição: MIE (membro inferior esquerdo) sem pulso, membro inferior direito com pulso apenas em femoral.

Junto ao encaminhamento, os laudos médicos de ecodoppler de carótidas e vertebrais e ecodoppler arterial de membro inferior esquerdo:

Ecodoppler arterial do membro inferior esquerdo
- Artéria femoral comum: fluxo monofásico com velocidade diminuída e presença de placas hiperecoicas;
- Artéria femoral superficial: Ausência de fluxo sugestivo de oclusão desde a sua origem;
- Artéria femoral profunda: fluxo monofásico de velocidade diminuída;
- Artéria poplítea: fluxo monofásico de velocidade diminuída;
- Artérias tibiais anterior e posterior: ausência de fluxo sugestivo de oclusão;
- Artéria fibular: fluxo monofásico com velocidade diminuída.

Em conclusão:
- Processo ateromatoso difuso;
- Hipofluxo desde a artéria femoral comum, sugerindo lesão proximal;
- Oclusão da artéria femoral superficial com reabite em poplítea;
- Oclusão das artérias tibiais anterior e posterior.

A seguir, anexo ao encaminhamento, o laudo de ecodoppler de artérias carótidas e vertebrais.

Ecodoppler à direita:
- Carótida comum direita: fluxo de velocidade sistólica de 67 cm/s e diastólica de 19 cm/s, com calcificações parietais;
- Carótida interna direita: fluxo de alta resistência com velocidade sistólica de 79 cm/s e diastólica de 29 cm/s, com placa hiperecoica regular em sua origem, gerando estenose menor que 50%;

- Carótida externa direita: fluxo de baixa resistência com velocidade sistólica de 68 cm/s e diastólica de 14 cm/s com calcificações parietais;
- Artéria vertebral direita: fluxo cefálico com velocidade sistólica de 37 cm/s e diastólica de 10 cm/s.

Ecodoppler à esquerda:
- Carótida comum esquerda: fluxo com velocidade sistólica de 70 cm/s e diastólica de 18 cm/s com placas hiperecoicas;
- Carótida interna esquerda: fluxo com velocidade sistólica de 149 cm/s e diastólica de 60 cm/s, com placas hiperecoicas gerando estenose entre 50 e 69%;
- Carótida externa esquerda: fluxo de baixa resistência com velocidade sistólica de 73 cm/s e diastólica de 17 cm/s;
- Artéria vertebral esquerda: fluxo cefálico com 39 cm/s de pressão sistólica e 12 cm/s de diastólica.

Em sua conclusão descreve:

- Estenose entre 50 e 69% em carótida interna esquerda;
- Estenose menor que 50% em carótida interna direita;
- Processo ateromatoso difuso.

A prescrição médica, ainda anexa ao relatório, instituída no Hospital Regional do Litoral, até a sua transferência solicitada ao HUEC, apresenta:

A conduta foi:
- Suporte nutricional;
- Heparina fracionada profilática de 8/8h (SC);
- Analgésicos;
- Antibioticoterapia (Ciprofloxacina venosa e Clindamicina e Cefalotina);
- Inibidor de bomba de prótons;
- Hidratação.

E então admitido no PS do HUEC, em seu atendimento inicial, vê-se a anamnese, exame físico, hipótese diagnóstica e conduta:

Anamnese:
- Ferida no dedo do pé;
- Encaminhado de Paranaguá devido à lesão trófica em hálux esquerdo. Nega claudicação. Não caminha por sequela motora de Acidente Vascular Encefálico. Dor ao repouso.

Em antecedentes mórbidos:
- Nega Hipertensão Arterial Sistêmica e Diabetes Mellitus;
- Refere sete episódios prévios de Acidente Vascular Encefálico, sendo o primeiro em 1996, com sequela motora em dimídio à direita;
- Etilismo, tendo parado o hábito após o primeiro episódio de AVE;
- Tabagismo: fuma há 50 anos com carga de dois maços de cigarros ao dia;
- Nega uso de medicamentos.

Ao exame físico de admissão:
- Em membros superiores:
- Direito: Pulso radial ausente; pulso ulnar ausente; pulso braquial presente.
- Esquerdo: Pulso radial presente; pulso ulnar presente; pulso braquial presente.
- Abdômen flácido, indolor à palpação e sem massas.

Em membros inferiores: gangrena de hálux esquerda.

Pulsos:
- Membro inferior direito: femoral presente. Demais ausentes.
- Membro inferior esquerdo: todos os pulsos ausentes.

Hipótese diagnóstica:
- Doença Arterial Oclusiva Periférica Fontaine 4.

Opção terapêutica:
- Inicialmente tratamento clínico para DAOP.
- Antibioticoterapia.
- Angiografia de membros inferiores.

Mantidos como conduta:
- Suporte nutricional, hidratação, heparina fracionada profilática, analgésicos, anti-histamínicos, anti-agregantes plaquetários, vastatina, bloqueadores H2 e antibioticoterapia (Ampicilina-Subactam) e Inibidores da Fosfodiesterase.
- Utilizadas algumas medicações para controle de pressão arterial.
- Solicitados exames laboratoriais, Raios-X de tórax, eletrocardiograma.

O fato de o paciente não fazer uso de medicações chamou a atenção da equipe de cirurgia vascular. Nenhuma forma de anticoagulantes, nem terapêutica para doença aterosclerótica sistêmica. Hábito de tabagismo mantido e restrição ao leito. Todos são fatores de risco em doença progressiva, mesmo quando tratada.

Permaneceu internado em enfermaria de 19/01/2013 a 24/01/2013 quando, pela manhã, foi encaminhado ao centro cirúrgico para realização de intervenção pela cirurgia vascular.

Em dia 21/01/2013, intensifica hidratação e faz uso de N Acetil-cisteína para proteção renal, tentando minimizar danos possíveis gerados por uso de contraste durante arteriografia programada. Realizada para investigação de doença aterosclerótica aorto-ilíaca e membro inferior esquerdo. Seu laudo consta de fls. 225, 226 do prontuário desse paciente.

> Aorta e Ilíacas:
> - Aorta distal pérvia com contornos irregulares e pequena dilatação de aspecto sacular;
> - Artérias ilíacas comuns interna e externa esquerdas ocluídas com reenchimento de artéria femoral comum.
> - Membro inferior esquerdo:
> - Artéria femoral pérvia;
> - Ramo profundo da artéria femoral pérvia com contornos irregulares;
> - Artéria femoral distal ao ramo profundo ocluída com reenchimento em terço distal;
> - Artéria poplítea pérvia com contornos irregulares.
> Artérias da perna não estudadas.

No dia 22/01/2013, foram solicitados ecocardiograma com Doppler colorido e novo ecodoppler de carótidas e vertebrais. Apesar da extrema dificuldade, em meados de janeiro de 2013, pela perda da equipe que realizava esses exames, o ecocardiograma foi feito e o Doppler vascular, embora solicitado, não foi realizado. Contava-se com o auxílio de um profissional que ainda se mantinha na Instituição, realizando alguns exames com aparelhos cedidos por outros profissionais, sem conseguir suprir a demanda hospitalar.

No prontuário vê-se o laudo do exame em fls. 223. Em sua conclusão: "*Hipertrofia concêntrica do ventrículo esquerdo, com função sistólica e diastólica preservadas. Encurtamento percentual de 0,37. Fração de ejeção de 70%.*".

Nesse momento, tecem-se comentários em relação ao quadro clínico e resultados de exames realizados, citando textos do livro Anestesia Clínica, de Paul G. Barash, Bruce F. Cullen e Robert K. Stoelting, em capítulo 33, Anestesia para Cirurgia Vascular:

> História Natural dos Pacientes com Doença Vascular Periférica
> Pacientes idosos com doença vascular periférica sintomática ou mesmo assintomática têm taxas de mortalidade grandemente aumentadas, particularmente por causas cardiovasculares (aumentos de 6-15 vezes).
> A prevalência de claudicação é – 2% em adultos mais velhos, mas 10 vezes mais pacientes idosos têm aterosclerose assintomática de extremidades inferiores.

A prevalência de < 25% de estenose carotídea em pacientes acima de 65 anos foi 43% em homens e 34% em mulheres em um dos estudos de Framingham. A incidência de doença aterosclerótica em um sistema aumenta a incidência em outras regiões. (BARASH, P. G.; CULLEN, B. F.; STOELTING, R. K., 2002, p. 929.)

Seguindo, com o título de Problemas Clínicos Crônicos e Predição do Risco em Pacientes com Doença Vascular Periférica:

Muitos distúrbios estão associados com doença vascular; entretanto, diabetes, fumo e suas sequelas, doença pulmonar crônica, hipertensão, insuficiência renal e cardiopatia isquêmica são as mais comuns.
Conquanto as condições clínicas crônicas aumentem a probabilidade de morbidade e mortalidade, as complicações pós-operatórias têm ainda maior valor preditivo de resultados adversos. (BARASH, P. G.; CULLEN, B. F.; STOELTING, R. K., 2002, p. 931.)

Ainda, com subtítulo de Doença de Artéria Coronária em Pacientes com Doença Vascular Periférica:

A morbidade e mortalidade em curto prazo em cirurgia vascular são mais altas que outros tipos de cirurgia não cardíaca.
Morte relacionada ao coração, infarto do miocárdio, edema agudo cardiogênico, angina instável e arritmias podem ocorrer após cirurgia vascular.
Pacientes submetidos à revascularização de extremidade inferior muitas vezes têm condições mais graves do que pacientes submetidos à cirurgia aórtica abdominal, resultando em riscos agregados iguais de complicações cardíacas em uma série. (BARASH, P. G.; CULLEN, B. F.; STOELTING, R. K., 2002, p. 931 e 932.)

Os autores continuam:
A necessidade de cirurgias de emergência ou urgência identifica um grupo de pacientes em risco muito maior de complicações cardíacas. (BARASH, P. G.; CULLEN, B. F.; STOELTING, R. K., 2002, p. 933.)

Com subtítulo Outros Problemas Clínicos em Pacientes de Cirurgia Vascular:

Hipertensão ocorre na maioria dos pacientes de cirurgia vascular e pode produzir lesão orgânica em coração e rins.
O ventrículo esquerdo hipertrofiado está em risco de isquemia subendocárdica, mesmo na ausência de doença obstrutiva de artéria coronariana. (BARASH, P. G.; CULLEN, B. F.; STOELTING, R. K., 2002, p. 937.)

Em outra transcrição:

> Pacientes com doença vascular periférica podem ter estados hipercoaguláveis. As respostas hipercoaguláveis à cirurgia também podem predispor os pacientes a oclusão do enxerto vascular após cirurgia. (BARASH, P. G.; CULLEN, B. F.; STOELTING, R. K., 2002, p. 938.)

Com subtítulo Revascularização de Extremidade Inferior os autores afirmam:

> Pacientes com insuficiência arterial periférica muitas vezes internam em caráter de urgência ou emergência para cirurgia. Muitas vezes têm história médica complexa e doenças de múltiplos sistemas orgânicos.
>
> Estes pacientes estão em risco particularmente alto de complicações cardíacas em perioperatório, incluindo isquemia e infarto do miocárdio, baixo débito cardíaco e edema pulmonar.
>
> Krupski e colaboradores mostraram que a incidência de mortalidade cardíaca após procedimentos infrainguinais pode exceder à associada com procedimentos aórticos abdominais, porque os pacientes marcados para procedimentos distais, muitas vezes, têm mais fatores de risco cardíacos pré-operatórios, do que os pacientes marcados para procedimentos aórticos. (BARASH, P. G.; CULLEN, B. F.; STOELTING, R. K., 2002, p. 958.)

Perante o acima descrito, vemos que era o caso do paciente em questão.
- Portador de doença aterosclerótica sistêmica com histórico de sete episódios de Acidentes Vasculares Encefálicos, restrito ao leito por deficit motor à direita, desde 1996, pelos dados de história clínica, com grave comprometimento de carótidas conforme laudo realizado antes de sua admissão no HUEC;
- Sem uso de quaisquer medicações anticoagulantes, mesmo após o primeiro episódio de AVE e sem terapêutica para doença aterosclerótica sistêmica;
- Portador de hipertrofia concêntrica ventricular esquerda, mesmo sem relato de hipertensão, o que já traduz riscos para isquemia e/ou infarto do miocárdio (subendocárdico) como vimos em citações;
- Insuficiência vascular importante, com gangrena em hálux esquerdo, já com comprometimento de artérias intra-abdominais como ilíacas, comprovada por angiografia;
- Doença Pulmonar Obstrutiva Crônica por hábito tabágico mantido por 50 anos com carga de dois maços ao dia;
- O risco de coronariopatia associada era altíssimo;
- Riscos também de novos episódios de AVEs, considerando presença de placas em carótidas que, mediante um quadro de stress, poderiam se deslocar (esses riscos ocorrem eventualmente em pré-operatório de cirurgias de carótidas como exemplo, levando muitas vezes à suspensão do ato cirúrgico).

Em 24/01/2013, encaminhado ao centro cirúrgico geral pela manhã, para realização de cirurgia de *bay-pass* femoro-femoral cruzado, e desbridamento e amputação de hálux esquerdo gangrenado. Em fls. 196 e 197 do prontuário, tem-se o gráfico anestésico correspondente ao ato cirúrgico, descrevendo anestésicos voláteis e outros venosos utilizados, bloqueadores neuromusculares e três tipos de aminas vasoativas. Segundo o anestesiologista, que acompanhou o paciente para a UTI e a cirurgia vascular, houve instabilidade hemodinâmica no transoperatório (embora não seja visível no gráfico de controle de pressão) sendo interrompido em fase de desbridamento pós-amputação de hálux esquerdo. A instabilidade hemodinâmica foi o motivo para solicitação de vaga emergencial em UTI, além da impossibilidade de desmame em ventilação.

Em fls. 261, segunda via, a evolução de equipe vascular, realizada em torno de 13h30 do dia 24/01/2013 registra:

- Paciente em PO i de ponte femoro-femoral cruzado, para melhora de desague e perfusão de MIE (membro inferior esquerdo) com lesão trófica;
- Encaminhado à UTI, a pedido do anestesiologista, pela dificuldade de desmame de ventilação no pós-op. (pós-operatório), provavelmente devido ao quadro de DPOC tabágico e por hipotensão refratária a cristaloides;
- Planos de novo desbridamento nos próximos dias, se confirmado sucesso da revascularização.

A hipótese de DPOC foi levantada em Paranaguá e confirmada pela equipe de cirurgia vascular e anestesiologia. O diagnóstico de DPOC é clínico e embasado nas referências de Diretrizes de DPOC da Sociedade Brasileira de Pneumologia e Tisiologia, corroborado pelos assistentes técnicos da defesa que são dois pneumologistas, sendo um deles também cirurgião torácico.

A crítica tecida pelo MP, possivelmente embasada em explanações de seu incipiente assistente técnico, colocando que, em 21/01/2013, esse paciente tinha uma saturação de 98% durante a realização de angiografia, parece ter havido esquecimento de protocolo de exames invasivos em que, além do monitor que mensura a saturação, eletrocardiografia e pressão não invasiva, registra-se que o paciente esteja com oferta de oxigênio. Nesse caso, por estar extubado, seria através de cateter ou máscara. Portanto, não era oximetria sem suporte de oxigênio. Reitera-se que o diagnóstico de DPOC não foi dado pela equipe de UTI, mas sim pelas equipes que prestaram atendimentos anteriores à admissão[235].

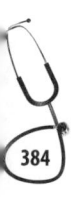

---

[235] Esta inobservância é inadmissível em versados em ciência médica. Para ser "assistente técnico" é necessário dominar as técnicas. Sem o que não "assistirá a nada".

Em diálogos com a equipe de cirurgia vascular e anestesiologia, a necessidade de uso de aminas vasoativas e a instabilidade hemodinâmica, não responsiva somente a cristaloides, estabeleceram o temor pelo sucesso da enxertia. A necessidade do uso de noradrenalina em transoperatório contraria e em muito a terapêutica recomendada para esse tipo de cirurgia, em que o sucesso da enxertia depende de boa perfusão periférica, inclusive com o uso de vasodilatadores, além de uma série de outras medidas para manter perfusão adequada.

A noradrenalina, como amina vasoativa, tem como efeito vasoconstrição periférica, arterial e venosa, sendo esse efeito o oposto ao ideal para sucesso da ponte femoro-femoral. A reposição com cristaloides não foi suficiente para o tratamento da hipotensão. Somados os fatores de risco previamente descritos, essa intercorrência em transoperatório foi determinante para a evolução adversa. A única chance de recuperação em pós-operatório para este paciente seria uma cirurgia sem intercorrências e desmame rápido de ventilação em pós-operatório imediato. Apesar de o relatório cirúrgico não registrar intercorrências ou acidentes, em evolução da cirurgia vascular de pós-operatório, o médico faz referência à hipotensão refratária a cristaloide e à falta de condições para extubação. A necessidade de três tipos de aminas vasoativas utilizadas no procedimento anestésico demonstra que ocorreu hipotensão.

As complicações apresentadas por este paciente eram previstas e plenamente dedutíveis com base em fisiopatogenia. Foram essas as conclusões unânimes do plenário técnico do CRM/PR em decisão que absolveu a médica Virginia Helena.

Admitido este paciente na UTI, em torno de 13h, do dia 24/01/2013, sendo que a evolução médica, a princípio, descreve quadro de choque hipovolêmico, apesar da reposição. Os riscos cardíacos eram extremamente altos. Palidez cutânea, mucosa importante, perfusão periférica lentificada. Instabilidade hemodinâmica com necessidade de vazões elevadas de aminas vasoativas. Hipertenso, diabético e dislipidêmico. DPOC tabágico. Sequela de sete AVEs prévios. Paciente grave com prognóstico reservado e em longo prazo. Essas informações se encontram em fls. 37 a 39 do prontuário em evolução e prescrições médicas.

Embora o paciente negasse Hipertensão Arterial e Diabetes Mellitus, foram as informações fornecidas pela equipe médica assistente. A tendência à hiperglicemia é uma constatação frequente em situações de estresse. A hipertrofia concêntrica do ventrículo esquerdo sugeria hipertensão arterial prévia.

Analisando o prontuário em fls. 50 e em seu verso, descrevem-se os dados: "14h: Já registrados os valores de frequência respiratória em 13 ipm, FiO_2 de 40% e PEEP em 5 mmhg com saturação em 98%".

Em relação à ventilação, normalmente a descrição de todos os parâmetros utilizados era feita pela fisioterapia, descrevendo modalidade ventilatória; volume corrente/kg/minuto; tempo inspiratório, relação I:E, frequência respiratória, pressão inspiratória; pressões de pico e plateau; FiO_2 e PEEP. Nesse paciente só anotaram modalidade ventilatória e saturação de oxigênio. Como referido anteriormente, possivelmente por sobrecarga de trabalho, as anotações não contemplavam todos esses parâmetros. A fisioterapia também faz os registros levando em consideração os dados impostos pelo médico que opera o ventilador, e não os valores obtidos por curva de fluxo/pressão/volume que mostram fielmente os valores, levando-se em conta a complacência pulmonar e a real adaptação do paciente ao ventilador.

Retornando à análise do balanço hídrico em fls. 50, ainda no horário de 14h, tem-se o registro nos valores de PAM, P ou FC, temperatura; e não há registros nos valores de PVC. Essa rotina estava prescrita e era necessária considerando o quadro de choque, porém só foi realizada no dia 24/01 em um único horário, embora checados em sua plenitude em prescrição médica.

No caso do Sr. I. S., foi possível manter a estratégia de ventilação de proteção pulmonar em sua admissão, garantindo boa expansibilidade pulmonar e troca gasosa adequada. Tabagismo severo como hábito, certamente a ventilação mecânica garantiu, nesse caso, condições ventilatórias muito superiores às que deveriam corresponder ao seu dia a dia.

Em itens ganhos, ainda seguindo o balanço hídrico: registrado o valor de 84 ml, correspondente ao volume infundido em duas horas e não a vazão determinada por hora – anotavam volume – esse valor de 84 ml/h corresponderia à infusão em duas horas em volume do soro com eletrólitos. Nota-se que a prescrição médica foi impressa após as 14h. Portanto, não haveria tempo hábil para essa medicação já ter sido instalada às 14h e muito menos com esse valor em volume, já que esse soro era dispensado pela farmácia de diluição, que entregaria entre 15 e 30 minutos a partir da impressão da prescrição médica. Nesse horário, esse soro ainda não havia sido instalado.

As soluções cristaloides que estão registradas podem e devem ter sido infundidas, pois os primeiros frascos eram dispensados pela farmácia satélite até por pedido verbal.

Em relação às aminas vasoativas, possivelmente ainda estavam com a solução instalada no centro cirúrgico geral, que continha 8 mg de noradrenalina (duas ampolas), como consta no gráfico anestésico de fls. 196/197. Os 60 ml registrados às 14h do dia 24 deveriam corresponder à vazão de 30 ml/h, porém o paciente não estava na UTI durante o período de duas horas, pois acabara de ser admitido. O mesmo raciocínio pode ser feito para o plano de eletrólitos, assim como para o soro com broncodilatadores, que ainda não deveria ter sido instalado. Se o registro das 14h foi feito em horário posterior, deveria ter sido corrigido. Isso pode ter ocorrido pelo intenso trabalho realizado pelos técnicos, no entanto os volumes deveriam ter sido alterados na conferência pelo enfermeiro-padrão. Não conseguiam compreender a importância desses detalhes. Em item anotado como "M" (era o valor da diluição de medicações) também o horário não corresponderia, pois a medicação, às 14h, ainda não estaria disponível, uma vez que a prescrição médica foi impressa após esse horário. Era difícil compreender essas anotações, mas a vivência do dia a dia mostrava as dificuldades, visto que um único técnico por vezes prestava atendimento a mais de dois pacientes.

Considerando ser 14h o horário padrão para início de medicações do dia na unidade, era difícil ou até impossível administrar medicações, realizar anotações para no mínimo dois pacientes ao mesmo tempo, cumprindo o horário.

A prática de cuidados integrais do paciente, atribuída a um técnico em procedimentos operacionais padrões de enfermagem, há muito não era cumprida. Um funcionário administrava medicação, outro registrava controles, outros executavam anotações e até os enfermeiros dividiam por vezes essas tarefas. Esse cenário foi também confirmado tanto pelas testemunhas de acusação quanto de defesa da área de enfermagem em audiências do processo criminal[236].

O real conhecimento da situação era feito à beira do leito do paciente; observando infusões em andamento, monitores, ventiladores, transdutores e eletrodos, circuitos de ventiladores, débitos de sondas diversas. Para segurança dos pacientes, perante esse cenário de dificuldades crescentes em trabalhos diários, o tempo do médico dentro da unidade foi se tornando mais constante. Essa é a função de um diarista/plantonista, entretanto, mesmo em pacientes mais estáveis, tudo tinha de ser conferido. Não havia como aguardar pelas informações e sim buscá-las.

Ainda no mesmo balanço hídrico, agora considerando o horário de 16h, uma alteração tornou-se evidente no volume registrado de infusão de noradrenalina, que foi reduzido para 40 ml (vazão 20 ml/h). Isso era esperado, considerando que houve um aumento na concentração do fármaco, que passou de 8 mg para 20 mg, pela prescrição agora da UTI Geral. No entanto, essa visão não corresponde à realidade, pois no momento de instalação do soro com aminas vasoativas, adequações foram feitas pelo médico até atingir a vazão ideal para manter perfusão. Essas alterações devem ter sido feitas entre 14h e 16h, sem registros.

Nesse período, esses comentários podem parecer sem importância, mas a leitura do balanço hídrico em outros momentos pode dar impressão de que a redução da vazão agravou o paciente, o que não correspondeu à realidade, pois, se a perfusão fosse prejudicada por ajustes, as alterações seriam imediatamente realizadas no sentido de reversão desse quadro. Ressalta-se que, muitas vezes, os valores mensurados de PAM não são medidas fiéis para avaliação de perfusão. Em *Tratados de Terapia Intensiva e Anestesiologia*, há sempre um alerta nesse sentido: *"quanto maior a pressão, menor a perfusão"*. Tem-se que analisar outros

---

236 Já exaustivamente transcritas como, por exemplo, da testemunha da denúncia V. B., técnica de enfermagem.

parâmetros para avaliação de perfusão, como a manutenção do volume urinário/hora, o exame clínico do paciente a cada momento e a perfusão periférica, principalmente em pacientes em uso de drogas adrenérgicas (aminas vasoativas).

Houve a manutenção de bom volume urinário em todo o turno dessa tarde. O plano de sedação foi registrado a partir das 16h em volume correspondente a duas horas (prescrito com 11 ml/h). Hemoderivados também prescritos.

Ainda em fls. 50 verso, comparando o horário de 18h (última anotação da tarde) e de 20h (primeira anotação do período noturno), vemos no registro de 20h a diferença entre o FiO_2 registrado, em relação às 18h: no período da tarde, FiO_2 sempre em 40%, PEEP em 5 cm H_2O, saturando entre 98 e 99%. A frequência respiratória era de 13 ipm às 14h; 18 ipm às 16h e 18h. Já no período noturno que compreende os horários entre 20h e 6h do dia 25/01/2013, pode-se notar elevação de FiO_2 a 100% já no primeiro horário, mantendo-se nesse valor até às 6h, como mostram os registros.

Em relação ao item noradrenalina, inicia-se com 40 ml (20ml/h) às 20h; 84 ml (42 ml/h) às 22h e, a partir desse horário, passa-se a 140 ml (70 ml/h). Portanto, a parada cardíaca apresentada, descrita pela técnica do noturno (fls. 50) e no dia 25/01/2013, em relato em evoluções médicas (fls. 54, 55 e 56), tanto da UTI quanto da cirurgia vascular e em evolução da fisioterapia, confirma a ocorrência do evento. Aconteceu entre 18h e 20h e não há registro de anotações entre esses dois horários. Como já relatado anteriormente, até por número, os funcionários não conseguiam anotar passo a passo as condutas e intervenções realizadas. Nesse dia, 24/01/2013, tem-se a evolução da enfermeira padrão da tarde junto à prescrição de enfermagem. Não está presente no prontuário a evolução do enfermeiro responsável pelo período noturno; somente o registro da técnica de enfermagem. Não há como afirmar se ocorreu por falta de tempo ou perda do documento (fato vivido na ocasião). Diferente dos técnicos, os enfermeiros padrões sempre evoluíam no prontuário eletrônico.

Em fls. 50, as anotações do técnico de plantão no período noturno, de difícil leitura, descrevem: *"paciente sedado, entubado, em ventilação mecânica 100% (FiO_2); pupilas fotorreagentes e hemodinamicamente nada estáveis. Teve uma parada cardiorrespiratória, sendo reanimado pela médica de plantão e equipe de enfermagem".*

Esse resumo tem sentido, pois é extremamente difícil para alguém que não tenha o hábito de interpretá-los compreender as anotações. Pode-se ter impressão errônea de "estabilidade" inexistente. Portanto, esse paciente apresentou a mais temida complicação possível que foi a parada cardíaca, sendo reanimado por 101 minutos. Diz-se cardíaca, pois estava em ventilação mecânica.

Nesse momento, a equipe médica de plantão presta atendimento necessário até a "estabilização" temporária do paciente para, posteriormente, executar prescrições e evoluções. Em fls. 42 e 43 do prontuário, são vistas as medicações utilizadas durante o atendimento, com reposição rápida em grande volume de cristaloides, uso de antiarrítmicos e seis ampolas de Adrenalina.

Segundo o plantonista, o paciente alternava FV/TV com curtos períodos de assistolia. Para esclarecimento, FV significa fibrilação ventricular e TV, taquicardia ventricular, ritmos que podem ser diagnosticados através do eletrocardiógrafo, do monitor e que não são compatíveis com vida e perfusão. Entre massagens cardíacas, desfibrilações elétricas necessárias para TV/FV, são utilizadas as medicações, no caso, antiarrítmicas, uma a uma, conforme a necessidade de cada momento. Para os períodos curtos de assistolia, foi utilizada Noradrenalina.

Como se segue os protocolos do ACLS (*Advanced Cardiac Life Support*) não se costuma descrever massagens, desfibrilações em prescrições médicas. Pelo fato de o paciente ter retornado à vida, fica evidente que o protocolo foi aplicado e suas orientações seguidas.

A defesa invocou a resposta da médica Virginia ao magistrado, quando questionou por que haveria a descrição de 101 minutos de reanimação se a mesma não tivesse sido realizada por esse tempo, sendo que o tempo não enaltece nenhum trabalho médico. São inúmeros os fatores que podem ter levado a tempo de reanimação excessivo. A condição de ser um pós-operatório imediato, a falta nesse momento de diálogos com familiares, a dúvida se estes tinham ciência exata dos riscos para tal complicação. O estresse do momento, as dúvidas entre os profissionais que executam a manobra[237]. Tampouco a enfermagem seria suficiente para esse auxílio. Quando um paciente agrava, além da comunicação com familiares, é avisada imediatamente a equipe assistente, que normalmente vem à unidade, principalmente com a informação de parada cardíaca, e participa do atendimento.

Muitas vezes, existe o auxílio de profissionais de outras unidades próximas como UTI, serviços de nefrologia, que inclusive tinham pacientes internados nessa ocasião. Não haveria razão alguma para descrição de um tempo de reanimação tão prolongado, já que não engrandece ou desmerece o atendimento médico. Esse paciente, com seus antecedentes mórbidos, não precisaria de tanto tempo de reanimação para se tornar mais crítico do que já era.

A aceitação do insucesso e da morte ainda é extremamente difícil e dolorosa para médicos, independentemente de seu tempo de exercício, e todos, principalmente os mais jovens, já tiveram dificuldades na decisão e se excederam em terapêuticas, com o objetivo de manter a vida a qualquer custo. É o que a sociedade cobra dos médicos!

---

237 Com um único profissional médico seria impossível pelo tempo.

Como o CRM em decisão deste caso, não perdendo de vista que são os médicos da nossa nação se expressando, destacou:

> Se a Medicina aceitasse a morte como um limite que não pode ser vencido e usasse esse limite para pensar a respeito da doença, a realidade da morte, como parte da nossa vida biológica, seria vista não como uma nota discordante na busca da saúde e bem-estar, mas como um ponto final previsível e não como uma falha científica a ser corrigida. A aceitação e a compreensão da morte seriam parte integrante do objetivo principal da Medicina: a busca da saúde. A Medicina não pode afastar a morte indefinidamente. A morte finalmente acaba chegando e vencendo. Quando a terapia médica não consegue mais atingir os objetivos de preservar a saúde ou aliviar o sofrimento, novos tratamentos tornam-se uma futilidade ou peso. Surge então a obrigação moral de parar o que é medicamente inútil e intensificar os esforços no sentido de amenizar o desconforto do morrer. (Acórdão CRM deste caso)

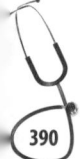

Em relação ao tempo de reanimação, fica claro que poderia haver críticas e teriam que ser aceitas. Em nenhum momento, o médico se excede, tentando o resgate da vida e essa atitude é classificada até como erro médico. Pode sim ser considerada obstinação terapêutica, que vem sendo objeto de muitas discussões em congressos, porém fato presente na grande maioria de hospitais universitários. O plenário do CRM/PR não classificou o procedimento como erro médico em sua unanimidade, até porque muitos conselheiros, chefes de residentes, viveram essa situação. Para o remate: não foi a médica Virginia que procedeu essas manobras de reanimação e sim uma médica residente.

Esse paciente foi mantido por mais de 12 horas, com FiO_2 em 100% e altíssimas vazões em aminas vasoativas e antiarrítmicos cardíacos. Considerando que cada um minuto em parada cardíaca reduz em 10% as chances de sobrevida, a equipe médica tinha conhecimento de que a situação era extremamente crítica.

Eram claros os danos aos órgãos vitais, tanto pelo período sem perfusão, quanto pelo uso posterior de altíssimas vazões em aminas vasoativas, com efeito de vasoconstrição periférica tanto arterial quanto venosa. O dano cerebral, mesmo que não esteja documentado em evoluções médicas era esperado principalmente pelos antecedentes de sete episódios de Acidentes Vasculares Cerebrais prévios, inclusive com sequela motora. Em seu depoimento na audiência de instrução, a Sra. P. S., filha do paciente, quando responde a questionamentos da defesa, inclusive diz que o pai tinha dificuldades em fala. Era o esperado pela paralisia em dimídio direito descrito em sua admissão, compatível com a lesão em carótida esquerda com estenose em torno de 50 a 69%, com placas sendo o foco do primeiro episódio de AVE em 1996. O comprometimento à esquerda é de hemisfério dominante e responsável também pela fala. A paralisia à direita é manifestação esperada para quadro isquêmico cerebral à esquerda, pela decussação de fibras nervosas. Em resumo, a paralisia costuma ser contralateral ao dano cerebral.

Já no início do plantão de 25/01/2013, ao ser desligado temporariamente o plano de sedo-analgesia, o paciente apresentava hiperventilação sem controle, espasticidades, mioclonias e convulsões focais. Sempre que fosse tentada interrupção da sedação, o quadro neurológico ficava cada vez mais evidente. Em seu depoimento, a Sra. P. afirma que o médico da UTI, o qual não conseguiu identificar, explicou que não foi possível tirar a sedação, certamente justificando a causa. Quando, no dia 27/01/2013, informou a filha da possível evolução a óbito, certamente justificou as causas e o motivo dessa afirmação. Sabe-se que, muitas vezes, nesse momento, mesmo tentando utilizar formas mais simples de explanação devido às condições emocionais, pode ser difícil a um familiar compreender.

Esse quadro neurológico, denominado encefalopatia anóxico-isquêmica, traduz exatamente as lesões causadas pela falta de perfusão ou hipoperfusão geradas pela parada cardíaca, pois é extremamente difícil manter adequada perfusão cerebral, mesmo com boa técnica por um tempo sustentada. Foi a conclusão de todos os médicos que estiveram presentes neste processo, inclusive o antigo e espalhafatoso médico M. L., que apontaram dano cerebral como certo.

Cita-se o capítulo de número 51, do livro *Condutas no Paciente Grave*, do autor Elias Knobel, título Coma, em página 710, com o subtítulo Prognóstico: *"A. Coma anóxico não traumático – A população de pacientes que desde o início apresentam crises convulsivas e/ou mioclonias, geralmente não irão se recuperar do quadro comatoso".*

Mesmo com infusão contínua desse plano de sedo-analgesia, mantido por esse motivo, por orientação inclusive da equipe de neurocirurgia, que participava ativamente na unidade pelo número de pacientes internados, o paciente apresentava essa clínica, com tendência a hiperventilação sem controle, mioclonias e espasticidade, necessitando de aumentos em vazões de sedo-analgesia ou potencialização com medicações venosas. Em prescrições médicas em 25/01/2013, de fls. 51 a 53, temos as aplicações de medicações venosas, inclusive porque o paciente realizaria traqueostomia, assim sendo necessário para evitar complicações durante esse procedimento, pois como dito anteriormente, havia sido desligado previamente para avaliação neurológica e o retorno praticamente imediato a sua infusão não atingiu níveis de sedo-analgesia adequados para realização desse procedimento, mesmo tendo sido utilizados anestésicos locais.

Novamente apontamos a incompreensão da acusação e dos *experts* do seu entorno, quando, em seu interrogatório, Virginia afirmou ao magistrado que o Sr. I. S. evoluiu em estado vegetativo permanente, que é uma lesão encefálica irreversível e não evoluiu para morte encefálica. O que a acusada Virginia contestou foi a pálida opinião do assistente técnico do MP quando coloca que o Sr. I. S. teria duas possibilidades de terminalidade: *"Morte encefálica e perda da enxertia com isquemia de membros inferiores".* Em verdade, o Sr. I. S. perdeu a enxertia vascular pelas condições hemodinâmicas vividas, por tempo prolongado sem ou com hipoperfusão durante a parada cardíaca e, posteriormente, por altíssimas doses de Noradrenalina com seus efeitos adversos já amplamente relatados. A discordância ou contestação pessoal de Virginia foi pela afirmação de que morte encefálica seria condição de terminalidade e, por esse motivo, a médica citou a resolução 1826/2007, em que o próprio Conselho Federal de Medicina, fundamentando a referida resolução, afirma que *"morte encefálica não se enquadra em terminalidade. Já o estado vegetativo permanente, com as manifestações apresentadas caracterizariam terminalidade".* Inclusive em resposta a quesitos o Perito Oficial do IML, também reconhece esse tempo de reanimação como causa de lesão encefálica irreversível, sobretudo pela idade e histórico desse paciente. É a conclusão lógica pela fisiologia e fisiopatogenia. É evidente que os fármacos aplicados e a sedação mantida não teriam sentido em paciente em morte encefálica. Cita-se a participação da própria médica Virginia Helena em capítulo do livro *O Hospital – Manual do Ambiente Hospitalar,* a qual ativamente participa da descrição de protocolos de morte encefálica e afirma que jamais usaria sedativos, analgésicos ou bloqueadores neuromusculares nessa situação. A terminalidade neurológica está em estados vegetativos permanentes, em que ocorre a chamada morte social, como afirma Elias Knobel, na obra *Condutas no paciente grave,* Capítulo 51 – Coma, página 713: *"A morte social é aquela situação em que a vítima é incapaz de se relacionar com o meio ambiente, representada pelo estado vegetativo permanente".*

O paciente em questão apresentava riscos de coronariopatia, isquemia ou infarto do miocárdio. Possuía hipertrofia ventricular concêntrica esquerda, que por si só, mesmo que não houvesse lesão coronariana, poderia causar infarto subendocárdico em situações de estresse. Dificilmente apresentaria coronárias íntegras, apresentando insuficiência arterial periférica, aterosclerose sistêmica e estenose em carótidas, mais crítica à esquerda, porém presentes também à direita, com lesões estimadas em 50%, por placas ateromatosas; comprometimento de artérias ilíacas abdominais além de artérias de membros inferiores e com o hábito tabágico em tempo e carga altos e sem nenhum tratamento.

Agora, levando-se em conta o tempo de massagem cardíaca alternada com desfibrilações elétricas, dificilmente se conseguiria manter perfusão coronariana adequada, pois essa perfusão é sempre feita em diástole cardíaca e severamente comprometida durante manobras de ressuscitação. Mesmo que não houvesse lesões prévias coronarianas, certamente o miocárdio foi gravemente atingido após a reanimação, visto que as coronárias nutrem o miocárdio. Deve ser lembrado também que as massagens cardíacas têm que ser realizadas para gerar 100 batimentos por minuto. A massagem representa a sístole e a diástole, presente entre os movimentos de massagem.

O fluxo esplâncnico foi severamente comprometido pela falta de perfusão durante a parada cardíaca, agravado ainda pela necessidade de altas doses de vasopressores ainda no período após reanimação.

Em relação à enxertia, cujo sucesso já havia sido questionado pela equipe de cirurgia vascular ao término do ato cirúrgico, pela instabilidade hemodinâmica no transoperatório, mantida em pós-operatório imediato, agravou-se pelo período sem perfusão adequada gerada pela parada cardíaca e ressuscitação, associado à necessidade de altíssimas doses de aminas vasoativas, com intensa vasoconstrição periférica arterial e venosa, ocasionando a trombose e perda da ponte com consequente isquemia grave em membros inferiores, a princípio mais à esquerda e posteriormente comprometendo o outro lado.

Antes de comprovada a perda de enxertia, todos os esforços foram concentrados em tentar diminuir ao máximo os danos causados pela evolução. A segunda preocupação foi tentar alertar e prestar esclarecimentos aos familiares sobre a gravidade da situação e dos poucos recursos que restavam na tentativa de manter o paciente com sobrevida adequada. A equipe de cirurgia vascular acompanhava o quadro clínico, porém sem mais condições para intervenção. Restariam somente amputações amplas, sendo do lado esquerdo em raiz da coxa e à direita à altura determinada pela isquemia. O paciente terminaria sem os membros inferiores. Mesmo que a cirurgia fosse possível, que não era o caso pelas condições clínicas, seria uma agressão absurda a pacientes com danos cerebrais severos e sem controle.

Não há evolução médica relatando a PCR na noite de 24/01/2013, não sendo possível saber se não foi realizada, ou o documento não foi incluso ao prontuário, assim como a evolução do enfermeiro que costuma estar presente no sistema. O registro foi feito em fls. 54 do prontuário:

> Paciente apresenta como intercorrência PCR no início da noite com múltiplos fatores de risco para o evento. Retorna em 101 minutos sendo taquiarritmia controlada com Amiodarona. Mesmo considerando agora o paciente com FC (frequência cardíaca) estável, na tentativa de baixar a dosagem de Noradrenalina, associamos Dobuta (Dobutamina). Se for necessário, conforme o resultado, será suspenso; até o momento houve tolerância no seu uso. Sedado, ventilação mecânica, com parâmetros moderados. Traqueostomizado pela manhã, considerando, se houver sobrevida, tendência de evolução a longo prazo. (Fls. 54 do prontuário)

Fica claro também que a decisão sobre uso de drogas vasoativas (Noradrenalina) e inotrópicas (Dobutamina), ou sua suspensão, é ato médico baseado nos resultados obtidos. A Dobutamina é um inotrópico. Em um miocárdio doente, poderia piorar ou aumentar os riscos de arritmias cardíacas que o paciente já apresentava. A Noradrenalina teria que ser retirada o mais rápido possível, pelos danos progressivos à microcirculação e principalmente à enxertia.

São ponderações efetuadas sempre quanto à eficácia e aos riscos da conduta, mas havia pouquíssimas opções. Em fl. 275, segunda via (não foi possível localizar a primeira), a evolução da equipe de cirurgia vascular registra:

> PO (pós-operatório) de *By-pass* femoro-femoral cruzado por lesão trófica em membro inferior esquerdo. Encaminhado à UTI por hipotensão no transoperatório e dificuldade de desmame de ventilação mecânica. Intercorrência na noite de ontem: PCR. Piora de prognóstico do paciente. (Fls. 275, segunda via do prontuário)

O exame clínico foi realizado com paciente em mau estado geral, hidratado, ventilação mecânica, com alta pressão. Sedado e em Ramsey 6, dependente de aminas vasoativas em altas doses desde PCR; no momento da sua evolução: 40 ml/h.

O médico da cirurgia vascular realizou Doppler cego à beira de leito na impossibilidade de realização de ecodoppler colorido de membros inferiores. Houve oportunidade anteriormente de relatar a perda da equipe que realizava esses exames. Houve dúvidas quanto à permeabilidade da enxertia pela possibilidade de resultados falso-positivos possíveis pelas altas vazões de vasopressores. O médico ainda descreve a gravidade do caso e riscos de óbito e o acompanhamento que seria realizado pela equipe.

Agora, analisando a prescrição médica mantida em 25/01/2013, em fls. 51 a 53, com a rotina programada:

- Mantida a infusão de cristaloides, sempre na tentativa de manter volemia e assim reduzir a vazão de aminas vasoativas;
- Soro com eletrólitos – reformulados em sua composição sempre com base em resultados laboratoriais;
- Soro com aminas vasoativas, já com vazões máximas previstas, considerando instabilidade do quadro, sempre com observação de controle médico;
- Plano de sedação previsto para ser infundido em 24h;
- Antibioticoterapia;
- Broncodilatadores, já com a redução de corticosteroides, para evitar danos principalmente imunológicos;

- Insulinização venosa para melhores controles glicêmicos, seguindo o protocolo instituído pelo serviço de endocrinologia;
- Soro com inotrópicos – vazões determinadas para 24h, com dose elevada de Dobutamina;
- Demais itens sem alterações em relação ao internamento. (Fls. 51-53 do prontuário)

Após avaliação do quadro clínico pela manhã, ao desligar levemente a sedação, como citado anteriormente, paciente já apresentava hiperventilação sem controle, espasticidade, mioclonia e convulsões focais. Retorna-se imediatamente o gotejamento ao valor inicial, após ter aumentado a sua vazão até atingir o ideal de sedação naquele momento. Planejava-se iniciar anticonvulsivantes e miorrelaxantes de ação central, porém pelos efeitos adversos dessas medicações e dificuldades em manejos de doses até serem adequados, optou-se por manter sedação contínua até definição de quadro clínico. As maiores preocupações eram as condições hemodinâmicas e evolução da enxertia.

O paciente em questão foi avaliado pela cirurgia torácica e submetido à traqueostomia em acordo com médicos assistentes. Embora a gravidade fosse reconhecida e pouca chance de terapêutica, considerando o quadro de DPOC tabágico, a dificuldade para avaliação do quadro neurológico, a facilidade em manipulação de vias aéreas como toaletes, mesmo com poucas chances de sobrevida, manteve-se o protocolo do serviço após a intercorrência de parada cardíaca.

É importante aqui ressaltar que a conduta de traqueostomia precoce é contemplada no *III Consenso Brasileiro de Ventilação Mecânica*, com grupos de intensivistas adeptos à sua realização.

Desde meados de 1990, o tema traqueostomia tem sido debatido em Congressos de Terapia Intensiva; o que gerava indecisão na indicação era sobre quem realizaria o procedimento, porque, considerando a gravidade dos pacientes e nesses casos ser "indicação eletiva", a traqueostomia deveria ser realizada por cirurgiões experientes e gabaritados para evitar danos com o ato cirúrgico. Contava-se com a equipe de cirurgia torácica e o procedimento era realizado pelo *staff* de cirurgiões desse serviço. No caso do Sr. I. S., foi o médico J. A. Z. que realizou o procedimento. A título de recordação, dois cirurgiões da equipe de cirurgia torácica estiveram presentes em audiências do processo criminal, além de outros médicos, e explanaram os motivos e vantagens dessa conduta, respondendo a todos os questionamentos.

No momento da realização do procedimento (traqueostomia), foi necessário o uso de uma ampola de Midazolan e 3 ml de Fentanil, mesmo com uso de anestésicos locais, pela presença de reações acima descritas. Hiperventilação sem controle, espasticidade e mioclonias dificultam tanto o ato cirúrgico quanto os ajustes em ventilação. A clínica estava relacionada ao quadro de encefalopatia anóxico-isquêmica, como sequela do quadro pós-reanimação de parada cardíaca, como relatado anteriormente. Volta-se a afirmar que o paciente sempre, e até o momento do óbito, esteve sob ventilação mecânica.

Analisando agora fls. 64, verso, vemos o balanço hídrico correspondente ao dia 25/01.

No horário de 8h:
- Em parâmetros vitais – FiO_2 mantido ainda em 100%;
- Os valores de PVC foram aferidos e registrados (anteriormente não registrados);
- Em ganhos – infusões correspondentes a Soro Fisiológico; Ringer Lactato não foram registrados, embora prescritos;
- Já consta o registro de Amiodarona instalada no início da noite anterior e, mesmo checada, não foi registrada no balanço do noturno;
- Nota-se que o volume em Noradrenalina se mantém em 140 ml (70 ml/h).

No horário de 10h:
- Já registrada a infusão de Dobutamina em 11 ml. Essa era a vazão determinada, portanto, não foi registrado o volume possivelmente pelo momento de instalação;
- A Noradrenalina já consta com volume registrado de 80 ml (vazão 40 ml/h);
- Em parâmetros vitais podemos notar o registro de FiO_2 em 60%.

Comentários importantes:
- Mesmo prescritos esses registros, não se contemplam todos os volumes em soluções cristaloides, conduta constante no sentido de reposição volêmica;
- Ora anotam vazão ml/h, ora registram volume. É difícil para quem não é habituado a estas intercorrências interpretar exatamente a conduta a cada momento do paciente, o que pode dar margens a erros de interpretação. Virginia estava presente nesse dia, pedindo a instalação de Dobutamina e acompanhando a sua instalação;
- Em relação à Noradrenalina, a simples leitura mostra a redução de 70 ml/h para 40 ml/h. Essas alterações parecem súbitas, mas não correspondem à rotina. A redução em vazões de aminas vasoativas sempre é feita gradativamente. Como não existem registros em horários intermediários, tem-se a impressão de alterações súbitas aos menos familiarizados. Nesse momento também estava recebendo inotrópicos;
- Em relação a parâmetros de ventilação, o mesmo raciocínio se aplica.

Como o paciente havia permanecido por mais de 12horas com FiO_2 em 100%, altamente lesivo pela concentração e tempo de permanência, os parâmetros foram alterados, tentando a redução. Não era conveniente a elevação dos níveis de PEEP pelas condições hemodinâmicas e riscos que essa elevação traria a débito cardíaco já comprometido. Foi possível reduzir de 100% para 60%, alterando outros parâmetros de ventilação tais como: pressão inspiratória, volume corrente/kg/minuto, tempo inspiratório, relação I:E, pressões de pico e *plateau*. Essa manobra sempre é progressiva e gradativa, analisando-se curvas de fluxo/pressão/volume e curvas de capnografia e oximetria, tendo sido possível realizá-la com sucesso.

Tentou-se minimizar o máximo possível os riscos impostos por frações elevadas de oxigênio e os danos causados à circulação periférica por vasopressores, certamente gerados pelas elevadas doses mantidas. Corria-se o risco, com a introdução de inotrópicos, de agravar-se a condição miocárdica, comprometida após a reanimação, mas apresentavam-se poucas opções.

Considerando a ventilação, esse paciente sofria riscos de evolução para Síndrome do Desconforto Respiratório Agudo, que não ocorreu até o momento do óbito. É sempre essa a meta a ser atingida. Redução de danos. A capnografia nunca foi registrada, assim também como as infusões não foram fielmente anotadas. Infelizmente, ocorriam esses fatos com frequência.

Manteve diurese nesse período.

No registro das 12h: foi ainda possível a redução de noradrenalina agora em 30 ml/h (60 ml em 2 horas como registrado). Novamente, as alterações devem ter sido realizadas entre 10h e 12h.

Pudemos comprovar com a evolução da fisioterapeuta que, embora com a utilização do "copia e cola" em fls.55, descreve a alteração gradual em FiO_2 e também o quadro de PCR na noite anterior.

Agora seguindo a análise da fl. 64 verso, no turno da tarde.

Registro de 14h:
- Notam-se novas alterações em parâmetros vitais com frequência respiratória em 14 IPM, FiO_2 em 50%. Reafirma-se que essas alterações deviam ter sido feitas entre 12h e 14h para já estarem anotadas nesse último horário;
- Em relação aos itens "ganhos", as infusões já estão corretas tendo registros em Ringer Lactado;
- Já existem também as anotações relativas à redução nos volumes de infusão de Amiodarona e Noradrenalina, que passam agora a 20 ml/h;
- Às 16h e 18h, essas vazões em Noradrenalina foram reduzidas a 15 ml/h (registrados 30 ml a cada 2 horas).

No período noturno, nesse mesmo dia, foram mantidos os parâmetros de ventilação alterados durante a tarde, porém novamente se fez necessária, a partir de zero hora, a elevação da vazão de Noradrenalina para 25 ml/h (anotados 50 ml a cada 2 horas).

Até em respeito ao leitor, não nos estenderemos mais, nem nos deteremos analisando todos os outros dias, somente citando dados em 28/01 e 29/01/2013, já que se acredita ter ficado compreensível que essa é a dinâmica normal de Unidades de Terapia Intensiva. Os ajustes em ventilação e aminas vasoativas são constantes, regulados à necessidade do paciente e tem como objetivo a sua melhora clínica.

Infelizmente, essa conduta de manter vasopressores no caso do Sr. I. S. foi agravando suas condições clínicas, gerando a perda da enxertia; momentos frequentes de clínica de isquemia como intensa palidez; pele fria; sudorese. Este quadro foi citado pela filha do paciente quando presente em visitas na UTI, em audiência na Vara Criminal, como também afirmou a mesma em audiência perante o CRM/PR.

> (18:11) Defesa: Só que na policia a senhora disse que ele estava gelado e suando? P. S.: Na UTI sim no sábado ele tava suando gelado que eu peguei um paninho que o pessoal coloca, peguei um paninho sequei a minha filha ainda tava junto ai perguntei pra enfermeira se aquilo era normal muita sudorese, muito gelado e a enfermeira disse que era normal. (vídeo 1)

A preocupação da equipe médica passou a ser com os familiares, tentando esclarecer as condutas e as condições clínicas que o Sr. I. S. apresentava, como acima descrito, a falta de condições de suspensão de sedação pelos danos neurológicos apresentados e a piora clínica progressiva agravada por vasopressores, que estavam sendo mantidos na tentativa de preservação da vida, porém com péssimos resultados. Não foi possível a presença constante desses familiares, como reivindicado pela equipe nessas situações.

Em relação à clínica, os membros inferiores do Sr. I. S. passaram a ser enfaixados para tentar o aquecimento, porém sem melhora. A isquemia em membro inferior esquerdo era evidente, e o membro inferior direito já mostrava importante comprometimento circulatório. Para a cirurgia vascular, se houvesse sobrevida ou estabilização do quadro, restariam as amputações extensas, considerando a oclusão da enxertia em artéria femoral, como já também explanado.

Ainda em fl. 87 e 87, verso, podemos ver a evolução do período noturno de 27/01/2013 até a manhã de 28/01/2013, em que há descrição pelo técnico que o paciente reagia a estímulos dolorosos, sem detalhar as reações.

O questionamento entre equipes era a manutenção de altas vazões de vasopressores que, além de não trazerem benefícios, agravavam as condições clínicas de perfusão periférica. A conduta médica em prescrições foi mantida sendo reajustados diariamente os eletrólitos em infusão contínua, baseados em resultados laboratoriais. A hidratação foi sempre mantida até o momento do óbito, pois, como citado em literatura já descrita esses pacientes têm tendência a estados hipercoaguláveis, que se pode comprovar pelos aumentos diários nas dosagens de fibrinogênio que o Sr. I. apresentava a cada dia. A hidratação tenderia a diminuir a viscosidade sanguínea e os riscos em formação de coágulos.

Em 28/01/2013, duas anotações em PVC (fl. 87, verso do prontuário) chamavam a atenção pelo valor. Certamente houve problemas na aferição ou relacionado ao cateter ou até por inabilidade do profissional que realizou essa anotação. Fica difícil estabelecer uma relação com o dia anterior, pois o registro de PVC foi feito somente às 18h do dia 27/01/2013, não tendo sido realizado em outros horários. Outro fator importante é a sobrecarga de infusões em cateteres centrais monolúmen que, além de promover interações químicas até imprevistas, pode gerar estreitamento do lúmen do cateter por precipitações. Infelizmente era difícil que os funcionários compreendessem a necessidade de cuidados com acessos periféricos para distribuição adequada e recomendada de soluções diversas. Ainda podemos notar falhas em anotações nos valores de PEEP, não registrados em nenhum horário e, se tivesse sido suspensa por conduta médica, o valor registrado seria zero.

Nesse dia, poucos ajustes em ventilação foram realizados, já havendo redução em frequência respiratória e FiO_2, sempre garantindo saturação maior que 90%. Não há registro dos parâmetros vitais que deveriam ser anotados às 18h do dia 28/01/2013 (fls. 97, verso do prontuário). Novamente, no período da tarde, foi necessário o aumento em vazões de aminas vasoativas, gerando piora das condições isquêmicas já presentes em membros inferiores e induzindo arritmias.

Esses aumentos caracterizavam cada vez mais obstinação terapêutica, agravando a vasoconstrição periférica. Foram então suspensas as drogas vasoativas. Houve hipotensão severa esperada, porém o paciente recuperou-se, mantendo hipotensão, mas voltou a apresentar diurese por mais de 12horas após a suspensão.

Chegou inclusive a recuperar diurese provavelmente por ação de catecolaminas endógenas, que garantiram perfusão. A gasometria arterial coletada na madrugada de 29/01/2013 teve o seu melhor resultado, sem consumo de bicarbonato. Em um horário do dia 28/01/2013, a saturação foi a 88%, porém provavelmente com manobras de aspiração traqueal voltou a manter saturação acima de 90%.

Os exames laboratoriais deveriam ser solicitados até a meia-noite de cada dia, e sua coleta era realizada entre 5h e 6h do dia seguinte. Portanto, a leitura do prontuário pode dar margem a dúvidas, pois sempre a data do resultado corresponde à data do pedido, por interfaceamento do sistema de informática utilizado, como foi explanado em rotina de UTI.

Sabia-se que a evolução natural de seu quadro clínico caminhava para o óbito pelas múltiplas complicações presentes. Antes das 8horas do dia 29/01/2013 foram necessárias as aplicações dos fármacos, pois os cuidados para aspirações de secreções traqueais e realização de curativos em áreas cirúrgicas geraram novamente hiperventilação sem controle, mioclonias e convulsões focais. Os fármacos utilizados, prescritos posteriormente ao atendimento, tinham todas as indicações terapêuticas ao quadro apresentado.

Nesse momento, Virginia afirma terem sido aplicados os fármacos antes de 8horas, quando começa a rotina de curativos, banhos e cuidados com o paciente. Contrapondo o afirmado pela promotoria, esse paciente não tinha flebotomia e sim cateter central instalado por punção. Inclusive a flebotomia já não mais era realizada em UTI desde o tempo de residente da médica Virginia nos idos de 1981. O que parece ter sido esquecido, embora tenha sido citado no interrogatório de Virginia é que o paciente em questão estava no 5º pós-operatório de *By-pass* femoro-femoral com incisões em região inguinal e coxa esquerda e havia feito parte de desbridamento em pé esquerdo. Como houve perda de enxertia, inclusive corroborada pelo perito do IML a esse respeito, pela impossibilidade de manter enxertia nas condições graves de instabilidade hemodinâmica, além do evento de parada cardíaca, os membros inferiores estavam isquêmicos.

Uma das piores formas de dor que um paciente pode apresentar é gerada por isquemia, seja onde esse fenômeno estiver presente. A manipulação dos membros inferiores para possibilitar a realização de curativos é dolorosa, além das manobras realizadas pela cirurgia vascular para testar viabilidade muscular, e assim avaliar o grau de isquemia a que o membro ou os membros estavam sofrendo. Essas manobras são simples: pela incisão se introduz uma pinça e se estimula o músculo como afirmou Virginia em seu interrogatório no processo criminal.

Outro fato importante que passou desapercebido pela promotoria foram as manobras de aspirações traqueais, extremamente desconfortáveis e que estimulam reflexo de tosse, por vezes náuseas e vômitos. Portanto, não era um simples curativo de acesso central que deveria ser feito, pois realmente não haveria necessidade de aplicação dos fármacos. Cabe nesse momento informar que, ao acompanhar e auxiliar o atendimento, o médico à beira de leito vai administrando esses fármacos junto com a enfermagem, conforme a resposta do paciente.

Pelas lesões cerebrais e pelo quadro de encefapatia anóxico-isquêmica apresentados aos estímulos, havia a tendência a hiperventilação sem controle, espasticidade, mioclonias. Até esse momento com ajustes do plano de sedo-analgesia, não havia sido necessária a suplementação com novas medicações.

Em seu interrogatório, a médica ponderou ao douto Juízo os fatores que indicaram a potencialização com essas medicações, explanando a sobrecarga de soluções em acesso central que poderiam gerar interações e alterar a eficácia da solução infundida. A segunda questão seria a de que o paciente já estava fazendo uso dessa medicação há dias e adquirindo tolerância. Cita-se o protocolo que consta dos acervos da AMIB em relação ao uso de sedativos, analgésicos e bloqueadores neuromusculares da Dra. Flávia Ribeiro Machado, o qual indica que, na ineficácia de Midazolam, associar Propofol ou substituir. De certa forma, isso comprova que na prática diária pode, sim, haver momentos de fracasso terapêutico. Ainda, segundo o perito do IML, um paciente varia sua resposta durante o dia, alterando a escala de Ramsey. E também foi afirmado ao magistrado que, no momento de aplicação desses fármacos, a sedo-analgesia foi automaticamente interrompida.

Em relação às respostas do perito do IML aos quesitos, pode-se notar que em raciocínio de sequelas possíveis pós-parada cardíaca, em nenhum momento negou-se a existência de encefalopatia anóxico-isquêmica e inclusive a perda da enxertia. Em resposta ao MP, afirma que a lesão encefálica deveria ter sido comprovada por exames, porém ao responder ao quesito da defesa, que coloca a falta de condições de realizar tomografia de crânio e eletroencefalograma por indisponibilidade dos aparelhos, confirma que o diagnóstico seria clínico. A não suspensão do plano de sedo-analgesia foi feita de forma imperativa, pois, como já citado anteriormente, a interrupção desse plano desencadeava hiperventilação sem controle por lesão bulbar, mioclonias e espasticidades.

Em relação à não existência de literatura que corrobore essas afirmações e o uso desses fármacos, não se mostra fidedigna. Cita-se o Acórdão do CRM/PR, sobre esse julgamento, em que em 2ª lauda, no penúltimo e último parágrafo consta comentário a esse respeito.

> Muito já foi discutido sobre as drogas utilizadas e suas dosagens, porém se tem que, apesar de se tratar de doses e combinação de medicamentos que não são usuais para outras especialidades médicas, dentro da Medicina Intensiva são absolutamente normais e amplamente utilizadas.
> Mais que discutir doses de medicamentos, que foram muito bem esclarecidas pelos depoimentos das testemunhas e da própria denunciada, opiniões corroboradas pelos artigos científicos que foram anexadas aos autos e também pelos protocolos da especialidade que são facilmente encontrados em uma revisão bibliográfica sobre o tema, chamam a atenção a um fato: a importância do relacionamento entre as pessoas da equipe de trabalho da UTI. (Acórdão do processo 01/2014)

Pontua-se a estranheza ou descuido por fadiga da afirmação proferida pelo perito do IML de não haver encontrado literatura que indique associação dessas drogas. Ora, analisando as suas propriedades farmacológicas, vê-se a associação de sedativo, analgésico e bloqueador neuromuscular, que é inclusive a base de qualquer indução em anestesia geral venosa. Cabe lembrar que esse acórdão do CRM/PR corresponde a uma decisão em plenário técnico, composto por especialistas de inúmeras áreas, incluindo sempre intensivistas e anestesiologistas.

Em relação à suspensão das aminas vasoativas que foram realizadas no dia anterior, na noite de 28/01/2013, realmente houve hipotensão severa momentos pós retirada, o que foi muito bem explanado pelo Dr. E. A. em seu interrogatório judicial. A partir de algumas horas, o paciente voltou a estabilizar, apresentando diurese, melhorando os sintomas de isquemia severa apresentada, sobrevivendo em torno de 14 horas. Essa análise está muito bem fundamentada pelo depoimento do Dr. G. G., clínico e intensivista em pós-graduação nos Estados Unidos da América, classificando a suspensão como ato terapêutico e ato médico.

Neste momento, para contrapor aos equívocos da promotoria, a médica Virginia justifica o uso de Pancurônio pelo quadro de mioclonias e espasticidade, além de hiperventilação sem controle e que o paciente não apresentou resposta adequada à associação de sedativos e analgésicos.

Aborda-se a indicação e a justificativa para a utilização dos três fármacos e suas doses:

- Propofol, pelo seu início de ação rápida e curta duração, agindo como anticonvulsivante e antiemético, foi o sedativo de escolha, pois estava em uso de Midazolan, sem ação plenamente efetiva. O Propofol é amplamente utilizado em procedimentos ambulatoriais em diversas anestesias de grande porte. Como exemplo, seu uso em cirurgia cardíaca e sua manutenção no respectivo pós-operatório. O seu efeito hipotensor é sempre alertado em pacientes hipovolêmicos, que não era o caso, e seu efeito cessa em 10 minutos, conforme descrito nos dois protocolos pertencentes ao acervo da AMIB. O paciente em questão tinha em torno de 70 kg: foi utilizada a dose em torno de 3 mg/kg, que corresponde a uma ampola com 200 mg. O cálculo realizado pelo assistente técnico da promotoria, de 70 mg, seria a menor dose possível, o que não correspondeu ao resultado esperado.

  Em erronia, a promotoria alegou que esse fármaco causaria obstrução de via aérea e aqui se coloca que não há essa descrição em nenhuma literatura médica, nem em *Terapia Intensiva ou Anestesiologia*. O que pode ter sido confundido é que esse fármaco pode causar depressão respiratória, porém esse paciente estava sob ventilação mecânica. E em um dos protocolos dos acervos da AMIB, a dose do Propofol quando associada a opioides, como foi o caso, varia de 3 mg/kg a 12 mg/kg em uma hora. Conforme o tempo de atendimento, essa dose poderia ter sido mais elevada. E ao responder ao quesito de o Propofol ser a droga amplamente utilizada em procedimentos ambulatoriais, o perito do IML afirmou a sua segurança.

- Fentanil, aplicado em doses fracionadas até que seu efeito fosse efetivo, foi utilizado pela sua indicação em condições hemodinamicamente instáveis, promovendo analgesia necessária ao desconforto gerado por aspirações traqueais, curativos em áreas cirúrgicas e presença de isquemia, fatores que geram intensa dor. Seu efeito dura entre 30 a 60 minutos. Em relação à dose utilizada, cita-se o depoimento do médico C. L. F., anesthesiologista e intensivista que responde ao MP sobre a grande margem de doses que podem ser utilizadas de Fentanil. Varia entre 50 a 500 mcg em uma hora, novamente considerando o tempo de atendimento. O mesmo é corroborado pelo médico G. G. quando responde ao magistrado que é melhor a maior dose possível nesse caso.

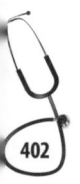

- A associação de Pancurônio é indicada também em quadros neurológicos, com a finalidade de impedir aumentos de pressão intracraniana, efeito de neuroproteção e, nesse caso, utilizado especificamente para aliviar espasticidades e mioclonias não responsivas à prévia administração de sedativos e analgésicos, bem como a inibição da hiperventilação neurogênica causada por lesão bulbar. Tem como vantagem ser uma droga simpaticomimética e parassimpaticolítica, neutralizando eventuais efeitos adversos possíveis, principalmente de opioides, quanto à rigidez muscular e eventuais efeitos cardiovasculares. Seu efeito dura entre 100 a 120 minutos. A sua dose é de 0,05 mg a 0,1 mg/kg, em ampolas de 2 ml correspondentes a 4 mg. Foram aplicadas duas ampolas, em paciente de aproximadamente 70 kg como dito anteriormente. Vale lembrar que esse paciente já havia utilizado esse fármaco no centro cirúrgico quando realizou a cirurgia.

Discordamos frontalmente com o afirmado pelo desastrado assistente técnico do MP, que nenhum dos pacientes da denúncia tinha hipertensão intracraniana, e apontamos para a própria fundamentação de Senhora C., do fato quatro da denúncia, com os respectivos exames e literatura e no caso do Sr. I.. Não foi considerado pelo assistente do MP, ou seja, errou lá e erra aqui como se tivesse sério compromisso com o erro.

No livro *Condutas no Paciente Grave*, de Elias Knobel, capítulo 16, cujo título é Ressuscitação Cardiorrespiratória Cerebral, destaca-se a importância da perfusão cerebral, estendendo o conhecido título de *Recuperação Cardiopulmonar*, 4ª edição, páginas 256 a 269, que em texto correspondente a sequelas neurológicas pós parada cardíaca, há estimativa de que 30% dos pacientes possam ter hipertensão intracraniana após a parada. Em página 266, em seu último parágrafo, há citação dessa estatística de hipertensão intracraniana após parada cardíaca.

Com a indução anestésica efetuada, foi possível ajustar os parâmetros de ventilação, com boa tolerância por parte do paciente a parâmetros recomendados para pacientes portadores de DPOC e o FiO_2 em 22% e PEEP de 5 cmH_2O, garantindo expansibilidade pulmonar e saturação de oxigênio maior ou igual a 90%, que é a meta em ventilação de proteção pulmonar. Os fármacos possibilitaram o alívio e o controle das manifestações de encefalopatia anóxico-isquêmica e possibilitaram os ajustes de ventilação. Diminuíram assim, substancialmente, o sofrimento do paciente.

Mesmo que, para a Justiça, não seja possível aceitar que o horário de aplicação foi diverso ao horário de checagem dos fármacos (fl. 98), há que ser considerado que essa aplicação, considerando o horário de checagem, não instabilizou o paciente, que conservou praticamente todos os parâmetros vitais, não agravando a hipotensão já presente, como comprovam os registros em seu balanço hídrico do dia 29/01/2013.

Assim, a evolução a óbito deste paciente I. S. foi natural e em consequência das suas condições clínicas, como corroborado por todas as testemunhas deste processo, perícia oficial, CRM, inclusive o antigo médico M. L., que concordou não ter havido óbito por colapso circulatório e/ou asfixia.

Mesmo com opinião diversa, o assistente técnico do MP reconheceu que a perda da enxertia seria um fator para terminalidade, e o paciente em questão foi mantido em cuidados intensivos até o momento do óbito, o que descaracteriza terminalidade. Essa terminalidade foi presente no momento da não reanimação desse paciente. A descrição dos funcionários de hipotensão, bradicardia que, nesse caso, como afirmado em seu interrogatório pelo médico acusado E. A., foi dissociação eletromecânica e dessaturação corresponde ao momento de óbito, pois não existe relação temporal que confirme que, após o uso dos fármacos, a saturação caiu. Inclusive esses fármacos agem em sistema nervoso central, receptores nociceptivos e terminações nervosas no caso de Pancurônio, e não haveria efeito sobre saturação, pelo contrário. Com a ventilação mecânica, a associação desses fármacos permitiriam excelente expansibilidade de caixa torácica e pulmões, otimizando saturação. Considerando o tempo de ação desses fármacos já descritos anteriormente e, mesmo que se considere o horário de aplicação como sendo o de checagem, só haveria em circulação mínimas doses de Fentanil e Pancurônio que, por seu efeito farmacológico, não gerariam esses sintomas. A droga aumenta o débito cardíaco, elevando a frequência cardíaca e a pressão arterial.

Reiteramos que o plenário técnico do CRM/PR absolveu por unanimidade a médica Virginia. Isto traduz que qualquer médico, que estivesse em ação no lugar de Virginia e equipe, teria a obrigação, dever ou direito de tomar exatas atitudes.

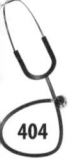

Pedido de absolvição deste fato da denúncia[238]

As ações humanas derivaram do regular exercício da Medicina...

Em repetição fanática, novamente trata a denúncia de acusação de incursão: no artigo 121, parágrafo 2º, inciso I (motivo torpe) e IV (dificuldade de defesa da vítima), combinado com o artigo 62, I (direção da atividade dos demais agentes) e art. 61, II, alínea "g" (violação do dever de profissão) e "h"(crime contra pessoa idosa), aplicada a regra do artigo 69, todos do Código Penal.

---

238 Pedido constante das alegações finais da defesa no processo criminal.

Síntese dos argumentos lógico-jurídicos defensivos

Trata-se de falsa imputação do delito de homicídio na sua forma qualificada. No caso *sub examine*, o verbo do tipo não se verificou, ou seja, ninguém matou alguém! É certo dizer que *"morreu alguém"* no caso deste paciente descrito na denúncia. Apenas isto ficou provado. É mais certo ainda dizer que meramente *morrer alguém não é crime*!

Os documentos oficiais informam apenas isto. "Morreu alguém" e das investigações científicas deste processo criminal, dos males que padecia e complicações daí advindas. Paciente de hospital que não resistiu.

Não se provou que alguma ação humana tenha sido praticada objetivando "matar alguém". Contrariamente, todas as ações humanas existentes derivaram do regular exercício da Medicina, com todo o arsenal que estava ao alcance em ambiente hospitalar no intuito de bem exercer as profissões de todos os integrantes das equipes multidisciplinares ali disponíveis para tentar salvar vidas.

Exige-se prova cabal de existência de fato criminoso, possíveis autores além da presença de **dolo ou culpa**, que não se presumem e devem ser provados cabalmente.

Médicos em hospitais trabalham com intenção de curar pacientes!

A única prova científica e oficialmente válida (certidão de óbito) apontava desde o início para essa conclusão e no tramitar deste processo isto apenas se confirmou ou nunca foi contrariado. A causa da morte está descrita na certidão de óbito atestada por outro médico que não a acusada,239 como se pode ver:

> *Paciente I. S. (8º fato da denúncia) certidão de óbito na qual consta como causa da morte:* "CHOQUE SÉPTICO, BRONCOPNEUMONIA, DOENÇA OBSTRUTIVA PULMONAR CRÔNICA, INSUFICIÊNCIA ARTERIAL CRÔNICA, ACIDENTE VASCULAR CEREBRAL". *Médico que atestou o óbito: Dr. I. Y. K., CRM nº 25383.*

Não há prova sequer da existência do fato criminoso narrado na denúncia.
Não há que se falar nem mesmo em "culpados" ou "inocentes", pois "existência de fato criminoso" é pressuposto da razão de ser do processo penal.
Não há outro caminho que não a sumária absolvição.

Concluímos neste capítulo, resumidamente para o leitor, uma apresentação das diversas audiências com depoimento das testemunhas tanto de acusação, quanto de defesa, para os oito fatos da denúncia.

Mas, sabedores de que a morte gera nos parentes uma gama de sentimentos extremamente variáveis e dolorosos e que a divulgação na mídia certamente trouxe dúvidas, inclusive em pessoas que haviam acompanhado seus próprios parentes, cabe ainda esclarecer como era a rotina do HUEC quanto a visitações

---

239 Fls. 1/8 das razões finais da defesa que transcreve o contido na certidão de óbito, que pela Constituição Federal não se pode negar fé.

e informações. Para isso, transcrevemos as impressões do Sr. P. N. P., que teve seu filho internado na UTI geral e faleceu:

> 02:16 Defesa: Após o encaminhamento do seu filho à UTI o senhor teve contato com médico. Lembra quem foi? Foi permitido o senhor visitar seu filho logo em seguida?
> Testemunha: Provavelmente por volta de umas sete e pouco da noite eu estava já lá no andar onde tem a UTI e aí foi onde eu tive o primeiro contato com a Dra. Virginia que quando me explicou toda a situação dela em função da doença que ele tinha eu levei um choque e a ficha caiu, eu não imaginava o estado de gravidade que a doença poderia provocar, aí quando ela falou de todos os procedimentos que estavam sendo tomados, as medicações que estariam mais que o quadro dele era de muita gravidade em função de que ele tava com problemas renais, pulmonares e que eles tavam tentando evitar que o lúpus continuasse seu ataque, porque é uma doença autoimune. Quando saímos dali do hospital, eu e minha esposa, eu procurei por um médico amigo meu porque até então eu não sabia como que deveria ser as coisas e fui orientado e ele compareceu no hospital para fazer uma verificação e tomar conhecimento do quadro clínico dele. A partir dessa quarta-feira à noite que ele deu entrada, nós tivemos sempre duas vezes por dia no espaço que nos era permitido dentro do hospital acompanhando todos os procedimentos médicos. Era nos informado o que estava acontecendo, em momento algum deixou-se de esclarecer ou deixou-se de falar abertamente dos problemas que advinham da doença dele e tivemos até um amparo muito forte por parte, que foi uma surpresa minha, dos pastores que se revezam naquela região da UTI e até por uma enfermeira não sei se era chefe enfermeira mas que reconheceu meu filho por que ele tinha feito um curso de enfermagem de socorrista, tinha feito um curso no Hospital Evangélico, daí ela reconheceu ele e ficou admirada de estar vendo ele naquela situação.
> 04:33 Defesa: O Sr. e sua família foram alertados sobre a possibilidade de outras complicações ou risco de morte?
> Testemunha: sim.
> 05:41 Defesa: O Sr. percebeu se era padrão naquela Unidade de Terapia Intensiva conversa com familiares.
> Testemunha: Ah sim, perfeitamente, pelo menos pelo que eu vi pelas pessoas que entravam lá dentro da UTI os procedimentos e as conversas com o médico dependendo o caso.
> 06:06 Defesa: O Sr. sentiu diferença de tratamento de forma que seu filho foi atendido pelo SUS?
> Testemunha: De forma alguma.
> 06:22 Defesa: Era permitido o acesso aos familiares mais próximos mesmo a horários diversos de visita?
> Testemunha: Em alguns momentos quando o quadro se complicou nós tivemos pleno acesso a ele.

06:38 Defesa: No momento de piora do seu filho foi explicado o motivo da cirurgia que foi feita?

Testemunha: Sim, justamente em função do quadro agravante do quadro dele, a Dra. Virginia me explicou os procedimentos que seriam tomados e nós até na terça-feira pela manhã no dia do falecimento dele nós localizamos o médico que até então tinha tratado dele e ficamos até assim de uma forma tranquilos quando ele nos afirmou dos procedimentos que ele estaria no melhor momento no melhor hospital pra ser atendido daquele tipo de doença além do que, não sei se devo aqui comentar, Dra. Virginia também em um momento me falou de uma Dra. especialista na área que estava junto com ela tratando do meu filho e este médico que foi de uma outra época também comentou a respeito dessa Dra. que era de alta especialização.

08:54 Defesa: Apesar da dor da perda do seu filho, o senhor acredita que ele tenha sido tratado com respeito e dignidade dentro daquela UTI?

Testemunha: Não tenho nenhuma dúvida quanto a isso, tanto que nossa parte nós publicamos no jornal A Gazeta do Povo um agradecimento a ela e a toda equipe pelo tratamento dado pelo tempo que ele permaneceu lá.

09:44 Defesa: O senhor teve facilidade em compreender o quadro do seu filho pela explicação da Dra. Virginia?

Testemunha: Sim. (vídeo 1)

Depois de todas essas informações, apresentaremos ao leitor, no capítulo seguinte, o interrogatório judicial da médica Virginia, explicando com amparo na literatura médica, cada paciente constante da denúncia.

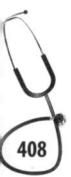

Capítulo XIV

Interrogatório judicial da médica Virginia Helena

"Quero exercitar meu direito de falar..."

Na manhã do dia 16 de setembro de 2016, em que se realizou o interrogatório judicial de Virginia Helena, ela foi uma das primeiras a comparecer no escritório. Percebia-se que não havia dormido na noite anterior e em mãos tinha vários artigos científicos de livros físicos e cópias de outros tantos.

Após aceitar um café ofertado pela Louise, foi se adiantando e dizendo: "*Se a pergunta é se eu dormi, a resposta é não!*". Justificando novamente que a rotina dos médicos intensivistas é diferente do comum. Ousei lembrá-la que seria um longo dia e que o seu interrogatório poderia se dar pela noite com probabilidade de terminar de madrugada. Ela rematou dizendo que aquele era o dia mais importante da sua vida e que teria a primeira oportunidade de falar e desfazer equívocos gravíssimos.

Nossa reunião prévia da audiência de interrogatório esclarecia como era o rito processual, dirimindo dúvidas técnicas. Como nos demais dias de audiências, Virginia não almoçou e ficou esperando o momento da nossa saída do escritório para o fórum, que se deu por volta das 13h30.

Na chegada repetiam-se, pela derradeira vez, os quadros de tumulto diante da porta principal de entrada onde se misturavam curiosos, pessoal da imprensa e a velha claque já descrita nas narrativas das audiências anteriores.

Aberta oficialmente a audiência, por conveniência da Justiça, deixaram Virginia para ser interrogada em último lugar. Eram por volta das 23h30 quando se iniciou o seu interrogatório e ela não demonstrava cansaço algum, mantendo aquele ar sereno e régio de sempre. Assim se deu o ato:

> Juiz: Esse ato se trata do seu interrogatório e é um ato de defesa da senhora; a senhora não é obrigada a responder a nenhuma pergunta que eu vou fazer, nem do Ministério Público, até mesmo de sua defesa técnica porque se trata da sua autodefesa, mas, por outro lado, é o momento de tentar esclarecer alguns fatos. Eu gostaria assim, de início, como estou fazendo com os demais, que a senhora pudesse contar quando ingressou no hospital, ou melhor, fazer um histórico de sua vida profissional, relatando o cargo que exercia, por quanto tempo trabalhou na área etc.
>
> Virginia: Eu fiz faculdade em São Paulo, com residência em terapia intensiva, que na minha época (1981) havia; depois o Ministério da Educação e Cultura não mais autorizou, voltando posteriormente a ser a formação necessária pela Associação de Medicina Intensiva Brasileira. Tenho formação em Clínica Médica e Terapia Intensiva. De São Paulo, vim para Curitiba; casei com um curitibano; Em Curitiba, trabalhei de 1982 a 1988 no Hospital Santa Cruz e, posteriormente, fui para o Hospital Evangélico em meados de novembro de 1988. A partir de 1991/1992, passei a ser diarista. Diarista é a que faz todo o período diurno, estabelece rotina. À época, o médico responsável era o Dr. N. M. — intensivista chefe, que respondia pela escala do plantão, além de todo o operacional. Quanto à coordenação da terapia intensiva, existem duas formas: as UTIs terceirizadas cujo grupo médico é contratado e responsável por toda a equipe multidisciplinar, enfermagem, fisioterapia, farmácia, materiais, medicamentos; é um serviço terceirizado e existem terapias intensivas em que o hospital é o gestor, que era o nosso caso. Com a morte do chefe da UTI, assumi a função de coordenação em agosto de 2006, então eu era responsável pelo grupo médico, pela escala de plantão médico; não permitia ausências, faltas, era responsável pela intermediação em conversa com os demais coordenadores, porque cada grupo tinha seu coordenador; a enfermagem tinha seu coordenador; a fisioterapia tinha sua coordenação; a parte de materiais era do setor de suprimentos, da diretoria administrativa dividida em vários grupos, farmacêuticos, almoxarifados e a rotina do trabalho médico era determinada seguindo as determinações de todos os consensos e recomendações, isso eu posso dizer porque o Hospital Evangélico é contratualizado, então a prefeitura contratualizou, então para você cumprir a contratualização, os auditores têm que ter acesso a tudo, a padronização da conduta médica em cada patologia, dentro do rol das multipatologias que internam; a farmácia tem que apresentar o seu padrão de medicação e materiais e diluições, então todo esse material fica a acesso da auditoria, tanto interna quanto externa, externa digo de qualquer convênio e SUS que era de 92% ou mais, o convênio que tínhamos maior volume seria UNIMED, mas como eu não era médica conveniada, internava em outra UTI. Em relação à parte médica, então eu

era uma intermediária com as múltiplas coordenações e respondia à diretoria geral e técnica. Eu exerci essa função de coordenação de agosto de 2006 a fevereiro de 2013, quando os fatos ocorreram.

Juiz: Uma questão que eu coloco à senhora, é se a senhora conhece ou trabalhou com todos os demais acusados neste processo?

Virginia: sim.

Juiz: Tinha algum desentendimento com alguns deles?

Virginia: Vamos dizer, não digo desentendimento, você trabalha com as pessoas e vamos dizer assim, a escolha das pessoas para o local era nossa, então às vezes eram admitidos funcionários ou enfermeiros mais inexperientes, mais novos, com pouca capacidade de comando, porque a hierarquia funcionava da seguinte forma, a parte médica era de minha responsabilidade; eu que tinha que responder perante a diretoria a tudo, a parte de enfermagem você tinha a enfermeira chefe, uma coordenação, e dentro da UTI pela contratualização, tinha que ter uma enfermeira assistencial que fazia 8 horas e era responsável por 2 enfermeiros porque a UTI era em um L e ficava um em cada ala, um com 8 e outro com 6, e eram esses enfermeiros que distribuíam as funções aos técnicos, então essa hierarquia era importante ser respeitada até porque o enfermeiro tinha que ter controle do que estava acontecendo no seu setor, nos seus pacientes e isso era uma coisa que era respeitada, nós não dávamos ordem a um técnico, a não ser em uma situação emergencial quando o enfermeiro não estivesse, comunicando posteriormente, exatamente para não ter descontrole no andamento da unidade.

Juiz: Com essa hierarquia era possível a um enfermeiro ou outro profissional que não médico discutir uma ordem médica?

Virginia: Doutor, eu vou lhe dizer, eu acho que tive uma felicidade muito grande de relacionamento neste sentido, porque eles vinham e faziam uma pergunta e você percebe o interesse da pessoa, o que ela quer saber, então em nenhum momento eu ou qualquer médico que esteve ou não aqui se recusou a explicar dizer o porquê, qual era o objetivo, inclusive orientar como fazer.

Juiz: Se um auxiliar de enfermagem, um enfermeiro, se o médico prescrevesse uma determinada aplicação de medicamento, sei lá, ele poderia questionar o médico ou deixar de aplicar?

Virginia: Deixar de aplicar, normalmente eles não têm essa conduta, porém um questionamento sim, por que vai fazer essa medicação, a senhora tem certeza que é essa medicação ou houve algum erro porque não existe ausência de falha, a gente confere para ver se está correto, principalmente porque nós temos uma frequência de homônimos muito alta e isso pode dar margem a erros, troca de medicação então essa conferência é feita e nunca ninguém se recusou nesse sentido.

Juiz: Quem poderia controlar a ventilação de um paciente?

Virginia: Normalmente o trabalho era conjunto, mas era o médico que determinava como ia ser ventilado, qual modalidade, os diversos parâmetros de ventilação que..., infelizmente na maioria dos casos nesses prontuários eram anotadas somente a frequência respiratória, a fração inspirada de oxigênio FiO_2 e a PEEP, mas os parâmetros para regular o ventilador são maiores, você pode regular a pressão, então a pressão que você vai fazer com que o ar entre, o tempo para esse ar entra. O tempo em que o paciente expira, chama tempo inspiratório e expiratório, o volume que isso gera para poder ter uma boa expansibilidade e tentar fazer o máximo possível para manter um doente bem ventilado, com pressões menores possíveis, menor do que 30 cmH_2O, um volume em torno de 6 ou 8 ml/kg/minuto, e a complacência, a sensibilidade do respirador, uma série de dados; normalmente esses dados deveriam ser anotados pela fisioterapia, não é constante em todos os prontuários, mas não os culpo, nós tínhamos 14 pacientes, 2 fisioterapeutas, um no período diurno e outro no período manhã/tarde, então o profissional chegava, recebia o plantão, tinha que fazer fisioterapia em 14 pacientes, tanto a respiratória quanto a motora e ainda nos auxiliava, porque a UTI ficava no 4º andar, todo o setor de radiologia, tomografia, ecografia, ressonância e endoscopia ficava no térreo; então esse transporte tinha que ser feito com toda a segurança para que não houvesse um acidente no transporte porque senão o doente sofreria, então os fisioterapeutas nos ajudavam também com esse trabalho. Muitas das evoluções, eu não sou ... eu sou mais do tempo do papel e caneta, mas era copia e cola, com uma ou outra alteração.

Juiz: A senhora conhece obviamente todos os termos da denúncia.

Virginia: Sim.

Juiz: A senhora teve acesso às perícias realizadas?

Virginia: Sim.

Juiz: Eu gostaria de escutar a sua opinião, sua autodefesa em relação à parte técnica trazida por esse material pericial no tocante à senhora concordar ou discordar das conclusões a que chegou o perito oficial e eventual assistente técnico.

Virginia: Bom, sobre os meus assistentes técnicos eu só vou falar que eram pessoas que conviviam e participavam dos atendimentos; os dois assistentes técnicos eram pessoas extremamente ativas na unidade por serem pneumologistas e um cirurgião torácico, então a atividade era muito grande. Em relação ao perito do médico legal, eu creio que a princípio ele responde com base em todo material que ele tinha disponível, não sei dizer qual, mas a minha impressão pelas respostas foi essa e pela constância que ele tinha de perícias e pelo tempo de trabalho eu vejo que ele não notou uma anormalidade porque ele via isso em outras unidades e em certas medicações não existe um consenso geral assim, tem que ser usado isso, existe uma listagem de medicações e você faz a opção conforme o quadro clínico e a adequação do paciente, também baseado no arsenal disponível no hospital.

Quanto ao assistente da promotoria, com currículo impecável e respeito, tenho severas divergências porque acho que os nossos mundos eram diferentes, por exemplo, a associação, fazer uma associação contínua com três fármacos ou dois fármacos o sedativos e o analgésicos, sedo analgesia, o ideal não é esse, a gente sabe, mas é o possível, porque os equipamentos, bombas infusoras, os equipos são extremamente caros e era maneira de o hospital sobreviver. Para que isso fosse realizado com plena segurança os farmacêuticos faziam um teste de estabilidade então se atendia o possível, na forma possível, todo mundo queria ter acesso às coisas mais modernas, mas a realidade é muito diferente disso e não é exclusividade nossa , nós temos contatos com quem trabalha no HC- ameaça de fechar, o Erasto Gaertner que sobrevive muito com doação, então tudo isso influencia e você tem que se adaptar à situação e todo mundo trabalha porque acha que um dia pode melhorar, e a gente se adapta da melhor forma possível, baseado na adaptação do paciente.

Juiz: Doutora Virginia, deixa eu aproveitar, grande parte dos fatos que se descreve na denúncia, crime de homicídio, eles conjugam dois fatores basicamente: a utilização de medicação e a alteração de parâmetros, bloqueador neuromuscular e ventilação, o que a senhora tem a dizer a respeito desse procedimento de utilização de medicação para bloqueio neuromuscular e diminuição dos parâmetros ventilação, isso é normal, é padrão, claro cada caso tem suas peculiaridades?

Virginia: Cada caso tem sua característica e tem as indicações dos bloqueadores neuromusculares porque eu lhe afirmo que esses pacientes foram mantidos em cuidados de terapia intensiva desde que entraram até o momento do óbito, se houve uma decisão de não reanimação, foi pelas condições, pela patologia, pela falta de condições de retorno de uma atividade, com dignidade, de certa forma isso eu posso te dizer.

Juiz: A senhora gostaria de analisar os fatos e tecer alguns comentários?

Virginia: Eu fico à sua disposição

Juiz: Buscando então, bom primeiro fato em si (...)

Virginia: A Quadrilha

Juiz: Supostamente existência de uma quadrilha, envolvendo os médicos, não só médicos, mas de antecipação como prática de homicídios, esse fato é verdadeiro? Em algum momento havia algum interesse, a ideia ou havia comando, a sugestão, para que houvesse uma maior rotatividade dos leitos?

Virginia: Deixa eu, talvez aqui eu me atrapalhe um pouquinho porque eu não sou a rainha da contratualização, mas eu vou tentar lhe passar o que nos era passado. O Hospital Evangélico tem 41 leitos adultos; o hospital tinha uma contratualização para 27 doentes dia, nenhuma a mais, então se, por exemplo, tivesse 41 pacientes, o hospital receberia por 27 ,como era o pagamento médico, bom eu volto na contratualização: o SUS paga uma diária por 24 horas mesmo que eu tenha dois pacientes internados no mesmo dia, o primeiro é pago após 24 horas, internou às oito da manhã faleceu às 8 horas da noite computo até às 8 horas da manhã no dia seguinte essa é a regra do SUS, então não alteraria. E como eu recebia? Os meus honorários eram por leito ocupado ao dia, o número de leitos ocupados ao dia pelo valor que o Hospital repassava do SUS, acho que a partir de 2010 era R$ 70,00 até 2010, se não me engano R$ 45,00 por leito, esses eram os honorários. A partir de 2010, o hospital começou a pagar os plantonistas, então no período noturno, aos sábados e aos domingos, e se eu fizesse plantão eu não recebia. Foi um acordo para poder continuar com o serviço porque não tinha outra maneira; então se eu não tivesse 14 pacientes o mês inteiro seria muito mais vantagem para mim, pela maneira como eu recebia que era diferente dos outros e os plantonistas receberiam a mesma coisa, com a vantagem de ter um plantão mais calmo. Eu não sei se consegui me fazer entender.

Juiz: Sim, conseguiu.

Virginia: Perdoe-me interromper, em relação à formação de quadrilha, a parte médica era mais estável, mas médicos às vezes fazem terapia intensiva como complemento de sua formação até mesmo para melhorar o seu sustento. Muitos fazem 4, 5 anos de residência e precisam de um ganho maior, alguns vão para outras cidades, para outros lugares e outros não suportam os atrasos e precisam trabalhar em outros locais. Então, apesar de ser mais estável, não existe um grupo médico fixo de agosto de 2006 a fevereiro de 2013, a parte de enfermagem era mais crítica, porque acho que não é segredo para ninguém as dificuldades que o evangélico tinha, os atrasos, então ele não era atraente, então tinha muita rotatividade técnica no hospital com as pessoas, a rotatividade era muito alta e, mesmo com esforço, o hospital não conseguia suprir a demanda que faltava de funcionários e a fisioterapia talvez a C. tenha sido a fisioterapeuta com um pouco maior de permanência (4 anos); era uma pessoa muito dedicada, e já era uma fisioterapeuta de muitos anos no hospital então não haveria muito como, e na realidade o que se fazia era muita discussão dos casos sempre. Voltando, os pacientes, eu nunca tive um paciente internado em meu nome, o paciente sempre tinha o médico assistente ou grupo médico no caso de politraumatismo que tem ortopedista, tem neurocirurgião, é um grupo, sempre trabalhamos com as equipes em conjunto, claro com responsabilidade compartilhada, não fujo da minha responsabilidade, de forma alguma, mas infectologista, endocrinologistas, quando eram chamados, então todos os casos eram muito discutidos e assim se tomavam as condutas, em relação à ventilação a conduta é da Terapia, mas até de um cirurgião torácico que tem mais conhecimento, cirurgião cardíaco, pneumologista. Então se discute muito ali até entre os outros coordenadores das terapias.

Juiz: Das pessoas que constam nos prontuários dos pacientes, alguma delas veio a falecer enquanto a senhora estava no hospital?

Virginia: Faleceram comigo o senhor I., a senhora R., a senhora C. e o senhor L..

Juiz: A senhora pode nesse momento tecer algumas considerações sobre o quadro clínico desses pacientes, o desenvolvimento e a medicação utilizada?

Virginia: A senhora C. era uma senhora de 50 anos de idade, com vários internamentos no hospital para investigação de uma massa tumoral, em mediastino, região próxima ao pulmão à esquerda e ela já vinha sendo acompanhada pelo mesmo médico dr. L. F. que era o médico assistente da Clínica de pneumologista. Uma paciente que talvez não tenha tido tanta adesividade à investigação, mas acabou internando inúmeras vezes sempre em quadro de dor e esse internamento dela foi posterior a uma mediastinocopia que ela havia realizado 20 dias antes, é como uma endoscopia que é feita no espaço entre o coração e os pulmões e o esôfago, tem um pouquinho mais de coisa ali, mas para resumir é isso, é um espaço virtual ou real conforme o movimento do pulmão. Essa mediastinocopia com biópsia não foi conclusiva, mas o quadro clínico dela era um quadro clínico evidente, então ela foi submetida à toracotomia, abertura do tórax à esquerda. Nesse ponto, gostaria de falar uma coisa que pode exemplificar o quanto é difícil afirmar alguma coisa em termos de ventilação, a cada 5, 6 anos as coisas vêm mudando, e eu sou de uma formação, na minha época de Formação os parâmetros que se utilizavam eram os maiores possíveis, hoje a conduta mudou, então só para lhe explicar, para um cirurgião poder operar um pulmão à esquerda, ele precisa que fique paralisado, correto? Para poder instrumentar o anestesista entuba e só ventila o outro lado, esse pulmão entra em colapso no período em que há manipulação cirúrgica, fui clara? Deu para compreender? Isso se chama atelectasia total, então no caso da senhora C. ela passou, essa é uma das minhas divergências em relação à assistência técnica e creio que o perito respondeu sob hipóteses, porque ele também tem essa informação, sobre uma hipótese feita de repente o pulmão atelectasiar se for retirado o PEEP e nesse caso não pode ser utilizado o PEEP, porque você não pode trabalhar com um pulmão "normal", que não era e com uma pressão expiratória, uma expressão que mantém o alvéolo mais aberto, porque existe alvéolo normal ali, por que pode ser bom para área doente, mas pode ser lesivo fazer o cisalhamento de um alvéolo normal; então ela demorou umas 4 horas nessa situação, veio para UTI extubada, porque ficou na recuperação anestésica e a partir daí o quadro foi extremamente adverso, ela teve que ser re-entubada na emergência, e Dona C. já usava em casa, há semanas, opioides; a característica do opioide é gerar tolerância, você é obrigado a aumentar a dose, uma segunda alternativa de substituição de medicação, nós não tínhamos em arsenal, supondo foi usado o fentanil, morfina não seria interessante para paciente pulmonar, porque libera histamina. Parece uma reação alérgica, a pessoa tem como se tivesse uma anafilaxia, baixa a pressão, o pulmão chia, tem mais dificuldade; então era o fentanil e ela tinha também uma característica, que consta na literatura, ela tinha uma dificuldade a sedativos, a dificuldade publicada em Literatura, está aqui se o senhor quiser eu posso apresentar, é estratégia de controle de sedação difícil; quando o médico foi entubar, não era eu, foi entubada na madrugada. Ela tinha o peso aproximado de 60 kg, ele usou 45 MG de midazolam, o normal a gente usa 15, isso não é feito de imediato, porque você tem tempo, você vem pelo paciente até que você consiga introduzir a cânula, então a dificuldade foi de ela relaxar e aprofundar a sedação, porque você não pode fazer com paciente acordado, só um pouco ansioso, você tem que fazer o paciente sedar, a quantidade está relacionada à intenção de que você precisa naquele momento porque existe a dose mínima possível; ela é ótima, quando você precisa tirar uma ansiedade, você dá de forma leve, quando você precisa aprofundar por algum momento, por uma intercorrência a dose mais alta; essa dose ela tomou no dia 6; ela faleceu no dia 13; ela tolerou muito bem, sem alteração nenhuma hemodinâmica sem nada claro que todo o aparato necessário instalado tinha droga se precisasse, tinha soro se ela precisasse, então esses cuidados são feitos sempre que se vai fazer isso todos os cuidados são tomados, e nem todo paciente que toma medicação vai apresentar alteração circulatória eu checo isso nos outros no momento em que eu for discutir a última medicação. Para o senhor ter uma ideia, em sedação estima-se que só 25 a 60% dos pacientes respondem bem, o resto você tem fracasso terapêutico, esse trabalho vem das UTIs europeias, França, Inglaterra, Alemanha e o que se discute é que você tem para sedação a indicação mínima, mas, por exemplo, no caso do Midazolam não existe a quantidade máxima, embora você tenha uma dose que você trabalha, não existe ainda uma dose determinada que não possa ser atingida, não possa ser utilizada; o Propofol é menos. Nessa evolução foi tentado novamente tirá-la do ventilador. Ela não suportou, ela foi re-entubada e finalmente foi traqueostomizada. Não consta da denúncia, o senhor quer que eu detalhe o porquê da traqueostomia? Se precisar, também posso fazer o detalhamento. Ela foi traqueostomizada. Foi retirada a sedação que ela tinha enquanto estava entubada com a mente e a sugestão de um dos protocolos da Associação de Medicina Intensiva subitamente existem outros que falam para eu fazer uma redução aos poucos, mas a sugestão maior de uma pessoa muito respeitada que é uma pneumologista é reconhecida pela AMIB nos trabalhos de pesquisa é que a suspensão seja súbita, foi. A princípio como ela era uma paciente tabagista, com quadro pulmonar grave o que chamou atenção é que o outro pulmão tinha imagens sugestivas de metástases. O pulmão era o esquerdo que tinha problema. Por que esse pulmão não foi retirado? Porque já tinha invasão de gânglios e de nervos e os gânglios do mediastino, que levam o sangue para região cerebral, já estavam comprometidos, houve a suspeita a princípio de que pudesse ter outras patologias porque os casos são discutidos; é chamada infecto se uma colagenose pode ser uma doença autoimune, mas na realidade eu vou ser muito sincera -- a única pessoa que acreditava que pudesse ser uma outra doença era eu porque tanto o pneumologista quanto o infectologista, quanto cirurgião torácico e neurologista não tinham dúvidas nenhuma em relação, ela fez uma nova tomografia para avaliar o pulmão direito e esquerdo pós-cirúrgico, e na madrugada do dia 8 para o dia 9 ela perde a consciência e só reage a estímulos muito profundos, avaliação de coma de Glasgow 6, 7, a avaliação de coma normalmente pode ser feita pela enfermagem, e geralmente é feito por médico, mas pode ser e deve ser feito pela enfermagem, assim como a escala de Ramsay, volto a lhe dizer, vou ser completamente sincera, 90% dos técnicos não sabem o que é uma escala de Ramsay, o senhor vai me perguntar por que não ensinam na educação continuada? Não era atividade nossa; inclusive, um dos meus motivos de suspensão, eu fui suspensa, em maio de 2011 foi por interferência. Não tive comunicação; a CRM não responde a comissão de ética, foi por uma questão disciplinar e não envolvendo caso médico.

Ela fez duas tomografias: uma sem contraste por um erro do grupo da própria tomografia, outra com contraste e que comprovou inúmeros nódulos em 3 regiões cerebrais: a região cerebelar direita e esquerda, temporal e frontal. As metástases cerebrais não determinam morte imediata, dependendo da região que se atinge, existem estruturas cerebrais como o cerebelo, por exemplo, em que o comprometimento agrava e muito o prognóstico do paciente e por que ela entrou em coma, ela tinha um nódulo e um processo inflamatório, se chama o edema, um inchaço em volta da lesão, essa região - o cerebelo- tem o espaço por onde circula lícor, então se ele fecha e pode fazer um aumento, não faz uma drenagem do líquido, que se chama hidrocefalia; se ele não fecha, o paciente entra em coma, ele está comprimindo estruturas tanto para cima e para baixo e comprime o tronco cerebral, que é uma região extremamente nobre que controla tudo: respiração, circulação, pressão todos os componentes do paciente. Eu vou me estender um pouco porque o Senhor me falou dos quatro; acho que seus quatro pontos maiores... fico à disposição para qualquer outra. E a neurocirurgia avaliou, viu a paciente e não tinha o que se fazer, porque quando acontece essa compressão tem que haver cirurgia, e não haveria uma cirurgia, porque não havia condições de ressecar o tumor, o estágio era avançado para intervenção cirúrgica. Praticamente nesse momento a neurocirurgia fechou o prognóstico mesmo sem anatomia patológica, considerando a tomografia de pulmão, considerando o histórico dela e a tomografia de crânio, não haveria mais o que se fazer mesmo assim tentando alguma coisa numa situação, mas passam de uma chance porque é uma situação difícil de perder você se tentou trabalhar com todos os diagnósticos pouco prováveis, mas possíveis, então a terapêutica se estendeu para infectologia, inclusive posteriormente o chefe da infecto foi contra, aceitou porque foi por um período curto, mas foi contra. Porque caracterizaria uma obstinação sem benefício ao paciente; ela era uma tomadora crônica de corticoide, em doses altíssimas ela começou a superficializar só que ficou entre a sonolência e a agitação psicomotora, sempre com uma tendência a frequência cardíaca alta e hipertensão, essa situação se chama hipertensão intracraniana. Esse é um ponto de divergência que eu tenho do assistente técnico da promotoria que não aceita hipertensão intracraniana, o que ela não tinha era hidrocefalia, ela não tinha dilatação para isso, mas hipertensão intracraniana é um diagnóstico clínico e fácil de entender, porque o cérebro tem três componentes: os vasos, o parênquima massa cerebral e o lícor e eles vivem em harmonia, numa caixa fechada, depois que nós fechamos as fontanelas, não há como haver expansão, se houver expansão ela começa a ter lesão, porque comprime estruturas. Isso é hipertensão intracraniana, manifestação clínica de hipertensão intracraniana, taquicardia e hipertensão sem justificativa alguma e que poderia ser manifestação de dor, porém com analgésico não respondia, e o volume urinário dela era um pouco maior do que deveria, devido às condições hemodinâmicas. Isso também é sugestivo de algum distúrbio de controle de diurese pelo cérebro. No dia 12, por duas vezes, foi necessário sedação, ela responde, sedação e analgesia sempre, e o senhor me pergunta se as prescrições saíram juntas? As prescrições saíram juntas? Foram feitos juntos? Não, respeita-se exatamente, primeiro, bolos é uma aplicação que dura de 1 a 3 minutos, EV é de 3 a 10 minutos; não são sinônimos e podem ser usados na literatura como sinônimos, mas não são, no local na terapia onde tem médico 24 horas essa prescrição não estabelece risco porque normalmente você orienta; vamos fazer e muitas vezes você faz intercalado; começa com analgesia sempre, a não ser que seja uma convulsão, quadro neurológico, mas você começa com analgésico e a seguir seda o paciente na necessidade que ele tem. Na manhã do dia 13, ela estava (...) e outra coisa difícil é o quadro neurológico que precisa ser bem detalhista para se perceber. Ela tinha abertura ocular e tinha o olhar que parecia atento, só que em alguns momentos o movimento de lábio, como se fosse um tremor, mas geralmente de um lado e isso sugere um estado de mal parcial convulsivo, por que ela teria isso? A área que pode gerar convulsão é a temporal e a que estava comprometida era a área posterior também, e ela passou a fazer um quadro de esforço respiratório; essa paciente com o quadro do carcinoma, confirmado no dia 12 com anatomia patológica no adenocarcinoma, ela poderia fazer uma série de complicações relacionadas ao tumor, infartos de todos os tipos cerebrais, mesmo sem compressão e infarto miocárdico, embolia pulmonar, isso seriam complicações dos tumores, ela tinha retirado o dreno de tórax ela fez uma broncoscopia que confirmou o diagnóstico; a broncoscopia foi feita no dia 10 e ela tirou o dreno de tórax no dia 12, o que poderia ter acontecido uma o risco de uma biópsia por broncoscopia é feita com a visão de dentro do pulmão e não como cirurgia de um pneumotórax; então no momento ela estava realmente sentada numa cadeira, como foi registrado às 8 horas. Ela foi sentada à noite; essa rotina era da enfermagem da noite que já começava por volta das 5 ou 6 horas da manhã a sentar alguns pacientes; o grupo de manhã chega às 7h30 e não há tempo hábil para você fazer (...)

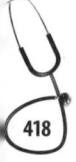

Vídeo 2

Nesse momento que se atende, não é a paciente que está fazendo esforço, seda, não é assim como foi dito pelo assistente técnico, tem coisas que são básicas, rotineiras e feitas em UTI; você me pergunta por que não é escrito, todos esses doentes foram entubados, para ser entubado você coloca um tubo na traqueia, você precisa de um aparelho que se chama laringoscópio; os prontuários de todos os pacientes internados você não vai encontrar um registro do laringoscópio mesmo na anestesia, porque faz parte do instrumental. Então você não costuma descrever tudo que faz parte da rotina. O senhor determinou que os réus fiquem lá fora; isso deve fazer parte de uma rotina, então o senhor só determinou o momento em que tínhamos para sair o senhor não precisa dizer, baseado na lei tal..., isso deve ser um consenso. Nesse momento foi chamada a neurocirurgia que, aliás, nem precisava ser chamada porque a neurocirurgia já estava cedo na UTI porque era o grupo com maior volume dentro da UTI por causa dos traumas. A equipe avaliou o doente e já contraindicou fazer uma tomografia porque não haveria o que fazer independente do resultado e a única alternativa seria tentar reduzir a pressão intracraniana. Então, isso foi feito. Mas independente de que o senhor tenha que considerar o horário que foi checado, ou checo lá só que às 10 horas ela estava completamente anestesiada, mas se não puder ser aceito porque a gente escreve depois, mesmo assim eu apresento. Foi feito um propofol porque o propofol é uma droga que embora possa ficar em circulação 30 minutos os seus efeitos cessam após 10 minutos de sua aplicação, eu acho isso importante dr., porque é diferente da bula; realmente eu concordo com o assistente técnico: ninguém trabalha com bula, nós trabalhamos com a literatura. Ele começa a sua ação em 40 segundos, os efeitos cessam após 10 minutos da interrupção da infusão. E isso tem outro protocolo da associação de medicina intensiva. A quantidade que você faz em média de 1 a 3 mg/kg que seriam 180 mg/kg, a ampola tem 200 mg, o residual da ampola normalmente você não utiliza, se você fizer 180/185 como é uma solução à base de gordura a chance de contaminação é muito grande, você despreza até porque como é um fármaco psicotrópico ele tem que ter controle, ele tem que ter o frasco vazio para ser apresentado ao Ministério. Já tinha sido feito analgésico, ela não conseguiu responder e não conseguiu permitir que se examinasse adequadamente e a seguir todos os procedimentos que se faz curativo porque ela era uma paciente cirúrgica, a aspiração traqueal que é uma manobra desconfortável, que você põe uma sonda e se o doente está plenamente acordado, reage ao desconforto e às vezes a dor é grande.

Foi feito o analgésico intercalado ao Propofol como é feito e muito rápido ela voltou a apresentar não tanto esforço respiratório, mas o que se chama de taquipneia neurológica, havia compressão cerebral na região de tronco e ela passou a respirar sem controle com uma frequência muito alta. Superficializou, porque foi utilizado o thiopental. O thiopental é uma droga ainda utilizada em hipertensão intracraniana refratária no caso dela porque o propofol já diminui a pressão e como a associação é rápida. Não foi o suficiente o thiopental e ele também é de início de ação rápida e ele pode gerar hipotensão, mas era uma paciente que se manteve com tendência à hipertensão e a taquicardia deprime o miocárdio não chega a essa ação é isso que eu digo se hipervalorizou o efeito cardiovascular, não se considerou tempo de ação de droga pode existir um efeito cardiovascular, isso eu não nego, mas se você fizer todas as medidas de segurança, você não vai ter isso. E o propofol, doutor, é o remédio que ficou na moda em quase todas as clínicas, ambulatórios, clínica de cirurgia plástica, endoscopia quem fizer isso vai tomar uma ampola de propofol, com certeza, e de vez em quando não é suficiente e a dose de propofol varia entre 3 mg até 12 mg por kg. Então ela foi colocada em ventilação, porque que a evolução da enfermagem tem bradicardia, hipotensão e dessaturação? Esse é o momento da morte e o quadro dela foi súbito e por isso o diagnóstico foi de herniação cerebral. Herniação é quando o cérebro vai, por algum lugar ele tem que sair, então ele entra para dentro da medula, do canal medular, ele entra hérnia porque daí estruturação comprimida subitamente, as hérnias foram mais prováveis cerebelares e não há o que se fazer. O senhor me pergunta por que está descrito reanimação cardiovascular? Volto a te dizer não tem na evolução médica reanimação e não foi feita porque não teria sentido fazer; a enfermagem tem orientação de evoluir aquilo que foi feito, não existe lógica em haver discordância de uma coisa e outra, mas eu volto a dizer, nós não tínhamos acesso a essa determinação deles, isso era a coordenação de enfermagem e nós não podíamos intervir.

Juiz: Na sequência, o próximo.

Virginia: O senhor L. I. foi um paciente transferido de uma central de leito onde ele estava há 8 dias em uma maca, queda de nível, um senhor de 75 anos; a suspeita, na entrada, por uma dor intensa era de uma fratura na lombar; eu vou resumir bem: com a ressonância foi comprovada a fratura na região torácica, lombar e sacral. Ele tinha como antecedentes ser um paciente hipertenso, coronariano, com revascularização, com 4 angioplastias e stends, feitos 10 anos antes da sua admissão no hospital e era um paciente diabético. Ele ficou na enfermaria por 19 dias, nesse período a partir do dia 13, 14 já tem um relato de confusão mental, agitação, hipotensão, hipertensão, culmina no dia 23 com uma piora clínica, mas ainda na enfermaria de neurocirurgia quando se entra com antibiótico com a suspeita de quadro infeccioso; colhe-se uma hemocultura que veio positiva por uma bactéria sensível à medicação, porém uma bactéria resistente, uma infecção hospitalar. Só que no dia em que a hemocultura foi realizada, o raios-X de pulmão ainda era normal, mas dificilmente seria outro foco, urinário podia ser, mas não tinha uma cultura, não tinha o achado para confirmação, porque esses doentes que têm muita dor e fratura em tórax tendem a poupar, por causa da dor então eles inspiração maior ele limita para tentar se defender e isso gera áreas de atelectasia e a chance de infecção sobre atelectasia é muito grande. No dia 26 pela manhã, ele teve que ser entubado, na enfermaria, porque entrou em uma insuficiência respiratória gravíssima após edema de pulmão. A quantidade de medicação feita, se o senhor for ver no prontuário, entre as 8h30 da manhã e as 11h30 quando ele foi entubado, ele tomou no período de uma hora duas ampolas de Morfina; ele já veio com opioide da enfermaria e anti-inflamatório. A

Morfina normalmente você faz uma ampola de 10 mg a cada 4 horas, ele tomou no espaço de uma hora duas ampolas de Morfina, era um paciente com uma dor de difícil tratamento, diurético, corticoide, no sentido de uma broncodilatação, ele entrou em um quadro como se fosse um cardíaco com edema pulmonar grave. Entrou na UTI, foi entubado na enfermaria e veio transferido com droga vasoativa.

Esse paciente mesmo sob ventilação, e houve um erro porque essa sedação foi prescrita numa vazão para durar 24 horas e correu erroneamente, até está anotado no relatório da enfermagem, em um período menor, mesmo assim ele conseguiu se extubar, tirar a cânula. Foi necessário re-entubar; nesse momento foi usado antropina, porque a frequência cardíaca dele caiu e o risco era muito grande. Isso aconteceu do dia 26 para o dia 27, se o senhor olhar o balanço hídrico ele dá uma visão, mas não é a realidade porque é uma anotação a cada 2 horas, não contém todos os dados dos pacientes, se houver uma intercorrência dificilmente você vai ver anotado. O senhor me pergunta por quê? Porque não pode ser de hora em hora, nossa isso seria um sonho só que para isso precisa de pessoal e precisa que a coordenação aceite que essa rotina seja mudada; o médico não tem o poder de dizer eu quero que faça assim... porque daí você vai responder no dia seguinte porque desrespeitou a hierarquia do setor.

Ele estabilizou no dia 27, tentou-se tirar drogas, a quantidade de droga era baixa e o que aconteceu no dia 28, como o quadro pulmonar radiológico piorou e ele tinha pouca perspectiva de saída, ele fez a traqueostomia, foi sedado para tal, porque ele tinha sedativos e analgésicos contínuos, porém os reflexos são mantidos, então quando o cirurgião faz a incisão e manipula a traqueia, o paciente tosse e nessa região tem tireoide, tem que evitar sangramento e evitar algum desastre cirúrgico porque é um procedimento eletivo, embora necessário, de uma certa forma eletivo. Não houve uma emergência que ninguém conseguiu entubar e alguém foi obrigado a fazer, foi eletivo. Ele ficou bem. Existe uma rotina que quando você faz uma cirurgia, não se mobiliza o doente de imediato, por quê? Primeiro, em um paciente de coluna, com uma fratura que ele tinha, sempre com resposta a dor e muito importante, já com uma tendência a rigidez muscular descrita em uma evolução de enfermagem, poderia ser dor, mas também poderia ser feita pelo opioide que ele tomou.

Eu fui chamada pela enfermagem porque o doente ao ser mobilizado dessaturou, ou seja, começou a se agitar e a competir com o ventilador. Ele era um paciente que tinha droga em infusão, droga eu digo droga vasoativa, tinha medicação, nesse momento você interrompe a sedação contínua, logo após porque a primeira coisa que se passa, acidente de mobilização, uma cirurgia recém-feita, uma cânula que pode sair, se sair vai sangrar, porque é uma cirurgia recente e você perde o acesso a parte, a via aérea e você tem de voltar a entubar o doente, se você for extremamente bem treinado e graças a Deus todos os médicos eram, se consegue não se perder um paciente nessa situação, não aconteceu isso, não foi um acidente. Esse paciente começou a aumentar a frequência respiratória, a se agitar, a ter sudorese e a saturação caiu. A hipotensão na hora que ele fez, eu interpretei como pela baixa da oxigenação, aumentei os respiradores, fiz tudo aquilo que conseguia, como ele não respondeu, foi feita a medicação. No caso dele foi feito, ele pesava em torno de 70 kg , o Propofol um pouco mais do que um ampola , e como eu lhe disse, nós temos, até por determinação da SCCIH desprezar e a farmácia não aceita nessa medicação, porque esse é o estoque emergencial que deveria estar no carrinho de parada porque não fica, porque essa medicação precisa de refrigeração de 2º a 8º, e essa medicação é muito sedutora para desvio, é por isso que no Ministério da Saúde tudo é muito controlado nesse sentido para que não haja desvio. E o curare foi feito para que ele conseguisse se adaptar a todos os parâmetros de ventilação (diferente da denúncia, foram aumentados). Por que isso não aparece no balanço? Porque foi após. Ele faleceu às 11h e o último controle foi às 10h; se ele tivesse sobrevivido até o meio dia, o senhor teria esse controle, antes disso não, eles escrevem óbito. Por que ele não foi reanimado? Na realidade não é que ele não tenha sido, o que foi feito durante o período todo de atendimento dele, foi colocar o respirador em 100%, já não se respeitou uma pressão menor ou igual a 30 e se colocou uma pressão maior, tentou-se uma expansão maior com todo o cuidado para que não tivesse uma ruptura de pulmão; foi aumentada a droga vasoativa, a droga vasoativa que estava em 5 ml hora passa 50 a 500. São três dígitos; nossas bombas eram muito simples; elas não registravam volume, somente a velocidade, como comporta três dígitos, comporta até 999 ml. Então na realidade o que não foi possível foi ser reoxigenado e que ele tivesse pressão, por isso o diagnóstico de choque refratário que não respondeu nem aos aumentos das aminas vasoativas, nem aos aumentos dos parâmetros de ventilação. A senhora tem como comprovar isso? Só pela minha evolução e pelos médicos que estavam presentes e que inclusive ajudaram, o cirurgião torácico reviu a parte cirúrgica, o que infelizmente, doutor, nós não conseguimos que fosse anotado pari-passu esse paciente de 2013, pois foi um ano muito difícil porque o hospital tinha em torno de 3000 funcionários e os setores de informática, não sou Expert nisso, mas vou tentar explicar da maneira que entendi, o sistema confortava todas as unidades internas e externas; o objetivo maior dele era gestão, controle de estoque, faturamento, essas coisas a parte médica era um apêndice. O servidor não suportou; então nós levávamos mais ou menos meia hora a 40 minutos para que uma prescrição fosse impressa, tentou-se de tudo; foi trocado o servidor em fevereiro, 5 de fevereiro; foi no Carnaval. Foi trocado o servidor para que pudesse ter condições de continuar funcionando, então muitos documentos foram perdidos. O servidor foi trocado em função disso, já estava gerando dano e sofrimento aos relatórios múltiplos dos pacientes. Então o que se fez foi tentar reanimá-lo, ressuscitá-lo em termos de pressão e de respiração nesse período.

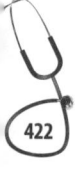

Juiz: Pois bem, temos mais dois. I. (...) escolha...
Virginia: O paciente I. foi um paciente que internou na UTI após um enxerto; eu acredito que o Doutor E. também falou do I. e do quadro dele. O senhor I. foi um paciente que internou; seria um paciente de UTI, mas não propriamente na minha. Seria um paciente da UTI cirúrgica que atende esse tipo de paciente por falta de vaga e em caráter emergencial porque ele entrou em choque no ato *anestésico*. *Ele veio para minha UTI quando ele foi admitido, ele foi trazido pelo* anestesista e pelo cirurgião vascular; já havia na anotação dele a hipótese de que haveria novas intervenções se houvesse sucesso na enxertia, porque a regra para uma enxertia de uma ponte funcionar é ter uma boa pressão e que ele tenha vasodilatação, em situações periféricas, membros inferiores; exatamente o que foi feito no ato anestésico foi o oposto com drogas vasoativas a noradrenalina e infelizmente nós não temos drogas vasoativas ideais. Isso não existe, sempre tem um efeito muito bom de um lado e um dano de outro lado; a característica dela é a vasoconstrição periférica que é o oposto do necessário para um pós operatório ser bem-sucedido; então a própria cirurgia vascular já veio colocando a situação de evolução dele, se houver sucesso e o senhor me perdoe esse é um comentário pertinente de convívio cirurgião, cirurgião é normalmente uma pessoa que tem um ego alto então normalmente o que ele faz vai dar certo, se não der certo, a culpa é sua, mas quando ele já vem dizendo que acha que não vai dar certo e a característica dessa ponte foi feita através de um Stend que é uma prótese quando se faz, por exemplo, com a veia uma safena há chance de entupir... estou falando em termos chulos, mas a chance de entupir esse enxerto é bem menor só que é uma cirurgia mais elaborada e mais longa; então pelos riscos desse paciente foi feita uma enxertia com prótese. O senhor I. tinha como antecedente uma doença cerebrovascular severa, 7 AVCs. O sujeito acamado desde 1996, tinha dificuldade, embora não esteja descrito, foi confirmado pela filha quando esteve presente nas audiências, que ele tinha dificuldade na fala e isso se chama disartria, que é sequela do infarto cerebral que se instalou em 96 quando ela disse que ficou com paralisia direita pela região atendida é o hemisfério esquerdo e hemisfério dominante que é responsável pela fala e pelos movimentos lado direito e normalmente extenso; era um paciente tabagista e classificado como pulmonar crônico. Aqui volto a discordar do assistente técnico do Ministério Público porque o diagnóstico hoje a sociedade de pneumologia dá um diagnóstico de doença pulmonar obstrutiva crônica para qualquer indivíduo acima de 40 anos e com 10 anos de hábito tabágico; esse paciente é classificado pelos pneumologistas como pulmonar crônico e a presença de tosse, esse diagnóstico de doença pulmonar crônica não foi dado pela UTI, foi dado pela cirurgia vascular e pela anestesiologia antes de entrar na UTI; e quero deixar bem claro que não houve criação de Diagnóstico em nenhum dos casos. Deu-se de certa forma uma sugestão em relação ao que eu tinha dito a você deixar sedativos e analgésicos no mesmo frasco é uma

questão de sobrevida se nós usássemos, nós não teríamos bomba infusora suficiente mesmo se eu quisesse, nós não teríamos porque equipo é muito caro e não existe outra maneira de adaptar o equipo.

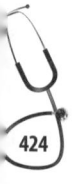

Horas depois do internamento, esse paciente apresentou uma parada, ele foi reanimado porque foi uma parada por fibrilação ventricular e intercalado com assistolia e ele foi reanimado por 101 minutos, aqui mais um comentário, é simplesmente mágico -- me perdoe o indivíduo -- ver um prontuário médico sendo médico intensivista e dizer que a parada foi de 24 minutos, não sei qual foi a mágica usada pela quantidade de medicação; quando você tem uma fibrilação, a primeira coisa que você faz é massagem e desfibrilar, usa choque elétrico, você pode usar choque elétrico o quanto for necessário e a medicação é colocada quando o paciente não responde ao choque. Portanto, para qualquer indivíduo que exerce a medicina todo dia que tem que atender 14 pacientes, dar atenção a este paciente, que põe a mão na massa, que mexe no paciente, é impossível que ele não tenha percebido que tenha sido feito massagem cardíaca, me perdoe pelo desabafo, e desfibrilação. Qual seria o motivo de dizer que o paciente parou por 101 minutos, vamos dizer agravaria o quadro do paciente por que reanimou 101 minutos? Não doutor, não precisava chegar a todo esse tempo, a cada um minuto de parada você perde 10% de chance de sobrevida a cada 1 minuto e isso em um indivíduo vamos dizer assim hígido ou um pouco mais saudável ele tinha 70%, perdão, entre 50 e 69% de obstrução da carótida que é artéria de maior porte que vem do cérebro à esquerda, foi responsável pelo quadro que ele teve e o lado direito ele teve 50%, não era cirúrgico, mas poderia ser, porque tinha placas; ele não precisaria fazer outra coisa a não ser ficar tenso. Quando entrou no centro cirúrgico essa placa pode deslocar e esse acidente pode acontecer antes de qualquer intervenção; a segunda colocação é a dúvida que foi feita que o prontuário não diz que esse paciente coronariano seria um pouco difícil um paciente que tem doença cerebrovascular e que vem até a região cervical que tinha doença abdominal porque a ilíaca estava comprometida. A ilíaca é uma artéria que vai até as pernas, mas começa no abdômen e ter insuficiência nas pernas e o coração ser sadio é muito difícil; essa é uma coisa que você trabalha e tem mais um dado muito importante que passou desapercebido: esse paciente tinha uma hipertrofia ventricular concêntrica do ventrículo esquerdo no ecocardiograma embora tenha função normal, a hipertrofia ventricular associada à idade dele causa 90% de obstrução, hipertensão mesmo sem referência de hipertensão como ele se referia por que não tinha ninguém que o acompanhou no internamento. Essa condição, por exemplo, se o indivíduo passar para o estresse e a frequência do coração aumentar, as coronárias passam pelo músculo; como o músculo trabalha com a frequência maior, ele comprime, não permite a elevação adequada; então ele seria coronariano ou ele teria um infarto endocárdico só por essa alteração. Depois desse tempo de parada, a situação ficou praticamente impossível. A tentativa foi de retirada total da noradrenalina que não foi possível porque ele se manteve sedado até a morte por uma razão.

Quando você tira a sedação não está registrado que tirou a sedação. Eu estava nesse dia; você desliga a bomba; se você retorna a bomba, eles anotam naquele horário que está registrado aquele valor.

Eu não vou me estender demais, mas tem como explicar isso no L. com um pequeno detalhe que você percebe como está anotado ali. Ele começava a fazer a hiperpneia neurogênica que não existe como você sustentar. Circulação cerebral mesmo que fosse uma massagem superior a 15 minutos; 15 minutos já dificultaria a função cerebral; ele se tornou espástico quando a musculatura entra em espasmo. E aí era dos dois lados e tinha mioclonias se fosse mantido sem a sedação ia e a convulsão

Esse é o pior estágio de um quadro chamado estado vegetativo persistente e volto a discordar do assistente técnico. Com todo o respeito que lhe devo e tenho por uma razão ele falou em morte encefálica morte encefálica não é considerado terminalidade ela não está no grupo de terminalidade se alguém achar resolução 1836 do CRM, porque se há morte encefálica, nós temos dois caminhos: ou paciente é doador ou não é; se o paciente é doador temos que manter para termos viabilidade na doação, se ele não for doador ou por uma recusa familiar, ou por uma falta de condições clínicas, se doar, a ordem tanto do CRM quanto das centrais de transplantes que regulam e auxiliam na manutenção desse paciente é a suspensão imediata de todo o suporte do paciente. Isso quer dizer desliga ventilador, desliga tudo e a família vem sendo preparada para essas duas hipóteses, se não há recusa ou se há recusa; eu acho que a gente, apesar de não ser correto, a gente não pode ser tão rigoroso assim porque você tem que dar um prazo. Às vezes um adolescente que sofreu um acidente e tem pai, tem mãe, tem avó, até que alguém se adapte e que possa falar que pode doar, você tem que dar o momento para eles ficarem próximos, você avisa que vai ter que tirar a medicação porque não tem lógica sua manutenção, mas o ventilador a gente não tira para pelo menos dar um tempo para aquela família ter aquele momento com o paciente.

Vídeo 3
Porque que eu mantive, muitas vezes você tem a obrigação bilateral: o paciente e a família e, muitas vezes, a gente não consegue ter adesividade de presença que a gente precisa para ir informando familiar e conscientizando o familiar, foi dito a ela porque não foi retirada a medicação em função do quadro cerebral e a decisão da retirada de droga é uma conduta é um ato médico, ele tinha sofrimento cerebral tinha perdido enxerto nas pernas; a perna esquerda ficou azul, de cianose por falta de circulação; a perna direita já vinha evoluído para perda. Então foi um ato médico, era a única alternativa para tentar que ele evoluísse dentro do possível sem uma intervenção que não estava melhorando, que não estava mantendo o coração batendo me perdoe o

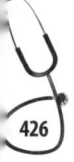

termo que usa em medicina, o coração não bate ele apanha, por que é como a gente explica isso inclusive para a família, você bate em cavalo cansado, ele não tem mais condições e você está forçando uma condição e ele não tem mais condições. Então foi feita essa decisão. Por que foi feito entre oito e dez horas porque daí ainda se esperou que a vascular que já tinha conversado e combinado confirmasse. Porque numa de gravação tem você deve ir com I.? Era permitir que ele evoluísse após esse ato médico sem intervenções maiores, sem volta de medicação com hidratação porque nada mais foi suspenso. Por que foi feita a medicação? Esse paciente pela manhã e ainda digo que posso explicar o tempo de ação. Essa medicação foi feita porque é feito o curativo e a vascular examina e para saber se o músculo é viável ou não, coloca-se a pinça por dentro da incisão, para estimular, então isso gera dor, sofrimento do músculo pela circulação, gera dor, gera um processo inflamatório e inclusive eu faço uma pergunta Doutor, o senhor deve ter nos autos, se a isquemia muscular geraria um processo inflamatório e dor, é porque há morte encefálica que essa condição é aceita pelo CRM, e nessa condição que é aceita não tem que retirar aos poucos, é retirar, o problema é que às vezes a dificuldade para você conversar com pai e mãe é maior; então a gente aguarda um pouco, então no I. a medicação eu diminuiria a pressão cerebral por causa do inchaço cerebral que acontece após a parada, isso se chama encefalopatia anóxico isquêmica, mas ele estava hipotenso, realmente estava, mas ele tinha soro e tinha uma condição de volemia o que circula entre o coração e os vasos a quantidade de líquido era suficiente então dificilmente essa droga fez isso, se ela fizesse em 100% dos pacientes que ela fosse aplicada ela não seria usada em ambulatório por que não há condições de reanimação adequada. O Fentanil foi usado uma quantidade maior foi dentro do preconizado de 75 microgramas kg usado 10 ml, porque foi feito a hora em que começou a se manipular e ele começou a ter a respiração Já começou com analgésico e vem dose intercalada você pode utilizar até 500 microgramas no período de uma hora. Pancurônio, se me permite é muito rápida leitura a injeção isolada de doses elevadas que não foi que foi feito é fracionada do fentanil pode gerar rigidez muscular bradicardia e hipotensão arterial assim inconvenientes são minimizados por injeções fracionadas, doses lentas, uso concomitante de bloqueador neuromuscular que não foi possível encontrar em nenhuma literatura médica que o pancurônio tivesse uma atividade que aumenta o débito cardíaco. Ele aumenta a frequência cardíaca e aumenta a pressão. Isso está na literatura da Associação de Medicina intensiva e eu tenho outra literatura também de anestesiologia que recomenda exatamente o Pancurônio. E por que ele morreu? Do coração. Porque ele fez bradicardia, hipotensão. Foi a droga? Não, não foi o Propofol. Vamos dizer houve uma meia hora entre porque a hora que checa já foi feita, não exatamente foi a hora em que foi feito, mas já está feito. O Propofol dura 10 minutos de ação; a morte dele foi 50 minutos ou uma hora depois, já não teria na circulação, o fentanil se tivesse seria um residual e a droga que estava em circulação por que tem ação mais prolongada é uma droga que dura de 6 a 20 minutos que aumenta o débito, aumenta a pressão. No momento da morte, esse paciente nem fez bradicardia, tem muita dificuldade com arritmia, fez atividade elétrica sem pulso, parece bradicardia, mas você vê a diferença dos complexos que são extremamente alargados, por isso não tinha sentido reanimá-lo.

Dona R. R., a senhora R. R. internou no hospital no dia 24 pela manhã em torno de 7 horas da manhã e possivelmente eu não deveria ter vaga disponível naquele momento. O pronto-socorro faz o atendimento e procura buscar, inclusive, o diagnóstico e também seria o ideal que o pronto-socorro tem sala de emergência, tem monitores, até porque muitos pacientes que chegam não têm condições de serem transferidos para UTI e eles têm que ser atendidos em algum lugar e o pronto-socorro é o lugar. Ela chegou com a história de que tinha vômitos com sangue. O socorrista descreve um balde com mais ou menos dois litros e meio de sangue e Melena (fezes com sangue). Ela chegou ao hospital em choque, com perda de consciência e já foi feito aspiração, porque o rebaixamento de consciência que ocorreu em função do choque faz com que a pessoa tenha reflexo de vômito. Dentro de uma ambulância sendo transportada com a cabeceira baixa é quase 100% de chance de esse paciente aspirar o conteúdo gástrico. Esse quadro pulmonar dela se torna mais grave porque, além de conteúdo ácido, tinha sangue. Ela foi atendida no pronto-socorro, foi entubada, foi feito o soro, fez endoscopia que mostrava uma úlcera gástrica com vaso exposto.

Foi feita a endoscopia que mostrava uma úlcera gástrica com vaso exposto e esse vaso foi submetido a uma embolização química. Ela continuou ainda no pronto-socorro, ela foi entubada no pronto-socorro e ela teve uma intubação difícil, visível pela quantidade de medicação que ela tomou no pronto-socorro. Foi dada a saída numa única folha, no boletim de atendimento médico, bem no começo do prontuário dela. Toda a medicação que foi utilizada foi prescrita e checada no mesmo horário, mas não foi feita daquela maneira. A quantidade de medicação realmente foi superior ao que nós costumamos usar. Inclusive tem um comentário nesse sentido feito pelo técnico de enfermagem que foi necessário imobilizá-la. Foi usado pancurônio para conseguir a entubação que era difícil e na intubação a cânula foi para o lado direito; então todo o pulmão dela esquerdo ficou atelectalizado. Ela ficou entre 7 e uma hora e meia por que deu atelectasia total porque não entrou ar no pulmão só entrava em um; não entrava no outro. Quando isso foi percebido, após o raio-X, foi corrigido. A cânula foi posicionada. A paciente chegou e tinha um histórico muito importante. Era uma pessoa com sobrepeso. Isso está anotado na primeira evolução de enfermagem, no verso.

Eu falo numa evolução em biótipo, mas o técnico diz obesa; era uma paciente com sobrepeso. Inclusive o filho confirmou quando foi perguntado se ela tinha sobrepeso. Diabética, hipertensa, hipotiroideia com esteatose, hepática, obesa.

Isso se chama uma paciente com síndrome metabólica, um conjunto de doenças. O sobrepeso leva à alteração do fígado que leva à alteração cardíaca, ao aumento de pressão, diabetes, tudo, mas ela tinha uma história particular muito importante: dores, atalgia, artrose.

Não era uma pessoa de idade avançada, pelo menos eu não considero porque já está bem próxima da minha e você tenta em Medicina não dar 10 diagnósticos, você tenta juntar os diagnósticos em que haja coerência.

O que causou a hemorragia? O primeiro pensamento que vem foi o abuso de anti-inflamatórios, pois ela tomava anti-inflamatórios não hormonais como Ibuprofeno, Tandrilax. Uma quantidade grande e por um tempo. A filha disse que chegava mais de meses o uso desta medicação a qual tem um risco muito grande de lesões renais, além de hemorragia digestiva porque ela faz alteração renal e recentemente o Ibuprofeno foi responsabilizado também, em anexo nas alegações finais, por alteração cardíaca. O índice de infarto nos pacientes que usam Ibuprofeno é muito alto, veio para UTI no dia seguinte (dia 25). Este foi um dia muito instável; foi um dia em que a partir do período da tarde ela chegou para poder oxigenar a 100% de inflação respirada. O senhor quer que eu explique porque não se deve usar isso ou não? A tentativa é sempre tentar reduzir a quantidade o mais rápido possível. Por que a lesão é imediata, mas você não reduz pegando um botão e passando de 100 para 60; você tem que alterar outros parâmetros de ventilação que não estão registrados; aumentar a pressão; aumentar o volume.

O que chamou muito a atenção é que nós não tínhamos uma avaliação cardiológica dela prévia porque ela era hipertensa, diabética, tinha sobrepeso, mas ela não tinha um ecocárdio. Por que não foi pedido? Janeiro foi o mês negro no sistema e também tomógrafo quebrado. Então nós não poderíamos fazer, pois era uma paciente que não suportaria fazer tomografia em outro local, pois o transporte seria inviável nas condições clínicas em que ela estava. O I. conseguiu fazer porque fez o ecocárdio quando internou, próximo do dia 19. Essa equipe no final do mês saiu do hospital por um desacordo com a diretoria: problema financeiro e os integrantes da equipe eram proprietários dos aparelhos.

Então nós ficamos temporariamente sem condições de fazer uma investigação tanto no L. quanto na dona R.. Tal investigação seria importante porque a função cardíaca foi mais ou menos clínica, mas chamava atenção, pois ela tinha edema em membros inferiores, já registrado inchaço nas pernas, provavelmente por uma insuficiência venosa até pelo sobrepeso e as alterações que tinha; então nós tínhamos uma doente com lesão pulmonar aguda; ela chegou a fazer uma troca cuja fração inspirada de a relação entre a fração PA02 e a fração inspirada de oxigênio fosse abaixo de 100 e foi uma situação crítica naquela noite, mas foi estranho porque não se esperava que fosse tão crítica porque ela teve tralha (reação pulmonar pós transfusão é uma reação imunológica que o paciente pode ter). Ela teve broncoaspiração. É verdade.

Ela teve atelectasia. Qual é o problema da atelectasia? O pulmão murchar. Não é que o vaso passa, mas não tem oxigênio para ele receber. Isso se chama Xande, então diminui a quantidade ofertada de oxigênio para ser trocado no pulmão. Isso se chama Xande; então ela tinha esses três componentes, mas chamou muito atenção porque a parte respiratória agravou depois que ela foi imobilizada a fez endoscopia.

Ela fez endoscopia às 19h30; a partir dos controles das 20h percebe-se uma elevação dos parâmetros. Para fazer endoscopia você tem que mobilizar o paciente; ela foi mobilizada com ventilador. Um dos grandes riscos de mobilização em paciente que tem esses fatores é o tromboembolismo. É um fator de risco muito alto; já se levantou essa hipótese também que há lesão de estômago, embora rasa e relacionamos ao anti-inflamatório pelo fato de ter 59 anos. No estômago a chance de Carcinoma é mais alta; isso consta na evolução só que para você dar o diagnóstico você tem que fazer biópsia; você não vai fazer biópsia numa lesão sangrante. Em resumo, o estado da paciente se agravou. No dia 27 às 18 horas, existe a evolução de enfermagem e no dia 27 ela agrava e volta a precisar de uma fração inspirada de 100% e mesmo com 100% foi a sua pior saturação do dia. Como ela passou o dia 26 dentro de um quadro crítico relativamente estável e houve melhora entre 25 e 26 e no dia 27 ela faz esse evento de forma súbita chamou a atenção ainda mais para uma possibilidade de embolia. Embolia pode dar mais de uma vez? Pode ser recorrente, o coágulo pode desprender da perna, desprender uma parte, depois desprender outra.

Volto, doutor, com todo respeito, a não concordar com o assistente técnico, porque ele disse que não poderia ter embolia, mas daria hipotensão. Embolia é um quadro que está descrito em qualquer tratado; é um quadro de difícil diagnóstico que pode dar hipotensão, hipertensão ou não alterar o paciente e pode passar como uma ansiedade; causa de morte muitas vezes por falta de diagnóstico e naquele momento nós não tínhamos o exame que seria mais inócuo que seria a angiotomografia de tórax que poderia confirmar a embolia. Mesmo assim ficaria difícil porque o tratamento de embolia é a anticoagulação e ela tinha uma situação hemorrágica que poderia voltar a sangrar. Ela não operou porque ela iria estabilizar o sangramento. A denúncia diz que no dia 29 ela estava com uma hemorragia digestiva. Perdão, dia 28 ela não estava. O quadro dela voltou a fazer exatamente o que fez às 18 horas do dia 27 ela fez na manhã do dia 28 quando eu passo entre seis e oito horas, aproximadamente, de 11 para 13. Eu estava tentando fazer recrutamento alveolar quando eu descrevo a emergência porque eu estava em atendimento com ela . Eu coloco que mesmo sedada, é o termo correto que eu devia ter utilizado é anestesiada, mas mesmo assim ela não responde aos aumentos de ventilação Porque lendo o recrutamento nesse momento você eleva a fração inspirada a 100. Por que não é registrado? Existem os horários que parecem o Triângulo das Bermudas. Nas UTIs, o horário de passagem do plantão da enfermagem está em torno de 7h15 e 7h30. Quem está saindo quer passar o plantão, quem está chegando tem que receber o plantão. Claro que se ajudam no atendimento; nunca ninguém se recusou. Ela fez hipotensão às 10 horas da manhã porque o recrutamento alveolar é uma manobra que você faz em torno de 30 segundos e tínhamos respirador em que você pode programar em quanto tempo você volta a fazer uma manobra. Exatamente por que a manobra de recrutamento abaixa a pressão porque aumenta a pressão toráxica você põe pressões entre 50 e sessenta entre 30 e 40 segundos para fazer esse pulmão expandir. O recrutamento é forçar o pulmão a explodir como, por exemplo, o senhor em respiração espontânea, o senhor dá um suspiro, com certeza, o senhor vai recrutar artérias que estavam um pouco ventiladas ; seria um suspiro profundo. Isso não é espontâneo e no recrutamento é uma manobra um pouco mais complexa, mas é exatamente isso que foi feito a partir do momento. Por que não foi levantado naquele exato momento a droga Patativa? Porque sabia que a hipertensão era atribuída a isso, mas, a seguir, foi aumentada a pressão do respirador. Então essa manobra foi interrompida porque nesse momento (às 10 horas) ela tinha uma saturação de 91 e ainda é considerado normal e a partir daí se trabalhou com 100 por cento e ela não conseguiu oxigenar. Ela ventilou, mas não oxigenou; fez cianose. O quadro dela foi um quadro cardíaco como o do seu Leônidas também ou uma embolia pulmonar. Qual seria a maneira correta de conduzir essa situação em termos de atestado? Seria o serviço de verificação de óbito. O Conselho Federal de Medicina vem lutando porque inclusive a nossa cidade tem um déficit muito grande nessa área. Os hospitais não recebem; uma necropsia custa em média R$ 5000,00. Parece até pouco porque a gente escuta milhões, né, é R$ 5000,00 e o hospital tem que assumir essa despesa. Então não é uma realidade do Hospital Evangélico se não me falha a memória há dois meses a senhora pode acessar o jornal do Conselho Federal de Medicina em que se aborda esse tema: a falta de recursos para o serviço de verificação de óbito. Então ela faleceu de embolia ou de um quadro grave: uma ruptura de septo por trombo isquemia, mais provável por uma embolia. E durante todo este período a gente tentou reanimá-la. Por que não foi feita a medicação? A medicação não foi feita porque há três motivos. Primeiro ela vinha tomando a medicação desde o dia 24 na mesma quantidade. Isso dá intolerância tanto no midazolam quanto no enfamil. As pessoas ficam assim, não opioide dá intolerância e o midazolam também, segundo a enfermagem, mesmo orientada e ela era uma paciente possivelmente de difícil acesso porque naquele momento foi pego o acesso periférico sobrecarrega o acesso central, o que é a veia de maior porte, e não se pode misturar droga vasoativa, que ela estava usando, com sedativo com eletrólitos. Também discordo do assistente técnico porque ele diz que não há como dizer que este acesso estava sobrecarregado; é só olhar; elas escrevem acesso venoso central e olhar o número de coisas que estão instaladas. Elas costumam escrever isso. Por que esse fato teve tanta repercussão? Esse fato foi denunciado ao

CRM por uma... Eu acredito que quando você não tem acesso por algum motivo que não me cabe discutir e acompanha um paciente e houve uma inflamação e acompanha as alterações é muito difícil compreender. Com a explosão, vamos dizer midiática, que esse caso teve muitas vezes alguém tem que ser responsável porque a morte é difícil de ser encarada; sempre é uma perda; a gente entende, mas é uma pena; mesmo que você se prepare, nesse momento você sofre. Então eu acredito que isso gerou uma desconfiança em todos os sentidos em relação à denúncia.

O senhor vai ver que eu falo que na denúncia consta que foi provado por interceptações telefônicas; a interceptação telefônica foi feita no exato momento em que estava 100% e a orientação é sempre vamos tentar abaixar o mais rápido possível; não teria sentido porque quem estava de plantão no dia 28 era eu mesma e eu não faria a ligação para mim mesma, mandando-me fazer alguma coisa.

Juiz: Dra, eu agradeço as suas colocações iniciais.

Virgínia: Os três outros não?

Juiz: Não da minha parte; eu estou satisfeito; vou passar a palavra para o Ministério Público para que ele faça algumas perguntas.

Advogado Elias: Nós vamos seguir a mesma linha dos colegas; ela vai responder somente à defesa. Já está certo. Vou ver se as doutoras querem constar alguma pergunta.

[...]

Advogado Elias: Perfeito, eu tenho algumas perguntas aqui, Doutora Virgínia, que estão bem incisivas, diretas, e eu faço uma incursão na denúncia ponto a ponto, que eu creio que vai facilitar a sua autodefesa.

A primeira pergunta é, resumidamente, se são verdadeiras as acusações que são feitas contra a senhora neste processo.

Virgínia: Não e o nego veementemente.

Advogado Elias: A segunda é se são 31 anos de Medicina.

Virgínia: Até fevereiro de 2013, sim.

Advogado Elias: A senhora teve algum fato na sua carreira?

Virgínia: Nenhum.

Advogado Elias: Que o CRM tivesse lhe chamado às falas?

Virgínia: Eu fui chamada pelo CRM como testemunha de algum médico, algum fato ou testemunha de instrução de algum Conselheiro. Mas jamais em processo ético.

Advogado Elias: A senhora teve alguma repreensão das diretorias dos hospitais em que a senhora passou?

Virgínia: No Evangélico fui suspensa por razões de relacionamento e que não envolveu comissão de ética e nem encaminhamento ao CRM e não era por imperícia, imprudência ou negligência; era por personalidade, de uma certa forma até avançava um pouco o sinal e eu sou uma pessoa que não sou exatamente uma boa política. Eu costumo falar as coisas e muitas vezes não são bem recebidas.

Advogado Elias: Eu vou tentar resumir aqui em uma frase, por exemplo, técnicos em enfermagem que não são muito acostumados a seguir regras de higiene, por exemplo, deixam de desinfetar as mãos, a senhora levava isso com muita rigidez?

Virgínia: Sempre nós temos que trabalhar com controle de infecção hospitalar. Isso é muito importante e isso aumenta o custo, além de aumentar a morbidade dos pacientes e normalmente as pessoas entendem uma crítica profissional como pessoal. Eu entendo coisas bem diferentes como, por exemplo, a minha suspensão foi por comportamento e foi o diretor geral quem inclusive compareceu aqui para ser minha testemunha de defesa e estava doente pulmonar crônico, mas não era pessoal às vezes a pessoa não tem maturidade para estar num cargo que assumiu e às vezes quebra de técnica porque a maturidade faz você quebrar técnicas e regras. Às vezes você tenta ser simpático ou dócil com técnicos que não respeitam exatamente a chefia. Tem que haver um espaço entre amizade e a parte profissional; nesse ponto eu sempre separei muito. Isso não quer dizer que eu não goste. Vão me perguntar se eu não tinha alguma inimizade? Não e acho que como, por exemplo, a L. foi uma pessoa que eu me queixei na coordenação por um problema com o comando da técnica de enfermagem e a enfermagem disse que não precisava dar antibiótico para um paciente porque ele passou o dia inteiro em hemodiálise. Isso é uma responsabilidade que cai sobre o médico sempre. Independente se você tenha enfermagem, farmacêutico; o primeiro que responde se houver algum problema é o médico. Acho que o Senhor tem mais conhecimento disso do que eu mesma; depois podem vir os outros, mas primeiro ao médico.

Advogado Elias: Então suas iras, digamos assim, sempre tinham um motivo técnico que lastreado, digamos assim, quando a senhora ficava nervosa ou triste com algum subalterno.

Virgínia: Doutor, eu nem digo ira, mas a gente costuma ter uma ideia melhor da gente mesmo do que as outras pessoas, mas, realmente, tinha momentos em que, eu não vou negar, eu perdia um pouco a delicadeza.

Advogado Elias: A senhora teria agora, entrando na Medicina, a senhora teria algum motivo para desertar os seus deveres médicos e praticar algum crime contra os pacientes descritos na denúncia? Teria algum motivo especial para esse ganho financeiro, giro de UTI, desentulhar a UTI, teria algum motivo especial para desertar desses deveres médicos?

Virgínia: Eu acho que quando eu respondi ao doutor Daniel talvez já tenha ficado claro que o girar a UTI porque se fala girar a UTI foi um termo até usado pelo intensivista que girava a UTI mais do que a minha - Doutor C. L.. Por que a demanda de leitos é muito maior que a oferta. Eu inclusive tive a infelicidade de tentar explicar isso no NUCRISA quando eu digo que hoje já há muito tempo na admissão de um paciente de UTI funciona uma escolha de Sofia. Porque você tem o Estatuto do Idoso. Você tem o Estatuto da Criança e do Adolescente; você tem um homem que é o arrimo da família; é o cabeça da família que está ali e a família precisa dele; você tem o paciente deficiente que tem prioridade. Então você tem uma vaga e você tem quatro pacientes. O senhor vai me perguntar, mas sempre é muito, é muito isso e isso é muito divulgado na imprensa.

Vídeo 4
Virginia: Essa seleção é feita e é assim que o médico da UTI decide, na teoria, o que está mais grave, mas tem mais chances. Não há como ter bola de cristal; muitas vezes a gente perde pacientes que a gente espera que sobrevivam e muitas vezes você deixa de ter condições de dar atendimento. Então primeiro quando você interna um paciente em UTI cujo objetivo é que ele saia o mais rápido possível; não é um ambiente agradável; é uma separação do paciente com a família principalmente no nosso caso em que não tinha estrutura física para família ficar junto, porém nós dávamos um jeito. Quando era uma criança, um idoso ou um adolescente ou quando houvesse muito vínculo que a gente percebia que a interação com o familiar iria no ajudar de forma importante, mas era um pouco complicado pelo espaço físico então eu creio que hoje já há muito tempo essa situação é persistente, você faz a escolha de Sofia que eu não acho correto, não acho justo. Também no jornal do Conselho Federal de Medicina vem este assunto e o termo que o presidente usou foi exatamente o que usei, a escolha de Sofia -- o filme, a História da Guerra em que você tem que optar por um dos filhos, então eu não acho isso; é um fardo muito alto. Mas então no caso desentulhar, girar seria mandar o paciente para o quarto. Virginia, você tem que fazer o mais precocemente possível a alta.
Elias: Alta então é mandar para o quarto?
Virgínia: É não permitir, por exemplo, que um doente terminal fique por meses dentro da UTI. Você tem que trabalhar para conversar com a família, para explicar atos médicos.
Advogado Elias: Então as suas ações humanas como médica tiveram respaldo na literatura médica dentro dos recursos disponíveis da instituição?
Virgínia: Sim.
Advogado Elias: A senhora seguia protocolos de recomendações?
Virgínia: Recomendações *consensus*, que são muito parecidas com as próprias respostas do perito do Médico Legal; diferente de outros pareceres, diferente do parecer do assistente porque a quantidade de medicação realmente a mínima possível, mas eu não entendo para que tipo de gravidade e com qual objetivo aí a tendência moderna. É sim, mas se o senhor me perguntar se essa medicação foi feita só nesses pacientes, vou lhe dizer que não; inúmeros pacientes que usaram as mesmas medicações sobreviveram, tiveram alta e estão aí; o problema é que como houve uma denúncia, a investigação se manteve em fazer a

medicação, o doente morrer, mexer no respirador como eu lhe expliquei é o dia inteiro e a tentativa é de manter um dos valores mais baixos possíveis.

Advogado Elias: Bom, aqui é possível, por exemplo, médicos estarem bem intencionados e errarem em diagnósticos e terapêuticas?

Virgínia: Errar é humano. Não é, doutor? A gente procura não errar, mas muitas vezes o doente chega na emergência e quando é encaminhado logo que chega ao hospital ela é medicina contrária, porque à medida que você atende um paciente, conversa com o paciente, faz uma história do paciente, e se o paciente não pode te contar, existe alguém que conta. Você examina o paciente, elabora uma hipótese. Os doentes que chegam em estado crítico, chegam e a UTI do Evangélico; não tinha muita, é uma situação de cirurgia que precisa de um pouco mais de cuidado, não era uma emergência, você tem que atender e raciocinar como, concomitantemente, e tentar tirar informações para checar; então você percebe um erro e se muda a conduta ao longo do atendimento desse paciente.

Advogado Elias: Mas aqui eu até sintetizei; assim, é certo dizer que você agiu com o objetivo de restaurar a vida do paciente no caso ou dentro de normas éticas da Medicina nas situações que não propiciavam restaurar a vida, digamos assim?

Virgínia: Veja, doutor, a não reanimação, se for considerada a terminalidade, eu não creio assim porque quando eu comecei terapia intensiva, 90% dos doentes eram reanimados; já nos idos de 90, 10% e isso é estatística mundial e nacional e não minha. Em torno de 10% dos pacientes são reanimados porque se preserva muito o critério da qualidade que esse paciente possa ter de sobrevida, não sequela, nossos falam assim, sequela é uma dependência que o paciente não possa ter nenhuma dignidade de sobrevida.

Advogado Elias: No início desse assunto, quando veio a público esse assunto do Evangélico, alguns veículos de comunicação falaram em eutanásia. Eu digo, em alguma ocasião, a senhora praticou com os pacientes da denúncia, ordenou que com eles fosse praticada?

Virgínia: Não, doutor. De forma alguma; isso eu nego; na realidade, até nos julgamentos do CRM foi usado o termo obstinação. Mas isso não deixa de ser uma distanásia, mas você não faz isso porque você quer fazer, para fazer mal a um paciente é porque nem todas as vezes existe um consenso como, por exemplo, no caso da C., eu ainda acreditava que pudesse ter alguma chance com a mudança de terapêutica que ela teve, embora fosse evidente que não é aquele momento para você trabalhar com diagnósticos diferencial, então, não voluntariamente, agora, a eutanásia eu acho que é um assunto que nem eutanásia nem ortotanásia e nem distanásia. Estamos numa situação no país de Cultura de divulgação de contato inclusive médico com a população porque se vende sempre saúde eterna, resultado sempre positivo; eu tô falando para uma população que pode ser leiga em Medicina, mas que vê jornal, aí, na semana passada, numa entrevista, o ministro Luís Roberto Barroso fala que ele é a favor do suicídio assistido. Eu acho um termo completamente infeliz porque é eutanásia, mas fica uma coisa que dificilmente uma legislação como a nossa, que o grau de religiosidade do nosso povo um Estado Laico, mas que tem algumas radicalizações em conceitos e eu não sou favorável a isso em termos de formação, eu não sou ortotanásia; mas eu acho que não existe ainda o conhecimento suficiente da população, mesmo médico, população leiga e não leiga para uma decisão dessas; eu acho que tem que se trabalhar muito, nós estamos engatinhando, embora tenhamos uma resolução e uma lei, nós estamos engatinhando nesse sentido.

Advogado Elias: Eu fiz essa abordagem porque tem o artigo 41 do Código de Ética médica que fala, por exemplo, ortotanásia. Isso então, por exemplo, quando não há mais um caminho para regressão ao estado de cura.

Virginia: Nesses casos, posso lhe dizer que esse doente não foi reanimado. Existem pacientes que sobrevivem mesmo em estado questionável. Eu já dei diversas vezes alta de paciente da UTI em estado vegetativo porque ele conseguia respirar sozinho, porque ele mantinha pressão, só que como cidadão você pensa, como médico não. Eu dei alta, e se você me perguntar se eu fiquei feliz com a alta, você pensar o que vai ser, se vão ter dinheiro para manter uma situação dessas, uma pessoa carente em casa. Alguém tem que parar de trabalhar, tem que ter controle, você pensa como cidadão, mas como médico você não pode.

Advogado Elias: A dor mata? Eu digo isso porque se a ortotanásia procura evitar que o paciente sinta dor, drogas paliativas para o conforto, ou é também para evitar que a dor excessiva antecipe a morte, quer dizer, você deixar o paciente com dor a morte vai abreviar?

Virginia: Conforme o grau de dor, você desencadeia uma série de complicações cardíacas, respiratórias; a dor, por si só, já é um fator de descompensação do paciente.

Advogado Elias: Então, o médico tem o dever legal para ministrar drogas paliativas para que o paciente tenha um conforto maior?

Virginia: O juramento médico, doutor, diz que é obrigação do médico tirar a dor; esse é o juramento médico; não precisa dar diagnóstico nem aceitar o diagnóstico do paciente; a obrigação dele é tirar a dor. Claro que a gente junta tudo, mas essa é a primeira obrigação.

Advogado Elias: A senhora como médica do hospital Evangélico teve, ao longo desses 25 anos, algum paciente internado em seu nome?

Virginia: Não.

Advogado Elias: Nunca?

Virginia: Não.

Advogado Elias: A senhora pode me explicar como era essa dinâmica de internamento dos pacientes, eu vou ser mais claro, desde o momento em que entrava no hospital até a chegada à UTI. Como que era a responsabilidade médica desse paciente? A senhora estava lá na UTI. Então, enquanto entrava um paciente lá pela porta de emergência, digamos, entrou um paciente. Quem era o médico responsável por ele? Como é que era essa tramitação, precisando de UTI, até chegar à senhora?

Virginia: O paciente é internado por um médico assistente de diversas especialidades conforme seu quadro ou vem encaminhado ou é avaliado e qual especialista interna até o momento de entrar a responsabilidade é do médico assistente.

Advogado Elias: Do médico assistente?

Virginia: Inclusive, se eu não tiver vaga, é dele a responsabilidade de manter paciente que tenha indicação de UTI. Isso é uma situação, de certa forma, muito frequente; o que nós fazemos é ajudar e mandar alguns aparelhos quando podemos ao pronto-socorro para poder acudir esses pacientes até que a vaga seja disponibilizada como, por exemplo, o senhor L., que ficou na vaga de neurocirurgia até ter vaga, mas até esse momento a responsabilidade é do assistente técnico.

Advogado Elias: Tá.... digamos vai pro quarto, fica sendo tratado numa enfermaria, precisa de uma cirurgia, ele vai para a cirurgia, os médicos fazem a cirurgia e depois ele vai para a UTI, ou do quarto ele tem alguma complicação e vai direto para UTI, o médico fica responsável por ele?

Virginia: Desde a entrada até a morte.

Advogado Elias: Então tem sempre um médico especial para o paciente?

Virginia: Sim. Se ele ficar na UTI, não se tira por nada a responsabilidade compartilhada.

Advogado Elias: Aí que eu queria chegar.

Virginia: Mas o médico deve acompanhar desde que ele interna até o óbito ou a alta a não ser que seja transferida para outro profissional a responsabilidade, mas o outro também tem que assumir.

Advogado Elias: Mas, em suma, dentro da UTI, nunca está sozinho o paciente? É de responsabilidade do intensivista sempre ter um assistente junto?

Virginia: Não. O doente é assistido por várias equipes sempre; a infectologia é uma área sempre presente pelo controle de infecção hospitalar; cardiologista; pneumologista; cirurgião toráxico; quem precisar para o paciente mesmo que faça uma única intervenção acompanha esse paciente.

Advogado Elias: Mas eu queria chegar nesse ponto. Quer ver. Todas as decisões ou condutas na UTI sobre um paciente nunca são isoladas; são sempre discutidas em equipes médicas; o médico assistente opina, a senhora dá uma opinião, o médico assistente pode dar outra, aí vocês discutem e chegam a um consenso. No momento em que vocês chegam a um consenso, sai da cirurgia, tem alguma complicação, a senhora discute com essa equipe de cirurgia etc, então esses pacientes da denúncia que foram a óbito, esses óbitos foram atestados pela senhora ou foram atestados pelo médico assistente?

Virginia: Normalmente costuma ser pelo médico assistente, não que eu não possa assinar um atestado de óbito, porque na impossibilidade de assinar o

atestado de óbito, claro que você faz isso, mas pelo fato de já ser uma Norma de que assumiu paciente até a sua alta ou óbito. O Evangélico é um hospital universitário, então as equipes são grandes, inclusive, é difícil até de administrar dentro da UTI; se vierem três equipes não cabe dentro da UTI e a gente não consegue trabalhar.
Advogado Elias: Os médicos assistentes dos pacientes da denúncia não estão nesse processo como denunciados?
Virginia: Como denunciados não; eles compareceram espontaneamente como testemunhas de defesa.
Advogado Elias: Agora eu queria falar um pouquinho de dispensação de remédios do Hospital Evangélico. Os hospitais possuem arsenais de remédios altamente controlados, no caso, enfim, remédios controlados. Eu pergunto, chegando ao hospital Evangélico esses remédios ficam sob os cuidados de quem? Tem alguma gestão administrativa responsável pelo setor de suprimento? Como é isso?
Virginia: É a diretoria administrativa responsável pelo setor de suprimento. Como, por exemplo, medicações e materiais de uso médico com a farmácia e o almoxarifado. O hospital tem o responsável por lavanderia, rouparia, enxoval do hospital, comida, tudo que se usa dentro do hospital, é uma enormidade.
Advogado Elias: Mas tem o almoxarifado, lá onde ficam os remédios... uma farmácia?
Virginia: O almoxarifado é a farmácia, porque é do farmacêutico a responsabilidade do acondicionamento correto.
Advogado Elias: Mas então está lá armazenado o remédio; o farmacêutico é responsável, tem chave, fica chaveado lá, em algum lugar esse remédio. O hospital tinha um controle informatizado?
Virginia: Sim.
Advogado Elias: Do estoque de remédio?
Virginia: Sim, era informatizado o almoxarifado. Aliás, era uma das razões que deixaram dentro do sistema, porque o almoxarifado fazia seus relatórios para controle de estoque.
Advogado Elias: Quando um médico prescreveu que aparecia no prontuário lá a prescrição, a hora que saía desse lugar, por ordem do farmacêutico ou o farmacêutico exercia o controle da entrega desse remédio ao enfermeiro?
Virginia: No caso do Evangélico e das UTIs existiam duas farmácias A farmácia satélite que supria material e medicação de emergência; muito material, desde cateter até a montagem do box onde fica o paciente e existia a farmácia que fazia a diluição e o fluxo laminar que era outro andar e que era responsável pela medicação de rotina das unidades. As duas farmácias tinham farmacêuticos, diuturnamente, não técnicos de farmácia, farmacêuticos.
Advogado Elias: E o controle por código de barras, por exemplo, ele ministra um remédio x, chega ao balcão da farmácia, a hora que entrega ao enfermeiro há um código de barras que vai baixando do estoque para aquele paciente, confere?

Virginia: Confere, não só o código de barras, doutor. A auditoria exige que a enfermagem anote na prescrição: horário, o número do lote da medicação; toda essa história da medicação tem que estar anotada.

Advogado Elias: Se o médico prescreve um remédio, consta do prontuário uma segunda via que fica retida na farmácia?

Virginia: Na farmácia de diluição por interfaceamento quando, por exemplo, em relação às UTIs, inclusive, à neonatal que eu não coloquei, quando você faz a prescrição irá a ordem da impressão; a segunda via sai por interfaceamento configurada na farmácia de diluição.

Advogado Elias: Então nem mesmo o técnico recebia remédio, era o farmacêutico que passava primeiro para enfermagem?

Virginia: A medicação que é o volume maior de medicação de UTI e medicação da rotina começava às 14, então, em torno de 15h30 descia farmacêutico com os funcionários para ajudar a carregar, porque é muita coisa; a quantidade de medicação era grande e o farmacêutico conferia com a enfermeira, geralmente enfermeira de 8 horas; na ausência dela, outra enfermeira conferia a medicação. E daí essa enfermeira distribuía aos técnicos para que aplicassem as medicações.

Advogado Elias: Então, por exemplo, anotando aqui o farmacêutico faz uma revisão da prescrição para ver se está tudo ok, se não houve nenhum engano?

Virginia: Sempre; porque como existe farmacêutico na farmácia de diluição é ele que manipula; eu creio até o momento em que eu estava lá não tinha funcionário, eu digo, técnico, que se houvesse alguma [dúvida], o farmacêutico ligava na hora porque às vezes você digita e existem ampolas parecidas. Não no sentido de visão; cloreto de sódio 09 era uma coisa. O cloreto de sódio simples é o que se usa para curativo, pra essas coisas, então, podia ver, de repente, que você digitou errado, mas o contato era imediato.

Advogado Elias: Hospital tem farmacêutico diuturnamente. Isso é uma constante?

Virginia: Sim; pelo menos até 2013, sim; eu só posso falar até esse período, porque eu não mais voltei à instituição.

Advogado Elias: Agora na UTI, sua UTI geral, como funcionavam as dispensações de remédio? É importante porque teve má interpretação. Como era a dispensação de remédios nas emergências, por exemplo? Como funcionava o carro de emergência suprido porque, veja só, se o farmacêutico tinha controle rígido sobre a saída de medicamentos, tinha um carro de emergência?

Virginia: Existe uma parte do sistema que tinha medicação local. Onde essa medicação estava era um setor que realmente funcionava muito, então, por exemplo, se faltasse ou um distribuidor não entregasse uma medicação que era necessária para um setor crítico esses carros eram revisados pela enfermagem e pela farmácia e a medicação era transferida, mas tudo por escrito; o controle nesse sentido era perfeito.

Advogado Elias: Então dá para dizer que os remédios do carro de Emergência estavam catalogados no estoque da farmácia?

Virginia: Sim, sim; em outro local, mas sim.

Advogado Elias: E se faltasse um desses remédios em outro setor do hospital, a farmácia dizia que lá no carro de Emergências tem sobrando, pega lá?

Virgínia: Não pega; um farmacêutico confere. Para ser retirado tem que digitar a transferência.

Advogado Elias: Sim, mas o farmacêutico...

Virginia: Se isso funcionava 100% eu não posso te afirmar porque não é minha área, mas pelo menos eu sabia essa parte da rotina.

Advogado Elias: Tá então, mas só para esclarecer ainda mais digamos que caísse uma ampola de remédio desse e quebrasse; não vai ser aplicada no paciente; como é que era feita a justificativa no estoque?

Virginia: É feito um, eu não sei eles usam siglas, vamos dizer um....

Advogado Elias: Um termo? Uma ressalva? Uma justificativa?

Virginia: Isso. Eles usam, eu odeio siglas. É um termo de um memorando vamos dizer assim, que se manda para o setor, comunicando o acidente, a ampola lesionada, mas o remédio tem que ser prescrito se fizer parte do rol de emergência.

Advogado Elias: Outra coisa que também gerou dúvida é o seguinte: digamos que no momento de emergência vai se pegar remédio nesse carro de emergência e vai aplicar no paciente, o médico fazendo seu trabalho nessa emergência usa 10 ampolas de um remédio e depois escreve na anotação 10 ampolas. Essas dez é o total de ampolas usadas nessa operação?

Virginia: É o total de ampola vamos dizer violadas. Talvez o termo não seja tão bonito, mas é que você quebrou, preparou, pois numa seringa e muitas vezes nesse sentido inclusive a medicação anestésica o próprio curar você despreza em emergência, você despreza o restante e às vezes os médicos quebram mais do que a gente precisa: adrenalina, atropina, enfim, todo o rol de medicação padronizada.

Advogado Elias: Mas no início do processo teve um médico, uma testemunha que falou que tinha lá 10 ampolas de adrenalina.

Advogado Elias: E que ele achava um absurdo aplicar na pessoa aquilo.

Virginia: Se a prescrição fosse manual, ficaria até mais fácil porque a gente pode colocar vamos dizer 10 ampolas, agora dez minutos após pode fazer uma prescrição no computador; na hora que você abre um horário então, mesmo que você pesquisa, escreva uma, duas, três, quatro, elas vão estar ali no mesmo horário, então parece que você fez tudo no mesmo horário.

Advogado Elias: Então, no final desse trabalho de tentativa de reverter uma vida.

Virginia: Como já disse, eu não sou a pessoa melhor do mundo para falar de computador, mas não tem como registrar retroativo, pois o sistema não admite abrir o horário retroativo.

Advogado Elias: Claro. Então, por exemplo, se a pessoa admitir que todo aquele remédio foi aplicado de uma vez só no paciente, mas era aplicado fracionado.

Virginia: (De acordo) E não teria nem lógica, não é?

Advogado Elias: Não, perfeito, mas eu queria dar um exemplo claro para as pessoas que não entendem bem disso, eu me incluo aí, digamos, uma pessoa vai num bar, passa a noite no bar, toma cinco cervejas em lata, no final vem a conta, 5 cervejas; ele paga, não quer dizer que ele tomou de uma vez só as 5 latas de cerveja.
Virginia: Bom exemplo, advogado.
Advogado Elias: Perfeito.
Virginia: É um bom exemplo porque, infelizmente, nós teremos que ter um escriba.
Advogado Elias: Bom eu tenho que ir adiantando aqui. A senhora é coordenadora da UTI geral do Evangélico de que data até que data e qual era a função da coordenação da UTI do hospital Evangélico?
Virginia: De agosto de 2006 a fevereiro de 2013; a função de coordenadora era a responsabilidade sobre a equipe médica, escala, admissão de paciente, alta de paciente, atender a diretoria geral, nós éramos diretamente subordinados da diretoria técnica.
O Evangélico recebe muito paciente de fora. Fora as situações que já em 2013 eram muito frequentes. Ah, eu não sei falar o termo, através da judicialização, uma ordem que se internasse o doente em UTI de alguma forma, né, vir a ordem, eu não sei se tinha prazo ou não, dentro do prazo tem que internar; isso complicou muito a situação.
Advogado Elias: Eu não ouvi bem, não sei se está correto; a denúncia fala que foi entre janeiro de 2006 a fevereiro de 2013; a senhora falou outra data aí. Agosto. O falecimento do chefe da UTI foi 29 de julho.
Advogado Elias: Então a senhora começou em agosto de 2006?
Virginia: Agosto.
Advogado Elias: Na denúncia está janeiro.
Virginia: Não.
Advogado Elias: Está errada, na denúncia, então a data?
Virginia: Sim.
Advogado Elias: Bom, nós temos aqui o primeiro fato da denúncia que seria o seguinte em janeiro de 2006 até fevereiro de 2013 a senhora falou que está errada a data, a senhora teria se associado com outros médicos e pessoal próximo em caráter estável e permanente para cometer homicídios em pacientes da UTI; então a primeira colocação que eu faço aqui, eu notei que todos disseram que tinha muita rotatividade na UTI.
Virginia: Rotatividade de funcionários.
Advogado Elias: Então eu digo caráter estável e permanente; tinha pessoal estável e permanente; lá a rotatividade era grande que não permitia uma estabilidade de pessoas?
Virginia: Não, não tinha condições de ter estabilidade. Vamos dizer dois médicos, os mais antigos [...] e Doutor C. e o mais antigo Doutor C., que trabalhou comigo durante 15 anos até o fato de médicos, os outros continuavam

frequentando o serviço, mas vamos dizer não era um grupo que trabalhava como plantonista numa equipe e a parte de enfermagem impossível por causa da rotatividade muito alta.

Advogado Elias: Então, além de não existir estabilidade permanente, o fim era como na própria denúncia: cometer homicídios em pacientes da UTI tipo antecipando óbitos, é verdadeiro isso?

Virginia: Não, doutor, não tem o mínimo sentido.

Advogado Elias: Vocês usaram alguma vez, de maneira insidiosa e sorrateira, instrumentos, medicamentos e equipamentos para cometer crimes contra paciente?

Virginia: Doutor, a mesma resposta; não tem o mínimo sentido isso.

Advogado Elias: A senhora já mandou pessoas pessoalmente, ou por telefone, fazerem alguma maldade com pacientes na UTI?

Virginia: Aí, doutor, vou lhe responder o que eu posso lhe responder. Agi como médica dentro dos conceitos médicos; a literatura é uma literatura de acesso fácil a todos, inclusive a sala da UTI geral era uma sala que tinha uns 4 armários, todos com livro. Pode ser até que eu fale alguma coisa um pouco comprometedora, mas isso não é propina – os laboratórios costumam pagar jantar de final de ano sempre aos médicos do grupo de terapia, por favor, sem propina. Não, eles pagam jantares, mas nós trocávamos os jantares por livros. Então os médicos assinavam como se tivessem jantado para terem os livros. Isso não é muito legal, mas era mais ou menos um acordo para poder ter a saída do dinheiro e eram comprados livros e doados para a UTI.

Vídeo 5
Elias: Então eu vou tentar ser mais direto aqui: você então nunca mandou fazer nada errado com o paciente, sempre praticou medicina intensiva. Alguma vez, após ministrar remédios, você rebaixou ou mandou rebaixar parâmetros ventilatórios para que pacientes morressem por asfixia?

Virginia: Doutor, asfixia é bloqueio total ou da entrada ou da saída do ar do pulmão, do fluxo. Eu reduzi parâmetros de ventilação? Sim, sempre que possível, eu já disse isso, volto a repetir, essa é a recomendação do Terceiro Consenso Brasileiro de Ventilação Mecânica para todos os casos possíveis internados em UTI, que se mantém em uma saturação igual ou maior a 90%. Esse Consenso é de 2008, então eu volto a dizer ao senhor, com todo respeito que lhe tenho, 92 ou 93 não é a determinação do Consenso; é trabalhar com uma saturação igual ou maior que 90% desde que a pressão arterial de oxigênio esteja em torno de 60 mmHg. A maioria dos nossos pacientes trabalhava com uma faixa até mais alta.

Advogado Elias: Então eu pergunto se é possível algum paciente ventilado mecanicamente morrer por asfixia? Mesmo na redução mínima do aparelho que segundo eu vi aqui é 21%?

Virginia: Mesmo que não se reduza o aparelho, um doente pode ventilar e não oxigenar, quando há um problema na circulação. No caso de uma embolia, esse paciente falece em hipóxia, não asfixia.
Advogado Elias: Então o oxigênio entra no pulmão...
Virginia: Asfixia é um termo usado para... existem, vamos dizer assim, duas situações: ventilação e respiração. Não são a mesma coisa. A árvore respira e não ventila. Nós ventilamos e respiramos. Respiração é troca gasosa: manter oxigênio adequado e quantidade de gás carbônico adequada. A ventilação é o mecanismo de entrada e saída do ar. FiO2, PEEP, são parâmetros respiratórios e não ventilatórios. Como eu disse, são vários parâmetros. Frequência respiratória, parâmetro ventilatório. Pressão é parâmetro ventilatório, relação entre o tempo inspiratório e expiratório, parâmetro ventilatório. Então, até para você afirmar que existe algum problema, você tem que ter isso em mãos; isso nós vemos pelos gráficos. Os ventiladores têm gráficos.
Advogado Elias: Mas então é certo dizer que o parâmetro do respirador pode ser aumentado ou diminuído de acordo com a saturação?
Virginia: Isso vai levar a uma oxigenação ideal, ou se diminuído de forma inadequada a uma hipóxia.
Advogado Elias: Então em algum paciente foi reduzido parâmetro quando ele necessitava de parâmetros mais altos?
Virginia: Foram reduzidos parâmetros e ele não precisava de parâmetros mais altos, porque a saturação atingiu a meta orientada.
Advogado Elias: Então sempre que reduzia parâmetro a saturação estava igual ou superior a 90?
Virginia: Sempre. E deixa eu lhe dar um exemplo: se você reduz de 100% para 60%, você não vai ao botão e diminui. Primeiro você faz gradativamente, mas para que isso seja adequado, você tem que aspirar o paciente, ver se não houve alguma complicação, afastar todos esses... Você tem que mexer nos parâmetros ventilatórios, para que melhore a respiração. Então você pode diminuir.
Advogado Elias: Então é possível alguém, saturando acima de 90%, morrer por asfixia ou hipóxia, mecanicamente ventilado a 21%?
Virginia: Não.
Advogado Elias: Perfeito.
Virginia: Hipóxia é uma coisa, hipoxemia é outra. Hipoxemia tem a ver com perfusão, e tem muito mais a ver com condições hemodinâmicas do que com troca, uma pessoa pode ter um pulmão extremamente doente e hemodinamicamente se manter, ter boa perfusão.
Advogado Elias: A denúncia fala de asfixia, fixa neste termo, então é impossível. Você possibilitou que alguém, alguma pessoa de má índole, utilizasse seu sistema eletrônico de prontuário, essa questão de acesso, como é que é isso?
Virginia: Na realidade, havia um acordo entre equipes, por exemplo, no paciente L., pode ser visto que ele foi atendido pelo endócrino. Todas as prescrições e evoluções estão no nome do coordenador da Dra. M. G.. No caso do

Senhor M., todas as evoluções estão no nome do doutor J. C. S.. Então, para facilitar o faturamento, até a juntada da documentação, usava-se o nome do coordenador. Até porque, por exemplo, podia mudar, só dois médicos na UTI usavam sua própria senha e login, Dr. C. e Dr. E. A.. Só que quando, por uma questão de economia e controle, o grupo masculino na UTI de médicos era muito numeroso então para bloqueio de alguns acessos, e até por economia, a minha senha e login que dava acesso para entrar na Internet e conseguir revistas médicas, artigos, fazer consultas. Todas as pessoas que usavam, e não eram muitos, porque a UTI não tinha tanto plantonista assim, eram pessoas de extrema confiança.

Advogado Elias: Sim, mas a pergunta então é a seguinte: fizeram alguma coisa errada com o seu login e senha?

Virginia: Não.

Advogado Elias: É aí que eu queria chegar. Então agora estou numa outra parte da denúncia que também é importante: a senhora nega que tenha feito ou mandado fazer, aspas, está na denúncia: prescrições mortais aos pacientes. Então a senhora nega, mas eu sigo aqui dizendo o seguinte: tudo que a senhora fez naquela UTI tinha respaldo na literatura médica, é correto dizer isso?

Virginia: Sim, e tem fármacos em que não existe até o cálculo da dosagem que possa gerar letalidade. Existe para o Thionembutal, que novamente eu vou à resposta da assistente da promotoria, porque ele coloca que na dona C. - e na realidade na dona C. foi feita a dose correta, só que foi dispensado o frasco porque vem com um soro e não houve tempo para correr tudo, porque eu só fiz a dose de indução.

Ele coloca que a dose letal são 50mg/kg. Não foi um erro de digitação, que dizer, pode ter sido, mas ele continua a frase "portanto a dose ministrada foi três vezes a dose letal". 50 mg/kg seria se ela tivesse em torno de 20 kg, ela tinha em torno de 60 kg. E é do cotidiano de farmacologia que em caso de envenenamento por barbitúrico, isso acontece geralmente em suicídio, então é o indivíduo que não está assistido, tentativa de suicídio; ele precisa tomar uma dose superior a dez vezes a dose máxima de indução calculada.

O Fentanil tem um estudo experimental com macacos, mas não definindo exatamente, em torno de 1500 mcg em dose única. Isso nunca foi utilizado. Nos outros fármacos é difícil ter a dose letal. Qualquer coisa pode ser letal, uma Aminofilina pode ser letal, um Gluconato de cálcio pode ser letal, adrenalina pode ser letal. Um tratamento de asma grave, quando você não consegue resolver, você faz adrenalina, subcutânea.

Advogado Elias: Mas, resumindo. Alguma vez a senhora mandou fazer, por meio de enfermeiras, fisioterapeutas denunciados, algum registro ou evolução de enfermagem e fisioterapia para ocultar antecipações de óbito?

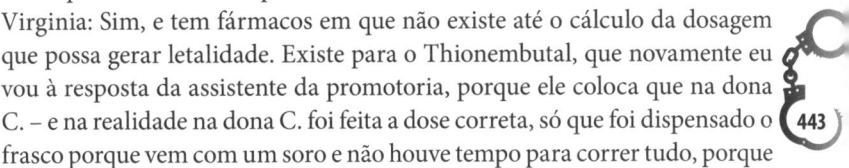

Virginia: Doutor, eu não tinha nem como. Eu fui suspensa por tentar interferir com certas rotinas de enfermagem, não éramos nós. E para lhe dizer sinceramente, nós olhamos o balanço. Eu duvido e confesso que é muito difícil o médico ler as anotações de enfermagem, primeiro porque às vezes a letra deles é muito complicada, e eles têm muita dificuldade na escrita. No caso do senhor M. está escrito que o paciente apresentou parada "cardiovasculatória". Isso é um termo que ela não pode ter escutado de alguém, então o grau de dificuldade era muito grande. Então não existe isso de "escreva isso porque eu quero".

Advogado Elias: A senhora alguma vez, repito está na denúncia, a senhora alguma impôs a seus subordinados alguma "lei do silêncio", para que nunca questionassem as suas atitudes?

Virginia: Foi o que eu disse, se alguém tivesse dúvida, e viesse – às vezes até a higiene fazia perguntas, é para fazer isso, é para fazer aquilo – você responde, se você souber, e orienta. Não existe isso.

Advogado Elias: No período em que a senhora atuou na UTI, em especial esses pacientes da denúncia, aconteceram inúmeros óbitos após ministração de pancurônio, besilato de atracúrio, sem justificativa terapêutica registrada no prontuário e prescrições, é outra coisa que está na denúncia?

Virginia: Isso foi uma pergunta que o perito do IML respondeu muito bem: se você tem já um motivo e em algum momento você evoluiu, se o doente superficializa, se você faz alguma coisa, normalmente, ele coloca, a grande maioria dos médicos não evolui. Isso não é uma opinião pessoal e isso deve ser visão de prontuário e é verdade. Você não tem tempo hábil para fazer e evoluir cada item de medicação, que pode chegar a 50, 60, 70.

Advogado Elias: Bom, então alguma vez você deixou ou pediu que deixassem de registrar nos prontuários as suas prescrições ou as fez sem uma justificativa terapêutica?

Virginia: Não, de forma alguma.

Advogado Elias: Perfeito, seguindo então. Com relação à denúncia em suas narrativas de cada paciente, a denúncia, que a senhora leu, disse para o juiz que conhece bem os termos, e conhece, eu pergunto: com relação à denúncia em suas narrativas de cada paciente, a denúncia considera comorbidades e complicações apresentadas por cada um desses pacientes, ou não considera?

Virginia: Nas denúncias, não.

Advogado Elias: Não considera as comorbidades?

Virginia: Não.

Advogado Elias: Se a denúncia considerasse as comorbidades, a conclusão poderia ser outra?

Virginia: A visão pode ser completamente diferente. As intercorrências, as comorbidades, os fatores de risco mudam completamente a morbidade ou a mortalidade da terapia.

Advogado Elias: Esse último assistente técnico no Ministério Público, que destoou do todo, ele também não considerou comorbidades para dar uma opinião técnica?

Virginia: Ele considerou, mas, por exemplo, P. A.. Ele considerou que a amputação já era suficiente no nível que foi para tirar a infecção do paciente. Nós tivemos oportunidade aqui, em oitiva, de ter o infectologista, Dr. S. P., que colocou que muitas vezes, mesmo com amputação a disseminação ocorre, que foi uma resposta mais compatível do perito. Ele não desconsidera, mas ele descontrói certos casos. Por exemplo, no caso do A., houve até um termo, encharcamento de pulmão. Essa foi uma coisa que de certa forma me causou um espanto: como uma pessoa renomada pega uma folha - o que é balanço hídrico? Aquilo que você deu e aquilo que o paciente perdeu. Muito bem, um paciente queimado. Ele tinha febre quase diária, isso gera perda sensível, não mensurável. Ele tinha perda, pelos curativos, de maneira absoluta, em torno de quase, calculado por compressas, por pesagem, de quatro, cinco litros. Mesmo que sempre o balanço estivesse positivo, não, ele mudou a infusão, ele tinha diurético. "Ah, mas tem que ser o balanço zero"; eu nunca vi uma análise de balanço hídrico feito dessa maneira, nem mesmo por residente de Nefrologia. E o residente de nefrologia, recém-formado, que vê um paciente – e ele tinha isso – creatinina normal e ureia alta, isso é o primeiro diagnóstico de um paciente desidratado. A insuficiência renal, pré-renal – que não era o caso, tudo tem que ser visto. Você não pode só analisar o exame e dizer "não, não tem"; você tem que ver o paciente, é um conjunto. Acho que a conclusão maior foi o médico-legal. O primeiro sinal que a gente tem de excesso de água é o inchaço da conjuntiva, essa membrana que nós temos, porque o organismo é inteligente. Se ele fosse um cardíaco grave, ele teria morrido em Toledo. O organismo distribui. O maior órgão que nós temos? A pele. Então começa a infiltrar a pele. Por isso que quando as pessoas vão visitar pessoas doentes veem que as pessoas estão inchadas. Infiltra pele, infiltra tudo.
Infelizmente ele era homem, homens são as vítimas mais cruéis da hiper-hidratação, porque a região inguinal masculina comporta um volume de água muito grande, a bolsa escrotal chega a volumes astronômicos. Não há legista que não registre, porque isso compromete o paciente e agrava, existe edema de pênis que pode fazer parafimose, torção e necrose, existe edema sacral. Isso não existia do laudo do médico-legal. Não estou dizendo que o balanço tenha sido a coisa mais linda do mundo, porque é um cálculo baseado na visão do doente a cada momento. Não existe uma fórmula mágica, existe uma fórmula aproximada. Mas essa afirmação, perdoe-me, para mim, foi leviandade.
Advogado Elias: Vou tentar ser mais direto aqui: a senhora se lembra de ter tratado P. A. P.?
Virginia: Sim.
Advogado Elias: Paciente que está na denúncia?
Virginia: Sim.
Advogado Elias: A denúncia fala que ele esteve com um quadro de embolia e trombose de membros superiores. Isso está certo?
Virginia: Não.

Advogado Elias: Qual era o quadro dele, resumidamente?
Virginia: Ele foi submetido a uma amputação acima do joelho, do membro inferior esquerdo, por uma infecção grave, que já tinha uma duração de 45 dias sem tratamento adequado. Tinha exposição óssea, isto é uma osteomielite, exposição de tendão e crescimento de larvas de mosca na lesão, em grande quantidade.
Advogado Elias: Diz a denúncia que ele teria sido sedado desde as 16h30min do dia anterior ao falecimento.
Virginia: Ele foi sedado às 16h30min para a passagem de um cateter de hemodiálise. Mas ele não estava sedado desde o dia 6.
Advogado Elias: Então um dia antes, 14h30min, ele foi sedado.
Virginia: 16h30min ele recebeu a sedação para passar o cateter. Ele recebeu uma sedação e um analgésico. Cateter de hemodiálise é grosso. Então, não se consegue só com xilocaína local.
Advogado Elias: Respirador a 70-80%, pressão inspiratória final em 8, confere?
Virginia: 70% às 8 horas da manhã com 8, e às 10 horas da manhã 80% com uma pressão inspiratória em 15.
Advogado Elias: Então não é 8, é 15?
Virginia: Os parâmetros foram aumentados. E, após esse horário, este paciente faleceu em horário intermediário, e eu já disse, não há anotação. Então ela pode ter chegado a parâmetros maiores.
Advogado Elias: Eu anotei o nome da Dra. M. I. aqui porque consta na denúncia.
Virginia: Eu não lembro se ela estava...
Advogado Elias: Então vou fazer a pergunta como está na denúncia, porque a M. I. disse aqui outra coisa, disse que não lembra. É verdade dizer então que a M. I., como está na denúncia, ou outro médico que tenha tratado esse paciente, estivesse em conluio com a senhora, ministrando remédios em bolus, via endovenosa, sem justificativa terapêutica registrada no prontuário?
Virginia: Doutor, ele era um paciente que foi agravando a condição respiratória. Várias vezes foi escrito que ele foi sedado para otimização de ventilação, e ele fez o mecanismo de dar o sedativo e suspender, dar o sedativo e suspender sempre que possível. Mesmo com fração inspirada mais alta, ele estava sem sedativo e analgésico contínuo, só analgésicos de horário, ele era um paciente cirúrgico.
Juiz: Doutora, ele perguntou uma coisa e a senhora respondeu outra. A pergunta era muito objetiva, se havia um conluio entre a senhora...
Virginia: Ah, sim. Em primeiro lugar, eu não estava no plantão, em segundo lugar não posso afirmar que era a Dra. I..
Advogado Elias: Perfeito então, obrigado doutor. Foi feita alguma medicação em bolus neste paciente?
Virginia: Está prescrito, mas não está checado. E é a primeira via... a primeira via é sempre o primeiro impresso, porque o computador registra. Porém se foi feito, foi feito com completa indicação, porque ela usou – era um paciente

que tinha dreno de tórax, tinha fuga, e ela usou parâmetros mais altos para ventilar o paciente, e ele iria competir. Então, a indicação da medicação foi perfeita, ela usou Cetamina, que tem um efeito broncodilatador grande, que melhoraria muito, e é um anestésico. E o Atracúrio, que dura 20 minutos. Por que ela usou o atracúrio – ela, ou quem estivesse? Porque o paciente estava em insuficiência renal. Nós só tínhamos duas opções de curare: ou o Pancurônio ou o Atracúrio. O Atracúrio dura 20 minutos e é indicação em insuficiência renal. O Pancurônio poderia ser usado para este paciente, mas ele ficaria curarizado por 24-48 horas.

Advogado Elias: A denúncia diz que foi reduzido parâmetro...

Virginia: Não, foi aumentado.

Advogado Elias: Foi aumentado parâmetro?

Virginia: É o que está registrado no prontuário, eu não estava presente. Mas é evolução da médica – que está em meu nome – e da fisioterapeuta.

Advogado Elias: Então este é um equívoco também da denúncia?

Virginia: Sim.

Advogado Elias: Então não é verdade que o paciente estava com um quadro de embolia e trombose de membros superiores, e nem que a ventilação foi reduzida?

Virginia: Não.

Advogado Elias: Perfeito, a denúncia está errada neste particular também. A causa da morte deste paciente, a denúncia diz que foi asfixia. Também está errado?

Virginia: Sim, porque este paciente ventilava. Foi aquilo que expliquei; os parâmetros ventilatórios foram aumentados, os respiratórios foram aumentados, não existe isso. Este paciente morreu em quadro séptico, embora, foi o que eu disse, eu não aceito neste ponto a posição... Porque este paciente morreu com um hemograma que tinha 50.000 leucócitos. Isto é uma infecção de forma severa, embora ele estivesse com os antibióticos de última geração. É tão alto que se chama de reação leucemoide, como se fosse uma leucemia.

Advogado Elias: Para encerrar este paciente, a senhora em momento algum violou seus deveres inerentes à profissão de médico, com relação a este paciente?

Virginia: Não.

Advogado Elias: No dia 8/5/2011, que foi a data do óbito, a senhora estava na UTI Geral do Hospital Evangélico?

Virginia: Não, era domingo, eu não estava. E eu só gostaria de acrescentar uma coisa neste caso: quando eu faço uma pergunta geral sobre o corticoide, se ele pode ser usado sem alterar imunidade, se o corticoide altera imunidade mais relacionado ao tempo de uso do que dose, todos os assistentes e o perito confirmaram que era o tempo. Nenhum desses pacientes passou de seis dias. Esses pacientes tinham cada um uma indicação. Então realmente, tirar a imunidade de um paciente usando corticoide por 5 dias, não há literatura que embase essa afirmação.

Advogado Elias: Outra coisa na denúncia que me provoca curiosidade, vou fazer essa pergunta para a senhora. Diz assim: ainda em relação ao P., Dra. Virginia tinha o poder de decretar a morte do paciente. Isso é verdade? Eu tenho que te perguntar; perdoe-me. Poder de decretar a morte, isso te passou pela cabeça, é verdade isso?

Virginia: Não.

Advogado Elias: Então dá para afirmar que a senhora investia na sobrevida do paciente? Até mais do que o recomendado?

Virginia: Sim, porque houve uma crítica que os antibióticos foram trocados sem justificativa, só que foi aumentado o espectro. Digamos que tenha sido errado, o que eu não concordo. Tinha infectologista. Nenhum antibiótico que você der você vai matar o paciente, principalmente se o espectro for maior, se ele durar mais tempo, você tem o risco de fazer uma seleção, mas ninguém faz isto com objetivo de lesionar o paciente.

Advogado Elias: Outra pergunta, que eu não faria, mas está na denúncia, é o seguinte: "paciente poderia sobreviver pelo surgimento repentino de tratamento, por uma causa inexplicável pela ciência". A pergunta é: é possível naquela situação, ou nas situações dos pacientes da denúncia, de aparecer do nada um tratamento ou uma causa inexplicável que os salvassem destes finais que o destino reservou? A senhora acredita numa causa inexplicável pela ciência?

- Conversa entre juiz e defesa, inaudível -

Juiz: É que na verdade esta pergunta fica prejudicada, se na pergunta anterior ela disse que não tinha interesse em antecipar...

Advogado Elias: Bom, o senhor é o destinatário da prova, estou satisfeito que o senhor pensa assim. Este quadro, que a denúncia trata deste paciente, que não é o quadro real do paciente segundo a senhora, trata-se de equívoco de anotação de enfermagem, alguma coisa assim?

Virginia: Na entrada, a primeira evolução da técnica, dá este diagnóstico que não se repete, e não era o diagnóstico do paciente.

Advogado Elias: Era a primeira vez que este paciente recebia este tipo de medicação? Ou ele já tinha recebido em outras vezes?

Virginia: Este paciente, no dia da entrada, após cirurgia, ele recebeu a mesma medicação. Dona C. recebeu várias vezes a mesma medicação... a maioria dos pacientes que estão na denúncia já tinham recebido essa medicação sem dano, anteriormente.

Advogado Elias: Quanto à C., mudando agora de paciente, a denúncia diz que ela estava sentada e acordada no dia 13/5/2011, às 10 horas. É verdadeira esta informação?

Virginia: Ela estava sentada às 8 horas. Eu entendo até porque a técnica evoluiu assim, porque como ela tinha hipertensão intracraniana, se mantém um decúbito acima de 45°, 60°, e em casos mais severos de 90°. Então ela passou de sentar numa cadeira para sentar numa cama. Acordada não, ela já estava sob anestesia, que tinha sido feita a medicação. Mas independente, se achar que não, que a medicação foi feita posteriormente, foi como eu disse, essa medicação não lhe tiraria a vida por doses e tempo de ação.

Advogado Elias: O respirador estava a 30%, e PEEP em 5. Às 10h30 a senhora teria prescrito, conforme a denúncia, medicamento em bolus, via venosa, esses fármacos e analgésicos descritos em fl.8, não vou repetir, porque foi falado várias vezes aqui. Correto? Estes fármacos e analgésicos foram aplicados nela?

Virginia: Sim, foram. Mas não todos juntos, de uma vez só, eu volto a enfatizar. Todos juntos de uma vez só não, mas foram aplicados.

Advogado Elias: Corretamente aplicados?

Virginia: Na técnica de aplicação e mesmo na indicação.

Advogado Elias: Aqui diz na denúncia que em seguida foram diminuídos os parâmetros do ventilador.

Virginia: A última manipulação de ventilação foi às 10 horas, não foi mexido mais.

Advogado Elias: Então, diz também a denúncia que a C. morreu por asfixia...

Virginia: Não, a C. morreu de herniação cerebral por hipertensão intracraniana.

Advogado Elias: Então está errado na denúncia este termo, asfixia, como causa da morte?

Virginia: Sim, ela ventilava muito bem e inclusive tinha boas trocas gasosas, que foi um consenso em todos os peritos e assistentes.

Advogado Elias: Então não é verdade que a senhora aplicou Pavulon e negou suporte ventilatório, como está na denúncia?

Virginia: Eu acho que a grande confusão é que se pensa que o Pavulon tira a capacidade do tórax expandir. Ele tira a capacidade consciente e voluntária. Num respirador, que é baseado em pressão positiva, facilita com que o ar entre e se distribua nos segmentos.

Advogado Elias: Era a primeira vez que essa paciente, C., recebia este tipo de medicação?

Virginia: Não, a C. operou, durante a cirurgia ela recebeu essa medicação, C. teve que ser entubada duas vezes, na segunda ela recebeu Pancurônio, o Propofol ela já tinha recebido.

Video 6
Advogado Elias: Tem um paciente agora, que é o M. N. N., é um paciente que consta na denúncia. A denúncia diz que o paciente estava internado em decorrência de neoplasia maligna do reto. Tal informação da denúncia é correta?

Virginia: Este paciente foi internado na UTI após uma cirurgia, por um câncer perfurado do intestino, do cólon descendente e não do reto, com esplenectomia, ele tinha abscesso pela perfuração. Foi feita metástase hepática, foi feita colostomia e, apesar de não estar descrita peritonite, ele tinha bactérias fecais em cavidade, isto é um quadro infeccioso severo.

Advogado Elias: Metástase hepática?

Virginia: Metástase hepática.

Advogado Elias: Então a denúncia neste particular também está equivocada?
Virginia: Sim. Era um pós-operatório, uma situação completamente diferente de uma perfuração.
Advogado Elias: Perfeito. Este paciente já havia apresentado alterações neurológicas, durante o internamento, antes do dia do óbito?
Virginia: Sim. Este paciente foi submetido a duas tomografias, se não me falha a memória uma dia 3, outra no dia 6, por suspeita ou de metástase, na primeira tomografia, e como ele tinha doença arterosclerótica, comprovada por tomografia de tórax, com placas em aorta, com tomografia de crânio com placas em carótidas, embora não fossem obstrutivas como o outro paciente, mas ele tinha esta doença. Então ele podia ter, pela própria sepse, ou pela inflamação provocada pelo tumor, porque o tumor libera fatores inflamatórios. Ele podia ter um quadro cérebro-vascular. Foi o quadro que ele apresentou no dia 6, quando é solicitada a segunda tomografia e o ecodoppler de carótidas e vertebrais. Então a investigação foi para a parte cardíaca e cerebral.
Advogado Elias: Então o quadro neurológico não foi a única complicação apresentada pelo paciente?
Virginia: Talvez a mais grave que ele tenha sido foi a cardíaca. Ele foi um paciente de muita instabilidade hemodinâmica, ele precisou de drogas, uma hora a frequência era alta, outra hora a frequência era baixa. Ele teve uma suspeita de doença coronariana, registrada no prontuário, ele teve uma suspeita e uma hipótese de endocardite bacteriana. Porque este paciente foi operado 25 ou 27 dias após o começo da queixa, ele veio de outra cidade. Ele tinha um derrame pericárdico, isto se chama pericardite, é o folheto de proteção do coração. Então na realidade os elementos maiores do coração estavam envolvidos, o pericárdio, as válvulas e as coronárias.
Advogado Elias: Foi necessária avaliação de outro profissional além do médico assistente?
Virginia: O infectologista acompanhou este paciente.
Advogado Elias: Também é o que consta, sou obrigado a perguntar, ele estava acordado e comunicativo no dia 6/2/2012, no período noturno?
Virginia: Doutor, eu não estava à noite.
Advogado Elias: Mas a probabilidade é de ser verdadeira ou falsa essa informação?
Virginia: Pelo quadro dele eu acho difícil, como acho difícil também classificá-lo com delírio. Delírio e agitação, a definição é muito o que é um e o que é outro. Só que o paciente tinha causa orgânica, ele tinha problema no organismo dele que poderia gerar isso. Um fluxo sanguíneo cerebral inadequado.
Advogado Elias: O respirador estava a 45% FiO2, e a PEEP em 8 às 20 horas; está correta esta informação?
Virginia: Como eu disse, eu não estava à noite, mas é o que está registrado no balanço.

Advogado Elias: O Dr. E. atendeu este paciente e alterou os parâmetros de ventilação após sedação? Esta conduta prejudicou a troca gasosa do paciente?
Virginia: Não, em hipótese alguma, este paciente saturava 95%, 97%.
Advogado Elias: Estava em quanto a saturação?
Virginia: Entre 95% e 97%, mesmo com a redução. Teoricamente, se ele estivesse com uma fração de 50% ele poderia também ser reduzido. É que não existe mais como você reduzir.
Advogado Elias: Consta na denúncia que este paciente morreu aos 27 minutos seguintes por asfixia. Tal informação está correta?
Virginia: Num doente ventilado, isso é impossível. E saturando essa saturação é impossível. A grande dúvida neste caso foi a redução do PEEP. Como a parte cardíaca era a situação pior que se apresentava nele, eu creio que a conduta da retirada do PEEP foi exatamente em termos da parte cardíaca, que é uma recomendação feita. Foi a pergunta que fiz ao perito, se em uma situação desse porte se tiraria.
Advogado Elias: Consta na denúncia que a senhora e Dr. E., valeram-se de meio que dificultou a defesa da vítima, aplicando Pavulon e sonegando suporte ventilatório. Mais uma vez eu pergunto: tal informação é verdadeira?
Virginia: Não, não procede, doutor.
Advogado Elias: Também vou pular a parte que fala da causa inexplicável pela ciência. Tudo o que a senhora e o Dr. E. fizeram com este paciente está previsto em literatura médica?
Virginia: Sim.
Advogado Elias: Este paciente, antes da morte, estava em quadro de delírio?
Virginia: Como eu disse, delírio e agitação são de difícil definição. Mas ele estava agitado realmente. Tanto que ele foi mandado para investigação da parte cardiovascular e cerebral em função disso. Este paciente apresentava arritmia cardíaca, também é outra alteração durante o internamento. E arritmias, quando elas chegam a um nível, o coração não bate como um relógio, e este paciente tinha tumor. O tumor dá mais condições de se fazer coágulo. Ele pode simplesmente jogar um coágulo para o cérebro, a qualquer momento, que a causa da embolia cerebral geralmente é relacionada com arritmia cardíaca.
Advogado Elias: Vamos ao A. R. S.. A senhora lembra deste paciente?
Virginia: Muito.
Advogado Elias: Consta na denúncia que ele tinha queimaduras de terceiro grau e lesão pulmonar. É verdade isso?
Virginia: Sim.
Advogado Elias: A denúncia fala que às 10 horas, sedado e com o respirador em 60 e PEEP 8, confere com o quadro real do paciente?
Virginia: O ventilador estava a 80 desde o dia anterior.
Advogado Elias: Então não é 60, é 80?
Virginia: 80.
Advogado Elias: PEEP em 8?

Virginia: PEEP em 8.
Advogado Elias: Então não confere com o quadro real?
Virginia: Não com os dados.
Advogado Elias: Consta na denúncia que este paciente morreu por asfixia. É verdadeira esta afirmação da denúncia?
Virginia: Não.
Advogado Elias: A senhora estava no plantão da UTI neste dia?
Virginia: Não. Eu estava no dia 2, foi quando eu tentei recrutar, colocar a PEEP em 18. A frequência deste paciente reduziu de tal forma que, se eu não diminuísse, eu iria fazê-lo parar. Então por isso ele tem 3 controles, 18, 14 e 8, a redução foi minha. Mas em compensação nós tivemos que aumentar os outros parâmetros muito acima do desejável. E a crítica que se faz, de que não existem indícios de que foi tentado... a gente tenta. Só que a hora que o paciente não satura, ou você faz alguma coisa ou você perde o paciente.
Advogado Elias: Na denúncia consta que a senhora determinou que o Dr. A. aplicasse Pavulon e diminuísse os parâmetros de ventilação.
Virginia: O que não procede, ele é um adulto, livre-arbítrio, é um médico, ganhava por plantão. Que benefício ele teria de me obedecer? A não ser que eu fosse uma psicopata.
Advogado Elias: Na denúncia fala que a senhora mandou rebaixar os parâmetros e a pressão, PEEP, para zero, provocando morte por asfixia. Isto é verdadeiro?
Virginia: Isto não procede de forma alguma. Mas quem reduziu a PEEP para o valor de 8 fui eu, no dia anterior.
Advogado Elias: O laudo de necropsia desmente esta afirmação da denúncia?
Virginia: Sim. Não tem sinais de asfixia, o diagnóstico é de septicemia, que é a maior causa de morte em paciente queimado. Vamos dizer, uma resposta inflamatória gravíssima, a gasolina foi realmente uma situação de uma comorbidades muito grande, a gasolina atravessa pele íntegra. E a lesão hepática, descrita pelo legista, tem a ver com a hepatite pela gasolina.
Advogado Elias: Então para resumir, a senhora e o A. praticaram com este paciente apenas a Medicina Intensiva e atos previstos em literatura médica?
Virginia: Os valores de respirador até muito acima do recomendado, mas foi o possível para mantê-lo com vida.
Advogado Elias: Vamos falar da paciente R.. A denúncia fala que em 28/01/2013, a paciente R. estava com hemorragia digestiva alta. Isto é correto?
Virginia: Ela estava com hemorragia alta no dia 24. No dia 28 não mais sangrava.
Advogado Elias: Então não está certa esta afirmação da denúncia?
Virginia: Não.
Advogado Elias: Como estava esta paciente neste dia, 28?
Virginia: A condição respiratória dela era o que mais preocupava. Porque, como eu disse, ela teve três fatores de agressão: a broncoaspiração de conteúdo

gástrico, a trali, a reposição volêmica, o choque que ela passou. E a atelectasia que expandiu. Esta paciente, como estes prontuários foram recolhidos e nós não pudemos ter acesso ao implementar, fica até difícil a gente afirmar a lesão pulmonar porque ela tem a primeira radiografia, o laudo, e tem a radiografia do dia do óbito, onde está escrito "laudo de controle". Só que tem checagem de raios-x todos os dias. Então, por exemplo, o assistente da promotoria diz, não há como comprovar a lesão. Não, faltam os Raios-x. E na realidade nós não conseguimos voltar ao hospital para angariar.

Advogado Elias: Consta que o respirador estava em 60% e PEEP em 13. Há registro de alteração disto?

Virginia: Entre 6 horas e 8 horas eu levei a PEEP a 13, originalmente estava a 11, e como eu disse, a FiO2 a gente mudando, aumentando conforme a necessidade, diminuindo após recrutamento. Só que foi mantida em 60%.

Advogado Elias: Somente a frequência respiratória, FiO2, e o PEEP determinam como este paciente estava sendo ventilado?

Virginia: A frequência respiratória sim. O FiO2 e a PEEP tem a parte respiratória, aquela diferença que comentei.

Advogado Elias: Foi prescrito para este paciente os fármacos? Fentanil...

Virginia: Foram. Propofol, Fentanil e Pavulon foram.

Advogado Elias: E com que objetivo foram prescritos estes fármacos?

Virginia: Não se consegue fazer manobra de recrutamento ou uma adequação do paciente ao ventilador, mas principalmente a manobra de recrutamento. Exige, além de um doente sedado e com analgésico, que ele seja curarizado. É o bloqueador neuromuscular.

Advogado Elias: Então aqui vou repetir o que está na denúncia. A senhora teria aplicado em bolus e diminuído o respirador para matar paciente por asfixia?

Virginia: Primeiro, não foi em bolus, foi como eu expliquei. A medicação é feita lenta, muitas vezes inalterada. Por que precisou fazer esta medicação? Ele já vinha com o uso dela, existe uma sobrecarga no acesso que pode interferir com a qualidade da droga, uma série de outros fatores que já comentei anteriormente.

Juiz: Já.

Virginia: E eu não reduzi de forma alguma. Como esta paciente faleceu fora do horário padrão que a enfermagem...

(Interrupção por parte do juiz, inaudível)

Advogado Elias: Então eu vou tentar sintetizar. A senhora nega o que está na denúncia, de ter aplicado Pavulon e ter reduzido parâmetros para causar morte por asfixia?

Virginia: Em absoluto, eu aumentei. Isto está registrado na minha evolução, só que.... posso?

Juiz: Não, acho que está bem explicado. A senhora já explicou o porquê, e é a mesma descrição em todos os fatos, praticamente.

Advogado Elias: Essa paciente chegou a ser ventilada a 100%?

Virginia: Sim, e em horários intermediários eu posso fazer o que for, não vai ter registro.
Advogado Elias: Quais são os males da ventilação a 100% a senhora já explicou, né?
Juiz: Já. Duas horas e meia atrás.
Advogado Elias: A senhora tratou do paciente L. A. I.?
Virginia: Sim.
Advogado Elias: O quadro dele que a denúncia fala era "fratura de vértebra lombar para tratamento conservador". A senhora confirma isto?
Virginia: Era fratura de vértebra toraco-lombo-sacra, três segmentos da coluna. Mas ele não internou na UTI pela fratura, ele internou após uma insuficiência respiratória por edema agudo de pulmão, com infecção na corrente sanguínea, com três hipóteses: ou ele tinha infarto, porque era um coronariano, como causa de edema agudo; ou ele tinha a própria infecção na corrente sanguínea; ou a embolia pulmonar.
Advogado Elias: Quer dizer que o motivo do internamento no hospital foi a fratura, mas a saída para a UTI não foi pela fratura?
Virginia: A saída para a UTI foi por complicação.
Advogado Elias: Das 8h da manhã do dia 28/01/2013, estava este paciente em sedação contínua?
Virginia: Estava.
Advogado Elias: Ele estava em bomba de infusão há quase dois dias?
Virginia: Sim, ele iniciou a sedação já na enfermaria ao meio-dia do dia 26, e estava.
Advogado Elias: Às 8 horas ele estava com o respirador em 60%, PEEP em 5 e saturação em 98%.
Virginia: Sim. Esse paciente eu assisti, com certeza.
Advogado Elias: Ele foi sedado às 8h11min?
Virginia: Foi, para fazer uma traqueostomia, porque quando o cirurgião foi manipular ele reagiu com tosse.
Advogado Elias: Se ele estava em sedação contínua, qual o motivo de ser sedado novamente?
Virginia: Uma intervenção cirúrgica, que é a traqueostomia.
Advogado Elias: Em seguida foi feito um procedimento de traqueostomia neste paciente?
Virginia: Sim. Por isso que ele foi sedado.
Advogado Elias: Foi a senhora que fez a traqueostomia?
Virginia: Não, eu não sou cirurgiã. Todas as traqueostomias são feitas por cirurgião torácico.
Advogado Elias: Os objetivos médicos do uso destes fármacos, neste paciente, qual foi o objetivo?
Virginia: Foi o que eu expliquei, ele fez um quadro pós-mobilização de dessaturação, agitou, entrou em assincronia com o ventilador e fez hipotensão.

Então os parâmetros foram aumentados, mas precisava que ele permitisse a ventilação pela máquina.
Advogado Elias: Foi feita aplicação endovenosa neste paciente?
Virginia: Sim.
Advogado Elias: E ainda, isto significa bolus?
Virginia: Eu já falei né, doutor, a gente dispensa como bolus, mas aplica dentro da norma recomendada.
Advogado Elias: Além dos procedimentos descritos na denúncia, que a senhora está explicando aí. A senhora fez mais algum procedimento neste paciente, e por quê? Quais?
Virginia: Este paciente já estava em uso de droga, então quando faz hipotensão você pode aumentar a infusão até três dígitos, até 999 ml/h. E o ventilador foi elevado às condições máximas do paciente.
Advogado Elias: 100%?
Virginia: 100%, com pressões mais altas, com toda adequação de ventilação.
Advogado Elias: Parece-me que não está anotado este 100%. Por quê?
Virginia: Foi uma intercorrência que aconteceu fora de horário padrão, então não há anotação.
Advogado Elias: Este paciente foi movido, foi dado banho?
Virginia: Sim. É o que consta na anotação de enfermagem.
Advogado Elias: Foi interrompido, conforme o depoimento da funcionária técnica de enfermagem. Por que ele foi interrompido, esse banho, de acordo com funcionários? Seria recomendado mobilizar o paciente?
Virginia: A quantidade de pessoas tem que ser maior, com cirurgia recente não se mobiliza desta maneira. Faz-se uma higiene e se aguarda para fazer isso num tempo hábil. Os riscos da mobilização, porque depende de muita gente, tem muita coisa para cuidar, os riscos de acidentes são muito grandes.
Advogado Elias: Vou tentar sintetizar aqui, o que ocorreu com este paciente? Foi reduzido pela senhora os parâmetros do respirador?
Virginia: As drogas foram aumentadas e a hipótese para este paciente, na opinião da neuro mais embolia pulmonar, na minha opinião não se afasta uma situação cardíaca, que era um coronariano grave. Com dor, em estresse, mesmo medicado, ele era um paciente de alto risco.
Advogado Elias: Este paciente, segundo a denúncia, morreu por asfixia em manobras criminosas.
Virginia: Não.
Advogado Elias: A senhora repele isso de maneira veemente?
Virginia: Sim. Como eu vou fazer em todos.
Advogado Elias: Tudo o que a senhora fez naquela UTI com aquele paciente estão nas recomendações da literatura médica?
Virginia: Sim.
Juiz: Esta pergunta é a quinta... Mas na verdade pode ser uma só para todos os fatos, a partir de agora está indeferida esta pergunta.

Advogado Elias: Na noite de 28/01/2013, I. S. estava na sua UTI Geral?
Virginia: Sim.
Advogado Elias: Que dia ele foi internado na UTI, que dia ele entrou no hospital?
Juiz: Isto está no prontuário?
Virginia: Sim.
Juiz: Está indeferida a pergunta.
Advogado Elias: Qual foi o motivo do internamento dele na UTI?
Virginia: Foi um pós-operatório, em que no transoperatório, que é a parte de anestesia e cirurgia, houve instabilidade hemodinâmica e necessidade de droga.
Advogado Elias: Ele estava com uso de drogas vasoativas e sedado continuamente?
Virginia: Sim. Ele já veio do centro cirúrgico após anestesia, e foi instalada sedação.
Advogado Elias: Então ele foi para a UTI após cirurgia?
Virginia: Após a cirurgia.
Advogado Elias: Conforme a denúncia, após as 20 horas o médico A. F., em conluio com a senhora, desligaram a bomba infusora que administrava drogas vasoativas. A senhora pode explicar, à luz da literatura, este ato?
Virginia: Era o E., não era o A.. A situação cardíaca do senhor I. nos fez tomar isso como um ato médico, para tentar não sobrecarregar mais um coração já... e não agravar as condições de isquemia dos membros inferiores pela perda da enxertia.
Advogado Elias: Precisou de reanimação, foi feita por mais tempo que o recomendado?
Virginia: Na entrada ele parou e foi reanimado por 101 minutos, e a partir daí foi a situação mais crítica dele.
Advogado Elias: Por que ele fez parada cardíaca?
Virginia: Ele tinha fatores de risco para isto. Ele era um paciente que não fazia uso de medicação alguma, nenhum anticoagulante, nenhuma Vastatina. Era um paciente que desde 1996 deveria estar com anticoagulante, era um paciente tabagista. Ele tinha hipertrofia do coração, doença cérebro-vascular diagnosticada, com exames laboratoriais. Os fatores de risco eram múltiplos. Perda sanguínea no centro cirúrgico, embora não tenha sido muito, mas tudo isto, considerando o conjunto...
Advogado Elias: Eu vou fazer um resumo aqui. O Conselho Regional de Medicina do Paraná apreciou este caso e julgou este caso, avaliou pelas suas câmaras técnicas este caso?
Virginia: Já com processo definido, I., C. e L.. Em aberto eu tenho mais três a responder, e arquivados mais dois.
Advogado Elias: Ele fez parada cardíaca, e a parada cardíaca é uma complicação grave?
Virginia: Parada cardíaca não é uma complicação grave, é morte se você não tomar alguma providência neste momento.

Advogado Elias: Não constou na denúncia este evento grave, que seria a parada cardíaca. Se tivesse constado, mudaria a visão, inclusive do técnico, sobre este paciente?
Virginia: Não, o perito viu a evolução, a descrição. Acho que isto ficou uma coisa indubitável.
Advogado Elias: Eu creio que estou já terminando. Este paciente ficou sem medicamentos vasoativos por toda a noite e madrugada, se isto é verdadeiro e por quê?
Virginia: É verdadeiro, e foi pela razão que eu lhe disse. A própria recomendação da sociedade de cardiologia para uma tentativa de melhorar uma situação que já não tinha mais uma reversão, pelo fato da ação da noradrenalina em vasoconstrição periférica. Mas ficou sem medicação realmente.
Advogado Elias: Na manhã de 29/01 foram reduzidos os parâmetros do respirador para 22% e PEEP em 5 e frequência respiratória em 8?
Virginia: Sim.
Elias: A senhora prescreveu a medicação Propofol, Fentanil e Pancurônio?
Virginia: Sim.
Advogado Elias: Pode explicar a sua conduta à luz da literatura?
Virginia: Ele é um paciente que desenvolveu um quadro cerebral, infelizmente sem registro tomográfico, que era o possível a ser feito naquela situação, e que nos impediu de retirada de sedação. Ele apresentava um descontrole na ventilação, que é um padrão cerebral, espasticidade e mioclonia. Se continuasse, iria convulsionar. Os cuidados deste paciente foram mantidos, aspiração traqueal, curativos, isso se faz da rotina. Curativos da região amputada, isto tudo gera dor. E mesmo com a pressão mais baixa, após a aplicação desta medicação ele não alterou. E, como eu disse, o Pancurônio, que foi a droga que ainda estava em circulação no momento da morte, considerando que aquele seja o horário, não faria malefícios ao paciente.
Advogado Elias: A morte se deu por asfixia e por suspensão das drogas vasoativas?
Virginia: Com saturação de 90%, não. Na realidade, a morte do Ivo ocorreu no dia 24, infelizmente. A morte real. Foi por isso até que o Conselho questionou a manutenção de droga após a reanimação.
Advogado Elias: Então, para resumir, aplicação de Pavulon é verdadeira?
Virginia: Sim.
Advogado Elias: Mas não com sonegação do suporte ventilatório?
Virginia: Não.
Advogado Elias: E a saturação indicava que ele não estava em hipóxia?
Virginia: Não.
Advogado Elias: As câmaras técnicas do CRM analisaram todas as condutas feitas neste paciente. A senhora foi até repreendida por excesso de investimento no paciente, é correto dizer isto?
Virginia: Obstinação.

Advogado Elias: Agora as duas últimas. Com relação à crítica do assistente do MP, quanto a associações presentes em infusões dirigidas por bombas, eu gostaria só que se a senhora tivesse alguma observação crítica do assistente do MP, queria só que a senhora dissesse se tem algo mais a alegar que pudesse esclarecer esta questão?

Virginia: Eu acho que quando eu conversei e inclusive falei com a senhora promotora e o senhor juiz, eu vejo que a Medicina ideal muitas vezes não é possível. As pessoas questionam "mas por que vocês não reivindicam, porque vocês não se queixam". Veja, nós somos médicos que trabalham, acho que há autoridades que quando algumas instituições, financeiramente, são declaradas com problemas, acho que a função é dos órgãos de fiscalização. De Estado, de Prefeitura, porque a nossa parte é trabalhar e tentar adequar o possível para dar atendimento ao paciente. Como o que aconteceu com o indivíduo que fez inalação na criança com garrafa pet. Ele foi brilhante. Ele usou um recurso, não recomendado, e salvou a vida da criança. Então eu acho que tem que existir uma conscientização maior e nós estamos vivendo crise na saúde.

Advogado Elias: De minha parte estou satisfeito. A senhora agora prossegue com o juiz.

(perguntas seguem para outro advogado de defesa)

Defesa: Dra. Virginia, só para que não reste dúvida. Que horas a senhora assumiu o plantão naquela manhã do óbito do I.?

Virginia: Eu chegava em torno de 6h50, no máximo 7h. Mas às vezes antes, porque o E. é anestesista, e a escala que ele tem que cumprir, geralmente ele tem que estar mais cedo. Então eu chegava em torno deste horário, às vezes 6h30.

Defesa: Conforme diz a denúncia, em momento algum, desde o início do processo, o E. ou a defesa dele afirmou que aquela última prescrição sua tivesse algo de estranho, ou de ilegal. Mas só para que fique claro. Aquela última prescrição...

Virginia: É minha.

Defesa: É sua?

Virginia: É minha. E. sempre quando prescrevia usava a senha, E. e C..

Defesa: Eles usavam a senha deles?

Virginia: Sim.

Defesa: Ok. Obrigado Excelência.

(Outro advogado de defesa)

Defesa: Pela defesa de L. R. G. e C. M.. A senhora, mesmo que lá no início do seu interrogatório, disse para nós que não era de sua competência ou de sua autoridade quem contratava o corpo de funcionários e da enfermagem. Isto é correto ou não?

Virginia: É. Porém eu poderia... eu não tinha o poder de demitir. Mas discussão entre a coordenação e superiores dos funcionários sim.

Defesa: A senhora relatou um fato de que L. tinha sido admitida na UTI Geral para trabalhar com a equipe, e que ela tinha cometido determinado erro ou deslize.
Virginia: Na verdade não foi um erro, o erro é realmente dos funcionários. Como ela é responsável a partir do momento que ela assume aqueles funcionários, é ela que responde tecnicamente pela hierarquia mantida. E na realidade, na minha opinião, isso foi pela idade, por imaturidade de comando, que é difícil realmente. Por uma certa inocência no lidar.
Defesa: A senhora saberia dizer para mim algumas qualidades e defeitos da pessoa de L. dentro do...
Virginia: L. hoje faz Medicina. Então você percebe que é uma pessoa que tem uma sede de saber absoluta. E uma pessoa que, a cada coisa que se fazia, "doutora, por que isso? Doutora, por que aquilo?". Ela resgatou o respeito que eu tive como profissional. A dizer que ela é minha amiga, até pela idade não é...
Defesa: Quando a senhora diz "resgatou"...
Virginia: Ela resgatou a confiança. Você ver uma pessoa desenvolver é a melhor coisa do mundo.
Defesa: Naquele primeiro momento, em que ela saiu da UTI. A senhora que pediu que ela saísse da UTI?
Virginia: Eu sugeri.
Defesa: A senhora sugeriu e tiraram ela da UTI?
Virginia: Sim.
Defesa: Quando ela voltou para a UTI...
Virginia: Não fui favorável ao cargo que foi dado, que era o cargo de autoridade maior. Ainda achei precoce.
Defesa: Não foi a senhora também que sugeriu que ela voltasse para a UTI ou que recebesse esta promoção, ou este cargo?
Virginia: Não, mas quando me foi comunicado, eu falei que eu acredito que, pelo desempenho que ela vem tendo, ela vai conseguir.
Defesa: Parece um absurdo, e até acredito que seja um absurdo, o que consta na denúncia, inclusive em termos dentro da denúncia. Porém, em alguns pontos e depoimentos, junto à delegacia de polícia, pela delegada, autoridade policial naquele momento, Paula Brizola, algumas pessoas dão relato de que L. seria um braço direito da senhora. Pelo que me consta, e pelo início do depoimento da senhora e mantendo este depoimento, a senhora coloca determinada imaturidade, que não era uma pessoa que até deveria ter voltado para trabalhar com a senhora, não tinha este perfil. Mas...
Virginia: E ela era concomitante a uma pessoa que tinha 15 anos de UTI.
Defesa: Como assim concomitante? Não entendi.
Virginia: No tempo em que ela retorna, tinha uma enfermeira que estava há 15 anos em UTI, houve só um intervalo, mas 15 anos.
Defesa: Tinha uma outra pessoa que poderia ter assumido aquela vaga e não ela?
Virginia: Sim.

Defesa: E mesmo assim não foi a senhora quem deu esta vaga para ela?
Virginia: De forma alguma.
Defesa: Existia alguma animosidade entre a senhora e a pessoa de L. ali naquele local de trabalho? Como era sua relação de trabalho com ela?
Virginia: Pessoal, não. Profissional, um erro, como eu relatei, ou numa falta de comando. Porque a coisa que eu evitava era o contato com os funcionários, e isso eles mesmos falaram aqui.
Defesa: Neste sentido que eu quero chegar para a senhora e fazer uma pergunta objetiva. A denúncia – muitas vezes eu vejo que a senhora se irrita com a denúncia, mas nós também, mas ela é imprescindível para que a gente esclareça algumas coisas aqui – e os depoimentos juntados da delegacia de polícia – Nucrisa, naquele momento, e não confirmados posteriormente nesta sala de audiência - dizem o seguinte, que a senhora e a L., pela morte do L., a senhora tinha dado uma prescrição, para que seja aplicado agora, para a L. e ela administrado este medicamento no paciente. A pergunta é: se a senhora estivesse em quadrilha, se a senhora estivesse precisando de alguém para auxiliá-la a antecipar o óbito desta pessoa, a senhora escolheria a L. para fazer isto?
Virginia: Eu não escolheria ninguém, porque isto nunca existiu. E vou lhe dizer uma coisa, eu não lembro, mas tenho quase certeza de que L. não estava na UTI no momento deste paciente. Porque o horário dela é diferente, eu não sei dizer, mas eu tenho quase certeza. Se você me perguntar quem estava ao seu lado, vou responder: não me lembro.
Defesa: E de acordo com as checagens aqui, que aqui estão nestas prescrições ou até mesmo em outras, é possível afirmar quem ministrou este medicamento?
Virginia: Eles não tinham hábito de assinar.
Defesa: E a farmácia conseguia identificar quem tinha recolhido ou apanhado este medicamento na farmácia?
Virginia: Para a farmácia a importância é dar saída mediante a prescrição.
(vídeos 1, 2, 3, 4, 5 e 6)

Este ato foi um dos mais longos do processo. Foram quase cinco horas de interrogatório. Esta audiência terminou perto das 04H00 do dia seguinte.

Quando saímos do fórum, surpreendentemente, não tinha ninguém em frente ao prédio, somente aquela brisa característica da chegada da primavera entrelaçada com o orvalho da manhã que se fazia sentir. Perguntei para Virginia se ela estava satisfeita e se tinha esclarecido tudo e ela foi enfática: *"A Justiça tem todas as informações técnicas para acertar em sua decisão final. Confio nela."*

Capítulo XV

A sentença que impronunciou e absolveu sumariamente a médica Virginia

Inexistem elementos a amparar a pronúncia dos acusados...

No dia 20 de abril de 2017, uma quinta-feira, início da noite, 19h02, no site do Poder Judiciário do Paraná, é tornada pública a sentença que julgou o rumoroso caso.

Para nós que acompanhamos todo o desenrolar dessa trágica empreitada acusatória, a sentença cultuou todos os princípios do Processo Penal Brasileiro e resgatou verdades científicas afastando previsíveis e lamentáveis erros judiciários que marcaram épocas na história da humanidade. Ei-la[240]:

> *Vistos e examinados os presentes autos de* **PROCESSO PENAL**, *instaurado por meio de* **AÇÃO PENAL PÚBLICA INCONDICIONADA**, *registrado sob o nº* ***29137-50.2012.8.16.0013****, proposta pelo* **MINISTÉRIO PÚBLICO** *em face de* **VIRGINIA HELENA SOARES DE SOUZA** *e outros.*

---

240 Observamos ao leitor que excluímos alguns trechos da sentença e fizemos adaptações, como formatação e indicação das iniciais dos nomes de pessoas relacionadas na sentença, com objetivo de manter a discrição, conforme fizemos até aqui.
Lembramos ao leitor que o conteúdo na íntegra da sentença pode ser acessado no endereço eletrônico a seguir. Disponível em: <https://projudi.tjpr.jus.br/projudi_consulta/...>. Autos nº 002913750.2012.8.16.0013. Acesso em: 22 jan.2018.

1. RELATÓRIO

O **MINISTÉRIO PÚBLICO** ofereceu denúncia contra **VIRGINIA HELENA SOARES DE SOUZA,** brasileira, viúva, médica, portadora do RG nº 7.586.284-0/PR, nascida em 30/07/1956, natural de Santos/SP, filha de Abelardo Prisco de Souza e de Regina Philomena Soares de Souza; **E. A. S. J.,** brasileiro, solteiro, médico, portador do RG nº 6.301.181-9/PR, nascido em 26/09/1979, natural de Curitiba/PR, filho de E. A. S. e de S. C. A. S.; **M. I. C. B.,** brasileira, solteira, médica, portadora do RG nº 5.180.293-4/PR, nascida em 16/03/1976, natural de Presidente Prudente/SP, filha de C. B. e L. M. C. B.; **A. F.,** brasileiro, casado, médico, portador do RG nº 7.157.944-1/PR, nascido em 02/12/1980, natural de São Paulo/SP, filho de M. D. F. e de M. Q. F. F.; **C. E. M.,** brasileira, solteira, fisioterapeuta, portadora do RG nº 4.701.744-0/PR, nascida em 21/05/1968, natural de Pato Branco/PR, filha de E. M. e de G. A. P. M.; **L. R. G.,** brasileira, solteira, enfermeira, portadora do RG nº 9.328.990-0/PR, nascida em 18/05/1988, natural de Guaíra/PR, filha de L. G. e de L. R. R. G.; **P. C. G. R.,** brasileira, enfermeira, portadora do RG nº 5.897.229-0/PR, nascida em 20/01/1976, natural de Curitiba/PR, filha de J. A. R. e de Z. T. G.; **C. M. N.,** brasileiro, solteiro, enfermeiro, portador do RG nº 32.055.019-9/SP, nascido em 19/03/1968, filho de V. R. N. e de J. M. N., pela prática dos seguintes fatos delituosos (mov. 345.15)[241]:
[...]

O Inquérito Policial nº 118/12 foi instaurado para investigar denúncia, formulada junto à Secretaria de Corregedoria e Ouvidora do Estado do Paraná, de que profissionais do Hospital Evangélico de Curitiba estariam executando pacientes internados no referido nosocômio (fl. 02, mov. 1.1).

A autoridade policial, durante as investigações, pugnou pela quebra de sigilo de dados e interceptação telefônica (fls. 01 a 05 dos autos físicos, mov. 1.1). O MP se manifestou favorável ao pedido (fls. 06 a 08 autos físicos, mov. 1.1), o qual restou deferido pela autoridade judiciária (fls. 14 a 20 dos autos físicos, mov. 1.1).

Durante a persecução penal, em data de 14/02/2013, foi decretada a prisão temporária da acusada Virginia Helena Soares de Souza (mov. 1.9 e 1.10 dos autos nº 2362-61.2013.8.16.0013). Em data de 21/02/2013, em novo requerimento (mov. 1.10 dos autos nº 2362-61.2013.8.16.0013), a autoridade policial se manifestou pela conversão da prisão temporária da acusada Virginia Helena Soares de Souza em prisão preventiva e pela decretação da prisão temporária dos acusados L. R. G., E. A. S. J., A. F. e M. I. C. B.. O representante ministerial, por sua vez, manifestou-se favorável aos requerimentos formulados pela autoridade policial (mov. 1.11 dos autos nº 2362-61.2013.8.16.0013). Em 22/02/2013 foram expedidas as referidas ordens prisionais cautelares (mov. 1.12 e 1.13 dos autos nº 2362-61.2013.8.16.0013).

---

241 O conteúdo suprimido refere-se à denúncia feita pelo MP, já constante no Capítulo IV deste livro.

Em 15/03/2013 foi revogada a prisão temporária decretada em face de E. A. S. J., A. F., M. I. C. B. e L. R. G., ocasião em que lhes foram impostas medidas cautelares diversas da prisão (mov. 1.7 dos autos nº 4708- 82.2013.8.16.0013).

A acusada Virginia Helena Soares de Souza teve sua prisão preventiva revogada em data de 20/03/2013, ocasião em que também lhe foi imposta outras medidas cautelares diversas da prisão (mov. 1.7 dos autos nº 5217- 13.2013.8.16.0013).

A denúncia foi recebida em 15 de março de 2013 (mov. 345.6). Posteriormente houve o aditamento da denúncia e subsequente recebimento (mov. 345.15 e 1.488/1499).

Os acusados foram citados pessoalmente e apresentaram resposta à acusação: Virginia Helena Soares De Souza (mov. 1.492/1.493, fls. 1402/1419); [...]

Por fim, os acusados foram interrogados (mov. 587.2).

Em sede de alegações finais, o representante ministerial pugnou pela pronúncia dos acusados Virginia Helena Soares de Souza, E. A. S. J., A. F., L. R. G., P. C. G. R. e M. I. C. B., para que sejam submetidos a julgamento pelo Tribunal do Júri, nos termos da denúncia. Por outro lado, o representante ministerial pugnou pela impronúncia dos acusados C. M. N. e C. E. M. (mov. 605.1).

A assistência de acusação requereu a pronúncia de todos os acusados (mov. 612.1).

A defesa dos acusados A. F. e E. A. S. J. requereu, preliminarmente, a nulidade do processo (por derivação) ou o desentranhamento das provas consideradas imprestáveis. No mérito, requereu a impronúncia (movs. 629.1 e 629.2).

A defesa da acusada Virginia requereu a absolvição sumária, a impronúncia ou a desclassificação (movs. 630.1, 630.2 e 630.3).

A defesa da acusada M. I. C. B. requereu, preliminarmente, a nulidade do procedimento de interceptação telefônica, a nulidade do feito a partir da decisão de fls. 2.368/2.371 e a declaração de ilicitude dos documentos acostados aos autos pelo Ministério Público juntamente com as alegações finais. No mérito, requereu a impronúncia da acusada quanto ao crime de homicídio e a absolvição sumária quanto ao crime de formação de quadrilha (mov. 631.1).

A defesa do acusado C. M. N. requereu a absolvição sumária (mov. 638.1).

A defesa da acusada P. C. G. R. pugnou pela absolvição sumária (mov. 648.1).

A defesa das acusadas L. R. G. e C. E. M. requereu a absolvição sumária. Com relação à ré C., requereu, sucessivamente, a impronúncia (movs. 654.1 e 652.1).

Vieram-me os autos conclusos.

Relatei o essencial. Passo a decidir.

2. INTRODUÇÃO

Conforme ensina Gustavo Badaró:

"O procedimento no juízo de acusação, modificado pela reforma do CPP, está definido nos arts. 406 a 419: inicia- se com o oferecimento da denúncia e termina com a decisão de pronúncia, impronúncia, absolvição sumária ou desclassificação do crime[1]".

A decisão do sumário da culpa demanda, primordialmente, a análise dos indícios da autoria do crime e da prova da materialidade delitiva, requisitos exigidos pelo artigo 413 do CPP para que o acusado seja submetido a júri popular. Ausentes estes elementos mínimos, impronuncia-se o acusado (art. 414 do CPP). De outro lado, absolve-se sumariamente o acusado se comprovada: a incidência de causa excludente do crime, a sua inexistência, não ter o réu praticado ou concorrido para o fato, ou, ainda, ante a inimputabilidade mental (sendo esta a única tese defensiva - art. 415, CPP). Por fim, demonstrada a ausência de animus necandi procede-se a desclassificação do crime (art. 419 do CPP).

A decisão de pronúncia, portanto, demanda a prova da materialidade do fato e a existência de indícios suficientes de autoria ou participação.

Não é necessária a existência de uma prova robusta e incontestável, mas de indícios suficientes que apontem a uma probabilidade de autoria dos fatos imputados.

Ocorre que, consoante se infere do conjunto fático-probatório, inexistem elementos a amparar a pronúncia dos acusados.

3. DA MATERIALIDADE

A materialidade dos fatos tipificados como homicídio narrados na denúncia pode ser observada através dos prontuários médicos apensos aos autos principais: 2º fato – vítima P. A. P. (Certidão de Óbito de fl. 1012, Apenso XXVII); 3º fato – vítima C. D. C. (Certidão de Óbito de fl. 1010, Apenso XXIX); 4º fato – vítima M. M. N. N. (Certidão de Óbito de fl. 1009, Apenso XXX); 5º fato – vítima A. R. S. (Certidão de Óbito de fl. 1011, Laudo de Necropsia de fl. 236, Apenso V); 6º fato – vítima R. R. (apenso XXV); 7º fato – vítima P. L. A. I. (Certidão de óbito fl. 829, Apenso XXIX).

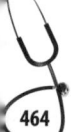

3.1 DOS AUSÊNCIA DE INDÍCIOS SUFICIENTES DE AUTORIA DA PRÁTICA DOS FATOS

Durante a extensa e exaustiva instrução processual, após a produção da prova testemunhal, prova pericial e pareceres técnicos produzidos pelas partes, entendo que os indícios de que os acusados praticaram os fatos narrados na denúncia com o intuito de cometer crimes de homicídio são demasiadamente tênues a fim de ensejar uma decisão de pronúncia, senão vejamos:

A testemunha V. A. B. disse que é técnica em enfermagem, trabalhou no hospital por 3 anos e 10 meses, início em julho de 2009 (5m00 a 6m00). As medicações que administrava eram sempre as prescritas pelos médicos (7m00 a 8m00). Diante de intercorrências as prescrições vinham avulsas. Na maioria das vezes as medicações já vinham diluídas (11m30 a 13m00). <u>A enfermeira P. já deu ordem de não reanimar paciente.</u> *A chefia da enfermagem dizia para sempre anotar na folha de evolução do paciente que houve a tentativa de reanimação, não importando a realidade dos fatos, nem que constasse que ocorria o rebaixamento de parâmetros de oxigênio.* <u>Seguiu as indicações acreditando que estava fazendo o certo, até que um dia ocorreu com um paciente que estava acordado e conversando com a declarante. O paciente que se refere era o Sr M.. Lembra-se que ele tinha câncer de intestino. No dia de sua morte, ele estava acordado e se comunicando por gestos e pediu até uns óculos para ler. (14m30 a 18m14).</u>

Continuação depoimento testemunha V. A. B. (parte 2)

Reconhece os acusados presentes na audiência (P. e E.) (0m00 a 1m00). Não sabe dizer se outros enfermeiros já aplicaram PAVULON. Olhando o paciente tem condição de saber se o paciente estava competindo com o ventilador (1m40 a 2m40). Via os médicos e enfermeiros alterarem parâmetros de ventilação. Nunca fez plantão durante o dia. <u>Depois da morte do M. pediu para sair (3m00 a 4m40). As visitas aconteciam às 20h. Depois da prescrição médica o acusado E. saiu de perto (6m00 a 8m00). Às fls.224, o paciente estava no box nº 1, logo, estava no lado dos "8" e não dos "6". A declarante afirma que o prontuário médico está errado e confirma que ele estava no lado dos "6". Respondeu que, antes de administrar qualquer medicamento é realizada uma checagem pelo nome do paciente para evitar erros (12m30 a 14m30). Diz que é possível que tenha ocorrido alguma intercorrência com o paciente e não ter visto, pois não estava responsável por ele naquele dia. Por já ter confirmado a anotação, das 00hs, em prontuário desse paciente em questão, respondeu que um paciente não poderia morrer por asfixia saturação superior a 90%.</u> *Reconhece que o paciente apresentava, em certos períodos, agitação e confusão (chegou a retirar a bolsa de colonoscopia para chamar a atenção). Nesse caso diz que os aparelhos não foram desligados e sim reduzidos (20m00 a 23m20). No dia do óbito desse paciente, chegou a vê-lo consciente e acordado. Acredita que a administração endovenosa ocorreu por volta das 9hs.* <u>**Se lembra de ter dito, na delegacia, que o óbito se deu rapidamente depois**</u>

da administração da medicação endovenosa, porém, depois de ver suas anotações de evolução percebeu que havia se enganado, pois o óbito foi registrado a meia-noite. Pelo prontuário consta uma prescrição às 23h30. *Acredita que houve antecipação de óbito por não terem realizado manobras de reanimação depois da aplicação dos medicamentos. Não sabe dizer se todos os pacientes devem ser reanimados. Acredita que o paciente poderia ir para casa e morrer em seu lar, mas era apenas uma opinião* (25m00 a 31m40). *Não sabe o que representa para o paciente, estar recebendo FIO2 de 40% ou 21% e não sabe qual o FIO2 do ar atmosférico. Não sabe dizer o efeito da amina vasoativa no paciente. Não sabe a diferença entre sedação e anestesia.* Respondeu que pode ser que o paciente tenha sido sedado para melhorar a sincronização com o respirador. *Perguntada se é possível reduzir parâmetros de ventilação quando o paciente para de apresentar esforço respiratório, respondeu não saber. Não sabe quanto tempo a medicação levaria para fazer efeito, mas confirma os dados do prontuário de que a saturação se manteve em 97% após 34 minutos da aplicação da medicação* (32m00 a 35m50). É possível concluir (indícios) que o paciente está brigando com o ventilador apenas olhando para ele. Para se ter certeza se o paciente está ou não competindo com o ventilador é preciso observar o paciente e o aparelho de ventilação (37m00 a 37m50).

Continuação depoimento testemunha V. A. B. (parte 3)

Já foi advertida administrativamente por se recusar a ser remanejada. Nunca foi advertida por faltar no serviço no dia 31 de dezembro (1m00 a 2m30). *Confirma que foi a acusada P. que aplicou a medicação. Não tem como afirmar qual medicação foi feita no paciente.* PAVULON relaxa os músculos. Disse que questionava a aplicação de PAVULON, pois nunca tinha presenciado a administração em pacientes que não estivessem sedados. Achava que era prescrito apenas para pacientes que não tinham mais chances. Na UTI, só presenciou a administração de PAVULON nos casos em que o paciente evoluiu a óbito, pois sempre que presenciou a aplicação de PAVULON o paciente morreu. Nunca aplicou PAVULON. *O primo da declarante ficou internado na UTI, que ligou para a UTI quando ficou sabendo do acidente e quem a atendeu foi o acusado A., que confirmou que o primo seria encaminhado para UTI depois da cirurgia. Diz que seu primo foi muito bem tratado, que já viu os acusados A. e E. salvarem muitos pacientes, que tratavam bem os pacientes. Só questionou quanto a aplicação dos medicamentos nesse caso específico (M.). Não tem nada contra nenhum deles. Em razão desse caso específico, somando ao que foi televisionado sobre o caso na televisão, acreditou que poderia ter ocorrido o mesmo com os demais pacientes. Por essa mesma razão não quer mais trabalhar na área* (9m30 a 16m00). Ninguém a chamou para depor na delegacia, foi de livre e espontânea vontade depois que viu na televisão o acusado E. dizendo, em entrevista, que as acusações não procediam. Apesar de não lembrar ao certo dos pacientes, se recordou ao ver os prontuários (acreditava que o nome do paciente era H.). No Ministério Público foi chamada pela promotora F., sendo ela e a promotora A. P. que a ouviram (17m00 a 20m00). Era comum haver prescrições avulsas. Quanto ao estado consciente do paciente diz que estava calmo e responsivo, mas que relataram a ela que durante o dia estava agitado. O paciente em alguns períodos utilizou névoa úmida (20m30 a 23m00).

Vistas às fls.223, 14hs, consta que o paciente estava muito agitado. E respondeu que nesse caso poderia ser feita uma sedação, mas que não tem conhecimento para isso. Não tinha acesso a gasometria dos pacientes (25m40 a 26m40). **Explica que ficou traumatizada depois que a investigação veio a público, pois não acreditava que as condutas adotadas poderiam estar contribuindo para antecipações de óbito** *(29m50 a 30m00).* **Nunca viu um médico querendo matar ou matando um paciente na UTI** *(31m00 a 31m40).* **Depois da UTI Geral trabalhou na UTI Coronariana e diz ser comum um paciente que está conversando e consciente morrer de uma hora para outra. Não é possível ler no local. Não acredita que seja possível e nunca viu nenhum paciente lendo** *(32m30 a 34m00).* **Não se recorda de ter dito, durante o inquérito, que quando a UTI estava cheia eles antecipavam óbito para gerar vagas. Acreditava que todos eram excelentes e que faziam o seu melhor** *(38m00 a 38m57). Paciente P. A., apenso 28, fls.18, observa que consta a aplicação em bomba infusora, AMNOFILINA com SOLOMEDROL. Pode fazer tal afirmação pois consta de 24/24hs. Em bolus foi feito DORMONIDE e TRACRIUN (39m50 a 41m40). Fls.130, consta uma prescrição toda em branco (sem checagem), não podendo afirmar se foi administrada (42m40 a 43m10).*

Continuação depoimento testemunha V. A. B. (parte 4)
Para assumir o plantão e começar a lidar com os pacientes, tinha que "bater" o cartão ponto, trocar de roupa, verificar a condição dos pacientes com os demais técnicos que estavam saindo. Já chegou a levar aproximadamente meia hora para cumprir todos esses procedimentos (5m00 a 6m10). Caso se recusassem a cumprir uma ordem médica poderiam receber advertência ou até serem demitidos. A evolução do paciente é de responsabilidade de quem atende o paciente. Pela demanda de trabalho ser alta, as vezes um funcionário administrava medicamento e outro fazia a evolução (9m00 a 12m30). Conhece L. R. G. já trabalhou com ela, mas não trabalhou com a C. M. (13m00 a 14m00). Tudo o que disse no Ministério Público disse hoje em audiência. **Nunca atendeu nenhuma ligação da acusada VIRGINIA, não podendo afirmar que ela alguma vez determinou a antecipação de óbito de qualquer paciente. Não pode afirmar qualquer influência da acusada VIRGINIA nas reduções de parâmetros do paciente M.. Não sabe qual benefício poderia ter o hospital em antecipar a morte dos pacientes. Todos recebiam a mesma atenção dos técnicos de enfermagem** *(21m30 a 25m11).*

A testemunha C. F. P. S. relatou que é enfermeira e que trabalhou no Hospital Evangélico entre abril de 2011 a janeiro de 2012 (3m00 a 4m00). As prescrições médicas eram sempre escritas, a menos que fosse caso de emergência (5m00 a 6m00). A maior parte dos medicamentos prescritos eram aplicados pelos técnicos de enfermagem (8m00 a 8m30). **Não sabia ver se o paciente brigava com o respirador.** *A acusada M. I., no primeiro dia, passou uma prescrição com alguns medicamentos que deveriam ser aplicados em "EV agora". Mas quando ela lhe entregou a prescrição constava que deveria ser ministrado por bomba infusora depois de diluída. Era um kit de sedação. Questionou a acusada sobre o modo de aplicação, que foi confirmado. Foi até a farmácia* para retirar a medicação, que foi entregue de maneira diferente da prescrita. Entregaram a medicação para aplicação em "EV agora". Deixou a medicação ao lado do leito e foi cuidar de seus pacientes. Aproximadamente 1h30m após a acusada aplicar a medicação, o paciente P. A. evoluiu a óbito (17m20 a 21m00). Quando isso ocorreu o paciente estava passando por hemodiálise e o técnico do setor de hemodiálise estava ao lado e avisou que o paciente estava fazendo hipertensão após a medicação. A declarante então foi buscar o carrinho e chamou outros técnicos, e a acusada veio até ela e disse que para aquele paciente não precisava. Quem fez a evolução do óbito foi a coordenadora da declarante. (25m00 a 28m00). No momento da parada cardíaca do paciente a acusada estava na sala dos médicos (32m00 a 32m40). Vista às fls.133, paciente P. A., confirma que as prescrições descritas estavam sendo administradas através de bomba infusora (35m00 a 36m10). Vista às fls.111, disse que apenas o soro fisiológico não estava sendo aplicado em bomba infusora e que todas têm sinal de checagem. Às vezes um técnico aplicava e outro fazia as anotações. Às vezes não eram feitas as anotações. Vista às fls.132, DORMONIDE, QUETALAR e TRACRIUN, disse que, apesar de a época não saber quais eram as medicações, pode dizer que foram as mesmas sim (37m40 a 41m00). Afirma que a medicação que foi entregue pela farmácia, em seu primeiro dia, não estava diluída (44m00 a 44m46). O procedimento de evolução em caso de óbito não era muito claro. A pessoa da M. J. falou que a evolução deveria ser feita sempre da mesma maneira (constando reanimação), caso contrário o prontuário voltava (47m00 a 47m50).

Continuação depoimento testemunha C. F. P. S. (parte 2)
Declara que a maioria dos médicos consultava a **acusada Virginia** antes de tomar qualquer conduta (1m00 a 2m00). Alguns pastores acompanhavam a conversa da **acusada Virginia** com familiares dos pacientes (4m00 a 5m00). Nunca viu a acusada C. alterar o respirador quando eram aplicadas as medicações. Era sempre um médico que fazia as alterações. Declara já ter presenciado paciente receber as medicações de que tratam na denúncia e não evoluir a óbito, não apresentando nenhuma alteração dos sinais vitais. Veio, inclusive, a ter alta dois dias depois (8m00 a 11m25). No começo não sabia identificar quando um paciente estava ou não brigando com o respirador (12m30 a 13m30). Que a **acusada I.** fez poucos plantões enquanto a testemunha trabalhou no hospital (18m00 a 19m00). Apesar de constar em seu depoimento na delegacia que acreditava que as antecipações de óbito tinham a finalidade de abrir vagas, diz que não tinham certeza (21m15 a 22m20). As prescrições iniciavam por volta das14hs e duravam 24hs (34m30 a 35m10). Vistas às fls.111, **paciente P. A.,dia** 07/05, dia que antecedeu o óbito do paciente, pode afirmar que o paciente não estava sedado. No dia 08 pela manhã ele estava sedado com bomba infusora (37m00 a 39m00).

Continuação depoimento testemunha C. F. P. S. (parte 3)
A medicação para aquele paciente não era para a traqueostomia, pois já estava traqueostomizado (0m00 a 1m00). A testemunha afirma ter presenciado que, após a adminis-

tração de alguns medicamentos, as médicas não deixavam reanimar e somente por isso atribui a morte dos pacientes (4m00 a 5m00). Não sabe dizer qual o tempo de ação e duração do medicamento no organismo (12m40 a 13m35). Acredita que se no caso do paciente P. A., se fosse emergência a acusada I. não teria prescrito a medicação, embora reconheça que era inexperiente como enfermeira, não sabendo identificar intercorrências. Não se lembra se o paciente não tinha braço ou perna (18m00 a 19m20). O que afirmou anteriormente é que depois de algumas medicações os pacientes paravam e os médicos não deixavam reanimar (39m20 a 40m00).

Continuação depoimento testemunha C. F. P. S. (parte 4)
O médico é quem repassa a hora da morte do paciente para que seja anotado na folha de evolução. Contato com pacientes graves de UTI foi a primeira vez. Que a única conduta que adotava em relação ao respirador era montar e deixá-los limpos para receber novos pacientes. Só os médicos e fisioterapeutas alteravam os parâmetros (5m50 a 7m40). Os pacientes eram observados através do nome e não através do número dos leitos que ocupavam e não se lembra de ter ocorrido troca do número do leito da prescrição com a disposição real (13m30 a 15m00).

A *testemunha A. P. P. C.* disse que é técnica de enfermagem e trabalhou no Hospital Evangélico entre fevereiro de 2012 a maio de 2015. Às vezes era remanejada da Clínica Médica para trabalhar na UTI Geral. Diz que aplicava os medicamentos conforme prescrição médica. Buscava os medicamentos na farmácia, já diluídos, prontos para a administração. As prescrições eram impressas e ficavam na prancheta, junto ao leito dos pacientes. Dependendo do procedimento a ser realizado chamava mais um colega para ajudar (0m00 a 6m00).

Em algumas oportunidades, o médico plantonista chamava o enfermeiro até a sala, e o enfermeiro pedia que a depoente se retirasse da UTI, não sabe dizer se era pelo fato de não pertencer ao quadro de funcionários da UTI Geral. Nunca teve acesso à prescrição médica que era repassada exclusivamente para a enfermagem, sendo que depois os pacientes evoluíam a óbito (7m15 a 8m00). Essas prescrições eram feitas sem que o médico examinasse os pacientes. Quando essas medicações eram administradas, passados 40 minutos até uma hora os pacientes iam a óbito. Que, nas vezes que presenciou a prática dessas condutas, não constatou qualquer procedimento de reanimação. Chegou a questionar a enfermeira (**P.**) que respondeu que o paciente não tinha mais condições, que morreria inevitavelmente. Recorda-se de um paciente chamado H. ou M.. Este estava consciente na hora da visita (7h/7h30m) e por volta de 10h30/11hs foi a óbito. Recorda-se que ele chegou a pedir uns óculos para sua colega, através de gestos. Como o paciente não estava sob sua guarda, não chegou a ver qualquer piora no quadro clínico dele, mas viu que a enfermeira foi chamada pelo médico plantonista (**acusado E.**) e quando voltou para perto do paciente mexeu na bomba, no respirador e logo após veio a óbito. Que o médico não foi ver o paciente. Viu quando teve parada respiratória e que não foi adotado nenhum *procedimento de reanimação (9m30 a 15m00). Disse que a enfermeira mesmo vendo que o paciente estava entrando em óbito não chamou o médico (17m00 a 17m20). Naquela oportunidade diz não ter soado nenhum dispositivo sonoro. Não foi colocado biombo em frente ao paciente (20m30 a 22m00). Apesar de ser seu primeiro emprego, não acha correto que seja mantido um FIO2 de 21% em pacientes com traqueostomia que faziam uso de TRACRIUM, por ser o mínimo de FIO2. Não lidava com os parâmetros, só fazia as anotações (23m00 a 24m40). Recorda-se que os enfermeiros que, à época, trabalhavam na UTI eram: L., P., L. e V.. Reconhece na sala de audiência as acusadas L. e P.. (37m30 a 39m00).*

Continuação depoimento testemunha A. P. P. C. (parte 2)
Respondeu que se recorda de seu depoimento na delegacia. Contudo, ao ser questionada do porquê na época não lembrava quem era o paciente dos óculos e agora em depoimento se recorda, não soube responder. Disse apenas "porque sim".

Afirma que não conversou com ninguém. Que agora lembrou inclusive do nome. Respondeu ainda que tem certeza de que está falando sobre o paciente M.. Que se lembrou do nome do paciente ao chegar em casa. Na delegacia afirmou que as vagas da UTI geralmente eram ocupadas por outros pacientes do pronto socorro. Reafirma sua declaração de que um paciente sedado e entubado não pode ficar recebendo FIO2 de 21%, pois é o mínimo. Perguntada se a concentração de FIO2 em 21% é parâmetro a ser analisado sozinho ou se os valores de saturação devem ser levados em conta, respondeu afirmativamente. Ao ser informada de que a saturação do paciente M. estava próximo de 90%, disse que ao fazer tal afirmação não se referiu ao paciente M.. Declara que o paciente estava consciente no horário de visita e por volta das 9hs foi sedado. O paciente teria entrado em óbito por volta de 23hs (2m00 a 13m30). É possível que o organismo do paciente, em um esforço para ficar vivo, brigue com o respirador (22m00 a 23m00). <u>**Não presenciou nenhum médico matando um paciente na UTI (31m00 a 31m50).**</u> *Não sabe o efeito do PAVULON. FENTANIL é para sedar, mas só o médico sabe a vazão do medicamento (46m10 a 48m00).*

Continuação depoimento testemunha A. P. P. C. (parte 3)
Que a acusada Virginia gritava com os enfermeiros e, se não fosse obedecida, os funcionários eram mandados embora. Nenhum momento ouviu a acusada dar uma ordem ilegal (17m00 a 18m00).

__A testemunha E. A. C. relatou que é técnica em enfermagem recém-formada e trabalhou no Hospital Evangélico apenas por quinze dias.__ Disse que conhecia a acusada Dr.ª Virginia só de passagem. Observou algumas técnicas utilizadas no Hospital que não "batia" com o que havia aprendido como, por exemplo, quando o paciente "parava" não utilizavam o carrinho de emergência. Que tudo que fazia, por não ter experiência, era acompanhada pelas outras técnicas de enfermagem, entre elas, recorda-se da S. e da E. (20s a 2m30). Quanto aos medicamentos que eram aplicados nos pacientes, *todos os dias pela manhã já estavam prescritos os que deveriam ser administrados em cada paciente. Estas prescrições ficavam no posto de enfermagem, bastava ir buscar os medicamentos na farmácia que, inclusive, já vinham diluídos (5m06 a 6m). Pelo que se recorda, havia aproximadamente nove ou dez boxes na UTI. Biombos eram utilizados, acredita que após os óbitos. <u>Enquanto a declarante dava banho em um paciente, uma enfermeira chefe, enquanto trazia um biombo, pediu-lhe que parasse com o que estava fazendo e levasse uma cama para desinfecção.</u> Quando voltou viu o biombo e falou para B. (técnica de enfermagem) <u>que não estava entendendo o que estava acontecendo. Nesse instante, B. mandou que a declarante fosse ver seu paciente, porém questionou: "mas ele morreu?". Diante disso, a declarante começou a chorar, então S. veio consolá-la. A declarante falou para S. que não estava bem porque não conseguia entender o que estava ocorrendo, não entendia por que não se abria o carrinho de medicação em casos como o qual acabará de ver. S., então, lhe falou que esse era o procedimento e perguntou se a declarante já tinha ouvido falar em eutanásia, afirmando que naquela UTI praticam esta conduta. Diante disso, a declarante não voltou mais a trabalhar no Hospital Evangélico.</u> Sobre <u>esse paciente que foi a óbito disse que ele estava bem, que estava sedado e a cor do rosto parecia normal. Que a enfermeira que pediu para que parasse com o banho no paciente não lhe disse por qual motivo deveria parar com o que estava fazendo. Ao ser questionada, reconheceu esta enfermeira como sendo uma das acusadas que se encontrava na sala de audiência. **Afirma que não tem nada concreto para dizer. Só relata que ia dar banho, enfermeira pediu para ela sair, quando saiu paciente faleceu. Não viu o que aconteceu com paciente. Não lembra nome do paciente, não sabe a doença.**</u> Vistas às fls. 194 (prontuário do **paciente L. I.**), disse que reconhece a sua letra no prontuário, que ajudou a fazer a evolução deste paciente, que se trata do paciente ao qual fez referência um pouco antes (6m a 17m20). Recorda-se que nesse dia a **acusada Dr.ª Virginia** estava no Hospital. <u>**Não sabe porque está aqui, pois não pode acusar ninguém.**</u> (19m30 a 19m45).*

A testemunha D. M., médico legista do IML há 32 anos. Disse que o Laudo de Necropsia e Cadavérico se distinguem, pois o Laudo de Exame Cadavérico é feito sem abrir o corpo, o que não ocorre com o Laudo de Necropsia. Quem define qual dos dois exames será realizado é o médico legista. Caso a causa morte não seja clara ou evidente, faz-se o Exame de Necropsia. Quanto aos corpos de pacientes provenientes de hospitais, estes não acompanham prontuário médico e sim um prontuário de encaminhamento, que é um resumo das lesões do paciente. Este resumo normalmente é feito pelo corpo de enfermagem. O Prontuário médico só é encaminhado se solicitado. Sobre o cadáver de J. I. F., disse que foi feito o Exame Cadavérico, porque a causa mortis de broncopneumonia estava muito clara (Laudo de Exame Cadavérico nº 489/2012, paciente J. I. F.arias), nesse caso recebeu apenas um resumo das lesões (0s a 7m25).

A testemunha E. F. B., médico legista do IML de Curitiba, disse que trabalhou no Hospital Evangélico por um período de seis a nove anos. Sobre a realização de Exame de necropsia e Exame Cadavérico, disse que o que vai definir qual tipo de exame será realizado é a evidência ou não da causa mortis. Em se tratando de cadáveres oriundos de hospital, habitualmente, não acompanham prontuário médico, apenas uma ficha hospitalar. Vistas às fls. 60 (prontuário de N. E. A.), disse que esse exame foi feito com abertura do tronco do paciente e, ao ser questionado, disse que o exame foi realizado sem receber cópia do prontuário médico; que o referido paciente tinha sido vítima de queimadura seis dias antes do óbito e do exame de necropsia. Perguntado, disse que, mesmo que tivesse recebido cópia do prontuário médico e recebido informação de que o paciente teria recebido medicamento de bloqueio neuromuscular, não teria agido de forma diversa para periciar este cadáver, pois o cadáver possuía características da causa morte por queimaduras (0s a 6m18). Que as conclusões as quais chegou e descreveu no laudo do exame são idênticas as que estavam descritas no histórico que acompanhava o paciente (9m40 m a 10m20). Ainda, com relação ao paciente N. E. A., não há como afirmar que a morte deste paciente tenha se dado por algum ato humano, pois não há materialidade de necropsia para se chegar a esta conclusão. Naquele momento, os achados de necropsia eram compatíveis com o histórico de queimadura (12m15 a 13m10).

A testemunha M. L. C. disse que <u>atualmente é médico auditor do Ministério da Saúde (DENASUS), onde tem como atribuição, entre outras, avaliar documentos de atendimento médico e assistência. Que já fez auditoria em prontuários médicos</u>. Neste tipo de auditoria tem que verificar a formalidade do prontuário, a qualidade da assistência e os resultados da assistência como um todo (30s a 2m18). Que tomou conhecimento da acusação que envolve os réus em uma reunião que teve na secretaria municipal de saúde. Quando foi decretada a prisão da **<u>acusada Dr.ª Virginia</u>** e outros, o <u>declarante foi designado pelo secretário municipal de saúde para ser coordenador da comissão de sindicância que foi instituída na Secretaria Municipal de Saúde. Compunham a comissão de sindicância três médicos auditores da Secretaria Municipal de Saúde</u> (3m a 5m01). <u>A respeito dos prontuários que foram analisados no transcorrer da sindicância, disse que o medicamento PAVULON, que é de uso rotineiro em UTI, é um sedativo que tem como objetivo permitir alguns procedimentos mais invasivos, da mesma forma o medicamento FENTANIL. O medicamento THIONEMBUTAL não tem uso corriqueiro em UTI. PAVULON é indicado em anestesia, quando vai se entubar o paciente, fazer um procedimento mais agressivo ou, ainda, quando algum paciente tem dificuldade em receber ventilação assistida</u>, nesse caso facilita equilibrar o paciente. Não é razoável reduzir o suporte ventilatório do aparelho para o mínimo de 21% quando o paciente recebe esses bloqueadores neuromusculares. Todos esses medicamentos podem provocar depressão de miocárdio, problemas circulatórios e depressão respiratória. Então, todos esses medicamentos devem ser feitos em pacientes que estejam com suporte de ventilação e monitoração constante. Perguntado se o médico, caso prescreva esses medicamentos, pode permitir que os padrões de respiração mecânica fiquem em 21% de FIO2, disse que não, porque essa é a concentração de oxigênio ambiente e, caso faça esse tipo de medicação e baixe o padrão respiratório, o paciente vai a óbito por asfixia, tecnicamente. Uma pessoa em situação normal respira 21% de FIO2. Uma pessoa que está com PAVULON - com bloqueio neuromuscular - precisa de suporte de ventilação mecânica porque ele (PAVULON) paralisa os músculos respiratórios

(9m45 a 12m48). Caso o médico prescreva medicamentos como esses, recomenda-se que ele anote no prontuário a justificativa para isso (13m20 a 14m20). Drogas vasoativas são drogas utilizadas em pacientes que apresentam colapso circulatório, em que sua pressão tem dificuldade de ser mantida ou seus parâmetros circulatórios deixam a desejar. Essas drogas são utilizadas para tentar manter a pressão arterial do paciente de uma forma adequada para sua sobrevivência. NORADRENALINA e DOPAMINA são drogas vasoativas (19m25 a 20m36). Vista às fls. 97 (verso), prontuário do I. S., com relação ao balanço hídrico do dia 28 de janeiro de 2013, disse que "22" significa quantidade de dobutamina que está sendo colocada no paciente. Essa medicação estava sendo colocada para tentar manter a pressão do paciente em níveis aceitáveis. Quando foi suspensa a injeção dessas drogas vasoativas a pressão arterial média, que estava em 104, caiu para 43, 64, ou seja, caiu quase pela metade e a pressão arterial medida pelo esfigmomanômetro, que estava em 135/70, caiu para 54/36. Esse paciente, tecnicamente, entrou em choque, ou seja, teve um colapso circulatório e suas funções vitais (renais e respiratórias) ficaram prejudicadas. Perguntado, disse que analisou o prontuário do referido paciente, porém não encontrou a indicação terapêutica para suspensão da medicação - que não encontrou nada no prontuário que a justificasse. Perguntado se esse paciente estava sedado antes disso, disse que às 14h do dia 28 consta prescrito SORO FISIOLÓGICO, DORMONID, FETANIL e QUETALAR sendo injetados por bomba infusora (fls. 88). Bomba infusora significa sedação contínua. Vista às fls. 98, onde consta DIPRIVAN, FENTANIL e PAVULON, disse que "EV agora" significa que essas três drogas foram injetadas de forma endovenosa. Perguntado, disse que não há nada anotado no prontuário que leve a entender por que foi feita essa medicação. Ainda, em vista às fls. 98, disse que FIO2 em 22 significa fração inspirada de oxigênio que se respira, tomando-se essa medicação na veia, com a fração inspirada nesse nível, o esperar seria a morte por asfixia. Este prontuário chamou a atenção do declarante e da equipe que participou da sindicância porque isso não é comum acontecer em UTI. Vista às fls. 107, disse que o paciente apresentou hipotensão, que começou quando foi suspensa a noradrenalina e a dobutamina, e, ainda, apresentou dessaturação porque os parâmetros do ventilador foram diminuídos (21m44 a 30m31). Uma vez diagnosticada a morte encefálica o que se preconiza é que se diminuam os recursos que estão sendo empregados, a fim de não prolongar desnecessariamente a sobrevida do paciente. Vista ao prontuário médico do **paciente M. M. N. N.**<u>*, disse que não consta descrita sedação antes das 20h40min do dia 06 de fevereiro de 2012, ou seja, antes das 20h40min o*</u> **paciente** <u>*M. não estava sedado. Vistas às fls. 213, disse que os medicamentos ali descritos foram ministrados ao paciente, isso induz que, a partir dessa medicação, ele esteja sedado. Vistas às fls. 214, disse que o referido paciente estava em confusão mental e, com isso, não tinha condições em avançar no desmame.*</u> **Nessas condições justifica-se a sedação para melhorar a ventilação do paciente** *(32m40 a 38m10). Vista às fls. 224, disse que foram aplicados os medicamentos DORMONID, FENTANIL e PAVULON. Vista às fls. 223 (verso), disse que o paciente estava com FIO2 em 45% e diminuiu para 21%, que é oxigênio ambiente. Para uma pessoa que está dependente de ventilação se deve usar uma porcentagem maior que 21% de FIO2. O referido paciente, de acordo com o prontuário, recebeu às 23h36min a prescrição de PAVULON com FIO2 em 21%. Recebendo essas três medicações (todas depressoras do*

sistema respiratório), estando com a FIO2 de 21%, a tendência é a morte do paciente por asfixia, que leva a parada cardiorrespiratória. Sobre o **paciente A. R. S.**, vista às fls. 109 e perguntado se antes das 8h29min o paciente estava sedado, disse que o paciente estava sedado. Tem uma prescrição na fl. 107, data do dia 03, que consta SORO FISIOLÓGICO FECHADO COM DORMONID, FENTANIL e QUETALAR diluído. Porém, esta aplicação não foi checada, logo não dá para saber se o paciente recebeu ou não a medicação. Sobre a **paciente R. R.** foi lhe perguntado se antes das 9h51min do dia 28 de janeiro ela estava sedada, disse que, conforme prescrição do dia 27 – DORMONID, FENTANIL e QUETALAR feito em SORO FISIOLÓGICO feito endovenoso (fls. 80), ela estava sedada (38m48 a 46m12).

Continuação depoimento testemunha M. L. C. (parte 2)

Com relação ao **paciente L. A. I.** disse que há uma prescrição do dia 28, não checada, de DORMONID, FENTANIL e QUETALAR feita de forma contínua na veia. Afirmar pelo documento apresentado não pode se o paciente estava sedado, pois nenhuma medicação está checada (00s a 1m12). Sobre a **paciente C. D. C.**, disse que antes das 10h29min do dia 13 de maio de 2011 ela recebia sedação com DOLANTINA e VALIUM endovenoso contínuo (fls. 226). Perguntado se DIPRIVAN, FENTANIL E PAVULON, descritos na fl. 270, era o mesmo padrão da prescrição anterior, disse que não. Pelo que foi analisado na sindicância não foi encontrado nada justificando a utilização destes medicamentos. Perguntado se um paciente entubado, após a administração do medicamento PAVULON - com redução dos parâmetros ventilatórios para FIO2 em 21% - consegue respirar, disse que o esperado de um paciente dependente de ventilação que recebe esse tipo de medicação é o óbito por asfixia. DIPRIVAN, FENTANIL e PAVULON, são medicamentos, que uma vez feitos de forma endovenosos diretos, exigem que o paciente esteja entubado e com assistência ventilatória. Se o paciente receber esta medicação e a FIO2 estiver em 21% ocorre o óbito por asfixia (3m40 a 7m13). <u>Vista às fls. 142 (paciente P. A.), disse que nesse caso, após a medicação, o ventilador, de forma adequada, foi ajustado acima dos parâmetros. Que, nesse caso particular, com relação à aplicação da medicação endovenosa, não observa irregularidades</u> (27m44 a 29m40). Ainda, com relação ao **paciente P. A.**, de acordo com o descrito no prontuário médico (parâmetros ventilatórios aumentados), não se pode afirmar que houve asfixia, como ocorreria se os parâmetros tivessem sido abaixados (42m10 a 42m50).

Continuação depoimento testemunha M. L. C. (parte 3)

Sobre a <u>**paciente C. D. C.** disse que não se pode afirmar que o diagnóstico da paciente era "fechado". Essa paciente, em virtude das metástases, não teria indicação cirúrgica</u> (05m00 a 05m58). <u>Que, a partir do prontuário médico, não se pode afirmar que houve redução dos parâmetros de ventilação. Que esta paciente não teria indicação de reanimação</u> (8m58 a 9m40). <u>Com relação ao **paciente M. M. N. N.** disse que era um paciente</u>

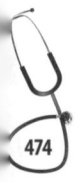

com altíssimo risco de morte durante o procedimento e que esse paciente foi admitido na UTI em um grau de instabilidade muito grande (9m50 a 12m55). O paciente M. era um paciente que, em virtude das complicações descritas no prontuário médico, viria a óbito. (19m42 a 20m10). Que no prontuário deste paciente há uma anotação feita pelo Dr. J. C. S. relatando que tentaria estabilizar o paciente para que ele retornasse ao convívio familiar. O que chamou a atenção nesse caso foi a redução dos parâmetros do ventilador, pois, segundo relatos, tratava-se de um paciente estável e depois de ter sido feita a mediação, este paciente foi a óbito (20m33 a 21m45). Com relação ao **paciente A.**, disse que um paciente que recebe a sedação que o paciente A. recebeu e que tem os parâmetros de ventilação reduzidos vai a óbito por asfixia, portanto reafirma a asfixia do referido paciente (22m10 a 23m10). *Não consegue, somente pelo prontuário, dizer sobre a possibilidade de sobrevida do paciente. Isso depende de uma série de questões e análise à beira de leito. Não pode afirmar, baseado no prontuário, se o paciente morreu em decorrência de eventual antecipação* (34m40 a 35m53). *Com relação à paciente R. R., a partir dos dados do prontuário, não pode afirmar se ela sofreu antecipação de óbito. Com relação ao paciente L. A. I. disse que a partir da análise do prontuário pode constatar que um paciente recebeu medicação endovenosa e logo após morreu, entretanto isso não quer dizer que houve antecipação de óbito, pois se trata de uma constatação de prontuário* (37m22 a 38m20). *Quanto ao paciente I., apenas com a análise do prontuário, não é possível afirmar que houve antecipação de óbito com relação a este paciente* (41m38 a 42m05).

Continuação depoimento testemunha M. L. C. (parte 4)
Quando o paciente está sedado com relaxante muscular a sua necessidade de oxigênio deve diminuir. Portanto, não se pode afirmar que pacientes com 21% de FIO2, necessariamente, podem ir a óbito. Contudo, os pacientes que foram analisados estavam dependentes de ventilação e de parâmetros maiores, mas não pode afirmar com cem por cento de certeza que um paciente sedado, com ventilação mecânica e com parâmetro de 21% de FIO2 possa ter como causa morte a asfixia. Níveis de oximetria de 80, 90 e 97 não é compatível com asfixia. A resposta à aplicação dos sedativos é imediata. Passados 35, 36 ou 40 minutos, estando a oximetria acima de 90%, não se pode, nesse caso, falar que a sedação causou asfixia. Que nunca viu uma reanimação que tenha durado 101 minutos, como a do **paciente I.**. Em casos como esse a probabilidade de lesão cerebral é muito alta (00s a 6m32). Se determinado paciente estiver com a oximetria 80,90 ou 97%, mesmo com FIO2 em 21%, não há necessidade de se aumentar os parâmetros de ventilação. *Sobre o paciente I. disse que os parâmetros descritos nas fls. 107 (verso) são incompatíveis com asfixia* (18m06 a 20m59). Não pode afirmar que a retirada da noradrenalina do **paciente I.** possa tê-lo levado a choque, pois há possibilidade deste paciente já estar chocado antes da suspensão desta droga (25m35 a 26m44). *Com relação ao paciente M. disse que, em virtude da oximetria apresentada, não pode afirmar de forma absoluta que este paciente tenha morrido por asfixia* (31m13 a 34m44). *Que,*

de acordo com o prontuário do paciente M., a saturação de oxigênio em 97%, após administração de PANCURÔNIO, é incompatível com asfixia (36m44 a 37m22). Com relação ao paciente A. disse que era um grande queimado com risco de morte muito alto em virtude do comprometimento respiratório (38m55 a 43m50).

Continuação depoimento testemunha M. L. C. (parte 5)
Que a dose de PAVULON administrada no **paciente A.** está dentro do preconizado (9m51 a 10m40). Vistas às fls. 224, disse que cada um dos medicamentos ali descritos, mesmo que aplicados isoladamente, pode levar o paciente a óbito (16m57 a 18m15). Com relação ao **paciente L. I., vista às fls. 194, disse que, com base no balanço hídrico e no prontuário, não pode afirmar que este paciente morreu por asfixia** (22m47 a 23m47).

A **testemunha M. k.**, técnica de enfermagem, iniciou na UTI Geral em 01/02/2011 e saiu em 23/03/2012 (1m00 a 2m00). Disse que os biombos eram utilizados quando os pacientes estavam morrendo (7m30 a 7m50). Lembra que na **paciente C.** foi feita a administração de um coquetel e que ela foi a óbito. A paciente no dia do óbito estava com dor, consciente, corada e chegou a pedir água. Não lembra se o médico veio vê-la. A paciente morreu aproximadamente meia hora depois de ser administrada a medicação. Não lembra se ela estava no respirador (9m30 a 14m30). Os biombos são utilizados para banho, procedimentos invasivos, ou quando estavam morrendo. Todos os pacientes que recebiam aquela medicação (que as enfermeiras traziam direto da farmácia) iam a óbito, mas não sabe qual era a medicação. Mas via no frasco que as enfermeiras traziam que eram PAVULON. Sabe que o procedimento levava a óbito porque os parâmetros eram rebaixados, a noradrenalina era retirada e ficavam esperando os sinais vitais chegarem a zero para informar a enfermeira. Quando o alarme apitava eles desligavam o alarme. (19m00 a 22m40). Distinguia a medicação feita para matar da medicação normal porque a enfermeira administrava sozinha, pedindo que o biombo fosse colocado. Eram sempre endovenosas, várias seringas (28m30 a 30m00). Em casos de óbito eram orientados a fazer a evolução conforme a evolução dos enfermeiros (40m00 a 41m00). Os **acusados E., I.** e **A.** agiam dessa forma (42m30 a 43m00). Não lembra se os parentes da **paciente C.** conversaram com os médicos. Também não lembra dela antes do dia do óbito (46m00 a 46m40). Afirma que um paciente que recebeu essa medicação e foi colocado o biombo não morreu, mas não sabe o nome. Ele não passou por reanimação e teve alta com "névoa úmida" direto para enfermaria (55m30 a 56m00).

Continuação declaração da testemunha M. K. (parte 2)
Quando pacientes em ventilação mecânica perdem sinais vitais, os médicos são chamados para atestar o óbito, visto que a ventilação mecânica faz com que os movimentos corporais de ventilação permaneçam. Depois que a morte era constatada os equipamentos eram desligados (2m30 a 3m30). Não presenciou os acusados dizendo que matariam pacientes. Ouvia outros termos como: prognóstico ruim; vamos "standbailizar". Mas não sabe qual o

quadro do paciente (4m30 a 5m20). *Imagina que as antecipações de óbito davam lucro para o hospital (11m30 a 12m00). Afirma que não leu o termo prestado na delegacia antes de assinar. Foi ouvida pela delegada e por uma escrivã* (15m00 a 16m00). Dependendo da medicação e da intercorrência o medicamento é aplicado em bolus ou por bomba infusora. De acordo com o prontuário de **P. A.**, a medicação inicia a partir das 13h30m e fica até o mesmo horário do dia seguinte. Vista às fls.111 observa que é a prescrição do dia 7 e terminou às 13h30m do dia 8. Era o padrão da UTI: um traço significa que foi administrado, uma bolinha que não foi. Vista às fls.130 (em branco), referente ao **paciente P. A.**, disse que, por não apresentar checagem, significa que esqueceram de checar ou que não foi administrado. Essa prescrição entraria no dia 8 e terminaria no dia 9 às 13h30min. Pode estar sem a checagem porque o paciente morreu antes (23m40 a 28m00). Os parâmetros constantes na anotação nem sempre eram verdadeiros, pois a orientação era que fossem anotados os parâmetros anteriores ao rebaixamento. Nunca recebeu da farmácia uma medicação para ser realizada em bomba infusora, sendo que a prescrição solicitava aplicação de modo diverso (32m00 a 34m00). *Já presenciou a* **acusada Virginia** *desligar os aparelhos, mas não sabe precisar dia nem paciente* (42m00 a 43m00). **Não sabe se em alguns casos é necessário que o FIO2 seja reduzido para 21%.** DORMONIDE, FENTANIL e QUETALAR quando vinham diluídos iam direto para o posto, mas não tem certeza (46m30 a 47m30). **Não tem capacidade de discutir prescrições médicas, apenas aplica a medicação.** Em relação à afirmação da declarante de que nunca administrou os medicamentos da denúncia, não quis dizer que se negava a administrar e sim que os medicamentos eram feitos pela enfermeira, sequer eram solicitados aos técnicos que fizessem a administração. Caso recebesse uma prescrição de insulina faria a aplicação conforme prescrição (50m00 a 54m30). Sabia que um paciente morreria quando a enfermeira solicitava que fosse colocado o biombo para o paciente e aplicava aquele coquetel (preparado na hora). Lembra de ter ocorrido esse fato sob a ordem das **enfermeiras V., C. e L.**. Os técnicos não participavam, só colocavam os biombos. Sempre que era colocado o biombo, aplicada a medicação e reduzidos os parâmetros os pacientes morriam. Só um sobreviveu. O alarme da máquina era desativado para que não fizesse barulho (59m00 a 1h03m08).

A testemunha M. R. B., enfermeira, trabalhou no Hospital Evangélico na UTI por seis meses. Disse que iniciou em março de 2010. Fazia as escalas dos técnicos e enfermeiros de nove setores (1m40 a 4m00). Lembra que a falta de efetivo era grande e que muitos não aguentavam ficar na UTI. Inclusive um enfermeiro de nome E. depois de um plantão não apareceu por uma semana, disse que ficou assustado por conta de um ocorrido, mas não relatou o quê. Muitos não conseguiam ficar por causa da **acusada Virginia**, por sua tratativa e por alguns procedimentos médicos. Depois que saiu do hospital foi procurada em seu novo emprego pelo **enfermeiro C.**. Ele disse queria dizer o que realmente ocorria lá: "tinha certeza de que você não ficaria lá. Você é muito boazinha. Então disse que usava PROPOFOL e PAVULON" em todos os pacientes a mando da **acusada Virginia**. A declarante disse que em ventilação não há problema e ele retrucou dizendo que se reduzir os parâmetros mata sim. A declarante disse que **C.**

iria para o inferno e ele respondeu que se fosse levaria junto a **acusada Virginia** (5m00 a 8m20). Não lembra de ter recebido alguma prescrição com PAVULON ou DIPRIVAN. Os biombos eram utilizados em caso de óbito e o próprio **C**. ficava dentro do box dos pacientes e desligava os fios. Uma enfermeira a procurou dizendo que a acusada Virginia disse que deveria evoluir determinado óbito como tendo sido realizada a manobra de reanimação. A enfermeira se recusou a fazê-lo e pediu a conta (**enfermeira A.**). Vários enfermeiros fizeram a mesma queixa. A enfermeira C. pediu para ser transferida de setor, pois os aparelhos de seu familiar, internado na UTI, foram desligados (12m00 a 16m00). Logo quando começou a trabalhar na UTI se deparou com um paciente em parada cardíaca, iniciou a reanimação e pediu para que chamassem o médico e os funcionários disseram "mas é o **E.**", nisso o **acusado E.** veio caminhando lentamente como se já soubesse do desfecho do paciente. Ele ficou de braços cruzados. E isso se deu por duas vezes. Não sabia do prontuário dos pacientes. A declarante tem 20 anos de trabalho na área de enfermagem em UTI e sempre viu pacientes serem reanimados em caso de parada cardíaca e nunca era necessária nenhuma solicitação. Com o Dr. C. já fez reanimação sendo que ele inclusive participou do procedimento. Nas demais UTIs nunca presenciou tais procedimentos. Ao relatar a sua chefe o ocorrido foi dito que estava na hora de removê-la para outro setor (17m00 a 20m00). Depois de sua conversa com **C.** começou a "cair a ficha", pois havia alguns pacientes que eram remanejados e realmente existia um "corredor da morte". Havia um lado onde pacientes morriam em maior quantidade. Certa vez a **acusada I.** solicitou que puncionasse um paciente porque as demais enfermeiras não serviam pra nada. O paciente estava quente e a declarante não conseguia puncionar a artéria. **I.** então disse "quem sabe é porque o paciente estava em óbito". Isso diz que a acusada não teve respeito pelo paciente nem pela declarante (23m00 a 26m00). <u>Trabalhou com a **enfermeira C.** e já viu ela alterando parâmetros de ventilação, mas não pode fazer relação entre as alterações e as mortes</u> (29m40 a 30m40). **<u>Nunca presenciou a administração dos medicamentos conhecidos como kit morte, imaginava que era utilizado POTÁSSIO</u>** (31m00 a 31m40). Os aparelhos de ventilação, se programados, apitam quando alguns parâmetros são atingidos essa programação é feita pela enfermagem. Na UTI cardíaca presenciou o **acusado E.** parado em frente a um leito enquanto o paciente estava passando por uma parada cardiorrespiratória. Parecia alheio ao paciente. Conheceu **L.**. Uma pessoa competente e muito esforçada que queria ser reconhecida por seu trabalho como enfermeira. Ela era comprometida. <u>Conheceu **P.**, mas nunca presenciou alguma conduta errada ou duvidosa, ela só era muito quieta</u> (34m40 a 38m00). As vagas eram liberadas sempre pela **acusada Virginia**, havendo ou não vaga. Em uma oportunidade ficou sabendo que havia ocorrido um acidente de trânsito e que viriam para o PS do hospital. Nesse momento alguns leitos foram liberados para que esses pacientes tivessem vagas. Ao chegar na UTI viu **C.** desligando aparelhos de pacientes já em óbito. Nesse dia a médica era a **acusada Virginia**. Nesse dia questionou **C.** dos óbitos e ele respondeu "ou você é muito ingênua ou muito burra". Já ouviu a expressão "cai cai", queria dizer que era hora de avisar os parentes das situações dos pacientes (geralmente desmaiavam) (42m40 a 44m40). Vistas às fls.869, onde consta sua declaração no NUCRISA, de que "presenciou os acusados **Virginia, M. I., E.** e **A.** baixando parâmetros de respiração de pacientes que recebiam sedação e então mor-

riam", esclarece que não sabia qual droga era utilizada. Não necessariamente os pacientes morriam depois de serem alterados os parâmetros. As medicações eram feitas em geral pelos enfermeiros e não pelos técnicos, mas não sabe dizer quais eram. (49m50 a 52m40).

Continuação depoimento testemunha M. R. B. (parte 2)

Já ouviu comentários que os médicos e o hospital percebiam certa remuneração pela rotatividade de leitos (2m50 a 3m30). Sabe que PROPOFOL e PAVULON não causam morte se o paciente estiver em ventilação mecânica, mas se os parâmetros forem rebaixados causam (16m00 a 16m40). **Não conhece nenhum paciente da denúncia. Não trabalhava mais no hospital quando ocorreram as mortes descritas na denúncia (18m40 a 21m10).** *Nunca viu C. alterar evoluções de enfermagem (37m00 a 37m48).*

Continuação depoimento testemunha M. R. B. (parte 3)

L. sempre foi prestativa. Não chegou a administrar medicamentos no período em que trabalhou na UTI *(2m20 a 3m50).* **No seu depoimento na polícia a data de sua saída do hospital está equivocada, pois, com certeza, saiu antes dos óbitos descritos na denúncia** *(8m00 a 8m50). Veio a saber o que é o "kit morte" (PAVULON e PROPOFOL) depois que saiu do hospital.* **Nem todo paciente deve ser reanimado** *(10m00 a 11m00). Sempre que presenciou os acusados mexendo nos parâmetros de ventilação, nunca os viu desligando e sim diminuindo os parâmetros de ventilação (14m00 a 14m40). Apenas o fisioterapeuta e o médico são capazes de analisar o volume de FIO2 necessário para cada paciente. Diz ainda que não necessariamente um PEEP em 0 (zero) e FIO2 em 21% são suficientes para um paciente, mesmo que a saturação esteja em 90%. Sabe que em alguns casos o FIO2 em 21% pode ser suficiente (16m20 a 18m50). Provavelmente a droga faça efeito dentro de 40 minutos (20m30 a 21m00). Pode haver erros na entrega de medicamentos e por isso a conferência é obrigatória (37m00m a 37m30).*

A testemunha J. M. O., técnica de enfermagem, disse que quando entrou na UTI os leitos tinham número. (0m50 a 4m10). Trabalhou com as **acusadas C. e V.**. *Lembra-se de dois* **pacientes** *que a marcaram (C. e G. R.). Ficou marcado porque a médica de plantão (***Virginia***) pediu que deixasse a paciente sentada e depois que retornassem com ela para a cama, aplicaram medicação e uma hora depois foi a óbito. A paciente reclamou de dor na perna e a declarante avisou a enfermeira. Não aparentava suar, com vertigem, um pouco pálida. Não sabe precisar quanto tempo levou para entrar em óbito depois da medicação (aproximadamente 1 hora), lembra de que o medicamento foi feito via endovenosa. Ficou na UTI depois da aplicação das medicações, mas estava fazendo suas funções. Ninguém chamou o médico nem reanimou a paciente.* **Não estava responsável por aquele paciente naquele dia; que só ajudou a posicionar o paciente no leito.** *Ela estava traqueostomizada e em respiração mecânica. Os parâmetros foram alterados quando a paciente foi posicionada sentada e novamente quando retornou ao leito, recebendo então a sedação e colocado biombo em seguida. Imagina que era uma sedação, pois a enfermeira que foi chamada até a sala dos médicos voltou dizendo que seria* *feita "aquela medicação". Na opinião da declarante, "aquela medicação" significava que seria sedada e depois os parâmetros de ventilação seriam reduzidos para não dar chance ao paciente para, em seguida, ir a óbito. Viu isso em diversos pacientes. Os biombos eram utilizados em caso de óbitos, banho, troca de curativos (8m30 a 18m08). Viu outros três médicos realizarem os mesmos procedimentos (**I., E. e A.**) (19m00 a 19m30). Depois que eram feitas "aquelas medicações" ninguém permanecia ao lado dos pacientes. Era seu primeiro emprego, e quando foi admitida no trabalho já foi avisada pelos demais funcionários que ali eram administradas sedações e depois rebaixados os parâmetros de ventilação, levando o paciente a óbito. Na época procurou a enfermeira chefe V. para contar o que estava ocorrendo. Via alguém alterar os parâmetros de ventilação e depois, quando chegavam perto do respirador, constatava que o FIO2 estava em 21%, PEEP em 0 (zero) e frequência em 10 ou 11. Nesses casos, em que presenciou essas condutas, quando o aparelho apitava vinha uma enfermeira apertava o botão de silêncio, desligando o alarme e nada mais era feito. A enfermeira se dirigia até o médico e informava a hora do óbito. Sabe que essa sedação pode ser feita para que o paciente respire melhor (21m00 a 27m30). Em relação aos óbitos, afirma que havia um texto pré-determinado e que deveriam transcrevê-lo no prontuário, constando na evolução que: o paciente apresentou bradicardia, apresentando hipotensão, realizadas as manobras de reanimação sem sucesso, descrevendo a medicação feita e horário do óbito. Essas anotações ficavam atrás do balanço hídrico. Às vezes os papéis de anotação dos sinais vitais não estavam anexos ao prontuário e as anotações desses sinais eram feitas de modo padrão, em casos de óbito (31m25 a 33m50). O médico era o responsável por determinar qual paciente seria ou não reanimado (37m10 a 37m40). Como técnica, sabe que seus conhecimentos não superam os médicos, no entanto, aparentemente os pacientes estavam em condições aceitáveis para uma UTI (39m00 a 39m40). Uma vez ouviu aos **acusados A. e I.** conversando e que disseram: "a que horas vamos "standbailizar" o paciente?" I. riu saíram conversando. Acredita que isso significava desligar tudo (41m30 a 42m00). Ouviu a **acusada Virginia** falar que precisava de vagas para um paciente que estava morrendo no pronto socorro (45m30 a 46m10).*

Continuação depoimento testemunha J. M. O. (parte 2)
*Vista às fls.111, **P. A.**, observa prescrição de 24hs que iniciou às 14hs. Já viu a **enfermeira C.** voltar da sala dos médicos com a prescrição que todos os enfermeiros faziam (1m30 a 2m20). Diz que o PAVULON causa rigidez muscular, PROPOFOL seda e rebaixa o nível de consciência do paciente. Explica sua declaração no NUCRISA de que essas prescrições eram feitas de maneira diferente porque eram feitas pelos enfermeiros e não pelos técnicos. <u>Tem conhecimento de que o uso dessas drogas gera necessidade de alterar parâmetros de ventilação. Não conhece o Consenso de Ventilação Mecânica e não pode responder perguntas sobre ventilação mecânica</u> (5m40 a 8m20). Diante dos erros de gotejamento, das bombas infusoras, os pacientes amanheciam agitados. Muitas vezes tinham que esperar a chegada da **acusada Virginia** para que os pacientes mais agitados e agressivos fossem sedados, embora normalmente as drogas só entrassem às 14hs (9m00 a 9m58). <u>**Não sabe o diagnóstico da paciente C.. Não estava atendendo essa paciente no dia que foi a óbito**</u>*

(14m00 a 14m40). **Apesar de dizer que outras enfermeiras foram mandadas embora não se recorda de nenhum nome. Não sabe quem atendia a paciente C. no dia do óbito, mas se lembra da paciente. Não tem capacidade técnica para avaliar atos médicos que acontecem na UTI, tem conhecimento mínimo** *(18m20 a 19m20)*. *Afirma que o aparelho Inter 5 permitia estabelecer uma frequência respiratória de 0 (zero) (22m40 a 23m30).*

A testemunha F. S., enfermeira, trabalhou no Hospital Evangélico entre 2007 a outubro de 2011, sendo um ano e oito meses na UTI Coronariana *(0m00 a 2m20)*. Ficou apenas por cinco dias e pediu para sair porque teve problemas com o **enfermeiro C.**, que não permitia que a declarante se inteirasse dos casos. Em uma ocasião insistiu que um concentrado fosse administrado em um paciente, mesmo tendo exaurido o prazo, porque não falaria para a **acusada Virginia** que perderam o concentrado. Mesmo a declarante tendo proibido que transfundissem o concentrado, C. tentou ele mesmo fazer a transfusão. Ele retirou a autonomia da declarante *(3m00 a 5m30)*. O PROPOFOL pode ser aplicado por técnicos de enfermagem. Fez plantão com a **acusada Virginia, E. e C.**. Em seu primeiro dia cinco pessoas morreram e não viu nenhuma ser reanimada. Nesse dia a **acusada Virginia** estava como médica de plantão. Não chegou a ter conhecimento do estado clínico desses pacientes *(7m00 a 10m00)*. Os técnicos de enfermagem comentavam que havia uma conduta de antecipar óbitos, com o uso do "kit morte" (traqueostomia precoce, acesso central, esse tipo de coisa). PROPOFOL seda o paciente, o PAVULON causa às vezes a paralisação muscular do paciente, então, se baixar os parâmetros do respirador, dependendo do quadro do paciente, ele não consegue manter uma respiração. A combinação desses dois medicamentos, com o rebaixamento dos parâmetros respiratórios (dependendo do caso do paciente) pode ser letal. Na UTI Geral não presenciou a administração desses medicamentos. Nas outras UTIs que trabalhou não presenciou a aplicação de PAVULON, mas do PROPOFOL, sim. Afirma que em outras UTIs não ocorrem tantos óbitos como ocorriam na UTI do Hospital Evangélico *(13m45 a 20m00)*. Os parâmetros são alterados pelos fisioterapeutas e médicos *(21m20 a 22m00)*. **Não reconhece nenhum dos nomes das vítimas da denúncia. Nunca viu nenhum médico matando pacientes na UTI** *(26m00 a 28m10)*. Conheceu o **acusado C.** na UTI Geral, sendo muito competente, portador de muito conhecimento. Já ouviu falar que na UTI Geral os médicos se utilizavam dos "coquetéis da morte". **Nunca presenciou o acusado C. administrar esse coquetel em nenhum paciente, nem maquiar / alterar os dados dos prontuários médicos.** A bolsa de transfusão de sangue poderá ser utilizada em um prazo máximo de 4 horas após ser retirada do resfriador *(34m00 a 37m20)*.

A informante P. R. S., filha do **paciente I. S.**, disse que seu pai passou por uma cirurgia e foi direto para UTI. Como estava sedado, os médicos não sabiam qual era a real situação dele. Informaram que tentaram reduzir a sedação dele e não funcionou e por isso voltaram a sedá-lo. Não conversaram com os médicos da UTI. Nunca solicitaram autorização para reduzir os parâmetros, suspender o tratamento e nem para deixar de investir no paciente *(2m30 a 6m00)*. Acredita que seu pai não estava sendo acompanhado sempre pelo mesmo médico em suas consultas a respeito da infecção no pé quando ia até o posto de saúde em Paranaguá-PR. O que relataram em Paranaguá é que o pai tinha problema vascular. Sabe que o pai foi vítima de sete AVCs e também sabia que fumava dois maços de cigarro por dia (13m00 a 15m00). No sábado, já na UTI, seu pai estava suando e gelado. Chegou a secar o pai com um pano (17m20 a 19m40). O pai estava bastante pálido e foi avisada de que o pai teve uma parada de 10 minutos (20m30 a 21m40).

O informante W. A. I., filho de L. I., disse que visitou seu pai na UTI Geral. Nunca conversou com os médicos da UTI, só com o enfermeiro, que explicou sobre ventilação. A madrasta conseguiu falar com a **acusada Virginia**. <u>Em nenhum momento foi solicitada autorização para suspender ou reduzir os tratamentos e suportes durante o tratamento de seu pai</u> (2m00 a 3m00). <u>Não sabe se foi suspensa a medicação do seu pai. Ficou sabendo através da mídia que o ventilador foi desligado</u>. Ele ficou na UTI do dia 26 ao dia 28 (4m00 a 5m50). Não chegou a falar com nenhuma enfermeira só com enfermeiro (7m40 a 8m20).

O informante J. W. R., filho de R. R., disse que foi informado por diversos médicos de que sua mãe provavelmente não sairia viva da UTI. Nunca foi solicitada autorização para que parassem de investir no tratamento de sua mãe, nem para suspender ou reduzir os suportes de ventilação. Não sabe se solicitaram para sua irmã (1m00 a 2m40). Não se lembra dos remédios que a mãe fazia uso. Fazia acompanhamento com médico no posto de saúde. Não sabe o que sua irmã declarou no NUCRISA, mas que o declarante foi de livre e espontânea vontade depois de ver as notícias na televisão. No dia a **acusada Virginia** junto com os pastores disse que a mãe do declarante não resistiu, mas não informou a causa morte (4m00 a 6m40).

A testemunha L. S. A., fisioterapeuta, disse que conheceu a **acusada C.** trabalhando no Hospital Evangélico (0m20 a 1m00). Apenas em 2010 começaram a ser difundidos os POPs (procedimento operacional padrão), aos funcionários do hospital (2m00 a 2m40). Embora tenha capacidade para decidir quanto ao tratamento fisioterapêutico, sempre procura colher opinião do médico plantonista, para em conjunto decidir o tratamento (7m00 a 7m45). O diagnóstico de insuficiência respiratória é de ordem clínica / médica. Como fisioterapeuta não é capaz de realizar esse diagnóstico. Desmame respiratório é o procedimento de retirada de tubos de ventilação. Pode dizer ser da rotina do trabalho as solicitações de adequação dos respiradores. É uma das funções do fisioterapeuta realizar adequações dos padrões de ventilação, mas quem decide sobre as mudanças de padrões são os médicos (8m10 a 14m40). Informa que é possível evoluir um paciente depois de ele ter saído da UTI (18m00 a 18m40). Quanto aos valores toleráveis de saturação, pode dizer que tenta manter os valores entre 89/92, contudo, a saturação periférica de oxigênio por si só não representa impedimento para o tratamento, pois outros fatores como temperatura, pressão, se o paciente está se mexendo, o ambiente também interferem. Assim, se não houvesse monitores de saturação o tratamento não seria prejudicado

(21m54 a 23m00). Apesar de existir uma norma sobre ventilação, durante o tratamento é possível que o paciente receba espécies de ventilação que não constam dos padrões, o que dependerá do modelo de máquinas e do quadro clínico (29m00 a 29m20). <u>Pode dizer que a **acusada C.** era sempre muito pontual e querida pelos pacientes, inclusive sendo solicitada por pacientes que estiveram na UTI e migraram para outros setores</u> *(33m20 a 35m00).* <u>**Por ser uma UTI mista, atendendo homens e mulheres, o uso do biombo era necessário para dar privacidade em caso de banho, curativos e outros procedimentos. Nunca viu médicos matando pacientes**</u> *(38m40 a 39m20). O normal é que seja feita a evolução dos pacientes alvos de fisioterapia e que essas evoluções fiquem registradas no sistema do hospital, porém algumas vezes já se deparou com o sistema inoperante (44m00 a 45m38). Que trabalhava no período da manhã. (46m30 a 47m00).* <u>**A sedação interfere diretamente na respiração do paciente. Se não estiver sedado acaba por competir com o ar oferecido pelas máquinas**</u> *(53m30 a 54m30).*

Continuação depoimento testemunha L. S. A. (parte 2)

Como fisioterapeuta decide qual paciente será atendido primeiro, de acordo com as determinações da equipe ou pela gravidade do quadro clínico (0m30 a 1m10). Quando solicita medicação para pacientes com desconforto respiratório e este é medicado, permanece ao lado dele sempre um funcionário (técnico de enfermagem, fisioterapeuta ou enfermeiro) (5m30 a 6m11). Estudou na Faculdade Evangélica por quatro anos, residência de dois anos e pós-graduação em terapia intensiva (11m50 a 12m50). Existe um alarme do equipamento de ventilação, mas para saber qual o motivo do acionamento é necessário ir até o leito e examinar o paciente (16m40 a 18m33).

A testemunha K. A. L. P. *disse que sua mãe foi internada na UTI, pois foi atropelada no dia 18/04/1012, ficando internada por 10 meses. Tinha acesso ilimitado a sua mãe, pois a **acusada Virginia** disse que a paciente apresentava melhora quando recebia a visita da filha. Nesse tempo que frequentou o hospital conheceu vários funcionários, dentre eles a **acusada C.**, que era muito prestativa (1m10 a 3m50). Também presenciava o atendimento da acusada com os demais pacientes, sempre da mesma forma (4m25 a 4m40).* <u>Viu diversas vezes os funcionários reanimando pacientes e nunca presenciou qualquer atitude suspeita, mas também viu pacientes entrarem em óbito</u> *(5m40 a 6m10). O horário de visita convencional era das 12h00m às 12h30m e das 20h00m às 20h30m (8m20 a 8m40). Certa vez, a **acusada Virginia** chamou a testemunha para recomendar que retirasse o plano de saúde de sua mãe, pois alguns procedimentos estavam sendo obstaculizados pelo plano de saúde, e pelo SUS seria menos burocrático (10m00 a 10m50).* <u>Declara que o atendimento da **acusada Virginia** com os pacientes e familiares era excelente (12m00 a 12m50). Nunca presenciou qualquer conduta suspeita por parte dos funcionários</u> *(16m15 a 16m30).*

A testemunha G. P. S. disse que é fisioterapeuta e trabalhou no Hospital Evangélico na época das investigações (00m40 a 1m00). Fazia a evolução de cada paciente atendido ao final do plantão (3m40 a 4m00). Perguntada se um paciente poderia ser ventilado com FIO2 a 21% quando em modo controlado (de ventilação, disse que cada paciente recebia tratamento individualidade) (6m30 a 7m10). Não sabe se é possível desabilitar os alarmes dos ventiladores mecânicos (11m30 a 12m00). **Nunca viu um médico dar uma ordem ilegal e nenhuma atitude suspeita por parte da equipe** (13m10 a 13m30). Não sabe dizer qual é o procedimento de recrutamento alveolar, mas que pode ser feito de forma automática mediante configuração do respirador (18m00 a 18m40). Trabalha no Hospital Evangélico há seis anos (22m00 a 22m30). Não tinha autonomia para alterar parâmetros de respiração na UTI Geral, apenas quando solicitado pelos médicos para realizar os desmames (23m40 a 23m53). Os desmames eram feitos por ordem médica, acordando o paciente iniciava-se o procedimento, que era realizado aos poucos (29m50 a 31m10). Afirma que pode perceber que o paciente está brigando com o respirador quando usa a musculatura acessória e pelo alarme da máquina. Podendo também perceber se o paciente entrou em choque analisando a pressão arterial. Não se recorda se o médico utiliza bloqueadores neuromusculares em pacientes em choque (32m25 a 33m50). Caso lhe fosse solicitado que abaixasse os parâmetros de ventilação de um paciente, o faria, mas, se percebesse prejuízo ao paciente, informaria o médico e, caso este não tomasse providência, aumentaria os parâmetros (42m30 a 42m50).

A testemunha M. M. F. R. disse que <u>trabalha no Hospital Evangélico há dois anos e meio, sendo um e meio na UTI. Nunca viu qualquer conduta suspeita ou errada por parte da **acusada C.** (0m30 a 1m30).</u> C. sempre foi muito prestativa e ajudava muito os técnicos. <u>Geralmente a medicação dos prontuários era ministrada pelos técnicos de enfermagem (2m40 a 4m20). Pelo tempo que trabalhou com C. diz desconhecer qualquer conduta criminosa por parte dela e que esta sempre fazia de tudo pelo paciente. Quando foi ouvida no NUCRISA diz que foi pressionada em seu depoimento. Solicitado que explicasse como se deu essa interferência, respondeu que "ela falava e queria que eu concordasse"</u> (8m40 a 9m30). <u>Quanto à **acusada L.** também não tem conhecimento de nenhum [ato] que a desabone.</u> **Nunca presenciou ordem ilegal dos médicos, nem presenciou antecipação de óbito.** Os biombos são utilizados constantemente na UTI (11m00 a 13m00).

A testemunha M. A. L., <u>foi paciente das **acusadas Virginia** e P., no período de 8 a 12 de março, na UTI Geral, à época com queimaduras de 2º e 3º graus, abrangendo 40 % do corpo (1m00 a 1m40). Que foi muito bem atendida pelos funcionários do hospital. Durante o tempo em que esteve lá não presenciou nenhuma atitude ilícita por parte dos funcionários (2m15 a 3m39).</u>

A testemunha A. R. G., médico há 40 anos, especialista em cirurgia geral e endoscopia digestiva. Pertence ao corpo clínico do Hospital Evangélico desde

*1990 (00m30 a 2m00). Afirma que, <u>do ponto de vista econômico, é mais vantajoso para o hospital manter um paciente mais antigo do que receber um novo na UTI, pois este último terá que passar por vários procedimentos, custando mais.</u> De igual modo, para o médico intensivista, é mais fácil tratar um paciente antigo do que um novo (8m30 a 8m58). <u>Não tem conhecimento de que os médicos antecipavam óbito de pacientes, ao contrário, mantinham pacientes por mais tempo do que poderiam manter. A versão da acusação, de que óbitos eram antecipados para gerar vagas é descabida, pois o paciente novo é mais caro.</u> Pode dizer que mais de 90% dos pacientes do Hospital são pacientes do SUS. Havendo vagas na UTI, são encaminhados os pacientes para o setor, não negando vaga se houver (14m45 a 17m20). A conduta e os planos terapêuticos adotados na UTI, por ocasião da terapia intensiva, dizem respeito a parte respiratória do paciente, parâmetros, suporte de vida, paciente chocado, em queda de pressão, hidratação do paciente. Já a conduta terapêutica de reintervenção é feita pelo médico assistente com a equipe (18m50 a 19m37). <u>Afirma que trabalhou com a</u> **acusada I.**<u>, mas em outra instituição. Pode afirmar que ela nunca antecipou óbito na UTI. Que pessoas em condições normais respiram oxigênio na fração de 20%, encontrada no ar atmosférico, sendo o ideal manter o paciente respirando a 20%. Assim, segundo seu conhecimento, é inadmissível a acusação imputar antecipação de óbito aos acusados sendo que os pacientes recebiam fração de oxigênio em 20% ou superior. Devido ao desconforto dos pacientes entubados, estes acabam se agitando e "brigando" com a máquina de ventilação, por isso devem ser sedados. A melhor sedação nesses casos é a sedação neuromuscular</u> (20m50 a 26m20). Os técnicos que auxiliavam na hemodiálise nunca eram os mesmos da UTI, pois pertenciam a uma clínica externa (28m00 a 28m30). Vistas às fls. 130, prontuário **P. A.**, disse que legalmente a medicação prescrita não foi administrada, por não estar checada. Usa-se por padrão indicar a checagem por um risco vermelho e indicando a não aplicação de determinada prescrição com um círculo vermelho. Vista às fls. 132 foi solicitado que esclarecesse a observação das reposições: na opinião da testemunha, é que se refere a reposição de estoque de emergência, medicamentos utilizados para intervenção rápida, que não podem aguardar a retirada na farmácia para a serem aplicados. <u>Deve-se respeitar uma quantidade mínima no setor de emergência. Vistas às fls. 112, quanto à receita de antibióticos contida, não sabe com precisão os valores de custo, mas que com certeza superam R$ 300,00 reais cada frasco. Vista às fls. 116, perguntado sobre o custo dos antibióticos prescritos, sabe dizer que são de alto custo, dando prejuízo ao hospital. Vista às fls. 131, diz o mesmo. Questionado se o PNEUMOTÓRAX dificulta a respiração do paciente, respondendo que não só dificulta como pode matar o paciente. Neste caso, o pulmão deve ser drenado, sendo, ainda, na modalidade fechado é totalmente incompatível com a vida. Para antecipar o óbito do paciente com pneumotórax, basta não tomar medida alguma, sendo desnecessária a aplicação de bloqueadores neuromusculares.</u> Os bloqueadores musculares provocam a paralisia da musculatura, apontando duas delas relacionadas com a respiração (intercostal e lisa). Assim, sob o efeito de bloqueadores neuromusculares, é possível, por meio de pressão, ventilar o paciente (29m00 a 37m40). Respondeu que o ENFISEMA SUBCUTÂNEO pode causar a piora clínica do paciente. Esclarece que o PNEUMOTÓRAX RECIDIVANTE nada mais é do que a volta de pneu-*

motórax já tratado. Perguntado se diante de um paciente com muita dificuldade respiratória o uso em conjunto dos medicamentos MIDAZOLAN, QUETAMINA e TRACRIUM seria adequado, respondeu que o MIDAZOLAN faz o paciente dormir, TRACRIUM é um bloqueador neuromuscular (só utilizado em pacientes entubados) e a QUETAMINA é usada para analgesia. Questionado sobre o protocolo de interrupção da terapêutica de um paciente, disse que nenhum paciente respirando, com batimentos cardíacos, podem ser desentubados, ainda que não tenham condições viáveis (38m45 a 43m30).

Continuação depoimento testemunha A. R. G. (parte 2)
<u>Nunca recebeu qualquer queixa de antecipação de óbito enquanto esteve na direção do hospital</u> (00m45 a 1m06). Um dos primeiros sinais de choque é a oligúria, fazendo com que o rim não excrete mais. Perguntado se a melhora da acidose metabólica sem infusão de bicarbonato é indicação de melhora da perfusão tecidual, respondeu afirmativamente. Também foi perguntado se é normal o paciente ser reanimado por 101 minutos, respondendo ser exagero, sendo normal o tempo de 5 a 10 minutos. Caso fosse reanimado depois de 101 minutos apresentaria sequelas gravíssimas, ficando em estado vegetativo. Em relação às medicações anestésicas, a depender do paciente e do tratamento a posologia e concentração dos medicamentos serão diferentes. <u>Os técnicos de enfermagem, apesar de indispensáveis na UTI, não possuem capacidade para constatar um estado de choque hipovolêmico do paciente. Conheceu o **acusado E.** e trabalha atualmente com ele em outro hospital. Diz que se trata de um médico anestesiologista jovem, extremamente responsável, muito cuidadoso com o paciente, muito competente. Teria total confiança em deixar um parente sob os cuidados médicos deste acusado. Complementando, disse que recentemente sua esposa passou por procedimento cirúrgico e foi anestesiada pelo **acusado E.**. Ainda, que sua sogra sofreu um acidente e foi tratada pela **acusada Virginia**. Sua sobrinha também foi anestesiada recentemente pelo acusado E.</u>. Vista às fls 107 (verso), **paciente I.** especi<u>ficamente quanto ao balanço hídrico a fim de saber se os dados são compatíveis com asfixia, respondeu que paciente que apresenta saturação em 92% não está asfixiado</u> (4m40 a 16m40). Vistas às fls. 223 (verso) paciente M., <u>respondeu que diante das taxas de saturação de oxigênio presente, mínimo em 92%, não condiz com um quadro de asfixia, ainda que para ser possível vislumbrar asfixia a saturação deve ser inferior a 20% de oxigênio. A manutenção de saturação de oxigênio em 21% não altera as trocas gasosas</u> (17m20 a 19m50). Em casos de colapso circulatório é comum a ineficácia da oximetria de pulso. As hemorragias internas em grande queimado são um complicador. Quase sempre decorrente de estresse esses sangramentos (20m40 a 23m30). Os bloqueadores neuromusculares são imprescindíveis para operações de abdômen, ainda que o paciente esteja em choque. Não se aplica bloqueador neuromuscular em pacientes não entubados ou que não estejam respirando por traqueostomia. Ainda, segundo a testemunha, <u>a aplicação de neurobloqueadores, seguida de rebaixamento das taxas de oxigênio em 20% ou mais, além de ser incompatível com o quadro de hipóxia é o recomendado. O importante é estar atento à saturação de oxigênio no sangue. O rebaixamento só ocorre porque a</u>

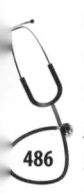

oximetria permite. Na mesma razão, quanto mais cai a saturação, mais aumenta a ventilação com FIO2. Da mesma forma, quando a saturação aumenta diminui-se a fração inspirada de O2 (39m00 a 42m30). Diante de pacientes entubados, com ventilação mecânica e sedados não há como precisar o nível de consciência dele. Nesses casos é necessário iniciar a retirada do medicamento para que o paciente acorde. Assim é possível avaliar se o paciente tem condições de respirar por conta própria (mantendo a saturação de oxigênio), podendo então ser encaminhado para o quarto. Até mesmo porque o ambiente da UTI é nocivo e desgastante. Esse procedimento é conhecido no jargão médico como girar a UTI (43m50 a 45m10). Nunca teve conhecimento de qualquer realização de procedimento (relativos à sedação) de modo errado ou fora dos padrões pré-estabelecidos. Os medicamentos adquiridos para uso do hospital passavam por uma comissão avaliadora de benefícios antes de serem adquiridos. Quando adquiridos eram devidamente acondicionados pela farmácia do hospital. A UTI possui uma quantidade mínima de medicamentos para suprir urgências que não podem esperar a autorização de retirada da farmácia, mas esse estoque é rigorosamente controlado. Pode afirmar que o tratamento de pacientes do SUS é menos moroso por não precisar de muitas autorizações (solicitadas pelos planos de saúde). É muito comum pacientes com quadro de delírio na UTI (46m40 a 54m30). Mesmo sem vida, o paciente que está entubado continua apresentando movimentos respiratórios, que são causados pela pressão feita pela máquina (56m00 a 57m05). Nesses casos, o médico pode identificar a morte e determinar que as máquinas sejam desligadas (58m15 a 59m00).

Continuação depoimento testemunha A. R. G. (parte 3)

Um paciente com morte cerebral pode ser mantido em ventilação mecânica, a fim de esperar a realização da retirada de órgãos para transplante (00m20 a 01m05). Apresentando, o paciente, notória inviabilidade de tratamento, retira-se os medicamentos curativos, mantendo-se apenas os necessários para impedir as dores. Nesses casos podem ser utilizados qualquer medicamento (em relação à força sedativa), o fundamental é garantir o conforto do paciente. O sentimento de dor aguda pode levar a óbito em virtude das alterações que provoca (alteração da pressão, causa sangramentos...) (3m00 a 05m50). Que as discussões que teve com a **acusada Virginia** eram apenas de ordem médica, excesso de zelo por parte da acusada, pois constantemente solicitava que alguns exames fossem refeitos (15m50 a 17m30). Apenas o médico pode determinar que não se faça reanimação em um paciente inviável, respondendo por suas determinações com o seu CRM. A farmácia só entrega medicamentos se o pedido médico já estiver no sistema. Conhece e trabalhou com a **acusada C.** e que pode dizer ser uma pessoa extremamente competente e responsável. Podendo dizer o mesmo do acusado **C.**, pois apenas os melhores trabalhavam na UTI, por exigência da **acusada Virginia** (23m00 a 29m43).

Continuação depoimento testemunha A. R. G. (parte 4)

Não necessariamente consta do pedido de medicamentos para a farmácia que se trata de uma reposição. Sendo necessário apenas manter o estoque mínimo de medicamentos de urgência. Para saber se o pedido deriva de reposição é necessário ver o prontuário médico. A aplicação de sedação é mais perigosa em pacientes não entubados, devendo ser ministrada de forma mais lenta, observando os sinais vitais, suspendendo a sedação quando o paciente adormece. Quanto à velocidade de aplicação, pode dizer que a administração de medicamentos sempre depende da reação do paciente. <u>A quantidade (miligramas) de sedação varia de paciente para paciente, não estando o médico obrigado a seguir os parâmetros da bula medicamentosa (apenas um parâmetro)</u>. PROPOFOL é medicamento de efeito rápido, utilizado para causar sono. O que não é possível é aplicar de uma única vez uma ampola de PROPOFOL de 60 ml. A aplicação em bolus, em alta dosagem de PROPOFOL pode causar problemas de ordem cardíaca. O comum é causar parada respiratória, o que é impossível em pacientes entubados (00m30 a 10m15). Pela sua experiência, nunca viu um paciente apresentar depressão cardiovascular com o uso de PROPOFOL, apenas depressão respiratória. Aplicação de PAVULON ajuda na estimulação cardíaca. Perguntado, respondeu ser possível causar parada cardíaca com o uso de medicamentos como, por exemplo, CLORETO DE POTÁSSIO. Perguntado se a aplicação em bolus de FENTANIL e PROPOFOL de forma rápida pode causar parada cardíaca, respondeu que se trata [de] uma situação extremamente incomum. Mesmo em se tratando de duas ampolas de 20 ml de PROPOFOL e uma ampola de 20 ml de FENTANIL. Poderia ocorrer em pacientes idosos com a condição cardíaca debilitada, caso contrário não (14m30 a 19m10). O hospital não tem bomba para aplicação de PROPOFOL para todos os pacientes da UTI, por essa razão é administrado usualmente em bolus (21m00 a 24m30). Se cair a saturação e não for oferecido mais oxigênio ou o paciente não responder ao oxigênio já oferecido, a hipoxia pode levar o paciente a óbito. Três minutos sem oxigenação ocorre a morte cerebral (27m20 a 28m10). O médico deve sempre oferecer mais oxigênio aos pacientes que não estão saturando de modo adequado (29m30 a 30m00). Hipoxia é o rebaixamento de oxigênio no sangue e pode causar lesões no cérebro e até mesmo a morte (31m00 a 32m00). Vista às fls. 97 (verso) foi perguntado se pode afirmar que o quadro apresentado se trata de hipotensão, respondeu que o paciente se manteve com pressão arterial média com boa perfusão. Quanto ao período entre 20h e 22h, pode dizer que a queda de pressão se deu em razão da retirada da noradrenalina, que sempre causa um efeito rebote, estabilizando em seguida (como ocorreu). Pelo gráfico da referida folha, não é possível dizer que o paciente estava em choque (36m20 a 41m00). Vista às fls. 107 pode afirmar que as duas indicações de saturação são muito boas. Perguntado por que seria ministrado a esse paciente PROPOFOL, FENTANIL e PAVULON, respondeu que seria recomendado caso o paciente estivesse agressivo ou agitado e que o PAVULON traria melhora na saturação. As referidas drogas não comprometeriam de forma alguma a saúde do paciente e também não o levaria a óbito. A menos que retirassem a ventilação mecânica (46m00 a 49m30).

Continuação depoimento testemunha A. R. G. (parte 5)

Para os pacientes inviáveis não se institui novas terapêuticas, podendo retirar medicamentos nesses casos (2m00 a 3m00). Mesmo estando sedado, pode ser necessária a aplicação de PROPOFOL, em razão da agitação psicomotora do paciente (tentando tirar a máscara, por exemplo). Perguntado se a aplicação de 40 ml de PROPOFOL causaria a parada respiratória, respondeu que sim, mas que esse resultado é o pretendido nesses casos, para que respire pela máquina. Informando ainda, que ao fazer endoscopia chega a aplicar mais do que 40 ml de PROPOFOL (10m00 a 13m00). A terminalidade do paciente é decidida de modo complexo, geralmente por um colegiado (médico intensivista, o assistente, a família) (14m30 a 16m10). **Perguntado se o alto índice de óbitos, pacientes da acusada Virginia, após aplicação de PAVULON podem decorrer do uso dessa droga, respondeu ser impossível afirmar tal nexo de causalidade. Que o PAVULON não levaria a óbito e sim as condições clínicas dos pacientes** (45m00 a 46m30).

A testemunha I. T. P., trabalha há quatro anos no hospital, na UTI Cirúrgica, auxiliando na UTI Geral algumas vezes por falta de funcionários (0m30 a 1m00). Confirma que os médicos fazem prescrições e os técnicos administram (regra). Sendo que ninguém além do médico pode prescrever. O enfermeiro também é habilitado a administrar medicamentos. Disse que os técnicos e enfermeiros podem se negar a administrar o medicamento, devendo informar o médico da recusa. Podendo o médico ratificar a ordem. **Não presenciou nenhuma antecipação de óbito enquanto trabalhou na UTI Geral.** Os enfermeiros não possuem competência para alterar os padrões ventilatórios, sendo primeiramente tarefa do médico e depois do fisioterapeuta (1m35 a 5m15). Respondeu nunca ter visto um técnico evoluir um paciente, quando na realidade outro teria sido o responsável por ministrar a medicação (7m20 a 7m40). Como enfermeira não questiona medicação, por vezes, diz que confirma com o médico se a dosagem está correta. Se tem o conhecimento de que a medicação a ser aplicada está equivocada, pode questionar o médico e também pode se recusar a administrar o medicamento. **Já trabalhou, esporadicamente, com a acusada L. R. G., mas não tem conhecimento de qualquer fato que a desabone. O mesmo pode dizer da acusada C., acrescentando ainda ser uma excelente profissional. Sobre a acusada P. afirma ser competente e dedicada.** Nunca presenciou nenhum médico matando paciente, que só ouviu falar (9m00 a 12m15). Confirma que o técnico é o responsável por aplicar a medicação, sendo o enfermeiro também apto (14m20 a 15m00).

A testemunha L. P. S., **trabalhou por cinco anos com a acusada P. no Instituto de Combate ao Alcoolismo. A acusada era chefe de enfermagem. Nunca teve queixa do trabalho dela, pois era muito profissional** (1m00 a 2m30).

A testemunha M. C. G. K., trabalhou no Hospital Evangélico como enfermeira assistencial nos períodos de novembro de 2011 a janeiro de 2012, ficando como coordenadora da UTI do dia 01/01 a 18/06. Que trabalhou com a **acusada L.** por um mês. Não se lembra da vítima **L.** (fls. 194). Os medicamentos prescritos pelos médicos são aplicados tanto pelos técnicos como pelos enfermeiros. Não possui conhecimento técnico para contestar prescrições médicas. Fls. 154, em que consta o termo "EV agora", explica que se trata de determinação para que fosse aplicada a medicação naquele momento. Termo utilizado em todos os setores do hospital (01m27 a 10m18). Diante das fls. 186, apenas com a checagem, não é possível precisar quem aplicou o medicamento. Para se saber quem administrou a medicação é necessário observar a anotação da evolução (15m25 a 16m30). **Presenciou várias pessoas evoluindo para óbito, mas nenhuma por ter sido vítima de homicídio praticado por funcionários** (18m36 a 19m00). Vista às fls. 143, item 3 e 147, no item 9, nota a presença do mesmo antibiótico na prescrição, sendo que o primeiro foi receitado ainda no setor de neurologia. Vista às fls. 184, apenas observa a continuidade de tratamento (20m00 a 22m34). Quanto à **acusada Dr.ª Virginia** pode dizer que apresentava um temperamento difícil de lidar e estimulava o estudo por parte dos funcionários. Afirma que, dependendo da gravidade do paciente e de intercorrências, as anotações eram realizadas apenas no final dos procedimentos. Os técnicos tinham muita dificuldade em calibrar os monitores e traçados. Os acessos periféricos eram realizados por técnicos e enfermeiros (24m40 a 28m30). Não trabalhou com os acusados E. e A.. Pode afirmar que apenas um médico fazia plantão a cada turno (29m40 a 30m10). Inquirida pelo MP, disse que em caso de óbito a evolução do paciente era anotada a partir dessa constatação (34m00 a 34m50). Vista às fls. 186, **paciente L.**, foi perguntado se a prescrição era extra, sendo respondido que sim. Caso fosse para aplicar, primeiro buscaria os medicamentos na farmácia e aplicaria tudo agora ("EV agora"), diluída em soro diretamente pelo cateter. Não questionaria o médico caso recebesse a prescrição para aplicação. Caso um paciente seja classificado como prognóstico fechado, o tratamento e cuidado não são interrompidos. Não é comum ordem médica verbal para suspender drogas vasoativas, essas devem constar por escrito (35m40 a 41m40). Em relação ao mesmo prontuário, fls. 81 (verso), especificamente entre 8h-18h, constata que a pressão se manteve estável, saturação também estável, urinava. Estando o paciente estável, não é comum mantê-lo na UTI. Até onde tem conhecimento não eram recolhidas autorizações dos parentes para a aplicação de drogas vasoativas. A pressão aumentou às 24h e às 02hs, mas foi mantendo, o que também ocorreu com a diurese e saturação. Às fls. 194, período entre 08h-10h, os órgãos vitais estavam em pleno funcionamento (42m25 a 47m00).

      A testemunha **E. A. C.**, técnica de enfermagem do Hospital Evangélico. Disse que trabalhou com a **acusada L. R. G.**. Confirma ter sido ouvida no NUCRISA por três vezes (00m30 a 2m19). **Foi pressionada a falar na delegacia. Disseram à testemunha que ou falava ou seria denunciada também.** (3m00 a 4m00). Diz ser atribuição dos técnicos e enfermeiros administrar medicamentos segundo a prescrição médica (4m45 a 5m10). Vista às fls. 154, paciente **L.**, foi perguntado sobre a prescrição médica, especificamente sobre o termo "EV", mas não sabe o que significa. Caso recebesse a incumbência de aplicar a medicação prescrita, aplicaria. Pelos dados constantes, não pode dizer onde o paciente se encontra internado. Que não tem como saber quem fez aplicação só pela checagem (5m50 a 8m50). Suas evoluções são sempre assinadas (nº do COREN) (9m50 a 10m40). **Não presenciou antecipação de óbito de pacientes** (14m00 a 14m15).

*Qualquer técnico ou enfermeiro poderiam atender as prescrições médicas. Quanto à **acusada Dr.ª Virginia**, pode dizer que sua conduta era enérgica e que não gostava de gente burra. Quanto ao número de funcionários, era escasso. Assim, não era possível realizar todas as anotações em tempo real. (16m20 a 18m45). Conheceu o acusado E., mas não teve muito contato com ele (19m00 a 19m15). Pode confirmar que havia apenas um médico por plantão (21m10 a 21m30). Esclarece que sua função não permite contestar prescrição médica (22m30 a 23m00). Não sabe dizer como antecipar a morte de paciente (25m15 a 25m30). Já atendeu várias ligações da UTI Geral. Sabe que a **acusada Virginia**, ligava com frequência para lá, pedindo para falar sempre com o médico de plantão ou com as enfermeiras (27m20 a 27m45).*

***A testemunha L. A. F.**, trabalhou como enfermeira na UTI Geral do Hospital Evangélico, no período de 07/2010 a 02/2011, cumprindo escala das 13h30 às 19h30. Realizava assistência aos pacientes, apoiava a administração e aplicava medicamentos (00m20 a 1m30). Durante o período em que esteve lá, sempre houve carência de funcionários. Tanto os enfermeiros, como os técnicos, são hábeis para ministrar medicamentos. Administrava os medicamentos sempre conforme prescrição. **Quanto à conduta profissional da acusada L. disse que sempre se pautava na ética e nunca presenciou qualquer antecipação de óbito por parte da acusada.** Vista às fls. 154, paciente L., foi perguntado a respeito da prescrição médica, respondeu que duas ampolas de diurético LASICS, uma ampola de DIMORFI com efeito analgésico. Para aplicá-las basta aspirar a medicação e injetar, aplicando primeiro o diurético depois o analgésico. Pela prescrição é possível dizer que o paciente se encontrava no leito 610, no setor de neurologia. Sendo o "EV agora" utilizado em todo o hospital. Fls. 186 do mesmo prontuário – em que consta "EV agora", foi perguntada se aplicaria a prescrição conforme ordem médica, respondeu que sim. Os momentos de análise e anotação das evoluções não são os mesmos, devido à falta de funcionários e excesso de trabalho (2m20 a 10m30). Sabe dizer que a **acusada L.** saiu da UTI em virtude de não ter aplicado um antibiótico que estava prescrito no prontuário de uma paciente que estava fazendo diálise (11m20 a 14m30). Vistas às fls. 173, item 3 – confirma que a prescrição foi feita pela **acusada Dr.ª Virginia**, antibiótico para 14 dias. Vistas às fls. 143 – observa prescrição de antibiótico para 7 dias. **Diante dessas prescrições é impossível dizer que a medição visava matar o paciente.** Vista fls. 186 do mesmo prontuário, em relação ao risco vermelho, diz que se trata de uma checagem de aplicação medicamentosa. Mas apenas pela checagem é impossível saber quem realizou a aplicação. Quanto à **acusada C.**, pode afirmar que era muito competente. Trabalhou no mesmo setor que a **acusada P.**, sendo muito competente, não tendo conhecimento de nada que a desabone (16m00 a 21m30). Conheceu a enfermeira M., mas que durante o tempo em que trabalhou no hospital, esta nunca prestou assistência na UTI. Os enfermeiros enfrentaram muitos problemas com a coordenadora M., pois não era efetiva nas funções. Quanto à **acusada Virginia**, pode dizer que é uma excelente médica, sendo extremamente exigente. As checagens de balanços hídricos, evoluções de enfermagem e prescrições também eram realizadas pós-mortem. As anotações não eram feitas passo a passo, por falta de funcionários e excesso de trabalho. Havendo óbito entre os turnos, só era registrado depois*

(22m30 a 26m30). Jamais presenciou qualquer conluio a fim de antecipar a morte de pacientes, nem qualquer atitude com esse fim (27m20 a 28m00). A cobrança de realização das atividades inerentes ao serviço nunca tinha cunho pessoal, sempre profissional. Sempre em favor da vida dos pacientes (31m00 a 32m50). Quanto às glosas, disse que os prontuários e evoluções retornavam para evitar que constasse glosas nesses documentos, por essa razão as checagens são levadas a sério. Desconhece ser possível alterar um prontuário depois de elaborado. Os pacientes da UTI realizavam hemodiálise na própria UTI, sendo acompanhados por um técnico do setor da hemodiálise. Trabalhou com a acusada I. e nunca a viu antecipando óbito (33m20 a 35m50). Trabalhou com o acusado C., este muito técnico. Nunca viu nem ouviu comentários de que estivesse envolvido em qualquer antecipação de óbito, alterando dados de prontuário (36m15 a 37m20). Trabalhou com os acusados E. e A. (37m52 a 38m00). Os plantões médicos na UTI eram sempre cumpridos por um único médico. O médico plantonista era responsável por conversar com a família dos pacientes (39m15 a 40m00). Sendo questionada sobre o prontuário de A., apenso 5, fls. 101, especificamente uma evolução de enfermagem feita pela acusada P., em que consta uma "Escala de Ramsay 5" (em relação a sedação), do dia 02/03 à 00h30. Perguntado se seria normal ter-se alterado o quadro do paciente, tendo em vista a evolução para óbito no dia 03/03 às 10h30, respondendo que sim. Vista às fls. 106 (evolução de enfermagem das 19h do 02/03 até as 07h do dia 03/03), perguntada sobre a reação a estímulos dolorosos e secreção traqueal, respondeu que o paciente apresentava estímulos dolorosos abrindo os olhos durante os estímulos; quanto ao padrão respiratório, estava traqueostomizado com respirador e ventilação mecânica; frequência respiratória de 30 e FIO2 de 80%; quanto às feridas, apresentava queimadura em tórax anterior e posterior; apresentando ainda secreção espessa. Às fls. 98 (24hs antes do óbito), pode observar na evolução o prognóstico de possível óbito, pois não apresentava melhoras com o tratamento. Às fls. 92/93 há a prescrição de sedações, com uso de bloqueadores neuromusculares (TRACRIUN). Diante dessas prescrições e comparando com a evolução das fls. 106 pode dizer que o quadro continua grave, mas nada quanto à estabilidade hemodinâmica. Vista às fls. 118 (fluxograma de balanço hídrico) foi perguntado sobre os parâmetros de ventilação mecânica, respondeu que apresentava FIO2 de 80%; PEEP 8, modo PCV, não indicando diminuição de ventilação mecânica. Pedido que comparasse às fls. 106 (02/03) e 118 (03/03), sendo perguntada se houve aumento de FIO2, respondeu que sim, o que representa aumento de parâmetros de ventilação mecânica. Respondeu, ainda, que não houve piora da saturação de oxigênio. Ainda, analisando as mesmas fls. pode afirmar que não houve evolução de fisioterapia do paciente.

Continuação depoimento testemunha L. A. F. (parte 2)

*Respondeu que **o técnico de enfermagem não possui capacidade técnica para questionar conduta médica.** Diante das evoluções dos dias 02/03 e 03/03 não constata qualquer redução dos suportes de vida. Ainda, esclarece ser impossível a manutenção do paciente (queimaduras de 2º e 3º graus em região superior a 60% do corpo) sem sedação. Apresentando dor, o paciente compete com a ventilação mecânica (extremamente necessária). Os* *biombos são necessários para se manter a privacidade dos pacientes. Sendo comum isolar leitos para evitar contaminação entre pacientes. Perguntada se tem conhecimento de que havia no Hospital Evangélico pacientes com infecção por bactérias super-resistentes tais como K.C.P, M.R.S.A e V.E.R, respondeu que sim. Ainda, que isolar esses pacientes é um procedimento que deve ser feito (00m40 a 4m20). Perguntada se conhece o termo "S.A.R.A", respondeu que se trata de uma síndrome aguda da respiração, apresentando índice de mortalidade muito elevado. Quanto à capacidade técnica de sua formação (enfermeira), pode dizer não ser possível conhecer os efeitos de todos medicamentos existentes. A matéria de farmacologia não é muito aprofundada. Prestou depoimento no NUCRISA, mas não foi pressionada ou coagida (5m20 a 8m00). Solicitado que explicasse o que significa estase gástrica, disse ser um conteúdo esverdeado e dependendo de seu volume é determinada a interrupção da alimentação por essa via, pelo médico responsável. A suspensão de medicamentos também é atribuição do médico (9m45 a 10m30). Vista às fls. 106 (verso) foi solicitado que analisasse o período entre 8h e 6h do dia seguinte, disse que o paciente não recebia drogas vasoativas (de acordo com o balanço hídrico constante no documento em apreço); paciente estava urinando; com sinais vitais normais; com ventilação mecânica. Não podendo afirmar ao certo se o paciente estava estável ou não. Foi-lhe perguntado sobre o que seria o termo "SORO GLIC", respondeu ser soro glicosado, sendo aplicado no volume de 84. Aparentando estar estável o paciente. Vistas às fls. 118, balanço hídrico, especificamente às 8h estava urinando, com ventilação mecânica. Vista às fls. 110 presume ter sido ministrados os medicamentos constantes, visto existir a checagem (10h05/10h06). Afirmou ser impossível apontar com precisão o funcionário que aplicou a medicação através da checagem, visto que técnicos, enfermeiros e médicos daquele plantão são habilitados a ministrar medicamentos. Vista às fls. 118 (verso), balanço hídrico dia 03/03, especificamente entre 8h/10h, constata se tratar de paciente hemodinamicamente estável que evolui a óbito. Não constando aplicação de drogas vasoativas; urinando (não podendo precisar se em virtude de medicação ou bom funcionamento dos rins) (12m15 a 21m39). Vista às fls.79 (verso), balanço hídrico, pode inferir pela pressão que o paciente apresentava estabilidade, ventilação mecânica e saturação idem, urinando, com o uso de drogas vasoativas o que sugere serem as responsáveis por essa estabilidade, pois sem estas o paciente poderia entrar em choque e evoluir a óbito. Esclarecendo ainda que estava em alta vazão de NORADRENALINA, estava alta (60 ml/h), estava saturando bem, porém instável. Vista às fls. 101 (verso), balanço hídrico entre 8h/10h, pode afirmar que a paciente continuava a receber drogas vasoativas. Vista às fls. 93 constata que a medicação prescrita foi aplicada as 9h51. De volta às fls. 101, por volta das 10h, onde consta diurese, foi perguntado se é possível afirmar se o paciente estava entrando em choque, respondeu não poder afirmar. Em caso de choque, normalmente há queda de pressão (23m50 a 31m25). Vista às fls. 101 (verso) não é possível afirmar por que houve mudança no quadro às 10h, muito menos apontar a origem do problema (33m00 a 33m50). Como enfermeira é capacitada a aplicar medicações, o que inclui PROPOFOL. Perguntada como aplicaria a prescrição de fls. 186 (duas ampolas de DIPRIVAN, uma de FENTANIL e duas de PAVULON) respondeu* que via endovenosa. Voltando às fls. 101 (verso), **paciente R.**, anotação de enfermagem, constata a ausência de relato de reanimação. Vista às fls. 94, evolução médica, observa não haver anotação médica quanto à reanimação. Pelo tempo que trabalhou no hospital afirma que vários pacientes eram reanimados, mas não todos (conduta médica) (38m00 a 43m45). Havia dois funcionários para cada dois pacientes (45m00 a 46m00).

A **testemunha P. C. L.** disse que trabalhou pela primeira vez no Hospital Evangélico entre fevereiro a abril de 2011 e, em um segundo momento, de outubro de 2011 a novembro de 2012. Exercia a função de enfermeira de seis horas da UTI Geral auxiliando médicos em procedimentos, acompanhava os técnicos de enfermagem administrando medicamentos conforme prescrição médica. Quanto ao relacionamento dos funcionários com a **acusada Dr.ª Virginia** era estritamente sobre trabalho, respeitando-se a hierarquia. As funções a serem cumpridas durante o turno eram repassadas pela enfermeira (padrão 8hs). Os médicos não reuniam os funcionários no início dos turnos. Disse ainda que a anotação de enfermagem é feita pelo técnico de enfermagem e a evolução de enfermagem é feita pelo enfermeiro. Devido à rotatividade, falta de funcionários, por vezes, enquanto um técnico aplicava uma medicação ou realizava um procedimento, outro técnico fazia as anotações (0m40 a 6m00). Solicitada que analisasse a fl. 154, mais especificamente sobre onde estaria internado o referido paciente, respondeu que no setor de neurologia. Solicitado que explicasse sobre os medicamentos e aplicação constantes no documento disse que o primeiro é o LASICS, um diurético (aplicação diluída, endovenosa), o segundo é um DIMORTI / MORFINA, analgésico. Informou ainda que o risco vermelho indica que o medicamento foi administrado ao paciente. Para saber quem aplicou o medicamento é necessário verificar quem evoluiu o paciente, sendo a regra. Podendo, no entanto, ser anotado por pessoa diversa da que aplicou a medicação. Solicitada que analisasse a fl. 186, especificamente quanto aos medicamentos prescritos, esclarece que DIPRIVAN (ampola feita direto, sem diluição), FENTANIL (sem diluição) e PAVULOM (sem diluição). Sabe que os referidos medicamentos não podem ser diluídos porque aprendeu na faculdade (pois uns se diluem outros não). O termo "EV agora" significa aplicação endovenosa naquele momento/imediato. Recebendo uma prescrição como essa aplicaria a medicação. Respondeu que sua função não é contestar prescrição médica, apenas executá-la. Disse não existir uma forma pré-definida de evoluir o óbito de um paciente. Recebendo ordem do médico para não reanimar o paciente, não contestava (6m30 a 12m25). A forma de administração "EV agora" é utilizada também em outros setores. Trabalhou com a enfermeira **L.**, sendo sua conduta muito ética, empenhada, levava o trabalho a sério. Conheceu a **acusada C.**, também muito ética e empenhada. A correção de prontuários era atribuição dos enfermeiros administrativos, mas, na falta, a correção podia ser realizada por qualquer outro enfermeiro de plantão. É possível que qualquer funcionário da área administrasse medicamentos aos pacientes (13m15 a 16m40). **Não existia a possibilidade de um enfermeiro ir trabalhar sem passar pelo controle do cartão ponto (entrada/saída).** Necessitando de DIÁLISE um técnico do setor [ou] de outro setor acompanhava o paciente durante o tratamento. **Trabalhou com a acusada I.,** *nunca presenciou esta antecipando óbito (21m15 a 22m47). Há um dever do enfermeiro em seguir orientação médica, só tendo o dever de contestar a prescrição em caso de dúvida. Informa que os prontuários médicos poderiam ser corrigidos pós-mortem. Dos funcionários que mais apresentavam dificuldade em operar os monitores, destaca os técnicos. Que só registrava sua saída no cartão ponto quando realmente deixava o hospital. Confirma competir precipuamente aos técnicos realizarem os acessos periféricos.* **Nunca presenciou nenhum profissional realizando algo de ilícito no setor.** *Quanto aos* acusados E. e A. não conhece nenhum fato que os desabone *(25m00 a 37m40). Vista às fls. 105 e 118 (verso),* **paciente A.**, *disse haver um aumento de oxigênio e de ventilação. Em relação à saturação de oxigênio não ficou abaixo de 88%. Acrescenta ainda não ter encontrado evolução de fisioterapia nas referidas folhas. Movimentar o leito dos pacientes, o uso de avental dos funcionários e pacientes são medidas também eficazes para evitar contaminação. Na UTI, alguns pacientes apresentavam bactérias super-resistentes (39m00 a 44m00).*

Continuação depoimento testemunha P. C. L. (parte 2)

Esclarece que é o médico quem decide sobre a possibilidade de nutrição do paciente, ficando à nutricionista apenas a elaboração da dieta. Que o termo "MED" representa a entrada de um medicamento cuja anotação em prontuário é obrigatória. "PROGNÓSTICO FECHADO" significa que não há mais expectativa de melhora do paciente, já se esgotando os tratamentos, sendo exclusiva a atribuição do médico para assim classificar o paciente. Mantendo-se, nesse caso, o tratamento prescrito pelo médico (01m50 a 04m06). Conhece vagamente sobre sedação paliativa, tendo lido um artigo a esse respeito, usado no tratamento de câncer. Tratamento usado para evitar as dores sofridas. Sabe que a medicação PAVULOM é utilizada no tratamento de sedação paliativa quando presente a ventilação mecânica (05m40 a 06m30). Mostrada a fl. 181 (verso), **paciente L.**, *foi solicitado que informasse se há como constatar se o paciente apresentou estado de choque em algum dos horários constantes, respondeu negativamente. Quanto à pressão arterial, apresenta-se controlada. Constatando-se, ainda, que o paciente estava urinando normalmente. Saturação no período também normal. No momento exato dos dados documentais o paciente estava estável, não respondendo pelos momentos posteriores ao registro (07m30 a 09m00). Quanto à prescrição das fls. 186, pode dizer que tais medicamentos foram ministrados no paciente, visto estar checado, mas não pode confirmar quem ministrou, sendo normal um funcionário checar e outro ministrar o medicamento. Quanto às fls. 185, por convicção íntima, pode afirmar que o paciente não estava em choque, mas poderia ter chocado em algum período entre os horários apresentados (8hs, 10hs e 12hs). Que não há como confirmar o estado do paciente e o efeito dos medicamentos aplicados, visto que não estava presente. Vistas às fls. 91 (verso),* **paciente R. R.**, *foi questionada a indicar se consta o estado de choque, respondendo negativamente. Ainda, que diante desses documentos só poderia constatar o choque hipovolêmico. Que o paciente estava urinando e sua pressão arterial não variava. O que pode igualmente afirmar em relação à saturação. Quanto às fls. 101 (verso), onde consta o balanço hídrico, mais especificamente no período entre 8h-10h, pode* afirmar que o paciente estava entrando em choque, pois a pressão estava em queda. Sendo possível afirmar que a medicação das fls. 93 foi administrada (consta checado). Diante da referida folha, diz que se tivesse sido realizada reanimação, constaria no documento. Vista às fls. 106, **paciente A.**, não reconhece pelos dados se estava em choque; saturação com alterações; urinava; pressão estava muito alta (11m00 a 24m10). Ainda, quanto ao **paciente A.**, fls. 118 (verso) no período entre 8h-10h urinou pouco (pessoa normal urina até 300 ml por hora), na UTI depende da medicação infundida (11m00 a 26m00). Diurese estava diminuída em relação ao dia anterior. No período entre 8h-10h também estava diminuindo, pressão arterial aumentando. Por esse quadro não consegue afirmar se o paciente estava em choque. Às fls. 109 e 110 constam medicamentos que, pela checagem, foram aplicados no paciente, não podendo garantir quem aplicou. Podendo inferir, pelo que consta nas fls. 116 (verso) que L. M. O. (realizou a anotação de enfermagem) foi quem aplicou a medicação que consta entre 8h-10h da manhã. A saturação estava caindo e o primeiro o horário que consta do documento é das 8h, mas poderia ter começado a cair antes disso. Pela experiência que tem em casos de choque hipovolêmico, é adotada a infusão de volume (soro fisiológico, droga vasoativa) (27m10 a 31m30). Vista às fls. 97, balanço hídrico, **paciente I.**, entre 8h-20h, disse que não pode afirmar se estava em choque; urinava; pressão controlada; saturação em padrão normal. No período das 22h não consta medicação. É comum suspensão de drogas vasoativas por ordem verbal do médico. Mas não é feito quando o paciente está em choque. Estando a pressão em queda nesse período, podendo indicar choque. Nas fls. 98 consta checada a aplicação de DIPRIVAN, FENTANIL e PAVULOM às 9h39-9h40, podendo inferir terem sido aplicados naquele momento. É possível, em caso de choque, a aplicação de bloqueadores musculares, com DIPRIVAN, PROPOFOL quando o quadro estiver associado a deficiência respiratória. Não pode afirmar se o paciente estava em choque diante das fls. 107 (verso) (32m10 a 40m10). Em relação às fls. 223 (verso), **paciente M.**, entre 8h-16h, não pode constatar o estado de choque; urinava; saturação normal; pressão arterial mantendo um padrão. Às 18h, constando uma anotação "DOPA DOBUTA", disse que como vinha mantendo a hipertensão diminuíram a droga vasoativa para reduzir a hipertensão. Sendo a redução da hipertensão uma melhora (41m30 a 46m00).

A **testemunha V. B. S.** trabalhou no Hospital Evangélico, como enfermeira administrativa – coordenação de enfermeiros assistenciais – de 02/2011 a 05/2012, sendo a jornada de trabalho das 7h às 16h42 (0m30 a 1m10). Em virtude de sua função não era responsável por ministrar medicamentos diretamente aos pacientes, sendo esta função relegada ao técnico de enfermagem. Quem fica incumbido dessa função é o técnico de enfermagem – que cuida de dois pacientes – e o enfermeiro que supervisiona a assistência prestada pelo técnico. Disse que não necessariamente quem assina o quadro de evolução do paciente foi o responsável pela administração de medicamentos (2m10 a 4m10). Confirma que a anotação "E V agora" = endovenosa agora é adotada por padrão em todos os hospitais. A defesa pediu para que a testemunha analisasse a fl. 186 em que consta dois "risquinhos", respondendo tratar-se da checagem. Pela checagem não é possível identificar quem foi o responsável por ministrar o medicamento ao paciente e não conheceu um meio eficaz – adotado no referido hospital – que pudesse fazê-lo (4m50 a 6m40). Ao ser questionada pelo juiz, confirma não ter como saber quem aplicou a medicação apenas pela folha de checagem. Ainda, que em mundo "ideal" quem assina deveria ser quem aplicou, contudo, não é o que ocorre (7m00 a 9m00). Quem assumiu a função da testemunha foi a enfermeira L. – enfermeira administrativa de 8hrs. <u>Perguntada pela defesa, afirmou ser impossível concluir ter sido a referida **enfermeira L.** quem aplicou o medicamento da fl.186.</u> Que enquanto esta estava sob sua subordinação era humanizada e comprometida, não tendo reclamações, sendo inclusive promovida com a saída da testemunha – assumiu o lugar da testemunha (9m20 a 11m00). **Pacientes da UTI são instáveis e podem evoluir para óbito. Respondeu que isso não significa que alguém tenha cometido homicídio.** Esclarece que a substância que consta das fls. 186 é um relaxante muscular e que não contestaria a prescrição se a recebesse de um médico. <u>**Alega que foi chamada por duas vezes no NUCRISA.** Lá foram bem incisivos com a testemunha, querendo que relatasse como se deu o óbito de um paciente, mesmo afirmando que não estava trabalhando no dia. Apenas por constar um carimbo de curativo na ficha com o nome dela.</u> Que durante o tempo que trabalhou no Hospital Evangélico não havia um padrão de descrições de procedimentos realizados no paciente durante a evolução de prontuário. É possível que o médico indique que não se invista mais em determinado paciente, sendo chamada de conduta médica. Que obedecem a ordem médica – de não proceder qualquer manobra – mesmo apitando os aparelhos. Não entende como ilegal, desobedecer a ordem médica. Confirmou ao juiz que, mesmo em se tratando de uma parada cardíaca, havendo ordem para não tocar no paciente, os funcionários não tocam (11m30 a 15m30). <u>**Não é possível constar um procedimento no prontuário tendo o médico determinado outro – verbalmente, visto que a farmácia que dispensa a medição precisa do documento prescrito pelo médico. Tudo que ocorre no ambiente é registrado.** Que não presenciou, nem tem notícia de existirem funcionários tramando a morte de pacientes.</u> Conhece a **acusada Dr.ª Virginia**, sendo muito profissional em sua atuação. Na função de enfermeira não teve problemas com os preenchimentos das evoluções ou falta de balanços hídricos. Por vezes, esses formulários retornavam da auditoria de enfermagem e eram preenchidos pelos enfermeiros. <u>Perguntada se essas correções ocorriam pós mortem, respondeu não. Dependendo da gravidade do caso, primeiro era feita a assistência, depois as anotações. Mas eram fiéis ao que fora realizado. Não tem conhecimento de ter existido um pedido para que constasse algo no prontuário que não correspondia à realidade.</u> Quem gere a clínica faz a calibragem / regular monitores. Mesmo havendo vários padrões não havia dificuldade em anotar diversos dados. Mesmo devido ao remanejamento de funcionários de outros setores para trabalharem na UTI, nunca teve problemas com as condutas realizadas porque eram sempre fiscalizados pelos enfermeiros. Acessos periféricos eram de atribuição dos técnicos (16m15 a 23m20). <u>Confirma que trabalhou junto com a enfermeira **P.** e que era boa profissional. Nunca presenciou conduta ilegal por parte dela.</u> Perguntada pelo MP disse: que na falta de funcionários, o enfermeiro administrativo poderia participar de procedimentos de enfermagem ao paciente. Tanto o médico quanto o nutricionista geriam a alimentação dos pacientes, cada qual em sua guia própria. A suspensão de medicação não era feita na evolução e sim no prontuário – prescrição em separado (24m40 a 27m50). Solicitado que analisasse a fl. 97 (verso), prontuário da vítima **I.**, mais especificamente o balanço hídrico, em que constava a hora 22hs (constando um risco). Perguntada se o risco representa a suspensão de medicamento, respondeu que apenas pelo documento mostrado não pode precisar com certeza se o medicamento foi suspenso, podendo afirmar apenas que deixou de ser anotado após as 22hs (28m50 a 29m50). Cabe ao médico avaliar se o paciente se enquadra no prognóstico fechado, significando que, caso o paciente evolua em uma parada cardíaca, tendo autorização da família, o médico não realize a reanimação. Os funcionários eram informados da classificação do paciente, prognóstico fechado ou não, através da evolução e de modo verbal na troca dos plantões. Pacientes com prognóstico fechado não recebiam diminuição de oxigênio. O tratamento transcorria normalmente conforme estabelecido pela conduta médica. Disse não se recordar se chegou a aplicar os medicamentos: DIPRIVAN, FENTAMIL, PAVULOM. Diante da prescrição médica – prontuário **I.** – teria que retirar o medicamento na farmácia e entregar para o técnico para que este procedesse à aplicação, diluindo ou não a medicação, conforme prescrito. No caso "EV agora", seria por cateter, endovenosa. O modo de administração de DIPRIVAN deve ser lenta, realizando a aferição de sinais vitais. A droga PROPOFOL pode ser aplicada por técnicos de enfermagem. A anotação de evolução do paciente é anotada por quem o assiste – técnicos, enfermeiros ou médicos – devendo constar toda e qualquer intercorrência grave (30m10 a 37m20). O médico responsável por classificar o paciente como prognóstico fechado era o médico de plantão (38m20 a 38m30). Recorda-se de já ter visto a prescrição de DIPRIVAN e PAVULON juntos, mas que nesses casos nunca presenciou diminuírem a ventilação de pacientes. Não é possível que um enfermeiro atenda um paciente e outro faça a evolução no prontuário. Recorda-se que os médicos determinavam verbalmente a redução de drogas vasoativas, mas que essas determinações também constavam por escrito (39m35 a 43m00). Solicitada que analisasse as fls. (223 verso), especificamente quanto ao balanço hídrico (entre 8hs e 16hs), não consegue afirmar se o paciente estava ou não em choque; que estava urinando; saturação sob controle; pressão instável com alterações (44m50 a 46m50).

A **testemunha J. N. L.**, trabalha como técnica de enfermagem há aproximadamente 8 anos na UTI do Hospital Evangélico. Diz que sempre houve carência de funcionários. Que o cuidado com pacientes e administração de medicamentos podem ser feitos por técnicos e enfermeiros. A **acusada L.** era sua supervisora. Soube que ela se desentendeu com a **acusada Virginia**, e, por isso, foi dispensada do setor. Não necessariamente quem ministra o medicamento evolui o paciente (00m30 a 3m10). Diz não poder contestar ordem médica (4m10 a 4m30). <u>**Nunca presenciou qualquer funcionário cometendo ato ilícito ou que se reuniam para cometer tais atos**</u> (5m30 a 6m30). <u>**Trabalhou com a acusada, Virginia, nunca teve conhecimento de uma conduta errada vinda dela, que era muito enérgica e brigava pelos pacientes. Nunca presenciou ela antecipar óbito.**</u> (7m50 a 9m10). Prescrições verbais eram feitas em casos de emergência, porém as anotações eram feitas depois (9m50 a 10m45). Quanto à **acusada P.**, trabalhou *com ela. Era enérgica e gostava das coisas corretas, sendo muito exigente (11m30 a 12m00). Em relação às prescrições verbais, diz que poderiam utilizar a medicação que estivesse no carrinho ou buscar na farmácia (em emergência). Lembra de já ter aplicado as medicações PROPOFOL, FENTANIL, PAVULON e DIPRIVAN em situações solicitadas pelo médico, não entrando em óbito o paciente. Sempre via endovenosa e de forma lenta. Se aplicado rápido há prejuízo ao paciente, mas não sabe o efeito. Ainda, que o médico acompanhava a aplicação. Tais medicamentos não eram de uso comum. Sendo que a conduta médica era seguida no tocante às prescrições. Em sua maioria, durante procedimento médico. No procedimento de traqueostomia sempre havia dois médicos, o cirurgião e o plantonista (15m00 a 19m20).*

A testemunha V. H. M. relatou que é médico anestesiologista formado há 37 anos (0m00 a 1m00). Nunca teve conhecimento e nem ouviu falar de que médicos antecipavam óbito no hospital (3m30 a 4m00). Em relação à acusada I., diz que foi uma residente muito estudiosa, nunca tendo contra ela qualquer reclamação. Tanto que decidiu convidar a acusada para fazer parte de sua equipe. Nunca a viu antecipar óbito. A farmácia é proibida de entregar medicamento sem prescrição médica (8m00 a 10m00). Vista às fls.130, respondeu que a prescrição médica em branco significa que não foi ministrada (14m00 a 14m40). Vista às fls.112 observa a prescrição de antibióticos para infecções graves de alto custo. O mesmo ocorre nas fls.116 e 131. Vista às fls.34 e 50 constam parâmetros de ventilação satisfatórios. Nas fls.70 nota uma pequena queda na saturação, mas ainda se mantendo satisfatória. Fls.90, a oferta de oxigênio aumentou e a saturação superou 90% (15m30 a 21m00). Fls.109, a saturação se manteve com a redução de FIO2, o que condiz com a melhora do paciente. Fls.129, apresentou queda na saturação, sendo ofertado mais FIO2. Houve piora do quadro. Fls.142, houve mais aumento de oxigênio (FIO2 88%) e a saturação piorou chegando a 84% (23m20 a 26m00). Em pacientes com dificuldade de respiração, o uso em conjunto de MIDAZOLAM, QUETAMINA e TRACRIUM é adequado, desde que em respirador (26m50 a 27m40). Fls.172, em relação ao gráfico de anestesia, foi utilizado MIDAZOLAM em um paciente com gangrena de pé esquerdo, não se confundindo com anestesia total. É uma pré-sedação. Com os demais medicamentos fizeram anestesia geral, com certeza decorrente de complicações na cirurgia (30m00 a 34m00). Quanto aos efeitos das doses de sedação, diz que variam muito de pessoa para pessoa. Exemplificando: 2 ml de FENTANIL faz efeito por meia hora aproximadamente. Com as doses descritas, o paciente não ficaria sedado por mais de quatro horas. Fls.132, não entende tratar-se de doses anormais. Quanto à dose de QUETALAR 2 ml; diz ser normal. Essa medicação ajuda na respiração dos pacientes. TRACRIUN, 5 ml, como descrito, dura no máximo uma hora. Fls.132, diz concordar com as doses descritas nessa folha. A função do QUETALAR é relaxar a musculatura do paciente (39m00 a 45m00). Em uma situação de reanimação o primeiro passo é entubar o paciente, depois ventilar (46m00 a 47m00).

Continuação testemunha V. H. M. (parte 2)

Um paciente com mais de 50% do corpo queimado é considerado gravíssimo. **Paciente A., com o quadro apresentado diz ser um paciente com inúmeros marcadores de mortalidade. Ainda, diante de todas as comorbidades adquiridas pelo internamento, pode afirmar com certeza que a chance de óbito do paciente é de 100%** (0m00 a 4m20). Analisando as últimas 24 horas de vida do paciente, através do prontuário, observa aumento da oferta de FIO2, mantendo-se estável e por vezes um pouco baixa a saturação (aumento de parâmetros de ventilação) (5m00 a 6m00). Anotação de enfermagem, noite do dia 2, consta reação a estímulos dolorosos e abertura de olhos. Quanto aos ferimentos, há a descrição de queimaduras no tórax anterior e posterior, membros superiores com aspecto esverdeado, com bastante exsudato, o que representa infecção das feridas (9m00 a 11m00). Fls.92 e 93 comparadas com as fls.106, possivelmente não estava urinando, isso porque deram LASIC para ele. Mas não pode dizer que estava instável hemodinamicamente apenas pelo prontuário. FENTANIL é usado para retirar a dor. QUETALAR é anestésico para retirar consciência, aumentando a frequência cardíaca e pressão arterial. PANCURÔNIO causa aumento da frequência cardíaca e pressão arterial (12m00 a 15m00). Fls. 223 (verso), **paciente M., de acordo com o prontuário, a saturação se manteve entre 92 e 98%. No momento que antecedeu o óbito a saturação estava em 97%, logo, não é compatível com asfixia. Mesmo estando o FIO2 em 21%** (17m20 a 18m20). **Fls.224, no presente caso não é possível estabelecer uma relação entre a ministração de PANCURÔNIO e asfixia, incompatível com a saturação apresentada de 97%** (20m00 a 22m00). Fls.224, apresenta doses comum de medicamentos (23m00 a 23m30). **Em relação ao paciente I. fls.98, diz que os dados do prontuário – balanço hídrico – apenas afastam a tese de asfixia** (27m40 a 28m20). O fato de estar descrito no prontuário o uso de 10 frascos de um determinado remédio, não quer dizer que foram ministrados de uma só vez. Essa descrição serve apenas para dar saída do estoque, justificando a reposição (36m00 a 37m00). **É impossível o paciente ir a óbito apenas devido ao rebaixamento de FIO2 para 21%** (40m00 a 41m00). **A acusada Virginia era muito exigente e competente. Nunca queria perder para morte. Sempre tratou muito bem os familiares dos pacientes** (51m40 a 52m40).

Continuação testemunha V. H. M. (parte 3)

A prescrição é ato médico e por isso de responsabilidade exclusiva do médico. Mesmo que a prescrição tenha sido ministrada por enfermeiro (4m40 a 6m30). Fls.186, paciente **L. I.**, afirma que prescrição anotada é uso normal (9m00 a 10m00). Relata que o conceito do acusado **C.** era muito bom (10m40 a 11m20). Em relação ao prontuário do **paciente I.**, comparando as fls.130, 141 e 156, relata que o melhor índice de acidose está descrito na 156. A retirada de adrenalina não influenciou em nada a gasometria (13m08 a 16m30). Entende por asfixia uma conduta mecânica capaz de impedir a respiração. Caso ocorra a inalação de gás carbônico uma pessoa pode entrar em óbito por asfixia, ficando sem a quantidade necessária de oxigênio. Nem toda doença grave é irreversível. Alguns pacientes com quadro clínico irreversível podem estar hemodinamicamente estáveis (20m00 a 25m40).

Nem todo doente grave é irreversível. Um dos fatores que indicam a irreversibilidade é a instabilidade (26m30 a 27m00). Fls.223 (verso), **paciente M.***, evolução de enfermagem, entre 8hs e 16hs, o quadro está estável. Nesse horário pode afirmar que o paciente estava dependente de drogas vasoativas (37m00 45m00). Fls.223 (verso), em que consta a anotação de instabilidade hemodinâmica evoluindo para parada cardíaca, não observa nenhuma conduta médica descrita no prontuário. Em relação ao paciente* **L. I.***, fls.186, 188 e verso, em relação ao balanço hídrico da anotação de enfermagem, não observa nenhuma anotação depois das 10hs (51m00 a 54m49).*

Continuação testemunha V. H. M. (parte 4)

Prescrição do dia 28 de jan. de 2013, duas ampolas (20 ml) de DIPRIVAM, um frasco de FENTANIL 10 ml e um frasco de PAVULOM. Depois das 10h33m não consta nenhuma conduta médica. Com relação ao prontuário do paciente **A.**, *ratifica a informação de que nunca presenciou nenhum paciente sair vivo apresentando quadro clínico semelhante (0m00 a 5m00). Em relação ao balanço hídrico do dia da morte do paciente, 03/03, fls.109 e 110, consta reanimação após as 10hs. A reanimação inclui manobras mecânicas e químicas. No entanto, não constam nessa folha de evolução quais condutas foram adotadas. Fls.93, 101 (verso),* **paciente R. R.**, *observa que entre 8hs e 10hs fazia uso de drogas vasoativas (7m00 a 12m00). Caso a enfermeira acredite que não deva fazer a aplicação de um medicamento prescrito, poderá questionar a enfermeira chefe (15m00 a 16m00).* **<u>Nunca presenciou nenhuma eutanásia, mas já presenciou inúmeras distanásias</u>** *(20m30 a 21m15).*

A testemunha P. R. S. *disse que é médico cirurgião cardiovascular formado em 1989. É especialista em cirurgia torácica, cardiovascular, cirurgia geral e de médico intensivista (0m00 a 1m30). Lido o segundo fato da denúncia, disse que nunca ouviu falar em antecipação de óbito no hospital.* **<u>Nunca viu os acusados abandonarem nenhum paciente em condições de tratamento.</u>** *A solicitação de vagas para UTI é feita pelo médico chefe da UTI (6m30 a 8m40). Impossível que exista um médico ao lado de cada leito da UTI. Não conhece nenhum médico que tenha lido o código de ética de enfermagem. Em casos de emergência eram usados medicamentos e depois eram feitas as prescrições.* <u>*A hemodiálise é feita na UTI e nesses casos fica um técnico do setor de hemodiálise ao lado do paciente.*</u> *Quando tem um risco ao lado da medicação prescrita significa que o medicamento foi ministrado, um círculo significa que não. Vista às fls.130,* **paciente A.**, *por estar em branco, poderia ter ocorrido de terem perdido a prescrição e depois terem imprimido outra para acostar no prontuário. Geralmente não prescrevia quando trabalhava na UTI, pois fazia plantão no período da noite e a regra era que as prescrições ocorressem durante o dia.* <u>*Vista às fls.112 declara conhecer os antibióticos que combatem infecções bacterianas. Vista às fls.116, os presentes nessa folha são mais potentes, podendo dizer que a infecção não melhorou ou não se alterou. Vista às fls.131, declara que houve um aumento do espectro de combate, combatendo inclusive bactérias multirresistentes*</u> *(9m40 a 21m20). Não é possível através de uma única folha aferir se o paciente está em choque, é* preciso ver a evolução do paciente. Pelo balanço hídrico é mais fácil dizer se o paciente está em choque hipovolêmico. Índices de prognósticos são parâmetros que balizam a evolução do paciente (22m40 a 25m00). Indicação de traqueostomia mudou muito, hoje se dando quando da impossibilidade de extubar o paciente (26m30 a 28m40). Pressão arterial não tem relação alguma com o estado de choque do paciente. Vista às fls.109, quanto aos parâmetros de ventilação, pode dizer que a FIO2 estava alta, entre 50 e 60. Vistas às fls.129, diz que houve piora do paciente. A FIO2 foi elevada para 70%. Vista às fls.142, continuou a piora do paciente. Para diagnosticar se o paciente está competindo com o ventilador é preciso analisar clinicamente, o médico tem que ver tentando respirar sozinho. O ideal é tentar desmamar o paciente o quanto antes (33m00 a 37m30). <u>Para afirmar que o FIO2 a 21% está bom é preciso mensurar a saturação</u> (45m30 a 45m40).

Continuação depoimento testemunha P. R. S. (parte 2)
<u>Se houvesse intenção médica de matar um paciente com pneumotórax, não seria necessário ministrar medicamentos como bloqueadores neuromusculares, bastaria deixar o pulmão vazar o ar</u>. Sedação serve para relaxar o paciente, por vezes baixando os níveis de consciência (5m20 a 7m00). Pacientes agitados normalmente recebem medicação em bolus e em seguida através de bomba infusora. O que determina o tipo de aplicação é a urgência (9m30 a 10m50). Os medicamentos BRITANIL, AMNOFILINA e CORTICÓIDES ajudam a dilatar os brônquios (12m00 a 13m00). Vista às fls.118, entende ser adequada a medicação para colocação do cateter para hemodiálise. Não tem conhecimento de algum paciente ter ficado sedado por mais de 2 horas com essa dosagem de remédios, mas não pode dizer que seria impossível (15m00 a 17m00). FENTANIL seria uma morfina melhorada (analgésico muito potente), DORMONIDE é um sedativo, induz o sono. BLOQUEADORES NEUROMUSCULARES fazem com que o paciente pare de respirar por conta própria, ficando então dependentes de ventilação mecânica (PAVULON, TRACRIUM). Vistas às fls.132, constam DORMONIDE, QUETAMINA e TRACRIUM, diz que a dosagem não é excessiva (18m00 a 22m00). Diante de um paciente sem família quem decide por interromper o tratamento é o médico (23m00 a 26m00). <u>Declara que nem sempre o paciente será reanimado, isso vai depender da evolução natural da doença</u> (29m00 a 30m00). <u>O fato de não falar com a família não significa antecipar o óbito</u>. O que poderia fazer é avisar a família (36m00 a 36m40). Supressão e administração de medicamentos é ato médico. Em relação ao **paciente A.**, grande queimado, mais de 50% do corpo queimado, incluindo vias aéreas, apresentando uma PO2 de 60% e FIO2 de 80% declara representar lesão pulmonar muito grave. Nesse caso, a sepsia e lesão inalatória podem ser consideradas as principais causas de S.A.R.A. Consta em fls.129 (verso) que ao ser transferido para a UTI, o anestesiologista (do Hospital Bom Jesus) havia recomendado que o paciente ficasse recebendo PANCURÔNIO (bloqueador neuromuscular). Fls.118 (verso), dia do óbito, não consta relato na evolução de ter havido diminuição de parâmetros de ventilação (40m00 a 47m00).

Continuação depoimento testemunha P. R. S. (parte 3)

Fls.180/188 somadas às fls.118/119, observa uma piora do paciente. Às fls.197/200, nota-se lesão grave do pulmão. Para tratar S.A.R.A o pulmão deve ser protegido, tratando a doença de base quando possível. Quanto menos oxigênio mantendo a troca gasosa adequada é o ideal. Fls.67 (verso) nota medicamentos para tratar S.A.R.A (0m40 a 10m00). Comparando as fls.106 com 118, observa não haver redução de parâmetros de ventilação (13m00 a 13m30). Fls.98, 24 horas antes do óbito, consta um resumo da evolução do paciente, descrevendo óbito como provável (24m20 a 25m00). Fls.92/93 comparadas com fls.106, não consta alteração significativa (26m00 a 27m00). Recrutamento alveolar é um procedimento para evitar que o pulmão colabe (33m00 e 34m00). Pacientes queimados apresentam várias disfunções enzimáticas e comumente demandam maior dose de medicamentos (37m20 a 38m00). Fls.236, necropsia com resultado da causa morte como sendo septicemia, diz que, analisando a evolução, tenha sido a causa provável. Vista às fls.107 a 118, não observa a redução de ventilação (40m00 a 43m00). O paciente com S.A.R.A que não estava saturando bem, mas recebia FIO2 de 80%, na sua opinião, não deveriam ser elevados os parâmetros, a despeito do parecer do CRM. Se elevado o FIO2 para 100% o paciente, em poucos dias morreria obrigatoriamente (44m30 a 46m30).

Continuação depoimento testemunha P. R. S. (parte 4)

Por ser a reanimação um ato médico, é possível que o médico desista de reanimar um paciente antes do entrar com as medicações de reanimação (0m40 a 3m50). Apenso 30, **paciente M., fls.223 (verso) apresentava boa saturação 95%, quase normal. O que é incompatível com asfixia** *(9m20 a 11m30). Vista às fls.223 (verso) e 224 entende que tanto a dose como a medicação eram adequadas para evitar que o paciente competisse com o respirador (13m10 a 14m00). É possível confirmar, pela evolução de fls.224, que mesmo após 24 minutos da aplicação de PANCURÔNIO a saturação se manteve em 97% (15m00 a 15m50).* **Pelo que viu desse prontuário, embora com chances de reanimação, o paciente não sairia vivo da UTI por conta de suas doenças de base** *(20m00 a 21m00). Em relação ao* **paciente I.**, *este estava saturando muito bem, 90%. Afirma ainda, que às 10 horas não havia asfixia. As medicações FENTANIL, PAVULON e DIPRIVAN foram administrados às 9h39min., logo, se houvesse algum efeito adverso dessa aplicação, na checagem das 10 horas já seria percebido, pois como foi dito, as drogas aplicadas têm efeitos quase imediatos (25m00 a 30m10). Não é possível medir a oximetria de um paciente em estado de choque (44m00 a 45m00). Tendo em vista que um dos reflexos do choque é o aumento da acidose metabólica, analisando as fls.130 e 156,* **paciente I., pode dizer que houve melhora do quadro clínico quando deixou de receber drogas vasoativas, pois a acidose diminui, chegando a níveis quase normais.** *(50m00 a 52m43).*

Continuação depoimento testemunha P. R. S. (parte 5)

Em relação às fls.156, respondeu que na época em que trabalhou no hospital as solicitações de gasometria expedidas até as 20h30 eram feitas durante a madrugada. No caso em análise, a retirada dos medicamentos descritos na denúncia ocorreu às 20hs e a solicitação de gasometria foi solicitada às 20h30m, sendo realizada muito provavelmente na madrugada. Sobre a suspensão das drogas, pode dizer que o paciente não estava mais dependente delas às 20hs, pois já na segunda aferição os sinais estavam normalizados (1m50 a 6m15). O balanço hídrico, após a retirada das drogas vasoativas, fls.97 (verso) e 107 (verso), pode dizer que estava sempre positiva. Quanto ao fato de estar urinando, no momento do óbito, declara ser indicativo de que o paciente não estava em colapso (9m30 a 10m25). Os pacientes em ventilação mecânica, mesmo quando em óbito ou morte encefálica, apresentam movimentos respiratórios (13m00 a 13m25). Diante de uma situação urgente primeiro são realizadas as intervenções, depois a prescrição médica, não se atendo a descrever a sequência de medicamentos utilizados ou a velocidade de aplicação, apenas descrevendo com precisão as quantidades para justificar o uso e para adquirir mais no estoque. Em relação às fls.127, despacho judicial (juiz da Vara de Inquéritos), afirmando que a leitura dos laudos de exame cadavérico das vítimas, permite a subsunção sumária dos fatos narrados na denúncia anônima, em que foram utilizados fármacos com potencial de causar a retração no pulmão das vítimas, respondeu que desconhece tal medicamento (16m30 a 17m55).

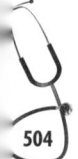

Continuação depoimento testemunha P. R. S. (parte 6)

<u>**Pelos prontuários que analisou até agora, não viu nenhum ato médico duvidoso ou de aparente má-fé**</u> *(5m00 a 5m30). As prescrições médicas são atos médicos e seus resultados de responsabilidade apenas do médico. Na sua opinião um enfermeiro ou um técnico de enfermagem poderia contestar um ato médico, citando exemplo de ter o médico prescrito um medicamento notoriamente conhecido como danoso (6m40 a 8m00).* <u>*Diante das fls.186,* **paciente L.**, *apenso 26, respondeu que as doses dos medicamentos descritos seriam suficientes para sedar um paciente*</u> *(11m30 a 12m20).*

Continuação depoimento testemunha P. R. S. (parte 7)

Como apenas fazia plantões na UTI no período da noite, não alterava prescrições já estabelecidas pelos plantões diários. Quando um paciente brigava com o respirador no seu plantão, por não ser especialista em anestesia, ministrava altas doses de DORMONID e, por vezes muito maiores do que necessário para sedar o paciente, mas isso por não ter o conhecimento específico. Respondeu que os bloqueadores neuromusculares sejam talvez a melhor maneira de evitar que o paciente brigue com o respirador, mas não são as únicas formas (3m00 a 6m00). Vista às fls.127, balanço hídrico, acredita que o paciente não estava brigando com o respirador (20m00 a 21m00).

Continuação depoimento testemunha P. R. S. (parte 8)
Em relação às medicações já vistas, bem como a evolução de enfermagem, não é possível afirmar que o uso dos medicamentos descritos foram a causa da morte do paciente (0m00 a 1m20).

A testemunha R. A. S., médico anestesiologista, disse que trabalhou no Hospital do Trabalhador. Formou-se em 1989. Fez residência em cirurgia geral. Trabalha com a **acusada I.** e diz que é uma profissional competente e de conduta ilibada, não tendo nenhuma queixa contra o seu trabalho. Visto o prontuário do **paciente P. A.**, fls.131, pode dizer que estava completamente coberto contra infecções, pois estava sob medicação de antibióticos de amplo espectro, inclusive com a terapêutica correta (0m00 a 4m30). Pneumotórax causa dificuldade na respiração, na oxigenação, tendo várias causas possíveis. Nesses casos observa-se uma piora no trabalho dos ventiladores, podendo inclusive causar instabilidade hemodinâmica (5m45 a 6m45). Em pacientes com dificuldade de respiração, os medicamentos MIDAZOLAM, QUETAMINA e TRACRIUN auxiliam na ventilação quando entubados. Melhoram os padrões de ventilação (7m50 a 10m00). O uso desses medicamentos demanda auxílio de suporte ventilatório (11m00 a 11m30). Injeções em bolus atinge o objetivo do medicamento mais rápido, muito comum em situações emergenciais (14m30 a 15m30). Vista às fls.172, **paciente P. A.**, analisando o prontuário, nota que houve uma piora clínica do paciente, o que fez com que fosse aplicada anestesia geral e outras drogas para estabilizar o paciente (18m20 a 19m20). No seu entendimento as drogas escolhidas para estabilizar hemodinamicamente o paciente foram acertadas. Não tomaria outra atitude como médico (20m00 a 21m30). Para colocação de cateter de hemodiálise é aconselhável a sedação (23m15 a 23m40). Vista às fls.118 declara serem medicamentos adequados para colocação de cateter e em doses adequadas, o MIDAZOLAM e FENTANIL. Na dosagem utilizada de FENTANIL acredita que o paciente não estaria propriamente sedado e sim analgesiado. Já, quanto ao MIDAZOLAM, o paciente poderia se recuperar em 15 minutos, sendo muito improvável que permanecesse analgesiado por 2 horas (praticamente impossível manter-se sedado por 7 horas) (25m00 a 27m20). Vista às fls.132 entende que a dosagem presente no prontuário é normal, possivelmente foi um ajuste de sedação. A dosagem de MIDAZOLAM é a mesma autorizada para uso domiciliar. As associações medicamentosas são benéficas. O QUETALAR auxilia na dilatação dos brônquios. Quanto à dose do TRACRIUM, declara que seria capaz de paralisar os músculos respiratórios por aproximadamente 40 minutos, o que facilitaria a ventilação. Este último apresenta reversão espontânea é metabolizado no sangue (28m30 a 34m00). Não havendo perspectiva de melhora, o que se decide no ambiente de UTI é a redução do suporte avançado para que o paciente não sofra e tenha um desenlace mais humanizado (38m00 a 38m50). Não sabe informar qual seria o procedimento de redução de suporte avançado, caso a família do paciente não seja encontrada (40m00 a 40m50).

Continuação depoimento testemunha R. A. S. (parte 2)

Prontuário, **paciente I, fls.130 comparada com as fls.156, declara que com certeza o paciente estava melhor com a retirada das drogas vasoativas** *(fls.156) (4m40 a 8m00).* Se o paciente tivesse apresentado um quadro de colapso cardiovascular às *fls.89 (verso)* acredita que constariam alterações no balanço hídrico. Em relação à diurese, *fls.97 (verso)* até a 107 (verso), declara que se manteve estável, sem grande alteração até o momento do óbito. Afirmando ainda que o paciente não piorou metabolicamente, nem quanto ao débito urinário, nem em relação à diurese. O mesmo pode dizer sobre a temperatura. **Pelo que viu dos prontuários, embasado no quadro clínico do paciente, pode dizer que a retirada das drogas vasoativas não foram a causa da morte** *(10m00 a 17m00).* Um paciente tabagista como este, teria uma saturação de 80% quando em situações normais. Por estar saturando em 90% na UTI, apresentava um padrão acima da média (19m30 a 20m30). **Quanto à narrativa da denúncia de, que a aplicação de FENTANIL, DIPRIVAN e PAVULON mantendo-se os parâmetros de FIO2 em 22% e PEEP de 5 teria levado o paciente a óbito por asfixia, disse discordar totalmente, pois ninguém morre por asfixia ligado a respirador.** Vista às *fls.108,* a medicação foi ministrada às 9h39m, às 10hs os parâmetros ainda estavam mantidos. **Apenas intercorrências mais graves são descritas no prontuário. A descompasso entre paciente e respirador são comuns e não muito significativo** *(22m00 a 27m20).* Declara que o tratamento visualizado nos prontuários é apenas paliativo (34m00 a 34m40). Em relação ao **paciente M.**, apenso 30, *fls.224 e 223 (verso),* não consegue estabelecer um nexo de causalidade entre a medicação administrada e o quadro clínico. Quanto à conduta do **acusado E.** pode dizer ser um ótimo profissional (43m50 a 45m00). Paciente A., estava com FIO2 de 80% e PEEP de 8, *fls.118 (verso)* e mesmo assim estava com saturação abaixo de 80%, o que indica que os parâmetros estavam elevados a fim de aumentar a saturação, que não estava ocorrendo (46m30 a 47m00).

Continuação depoimento testemunha R. A. S. (parte 3)

Fls.174 e 188, em relação às gasometrias, pode dizer que estava muito pior em *fls.188,* mesmo com a administração de FIO2 mais elevada (0m30 a 1m40). *Fls.118 (verso),* na anotação de enfermagem consta que o paciente estava não responsivo e apresentando esforço respiratório. Informa que não responsivo significa que o paciente está sedado sendo possível fazer alguns ajustes na sedação e aplicar relaxantes musculares para adequar a respiração ao respirador. **Fls.107 a 119, nada de anormal na dosagem nem nos medicamentos utilizados** (10m40 a 14m40). Analisada às *fls.156 (verso),* está boa. *Fls.107,* balanço hídrico, condições de gasometria estavam boas. Para saber se seria possível desmamar o paciente teria que acompanhar a evolução do quadro pessoalmente. Apesar de sedado o paciente poderia receber relaxantes para adequar os parâmetros respiratórios (33m30 a 38m00). Na sua opinião a retirada das drogas vasoativas constituíram em adequação de conduta e não em tratamento paliativo. Depois da adequação de conduta o paciente manteve-se estável. *Fls.107,* observa uma discrepância entre a anotação de enfermagem e os dados da grade de sinais vitais (46m00 a 51m00).

Continuação depoimento testemunha R. A. S. (parte 4)
Mantém sua opinião de ser o médico responsável pelas suas prescrições, até mesmo quando a prescrição seja absolutamente absurda e descabida. Apenas nesses casos esdrúxulos caberia aos técnicos e enfermeiros questionar a prescrição (0m30 a 2m30).

A testemunha J. G. disse que é médico anestesiologista. Vista às fls.34 pode constatar que o paciente apresentava trombose de membros superiores e logo em seguida consta amputação de pé esquerdo. Por isso acredita se tratar de uma contradição do prontuário. Na sua opinião ou foi anotado errado ou o paciente apresentava os dois problemas. Trabalha no Hospital Evangélico desde 2005. <u>Pode dizer sobre a **acusada Virginia** que é uma ótima profissional</u> (0m00 a 3m15). Em relação aos efeitos do PANCURÔNIO diz que pode alterar um pouco a frequência cardíaca (4m00 a 4m40). <u>**As drogas referidas na denúncia são de uso comum e consolidado dentro da UTI**</u> (6m00 a 6m10). <u>Trabalhou com a **acusada I.** no Centro Cirúrgico Geral e afirma ser excelente profissional, inclusive se espelha em sua conduta</u>. Recorda-se de uma vez em que a acusada desligou a ventilação mecânica depois de realizada a retirada dos órgãos do paciente, os quais foram efetivamente doados. O que lhe causou estranheza foi o fato da acusada, mesmo com a constatação da morte encefálica e da retirada dos órgãos destinados à doação, ter relutado em desligar a ventilação, o que foi realizado pelo depoente, pois a acusada não se sentia bem com o desligamento. Normalmente é utilizado algum tipo de sedação para colocação de cateter para hemodiálise. <u>**Procura-se usar medicação que não dependam de eliminação renal. Podendo ser usado PROPOFOL, FENTANIL, MIDASOLAN, QUETAMINA.**</u> Prontuário de *P. A.*, fls.118, <u>**sobre a medicação utilizada, pode dizer ser adequada, inclusive quanto à dose ministrada.**</u> Diante do prontuário acredita que em uma hora o paciente já estaria acordado. Contudo, dependendo do estado de saúde do paciente, poderia ficar desacordado por mais de 6 horas (6m30 a 13m30). Vista às fls.132, pela ausência de checagem, provavelmente a prescrição não foi feita. Acha normal a dose de DORMONIDE e TRACRIUM. <u>Tanto o DORMONIDE quanto o QUETALAR teriam perdido efeito no curso de 1 hora, o TRACRIUM em menos tempo, talvez 45 minutos.</u> Em relação à medicação prescrita, afirma serem os mais habilitados a discutir sobre o uso as especialidades de intensivista e anestesiologista (14m20 a 16m40). Não conhece nenhuma norma que proíba o técnico ou enfermeiro a ministrar sedação, analgésicos ou relaxante muscular (17m30 a 18m00). <u>Não é possível imputar qualquer responsabilidade aos enfermeiros e técnicos que administram a prescrição médica segundo as normas técnicas. A prescrição médica é de responsabilidade médica.</u> Em relação ao **paciente L.**, fls.186, a prescrição poderia ser ministrada, não sendo ilegal. Sobre a decisão de reanimar ou não pacientes, declara ser do médico, não sendo ilegal que enfermeiros e técnicos sigam a ordem médica (18m30 a 22m00).

A testemunha S. R. P. F., médico especialista em infectologia, disse que trabalha no Hospital Evangélico até hoje. Formou-se em medicina em 1994. <u>**Nunca ouviu falar em antecipação de óbito no referido hospital.**</u> (00m00 a

1m20). Quanto à **acusada I.** *pode dizer que é a melhor anestesiologista do hospital (3m20 a 4m10). Paciente com gangrena apresenta índice de mortalidade acima de 80%, mesmo com tratamento e cirurgia.* Pela literatura médica, o tempo decorrido sem o tratamento e a extensão da ferida são os critérios a serem apurados para sopesar o sucesso do paciente (5m10 a 7m00). Normalmente o paciente, nessa situação clínica, já chega no hospital em choque séptico (vasodilatação com queda da pressão, deixando de carrear oxigênio e sangue para os tecidos). SEPTICEMIA é uma infecção no sangue, disseminando para os tecidos, conhecida vulgarmente como infecção generalizada, normalmente ocorrendo em casos de amputação de membros. Vista às fls.112, **paciente P. A. declara que os antibióticos presentes no documento são destinados ao combate de infecção grave. Respondendo que facilmente seriam gasto trezentos reais ao dia para realizar a medicação. Vista às fls.116, mesmo prontuário, afirma que os antibióticos constantes são de amplo espectro, talvez o mais amplo disponível. Esses custando em média mil reais por dia de tratamento, sendo o uso recomendado quando existe a finalidade de evitar o desenvolvimento de superinfecções** (8m40 a 16m40). *Pode dizer que a* **acusada Virginia** *é profissional excepcional e obstinada em tratar seus pacientes, mas muito polêmica devido ao tratamento com os funcionários* (18m00 a 20m00). Afirma que a UTI apresenta alto índice de infecção hospitalar, devido ao prognóstico dos pacientes que são atendidos lá (27m30 a 28m10). Já realizou o bloqueamento de leitos do hospital fechando a unidade para fazer a limpeza dela, a fim de conter epidemia de infecções hospitalares. A UTI sempre trabalha com lotação máxima (31m20 a 34m30). **A expressão "cantinho da morte" pode perfeitamente fazer referência ao isolamento de pacientes com maior índice de infecção ou de probabilidade de estarem contaminados** (44m00 a 45m20). É impossível, sem exames laboratoriais, distinguir o quadro de embolia pulmonar da síndrome do desconforto respiratório agudo, sendo comum a presença de ambos os casos em um único paciente (47m10 a 48m10).

Continuação depoimento testemunha S. R. P. F. (parte 2)

A realização de necropsia ajuda em muito a obtenção de dados científicos quanto a real causa morte (4m00 a 4m50). É menos burocrática a autorização para uso de antibióticos em pacientes do SUS em relação aos que possuem plano de saúde. Alguns tratamentos antifúngicos chegam a custar 80 mil reais (5m40 a 6m20). Vista às fls.38, apresenta tratamento para sangramento de úlcera (10m00 a 11m00). Vista às fls.53/58, pode dizer que a conduta descrita é comum para tratamento de choque hemorrágico, que poderia agravar o quadro pulmonar (25m00 a 25m30). Vista às fls.68, verso, balanço hídrico, pode dizer que o FIO2 em 100% poderia causar danos no pulmão, se mantidos (41m00 a 42m30).

Continuação depoimento testemunha S. R. P. F. (parte 3)

Vista às fls.94, respondeu que há uma compatibilidade entre os resumos médicos e o quadro do paciente (8m40 a 9m20). **Pelo que consta da denúncia, sobre a associação criminosa e as condutas observadas nas anotações de prontuário acredita ser apenas ficção**

*(10m20 a 10m40). O rebaixamento de parâmetros do respirador em pacientes com FIO2 muito alta poderia levar a óbito (11m30 a 12m15). Pelo prontuário de **R. R.**, <u>**em relação às aplicações de relaxantes musculares, pode dizer que a terapêutica estava correta**</u> (14m00 a 14m30). Aplicação em bolus é a aplicação de uma droga através de uma seringa direto na veia. Geralmente apenas um medicamento, não mais que isso (20m00 a 20m30). Ainda sobre a **paciente R.**, vista às fls.14, aplicações de medicamentos, pode dizer que pelo conteúdo não poderia afirmar que foram a causa da morte (21m10 a 22m00). <u>**Pacientes com 50% do corpo queimado podem ser considerados grandes queimados. SARA é um processo inflamatório agudo em que há líquido no pulmão (24m00 a 25m30). Vista às folhas 147 e 185, disse que o paciente apresentava alcalose metabólica, distúrbio que necessariamente leva a óbito. O paciente, por inalar gasolina, pelo tratamento aplicado já não estava conseguindo ventilar. Respondeu ainda, que o percentual de óbito quando presente esse tipo de distúrbio é de 95%. Tendo por base a gasometria do dia do óbito, o paciente já apresentava hipoxemia severa refratária ao tratamento, quadro incompatível com a vida**</u> (31m10 a 33m50). É totalmente possível a conclusão do laudo de necropsia que afirma que a causa morte se deu por septsemia (34m40 a 34m56). Vista às fls.118 e 106, constando esforço respiratório e competição com ventilador, disse que pode ser aferido pelas curvas de pressão do ventilador, sendo recomendável sedação e relaxantes musculares para otimizar a respiração mecânica. Não há como ventilar um paciente sem forte sedação (38m30 a 40m30). <u>**Que o médico pode decidir deixar de reanimar e não aplicar medicamentos, em casos irreversíveis.**</u> Conhece os **acusados A. e E.**. O primeiro foi um dos melhores residentes que trabalhou no hospital, muito ético e competente, o segundo foi seu aluno e era brilhante, sendo um dos melhores anestesiologistas que conheceu (43m00 a 46m00). <u>**A redução de FIO2 faz parte do tratamento. Não existe regra geral para tratamento com FIO2, depende do paciente, preferencialmente deixando a pressão de oxigênio acima de 80% (ideal). Vista às fls.223, pode confirmar que pela saturação apresentada a redução foi adequada.**</u> (47m00 a 49m30).*

Continuação depoimento testemunha S. R. P. F. (parte 4)

*A administração de sedação considerada forte FENTANIL + DIAZEPÍNICOS carece de motivo, que justifique a dificuldade de intubação (1m30 a 3m15). Desconhece qualquer recomendação de reanimação por tempo superior a 30 minutos (5m00 a 5m30). <u>**Vista às fls.141 e 156, quanto aos marcadores de perfusão tecidual, afirma que uma possível piora do paciente não poderia ser atribuída a redução de drogas vasoativas.**</u> Da análise das fls.141 e 156 há uma melhora no quadro do paciente. <u>**Vista às fls.197 e 107, por todos os dados mostrados não é possível chegar a uma conclusão sobre a causa morte**</u> (9m20 a 20m00). <u>**Quanto ao paciente I. pode afirmar apenas que a morte teve como causa as doenças apresentadas, não sendo possível avaliar se a retirada de medicamentos ou o aumento poderiam ser apontados como indicado ou não**</u> (24m00 a 24m50). Conheceu o **acusado C.**, e que sempre foi um bom profissional. Quanto a **C.**, diz ser pessoa abnegada, uma das pessoas mais admiráveis do hospital (31m00 a 32m50).*

Continuação depoimento testemunha S. R. P. F. (parte 5)

É possível que o paciente apresente hipóxia, mesmo estando em respiração mecânica. Em toda situação que é preciso manter a ventilação, mas não precisa corrigir a hipoxemia, pode manter a respiração em 21%. Explica que uma coisa é a ventilação e outra é o aporte de oxigênio nas células. 21% é a concentração no ar ambiente. Em caso de assincronia respiratória é preciso sedar o sistema nervoso central, para conseguir ventilar. Junto com a sedação é preciso analgesia, pois a entrada forçada de oxigênio é dolorosa. Não existe um protocolo para esse tratamento, fica a cargo do médico decidir pela aplicação ou não das drogas. O bloqueio neuromuscular geralmente é feito em bolus (0m40 a 6m20). Paciente em parada cardiorrespiratória é considerado instável, podendo ser reversível (14m00 a 14m50). Choque refratário é o choque que não melhorou com o tratamento. Sendo inclusive caso de evitar reanimação. Pacientes em choque refratário, em que não é possível estabilizar a perfusão tecidual, é o mesmo que a morte. O óbito ocorrerá em questão de horas (16m20 a 17m30). O esforço terapêutico é interrompido diante de doença irreversível, nunca quando há um tratamento possível (22m20 a 23m40). O uso de bloqueadores neuromusculares ajuda na ventilação, o que não se confunde com a oxigenação, que é controlada pelo ajuste de FIO2 (28m00 a 30m00). Hemorragia digestiva alta apresenta altos índices de mortalidade. Como os protocolos de reposição sanguínea atualmente recomendam cautela, aguarda-se muito mais para aderir a transfusão sanguínea e, por isso, às vezes o óbito ocorre antes da reposição. Vista às fls.101 (verso), **paciente R.**, entre 8hs e 10hs, respondeu ser possível que estivesse em choque, mas não podendo descrever qual o tratamento mais adequado, porque o choque poderia ter causa multifatorial (36m20 a 41m00).

Continuação depoimento testemunha S. R. P. F. (parte 6)

Visto o prontuário do **paciente L.**, disse que apesar de normalmente ser possível tratar um paciente que apresenta quebra da coluna vertebral decorrente de queda de nível, seu quadro de comorbidades podem inviabilizar o sucesso do tratamento (1m00 a 2m00). Depois do período das 10h33m do dia 28, na sua opinião, o paciente foi tratado (4m00 a 5m10). Vistas às fls.224, respondeu que, pelo que percebe, as perguntas sempre se referem a pacientes que utilizaram os medicamentos descritos na denúncia e depois evoluíram para óbito. Assim, seria interessante que fizessem as mesmas perguntas para os que utilizaram essas drogas e sobreviveram, pois todos os prontuários analisados no processo até agora são de pacientes extremamente graves com prognósticos restritos. O correto seria obter uma análise pericial desde o momento da chegada do paciente com as condutas médicas adotadas (6m50 a 9m00). A terapêutica intensiva envolve uma quantidade tão grande de variáveis que é impossível mensurar as decisões médicas adotadas. A sequência das prescrições faz a gente ter uma ideia do que estava acontecendo com aquele paciente, mas afirmar com certeza só o médico que atendeu o paciente, acompanhou as evoluções clínicas feitas a cada intervenção é que vai conseguir dizer porque tomou determinada decisão. Aquilo que olhando aqui parece ser uma coisa terrível, dei pavulon, dormonide e fentanil para o doente e ele morreu em *seguida. Pode ter sido uma situação de ortotanásia mas pode ter sido simplesmente uma tentativa de equilibrar uma situação de ventilação ou uma situação clínica muito grave. Vista às fls.270/271, paciente C., declara que se trata de caso claro de paciente que não deveria ter sido admitido na UTI, pois apresentava um quadro irreversível e a terapia intensiva teve apenas a intenção de gerar conforto (11m23 a 14m00). A decisão de não prosseguir no tratamento não é do médico intensivista e sim da literatura médica, não se baseia em opinião pessoal. Que pela sua conduta pode dizer que decide não prosseguir com o tratamento, sempre que possível com a anuência da família* (19m30 a 24m14).

A testemunha J. A. F. C. F. disse que se formou na Faculdade Evangélica em 1989. Atualmente exerce a função de Vice-Diretor Clínico do hospital e é chefe do setor de ginecologia e obstetrícia (0m30 a 1m10). *Afirma que por vezes o valor das diárias recebidas pelo SUS, referentes aos pacientes internados em UTI, não cobre as despesas nem dos antibióticos ministrados em um dia. Nunca ouviu falar que médicos estariam praticando antecipação de óbitos na UTI. Ainda, que o paciente do SUS, sob o aspecto financeiro, dava muito prejuízo. Não vislumbra um nexo em afirmar que a intenção de girar a UTI seria para dar lucro ao hospital, pois, com a saída de um paciente da UTI, o hospital não recebe uma diária adicional* (7m00 a 9m00). O médico plantonista recebe por plantão e não pelo número de pacientes internados (10m00 a 10m30). Sempre acompanhou seus pacientes que foram internados na UTI e sempre mantinha uma troca de ideias sobre a condição clínica com os médicos plantonistas (13m15 a 13m35). Quanto à **acusada Virginia**, sempre teve bom relacionamento com ela e que os pacientes por ela tratados sempre foram muito bem assistidos (15m25 a 16m30). Pode dizer que a prescrição médica é um ato médico (22m40 a 23m00). Que os técnicos têm capacidade de infundir o que consta da prescrição médica (23m50 a 24m10). Em situação hipotética, o técnico que administra medicamento por ordem médica causando a morte do paciente, não poderia ser responsabilizado, pois estava apenas cumprindo a prescrição. *Desde que a prescrição médica não seja absurda, percebida por qualquer funcionário, os técnicos e enfermeiros não poderiam ser responsabilizados por aplicar medicamentos de uso corrente* (25m30 a 27m30). **Em relação aos acusados A. e E. diz que suas condutas sempre foram pautadas pela ética e boas práticas médicas** (28m40 a 29m45).

A testemunha L. F. N. K. M., *médico pneumologista, disse que trabalha no hospital desde 1994 (0m00 a 0m40). Sobre a* **acusada Virginia***, sempre foi abnegada e interessada pela melhora clínica dos pacientes. Ela formou grandes médicos que iniciaram a carreira lá no hospital. Nunca teve conhecimento de nada que a desabonasse. Confirma que funcionários, inclusive médicos, eram repreendidos pela acusada se faltassem com o bom trato com os pacientes* (1m20 a 3m00). Nunca teve conhecimento de qualquer conduta da **acusada Virginia** com qualquer paciente. Respondeu que há sim fármacos que podem causar a retração do pulmão, mas que não são encontrados no Hospital Evangélico, como, por exemplo, AMIOBARONA, utilizada para tratar arritmia cardíaca; e alguns quimioterápicos, mas também não de uso em terapia intensiva. Desconhece a utilização desses fármacos pela UTI do hospital. "Pulmões colabados, hepatizados e armados" é uma descrição de necropsia. Podendo estar presente em grandes queimados, politransfundidos, não sendo produzido esse quadro através de medicamentos. Pacientes em ventilação mecânica que fazem uso de PANCURÔNIO não podem apresentar esse quadro clínico em razão do medicamento (4m50 a 10m00). **É comum pacientes da UTI apresentarem delírios (10m50 a 11m30). É bem possível que para leigos e alguns funcionários mais inexperientes, ao se depararem com um paciente já em óbito, mas com suporte de ventilação mecânica, acreditar que ainda esteja com vida. Nunca teve conhecimento de que aparelhos eram desligados no hospital. Declarando que só é adotado o desligamento diante de morte cerebral e com o consentimento dos familiares** (14m00 a 17m00). Que estava presente no dia da prisão dos acusados e diz que a prisão gerou muito transtorno para o atendimento da UTI. Houve a necessidade de remanejar funcionários para suprir a demanda, o que não foi feito de imediato. Houve a retirada de inúmeros prontuários médicos, gerando transtorno para as atividades administrativas. Acredita que deveriam ter solicitado cópias e não apreender os originais. Dificultou inclusive, a apuração interna (18m10 a 21m00). As condutas adotadas na UTI não eram próprias, seguiam protocolos nacionais e internacionais de saúde e tratamento de terapia intensiva (21m50 a 22m30). Em caso de emergência é dado prioridade ao atendimento, sendo relegado em segundo plano as anotações de prescrições. É possível utilizar sequencialmente mais do que dez ampolas de adrenalina por procedimento em um mesmo paciente, respeitando-se os intervalos (27m00 a 30m10). Mesmo as drogas genéricas com o mesmo princípio ativo apresentam efeitos diferentes nos pacientes e, quando isso ocorre, as doses devem ser readequadas (36m10 a 36m50). **Declara não entrever sentido no motivo apresentado na denúncia para que os acusados tivessem cometido os crimes apontados, pois, como diretor, conhecia a quantidade de atendimentos e de recurso gastos nos pacientes. Que a aplicação dos medicamentos PANCURÔNIO e PROPOFOL em pacientes entubados não acarretaria a asfixia, pois a ventilação mecânica impediria o óbito.** Em relação ao login da **acusada Virginia**, supostamente utilizado por outros médicos, disse que às vezes é feito o login de manhã e o plantonista assume sem alterar. Em outra instituição que trabalhou havia apenas um médico logado no sistema para realizar as prescrições, o que não afronta as determinações do CRM (42m40 a 46m30). Os técnicos e enfermeiros até poderiam questionar as prescrições médicas, desde que muito esdrúxulas (49m00 a 50m19).

A testemunha **C. M. N.**, médico do corpo clínico do Hospital Evangélico, disse que trabalha no Hospital Evangélico desde 1975, atualmente encontra-se licenciado por problemas de saúde (0s a 1m42). Conhece a acusada **Dr.ª Virginia** há muito tempo e nunca teve conhecimento de alguma dificuldade de relacionamento entre a referida médica e algum paciente (2m20 a 3m12). Com relação às dificuldades enfrentadas pelo Hospital Evangélico, disse que aproximadamente 90% (noventa por cento) dos pacientes eram oriundos do SUS, entretanto não havia nenhuma discriminação entre os pacientes (4m05 a 5m25). Que os aparelhos utilizados na UTI eram todos do Hospital Evangélico. **Com relação à remuneração dos médicos, disse que todos recebiam por mês, por** *plantões, independentemente da quantidade de pacientes do SUS ou convênio. Sobre à remuneração do Hospital Evangélico, disse que a rotatividade de pacientes na UTI não aumenta a remuneração do Hospital, o qual é remunerado pela quantidade de leitos ocupados (6m25 a 8m50). Que nunca teve notícia sobre antecipação de morte na UTI do hospital (12m15 a 12min42).*

A testemunha R. D. K., superintendente do Hospital Evangélico, disse que a UTI do Hospital Evangélico sempre trabalhou a contento, mesmo diante da crise vivenciada pelo Hospital.

A testemunha N. M., médico, ex-esposo da acusada **Dr.ª Virginia**. *Disse que a acusada sempre teve uma personalidade difícil, porém profissionalmente sempre foi impecável.*

A testemunha O. A. B., *trabalhou no Hospital Evangélico por quatorze anos onde exerceu a função de capelão, ouvidor e, por fim, diretor geral, disse que era comum a utilização de biombos na UTI, pois tinha como objetivo preservar a intimidade dos pacientes; que nunca recebeu denúncia ou tomou conhecimento sobre antecipação de morte na UTI do Hospital Evangélico. Sobre os acusados disse que nunca soube de nada que pudesse desabonar suas condutas.*

A testemunha M. R. G., médico ortopedista, disse que trabalha no Hospital Evangélico desde o ano de 1986. *Disse que a acusada* **Dr.ª Virginia** *não era bem quista pelo corpo de enfermagem do Hospital pelo fato das cobranças que ela fazia.* Quanto aos medicamentos genéricos, são medicamentos que não são tão eficazes quanto os éticos, sendo que determinados medicamentos demandam uma dose maior para fazer o mesmo efeito dos medicamentos éticos (0s a 6m28). O Hospital evangélico trabalha apenas com alguns medicamentos éticos, pois tecnicamente é inviável para uma instituição que trabalha SUS trabalhar só com medicamentos éticos (14m07 a 14m37).

A testemunha R. H., fonoaudióloga, prestou serviços no Hospital Evangélico, local onde conheceu a acusada **Dr.ª Virginia**. *Disse que a Dr.ª Virginia sempre se dedicou aos pacientes.*

A testemunha H. R., capelão do Hospital Evangélico, disse que trabalha no Hospital Evangélico desde o ano de 2008 (30s a 1m21). *Afirmou que a Dr.ª Virginia prezava pelos seus pacientes e ficava emocionalmente abalada quando eles iam a óbito.*

A testemunha P. R. S. N., <u>disse ser pai de um paciente que foi atendido pela acusada Dr.ª Virginia. Que foi bem atendido pela referida médica e não tem dúvidas de que ela fez o possível para salvar a vida de seu filho.</u>

A testemunha L. F. M., *médico residente no Hospital Evangélico, iniciou no Hospital no ano de 2008.* <u>**Declarou que a Dr.ª Virginia era prestativa, discutia os casos clínicos com a equipe médica e incentivava o estudo. Também afirmou que nunca presenciou nada relacionado à antecipação de óbito na UTI do Hospital.**</u> *Sobre o TESTE DE APNEIA disse que é um procedimento no qual se oxigena o paciente antes da realização do teste, com isso o paciente fica por um período de dez a quinze minutos com uma oxigenação além daquilo que ele precisa. Após hiperoxigenar o paciente, ele é desconectado do respirador por um período de dez minutos e nesse período observa-se se há algum movimento de respiração (25m21 a 28m). Durante o período que trabalhou em plantões na UTI do Hospital Evangélico, utilizava o login da **Dr.ª Virginia** para as prescrições, até porque as condutas e alterações das prescrições eram discutidas com a **Dr.ª Virginia**, pessoalmente ou por telefone. Quanto à conduta a ser adotada com pacientes dependentes de ventilação mecânica que "brigam" com o ventilador, disse que as condutas adequadas dependem de cada paciente, mas a primeira conduta é tentar ajustar o ventilador ao paciente, porém quando se depara com grandes queimados ou pacientes com doenças pulmonares graves, em que não se pode mexer nos parâmetros do respirador, aprofundava-se a sedação e utilizava-se o BLOQUEADOR NEUROMUSCULAR. Caso o paciente esteja acordado e em ventilação, ajusta-se o ventilar ou, em sendo necessário, utiliza-se a sedação, mas não se usa o bloqueador muscular sem sedação. O uso do FENTANIL analgésico pode ser indicado nesse caso, mas não como primeira opção (34m15 a 27m42). Que durante seus plantões prescreveu o medicamento PANCURÔNIO, porém foram poucas vezes (39m34 a 40m15). Não se recorda de ter utilizado o medicamento PROPOFOL. Sobre o medicamento PAVULON, disse que é indicado em casos em que o paciente está sedado e mesmo assim "briga" com o respirador, pois é necessário paralisar a musculatura para que o respirador possa trabalhar (44m34 a 45m29).*

A testemunha Á. K., *médico, funcionário do Hospital Evangélico, disse que iniciou como residente no Hospital Evangélico no ano de 2006, atualmente é cirurgião (1m06 a 1m20). Conhece a acusada **Dr.ª Virginia** e sempre teve um bom relacionamento com a referida acusada (1m55 a 2m40).* <u>Com relação à avaliação dos pacientes que necessitavam de intervenção cirúrgica, disse que era chamado pela **Dr.ª Virginia** para discutir o caso e opinar sobre a necessidade ou não da cirurgia *(4m a 4m32).*</u> <u>**Que nunca presenciou ou ouviu cogitação a respeito de antecipação de óbito na UTI do Hospital Evangélico**</u> *(5m39 a 5m47).*

A testemunha J. R., *auxiliar de enfermagem, declarou que a **Dr.ª Virginia** era muito exigente com os colaboradores.*

A testemunha C. R. W. J. disse que trabalhou como plantonista da UTI do Hospital Evangélico entre junho de 2008 a janeiro de 2012, sendo que nesse período a chefia de toda UTI era comandada pela acusada Dr.ª Virginia. **Durante o tempo que permaneceu trabalhando nesta função não constatou nenhum procedimento irregular praticado pela Dr.ª Virginia ou por outro médico ligado a ela. Que não percebeu nenhum procedimento realizado pelos médicos Dr. E., Dr. A. e Dr.ª M. I. que tivesse por objetivo abreviar a vida de algum paciente** *(1m15 a 3m13). Quanto à conduta médica da* **Dr.ª Virginia** *disse que ela brigava muito pelos pacientes, mantinha contato com familiares dos pacientes e cobrava muito das equipes que trabalhavam no hospital.* Os pacientes atendidos na UTI eram pacientes graves, pacientes com elevado risco de óbito como, por exemplo, vítimas de traumatismo, pós-operatórios de cirurgias complexas e doentes clínicos. *O termo prognóstico fechado diz respeito a um paciente em condição clínica irreversível, que vai a óbito em questão de tempo.* Em caso de prognóstico fechado a situação era discutida com a equipe multidisciplinar, médico assistente e familiares do paciente. A Equipe multidisciplinar era composta por médicos, enfermeiros, fisioterapeutas e médicos assistentes dos pacientes. *Durante os plantões o acesso à chefia era fácil, não havia dificuldade em solicitar vagas ou sanar dúvidas com a* **Dr.ª Virginia***. As orientações recebidas sobre os procedimentos ocorriam somente quando havia dúvida como, por exemplo, melhor antibiótico, quantidade de líquido adequada. Eventualmente discutiam-se algumas peculiaridades do tratamento. Na sala de médicos havia disponível uma "boa biblioteca", também havia acesso à internet para pesquisa e estudo. Além disso, frequentemente, havia cobrança e estímulo à pesquisa e estudo por parte da chefia. Todos os recursos disponíveis no hospital eram utilizados no tratamento dos pacientes críticos.* **Era hábito da Dr.ª Virginia "investir no paciente" até reverter ao seu estado de melhora.** *Havia auxílio da chefia na intermediação entre a equipe e demais grupos cirúrgicos, radiologistas e outros. Que por várias vezes presenciou melhora de pacientes que, em primeiro momento, apresentavam um quadro de difícil reversão. Sempre que possível, havia disponibilidade das equipes de UTI em auxiliarem condutas e dispor de vagas em UTI. A estatística de mortalidade por INSUFICIÊNCIA RENAL AGUDA gira em torno de 10% a 70%. Esta variação está relacionada à doença e condição clínica do paciente. A estatística de morte por insuficiência renal aguda na UTI geral do Hospital Evangélico era mais baixa do que o esperado. A HEMODIÁLISE é um procedimento de risco em paciente crítico, podendo levá-lo a óbito. A DIÁLISE PERITONEAL pode ser utilizada em pacientes agudos e, com algumas particularidades ressalvadas, é tão eficaz como a hemodiálise. A DIÁLISE PERITONEAL é um procedimento de alto custo. Recorda-se de ter acompanhado esse procedimento umas três vezes. Em virtude da complexidade que envolve a HEMODIÁLISE e a DIÁLISE é difícil acreditar que a equipe de enfermagem pudesse entender de forma simples e objetiva a maior parte desses procedimentos (5m23 18m35).* **Quanto à enfermeira C., disse que ela era inexperiente e um pouco desatenta, tinha pouco tempo de formada em terapia intensiva e enfermagem. Que não tem conhecimento da reunião de pessoas para a prática de atos ilícitos na UTI** *(19m18 a 20m42).*

Continuação depoimento testemunha C. R. W. J. (parte 2)

HEMODIÁLISE é um procedimento pelo qual se faz uma filtragem do sangue com o objetivo de remover substâncias nocivas ao organismo. Esse tratamento é realizado em pacientes com INSUFICIÊNCIA RENAL AGUDA, pacientes que não urinam e que podem estar com aumento de potássio, hidrogênio ou retenção de algumas moléculas. A duração deste tratamento é determinada pelo nefrologista e varia de acordo com o caso. A HEMODIÁLISE é acompanhada por um técnico em enfermagem com treinamento específico para trabalhar com a máquina de HEMODIÁLISE. Durante a HEMODIÁLISE o técnico tem que ficar o tempo todo ao lado da máquina porque a qualquer momento a máquina, por segurança, pode parar e, se não for reestabelecido o fluxo sanguíneo, o sangue coagula. Durante a DIÁLISE, o paciente, do ponto de vista hemodinâmico, pode piorar com aumento de frequência cardíaca, queda de pressão, eventualmente com arritmias cardíacas graves e fatais. Há uma série de acontecimentos durante a hemodiálise que são deletérios ao coração. O paciente estável dependente de drogas vasoativas pode sofrer uma parada cardíaca. <u>Quanto ao acusado E. S. J. disse que era um excelente anestesista e sempre pronto a auxiliar. O acusado A. F. tecnicamente é um médico muito bom.</u> Os biombos da UTI tinham como objetivo resguardar a privacidade dos pacientes, uma vez que só tinham dois boxes individualizados. Também havia divisórias entre os boxes. A altura de um box tem aproximadamente um metro e oitenta centímetros, já as divisórias do hospital evangélico vinham do teto até o chão. Os GRANDES QUEIMADOS faziam parte de um grupo de pacientes que tinham pulmão muito ruim para realizar ventilação mecânica, então utilizavam um ventilador "top de linha", chamado de "Color". Esse ventilador possuía multimídia, era mais potente e possuía mais funções que os respiradores habituais. Além disso, tinha um pedestal com rodas, painel de controle e uma tela de 14 polegadas para os registros gráficos. Com relação à altura desse equipamento, esclarece que não passava da linha de sua cintura, sendo que o monitor ficava mais baixo que os biombos e as divisórias. Quanto às MANOBRAS DE RECRUTAMENTO ALVEOLAR disse que se trata de um procedimento que necessita do respirador, pois nessa manobra "se joga", por curto período de tempo, uma pressão de ar positiva e alta dentro do pulmão de forma a ir abrindo progressivamente os alvéolos e depois de certo período de tempo, com essa pressão respiratória elevada, começa-se a diminuir novamente os parâmetros respiratórios, pois a pressão muito alta em via aérea por tempo prolongado pode ser deletéria ao paciente. Portanto, em uma manobra de recrutamento alveolar há uma subida de pressão respiratória e passado esse período é necessária a redução para não induzir barotrauma (lesão recorrente de pressões elevadas). A manobra de recrutamento alveolar é uma das estratégias utilizadas em paciente com SÍNDROME DE ANGÚSTIA RESPIRATÓRIA. O respirador Color, em manobra de recrutamento, pelo que se recorda, muda de tela. Ele tem um modo de recrutamento alveolar automático, o qual é programado para fazer o recrutamento, sendo que durante o recrutamento aparece no monitor um aviso em vermelho e os parâmetros, que foram programados, automaticamente são alterados. Os parâmetros que se alteram no monitor são a pressão expiratória final (PEEP), que é a pressão constante que o respirador joga, e a pressão de pico, que é a pressão que vai além (15s a 16m52). Sobre a CLASSIFICAÇÃO DE ANALGESIA conhecida por "RAS +2", disse que 0 (zero), menos um e mais um são situações em que o paciente está relativamente tranquilo. Menos um se refere a paciente sedado, a escala positiva vai de "mais um" a "mais cinco", sendo que, conforme vai aumentando essa pontuação, progressivamente mais agitado o paciente está. "RAS + 2" refere-se a paciente reagindo ou então uma falta de sincronia com o ventilador. Na UTI, quando uma GASOMETRIA de rotina era pedida pelo médico por volta das 20h ou 21h, o material era colhido somente por volta das 04h ou 05h, no final da madrugada (18m35 a 20m45). Na UTI geral do Hospital Evangélico o declarante trabalhava como médico plantonista em sistema de plantões. A relação do declarante com a **Dr.ª Virginia** era cordial, ela era chefe da UTI. Conforme a experiência adquirida a dependência do médico plantonista com a chefe da UTI diminui. Sobre as tomadas de decisões, quando precisava fazia contato com a Dr.ª Virginia por telefone (23m27 a 26m26). O critério para se admitir paciente na UTI é o critério de medicina de catástrofe. Quando se tem uma capacidade de atendimento limitada, a vaga deve ser disponibilizada ao paciente com maior chance de sobrevivência. Quem solicita a vaga na UTI é o médico que está atendendo o paciente e detecta a necessidade de encaminhamento à UTI (26m40 a 27m50). Quando há uma ASSINCRONIA COM O RESPIRADOR o aparelho apita, é caso de paciente que está tossindo, não está entrando ar ou está tentando respirar de forma autônoma, com isso o respirador desencadeia uma série de alarmes. Em casos como esse, pode-se tentar fazer com que o paciente comande a máquina, se ele tiver em grau superficial de sedação ou, então, aprofundar a sedação. No caso de sedação, habitualmente é usado um remédio para dar sono, um analgésico e um BLOQUEADOR NEUROMUSCULAR, de acordo com a condição clínica de cada um. Uma das indicações do uso de bloqueio neuromuscular seria quando o paciente já está sob sedação profunda e, mesmo assim, assincronia com o respirador. Chega-se à dose ideal de sedativo e analgésico observando uma tabela de facha de infusão de droga e observando resposta. A decisão de aumentar a dose ou trocar a droga passa por uma avaliação clínica, laboratorial, radiológica. Semanticamente DOENÇA IRREVERSÍVEL e QUADRO CLÍNICO IRREVERSÍVEL são as mesmas coisas. A doença irreversível é incurável, mas há tratamento. Na UTI quem decide se uma doença é intratável é o médico que assiste o paciente. Essa avaliação deve constar no prontuário do paciente. (32m40 a 39m10).

Testemunha G. S. G., médico, sobre o **paciente A.**, que teve mais de 50% do corpo queimado, disse que esse paciente pode ser caracterizado como grande queimado. O termo "SARA" significa Síndrome de Angústia Respiratória do Adulto, é definida como a incapacidade do pulmão de extrair oxigênio do ar, dado que a pressão vascular do pulmão é baixa. De acordo com o prontuário, <u>o paciente **A.** estava classificado como um paciente gravíssimo, tendo em vista os valores pré-óbito serem de 76, 71.25 e depois 68.75 de relação e PO2 e FIO2. "SEPSE" pode gerar inflamação pulmonar e gerar "SARA".</u> Lesão inalatória por queimadura causa obviamente causaria "SARA" grave (3m52 a 7m27). <u>O fato do paciente **A.** ter permanecido por mais de quinze dias com</u>

FIO2 superior a 60% é deletério a ele (10m28 a 10m50). *Sobre o BALANÇO HÍDRICO do paciente A. no dia de sua morte, ao analisar o prontuário, disse, como primeiro parâmetro, a FIO2 de 80% é tóxico, pois acima de 60%, o oxigênio passa a ser tóxico e quão mais próximo de 100% mais tóxico se torna, entretanto isso não quer dizer que não se possa fazer uso de 100% do oxigênio, pois se naquele instante isso é necessário, poderá ser feito de forma temporária; segundo parâmetro a PEEP de 8 (oito); terceiro parâmetro a frequência respiratória de 30 (trinta) também é parâmetro bastante alto em ventilação mecânica (21m a 22m13). Em virtude da frequência respiratória do paciente A. estar determinada em 30 (trinta), acredita ser improvável que não houvesse auto PEEP. O Problema do auto PEEP é que, se existe pressão em excesso dentro da via aérea do paciente, esse paciente pode morrer pelo trauma que essa pressão em excesso causa no pulmão (29m21 a 29m58).* **Ainda, sobre o paciente A., de acordo com o prontuário médico que foi lido para a testemunha, disse que o termo "paciente competir com o ventilador" significa dizer que o paciente está tossindo, que o paciente tem manobras espontâneas e adicionais que impedem o ventilador de expirar completamente... impede que o pulmão expire completamente o ar. Para se tratar esse problema pode-se utilizar a sedação pesada ou, então, o BLOQUEADOR MUSCULAR. Com o uso do BLOQUEADOR MUSCULAR bloqueia-se a respiração espontânea do paciente, permite que o respirador mecânico trabalhe de forma mais adequada, reduz o alto PEEP, relaxa a musculatura torácica e reduz a pressão intratorácica, logo, sem dúvida alguma, pelo que pode ser observado no prontuário, a sedação era uma medida terapêutica indicada ao paciente A..** *Pelo prontuário pode afirmar que o paciente foi tratado com antibióticos diversos e antifúngico, o que demonstra o seu estado gravíssimo, compatível com PNEUMONIA e "SARA", porém não respondeu positivamente ao tratamento.* **Que não consegue imaginar um cenário em que esse paciente (A.) pudesse melhorar. Não acredita que um paciente como A., mesmo estando no melhor hospital do mundo e com a melhor equipe, pudesse ter sucesso terapêutico.** *Com relação à REANIMAÇÃO CARDIOPULMONAR, afirmou que a ingestão de drogas não é a primeira intervenção a ser feita. O tipo de reanimação cardiopulmonar que um paciente recebe depende do que levou à parada cardiopulmonar. Em certos casos é possível que o médico perceba que mecanicamente é impossível proceder a reanimação cardiopulmonar. No caso do paciente A., pelo fato de estar com curativos no tórax, seria um fator adverso para a reanimação cardiopulmonar, tendo em vista que para uma massagem eficiente é necessário rebaixar o externo em 5cm (30m58 a 54m20).*

Testemunha G. S. G. (parte 2)

Com relação ao paciente I. S. disse que a pressão arterial média (P.A.M.) deste paciente, após a suposta retirada das drogas vasoativas, ocorrida às 22h da noite que antecedeu seu óbito, primeiramente teve uma redução drástica (de 104 para 43), mas na próxima evolução, meia-noite, a P.A.M. estava em 64, o que é considerado aceitável. Em relação à DIURESE, após a retirada das drogas vasoativas, disse que era adequada. Em relação à GLICEMIA, disse que, mesmo após às 20h, era adequada; **caso o paciente tivesse entrado em colapso em virtude da suspensão das drogas vasoativas,** *provavelmente teria alterado drasticamente esses valores. Em relação ao excesso de base, bicarbonato e PH, disse que a GASOMETRIA do dia 28 de janeiro é uma gasometria normal e se o paciente tivesse entrado em colapso provavelmente a gasometria seria diferente. Em relação à temperatura do paciente, também afirma que estava normal após às 22h, pequenas flutuações na temperatura não infere uma hipotermia. Por esse quando clínico não se pode afirmar que o paciente teve uma piora após a suposta retirada das drogas vasoativas, pelo contrário, demonstra uma melhora em seu quadro clínico. Contudo, na manhã do dia seguinte, aproximadamente 10 horas após a suposta retirada das drogas vasoativas, o paciente foi a óbito, provavelmente por uma arritmia cardíaca. Conclui que não foi a retirada de droga vasoativa que causou a morte do paciente. Pelo quadro de melhora apresentado pelo paciente I., após a retirada das drogas vasoativas, presume que o paciente não necessitava destas drogas* (4m50 a 31m57). *Sobre o paciente P. A. disse que os antibióticos utilizados neste paciente são de uso restrito e altíssimo custo, sendo que a combinação destes antibióticos sugere que foi adotada uma medida quase que desesperada de tratar uma infecção generalizada, na qual não foi conseguido determinar qual o agente patológico que estaria causando a infecção* (36m33 a 37m32). Afirmou que um paciente em choque piora durante a HEMODIÁLISE, podendo, inclusive, vir a óbito durante a hemodiálise, o que não é algo raro. A respeito dos parâmetros de ventilação descritos na folha nº 109 deste paciente, disse que os parâmetros eram adequados; na folha nº 129 houve uma alteração para pior; na folha 142 demonstra uma piora dramática. Afirmou que o desenvolvimento de PNEUMOTÓRAX dificulta a respiração do paciente, inclusive é causa de morte (39m50 a 45m44). COLAPSO PULMONAR significa dizer que o pulmão murcha, nesse caso, o pulmão não consegue fazer a troca gasosa. *Se um paciente está com pneumotórax e o médico quer deixar que ele morra, bastar não tomar nenhuma atitude, ou seja, basta não o tratar, portanto, se quer a morte do paciente não se faz necessária a utilização de bloqueador neuromuscular.* A conduta médica a ser adotada em pacientes com PNEUMOTÓRAX persistente é a drenagem torácica e se a possibilidade for fístula-bronco-pleural o indicado seria uma videotoracoscopia (47m a 49m53).

Testemunha G. S. G. (parte 3)

Na REANIMAÇÃO CARDIOPULMONAR o paciente pode não ventilar, nesse caso o médico, se possível, deve reverter a causa como, por exemplo, é possível imaginar incapacidade de ventilar um paciente com pneumotórax, por mais que se faça traqueia. Essas lesões são tratadas pelos profissionais da cirurgia torácica (7m35 a 8m08). COLAPSO PULMONAR e PULMÕES CONGESTOS HEPATIZADOS não são necessariamente a mesma coisa. Entende-se como colapso pulmonar a atelectasia do pulmão, ou seja, colapso dos alvéolos, esses alvéolos estão sem ar, estão vazios. Já o pulmão hepatizado é o pulmão que congestionou por sangue, líquido ou infecção (8m35 a 9m38). *Que nunca observou "antecipação de óbito" na UTI do Hospital Evangélico, o que viu foi a Dr.ª Virginia e os demais médicos que ali trabalhavam usando de todos os meios possíveis para manter a vida de algum paciente* (10m08 a 11m10). FÍSTULA-BRON-

CO-PLEURAL é um pertuito que se faz na superfície do pulmão para o espaço pleural, que tem como consequência o pneumotórax. O pneumotórax dificulta a respiração do paciente no sentido de que restringe a expansibilidade do pulmão. A PNEUMOTÓRAX RECIDIVANTE normalmente tem como origem a fístula-bronco-pleural. Para resolver o problema do pneumotórax utiliza-se um dreno de tórax e, no caso de fístula, em sua grande maioria, ela fecha espontaneamente, entretanto se ela não fechar faz-se uma cirurgia para fechá-la manualmente. Paciente em choque séptico com disfunção múltipla de órgãos não é recomendável cirurgia para corrigir a fístula, tendo em vista que a sua situação poderá ser agravada, inclusive, com possibilidade de óbito (18m20 a 21m15).

A **testemunha K. F. K. P.**, administradora de empresas, trabalhou até o mês de julho de 2012 no Hospital Evangélico, local onde trabalhou por dezoito anos. No Hospital Evangélico exerceu a função de estagiária, nutricionista e de gestão. Trabalhou na UTI, como nutricionista, de 1994 a 2011/12 (0s a 2m15). <u>Que nunca presenciou ou soube algo que desabonasse a conduta dos acusados</u> (3m a 3m34). Com relação aos gastos da UTI, disse que o Hospital possui um custo financeiro muito alto (11m40 a 12m16). <u>A quantidade de óbitos na UTI em que a acusada Dr.ª Virginia comandava é considerada dentro da média</u> (13m12 a 13m58). O fato dos leitos de UTI serem ocupadas por pacientes do SUS ou de convênios particulares não gera nenhum lucro ao Hospital ou ao médico (14m30 a 15m32). Dados de evolução, balanço e checagem já foram incluídos no prontuário dos pacientes após sua alta ou até mesmo óbito com o objetivo de receber recursos, pois se o prontuário não estivesse completo o Hospital não recebia o valor inteiro da conta (22m56 a 24m27). Com relação aos aparelhos utilizados no Hospital Evangélico, todos eram do Hospital, ou seja, não havia na UTI do Hospital Evangélico aparelho alugado (32m44 a 33m53).

A **testemunha A. L. L.**, auxiliar de enfermagem, disse que trabalhou por quatorze anos no Hospital Evangélico. Sobre a acusada **Dr.ª Virginia** disse que era uma pessoa bastante exigente em suas atribuições (0s a 1m30). <u>Não presenciou nada relacionado à antecipação de óbito na UTI do Hospital Evangélico.</u>

A **testemunha J. M. R. F.**, médico e Diretor Geral do Hospital Evangélico. <u>Disse que conhece a **Dr.ª Virginia** era considerada uma excelente profissional</u> (43s a 3m06). Que a **Dr.ª Virginia** tinha por hábito "investir" nos pacientes (11m a 11m25). Que o enfermeiro administra a medicação no paciente conforme a orientação médica (20m50 a 21m37).

A **testemunha I. N. F.**, trabalhou no Hospital Evangélico como gerente de faturamento por um período de quase três anos (38s a 55s). <u>Disse que a acusada Dr.ª Virginia se dedicava muito aos pacientes da UTI do Hospital Evangélico.</u>

A testemunha C. L. S., oficial de manutenção do Hospital Evangélico, disse que foi paciente da **acusada Dr.ª Virginia**, sendo que, durante o seu tratamento, permaneceu inconsciente durante quatro meses (0s a 1m40). Era paciente do SUS e sempre teve um bom tratamento por parte da referida acusada (2m a 2m44).

A testemunha C. L. F., disse que trabalha no Hospital Evangélico desde o ano de 1998 como anestesiologista, atualmente exerce a função de chefia do serviço de anestesiologia e chefe da UTI 2 do Hospital Evangélico (29s a 50s). Sobre a conduta da **Dr.ª Virginia**, disse que era uma profissional dedicada a cuidar dos doentes (2m44 a 3m36). A utilização de ventilação pulmonar é uma realidade no tratamento intensivo, sendo que a nova regra é ventilar o paciente com a ventilação protetora porque, se isso não for feito, um pulmão doente poderá ficar dependente do aparelho e, com isso, ter sequelas. A lesão que pode ser feita no pulmão pode se dar com o "abre e fecha" do alvéolo (11m10 a 13m00). Nos casos em que se faz necessário padrões respiratórios mais altos é comum a utilização de HIPNÓTICOS e BLOQUEADORES NEUROMUSCULARES (13m23 a 13m38).

Testemunha C. L. F. (parte 2)

Sobre a **acusada L. R. G.** disse que ela era uma pessoa acima da média do padrão de conhecimento da área, inteligente e esforçada. Sobre a **acusada C. M.** disse que não tinha nada que desabonasse sua conduta (0s a 3m45). Sobre os exames como, por exemplo, a GASOMETRIA, se solicitada pelo médico por volta das 20h, o material para o exame é colhido somente por volta das 5h (8m52 a 10m26). O declarante presta serviço na UTI geral desde o ano de 2008, A **Dr.ª Virginia** era coordenadora da UTI, também era ela quem instituía a rotina, todavia o declarante tinha liberdade para fazer suas prescrições (11m17 a 13m). O termo ASSINCRONIA com o respirador tem relação com o termo "brigando" com o respirador, nesse caso o médico deve interferir otimizando a ventilação como, por exemplo, ajustando o respirador, realizando procedimento farmacológico, aspirando as secreções. O termo "desconforto" está ligado ao pulmão doente (SARA). Há protocolo de conduta quando se constata que o paciente está em assincronia com o respirador (13m24 a 15m13). Os pacientes mais crônicos, que ficam acordados mais tempo, vão ficando resistentes aos sedativos por dois motivos, um deles é pela taquifilaxia, nesse caso é necessário aumentar a sedação. O protocolo que se adota nessa sedação é a administração de MIDAZOLAN (DORMINID) e FENTANIL. O PROPOFOL, por ser um medicamento mais complicado, raramente é usado, entretanto, pode ser usado de forma contínua no lugar do DORMINID. Em casos de assincronia, pode-se aprofundar com o DORMINID e FENTANIL, pode-se usar também o PROPOFOL, a QUETAMINA e, se nada disso resolver, pode-se utilizar um medicamento curarizante. O curarizante é pouco utilizado porque faz com que o paciente fique dependente exclusivamente do respirador. O bloqueador neuromuscular não é a primeira escolha em virtude dos cuidados que devem ser maiores e porque seu uso crônico gera uma atrofia da musculatura intercostal e dificulta o desmame do paciente. A dose ideal de sedativos para cada paciente pode ser definida pelo peso (mg/kg), porém, com o tempo, os pacientes vão sofrendo uma variação nessa quantidade de medicamento que precisam. Nem todos os pacientes, com a dose recomendada pela literatura, vão responder da mesma maneira (16m42 a 22m23). O FENTANIL possui uma dose extremamente abrangente de segurança, podendo-se utilizar em um mesmo paciente desde 25 mg/kg a 500 mg/kg, a depender do caso (23m17 a 24m59). Em medicina paliativa, pode-se utilizar o FENTANIL e um opioide, o PANCURÔNIO pode ser utilizado se o paciente estiver sob ventilação mecânica (28m 28m30).

A **testemunha C. R. N. J.**, disse que trabalha como médico do pronto socorro do Hospital Evangélico desde o ano de 2007. Conviveu profissionalmente com a **acusada Dr.ª Virginia** e sempre admirou o seu trabalho (21s a 1m53). Que a chefia e as equipes que trabalhavam na UTI "lutavam" para recuperar os pacientes (7m30 a 8m30).

A **testemunha A. A. G.**, cirurgião oncológico, disse que trabalha no Hospital Evangélico desde janeiro de 2007. Conheceu a **acusada Dr.ª Virgiia**, disse que era uma profissional muito técnica. Sempre discutiam as condutas médicas que deveriam ser adotadas (0s a 3m12). Sobre o paciente M. disse que se tratava de um paciente grave, com câncer avançado e infecção de baço e pâncreas; que foi feito o possível para salvaguardar a vida deste paciente (8m17 a 13m29).

A **testemunha K. C. B.**, fisioterapeuta, começou a trabalhar no Hospital Evangélico em outubro de 2011 até agosto de 2012. Quando começou a trabalhar foi informada da prática de redução de ventilação mecânica, mas acreditou se tratar do chamado desmame, procedimento normal de retirada da ventilação mecânica para verificar se o paciente teria condição de respirar por conta própria. Com o passar do tempo verificou que a redução dos parâmetros de ventilação tinha a finalidade de levar os pacientes a óbito. Presenciou essa conduta pela primeira vez, quando contava com aproximadamente 15 dias de trabalho e ficou muito assustada com isso. Recorda-se que foi colocado um biombo em volta do paciente, que a **acusada Dr.ª VIRGINIA** mexeu no aparelho de ventilação mecânica e que o paciente evoluiu a óbito um tempo depois. Mas que não pode afirmar qual o procedimento fora realizado pela acusada, tendo em vista a colocação do biombo. Não foi solicitado a testemunha que realizasse a alteração dos parâmetros. Nunca presenciou nenhuma conduta da **acusada C.**, pois só a encontrava na troca dos plantões. O mesmo pode dizer dos enfermeiros. Contudo, afirma já ter presenciado tais condutas por parte dos acusados A. e E.. A conduta era sempre a mesma, alteravam os parâmetros de ventilação e logo depois os pacientes entravam em óbito. Por ser fisioterapeuta não pode avaliar o tratamento medicamentoso que era realizado e não teria conhecimento para tal avaliação. O que as pessoas diziam é que eram aplicados anestésicos para esse fim (2m00 a 8m10).

Continuação depoimento testemunha K. C. B. (parte 2)
Vista às fls.670, onde consta que um paciente vítima de disparo de arma de fogo estava com desconforto respiratório, foi perguntado à testemunha se a **acusada Virginia** impediu que fosse realizada a ventilação no paciente, respondeu que o paciente apresentava lesão cerebral e prognóstico ruim. Que então foi até o paciente para realizar um procedimento fisioterapêutico (que não iria tirar o paciente daquela situação, nem impediria o possível óbito), apenas visando proporcionar um conforto a ele. Nesse momento a **acusada Virginia** apareceu e gritou com a testemunha dizendo que "era para sair daquele atendimento, que o paciente já estava morto e deveria cuidar de pacientes que ainda estavam vivos". Informou o ocorrido à fisioterapeuta (chefe), mas isso já era de conhecimento desta e de toda equipe de fisioterapeutas. Sendo aconselhada a realizar apenas procedimentos que atendessem a própria consciência. Então decidiu fazer a denúncia na ouvidoria do Estado do Paraná (0m00 a 3m15). Quando trabalhou na UTI do Hospital Evangélico não tinha autonomia em relação ao tratamento de ventilação nos pacientes, já, no atual trabalho, fisioterapeutas são exclusivamente responsáveis pelo controle e assistência da ventilação mecânica. Pelo que percebeu a **acusada Virginia** era a responsável por estabelecer os parâmetros de ventilação, inclusive sendo obedecida por outros médicos (6m00 a 7m30). Geralmente as antecipações de óbitos ocorriam do lado onde se localizavam seis leitos (cômodo em que se distribuíam os leitos). Embora já tenha presenciado antecipações no lado onde ficam oito leitos (10m00 a 10m50). Perguntada se, de acordo com a sua formação, era capaz entender o funcionamento da UTI, respondeu que sim (14m00 a 15m00). Afirma, com certeza, que não confundiria o procedimento visto, com a retirada de aparelhos de um paciente em óbito. (16m00 a 17m40).

Continuação depoimento testemunha K. C. B. (parte 3)
Declara que não se tratava de ventilação protetora. Existem alarmes para informar picos de pressão arterial, saturação de oxigênio no sangue, entre outros parâmetros. Quando o alarme disparava era oferecido mais ventilação aos pacientes, menos para aqueles que já estavam em leitos com os biombos (0m00 a 2m20). Confirma que não era prestado atendimento aos pacientes que já estavam com prognóstico fechado. Havia uma determinação para que não fossem reanimados alguns pacientes e que essa determinação era rigorosamente cumprida. Pode afirmar que não realizavam reanimação porque mesmo com o biombo era possível observar que não havia mais atendentes no leito. Não havia 'carrinho' de reanimação e para que seja realizada uma reanimação seria necessário aproximadamente três ou mais funcionários (5m40 a 9m40). O PEEP mínimo, mesmo em desmame, fica em 5. Para desmamar o paciente era necessário certo nível de consciência, sendo incompatível realizar o desmame com pacientes sedados. Sabe que PROPOFOL, MIDAZOLAN, DORMONIDE, FENTANIL são sedativos, mas desconhece efeitos colaterais. PANCURÔNIO é um bloqueador neuromuscular que facilita a ventilação mecânica. Como fisioterapeuta não aplica medicamentos e por não conhecer as ampolas, não pode dizer qual medicamento era aplicado em cada paciente. Geralmente, quando era colocado

o biombo em volta do leito a **acusada Virginia** se abeirava do leito, mexia no respirador e permanecia ali até a morte do paciente. *(11m00 a 16m50)*. Não sabe dizer qual o motivo de levar um paciente a óbito, mas geralmente eram pacientes com problemas neurológicos, vítimas de arma de fogo, traumatismo craniano. Quanto ao **paciente A.**, recorda-se que era um paciente vítima de queimadura grave, de 3º grau *(17m40 a 20m00)*. Lembra que no dia de sua morte *(paciente A.)* quem o atendia era o acusado A.. Lembra que o acusado se dirigiu até o paciente e reduziuos parâmetros de ventilação, não podendo precisar a proporção dessa alteração. Antes dessa redução dos parâmetros, disse que o paciente recebia curativos, passou pelo centro cirúrgico e era bem assistido. Contudo, a partir do momento que foi reduzido o parâmetro de ventilação, não foi mais adotada qualquer conduta. Declara não ter ocorrido manobras de reanimação também *(24m30 a 26m50)*.

Continuação depoimento testemunha K. C. B. *(parte 4)*

A declarante confirma sua afirmação, em delegacia, de que certa vez se recusou a reduzir os parâmetros de ventilação (solicitado pela **acusada Virginia**), então saiu da UTI e não retornou mais, ficando na sala da fisioterapia *(00m30 a 1m50)*. Perguntada se em sua formação conheceu da matéria de anestesiologia e medicina intensiva, respondeu que não. De igual modo foi perguntado se conheceu da matéria de farmacologia, disse sim, mas que não poderia ministrar medicamentos. Não existia, pelo menos no período da tarde, uma rotina de passagem de serviço *(7m30 a 10m50)*. Ventilação de proteção pulmonar é um procedimento em que o paciente é sedado, mantendo parâmetros mais elevados. Existem várias formas de ventilar um paciente *(12m40 a 15m30)*. Não é o baixo FIO2 que causa asfixia. O que pode levar a óbito é baixa do conjunto, PEEP, frequência respiratória, pressão respiratória, o aumento de sensibilidade do respirador. Sabe que altas concentrações de oxigênio podem causar cegueira, principalmente em prematuros. Desconhece qualquer lesão causada em adulto por altas exposições ao oxigênio *(17m43 a 20m10)*.

Continuação depoimento testemunha K. C. B. *(parte 5)*

Apesar de acreditar que as condutas de rebaixamento dos parâmetros de oxigênio eram mortais nunca procurou outro médico do hospital para fazer questionamentos, porque ao que parecia, essa conduta era de conhecimento geral. Mas conversou com sua irmã que é médica e esta confirmava que ao adotar essa conduta de rebaixamento dos padrões de oxigênio um possível resultado seria o óbito *(7m00 a 8m40)*.

Continuação depoimento testemunha K. C. B. *(parte 6)*

Sabe que existe uma recomendação de que um fisioterapeuta deveria ficar fazendo hemodiálise, pois o medicamento não surtiria efeito e por esse motivo a **acusada Virginia** retirou a declarante da UTI GERAL. <u>**Já administrou os medicamentos descritos na denúncia, mas nunca ouviu dos médicos que seriam causadores de morte. Presenciou vários óbitos, mas nenhum por adiantamento de óbito.**</u> Só voltou para a UTI Geral porque se *tornou enfermeira de 8hs (24m00 a 28m20).* <u>Na época em que se deu a morte do</u> **paciente L.** <u>trabalhava como</u> <u>enfermeira administrativa, iniciando o turno por volta de 10h30m</u> *(30m00 a 30m30). Era preciso passar por alguns procedimentos para iniciar o plantão, por isso, às 10h30min, não poderia ter administrado medicamento no* **paciente L.**. *Ainda, nessa época, era enfermeira de 8 horas e não tinha contato direto com os pacientes, apenas repassava aos demais enfermeiros as prescrições médicas. Seu contato com os pacientes era só para levá-los para exames, marcar exames. Afirma que não administrou a medicação no paciente (32m30 a 34m00).*

Continuação interrogatório da acusada L. R. G. (parte 2)
<u>Acredita que está na condição de ré, pois no dia seguinte a prisão da acusada Virginia, ao chegar na delegacia, a delegada aos berros disse que ela seria indiciada e que seria melhor chamar um advogado. A delegada disse que era melhor dizer o que sabia naquele momento, senão seria indiciada. Chegou a falar até em delação premiada. Que a delegada pediu que a declarante entregasse a acusada Virginia. Quando seu advogado chegou, a delegada passou a agir como se nada tivesse acontecido (0m20 a 2m10). A delegada P. B. chegou a oferecer novamente alguns benefícios para a declarante quando foi presa, disse à declarante que já sabia de tudo e que seria melhor entregar a acusada Virginia</u> *(3m40 a 4m10). Como enfermeira não possuía cabedal para questionar uma prescrição médica (7m20 a 8m00). Se soubesse de algo que prejudicasse a* **acusada Virginia** *com certeza não deixaria de relatar (11m30 a 12m00).* <u>Não se lembra da conversa imputada a ela, na qual tem como interlocutora a</u> **acusada Virginia**. <u>Na conversa consta a afirmação de que "já teria desligado para ela" e a única coisa que, como enfermeira, poderia desligar era a bomba infusora ou o soro</u> *(13m00 a 14m00).*

A acusada M. I. C. B. <u>disse que conhece a denúncia. Afirma que não atendeu o paciente P. A. P.. Que quando tomou conhecimento dos fatos solicitou ao setor de Recursos Humanos uma cópia da escala de serviço e verificou que não constava nem o seu nome e nem o da enfermeira C.; a qual, em sua declaração, disse ter visto a declarante atendendo o paciente.Também não se lembra de ter discutido à beira de leito,</u> *mesmo porque discussões eram proibidas pela* **acusada Virginia** *(0m00 a 2m50). Reafirma não saber se deu ou não atendimento ao paciente, pois na época fazia poucos plantões, visto que já estava quase deixando de trabalhar no hospital para ir trabalhar na sua área de especialização.* <u>Nega o narrado na denúncia, ressaltando que o medicamento sequer foi administrado (não consta checagem)</u>. *Nega ter rebaixado os parâmetros de oxigênio do paciente.* <u>Reputa que as acusações da enfermeira contra declarante se deve a uma possível raiva de alguns enfermeiros para com os médicos, pois estavam subordinados a acusada Virginia.</u> *O TRACRIUM é utilizado para paralisar a respiração do paciente, quando não pode haver a interferência da respiração do paciente com a ventilação mecânica. É médica especialista em anestesiologia. Exerce a medicina há 8 anos (5m10 a 11m00). Seu relacionamento com a* **acusada Virginia***, era* profissional, sempre atendendo a hierarquia (12m00 a 13m00). Quanto às conversas das degravações, diz tratarem-se de conversas técnicas com jargões utilizados pelos médicos. Confirma que a **acusada Virginia** sempre ligava para saber dos pacientes. A declarante não tem conhecimento de qualquer interesse em vagar leitos médicos (14m00 a 16m50). Deixou de trabalhar na UTI do Evangélico em setembro de 2012 (18m00 a 19m00). Seus plantões na UTI foram quase na totalidade cumpridos durante o dia. As trocas de plantões entre os médicos constavam da escala (23m00 a 24m00). A UTI possuía uma disposição em 'L', com o centro médico no meio. A **acusada Virginia** determinava a disposição dos leitos, seguindo o critério "de corte" estabelecido pelos médicos infectologistas. Ao receber o paciente na UTI o plantonista é quem estabelecia o local do leito, a menos que fosse de conhecimento da equipe que o paciente estava com alguma infecção que demandasse outra disposição. Fora esse motivo, os pacientes eram realocados por necessidade de realizarem hemodiálise, pacientes crônicos, se estavam acordados ou não. <u>Os biombos eram utilizados para dar banho, ou</u> <u>procedimentos médicos</u> (27m00 a 31m50). Não havia protocolo escrito para o uso de bloqueador neuromuscular. As prescrições de rotina geralmente eram feitas pela **acusada Virginia**. Os plantonistas apenas alteravam as medicações caso houvesse intercorrência (40m00 a 42m20). Já ocorreu de técnicos e enfermeiros questionarem a prescrição médica, por exemplo, em caso de medicação trocada. As prescrições médicas feitas pelos plantonistas eram feitas com a senha da **acusada Virginia**, por convenção (43m50 a 45m30). As evoluções médicas de morte dos pacientes eram feitas pelos plantonistas, também com a senha da **acusada Virginia** (46m18 a 47m00). Em casos de emergência, os medicamentos são utilizados e depois contabilizados no prontuário para reposição. Alguns medicamentos podem constar como reposição em um prontuário sem terem sido administrados no paciente. **Os fisioterapeutas não tinham autonomia para alterar parâmetros do ventilador.** Conheceu a **acusada C.**. Os fisioterapeutas poderiam iniciar o desmame do paciente com a autorização médica (49m00 a 52m50). Consta no prontuário do **paciente P. A.** que ele apresentava um FIO2 de 80% (10hs) quarenta minutos antes de sua morte (10h40m). As rotinas eram orientadas pela intensivista chefe (**Virginia**). <u>Teve acesso aos seus registros de frequência, bem como aos da enfermeira C.. Não trabalhou na data do óbito do referido paciente</u>. Declara que <u>a **C.** não declarou que o paciente estava fazendo hemodiálise no momento de sua morte e também não atribuiu a declarante o ato de desligar a ventilação. Caso não ocorresse o desligamento dos ventiladores narrados na denúncia não haveria o óbito do paciente. De acordo com o prontuário, o paciente não estava sedado continuamente. A sedação utilizada para puncionar o catéter tem duração de 40 minutos até 1 hora e meia, não podendo durar de um dia para o outro.</u> Entende que o tratamento adotado em relação ao **paciente P. A.** foi correto. Em relação ao descrito na perícia, discorda do laudo dizendo que havia sim indicação de peso do paciente (80kg); também se manifesta contrária à perícia dizendo que havia sim indicação de que o paciente era portador de diabetes, pois possui doença renal crônica, constando inclusive solicitação de dosagem de glicose (diariamente a cada 2 horas); a afirmação do perito de que não houve registro de injúria pulmonar não é adequada, tendo em vista os exames de gasometria e altos níveis de FIO2; quanto à vedação de utilização de SOROMEDROL em pacientes com infecções sistêmicas, como P. A., declara que o uso de corticóide para esse paciente se deu em razão da grave doença pulmonar seguida de pneumotórax. Nunca, em sua prática médica, determinou a morte de algum paciente, não desligando sequer o respirador de pacientes que entraram em óbito e estavam aguardando transplante. Não foi ouvida na delegacia. Os sete óbitos imputados no pedido de prisão temporária da declarante não correspondem ao período em que trabalhou no Hospital Evangélico (55m30 a 1h04m). Conheceu a **C.**, podendo dizer ser uma excelente profissional e que já trabalhou com ela em diversas áreas do hospital (1h08 a 1h09). Não era função do enfermeiro administrativo de 8hs administrar medicação, devendo cuidar dos prontuários dos pacientes e de outras tarefas burocráticas. Os medicamentos eram pegos na farmácia satélite ou principal, não ficando no consultório médico. A responsabilidade das prescrições é do médico, sendo ele quem decide pelas prescrições. Caso os enfermeiros ou técnicos se recusassem a administrar a prescrição seriam repreendidos, mas não se recorda de nenhum fato assim. Trabalhou com a **enfermeira L.**, tendo boa relação com ela e acrescentando ser boa funcionária. Afirma que a **acusada Virginia** não tinha como braço direito qualquer enfermeiro. Os medicamentos descritos na denúncia não são proibidos por lei de serem utilizados. Nega que os acusados tinham interesse em matar pacientes, nem que antecipavam óbito. (1h12 a 1h21).

A acusada P. C. G. R. disse que trabalhou como enfermeira assistencial e trabalhou na UTI Geral onde conheceu as pessoas acusadas. Nunca teve problemas com a **acusada Virginia**. Fazia a supervisão dos pacientes no período noturno, verificava escalas e administrava medicação venosa de acordo com a prescrição. Era proibida de alterar parâmetros de ventilação (0m00 a 3m00). Lembra que o **acusado E.**, uma vez, deu uma bronca em *V. B.*. Esclarece que na realidade foram duas funcionárias (*V. e A.*) que saíram da UTI deixando a declarante com apenas mais uma funcionária na UTI. Quando o **acusado E.** viu deu a bronca. <u>Sempre foi enfermeira assistencial na UTI</u> (4m00 a 5m40). <u>As prescrições eram entregues aos técnicos de enfermagem. Eles deveriam fazer a evolução de hora em hora.</u> Em decorrência da instabilidade dos pacientes da UTI, por vezes o próprio enfermeiro alterava a vazão das bombas infusoras e em seguida comunicava o plantonista (7m27 a 9m35). Tinha com a **acusada Virginia** um relacionamento profissional, pois não trabalhavam no mesmo turno. Os enfermeiros também administravam as medicações avulsas (12m30 a 14m44). Trabalhou com os **acusados E. e A.**. <u>Afirma que já administrou medicações, inclusive PAVULON, sob a prescrição deles.</u> Em regra as anotações das evoluções eram feitas pelos técnicos (15m00 a 16m05). <u>Como enfermeira possuía conhecimento básico em farmacologia, não sendo capacitada para questionar prescrições médicas. Caso se recusasse a administrar as prescrições seria repreendida.</u> Depois que aplicava PAVULON os pacientes não entravam em óbito. Nenhuma técnica se negou a administrar uma medicação, pelo menos que tenha conhecimento disso. Nenhum dos acusados pediu para que a declarante antecipasse óbito de pacientes (17m00 a 20m30).

O acusado A. F. disse que é médico desde 2008, sendo especialista em anestesiologia (1m00 a 2m00). Na época em que trabalhou no hospital a chefe da

UTI era a **acusada Virginia**. Sempre que possível tirava dúvidas com a referida acusada (3m00 a 5m30). Quanto à primeira acusação de que fazia parte de uma quadrilha diz ser falsa. As altas eram dadas de acordo com a condição clínica. Nega também a acusação de antecipação de óbitos (6m20 a 8m10). <u>Dos fatos narrados na denúncia diz ter atendido apenas o **paciente A. R. S.**</u>. Pode dizer que era um grande queimado, com descrição do cirurgião plástico do hospital dando conta de que 40% do corpo estava queimado, decorrente de explosão com gasolina; apresentava lesão inalatória de vias aéreas, dando entrada no hospital após 10 dias de internamento no interior do Estado; apresentando o quadro de S.A.R.A; com sinais de infecção das queimaduras e por isso foi-lhe administrado antibiótico de amplo espectro. <u>Afirma que atendeu o paciente no dia em que ele deu entrada no hospital e no dia de sua morte</u>. Quanto às demais informações, sabe apenas através do prontuário. Diz que ele ficou sempre com padrões elevados de ventilação mecânica, mantendo sempre uma saturação satisfatória (8m50 a 14m22). A sedação do paciente não foi alterada durante a semana. De acordo com o prontuário médico afirma que a medicação descrita no tratamento se deu em razão das dores apresentadas durante os procedimentos de debridação e por estar competindo com o respirador. No dia do óbito estava competindo com a ventilação mecânica e com um pouco de estímulos dolorosos. Por isso aplicou FENTANIL (7ml) para diminuir a dor, mas estava com taquicardia, pressão alta e mal adaptado ao respirador; fez QUETAMINA (250ml) fazendo uma anestesia dissossiativa para garantir a inconsciência. Trazendo inclusive um artigo que comprova a necessidade de aplicação de doses superiores às contidas na bula quando for caso de grande queimado; prescreveu PANCURÔNIO para adaptar o paciente ao ventilador, o que representou 1/5 da dose recomendada no caso concreto. Poderia ter usado DORMONIDE, mas o paciente fez hipotensão no dia anterior com o uso de FENTANIL, QUETALAR e DORMONIDE (fls.228) constando um curativo com a administração dos medicamentos descritos. Aponta um equívoco na perícia, que relatou a administração de 300 microgramas de DORMONIDE, sendo que na realidade o que consta no prontuário foi uma aplicação de 600. Por isso suprimiu o DORMONIDE. Em relação aos apontamentos do assistente técnico de que poderiam ter utilizados outros opioides, diz que não havia nada além de MORFINA e FENTANIL. Sendo que a MORFINA libera estamina e causa hipotensão; também foi descrito pelo assistente que existem outros relaxantes musculares o que concorda, contudo, no hospital dispunha de ATRACURIUN (que libera estamina e causa hipotensão) e PAVULON. <u>Ressaltando ainda que em alguns protocolos de atendimento de terapias intensivas, o PAVULON é o bloqueador mais utilizado</u> (16m30 a 27m00). O paciente apresentava contraindicações ao recrutamento aoveolar, pois já havia se passado 72 horas (32m00 a 32m40). <u>Aplicou no paciente mais PAVULON às 10h</u> (1 hora e meia depois da primeira aplicação) o que a perícia comprova que nesse período as primeiras doses já teriam desaparecido do organismo. Sendo que na primeira dose administrou apenas 1/5 da dose possível. <u>Aplicou também mais FENTANIL</u> (10 ml, o que representa 5 microgramas por quilo) sendo que a aplicação constante na bula varia de 1 a 70 microgramas por quilo. Inclusive diz que havia feito prescrições para o período da tarde para o paciente, pois acredita que a medicação poderia estar melhorando (35m10 a 38m40). Na prescrição que havia feito para ser administrada no período da tarde havia *determinado a redução de soro para buscar uma melhora pulmonar. O que restava era sedação e analgesia. Apesar da gravidade do quadro de instabilidade o melhor indicador de que o tratamento estava correto foi o resultado do laudo de necrópsia que descartou morte por asfixia ou hipoxia, apontando como causa morte septicemia (42m20 a 45m00). A apresentação feita pelo assistente técnico do balanço hídrico do doente, afirmando um ganho de 32 a 37 litros durante seu tratamento, foi construído apenas somando o soro administrado e a quantidade de urina que saiu, não levando em conta um fator muito importante que é a quantidade de líquido que um grande queimado perde em razão das queimaduras. Segundo estudos mais recentes, a perda insensível estimada é de 1.500ml por m^2 de superfície corporal total + 3.750ml por m^2 de superfície corporal queimada. No presente caso, se o cálculo fosse aplicado ao paciente, representaria uma perda estimada de 4 a 6 litros por dia, zerando o balanço hídrico. Contestando a estimativa feita pelo Ministério Público, trazendo ainda a informação de que o peso apontado na necrópsia foi de 107kg e seus cálculos durante as prescrições foram todos feitos para 100kg. Sendo enganosa a afirmação de que o doente tinha 70kg, pois não poderia ter adquirido 30kg em 3 horas (do óbito até a necrópsia). Iniciou as manobras de reanimação, mas não tinha condições técnicas para realizar uma reanimação de qualidade (47m40 a 54m20).*

Continuação interrogatório acusado A. F. (parte 2)

*Não fazia muitos plantões periódicos, pois era residente e não integrava o corpo clínico do hospital. E os plantões não eram determinados com muita antecedência (4m17 a 6m50). A grande diferença entre os hospitais em que já trabalhou é a estrutura e os medicamentos utilizados, que é gritante. O assistente técnico do Ministério Público recomenda a monitorização do bloqueio muscular. O aparelho que faz essa monitoração começou a ser utilizado no centro cirúrgico, mas não era utilizado na UTI Geral. Tinha dois capinógrafos na UTI. Por mais que o paciente tivesse dado entrada no hospital com um dia de queimadura, dentro do tempo recomendado para a realização de recrutamento aoveolar, não sabe dizer se seria possível realizar o tratamento, tendo em vista a instabilidade hemodinâmica que apresentava (8m20 a 11m50). Como residente não poderia reclamar ao CRM sobre a falta de condições, haja vista que os demais médicos exercem o ofício, apesar das más condições. Em um mundo ideal o prontuário deveria ser realizado em tempo real, de modo minucioso e melhor elaborado. Todos os pacientes eram tratados de modo isonômico. <u>Quanto à gravação de seu diálogo com a</u> **acusada Virginia,** <u>onde dizia que um determinado médico era entulhador da UTI, diz que era sobre o</u> **plantonista C. da** <u>UTI cirúrgica 2. Este, às vezes, deixava os pacientes por mais tempo na UTI, às vezes até para que a traqueostomia fosse retirada dentro da unidade. Em suma, significa demorar para dar alta, o que não pode ser classificado nem como ruim ou bom. "Rodar a UTI" é dar alta em menos tempo possível, desde que possível sua remoção, deixando o paciente apenas pelo tempo necessário (14m20 a 21m00).</u> Sobre o diagnóstico de S.A.R.A, confirma e diz que esse quadro já foi identificado na chegada do paciente. O fato do assistente ter cogitado a hipótese do paciente não ter mais S.A.R.A no dia de sua morte é equivocado,* pois ao usar os dados de balanço hídrico esqueceu de considerar a perda insensível. Mesmo que o paciente apresentasse ao tempo mais volume, como o descrito pelo assistente, seria mais uma indicação de S.A.R.A (29m40 a 32m20). Aceitaria receber as doses que prescreveu para o seu paciente, somadas as da manhã com as que prescreveu para o período da tarde (que não foram aplicadas) e entubar o declarante que não se oporia. Todas as doses utilizadas pelo declarante nesse paciente foram dentro das medidas orientadas na bula (33m50 a 35m00).

Continuação interrogatório acusado A. F. (parte 3)

A medicação de fls.107 não foi administrada, não consta checagem, nem carimbo de dispensação da farmácia, indicativos claros que o medicamento não foi aplicado (1m00 a 2m00). As doses destinadas pelo declarante ao paciente estariam dentro dos parâmetros aceitáveis (04m40 a 5m30). Não existem estudos que possam comprovar que a redução de parâmetros nesse caso específico poderia levar o paciente a óbito. Se o paciente não tivesse S.A.R.A não teria mais nada o que fazer pelo doente. Está convicto de que o paciente apresentava S.A.R.A, pois com a necrópsia não apresentou nenhuma evidência de outras possíveis doenças. Quanto ao teor da declaração da única testemunha (ouvida em São Paulo), afirmando que o declarante teria rebaixado os parâmetros ventilatórios, resultando na morte do paciente, diz ser no mínimo uma irresponsável, não tem ideia do que causou em sua vida e não sabe em que contexto ela falou com a polícia. Mas em audiência ela afirmou que não cuidou do paciente, que não prestou atendimento e não fez sua evolução do paciente no dia do óbito; que nos finais de semana cuidava de duas UTIs; que o declarante baixou os parâmetros, mas não sabia para quanto e agora o declarante está há três anos angustiado. Basta olhar para o atestado de óbito do doente para saber que o tratamento respiratório do paciente foi bem feito. Ele não morreu por asfixia (18m10 a 25m10). Ela não disse corretamente nem o lugar do leito do paciente, que estava no leito 4. O declarante não lembra de ter visto a testemunha no hospital. Ainda, que o monitor de PEEP e FIO2 de ventilação tem aproximadamente 5cm com fundo cinza (26m10 a 27m00). Acha improvável que a testemunha tenha dito a verdade quando disse que mesmo acreditando que o rebaixamento de parâmetros poderia causar a morte do paciente não tomou nenhuma providência para evitar o resultado porque temia represálias. Fundamenta dizendo que era apenas residente no hospital e porque ela já tinha feito reclamação escrita para a direção do hospital contra a chefe da unidade intensiva. Ela chegou a errar o lado da UTI em que estava o leito. Ela poderia ter alterado os parâmetros já que alegou que o declarante rebaixou os parâmetros e saiu (29m30 a 31m30).

Continuação interrogatório acusado A. F. (parte 3)

Por não haver condições técnicas de reanimação não foi administrado drogas no paciente. Não é obrigatório constar o procedimento de reanimação do paciente em prontuário, mas serve para esclarecer possíveis fraturas de costelas. No caso de um paciente com queimaduras serviria para justificar possíveis lesões de pele (1m00 a 3m10). No laudo de necropsia

não é apontado nenhum dos indicativos para morte decorrente de asfixia (5m00 a 6m00).
Na sala médica não havia remédios, estes eram pegos na farmácia através de prescrição
médica (18m00 a 19m10).

O acusado E. A. S. J. *disse que se formou em medicina no
ano de 2002. Fez residência de 3 anos em anestesiologia (1m00 a 2m10). O único óbito
da denúncia que ocorreu no seu turno de serviço foi o **paciente M.** (4m30 a 5m00). Em
relação ao constante na denúncia que acusa o declarante de ter rebaixado os parâmetros
de ventilação para 21%, confirma sua atitude. Explica que o paciente naquela manhã
estava competindo com o ventilador e se encontrava em ventilação assistida. Possivelmente o paciente havia voltado a fazer bradiarritimia com elevação da pressão arterial,
assim, por volta das 20h30m prescreveu 2 ampolas de DORMONIDE para que o paciente
pudesse se adequar ao respirador, prescrevendo, para às 21hs ainda, a necessidade do uso
de bomba infusora para administração de DORMONIDE e FENTANIL a fim de iniciar
uma sedação contínua. Com a aplicação ele ficou calmo. Após aproximadamente 40
minutos o paciente voltou a fazer a assincronia com o respirador. Por isso realizou novo
ajuste no ventilador, diminuindo a PEEP de 8 para 0 (zero). A saturação já estava em
96%, por isso não aumentou a FIO2. Por volta das 23h30m a assincronia voltou, com
queda de pressão. O protocolo da Sociedade Brasileira de Medicina Intensiva recomenda
o uso de bloqueadores musculares em caso de falência da sedação e, por estar o paciente
em ventilação mecânica, aplicou 2 ampolas de PAVULON (8 miligramas) e como estava
agitado foi obrigado a suprimir a consciência e assim usou novamente DORMONIDE e
FENTANIL (5 ml). Não consultou outro médico pois era o único de plantão, mas a medicação
combinada é comum em qualquer hospital (7m00 a 16m40). O declarante acredita que a
causa morte se deu por falência cardíaca aguda. O principal ponto aventado pelo perito
que discorda, se deve ao argumento de que não poderia ter sido utilizado DORMONIDE
e sim HALOPERIDOL. O paciente com certeza tinha dor, por estar traqueostomizado,
com dreno no pulmão, sonda na uretra e bolsa de colonoscopia. HALOPERIDOL não seria
indicado porque aumenta em 50% as chances de morte por eventos cardiovasculares em
pacientes com propensão a isso, e o **paciente M.** tinha três indicadores de problemas desse
porte. A outra medicação recomendada não existia no hospital. Discorda do perito que a
diminuição brusca do PEEP poderia levar a congestão pulmonar. Seria impossível, pois
o paciente não teve edema pulmonar e teria perdido o pulmão antes de perder o coração.
Não há relatos na literatura que isso é possível, em contrapartida rebate da seguinte forma:
o Consenso Europeu de Anestesiologia diz que, em caso de suspeita de falência cardíaca,
a primeira conduta a ser adotada é diminuir a PEEP. <u>PEEP zero não mata nem causa
colapso pulmonar</u> (18m00 a 23m40). Agora em relação ao **paciente I.**, <u>acredita que a
causa da morte foi sua insuficiência circulatória. Não há razão para reanimar o paciente
por mais de 30 minutos, mais do que isso as sequelas seriam irreversíveis.</u> A necessidade
de altas drogas foi necessária para mantê-lo vivo. A própria filha do paciente ao visitar
ele disse que o estado dele estava péssimo (33m40 a 40m00). A única coisa que poderia
fazer pelo paciente era retirar as drogas vasoativas, para tentar aumentar a perfusão, visto
que o paciente já apresentava a pele gelada marmoreamento cutâneo (45m00 a 46m30).*

Continuação interrogatório do acusado E. A. S. J. (parte 2).

Não resolveu, é claro, mas o paciente melhorou, ficou mais corado e mais quente. A pressão ficou mais baixa, mas a perfusão tecidual aumentou. Chegando até a evacuar pela primeira vez após a cirurgia, o que significa que o intestino foi irrigado, voltando a funcionar (3m30 a 4m40). Em medicina há muitas variáveis, podendo o tratamento ser feito de inúmeras formas. A maior parte da literatura médica é feita fora do país, sendo difícil segui-la no Brasil (12m00 a 14m50). As evoluções médicas eram feitas pela manhã. Sempre um médico para atender os 14 leitos da UTI, levando em conta que para cada paciente eram prescritos em média 40 itens por dia, resultando em 560 prescrições médicas por dia na UTI, sem contar possíveis intercorrências. Por isso os medicamentos mais comuns não eram prescritos de forma fundamentada. Sedativo é para sedar, não precisa dizer. Vistas às fls.29, 54, 93, 94, 66 aponta que nenhuma de suas prescrições eram fundamentadas no prontuário. Essa conduta não era dolosa e sim rotina (20m50 a 26m40). Sempre usou a sua senha para fazer as prescrições (28m40 a 29m20). Sua oitiva na delegacia foi dois dias depois da prisão da **acusada Virginia**. Chegando lá encontrou a escrivã G. que lhe perguntou se havia alterado os parâmetros de ventilação alguma vez. Respondeu que sim, várias vezes. Então ela disse "Dr., não fala isso, senão a delegada vai mandar te prender". Seu depoimento na polícia tem apenas um parágrafo em que consta essa única resposta do declarante. Não sabe qual o lapso temporal, se um ou dois dias depois da prisão da **acusada Virginia**, mas estava na academia (C. A.) de musculação quando foi abordado por um fisioterapeuta (instrutor do estabelecimento) A. F. S., que o convidou para combinar depoimentos na polícia. Este é irmão de uma das testemunhas de acusação, F. S. (era enfermeira do hospital). Ele disse que queriam "ferrar" com a **Dr Virginia**. (32m00 a 37m00).

Continuação interrogatório do acusado E. A. S. J. (parte03)

Na sua opinião não precisava fundamentar os motivos que fundamentaram a retirada de drogas vasoativas, pois a evolução já possuía todos os dados necessários para entender o prognóstico do paciente (0m55 a 1m30). <u>Na noite do óbito o declarante, por telefone, disse à **acusada Virginia** "não gostei dele" (interceptação telefônica). Disse que fazia referência ao quadro clínico dele e não sobre a pessoa dele.</u> <u>Retirar as drogas vasoativas era a última tentativa, pois não havia mais nada que pudesse ser feito.</u> Na mesma conversa a acusada disse para o declarante "vai indo com o **I**.". Para o declarante isso significava ter "carta branca" para tentar qualquer procedimento, o que não seria obviamente matar o paciente, pois na condição em que o paciente estava, se essa fosse a intenção, o paciente não teria sobrevivido ao seu turno de serviço. Pelo contrário, estava urinando; temperatura corporal havia subido; com condição hemodinâmica aceitável. Cada choque é tratado de uma forma. Só o choque cardiogênio pode ser tratado de quatro formas diferentes, um deles, muito similar ao do paciente em questão não utiliza drogas vasoativas. Acredita que as drogas vasoativas deveriam ter sido retiradas antes. As drogas não foram suprimidas de modo velado. As drogas que não foram administradas no paciente, quando há a determinação de sua retirada, não são descartadas, permanecem nas bombas de infusão caso seja determinado seu retorno. A saturação é dada pelo monitor em tempo real (11m12 a 19m21). Procurou na literatura por três anos e não encontrou qualquer descrição de que determinado valor de pressão arterial, por si só, seria suficiente para levar o paciente a óbito (24m00 a 25m00). Em momento algum o paciente apresentou saturação próxima a 60%. Não há nenhuma possibilidade de ter morrido por asfixia. O mesmo vale para morte por colapso cardiovascular, pois tinha gasometria normal, aumento de temperatura. Também não é possível atribuir a morte por ter aplicado sedação, pois não levaria mais do que vinte minutos para gerar efeitos colaterais. O PROPOFOL por exemplo, na dose que foi administrada, no transcorrer de 5 a 10 minutos já teria perdido o efeito. Mesmo a conduta adotada pela manhã, por outro médico aquele paciente parece acertada de acordo com a literatura. Impossível falar em asfixia nesse caso porque seria necessário que a saturação estivesse abaixo de 70% (28m30 a 33m30).

Continuação interrogatório do acusado E. A. S. J. (parte 4)

Em relação ao **paciente M.** diz ser um paciente muito grave, talvez não terminal. Quando se deparou com o paciente usou DORMONIDE (duas ampolas) pois estava competindo com o ventilador. No momento da sedação teve uma indisposição com V. B., explica que ela foi contratada pela família de **M.** para, em seu contraturno, cuidar do paciente, servir de acompanhante dele na UTI. Naquela noite, ao examinar o paciente se deparou com V. ao lado dele, abandonando os demais que também eram de sua responsabilidade. Ela se zangou e saiu contrariada (3m00 a 6m10). Em casos de asfixia, a reserva de oxigênio em pessoas sadias duram 4 ou 5 minutos. Logo, num prazo de 7 a 10 minutos a saturação desceria para 0%, o que não ocorreu, pois a saturação subiu de 95% para 96%. Se o PEEP não tivesse sido reduzido o coração não teria liberdade para trabalhar. A cada diminuição há uma melhora da condição cardíaca. A indicação primordial do relaxante muscular é relaxar a caixa torácica para melhorar a ventilação. É preciso abolir a consciência do paciente para aplicar o relaxante muscular, caso contrário seria tortura (12m00 a 16m00). Os relaxantes musculares não são capazes de causar colapso pulmonar (17m00 a 17m50). Existem dispositivos de segurança no ventilador, impedindo o rebaixamento do FIO2 abaixo de 21%, bem como da frequência cardíaca, que não pode ser ajustada em valor menor que 7. Já o PEEP, é possível ajustar em 0 (zero), pois alguns pacientes precisam de PEEP 0 (zero). Não há qualquer possibilidade do paciente em questão ter evoluído a óbito por asfixia. Aceitaria receber a mesma medicação que prescreveu para o paciente e ser entubado (20m40 a 22m40). Conhece C. e L. R. G. e já trabalhou com ambas (23m20 a 24m00). As prescrições são feitas por computador e eram entregues no escaninho de enfermagem. Então o enfermeiro, com a prescrição, se desloca até a farmácia para fazer a retirada (27m50 a 30m00).

Continuação interrogatório do acusado E. A. S. J. (parte 5)

Em grau decrescente de conhecimento sobre sedação pode afirmar que o médico anestesista conhece, tem maior domínio do que o intensivista e este dos demais médicos. Um técnico de enfermagem se forma em seis meses, já o médico estuda seis anos de medicina e mais três anos de residência em anestesiologia (1m00 a 2m30).

A acusada Virginia Helena Soares de Souza disse que fez faculdade em São Paulo e residência em terapia intensiva. Trabalhou de 1982 a 1988 no Hospital Santa Cruz, passando a trabalhar no Hospital Evangélico em meados de novembro de 1988 (0m50 a 2m50). Conhece e já trabalhou com os demais acusados desse processo (5m40 a 6m10). Os técnicos nunca se recusaram a aplicar uma medicação, mas, às vezes, confirmavam a prescrição com o médico que a prescreveu. Para ajustar os parâmetros é necessário estar de acordo com ordem médica (9m00 a 11m00). Discorda da posição do assistente do Ministério Público. Quanto à associação de fármacos (sedativos e analgésicos) sabe não ser o ideal, mas era o possível. Não havia bomba infusora para todos os pacientes. É questão de adaptação (13m00 a 15m00). Nega a acusação de formação de quadrilha (16m50 a 17m20). Em relação a possível motivação dos óbitos ser em razão da aquisição de mais verbas, diz que receberia o mesmo valor se a UTI mantivesse os 14 leitos ocupados o mês todo (o que seria mais tranquilo) do que receber novos pacientes na UTI (19m00 a 19m37). Sobre os parâmetros de ventilação os intensivistas são os mais aptos a determinar os ajustes. Os casos eram sempre discutidos com os especialistas do hospital. (22m00 a 22m30). Quanto à **paciente C.**, tinha 50 anos com vários internamentos no hospital para investigação de massa tumoral de mediastino (próximo ao pulmão, à esquerda), sempre em quadro de dor. Foi submetida a toractomia (abertura do tórax do lado esquerdo). Para isso o anestesista deve fazer com que o pulmão objeto do procedimento fique paralisado, para poder instrumentar, ventilando apenas o pulmão do outro lado. Por já usar opioides em casa gerou certa tolerância à sedação. Outra característica dela era a dificuldade de sedação. Pesava aproximadamente 60Kg e foi utilizado para entubação 45 miligramas de MIDAZOLAN (normal são 15 miligramas). Isso não é feito de imediato. A quantidade de medicamento está ligada à intenção do procedimento para aquele momento. Não existe, para sedação, um valor mínimo. Ainda não há uma dose máxima (que não pode ser utilizada) por exemplo para o uso do MIDAZOLAM. Por ser ela tabagista com quadro pulmonar grave, foi retirada a medicação de sedação subitamente após ser desentubada (conforme indica a literatura). O outro pulmão tinha imagens sugestivas de metástases e não foi retirado porque já havia a invasão de gânglios e nervos (25m00 a 31m40). Ela perdeu a consciência na madrugada do dia 8 para o dia 9, só reagindo a estímulos muito profundos. A tomografia cerebral confirmou metástase cerebral, o que não indica morte imediata. Dependerá da região atingida (30m50 a 34m10). A neurocirurgia avaliou, mas entendeu que não havia o que fazer, fechando o prognóstico. Por essa razão a declarante decidiu continuar tentativas de tratamentos para doenças pouco prováveis, mas possíveis. Tratando para infecções, o que o chefe da infectologia foi contra (caracterizaria obstinação sem benefícios ao paciente). No dia 10, já utilizando corticoides em doses altíssimas, *começou a superficializar (ficou entre a sonolência e a agitação psicomotora), sempre com tendência a frequência cardíaca alta e hipertensão. Isso é hipertensão intracraniana (35m00 a 37m30). No dia 12 foi necessária nova sedação e analgesia (38m20 a 38m50). Ela tinha abertura ocular, parecendo atenta, com tremores no lábio, passando a fazer esforço respiratório (39m40 a 41m00).*

Continuação interrogatório acusada Virginia Helena Soares de Souza (parte 2)
O que é rotina não é descrito no prontuário. A equipe de neurocirurgia descartou a possibilidade de tomografia, por não haver mais tratamento, independente de resultado. <u>Foi feito PROPOFOL, perdendo seus efeitos cerca de 10 minutos depois de</u> administrado. Ela não tinha respondido ao analgésico intercalado ao PROPOFOL, passando a apresentar uma frequência respiratória acelerada. Foi utilizado o TIOPENTAL, utilizada em casos de hipertensão intracraniana. Na evolução de enfermagem há a descrição de bradicardia, hipertensão e dessaturação. Esse é o momento da morte (0m40 a 7m00). Quanto ao **paciente L. I.**, *vítima de queda de nível com fratura torácica, lombar e sacral, hipertenso, coronariano, com 4 angioplastias. Ficou na enfermaria por 19 dias. Apresentou infecção na hemocultura. Pacientes com fraturas na caixa torácica costumam poupar a respiração, criando áreas de telectasia, facilitando infecções pulmonares. Foi entubado após edema agudo de pulmão (ainda na enfermaria). Também foi aplicado duas ampolas de morfina (no espaço de um hora), sendo o normal 4 horas. Paciente com dor, de difícil tratamento. <u>Foi transferido para a UTI já com drogas vasoativas e sedação.</u> Por um erro a medicação que deveria ter durado 24 horas foi feita em menos tempo, não impedindo, porém, que o paciente retirasse o tubo e, por tal, foi novamente entubado (8m00 a 11m30). O paciente passou a se agitar e ter sudorese e sua saturação caiu. Aumentou o respirador e como não conseguiu melhora administrou mais medicação. Como a evolução de enfermagem é feita a cada duas horas e o paciente morreu às 11h, com a última anotação às 10h, não há descrição de piora no quadro do paciente (14m40 a 17m00). O* **paciente I.**, *internou após um enxerto, já com hipóteses de novas intervenções caso apresentasse melhora. Veio de 7 AVCs; tabagista; classificado como pulmonar crônico. Horas depois foi reanimado por 101 minutos após uma parada (19m30 a 25m00). O paciente se manteve sedado por todo o tempo (29m00 a 29m50).*

Continuação interrogatório acusada Virginia Helena Soares de Souza (parte 3)
<u>*O FENTANIL foi utilizado dentro do preconizado (10 ml). PANCURÔNIO foi utilizado segundo o parecer do Conselho de Medicina Intensiva recomenda nesses casos. O paciente não teria como morrer pela aplicação dessa medicação, visto que morreu 50 minutos depois e a droga só faz efeito por 10 minutos*</u> *(4m00 a 6m00).* **R. R.**, *chegou com vômito com sangue (2L segundo descrito pelo paramédico), fezes com sangue digerido, perda de consciência e suspeita de aspiração. Além de conteúdo gástrico, sangue, piorando o quadro pulmonar. A endoscopia mostrou uma úlcera gástrica com vaso exposto. Entubação difícil (utilizando muita medicação), <u>sendo necessário PANCURÔNIO para entubá-la.</u> Na*

entubação a cânula foi para o lado esquerdo, causando telectasia total do pulmão direito (percebido pelo Raio-x). Pessoa com sobrepeso, diabética, com síndrome metabólica (7m20 a 11m00). Agrava no dia 27 às 18hs. Possivelmente pelo deslocamento de embolia. E ela não operou porque ao contrário do que consta na denúncia não apresentava hemorragia. Repetindo as intercorrências no dia 28 de manhã. Passando a PEEP de 11 para 13 tentando recrutamento aoveolar. Por isso abaixa a pressão. O mais correto seria que o corpo tivesse passado por uma necropsia, para verificar o óbito. Acredita que o óbito se deu em virtude de uma embolia ou um quadro grave (ruptura de septo por esquemia). A medicação foi feita por três razões: já estava recebendo a medicação por alguns dias, criando tolerância; por inviabilidade do acesso venoso central (18m00 a 24m50). Nega veementemente as acusações da denúncia (27m00 a 27m30).

Continuação interrogatório acusada Virginia Helena Soares de Souza (parte 4)
"Girar a UTI" é como uma "escolha de Sofia". O objetivo de internar na UTI é que o paciente saia o quanto antes. O que não acha correto. Significa que a alta deve acontecer o quanto antes (0m00 a 1m40). Inúmeros pacientes receberam a mesma medicação e viveram (3m00 a 3m40). O CRM entendeu que em alguns casos ocorreu a distanásia, mas entende ser mais próximo de uma obstinação terapêutica, porque acreditava no paciente. É contra a eutanásia (6m00 a 8m30). Já deu alta por diversas vezes a pacientes em estado vegetativo, que conseguiam respirar sozinhos e mantinham a pressão (9m30 a 10m20). Quando entra no sistema para preencher o prontuário médico aparece apenas um horário e todas as prescrições saem com o mesmo horário. Se fosse feita a mão poderia constar por exemplo que uma medicação foi feita e a outra 10 minutos depois (25m00 a 25m30).

Continuação interrogatório acusada Virginia Helena Soares de Souza (parte 5)
Sempre que possível reduzia sim os parâmetros de ventilação mecânica, conforme preconiza o 3º Consenso de ventilação Mecânica, para todos os casos em que a saturação de oxigênio forem iguais ou superior a 90%. Respiração é troca gasosa (manter oxigênio e gás carbônico adequados), a ventilação é mecanismo de entrada e saída de ar. O FIO2 e a PEEP são parâmetros respiratórios e não ventilatórios. Frequência respiratória, fração entre tempo de expiração e inspiração, pressão arterial são parâmetros ventilatórios. Sempre que reduziu os parâmetros a saturação estava igual ou maior que 90%. Não é possível que haja morte por hipóxia de um paciente mecanicamente ventilado e saturando acima de 90%. Apenas dois médicos utilizavam a própria senha, **E. e C.**. Todos os procedimentos que adotou eram baseados na literatura. Alguns medicamentos ainda não possuem doses letais conhecidas, existe para o TIONENBUTAL, e, nesse ponto, discorda do assistente da promotoria, pois no caso da **paciente C.** a dose ministrada foi a correta e o restante do medicamento foi dispensado (só usou o necessário para indução). A dose letal é de 50 miligramas por Kg, e o assistente disse que a dose foi 3 vezes superior do que a letal e isso só seria verdade se a paciente pesasse 20Kg, mas na realidade ela pesava em torno de 60Kg. A literatura ainda

relata que pessoas que tentam suicídio por envenamento por barbitúricos, para alcançarem êxito devem utilizar dose superior a 10 vezes a dose de indução calculada. Não teria como tentar interferir nas evoluções de enfermagem, chegou a ser suspensa por interferir em certas rotinas da enfermagem. Nunca impôs "lei do silêncio". A denúncia não levou em conta as comorbidades que poderiam influenciar os resultados dos seus pareceres. Por exemplo, no caso **P. A.**, o assistente considerou que a cirurgia para amputação foi suficiente para remover a infecção e o infectologista ouvido na instrução disse que mesmo após a amputação há risco de disseminação da infecção. No caso **A.**, há a descrição de "encharcamento do pulmão". Pelo balanço hídrico do paciente (queimado) mostra o que entrou de líquido e o que saiu; apresentava febre quase que diária; tinha perda pelos curativos de forma absoluta, em torno de 4 / 5 litros conforme pesagem das compressas. Nunca viu uma análise de balanço hídrico dessa maneira nem feita por residente de nefrologia. Creatinina alta e ureia normal é o primeiro sinal de paciente desidratato. O primeiro sinal de excesso de água é o inchaço da conjuntiva (0m00 a 16m40). **P. A. P.** foi sedado e analgesiado às 16h30m para passagem de cateter de hemodiálise. Há prescrição de medicação em bolus para o paciente, mas não está checado, porém, se foi feita foi de acordo com orientação. A indicação foi perfeita (cetamina), um anestésico e bronquidilatador e ATRACURIUM, que dura por 20 minutos, e os parâmetros foram elevados e não rebaixados como diz a denúncia (18m00 a 23m00).

Continuação interrogatório acusada Virginia Helena Soares de Souza (parte 6)

Paciente M. N. N., ao contrário do que diz a denúncia (neoplasia malígna do reto), ele deu entrada no hospital após uma cirurgia de um câncer perfurado no cólon descendente, tinha abcesso, foi feita metástase hepática, colostomia e apesar de não descrito tinha bactérias fecais em cavidade, o que indica quadro de infecção severa. Foi um paciente de muita instabilidade hemodinâmica. Ele apresentou quadro cérebro vascular no dia 6, quando foi apresentada a segunda tomografia e o ecodoopler de carótidas vertebrais, então a investigação foi para a parte cardíaca e cerebral. Tinha derrame pericárdico. Foi acompanhado pelo infectologista durante todo o tratamento. O rebaixamento dos parâmetros realizados pelo **acusado E.** não prejudicou as trocas gasosas, visto que a saturação estava acima de 95%. Quadro que não condiz com asfixia. <u>Quanto à retirada do PEEP, acredita que foi correta, inclusive o que é recomendado em pacientes com dificuldades cardíacas</u> (0m00 a 6m20). O resultado da necropsia aponta morte por septicemia. Junto com o **acusado A.** <u>praticou apenas o recomendado pela medicina, utilizando parâmetros ventilatórios até superiores ao recomendado, mas necessários para manter o paciente com vida.</u> Quanto à **paciente R.**, no dia 28, diz que não apresentava mais hemorragia alta, ao contrário do que diz a denúncia. A condição respiratória dela é o que mais preocupava (9m30 a 10m30). <u>Foi prescrito para essa paciente os fármacos PROPOFOL, FENTANIL e PAVULON para fazer a manobra de recrutamento aoveolar.</u> Nega que tenha feito essas prescrições e rebaixado os parâmetros, diz ter inclusive aumentado os parâmetros (conforme sua evolução médica). Apesar de estar recebendo sedação contínua, foi novamente sedada para realização de uma nova traqueostomia (feita por cirurgião toráxico). Quanto ao modo de aplicação, diz que o medicamento é dispensado como bolus, mas é aplicado conforme recomendação. As <u>drogas e os parâmetros foram aumentados</u> (13m40 a 21m09). O **paciente I.** <u>passou a noite toda sem drogas vasoativas, justamente por ser a recomendação em casos de deficiência cardíaca</u>. Aplicou no dia seguinte os medicamentos FENTANIL, <u>PROPOFOL e PANCURÔNIO, rebaixando os parâmetros de ventilação</u>. Explica sua conduta por ter o paciente apresentado descontrole da respiração e mioclonia, o que levaria a convulsão. Contudo, os cuidados foram mantidos. Com saturação de 90% não poderia ter morrido por asfixia. Na realidade a morte do **I.** ocorreu no dia 24, por essa razão o Conselho questionou a manutenção de drogas após a ventilação (25m00 a 28m00).

3. PRELIMINARES DE MÉRITO

A defesa da acusada M. I., em sede de alegações finais, suscitou suposto cerceamento de defesa (mov. 631.1), requerendo a nulidade do feito a partir da decisão de fls. 2.368 a 2.371. No entanto, entendo que a questão se encontra superada, tendo em vista que a defesa logrou êxito em provar a inocência da acusada, conforme demonstrar-se-á. Quanto às outras preliminares suscitadas, atento para o fato de já terem sido devidamente apreciadas e indeferidas, consoante fundamentação contida no despacho carreado ao mov. 1.552 (fl. 1947).

4. FUNDAMENTAÇÃO

Considerando a extrema complexidade do presente processo, bem como o farto acervo probatório, é imperioso que se teçam algumas considerações para, então, proceder-se à análise do conjunto fático probatório.

Primeiramente, esclareço que, em razão da sistemática empregada pelo parquet na ação penal, da mesma maneira, por questões didáticas, analisarei individualmente os oito fatos narrados pela denúncia. Não obstante, é imprescindível que se discorra, inicialmente, sobre aspectos gerais do presente caso penal, pois bem.

Em síntese, a denúncia narra que os acusados se associaram com o fim de cometer homicídios em pacientes internados na UTI do Hospital Evangélico de Curitiba. Sob mando de Virginia Helena Soares de Souza, supostamente prescreviam certos medicamentos que, aliados à redução dos parâmetros de ventilação, levavam pacientes dependentes de ventilação mecânica a óbito.

A tese da acusação, portanto, é de que os acusados praticavam verdadeiras antecipações de óbito visando à liberação de leitos em UTI, em total desprezo pela vida dos pacientes.

Posto isto, convém estabelecer algumas premissas e diretrizes.

A inequívoco que condutas médicas foram praticadas. Em que pese cada prontuário contenha suas peculiaridades, em alguns casos, inclusive, os *acusados não negam que os fatos narrados na denúncia tenham sido praticados, inclusive defendendo que os tratamentos foram realizados de maneira adequada.*

O artigo 413 do Código de Processo Penal preceitua:

> Art. 413. O juiz, fundamentadamente, pronunciará o acusado, se convencido da materialidade do fato e da existência de indícios suficientes de autoria ou de participação.

A despeito da redação enxuta da lei, infere-se que a pronúncia é cabível na medida em que se mostrem presentes indícios suficientes de autoria para a prática de um crime. Não se analisa meramente a probabilidade da prática do fato pelo acusado. Mas sim, perquire-se a respeito da existência de indícios de que a prática do fato constituiria uma infração penal e, ainda, a probabilidade de que o fato tenha efetivamente sido a causa do crime, nos moldes do previsto pelo artigo 406 e seguintes de Código de Processo Penal, que disciplinam o procedimento especial dos crimes de competência do Tribunal do Júri.

Nesse sentido, o magistério de Paulo Rangel[1]

> Desse modo, embora a lei não traga mais a expressão crime, é intuitivo que o fato seja criminoso para que o réu seja pronunciado. Se o juiz verificar que o fato, materialmente falando, existiu, mas não constitui infração penal, o juiz deverá absolver sumariamente o réu (art. 415, III, CPP).

Posteriormente, em sentido contrário, a respeito da decisão de impronúncia, discorre:

> A impronúncia é a decisão oposta à pronúncia, ou seja, ocorre quando o juiz julga inadmissível a acusação, entendendo não haver prova de existência do crime e/ou indícios suficientes de autoria. Já dissemos que quando a lei fala em fato, entenda-se fato crime. Não faz sentido pensar que o fato dito é fato-fato e não fato-crime para que haja a impronúncia. A questão é de prova, ou seja, o juiz não se convence da materialidade do fato-crime, embora ele até possa ter ocorrido.[2]

Dessarte, no caso em tela, o cerne da questão oscila frequentemente entre os campos do direito e da medicina, este último situando-se ao largo da compreensão da grande maioria dos operadores do direito. Ao analisar o presente caso, é imprescindível que se faça um cotejo entre as provas técnicas produzidas durante a instrução e os elementos de convencimento trazidos pelas testemunhas.

Indaga-se, primeiramente, acerca dos indícios de que as condutas médicas imputadas aos acusados, nos moldes da denúncia, matariam as vítimas, ressalvadas as peculiaridades de cada uma delas.

Indaga-se, então, se existem indícios suficientes de que as condutas narradas na denúncia foram realizadas e, caso positivo, especula-se acerca da existência de animus necandi.

Ressalvando-se as peculiaridades que o Código de Processo Penal reservou a este momento, situa-se, nas questões elencadas acima, o ponto nevrálgico do presente caso penal. Diante disso, a presente decisão deve, necessariamente, superar estas questões.

Não obstante os argumentos trazidos pelos membros do parquet, não visualizo suficientes indícios de autoria para a prática dos supostos crimes narrados na denúncia aptos a submeter os acusados a júri popular.

Não restou satisfatoriamente demonstrado que os acusados praticavam antecipações de óbitos, seja por questões técnicas, atinentes à medicina, seja pela tênue prova testemunhal nesse sentido.

<u>**As testemunhas de acusação, conforme demonstrar-se-á, mostraram-se confusas e emitem depoimentos demasiadamente contraditórios e nebulosos, o que põe em xeque sua credibilidade. Ademais, fica claro tratar-se de pessoas inexperientes à época dos fatos, sem conhecimento técnico aprofundado e incapazes de compreender o que se passa em uma extasiante e frenética UTI de um grande hospital.**</u>

Neste sentido, sublinho o depoimento da testemunha de defesa, Dr. S. R. P. F.:

> *"(...) A terapêutica intensiva envolve uma quantidade tão grande de variáveis que é possível mensurar as decisões médicas adotadas. A sequência das prescrições faz a gente ter uma ideia do que estava acontecendo com aquele paciente, mas afirmar com certeza só o médico que atendeu o paciente, acompanhou as evoluções clínicas feitas a cada intervenção é que vai conseguir dizer porque tomou determinada decisão. Aquilo que olhando aqui parece ser uma coisa terrível, dei pavulon, dormonide e fentanil para o doente e ele morreu em seguida. Pode ter sido uma situação de ortotanásia mas pode ter sido simplesmente uma tentativa de equilibrar uma situação de ventilação ou uma situação clínica muito grave(...)"*
> (6m50s a 9m00s do 6º Vídeo)

Uma decisão de pronúncia que se repute minimamente democrática jamais poderia se amparar em afirmações genéricas no sentido de que "ocorriam antecipações" de óbito na UTI do Hospital Evangélico. A propósito, a decisão de pronúncia é incompatível diante de dúvida quanto à existência do crime:

> "Destarte, a nosso ver, havendo dúvidas quanto à existência do crime ou quanto à presença de indícios suficientes, deve o juiz sumariamente impronunciar o acusado, aplicando o in dubio pro reo."[3]

Por outro lado, a perícia oficial, os pareceres técnicos e as testemunhas médicas ouvidas durante a instrução probatória, quando não denotam a impossibilidade da ocorrência de homicídio nos parâmetros narrados na denúncia, atestam que não há elementos constantes nos prontuários médicos para corroborar a tese da acusação. Insta salientar, inclusive, que alguns destes acusados foram absolvidos unanimamente pelo CRM-PR.

Ressalte-se que, embora louvável o esforço do Ministério Público, quaisquer afirmações que fujam às evoluções e prescrições constantes dos prontuários médicos, para que sejam efetivamente valoradas como indícios de autoria de crime em desfavor dos acusados, devem ser amparadas por elementos produzidos durante a instrução processual. Caso contrário, incorrer-se-ia em flagrante ofensa ao princípio constitucional da presunção da inocência, constante na Constituição da República e na Convenção Americana de Direitos Humanos, tendo em vista que o ônus probatório recai sobre o Estado.

Uma decisão de pronúncia que acate, portanto, a tese da acusação, contrariando o que consta dos prontuários e não amparada por outros elementos de prova, caracterizaria a delimitação de uma conduta não comprovável, em ofensa ao princípio da legalidade estrita, inserido na epistemologia garantista proposta por Ferrajoli, conforme ensina Alexandre Morais da Rosa[4]:

> "No que se denominou 'convencionalismo penal', advindo do 'Princípio da Legalidade estrita', da expressa previsão em lei abstrata e geral da conduta punível, estão inseridos dois requisitos necessários ao seu regular cumprimento: o caráter formal/legal e o empírico/fático dos desvios puníveis avivando, dessa forma, a necessidade de prévia cominação legal e de que o Processo Penal tenha por objeto uma conduta comprovável/verificável. Daí é que, se o processo é condição para imposição da pena, a conduta objeto do processo deve ser falsificável (Popper) sob pena de tornar a garantia constitucional do devido processo legal em mero recurso retórico legitimador, entendido como ato de poder anti-democrático e não legitimado pelo 'Estado Democrático de Direito'."

Insta salientar, ademais, que a não justificativa de procedimentos ou medicações no prontuário ou em literatura médica não conduz, automaticamente, à conclusão de que tenham sido empregados com o intuito de cometer homicídios. Mormente diante do depoimento de testemunhas afirmando que, a despeito de existir normas neste sentido, é comum médicos, enfermeiros e técnicos não preencherem os prontuários minuciosamente, diante da pesada rotina a que são submetidos. Neste sentido, atesta o próprio perito deste juízo (mov. 146.1, pgs. 195 e 196).

Note-se, também, que algumas testemunhas atribuem as antecipações de óbito ao fato dos médicos não permitirem a reanimação de pacientes. No entanto, restou devidamente esclarecida durante a instrução que esta é uma decisão médica e que em alguns casos, inclusive, a reanimação pode caracterizar falta de ética profissional. Corroborando esta asserção, destaco o testemunho dos médicos Dr. P. S. e Dr. G. S. G., respectivamente:

> "Diante de um paciente sem família quem decide por interromper o tratamento é o médico (23m00 a 26m00).

> Declara que nem sempre o paciente será reanimado, isso vai depender da evolução natural da doença (29m00 a 30m00). O fato de não falar com a família não significa antecipar o óbito. O que poderia fazer é avisar a família (36m00 a 36m40)." (Dr. P. S., segundo vídeo)

> "Quanto à reanimação cardiopulmonar cabe ao médico decidir se o paciente é reanimável, em o sendo, também cabe ao médico decidir o tempo que se fará a reanimação (7m50 a 8m55)." (Dr. G. S. G., terceiro vídeo)

Em atenção aos depoimentos colhidos em juízo, partir-se-á do pressuposto de que os prontuários médicos nada contêm de anormal, de acordo com o que foi relatado pelos médicos ouvidos em juízo, bem como diante das conclusões realizadas pelo perito. Nesse sentido, a testemunha de acusação que auditou os prontuários, Dr. M. L., afirma categoricamente que da análise dos prontuários não é possível concluir pela existência de antecipações de óbito:

> "Com relação à paciente R. R., a partir dos dados do prontuário, não pode afirmar se ela sofreu antecipação de óbito. Com relação ao paciente L. A. I. disse que a partir da análise do prontuário pode constatar que um paciente recebeu medicação endovenosa e logo após morreu, entretanto isso não quer dizer que houve antecipação de óbito, pois se trata de uma constatação de prontuário (37m22 a 38m20). Quanto ao paciente I., apenas com a análise do prontuário,

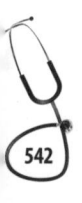

não é possível afirmar que houve antecipação de óbito com relação a este paciente." (terceiro vídeo)

Perito do juízo, da mesma maneira, afirma não existir evidências científicas nos autos de que, após administrar os medicamentos utilizados para sedação de paciente em unidade de terapia intensiva, os acusados rebaixavam os parâmetros respiratórios, causando a morte nos pacientes por asfixia (mov. 146.2, pg. 183, quesito 4).

Novamente, ressalto que o fato de não constar justificativas nas evoluções para eventuais procedimentos adotados não autoriza a precipitada conclusão de que houve antecipações de óbitos.

Friso também ter restado comprovado durante a instrução criminal que pacientes cuja saturação encontrava-se alta não poderiam ter falecido em decorrência de asfixia, se ventilados mecanicamente. Razão pela qual, em tais casos, a absolvição sumária é a medida mais acertada, restando cabalmente comprovado, nestes casos, a ausência de nexo causal entre as condutas realizadas pelos acusados e as supostas antecipações de óbitos. Corroborando esta assertiva, o aduzido pelo perito técnico do juízo, bem como o constante do depoimento das testemunhas Dr. M. L., Dr. A. R. G., Dr. V. H. M. e Dr. P. R. S.:

> "Portanto, não se pode afirmar que pacientes com 21% de FIO2, necessariamente, podem ir a óbito. Contudo, os pacientes que foram analisados estavam dependentes de ventilação e de parâmetros maiores, mas não pode afirmar com cem por cento de certeza que um paciente sedado, com ventilação mecânica e com parâmetro de 21% de FIO2 possa ter como causa morte a asfixia. **Níveis de oximetria de 80, 90 e 97 não é compatível com asfixia.**" (Dr. M. L., quarto vídeo, 00s a 6m32s)

> "Vista às fls 107 (verso), **paciente I., especificamente quanto ao balanço hídrico a fim de saber se os dados são compatíveis com asfixia, respondeu que paciente que apresenta saturação em 92% não está asfixiado** (4m40 a 16m40). Vistas às fls. 223 (verso) paciente M., **respondeu que diante das taxas de saturação de oxigênio presente, mínimo em 92%, não condiz com um quadro de asfixia, ainda que para ser possível vislumbrar asfixia a saturação deve ser inferior a 20% de oxigênio. A manutenção de saturação de oxigênio em 21% não altera as trocas gasosas**(17m20 a19m50). Em casos de colapso circulatório é comum a ineficácia da oximetria de pulso. As hemorragias internas em grande queimado são um complicador. Quase sempre decorrente de estresse esses sangramentos (20m40 a 23m30). Os bloqueadores

neuromusculares são imprescindíveis para operações de abdômen, ainda que o paciente esteja em choque. Não se aplica bloqueador neuromuscular em pacientes não entubados ou que não estejam respirando por traqueostomia. Ainda, segundo a testemunha, a aplicação de neurobloqueadores, seguida de rebaixamento das taxas de oxigênio em 20% ou mais, além de ser incompatível com o quadro de hipóxia é o recomendado. O importante é estar atento à saturação de oxigênio no sangue. O rebaixamento só ocorre porque a oximetria permite. Na mesma razão, quanto mais cai a saturação, mais aumenta a ventilação com FIO2. Da mesma forma, quando a saturação aumenta diminui-se a fração inspirada de O2 (39m00 a 42m30)." (Dr. A. R. G., segundo vídeo)

"Fls. 223 (verso), paciente M., de acordo com o prontuário, a saturação se manteve entre 92 e 98%. No momento que antecedeu o óbito a saturação estava em 97%, logo, não é compatível com asfixia. Mesmo estando o FIO2 em 21% (17m20 a 18m20).

Fls.224, no presente caso não é possível estabelecer uma relação entre a ministração de PANCURÔNIO e asfixia, incompatível com a saturação apresentada de 97% (20m00 a 22m00). Fls.224, apresenta doses comuns de medicamentos (23m00 a 23m30). Em relação ao paciente IVO, fls.98, diz que os dados do prontuário – balanço hídrico – apenas afastam a tese de asfixia (27m40 a 28m20)." (Dr. V. H. M., Segundo vídeo)

"Apenso 30, paciente M., fls.223 (verso) apresentava boa saturação 95%, quase normal. O que é incompatível com asfixia (9m20 a 11m30)." (Dr. P. R. S., quarto vídeo)

Ademais, o próprio Ministério Público, por ter conhecimento desta incongruência, em relação ao paciente I. S., buscando afastar este argumento, novamente sem indicar qualquer elemento probatório nesse sentido, afirma:

"Ressalte-se que a asfixia não se afasta pelo registro de saturação de 90% às 10h00, pela simples razão de que ele ocorrera trinta minutos antes da morte da vítima e não houve registro da saturação no exato momento da morte (vide respostas aos quesitos 77 e 78 na página 122 do 1º laudo pericial). Assim, quando o perito admitiu em várias respostas que a saturação de oxigênio acima de 90% é incompatível com asfixia, isso não exclui a ocorrência desta causa de morte no caso concreto, pois a saturação no horário do óbito não foi medida."[5]

Partindo da premissa de que uma saturação normal se situa entre 95% e 100%, tendo em vista, ainda, a necessidade de prova robusta para a absolvição sumária neste momento processual, opto por absolver os acusados em *relação aos pacientes cuja última medição de saturação constante no prontuário encontravam-se acima de 94%, por entender que, tecnicamente, diante das provas produzidas, estes pacientes, especificamente, com elevado grau de certeza, não poderiam ter falecido em decorrência de asfixia (levando-se em consideração que estavam sendo ventilados mecanicamente).*

> *Em resposta ao quesito 25, pg. 53 do mov. 146.1, afirma o perito:*
>
> *"A saturação de oxigênio deve sempre estar entre 95 e 100%. Se a saturação for igual ou menor que 94%, o paciente está hipóxico. Uma saturação menor que 90% costuma caracterizar uma emergência clínica. Tudo isto levando em conta a idade e os agravos a que está acometido."*

Noutro norte, infere-se da leitura do artigo 13 do Código Penal[6] que se optou por situar o nexo causal entre a ação do agente e o resultado produzido (limitando-se, portanto, aos crimes materiais) no âmbito da Teoria da Equivalência das Condições. Determina-se, portanto, a causalidade entre a ação do agente e o resultado a partir da citada teoria. Explica Cezar Roberto Bittencourt:[7]

> *"Foram precursores dessa teoria John Stuart Mill e Von Buri, para os quais não há nenhuma base científica para distinguir causa e condição. É uma teoria que não distingue como prevalente ou preponderante nenhum dos diversos antecedentes causais de um determinado resultado. Todo fator – seja ou não atividade humana – que contribui, de alguma forma, para a ocorrência do evento é causa desse evento. Causa, para essa teoria, é a soma de todas as condições, consideradas no seu conjunto, produtoras de um resultado".*

Paulo César Busato[8] afirma que a causalidade deve ser estudada dentro do tipo de ação, como *"a provocação de um resultado pretensamente relevante e desvalioso jurídico-penalmente falando".* Segundo o autor, o problema da causalidade está mal situado dentro da ciência criminal, pois a ação e a omissão não seriam meramente questões ontológicas. Desta forma, o resultado não seria um elemento somente natural, mas jurídico. A causalidade, portanto, não pode ser afirmada também somente pela via ontológica, natural, mas deve-se levar em conta o seu significado jurídico. Por conseguinte, é imperioso estudar os critérios que afirmam determinada conduta ser causa de determinado resultado.

Há, por óbvio, casos em que a causalidade é clara e inequívoca, tanto sob o aspecto lógico-aristotélico, como sob o aspecto probatório. Todavia, existem casos intrincados e nebulosos, como o que deu origem ao presente processo penal, nos quais o exercício de determinação do nexo entre ação e resultado representa verdadeiro desafio. Alerta Busato[9]:

> "Esses casos põem em xeque a segurança dos resultados que podem derivar da ideia de causalidade natural, ou seja, da teoria da equivalência dos antecedentes, segundo a qual causa é tudo o que contribui para o resultado. Tal teoria é a adotada pelo Direito Penal positivo no Brasil, conforme se evidencia da exposição de motivos do próprio Código Penal, em sua versão de 1984".

Prossegue o autor, ainda, afirmando não ser mais possível estruturar a teoria do delito sob critério tão inseguro como a relação de causalidade. Não obstante, faz a devida ressalva de que não se trata de renegá-la, mas sim complementá-la através de critérios normativos de imputação objetiva. Não se trata de critérios mutuamente excludentes, discorre o autor, mas sim complementares:

> "A utilização de critérios normativos para complementar a relação de causalidade para fins de imputação é exigência reconhecida unanimemente pela doutrina moderna. Essa exigência levou à elaboração de uma teoria geral da imputação objetiva que 'desenvolve-se a partir da compreensão do conteúdo normativo do tipo, que dá significado social à relação de causalidade, passa pela verificação da existência da situação de risco juridicamente reprovada e conclui por constatar a realização do risco e resultado jurídico penal relevante.' O que não goza de unanimidade, sob esse aspecto, é o limite do alcance teórico e da relevância prática dessa teoria geral e até mesmo o reconhecimento do caráter de teoria geral para esta formulação[10]".

No mesmo sentido são os ensinamentos de Juarez Cirino dos Santos[11] que, também advertindo sobre a crise do conceito de causalidade através da física quântica, discorre ser imprescindível a separação causalidade e imputação do resultado, defendendo que esta diversidade já está incorporada ao sistema conceitual da dogmática penal contemporâneo. Parafraseando Claus Roxin, afirma o autor que "a relação de causalidade é o primeiro, mas não o único pressuposto de imputação objetiva do resultado típico".

Sobre a Teoria da Imputação Objetiva, em linhas gerais:

> "A teoria da imputação objetiva tenta resolver os problemas que decorrem destes e de outros grupos de casos, ainda a serem examinados. Em sua forma mais simplificada, diz ela: um resultado causado pelo agente só deve ser imputador como sua obra e preenche o tipo objetivo unicamente quando o comportamento do autor cria

um risco não permitido para o objeto da ação (1), quando o risco se realiza no resultado concreto (2) e este resultado se encontra dentro do alcance do tipo (3)".[12]

Nessa esteira, a análise que se faz, primeiramente, é se existem indícios suficientes de que as condutas adotadas pelos acusados criaram, efetivamente, um risco não permitido. Mister que este juízo, portanto, se desloque para o campo da medicina e para os procedimentos médicos adotados, realizando um cotejo entre as provas técnicas produzidas, os depoimentos e os prontuários. Assim, é possível precisar a exteriorização do sentido do comportamento dos acusados, tendo em vista que, dada a complexidade do caso, seria praticamente impossível precisar a existência de dolo valendo-se de outro caminho.

Nesse sentido, ensina Gunther Jakobs[13]:

"A imputação objetiva não depende das circunstâncias psíquicas dos intervenientes, mas do sentido social do comportamento".

<u>Em se tratando de uma decisão de pronúncia onde se realiza análise perfunctória do caso, sem adentrar com profundidade no mérito, a conclusão a que se chega é negativa. Mesmo diante da materialidade das condutas narradas na denúncia, pelos motivos brevemente expostos, não existem indícios suficientes no sentido de que os acusados teriam criado, através de condutas médicas, riscos não permitidos pelo ordenamento jurídico, a despeito do resultado morte. Existindo, assim, pelos motivos expostos, dúvida considerável em relação ao nexo de causalidade.</u>

Não restando, no caso particular, devidamente comprovadas nenhuma das hipóteses elencadas no artigo 415 do Código de Processo Penal, a impronúncia é a medida cabível.

Em alguns casos, em razão da saturação, conforme já mencionado, entendo que a medida acertada é a absolvição sumária, com esteio no artigo 415, inciso III, por entender que as condutas médicas, nestes casos, comprovadamente não produziram risco não permitido pelo ordenamento jurídico.

Feitas estas breves e gerais considerações, passo, agora, a analisar os fatos da denúncia individualmente.

2º FATO - PACIENTE P. A. P.

Segundo narra a denúncia, o paciente P. A. P., de 68 anos, estava internado na UTI geral do Hospital Evangélico em razão de uma embolia e trombose de artérias dos membros superiores, com dificuldades respiratórias. Às 8h da manhã do dia 08 de maio de 2011, a vítima estaria sedada mediante o uso de midalozam e analgésico citrato de fentanila desde às 16h30min do dia anterior, com suporte de ventilação mecânica em parâmetros altos, em fração inspirada de oxigênio (FI02) em 70% (oitenta por cento (sic) e pressão PEEP em 8 (oito).

Às 9h28, a acusada M. I. C. B., em conluio com a denunciada Virginia Helena Soares de Souza, teria administrado em bolus endovenosa os medicamentos midazolam, cloridrato de cetamina e dibesilato de atracurium, sem justificativa terapêutica.

Ato contínuo, a acusada Virginia, em prévio ajuste com a acusada M. I., teria procedido à redução dos parâmetros do suporte de ventilação mecânica de fração inspirada de oxigênio (FI02), provocando a morte do paciente por asfixia.

O Ministério Público narra o histórico do paciente para, então, afirmar categoricamente que a acusada M. I., com a anuência da acusada Virginia, prescreveu e ministrou, às 09h28min, 15mg do medicamento dormonid, 20 mg do medicamento cetamina e 50 mg do medicamento atracurium, supostamente ocasionando a morte da vítima às 10h40min.

Traz à baila, como indícios de autoria, o depoimento prestado pela testemunha C. F. P. S., que afirma ter a acusada M. I. aplicado medicação e impedido a depoente e colegas de reanimarem o paciente. Ainda, cita as declarações prestadas pelas testemunhas J. e M., que afirmaram que a acusada M. I. adotava a prática de antecipar óbitos. Afirma, também, que a aplicação dos citados medicamentos não encontra respaldo na literatura médica. Cita, por último, a resposta ao quesito ministerial nº 11 (pg. 31 do 1º laudo) e o complemento contido no 2º laudo, página 11, mesmo quesito. Assim, o efeito da medicação supostamente aplicada seria inatividade respiratória e muscular e, se nada for feito, hipotensão, bradicardia, hipóxia e parada cardiorrespiratória. Quadro este supostamente apresentado pelo paciente durante a realização da hemodiálise, conforme anotação à fl. 134.

Requer a pronúncia das acusadas em relação a este fato da denúncia.

A defesa da acusada Virginia Helena Soares de Souza trouxe excertos do depoimento das testemunhas Dr. M. L., Dr. R. A. S., Dr. G. G. e Dr. S. P.. Alega ter restado comprovado nos autos que não haveria lucro ou benefício com as supostas antecipações de óbito.

Segundo a defesa, o paciente teria morrido em decorrência de suas comorbidades, minimizadas pela acusação. Ainda, o Ministério Público não teria apresentado provas de que os parâmetros de ventilação foram diminuídos, em contrapartida, a perícia afirma que, segundo o prontuário, os parâmetros teriam sido aumentados.

Ressalta a fragilidade do depoimento da testemunha C. (enfermeira), bem como o fato desta não se encontrar no hospital no dia do óbito, consoante documentos juntados pela defesa da acusada M. I. (mov. 1.556). Advoga, ainda, que as condutas médicas adotadas em relação ao paciente foram adequadas e encontram respaldo na literatura médica.

Por fim, aduzindo a inexistência de materialidade, requer a absolvição sumária da acusada Virginia.

A defesa da acusada M. I. C. B. defende a inexistência de indícios suficientes de autoria, em razão de não constar no prontuário nenhuma informação de que a ré atendeu o paciente P. A.. M. I., assim como a enfermeira C. (testemunha presencial), não teriam trabalhado no dia em que a vítima faleceu, segundo a relação de funcionários que estavam de plantão na data do óbito (fls. 2.009).

A defesa, ainda, indagou às testemunhas se seria possível que algum funcionário estivesse trabalhando sem constar da relação enviada pelo hospital, tendo a reposta sido negativa, unanimemente.

Aponta, ainda, a fragilidade do depoimento da testemunha C. (enfermeira). Salientou também o fato de o Conselho Regional de Medicina ter arquivado a sindicância acerca deste paciente.

Teria restado comprovado que o paciente passava por hemodiálise na hora de seu óbito, sendo assistido, portanto, por médico de fora da UTI.

Argumenta, ainda, não existirem provas de que os medicamentos foram efetivamente ministrados, em razão de não terem sido checados. Da mesma forma, não existiriam provas de que os parâmetros do respirador foram efetivamente rebaixados.

Por último, pondera não existir motivos para a prática dos supostos homicídios, o que teria restado comprovado durante a instrução processual. Requerendo, então, a impronúncia da acusada M. I..

Quanto à acusada M. I., em que pese tenha a defesa requerido a impronúncia com relação ao crime de homicídio, entendo ser a absolvição sumária a medida mais acertada. Em ofício enviado pelo Hospital Evangélico, consta que a médica M. I. não estava trabalhando no dia do óbito do paciente P. A. (mov. 1.556). Logo, deduzo estar provado que a acusada em questão não é autora dos fatos narrados na denúncia, nos termos do artigo 415, II, do Código de Processo Penal.

Friso, ainda, que as testemunhas V. A. B. e C. F. P. S. afirmam não ser possível alguém estar trabalhando e não constar na relação do hospital:

"*Defesa: então, vamos dizer assim, se o técnico de enfermagem eventualmente não consta da relação do hospital é porque ele não trabalhou naquele dia? V.: Sim.*" *(V. A. B.,terceiro vídeo, 43m44s a 43m55s)* "*Defesa: como que era feita a escala de trabalho das enfermeiras? C.: da equipe geral de enfermagem? Defesa: é, da equipe. C.: nós chegávamos lá, víamos quantos funcionários tinham disponíveis e a gente montava a escala de acordo com a realidade. Defesa: vocês chegavam no hospital e tinha ponto, batiam cartão? C.: tinha, batia crachá. Tinha uma maquininha lá pra gente passar o crachá. Defesa: era ponto eletrônico? C.: sim. Defesa: então todo mundo que chega passa o crachá no ponto eletrônico? C.: sim. Agora se o ponto funcionava adequadamente eu não sei. Defesa: tem alguma possibilidade de alguém ter trabalhado sem estar na relação? C.: não.*" *(C. F. P. S., Segundo vídeo, 25min41s a 26m37s)*

Com relação à acusada Virginia, não visualizo indícios suficientes de autoria aptos a submetê-la ao crivo do Tribunal do Júri. Em sentido contrário ao alegado pelo Ministério Público, o depoimento da enfermeira C. F. P. S. é demasiadamente frágil e eivado de pontos obscuros.

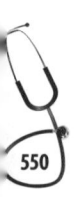

Por exemplo, a própria testemunha, reconhecendo a todo momento ser inexperiente à época dos fatos, afirma não saber verificar se o paciente brigava com o respirador. Afirma também que no momento do óbito estava na sala ao lado, não podendo, logicamente, fazer afirmações acerca de eventual rebaixamento de parâmetros de ventilação. Inclusive, afirma em seu depoimento que somente atribuía as supostas antecipações de óbitos ao fato de os médicos não deixarem reanimar, o que descaracteriza a tese da acusação:

> "*Não sabia ver se o paciente brigava com o respirador.* " (primeiro vídeo, 17m20s a 21m00s)
>
> "Deixou a medicação ao lado do leito e foi cuidar de seus pacientes. Aproximadamente 1h30m após a acusada aplicar a medicação, o paciente **P. A.** evoluiu a óbito (17m20 a 21m00). Quando isso ocorreu o paciente estava passando por hemodiálise e o técnico do setor de hemodiálise estava ao lado e avisou que o paciente estava fazendo hipertensão após a medicação. A declarante então foi buscar o carrinho e chamou outros técnicos, e a acusada veio até ela e disse que para aquele paciente não precisava" (primeiro vídeo, (25m00s a 28m00s)
>
> "*A testemunha afirma ter presenciado que, após a administração de alguns medicamentos, as médicas não deixavam reanimar e somente por isso atribui a morte dos pacientes (4m00 a 5m00)*"
> (segundo vídeo)

Como se não bastasse, no dia do óbito do paciente em questão, referida testemunha sequer encontrava-se trabalhando, conforme depreende-se do documento acostado ao mov. 1.556.

Pelos mesmos motivos, considero frágeis os depoimentos das testemunhas J. e M., que se limitam, de modo vago e impreciso, a afirmar que alguns dos acusados praticavam antecipações de óbitos:

> "Os parâmetros foram alterados quando a paciente foi posicionada sentada e novamente quando retornou ao leito, recebendo então a sedação e colocado biombo em seguida. imagina que era uma sedação, pois a enfermeira que foi chamada até a sala dos médicos voltou dizendo que seria feita "aquela medicação". Na opinião da declarante, "aquela medicação" significava que seria sedada e depois os parâmetros de ventilação seriam reduzidos para não dar chance ao paciente para, em seguida, ir a óbito. Viu isso em diversos pacientes. Os biombos eram utilizados em caso de óbitos, banho, troca de curativos (8m30 a 18m08). Viu outros três médicos realizarem os mesmos procedimentos (**I., E. e A.**) (19m00 a 19m30). Depois que eram feitas "aquelas medicações" ninguém permanecia ao lado dos pacientes. Era seu primeiro emprego, e quando foi admitida no trabalho já foi avisada pelos demais funcionários que ali eram administradas sedações e depois rebaixados os parâmetros de ventilação, levando o paciente a óbito. Na época procurou a enfermeira chefe **V.** para contar o que estava ocorrendo. Via alguém alterar os parâmetros de ventilação e depois, quando chegavam

perto do respirador, constatava que o FIO2 estava em 21%, PEEP em 0 (zero) e frequência em 10 ou nesses casos, em que presenciou essas condutas, quando o aparelho apitava vinha uma enfermeira apertava o botão de silêncio, desligando o alarme e nada mais era feito. A enfermeira se dirigia até o médico e informava a hora do óbito. Sabe que essa sedação pode ser feita para que o paciente respire melhor (21m00 a 27m30). Em relação aos óbitos, afirma que havia um texto pré-determinado e que deveriam transcrevê-lo no prontuário, constando na evolução que: o paciente apresentou bradicardia, apresentando hipotensão, realizadas as manobras de reanimação sem sucesso, descrevendo a medicação feita e horário do óbito. Essas anotações ficavam atrás do balanço hídrico. As vezes os papéis de anotação dos sinais vitais não estavam anexos ao prontuário e as anotações desses sinais eram feitas de modo padrão, em casos de óbito (31m25 a 33m50). O médico era o responsável por determinar qual paciente seria ou não reanimado (37m10 a 37m40). Como técnica, sabe que seus conhecimentos não superam os médicos, no entanto, aparentemente os pacientes estavam em condições aceitáveis para uma UTI (39m00 a 39m40)." (J. M. O., primeiro vídeo)

"Todos os pacientes que recebiam aquela medicação (que as enfermeiras traziam direto da farmácia) iam a óbito, mas não sabe qual era a medicação. Mas via no frasco que as enfermeiras traziam que eram PAVULON. Sabe que o procedimento levava a óbito porque os parâmetros eram rebaixados, a noradrenalina era retirada e ficavam esperando os sinais vitais chegarem a zero para informar a enfermeira. Quando o alarme apitava eles desligavam o alarme. (19m00 a 22m40). Distinguia a medicação feita para matar da medicação normal porque a enfermeira administrava sozinha, pedindo que o biombo fosse colocado. Eram sempre endovenosas, várias seringas (28m30 a 30m00). Em casos de óbito eram orientados a fazer a evolução conforme a evolução dos enfermeiros (40m00 a 41m00). Os **acusados E., I.** e **A.** agiam dessa forma (42m30 a 43m00). Não lembra se os parentes da **paciente C.** conversaram com os médicos. Também não lembra dela antes do dia do óbito (46m00 a 46m40). Afirma que um paciente que recebeu essa medicação e foi colocado o biombo não morreu, mas não sabe o nome. Ele não passou por reanimação e teve alta com "névoa úmida" direto para enfermaria (55m30 a 56m00)." (M. K., primeiro vídeo)

"Quando pacientes em ventilação mecânica perdem sinais vitais, os médicos são chamados para atestar o óbito, visto que a ventilação mecânica faz com que os movimentos corporais de ventilação permaneçam. Depois que a morte era constatada os equipamentos eram desligados (2m30 a 3m30). Não presenciou os acusados dizendo que matariam pacientes. Ouvia outros termos como: prognóstico ruim; vamos "standbailizar". Mas não sabe qual o quadro do paciente (4m30 a 5m20). **Imagina que as antecipações de óbito davam lucro para o hospital** (11m30 a 12m00). **Afirma** *que não leu o termo prestado na delegacia antes de assinar. Foi ouvida pela delegada e por uma escrivã (15m00 a 16m00)." (M. K., segundo vídeo)*

Fato que também chama a atenção é a depoente C. não mencionar o fato de P. A. ter a perna amputada, característica marcante do paciente. Por último, reconhece que era a primeira vez que tinha contato com pacientes graves de UTI.

A testemunha de acusação que auditou os prontuários, Dr. M. L., afirma, em sentido diametralmente oposto ao narrado pela denúncia, que com relação ao paciente P. A. o ventilador foi ajustado acima dos parâmetros, de modo adequado. Com relação à medicação endovenosa, também não observa irregularidades:

"Vista às fls. 142 (paciente P. A.), disse que nesse caso, após a medicação, o ventilador, de forma adequada, foi ajustado acima dos parâmetros. Que, nesse caso particular, com relação à aplicação da medicação endovenosa, não observa irregularidades (27m44 a 29m40). Ainda, com relação ao paciente P. A., de acordo com o descrito no prontuário médico (parâmetros ventilatórios aumentados), não se pode afirmar que houve asfixia, como ocorreria se os parâmetros tivessem sido abaixados (42m10 a 42m50)" (segundo vídeo)*

No mesmo sentido, a testemunha Dr. J. G. (médico anestesiologista) afirma que a medicação pode ser adequada, inclusive quanto à dose administrada:

*"Prontuário de **Pedro Amir**, fls.118, sobre a medicação utilizada, pode dizer ser adequada, inclusive quanto à dose ministrada" (6m30 a 13m30)*

A testemunha Dr. S. R. P. F. afirma que os antibióticos ministrados ao paciente são de elevado custo e destinados ao trato de uma grave infecção:

"Vista às fls.112, paciente P. A. declara que os antibióticos presentes no documento são destinados ao combate de infecção grave. Respondendo que facilmente seriam gastos trezentos reais ao dia para realizar a medicação. Vista às fls.116, mesmo prontuário, afirma que os antibióticos constantes são de amplo espectro, talvez o mais amplo disponível. Esses custando em média mil reais por dia de tratamento, sendo o uso recomendado quando existe a finalidade de evitar o desenvolvimento de superinfecções (8m40 a 16m40)" (primeiro vídeo)

Da mesma forma, a testemunha Dr. G. G. diz que os antibióticos ministrados ao paciente são de uso restrito e altíssimo custo, caracterizando medida desesperada para tratar o paciente em questão. Discorre também que é comum um paciente nestas condições morrer durante hemodiálise e que os parâmetros de ventilação eram adequados:

> "Sobre o paciente P. A. disse que os antibióticos utilizados neste paciente são de uso restrito e altíssimo custo, sendo que a combinação destes antibióticos sugere que foi adotada uma medida quase que desesperada de tratar uma infecção generalizada, na qual não foi conseguido determinar qual o agente patológico que estaria causando a infecção (36m33 a 37m32)." (segundo vídeo)

A testemunha Dr. R. A. S. (médico anestesiologista) afirma que os procedimentos em relação ao paciente foram adequados:

> "No seu entendimento as drogas escolhidas para estabilizar hemodinamicamente o paciente foram acertadas. Não tomaria outra atitude como médico (20m00 a 21m30)" (primeiro vídeo)

O perito, em resposta aos quesitos formulados pelo Ministério Público, conclui que os medicamentos constantes da denúncia e supostamente ministrados ao paciente encontram hipóteses de previsão na literatura médica, sendo que o paciente P. A. se enquadrava nestas hipóteses (mov. 146.1, pg. 31, respostas 8 e 9). Consta, ainda, que o paciente faleceu durante procedimento de hemodiálise (mov. 146.2, pg. 407, quesito 71.R), o que favorece a tese da defesa, no sentido de que a medicação teria sido necessária para o procedimento, tendo a vítima falecido durante o processo. Este fato denota, ainda, que havia um médico de fora dos quadros da UTI na hora da morte, o que enfraquece ainda mais a tese de antecipação de óbito com relação a este paciente.

Atente-se, ainda, que a medicação não está checada, o que põe em dúvida se teria sido efetivamente ministrada. Quanto ao suposto rebaixamento dos parâmetros de ventilação do paciente P. A., os indícios também se mostram praticamente inexistentes.

Por conseguinte, os indícios em desfavor da acusada Virginia, no caso do paciente P. A., não são suficientes a embasar a decisão de pronúncia. Diante das provas produzidas, conclui-se não existir indícios de que a acusada Virginia produziu, mediante os atos praticados, risco não permitido pelo ordenamento jurídico vigente, não existindo indícios suficientes, portanto, de nexo de causalidade entre a conduta da acusada Virginia e o resultado morte.

Todavia, entendo não merecer prosperar a tese defensiva, eis que não logrou êxito em demonstrar, com elevado grau de certeza, qualquer uma das hipóteses constantes do artigo 415 do Código de Processo Penal.

Sobre a absolvição sumária, discorre Pacelli:

> "Como a regra deve ser a manutenção da competência do Tribunal do Júri, as hipóteses de absolvição sumária reclamam expressa previsão em lei e o firme convencimento do julgador, pois a aludida decisão terá de se arrimar no grau de certeza demonstrado pelo juiz, seja quanto à matéria de fato, seja quanto às questões de direito envolvidas. A absolvição sumária é, pois, uma decisão excepcional, daí por que deve exigir ampla fundamentação."[14]

Em harmonia, a jurisprudência do Egrégio Tribunal de Justiça do Estado do Paraná:

"RECURSO EM SENTIDO ESTRITO – HOMICÍDIO SIMPLES - PRETENDIDA ABSOLVIÇÃO SUMÁRIA – ALEGADA LEGÍTIMA DEFESA PRÓPRIA E DE TERCEIROS – AUSÊNCIA DE PROVA INCONTESTÁVEL NESTE SENTIDO - EXISTÊNCIA DE DÚVIDAS QUE DEVEM SER SANADAS PELO TRIBUNAL DO JÚRI - RECURSO DESPROVIDO. **(1) Se há nos autos elementos probatórios fragilizando a versão sustentada pelo réu, incabível a aceitação da pretendida absolvição sumária pela inexistência de certeza sobre a caracterização da excludente, eis que hesitante a prova (...)**"(TJ-PR - RSE: 4869998 PR 0486999-8, Relator: Oto Luiz Sponholz, Data de Julgamento: 14/08/2008, 1ª Câmara Criminal, Data de Publicação: DJ: 7703)

"DECISÃO: ACORDAM os Magistrados integrantes da PRIMEIRA CÂMARA CRIMINAL DO TRIBUNAL DE JUSTIÇA DO ESTADO DO PARANÁ, por unanimidade de votos, em negar provimento ao recurso. EMENTA: APELAÇÃO CRIME. DECISÃO DE IMPRONÚNCIA. RECURSO DA DEFESA. ALEGAÇÃO DE NEGATIVA DE AUTORIA. PRETENDIDA ABSOLVIÇÃO SUMÁRIA - ART. 415, II, DO CPP. IMPOSSIBILIDADE. **A DECRETAÇÃO DA ABSOLVIÇÃO SUMÁRIA, NOS MOLDES DO REFERIDO ARTIGO, PODERÁ OCORRER APENAS QUANDO PLENAMENTE PROVADO NÃO SER O RÉU AUTOR OU PARTÍCIPE DO FATO - INEXISTINDO INDÍCIOS MÍNIMOS DE O APELANTE TER SIDO O AUTOR DO CRIME, MAS NÃO COMPROVADO DE FORMA INEQUÍVOCA NÃO SER ELE O AUTOR DESTE, APROPRIADA A DECISÃO DE IMPRONÚNCIA. RECURSO DESPROVIDO.** (TJPR - 1ª C.Criminal - AC - 1347738-6 - Curitiba - Rel.: Naor R. de Macedo Neto - Unânime - J. 23.07.2015)"

(TJ-PR- APL: 13477386 PR 1347738-6 (Acórdão), Relator: Naor R. de Macedo Neto, Data de Julgamento: 23/07/2015, 1ª Câmara Criminal, Data de Publicação: DJ: 1620 04/08/2015)

Sendo assim, a impronúncia da acusada Virginia em relação ao 2º fato da denúncia é medida que se impõe. Pelos motivos expostos, absolvo sumariamente a acusada M. I. com fulcro no artigo 415, inciso III, do Código de Processo Penal.

3º FATO – PACIENTE C. D. C.

Segundo narra a denúncia, a paciente C. D. C., de 50 anos, estava internada na UTI geral do Hospital Evangélico em razão de câncer nos pulmões, com dificuldade respiratória. Às 10h da manhã do dia 13 de maio de 2011, a vítima estaria com suporte de ventilação mecânica em fração inspirada de oxigênio (FI02) em 30% (trinta por cento) e pressão PEEP em 5 (cinco), sedada e acordada, consoante narra a denúncia.

Às 10h30, a acusada Virginia, teria prescrito para aplicação em bolus via endovenosa os medicamentos citrato de fentanila, propofol e pancurônio. Ato contínuo, teria rebaixado deliberadamente os parâmetros de ventilação mecânica, provocando a morte da vítima por asfixia.

O Ministério Público afirma que a vítima, na madrugada do dia 13/05/2011, gozava de bom estado geral, sentada em uma poltrona e com dados vitais estáveis. Neste momento, a acusada Virginia teria deitado a paciente na cama. Sem explicações, às 10h29, teria prescrito os medicamentos Fentanil, Diprivan, Pavulon e Tiopental, tendo a vítima falecido às 11h30.

Narra o parquet que a acusada Virginia teria confirmado a prescrição dos referidos medicamentos em seu interrogatório, conforme consta no prontuário. Ainda, aduz que a necessidade de utilização dos medicamentos não foi justificada no prontuário médico, conforme concluído pelo perito. Não existiria, da mesma forma, recomendação na literatura médica para o uso dos medicamentos, da forma como foram ministrados, em qualquer condição clínica. Discorre que a evolução realizada pela acusada Virginia, na qual consta piora da paciente e possível óbito, encontra-se dissociada dos outros elementos constantes nos autos.

Nesse sentido, menciona os depoimentos das técnicas de enfermagem J. M. O. e M. K. e da enfermeira C. F. P. S..

A defesa da acusada Virginia, por sua vez, aduz que o Ministério Público minimizou a situação da paciente C., trazendo algumas respostas do perito para sustentar esta asserção.

Aponta contradições no depoimento da testemunha J. M. O., ressaltando que esta admite não ter atendido a vítima no dia do óbito. Ao ser inquirida pela defesa, responde de modo impreciso, por vezes afirmando "não se lembrar". Questionada por qual motivo seu nome não constava nas evoluções, responde "porque provavelmente eu não tenha ficado com ela".

Traz também excertos do depoimento da testemunha Dr. M. L. com o intuito de demonstrar que o médico não detém o devido conhecimento técnico, em se tratando de terapia intensiva.

Reproduz alguns trechos do depoimento da testemunha Dr. S. P., nos quais esta afirma considerar que as ações da acusada foram atos médicos, não considerando qualquer possibilidade de antecipações de óbitos no hospital. Com relação à vítima C., a testemunha afirma, inclusive, que esta nem deveria ter ido para a UTI, em razão de seu estado gravíssimo e irreversível.

A defesa aponta, ainda, a ausência de motivos que levariam os acusados a perpetrarem os supostos homicídios. Salienta, também, que a acusada foi absolvida no CRM/PR, com relação a esta paciente.

Destaca o depoimento da testemunha K. P., que trabalhou no hospital por 18 anos exercendo funções administrativas, no qual esta afirma que por condições peculiares o hospital acabava contratando pessoas com nenhum tipo de experiência, às vezes sem o "COREN" (Conselho Regional de Enfermagem do Paraná).

Por fim, requereu a absolvição sumária da acusada Virginia ante suposta ausência de materialidade.

A despeito do alegado pelo Ministério Público, não vislumbro presentes indícios suficientes de que a acusada Virginia tenha criado risco não permitido pelo ordenamento jurídico em relação à paciente C. D. C.. Não subsistem indícios suficientes de que os atos médicos empregados pela acusada tenham causado, dolosamente ou culposamente, a morte da suposta vítima.

Conforme já apreciado, a simples ausência de justificativa em prontuário ou a ausência de previsão na literatura médica não levam à conclusão de que os atos médicos tiveram a intenção de antecipar óbitos.

Quanto aos depoimentos que supostamente corroborariam a tese da acusação, tem-se que são extremamente frágeis. A testemunha J. (técnica de enfermagem) afirma categoricamente desconhecer o diagnóstico da paciente C. e não estar atendendo-a na data do óbito:

"**Não estava responsável por aquele paciente naquele dia; que só ajudou a posicionar o paciente no leito.** Ela estava traqueostomizada e em respiração mecânica.Os parâmetros foram alterados quando a paciente foi posicionada sentada e novamente quando retornou ao leito, recebendo então a sedação e colocado biombo em seguida. Imagina que era uma sedação, pois a enfermeira que foi chamada até a sala dos médicos voltou dizendo que seria feita "aquela medição". Na opinião da declarante, "aquela medicação" significava que seria sedada e depois os parâmetros de ventilação seriam reduzidos para não dar chance ao paciente para, em seguida, ir a óbito. Viu isso em diversos pacientes. Os biombos eram utilizados em caso de óbitos, banho, troca de curativos (8m30 a 18m08)" (primeiro vídeo).

Esta afirmação enfraquece sobremaneira a importância do depoimento com relação a este fato da denúncia. Não obstante, declara ainda ter conhecimento mínimo, sendo incapaz de avaliar tecnicamente os atos médicos que acontecem na UTI:

"**Não sabe o diagnóstico da paciente C.. Não estava atendendo essa paciente no dia que foi a óbito** (14m00 a 14m40). **Apesar de dizer que outras enfermeiras foram mandadas embora não se recorda de nenhum nome.** Não sabe quem atendia a paciente C. no dia do óbito, mas se lembra da paciente. Não tem capacidade técnica para avaliar atos médicos que acontecem na UTI, tem conhecimento mínimo (18m20 a 19m20)." (segundo vídeo)

A testemunha M. (técnica de enfermagem) afirma genericamente ter sido administrado coquetel à paciente C. e aproximadamente meia hora depois esta teria falecido. Sequer se recorda se a paciente estava no respirador. Afora isto, somente faz afirmações genéricas e vagas sobre as supostas antecipações de óbito ocorridas no hospital, crendo que estas davam lucro ao hospital:

"Lembra que na **paciente C.** foi feita a administração de um coquetel e que ela foi a óbito. A paciente no dia do óbito estava com dor, consciente, corada e chegou a pedir água.Não lembra se o médico veio vê-la. A paciente morreu aproximadamente meia hora depois de ser administrada a medicação. Não lembra se ela estava no respirador (9m30 a 14m30). Os biombos são utilizados para banho, procedimentos invasivos, ou quando estavam morrendo. Todos *os pacientes que recebiam aquela medicação (que as enfermeiras traziam direto da farmácia) iam a óbito, mas não sabe qual era a medicação. Mas via no frasco que as enfermeiras traziam que era PAVULON. Sabe que o procedimento levava a óbito porque os parâmetros eram rebaixados, a noradrenalina era retirada e ficavam esperando os sinais vitais chegarem a zero para informar a enfermeira. Quando o alarme apitava eles desligavam o alarme. (19m00 a 22m40). Distinguia a medicação feita para matar da medicação normal porque a enfermeira administrava sozinha, pedindo que o biombo fosse colocado. Eram sempre endovenosas, várias seringas (28m30 a 30m00). Em casos de óbito eram orientados a fazer a evolução conforme a evolução dos enfermeiros (40m00 a 41m00). Os **acusados E., I.** e **A.** agiam dessa forma (42m30 a 43m00). Não lembra se os parentes da **paciente C.** conversaram com os médicos. Também não lembra dela antes do dia do óbito (46m00 a 46m40). Afirma que um paciente que recebeu essa medicação e foi colocado o biombo não morreu, mas não sabe o nome. Ele não passou por reanimação e teve alta com "névoa úmida" direto para enfermaria (55m30 a 56m00).*

Continuação declaração da testemunha M. K. (parte 2)
Quando pacientes em ventilação mecânica perdem sinais vitais, os médicos são chamados para atestar o óbito, visto que a ventilação mecânica faz com que os movimentos corporais de ventilação permaneçam. Depois que a morte era constatada os equipamentos eram desligados (2m30 a 3m30). Não presenciou os acusados dizendo que matariam pacientes. Ouvia outros termos como: prognóstico ruim; vamos "standbailizar". Mas não sabe qual o quadro do paciente (4m30 a 5m20). <u>Imagina que as antecipações de óbito davam lucro para o hospital</u> (11m30 a 12m00). <u>Afirma que não leu o termo prestado na delegacia antes de assinar. Foi ouvida pela delegada e por uma escrivã</u> (15m00 a 16m00)"

A **testemunha C.** *(enfermeira) não somente deixa de fazer qualquer comentário com relação à paciente C., mas atribui as antecipações de óbito somente pelo fato dos médicos não reanimarem os pacientes, como já mencionado.*

Ressalto que o próprio parquet reconhece que não se poderia exigir que esta paciente fosse reanimada, restando, portanto, inócuo o presente testemunho. No mesmo sentido, o testemunho do médico Dr. M. L. C.:

"Sobre a <u>**paciente C. D. C.** disse que não se pode afirmar que o diagnóstico da paciente era "fechado". Essa paciente, em virtude das metástases, não teria indicação cirúrgica (05m00 a 05m58). Que, a partir do prontuário médico, não se pode afirmar que houve redução dos parâmetros de ventilação. Que esta paciente não teria indicação de reanimação</u> (8m58 a 9m40)." *(terceiro vídeo)*

Quanto ao estado da paciente, destaco o depoimento do médico Dr. S. R. P. F., em que este afirma se tratar de caso claro de doente que não deveria sequer ter sido admitido na UTI:

> **"Vista às fls.270/271, paciente C., declara que se trata de caso claro de paciente que não deveria ter sido admitido na UTI, pois apresentava um quadro irreversível e a terapia intensiva teve apenas a intenção de gerar conforto (11m23 a 14m00)."**
> (sexto vídeo).

Destaco também a resposta ao quesito 47, formulado pelo próprio Ministério Público, o qual inquire se o óbito da paciente foi decorrente da administração dos medicamentos descritos na denúncia, sem a adoção de condutas terapêuticas para a reversão do quadro, ao que o perito afirma não existir elementos para responder a este quesito (mov. 146.1, pg. 40).

Observe-se, ainda, que a última medição de saturação da paciente constante do prontuário era de 95% (mov. 1.238, pg.8), valor considerado normal. Portanto, considerando que a paciente estava sendo ventilada mecanicamente, é possível afirmar, com elevado grau de certeza, que as condutas médicas adotadas pela acusada Virginia em relação à paciente C. não poderiam ter causado asfixia. Neste sentido, o perito entende que o óbito teve nexo de causalidade com a doença base (mov. 146.1, quesito 42, pg. 38).

Não obstante, ao ser perguntado pelo Ministério Público, aduz que a paciente não poderia ter sofrido asfixia "se levarmos em conta, a anotação da boa saturação dos tecidos com o registro de 95%, às 10 horas do dia 13/05/2011" (mov. 146.1, quesito 53, pg. 41). Ao quesito realizado pela defesa da acusada Virginia, com relação à paciente C., responde da mesma forma:

> "Não. Não há óbito por asfixia, quando mantemos ventilação mecânica controlada ou assistida e temos uma saturação, conforme registrada nos Autos, ao tempo do registro"15

Pelo exposto, absolvo sumariamente a acusada Virginia Helena Soares de Souza com relação ao terceiro fato da denúncia, por entender que as suas condutas médicas narradas na denúncia comprovadamente não produziram risco não permitido pelo direito, não constituindo, assim, infração penal, nos termos do artigo 415, inciso III, do Código de Processo Penal.

4º FATO – PACIENTE M. M. N. N.

Segundo narra a denúncia, o paciente M. M. N. N., de 73 anos, estava internado na UTI geral do Hospital Evangélico em razão de neoplasia maligna do reto, com suporte de ventilação mecânica. Às 22h, alegadamente sem nenhuma justificativa, o acusado E. A. S. J., em conluio com a acusada Virginia, com intenção de matar, teria determinado a redução dos parâmetros ventilatórios para 21% de fração inspirada de oxigênio (FI02), consoante registro no balanço hídrico.

Ato contínuo, prescreveu os medicamentos citrato de fentanila, midazolam e pancurônio, tendo sido supostamente administrados pela acusada P. C. G. R., supostamente provocando a morte da vítima por asfixia.

O Ministério Público aponta como indícios de autoria o depoimento da enfermeira V. B., que se recorda de E. e P. na data do fato, confirmando que esta aplicou a medicação. A testemunha afirma ainda ter certeza que o paciente não morreria naquela hora por causas naturais.

Menciona também o depoimento da técnica de enfermagem A. P. P. C., que teria visto P. administrar os medicamentos em atendimento à prescrição realizada por E., sendo que a vítima se encontrava "acordadíssima" e se comunicando através de gestos. Teria então questionado P. sobre a decisão de não reanimação do paciente, tendo esta supostamente respondido que este "iria morrer mesmo".

Argumenta, ainda, a ausência de justificativa para a prescrição dos medicamentos mencionados, não tendo, ainda, os acusados E. e P. adotado qualquer conduta terapêutica para contornar os efeitos adversos deles supostamente decorrentes. Indica trechos da perícia técnica para amparar o alegado.

Requereu, por fim, a pronúncia dos acusados em relação ao quarto fato da denúncia.

A defesa da acusada Virginia evidencia os depoimentos dos médicos Dr. S. P., Dr. P. S., Dr. V. H. M. e o constatado pelo perito deste juízo, argumentando que a alta saturação do paciente impediria que este sofresse asfixia.

Traz ainda excertos do depoimento do médico Dr. M. L..

Com relação à testemunha enfermeira V. B., afirma a defesa ser inexperiente e não possuir à época noção alguma quanto às doenças que acometiam o paciente. Da mesma forma, ressalta a inexperiência e desconhecimento da técnica de enfermagem A. P. C., bem como o fato de esta reconhecer não estar atendendo o paciente.

Por fim, requer a absolvição sumária da acusada ante a suposta ausência de materialidade.

A defesa do acusado E. argumenta que a saúde do paciente M. estava em péssimo estado, conforme parecer de assistente técnico. Trouxe, ainda, trechos da perícia técnica oficial para respaldar o alegado.

Defende, em suma, que as condutas médicas adotadas pelo acusado foram adequadas, trazendo elementos de prova neste sentido, em contraponto ao que foi alegado pelo Ministério Público.

Ressalta, ainda, ser a asfixia impossível neste caso, tendo em vista a anotação de saturação do paciente em 97%, bem como o fato do paciente encontrar-se ventilado mecanicamente, citando trechos da perícia técnica e dos depoimentos dos médicos Dr. P. S., Dr. G. G., Dr. R. A. S. e Dr. M. L. para corroborar esta afirmação. Reitera, diante da sugestão do Ministério Público, de que a não reanimação do paciente seria um indicativo do intuito homicida, que esta não é obrigatória, conforme demonstrado durante a instrução processual.

Requer, diante disto, a impronúncia do acusado, por entender não ter colaborado para o óbito do paciente.

A defesa da acusada P., por sua vez, ressalta que nenhum procedimento administrativo foi instaurado pelo Conselho Regional de Medicina com relação a este caso, afirmando não existir, da mesma forma, quaisquer provas de que a combinação dos medicamentos prescritos pelo acusado E. leva a morte pacientes ligados a aparelho de ventilação mecânica, mesmo em parâmetros mínimos.

Sustentando não existir nexo causal, aduz que a conduta da acusada P. é irrepreensível. Ressalta a fragilidade das testemunhas de acusação A. P. C. e V. B., bem como a afirmação da testemunha de acusação Dr. M. L. de que não é possível concluir, analisando os prontuários, terem ocorrido antecipações de óbito.

Por fim, sustenta que o fato não constitui infração penal existindo, ainda, causa de exclusão do crime. Requer, desta feita, a absolvição da acusada Patrícia.

Primeiramente, destaco, desde já, que a última medição de saturação do paciente M. era de 97%, conforme consta na folha de balanço hídrico carreada ao mov. 1.249, pg. 22. Como já estabelecido, a alta saturação é incompatível com a asfixia em pacientes ventilados mecanicamente, razão pela qual a denúncia, com elevado grau de certeza, não se sustenta com relação a este fato.

Resta comprovado, portanto, a inexistência de nexo causal entre a conduta imputada aos acusados e a antecipação de óbito do paciente M., de sorte que as condutas médicas empregadas não poderiam, sob qualquer ótica, ter criado risco não permitido pelo direito.

Posto isso, realço ainda, conforme já exposto anteriormente, a fragilidade do depoimento da testemunha A. P. P. C.. A técnica de enfermagem chega a afirmar que um paciente sedado e entubado não pode receber FIO2 de 21%, afirmação que coloca em dúvida a sua aptidão para emitir juízos técnico-valorativos acerca de atos médicos:

> "Que se lembrou do nome do paciente ao chegar em casa. Na delegacia afirmou que as vagas da UTI geralmente eram ocupadas por outros pacientes do pronto-socorro. **Reafirma sua declaração de que um paciente sedado e entubado não pode ficar recebendo FIO2 de 21%, pois é o mínimo.** Perguntada se a concentração de FIO2 em 21% é parâmetro a ser analisado sozinho ou se os valores de saturação devem ser levados em conta, respondeu afirmativamente. Ao ser informada de que a saturação do paciente **M.** estava próximo de 90%, disse que ao fazer tal afirmação não se referiu ao paciente **M..** Declara que o paciente estava consciente no horário de visita e por volta das 9hs foi sedado. O paciente teria entrado em óbito por volta de 23hs (2m00 a 13m30)" (segundo vídeo)

Sobre o paciente M., especificamente, tece somente frágeis e imprecisas afirmações no sentido de que teria falecido após o acusado E. ter mexido no respirador. A testemunha ainda afirma que não presenciou nenhum médico matando pacientes na UTI:

> "**Não presenciou nenhum médico matando um paciente na UTI (31m00 a 31m50).** Não sabe o efeito do PAVULON. FENTANIL é para sedar, mas só o médico sabe a vazão do medicamento (46m10 a 48m00)."(primeiro vídeo)

Da mesma sorte o depoimento da técnica de enfermagem V. A. B., que afirma ter sido possível ter ocorrido alguma intercorrência com o paciente e ela não ter visto. V. confirma, ainda, que um paciente com saturação superior a 90% não morreria por asfixia (desde que ventilado mecanicamente). Relata também que na delegacia afirmou equivocadamente que o paciente veio a óbito logo após a aplicação da medicação. Mais importante é o fato de que a testemunha atribui a antecipação de óbito à não reanimação do paciente:

"Depois da morte do M. pediu para sair (3m00 a 4m40). As visitas aconteciam às 20hs. Depois da prescrição médica o acusado E. saiu de perto (6m00 a 8m00). Segundo às fls.224, o paciente estava no box nº 1, logo, estava no lado dos "8" e não dos "6". A declarante afirma que o prontuário médico está errado e confirma que ele estava no lado dos "6". Respondeu que, antes de administrar qualquer medicamento é realizada uma checagem pelo nome do paciente para evitar erros (12m30 a 14m30). Diz que é possível que tenha ocorrido alguma intercorrência com o paciente e não ter visto, pois não estava responsável por ele naquele dia. Por já ter confirmado a anotação, das 00hs, em prontuário desse paciente em questão, respondeu que um paciente não poderia morrer por asfixia [com] saturação superior a 90%. Reconhece que o paciente apresentava, em certos períodos, agitação e confusão (chegou a retirar a bolsa de colonoscopia para chamar a atenção). Nesse caso diz que os aparelhos não foram desligados e sim reduzidos (20m00 a 23m20). No dia do óbito desse paciente, chegou a vê-lo consciente e acordado. Acredita que a administração endovenosa ocorreu por volta das 9hs. **Se lembra de ter dito, na delegacia, que o óbito se deu rapidamente depois da administração da medicação endovenosa, porém, depois de ver suas anotações de evolução percebeu que havia se enganado, pois o óbito foi registrado a meia-noite.** Pelo prontuário consta uma prescrição às 23h30. **Acredita que houve antecipação de óbito por não terem realizado manobras de reanimação depois da aplicação dos medicamentos. Não sabe dizer se todos os pacientes devem ser reanimados. Acredita que o paciente poderia ir para casa e morrer em seu lar, mas era apenas uma opinião** (25m00 a 31m40).

Não sabe o que representa para o paciente, estar recebendo FIO2 de 40% ou 21% e não sabe qual o FIO2 do ar atmosférico. Não sabe dizer o efeito da amina vasoativa no paciente. Não sabe a diferença entre sedação e anestesia. Respondeu que pode ser que o paciente tenha sido sedado para melhorar a sincronização com o respirador. **Perguntada se é possível reduzir parâmetros de ventilação quando o paciente para de apresentar esforço respiratório, respondeu não saber. Não sabe quanto tempo a medicação levaria para fazer efeito, mas confirma os dados do prontuário de que a saturação se manteve em 97% após 34 minutos da aplicação da medicação** (32m00 a 35m50)" (segundo vídeo)

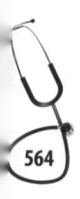

Como já exposto, a decisão de não reanimação é um juízo médico, amparado por literatura específica. Não sendo esta, portanto, a narrativa fática constante na denúncia, resta inócuo o testemunho da técnica de enfermagem. Em sentido contrário, a testemunha de acusação, Dr. M. L. C., atesta que o paciente M. encontrava-se em estado muito grave, sendo que certamente viria a óbito. Afirma também que em virtude da oximetria apresentada não poderia ter apresentado asfixia:

> "**Com relação ao paciente M. disse que, em virtude da oximetria apresentada, não pode afirmar de forma absoluta que este paciente tenha morrido por asfixia** (31m13 a 34m44). **Que, de acordo com o prontuário do paciente M., a saturação de oxigênio em 97%, após administração de PANCURÔNIO, é incompatível com asfixia**" (terceiro vídeo)

No mesmo sentido as testemunhas Dr. A. R. G., V. H. M. e P. R. S.:

> "Vista às fls. 223 (verso) **paciente M., respondeu que diante das taxas de saturação de oxigênio presente, mínimo em 92%, não condiz com um quadro de asfixia, ainda que para ser possível vislumbrar asfixia a saturação deve ser inferior a 20% de oxigênio. A manutenção de saturação de oxigênio em 21% não altera as trocas gasosas** (17m20 a 19m50)." (Dr. A. R. G., segundo vídeo).

> "Fls. 223 (verso), **paciente M., de acordo com o prontuário, a saturação se manteve entre 92 e 98%. No momento que antecedeu o óbito a saturação estava em 97%, logo, não é compatível com asfixia. Mesmo estando o FIO2 em 21**% (17m20 a 18m20).
> **Fls.224, no presente caso não é possível estabelecer uma relação entre a ministração de PANCURÔNIO e asfixia, incompatível com a saturação apresentada de 97%** (20m00 a 22m00).
> Fls.224, apresenta doses comum de medicamentos (23m00 a 23m30)." (Dr. V. H. M., segundo vídeo)

> "Apenso 30, **paciente M., fls.223 (verso) apresentava boa saturação 95%, quase normal. O que é incompatível com asfixia** (9m20 a 11m30). Vista às fls.223 (verso) e 224 entende que tanto a dose como a medicação eram adequadas para evitar que o paciente competisse com o respirador (13m10 a 14m00). É possível confirmar, pela evolução de fls.224, que mesmo após 24 minutos da aplicação de PANCURÔNIO a saturação se manteve em 97% (15m00 a 15m50). **Pelo que viu desse prontuário, embora com chances de reanimação, o paciente não sairia vivo da UTI por conta de suas doenças de base** (20m00 a 21m00). Apenso 30, **paciente M., fls.223 (verso) apresentava boa saturação 95%, quase normal. O que é incompatível com asfixia** (9m20 a 11m30). Vista às fls.223

(verso) e 224 entende que tanto a dose como a medicação eram adequadas para evitar que o paciente competisse com o respirador (13m10 a 14m00). É possível confirmar, pela evolução de fls.224, que mesmo após 24 minutos da aplicação de PANCURÔNIO a saturação se manteve em 97% (15m00 a 15m50). **Pelo que viu desse prontuário, embora com chances de reanimação, o paciente não sairia vivo da UTI por conta de suas doenças de base** (20m00 a 21m00). (Dr. P. R. S., quarto vídeo).

O perito técnico deste juízo, neste diapasão, afirma categoricamente não existir condições de asfixia em paciente mantendo estes níveis de saturação, ao ser indagado sobre o paciente M. (mov. 146.2, quesito 83.R, pg. 263).

Pelo exposto, **absolvo sumariamente os acusados Virginia Helena Soares de Souza, E. A. S. J. e P. C. G. em relação ao 4º fato da denúncia, com esteio no artigo 415, inciso III, do Código de Processo Penal. Entendo restar comprovada a inexistência de nexo causal entre as condutas narradas na denúncia e a suposta antecipação de óbito do paciente M., tendo em vista que os atos médicos empregados, com elevado grau de certeza, não produziram risco não permitindo pelo direito.**

5º FATO - PACIENTE A. R. S.

Segundo narra a denúncia, o paciente A. R. S., de 40 anos, estava internado na UTI geral do Hospital Evangélico em razão de queimadura de terceiro grau com lesão pulmonar, sem conseguir respirar naturalmente. Na manhã do dia 03 de março de 2012, encontrava-se sedado, com parâmetros de ventilação mecânica altos.

Às 10h06, a acusada Virginia prescreveu citrato de fentanila e pancurônio, estando assim a vítima mais dependente de ventilação mecânica. Ato contínuo, com a intenção de matar, o acusado A. teria diminuído os parâmetros de suporte de ventilação mecânica para fração inspirada de oxigênio (FIO2) para 21% e pressão PEEP para zero, supostamente provocando a morte por asfixia.

O Ministério Público aduz, em síntese, que o paciente encontrava-se estável hemodinamicamente quando, supostamente sem justificativa, os acusados teriam cometido os atos médicos narrados na denúncia com a intenção de antecipar o óbito do paciente A..

A autoria seria inequívoca, eis que os acusados reconheceram as condutas adotadas. A materialidade decorreria da ausência de indicação em literatura bem como ausência de anotações no prontuário que justificariam a aplicação da medicação citada em um paciente nestas condições, conforme atesta a perícia técnica.

Ainda, o acusado A. teria falseado comorbidades em evolução médica, fazendo uso do login e senha da acusada Virginia.

Menciona o depoimento da testemunha K. B., que afirma ter visto o acusado A. reduzir os parâmetros de ventilação e esperado o paciente vir a óbito, sem reanimá-lo.

Aponta ainda respostas do perito do juízo para corroborar o alegado, afirmando não terem sido adotados procedimentos para reversão da sucessão de eventos que se instalou.

Por fim, requer a pronúncia dos acusados com relação a este fato da denúncia.

A defesa da acusada Virgiiia ressalta a gravidade dos ferimentos do paciente A., transcrevendo trechos dos depoimentos das testemunhas Dr. G. G., Dr. V. H. M. e Dr. S. P..

Traz à baila também o depoimento da testemunha de acusação Dr. M. L., em que este afirma não constar no prontuário anotação de FIO2 de 21% e PEEP zero, bem como não ser possível afirmar que houve antecipação de óbito.

Ainda, a defesa afirma ser a testemunha K. iniciante e inexperiente à época dos fatos, não tendo prestado atendimento ao paciente na data do óbito. A testemunha, ainda, afirma ter deduzido o que ocorreu a cada paciente através de diálogos com colegas de trabalho, o que enfraqueceria seu depoimento. Alega que a testemunha possui conhecimento técnico deficiente.

Defende não ter existido rebaixamento de parâmetros ventilatórios.

Por fim, requer a absolvição sumária da acusada Virginia, ante a suposta inexistência de fato criminoso.

A defesa do acusado A., por sua vez, afirma não existir quaisquer provas de que os medicamentos constantes da denúncia levam à morte de pacientes, mesmo que ventilados com parâmetros mínimos. Sustenta, portanto, a impronúncia ante a suposta inexistência de nexo causal.

Salientando que o quadro do paciente era extremamente grave e delicado, salienta não existir provas de que os parâmetros de ventilação mecânica foram rebaixados, diferentemente dos outros casos narrados pela denúncia.

A defesa, ainda, advoga que os atos médicos empregados pelo acusado bem como as medicações administradas foram adequadas e visaram somente a melhora do paciente.

Traz a lume também contradições constantes no depoimento da testemunha K. B., o que descredibilitaria seu testemunho. Ressalta também que a certidão de óbito do paciente não menciona que tenha falecido por asfixia, sendo que referida causa de morte deixaria, necessariamente, sinais internos e externos, o que não se constatou na necropsia.

Entendendo estar devidamente comprovado que o acusado A. não colaborou para o óbito do paciente, requer a impronúncia do réu.

A despeito dos argumentos propalados pelo Ministério Público, não vislumbro indícios suficientes de autoria aptos a pronunciar os acusados com relação ao paciente A..

A acusação esforça-se para demonstrar que as condutas médicas adotadas supostamente não teriam previsão em literatura científica e nem justificativa nos prontuários. Independente do mérito destas alegações, certo é que estes elementos não servem para amparar a ocorrência de suposta antecipação de óbito. Em que pese a alegação dos promotores de que a administração dos medicamentos, por si só, causaria a morte no paciente, não existe qualquer prova nos autos que apoie esta afirmação.

Assiste razão às defesas no que tange à fragilidade do depoimento da fisioterapeuta K., a qual, inclusive, admite não ter prestado atendimento ao paciente A. na data do óbito, fato que por si só já denota a precariedade da referida testemunha. Seu depoimento é por demais impreciso e insuficiente para que ampare uma eventual pronúncia. Destaco que K. sequer pode afirmar a proporção a que supostamente teriam sido rebaixados os parâmetros de ventilação do paciente A.:

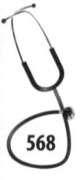

"Quanto ao paciente A., recorda-se que era um paciente vítima de queimadura grave, de 3º grau (17m40 a 20m00). **Lembra que no dia de sua morte (paciente A.) quem o atendia era o acusado A.**. Lembra que o acusado se dirigiu até o paciente e reduziu os parâmetros de ventilação, não podendo precisar a proporção dessa alteração. Antes dessa redução dos parâmetros, disse que o paciente recebia curativos, passou pelo centro cirúrgico e era bem assistido. Contudo, a partir do momento que foi reduzido o parâmetro de ventilação, não foi mais adotada qualquer conduta. Declara não ter ocorrido manobras de reanimação também (24m30 a 26m50)" (terceiro vídeo)

Afora isto, somente tece afirmações genéricas de que ocorriam óbitos no Hospital Evangélico. **Ao contrário do que afirma a testemunha, consta no prontuário que houve tentativa de reanimação deste paciente (fls. 109 e 110), fato que reforça a probabilidade de a testemunha ter se confundido.**

Em sentido contrário, a testemunha Dr. M. L. afirma não ser possível precisar, pelo prontuário, se o paciente morreu em decorrência de eventual antecipação de óbito:

"**Não consegue, somente pelo prontuário, dizer sobre a possibilidade de sobrevida do paciente. Isso depende de uma série de questões e análise à beira de leito. Não pode afirmar, baseado no prontuário, se o paciente morreu em decorrência de eventual antecipação** (34m40 a 35m53)" (terceiro vídeo)

Atesta, ainda, ser o paciente A. "um grande queimado com risco de morte muito alto em virtude do comprometimento respiratório".

Da mesma forma, o médico Dr. V. H. M. afirma que a chance de óbito do paciente era de 100%:

"Um paciente com mais de 50% do corpo queimado é considerado gravíssimo. **Paciente A., com o quadro apresentado diz ser um paciente com inúmeros marcadores de mortalidade. Ainda, diante de todas as comorbidades adquiridas pelo internamento, pode afirmar com certeza que a chance de óbito do paciente é de 100%** (0m00 a 4m20)." (segundo vídeo)

Da mesma sorte o depoimento do médico Dr. G. G.:

"De acordo com o prontuário, o paciente A., que teve mais de 50% do corpo queimado, disse que esse paciente pode ser caracterizado com grande queimado. O termo "SARA" significa Síndrome de Angústia Respiratória do Adulto, é definida como a incapacidade do pulmão de extrair oxigênio do ar, dado que a pressão vascular do pulmão é baixa. De acordo com o prontuário, <u>o paciente A. estava classificado como um paciente gravíssimo, tendo em vista os valores pré-óbito serem de 76, 71.25 e depois 68.75 de relação e PO2 e FIO2. "SEPSE" pode gerar inflamação pulmonar e gerar "SARA". Lesão inalatória por queimadura causa obviamente, causaria "SARA" grave</u> (3m52 a 7m27). <u>O fato do paciente A. ter permanecido por mais de quinze dias com FIO2 superior a 60% é deletério a ele</u> (10m28 a 10m50). Sobre o BALANÇO HÍDRICO do paciente A. no dia de sua morte, ao analisar o prontuário, disse, como primeiro parâmetro, FIO2 de 80% é tóxico, pois acima de 60%, o oxigênio passa a ser tóxico e quão mais próximo de 100% mais tóxico se torna, entretanto isso não quer dizer que não se possa fazer uso de 100% do oxigênio, pois se naquele instante isso é necessário, poderá ser feito de forma temporária; Segundo parâmetro a PEEP de 8 (oito); terceiro parâmetro a frequência respiratória de 30 (trinta) também parâmetro bastante alto em ventilação mecânica (21m a 22m13). Em virtude da frequência respiratória do paciente A. estar determinada em 30 (trinta), acredita ser improvável que não houvesse auto PEEP. O Problema do auto PEEP é que, se existe pressão em excesso dentro da via aérea do paciente, esse paciente pode morrer pelo trauma que essa pressão em excesso causa no pulmão (29m21 a 29m58). **<u>Ainda, sobre o paciente A., de acordo com o prontuário médico que foi lido para a testemunha, disse que o termo "paciente competir com o ventilador" significa dizer que o paciente está tossindo, que o paciente tem manobras espontâneas e adicionais que impedem o ventilador de expirar completamente... impede que o pulmão expire completamente o ar. Para se tratar esse problema pode-se utilizar a sedação pesada ou, então, o BLOQUEADOR MUSCULAR. Com o uso do BLOQUEADOR MUSCULAR bloqueia-se a respiração espontânea do paciente, permite que o respirador mecânico trabalhe de forma mais adequada, reduz o alto PEEP, relaxa a musculatura torácica e reduz a pressão intratorácica, logo, sem dúvida alguma, pelo que pode ser observado no prontuário, a sedação era uma medida terapêutica indicada ao paciente A..</u>**

Pelo prontuário pode afirmar que o paciente foi tratado com antibióticos diversos e antifúngico, o que demonstra o seu estado gravíssimo, compatível com PNEUMONIA e "SARA", porém não respondeu positivamente ao tratamento. <u>**Que não consegue imaginar um cenário em que esse paciente (A.) pudesse melhorar. Não acredita que um paciente como A., mesmo estando no melhor hospital do mundo e com a melhor equipe, pudesse ter sucesso terapêutico"**</u> (primeiro vídeo).

Restando incontroverso que, segundo o prontuário, os parâmetros de ventilação mecânica não foram rebaixados, o único tênue indício nesse sentido é o testemunho da fisioterapeuta K. B.. Sem embargo, o parquet, a despeito do alegado, não indicou elementos de prova aptos a corroborar sua afirmação de que os medicamentos ministrados ao paciente A., por si só, teriam antecipado seu óbito.

<u>Desta feita, tendo em vista que não existem provas inequívocas de que as condutas médicas adotadas não contribuíram com o óbito do paciente, neste momento processual a impronúncia dos acusados Virginia Helena Soares de Souza e A. F. em relação ao 5º fato da denúncia é medida que se impõe.</u>

6º FATO – PACIENTE R. R.

Consoante narrativa fática constante na denúncia, a paciente R. R., de 59 anos, estava internada na UTI geral do Hospital Evangélico em razão de hemorragia digestiva alta, sem conseguir respirar naturalmente. Na manhã do dia 28 de janeiro de 2013 encontrava-se sedada, com suporte de ventilação mecânica em fração inspirada de oxigênio (FIO2) em 60% (sessenta por cento) e pressão PEEP em 13, conforme consta da folha de balanço hídrico.

Às 09h51 do dia 28 de janeiro de 2013, a acusada Virginia teria prescrito os fármacos citrato de fentanila, propofol e pancurônio para aplicação em bolus, sem qualquer indicação terapêutica constante no prontuário. Assim, ainda segundo a exordial acusatória, a vítima estaria mais dependente de ventilação mecânica. Então, munida de animus necandi, a acusada Virginia teria procedido ao rebaixamento dos parâmetros de ventilação, provocando a morte por asfixia da paciente.

O Ministério Público aduz, em síntese, que a paciente havia apresentado melhora e encontrava-se estável quando, supostamente sem justificativa, os acusados teriam cometido os atos médicos narrados na denúncia com a intenção de antecipar o óbito da paciente R.. Indica respostas do perito para corroborar esta tese.

A autoria seria inequívoca, eis que a acusada reconheceu as condutas adotadas. A materialidade decorreria da ausência de indicação em literatura bem como ausência de anotações no prontuário que justificariam a aplicação da medicação e do rebaixamento dos parâmetros de ventilação mecânica.

A súbita piora da paciente, segundo a acusação, seria decorrência direta das condutas médicas adotadas pela acusada Virginia, que nada fez para reverter a situação, levando a paciente a óbito.

Requer, então, a pronúncia da acusada com relação ao 6º fato narrado na denúncia.

A Assistência de Acusação afirma que a instauração de processo disciplinar no CRM e o fato de que os familiares da paciente supostamente não terem sido consultados sobre os procedimentos médicos adotados legitima a condenação dos acusados.

Aponta, também, parecer médico que chega à conclusão de não terem sido encontrados nos prontuários justificativa para as condutas médicas adotadas. Afirma, da mesma forma, que as testemunhas arroladas pela denúncia teriam sido unânimes em afirmar que os acusados praticaram as condutas delitivas a eles atribuídas.

Requer, por fim, genericamente, a pronúncia dos acusados.

A defesa da acusada Virginia, por sua vez, traz trechos dos depoimentos das testemunhas Dr. S. P., Dr. M. L. e transcreve respostas do perito em relação à paciente R..

Sustenta que os fármacos foram ministrados para facilitar a ventilação, não existindo redução de parâmetros de ventilação, mas sim aumento, nos momentos finais. Defende, portanto, que as condutas médicas adotadas foram adequadas. Por fim, requer a absolvição sumária da acusada Virginia em relação a este fato, ante a suposta ausência de prova de existência de fato criminoso.

Sem embargo dos argumentos trazidos pela acusação, entendo não existir indícios suficientes de que as condutas médicas adotadas pela acusada Virginia acarretaram em risco não permitido pelo ordenamento jurídico, levando à antecipação do óbito da paciente R.. Assim sendo, não existem elementos probatórios em relação ao 6º fato da denúncia aptos a sustentar a submissão da acusada ao crivo do Júri popular.

O parquet não apontou indícios que corroborem que os atos médicos efetivamente causaram dolosamente a antecipação do óbito da paciente R..

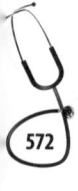

Não bastam, conforme exaustivamente ressaltado, ilações a partir da suposta ausência de justificativa em prontuários ou em literatura médica das terapêuticas adotadas.

Não obstante, destaco o depoimento do médico Dr. M. L., testemunha de acusação que afirma frontalmente não ser possível concluir pela antecipação de óbito da paciente R. somente a partir dos dados contidos nos prontuários médico:

> "<u>Com relação à paciente R. R., a partir dos dados do prontuário, não pode afirmar se ela sofreu antecipação de óbito.</u> <u>Com relação ao paciente L. A. I. disse que a partir da análise do prontuário pode constatar que um paciente recebeu medicação endovenosa e logo após morreu, entretanto isso não quer dizer que houve antecipação de óbito, pois se trata de uma constatação de prontuário</u> (37m22 a 38m20)." (terceiro vídeo)

No mesmo sentido, o médico Dr. S. P. F. afirma que as aplicações de relaxantes musculares na paciente R. estavam corretas:

> "Pelo prontuário de R. R., <u>em relação às aplicações de relaxantes musculares, pode dizer que a terapêutica estava correta</u> (14m00 a 14m30)" (segundo vídeo)

Da mesma forma, o perito do juízo, em questionamento formulado pela própria acusação, afirma não existir elementos para responder se o óbito da paciente ocorreu por conta dos medicamentos constantes na denúncia e posterior ausência de condutas para reversão do quadro (mov. 146.1, pg. 85, quesito 35). Afirma também, em oposição ao sustentado pela acusação, ter sido adotada conduta para reverter a parada cardiorrespiratória na data do óbito (mov. 146.1, pg. 85, quesito 33).

Também não assiste razão à Assistente de Acusação. O simples fato de existir procedimento administrativo no CRM não conduz à conclusão de que os acusados são culpados, sobretudo quando não existe sequer decisão definitiva (ainda mais diante da notícia de que existem processos administrativos findos nos quais os acusados foram absolvidos).

O argumento de que os familiares não foram consultados sobre os procedimentos médicos adotados parece totalmente fora de propósito, diante da impossibilidade, inclusive fática, de consulta dos familiares sobre todos os procedimentos médicos adotados.

A alegação de que as testemunhas arroladas pela denúncia teriam sido unânimes em afirmar que os acusados praticaram os crimes é uma inverdade, conforme exaustivamente restou demonstrado.

Ressalto, ainda, que somente cabe à assistência requerer a pronúncia da acusada Virginia em relação à paciente R., pois somente existe interesse processual com relação a este fato da denúncia. Todavia, também não assiste razão à defesa, ao passo que não conseguiu demonstrar, com elevado grau de certeza, quaisquer das hipóteses de absolvição sumária contidas no rol do artigo 415, do Código de Processo Penal.

Dessarte, pelo exposto, impronuncio a acusada Virginia Helena Soares em relação ao 6º fato da denúncia.

7º FATO – PACIENTE L. A. I.

Narra a denúncia que o paciente L. A. I., de 75 anos, na manhã do dia 28 de janeiro de 2013, estava internado na UTI geral do Hospital Evangélico em razão de fratura de vértebra lombar, sem conseguir respirar naturalmente, em sedação contínua mediante o uso dos medicamentos citrato de fentanila, midazolan e cloridrato de cetamina, há dois dias em bomba de infusão, com suporte de ventilação mecânica em parâmetros às 08h00 em fração inspirada de oxigênio (FI02) em 60% (sessenta por cento), pressão PEEP em 5 (cinco) e com saturação de 98%, conforme consta na folha de balanço hídrico.

O paciente teria sido sedado às 08h11 e submetido a uma traqueostomia, não tendo sido alterados os parâmetros de ventilação na anotação das 10h00.

Ato contínuo, a acusada Virginia, visando matar a vítima, prescreveu os medicamentos para aplicação em bolus citrato de fentanila, propofol e pancurônio, sem qualquer justificativa no prontuário médico. A acusada L. R. G. teria, com a mesma intenção, ministrado os medicamentos.

A vítima, então, estaria mais dependente de ventilação mecânica, momento em que a acusada Virginia teria procedido ao rebaixamento dos parâmetros de ventilação, provocando a morte por asfixia do paciente.

O Ministério Público sustenta que o paciente L. apresentava bom estado clínico quando as acusadas anteciparam seu óbito. Afirma ser a autoria inequívoca, pois a acusada Virginia não negou as condutas médicas praticadas. Com relação à acusada L., aponta o testemunho da técnica de enfermagem E. A. C., que diz lembrar-se da acusada antecipando o óbito.

Aponta também, como indícios de autoria em desfavor das acusadas, os depoimentos de J. M. O. e M. K.. Argumenta não existir indicação terapêutica em literatura médica para as condutas adotadas, trazendo respostas do perito técnico para embasar esta afirmação. Não existira, da mesma forma, justificativa plausível no prontuário médico para a aplicação dos medicamentos descritos na denúncia.

As acusadas teriam, portanto, ministrado os medicamentos e abstendo-se de adotar condutas terapêuticas para reverter a piora que se instaurou em razão da aplicação, o que teria ocasionado a morte do paciente.

Por fim, requer a pronúncia das acusadas em relação ao 7º fato da denúncia.

A defesa da acusada Virginia traz excertos do depoimento do médico Dr. G. G. e afirma que a testemunha E. A. C. não estava presente no momento do óbito do paciente, além de ser inexperiente à época dos fatos.

Transcreve também respostas da perícia técnica do juízo.

Aduz, em síntese, que as condutas médicas adotadas foram adequadas, sendo que os parâmetros de ventilação mecânica teriam sido, em verdade, elevados. Aponta também o acórdão do CRM em que a acusada foi absolvida unanimemente com relação a este paciente.

Por fim, requer a absolvição sumária da acusada em relação ao 7º fato da denúncia, alegando a inexistência de fato criminoso.

A defesa da acusada L. alega a ausência de materialidade, bem como afirma que seria impossível a enfermeira ter praticado tal ato em razão de ser incompatível com seu horário de trabalho. Requereu, ainda, o reconhecimento da excludente da obediência hierárquica. Por fim, requereu a absolvição sumária da acusada em relação ao 7º fato da denúncia.

Sem mais delongas, depreende-se da análise da folha de balanço hídrico que a última medição de saturação do paciente L., uma hora antes de seu óbito, foi de 97%, o que demonstra, com elevado grau de certeza, que o paciente não poderia ter sofrido asfixia após a adoção das condutas médicas narradas na exordial acusatória, tendo em vista que respirava através de aparelho de ventilação mecânica, conforme atesta a própria denúncia. Esta assertiva é corroborada pela testemunha de acusação Dr. M. L., cujo depoimento é no sentido de que o paciente L. não poderia ter sofrido asfixia, com base na folha de balanço hídrico e no prontuário:

> "Com relação ao **paciente L. I., vista às fls. 194, disse que, com base no balanço hídrico e no prontuário, não pode afirmar que este paciente morreu por asfixia** (22m47 a 23m47)." (quinto vídeo)

Portanto, conforme já fundamentado, tem-se que as condutas médicas imputadas às acusadas Virginia e L. não poderiam ter gerado o resultado narrado pela denúncia, razão pela qual as absolvições sumárias são medidas que se impõem.

Não obstante, destaco que a técnica em enfermagem E. A. C. afirma literalmente "não possuir nada concreto para dizer", somente relatando que uma enfermeira pediu para que se retirasse e não desse banho no paciente. Confirma que não viu o que aconteceu com o paciente, não podendo seu depoimento ser valorado como indício em desfavor das acusadas, como quer o Ministério Público. Por último, a depoente ainda diz que não sabe porque está depondo, afirmando não poder acusar ninguém:

> "Enquanto a declarante dava banho em um paciente, uma enfermeira chefe, enquanto trazia um biombo, pediu-lhe que parasse com o que estava fazendo e levasse uma cama para desinfecção. Quando voltou viu o biombo e falou para B. (técnica de enfermagem) que não estava entendendo o que estava acontecendo. Nesse instante, B. mandou que a declarante fosse ver seu paciente, porém questionou: "mas ele morreu?". Diante disso, a declarante começou a chorar, então S. veio consolá-la. A declarante falou para S. que não estava bem porque não conseguia entender o que estava ocorrendo, não entendia por que não se abria o carrinho de medicação em casos como o qual acabará de ver. S., então, lhe falou que esse era o procedimento e perguntou se a declarante já tinha ouvido falar em eutanásia, afirmando que naquela UTI praticam esta conduta. Diante disso, a declarante não voltou mais a trabalhar no Hospital Evangélico. Sobre esse paciente que foi a óbito disse que ele estava bem, que estava sedado e a cor do rosto parecia normal. Que a enfermeira que pediu para que parasse com o banho no paciente não lhe disse por qual motivo deveria parar com o que estava fazendo. Ao ser questionada, reconheceu esta enfermeira como sendo uma das acusadas que se encontrava na sala de audiência. **Afirma que não tem nada concreto para dizer. Só relata que ia dar banho, enfermeira pediu para ela sair, quando saiu paciente faleceu. Não viu o que aconteceu com paciente. Não lembra nome do paciente, não sabe a doença.** Vistas às fls. 194 (prontuário do paciente L. I.), disse que reconhece a sua letra

> *no prontuário, que ajudou a fazer a evolução deste paciente, que se trata do paciente ao qual fez referência um pouco antes (6m a 17m20). Recorda-se que nesse dia a **acusada Dr.ª Virginia** estava no Hospital. **Não sabe porque está aqui, pois não pode acusar ninguém.** (19m30 a 19m45)"*

Destaco também que as enfermeiras M. C. G. K. e L. A. F., bem como a técnica de enfermagem E. A. C., ao serem questionadas, afirmam que aplicariam a medicação em questão sem questionar os médicos.

Ademais, o médico Dr. G. G., em relação ao paciente L., afirma que os medicamentos Pavulon e Pancurônio se administrados a pacientes que respiram espontaneamente podem gerar morte, mas se a administração destes medicamentos é em pacientes conectados a um respirador, independentemente da fração inspirada de oxigênio, não podem gerar dano pois o paciente independeria de sua respiração espontânea para poder respirar. Segundo a testemunha, a prescrição destes medicamentos à pessoa que está mecanicamente ventilada não é ilegal e nem letal:

> *"Quanto à administração de medicamentos ao paciente **L. I.** (pg. prontuário nº 186, prontuário nº 26) **disse que os medicamentos PAVULON e <u>PANCURÔNIO se administrados a pacientes que respiram espontaneamente, ou seja, que não estão conectados a um respirador mecânico, podem gerar</u> morte. Entretanto, a administração desses <u>medicamentos a pacientes que respiram conectados a um respirador, independente da fração inspirada de oxigênio, não geram dano porque o paciente independe de sua respiração espontânea para poder respirar. Portanto, a prescrição destes medicamentos a pessoa que está mecanicamente ventilada</u> não é ilegal nem letal** (12m52 a 16m23)" (terceiro vídeo)*

<u>**Posto isso, absolvo sumariamente as acusadas Virginia e L. em relação ao 7º fato da denúncia, por entender que as condutas médicas adotadas, com elevado grau de certeza, não geraram dano proibido pelo ordenamento jurídico, inexistindo, assim, nexo causal entre a morte do paciente L. e as condutas médicas adotadas, eis que o paciente faleceu por causa de sua múltiplas comorbidades.**</u>

8º FATO - PACIENTE I. S.

Narra a denúncia que o paciente I. S., de 67 anos, na manhã do dia 28 de janeiro de 2013, estava internado na UTI geral do Hospital Evangélico em razão de lesão trófica em halux esquerdo, que evoluiu para gangrena, sem conseguir respirar naturalmente, em sedação contínua mediante o uso dos medicamentos citrato de fentanila, midazolan e cloridrato de cetamina.

Após as 20h, o acusado E., em conluio com a acusada Virginia, munido de animus necandi, teria desligado a bomba infusora que administrava as drogas noradrenalina e dobutamina, ocasionando hipotensão no paciente I.. E., então, persistindo na intenção de matar, mesmo diante da piora do paciente, teria deixando-o sem os citados medicamentos durante a noite do dia 28 e madrugada do dia 29.

Na manhã do referido dia 29, antes das 8h, os parâmetros de ventilação mecânica teriam sido rebaixados. Ato contínuo, a acusada Virginia teria prescrito os medicamentos citrato de fentanila, propofol e pancurônio, para aplicação em bolus via endovenosa, restando assim o paciente mais dependente de ventilação mecânica. A acusada, no entanto, teria mantido os parâmetros de ventilação mecânica em nível baixo, o que teria ocasionado a morte do paciente por asfixia.

O Ministério Público sustenta ser a autoria incontroversa eis que os acusados E. e Virginia reconheceram ser os responsáveis pela supressão das drogas vasoativas e redução dos parâmetros ventilatórios de FIO2 e PEEP, respectivamente. A materialidade decorreria da prova pericial, eis que supostamente atesta não existir explicação terapêutica para as condutas médicas adotadas, seja no prontuário, seja em literatura médica.

As condutas médicas adotadas teriam, desta feita, intenção homicida, e não terapêutica, sendo esta assertiva corroborada pela perícia técnica.

O parquet ainda realça o depoimento da testemunha de defesa Dr. P. S., no sentido de que teria reestabelecido o suporte farmacológico, dizendo que a vítima teve sorte.

As interceptações telefônicas, da mesma forma, constituiriam indícios em desfavor dos acusados, tendo em vista que teriam supostamente tramado a antecipação de óbito do paciente por telefone.

Por fim, requer a pronúncia dos acusados Virginia e E. com relação ao 8º fato da denúncia.

A defesa da acusada Virginia traz excertos do depoimento das testemunhas Dr. G. G. e Dr. P. S..

Sublinha também o trecho do depoimento da testemunha de acusação Dr. M. L., em que este afirma frontalmente não ser possível concluir, pela análise do prontuário, que houve antecipação de óbito em relação ao paciente I..

Sustenta, no mesmo sentido, que a perícia oficial favorece a defesa. Transcreve também o acórdão do CRM que absolve os acusados das acusações em relação ao paciente I. S..

Argumenta que as condutas médicas foram, diferentemente do que afirma o parquet, adequadas, alegando que os diálogos interceptados e transcritos na peça ministerial são desconexos e descontextualizados.

Alega, ainda, a ausência de provas apresentadas pelo Ministério Público. Por fim, requer a absolvição sumária da acusada Virginia em relação ao 8º fato, ante a suposta inexistência de crime, eis que, sob a ótica da defesa, as condutas médicas adotadas em relação ao paciente I. foram adequadas.

A defesa do acusado E., na esteira do que foi alegado com relação ao acusado A., argumenta que a saúde do paciente I. era muito frágil.

Sustenta que as condutas médicas adotadas pelo acusado foram adequadas, trazendo elementos de prova neste sentido, em contraponto ao que foi alegado pelo Ministério Público.

Alega, também, a ausência de provas para corroborar o alegado pela acusação, bem como a ausência de imputação, na denúncia, das condutas que supostamente levaram ao óbito do paciente.

Requer, diante disto, a impronúncia do acusado E. em relação ao 8º fato da denúncia, ante a ausência de indícios de que o réu tenha colaborado para o óbito do paciente.

Assiste razão às defesas ao apontarem a ausência de provas que sustentam a tese da acusação em relação ao paciente I..

Data venia, a perícia técnica, em verdade, não incrimina os acusados, como parece crer o Ministério Público. Da sua análise, não vislumbro elementos em desfavor dos acusados para sustentar uma decisão de pronúncia. Só demonstra, quiçá, como reiteradamente mencionado, a ausência de justificativa de algumas condutas médicas empregadas.

Como já frisado, o fato de não existir terapêutica para as condutas adotadas não significa que o óbito do paciente foi antecipado. Aliás, é possível que tenham ocorrido desdobramentos não constantes no prontuário, ao passo que, como confirmam testemunhas, o seu preenchimento de modo não minucioso parece ser praxe nas UTIs tupiniquins. Ressalto que à acusação incumbe a prova nesse sentido, de sorte que presunções certamente não devem ser aceitas quando realizadas em desfavor dos acusados.

Cito como exemplo os quesitos 13 e 14 (mov. 146.1, pg. 102 e 103), nos quais o perito afirma não existir elementos para responder se a retirada de dobutamina e noradrenalina do paciente I. foram adequadas. **Ora, se a perícia afirma não existir elementos para responder e se o CRM absolveu unanimemente os acusados de responsabilidade sobre todas as condutas médicas adotadas em relação a este paciente, não vislumbro como o Ministério Público possa ter chegado à conclusão de que a retirada das drogas vasoativas foi inadequada**. A própria testemunha, cujo depoimento foi usado pelo Ministério Público para indicar supostos indícios em desfavor dos acusados, Dr. P. S., é categórico em afirmar que o paciente I. melhorou com a retirada das drogas vasoativas:

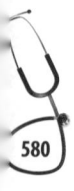

> "**Tendo em vista que um dos reflexos do choque é o aumento da acidose metabólica, analisando as fls.130 e 156, paciente I., pode dizer que houve melhora do quadro clínico quando deixou de receber drogas vasoativas, pois a acidose diminui, chegando a níveis quase normais**. (50m00 a 52m43)." (quarto vídeo)

As testemunhas Dr. R. A. S. e Dr. G. G. também afirmam que o paciente estava melhor sem as drogas vasoativas:

> "Prontuário, **paciente I., fls.130 comparada com as fls.156, declara que com certeza o paciente estava melhor com a retirada das drogas vasoativas** (fls.156) (4m40 a 8m00)" (Dr. R. A. S., segundo vídeo)

> "Com relação ao paciente I. S. disse que a pressão arterial média (P.A.M.) deste paciente, após a suposta retirada das drogas vasoativas, ocorrida às 22h da noite que antecedeu seu óbito, primeiramente teve uma redução drástica (de 104 para 43), mas na próxima evolução, meia-noite, a P.A.M. estava em 64, o que é considerado aceitável. Em relação à DIURESE, após a retirada das drogas vasoativas, disse que era adequada. Em relação à GLICEMIA, disse que, mesmo após às 20h, era adequada; **caso o paciente tivesse entrado em colapso em virtude da suspensão das drogas vasoativas, provavelmente teria alterado drasticamente esses valores. Em relação ao excesso de base, bicarbonato e PH, disse que a GASOMETRIA do dia 28 de janeiro é uma gasometria**

normal e se o paciente tivesse entrado em colapso provavelmente a gasometria seria diferente. Em relação à temperatura do paciente, também afirma que estava normal após às 22h, pequenas flutuações na temperatura não infere uma hipotermia. Por esse quando clínico não se pode afirmar que o paciente teve uma piora após a suposta retirada das drogas vasoativas, pelo contrário, demonstra uma melhora em seu quadro clínico. Contudo, na manhã do dia seguinte, aproximadamente 10 horas após a suposta retirada das drogas vasoativas, o paciente foi a óbito, provavelmente por uma arritmia cardíaca. Conclui que não foi a retirada de droga vasoativa que causou a morte *do paciente. Pelo quadro de melhora apresentado pelo paciente I., após a retirada das drogas vasoativas, presume que o paciente não necessitava destas drogas* (4m50 a 31m57)" (Segundo vídeo)

O mesmo se repete no quesito 50 (mov. 146.1, pg. 116), ao qual o perito responde não existir elementos para responder se a aplicação dos medicamentos contida na pergunta era indicada. Soa quase desnecessário afirmar que a ausência de elementos para responder não significa que a prescrição tenha sido inadequada.

Note-se, também, que a pergunta 64, formulada pela acusação (mov. 1.839, pg. 4,), caracteriza mais um exemplo de situação meramente hipotética e descolada de qualquer elemento probatório, na qual se busca, de todo modo, uma resposta favorável, ao passo que não existem quaisquer provas de que o paciente, após a última anotação de saturação em 90%[16], tenha sofrido dessaturação. Este fato fica claro, inclusive, pela própria redação da peça ministerial, que deixa de indicar provas para corroborar suas assertivas:

"Ressalte-se que a asfixia não se afasta pelo registro de saturação de 90% às 10h00min, pela simples razão de que ele ocorrera trinta minutos antes da morte da vítima e não houve registro da saturação no exato momento da morte (vide respostas aos quesitos 77 e 78, na página 122 do 1º laudo pericial). **Assim, quando o perito admitiu em várias respostas que a saturação de oxigênio acima de 90% é incompatível com asfixia, isso não exclui a ocorrência desta causa de morte no caso concreto, pois a saturação no horário do óbito não foi medida**"[17]

Aliás, o perito afirma justamente o contrário quando perguntado pela defesa do acusado E. se existe algum relato de saturação de oxigênio menor do que 90% (mov. 1.840, pg. 11, pergunta 36) no último dia de evolução do paciente: "36.R – **Não**. A Saturação de Oxigênio no sangue, acima de 90%, não é compatível com a morte por asfixia"[18]

Sobre os trechos das interceptações policiais destacados pelo Ministério Público, assiste razão às defesas quando afirmam encontrar-se descontextualizados e distorcidos, sobretudo se cotejados com as provas produzidas durante a instrução processual.

Não obstante, destaco o depoimento do médico Dr. M. L., que afirma não ser possível concluir, da análise do prontuário do paciente I., ter ocorrido antecipação de óbito:

> "Quanto ao paciente I., apenas com a análise do prontuário, não é possível afirmar que houve antecipação de óbito com relação a este paciente (41m38 a 42m05)" (terceiro vídeo)

No mesmo sentido, o médico Dr. A. R. G., ao ser inquirido sobre o paciente I., responde que pacientes com saturação de 92% não estão asfixiados. Sobre o paciente I., a testemunha Dr. V. H. M. afirma que os dados contidos no prontuário, na folha 98, somente afastam a tese de asfixia:

> "Vista às fls 107 (verso), paciente I., especificamente quanto ao balanço hídrico a fim de saber se os dados são compatíveis com asfixia, respondeu que paciente que apresenta saturação em 92% não está asfixiado (4m40 a 16m40)" (segundo video)

Assim sendo, por todo o exposto, entendo que os indícios de que os acusados anteciparam o óbito do paciente I. são demasiadamente tênues, não se prestando a amparar uma decisão de pronúncia.

Noutro giro, ressalvando as peculiaridades do procedimento relativo aos processos de competência do Tribunal do Júri, entendo não terem sido produzidas provas fortes o suficiente para ensejarem a absolvição dos acusados quando ao 8º fato da denúncia.

Porquanto, impronuncio os acusados Virginia e E. em relação ao 8º fato constante na denúncia, por entender que inexistem indícios suficientes de que as condutas médicas empregadas anteciparam o óbito do paciente I. S..

DOS DELITOS CONEXOS
1º FATO - DO CRIME DE FORMAÇÃO DE QUADRILHA COM VIOLAÇÃO DE DEVERES INERENTES À PROFISSÃO

Considerando a impronúncia/absolvição dos acusados em relação aos crimes dolosos contra a vida, falece competência a este Juízo para a análise dos delitos conexos de formação de quadrilha e violação do dever de profissão.

Destaco que os acusados C. M. N. e C. E. M. somente foram denunciados pelos crimes conexos, razão pela qual este Juízo falece, da mesma sorte, de competência para seus julgamentos.

5 – DISPOSITIVO

Ante o exposto, **julgo improcedente/inadmissível** a denúncia para o fim de:

1. **ABSOLVER SUMARIAMENTE** a acusada **M. I. C. B.**, com relação ao **2º fato da denúncia**, o que faço com fundamento no art. 415, inciso II, do Código de Processo Penal;

2. **IMPRONUNCIAR** a acusada **Virginia Helena Soares de Souza**, com relação ao **2º fato da denúncia**, o que faço com esteio no artigo 414 do Código de Processo Penal;

3. **ABSOLVER SUMARIAMENTE** a acusada **Virginia Helena Soares de Souza**, com relação ao **3º fato da denúncia**, o que faço com fundamento no art. 415, inciso III, do Código de Processo Penal;

4. **ABSOLVER SUMARIAMENTE** os acusados **Virginia Helena Soares de Souza**, **E. A. S. J.**, e **P. C. G.**, com relação ao **4º fato da denúncia**, o que faço com fundamento no art. 415, inciso III, do Código de Processo Penal;

5. **IMPRONUNCIAR** os acusados **Virginia Helena Soares de Souza**, e **A. F.**, com relação ao **5º fato da denúncia**, o que faço com esteio no artigo 414 do Código de Processo Penal;

6. **IMPRONUNCIAR** a acusada **Virginia Helena Soares de Souza**, com relação ao **6º fato da denúncia**, o que faço com esteio no artigo 414 do Código de Processo Penal;

7. **ABSOLVER SUMARIAMENTE** as acusadas **Virginia Helena Soares de Souza** e **L. R. G.**, com relação ao **7º fato da denúncia**, o que faço com fundamento no art. 415, inciso III, do Código de Processo Penal;

8. **IMPRONUNCIAR** a acusada <u>**Virginia Helena Soares de Souza**</u> e <u>**E. A. S. J.**</u>, com relação ao <u>**8º fato da denúncia**</u>, o que faço com esteio no artigo 414 do Código de Processo Penal.

Após o trânsito em julgado, remetam-se os autos a uma das Varas Criminais da Capital, via distribuidor, para a análise dos crimes conexos. Cumpra-se o Código de Normas da Corregedoria do Tribunal de Justiça do Paraná.

Publique-se. Registre-se. Intimem-se.

Diligências necessárias.

Curitiba, 20 de abril de 2017.

DANIEL R. SURDI DE AVELAR

JUIZ DE DIREITO

Capítulo XVI

A notícia da sentença e a reação de Virginia

Luzes da Justiça destruindo dúvidas.

Era o anoitecer de uma quinta-feira, véspera de feriado nacional de Tiradentes. Com aquela estonteante notícia, entre gritos ininteligíveis da equipe de nosso escritório mesclados ao som rouco e alto da minha voz, precisávamos ir até Virginia para dar a notícia pessoalmente. Aguardamos um pouco os ânimos serenarem, pois, extasiados, parecíamos um bloco festivo em pleno carnaval contemplando um desfile apoteótico de imagens mitológicas representativas dos ideais de Justiça no inconsciente humano.

A caminho da casa dela, ponderei novamente que notícias extremamente boas são tão perigosas para as pessoas angustiadas quanto notícias ruins e que teria eu de ter cautela para contar.

Atendida a porta pelo filho Leonardo, entramos e ficamos na pequena sala e pedimos por sua mãe. Alguns instantes e surge do corredor, trajando um roupão daqueles que as pessoas usam nos recessos de seus lares, a nossa personagem central desta história de sacrifícios e de sonhos, como que fazendo leituras em nossas faces, não tive como ser cauteloso. De braços abertos, disse-lhe:

— Virginia, você foi absolvida!

Nisto ela já estava bem perto de mim e sobrevém um longo e forte abraço que, entre risos e trepidações de alegria, de repente transmudou em compulsivo pranto. Naquele abraço, senti imediatamente seu corpo enfraquecer como se estivesse perdendo os sentidos. Daí quem sentiu um terrível medo fui eu pela minha falta de cautela. Olhei ao redor e consegui acomodá-la no sofá da sala observando que recobrou a cor e prosseguiu em risos mesclados com lágrimas, em momentos de indescritíveis emoções.

O retrato do indescritível. A viagem de recreio daquele feriado teria que esperar.

Em seguida, recebemos de Leonardo vários abraços entre lágrimas de felicidade e justíssimos desabafos de filho, afirmando em balanços negativos de cabeça que aquilo tudo não deveria ter acontecido.

Mais alguns minutos e todos os nossos telefones fixos e celulares não pararam mais de tocar. Enquanto Virginia e Leonardo atendiam telefones, despedimo-nos em acenos e expressões máximas de alegrias na finalização da melhor notícia que a advocacia criminal pode transmitir para os acusados e suas famílias[242].

A partir daí, fiquei em fogo cruzado com jornalistas que pediam uma entrevista coletiva para o dia seguinte às 10h00, em nosso escritório.

---

242 No processo criminal, diferentemente de todos os processos que existem, partes ganhadoras e perdedoras, apesar das aparentes alegrias dos absolvidos, nas profundezas dos seus sentimentos encobertos, somente existem perdedores.

A coletiva de imprensa e a ausência de Virginia

Ela foi punida por suas virtudes...

Dia seguinte, pela manhã, principais veículos de imprensa presentes. Virginia, destoando de sua pontualidade habitual, não compareceu. Seus fones de contato não atendiam e esse silêncio nos preocupava, quando fomos informados pelo filho Leonardo, que ela não tinha conseguido dormir naquela noite e que estaria chamando um médico para atender sua mãe. Daí para frente ficou quase uma semana em repouso. Alguns jornalistas chegaram a duvidar e confundiram com retaliação da parte dela. Não era.

Iniciamos a entrevista coletiva sem a presença de Virginia e a primeira pergunta era tão previsível quanto óbvia. Estando ainda preocupado com eventuais deturpações do que falaríamos, resolvemos transmitir tudo ao vivo por rede social:

> Hoje é um dia também histórico para a Medicina. Hoje há um resgate, um resgate de uma verdade. Parece-me que o Brasil estava precisando de um exemplo assim, onde acusadores fanáticos devem ser parados e o juiz imparcial deve ser resgatado como foi neste caso. O juiz imparcial é uma conquista dos povos civilizados.
> Só se pode acusar alguém, com provas. Neste caso não ficou provado por quê? Porque o que não existe, não pode ficar provado. Então, nós tivemos uma médica que foi retirada de uma UTI. O sonho da vida dela era ser médica, era trabalhar em um hospital como intensivista e isto ninguém devolve mais para a acusada. Mas, fazendo uma retro visão, direito é uma via de mão dupla. E neste caso o Conselho Regional de Medicina por suas câmaras técnicas analisou cada linha de todos os prontuários e chegou à conclusão de que ela apenas praticou a incompreendida Medicina Intensiva naquela UTI do Hospital Evangélico. Então, ela foi punida por suas virtudes e não por suas falhas. A perícia oficial não pode dizer ao contrário. Repito, o que não aconteceu, não pode ficar provado. A perícia oficial não teve condições de afirmar que tivemos antecipações de óbito naquela UTI.
> Mais de 40 médicos foram ouvidos no processo, testemunhas, todas no sentido de comprovar a normalidade do que aconteceu naquela UTI.
> Não foi uma médica que esteve sentada no banco dos réus não, foi a Medicina. E é um momento, já vencemos a idade média, e é um momento deste resgate. Hoje a ciência projeta tantas luzes. Podem ser investigados os médicos? Sim, como todos, mas devem ter delegacias especializadas, com peritos especializados, para evitar acontecer o que aconteceu, para nosso país, isso ficou conhecido internacionalmente. E agora, é dever de todos, também, divulgar este resultado, de que ela foi inocentada! Grifo! O Conselho Regional de Medicina usou o termo inocentada, por unanimidade. E agora a justiça vem e faz a chamada absolvição sumária, ou seja, este processo não tem condições

de prosseguir e a impronuncia, com quem diz que este caso não deve ir a júri, pois não tem condições mínimas. Não ficou provado: Quando? Quem matou quem? E de que forma?

As pessoas que morreram naquela UTI, morreram. Morreram dos efeitos deletérios das suas próprias doenças. Morrer alguém não é crime. Matar alguém é crime. Agora, não ficou comprovado nenhum ato humano que conduzisse a morte de alguém, pelo contrário, eram pacientes críticos que tiveram todas as atenções que a Medicina pode dar a alguém naquelas condições. E mais, pessoas que perderam seus entes queridos, que morreram, que sentiram a dor da perda, reflitam: a dor da perda não dá o direito a ninguém de acusar inocentes!

Nós somos uma sociedade que precisa virar a página, medievalesca, de acusações fanáticas e de juízes que dizem "sim, sim" para a acusação. Aqui tivemos um exemplo, um resgate de um juiz imparcial de que o Brasil tanto precisa, como conquista dos povos civilizados. Hoje nós resgatamos isso, que a Constituição de 88 falou no devido processo legal, na amplitude de defesa, no direito ao juiz imparcial. Então eu quero enaltecer os ingentes esforços da justiça do Paraná, que foi maravilhosa na análise técnica, serena e imparcial e chegou à conclusão de que este caso deveria se encerrar com a absolvição da médica Virginia Helena Soares de Souza e de todos os acusados. Uma página triste, dias inesquecíveis para a Medicina e para o Direito.

E registro aqui, que não é a primeira vez, na história da humanidade, que a ignorância aprisionou a ciência! Mas desta vez a própria ciência se encarregou de libertar a ciência, em uma época em que a ciência projeta tantas luzes, este caso não poderia ter acontecido. Fica um exemplo negativo para o Brasil da existência deste caso e agora um exemplo positivo de que temos justiça, temos juízes, temos um judiciário no Brasil que equilibra estas relações entre acusação e defesa, que, aliás, é uma via de mão dupla.

Acusar não é uma pista de sentido único, processo tem acusação, defesa e deve ter um juiz imparcial. E aqui, neste caso, nós tivemos todas estas instituições funcionando e muito bem. Quem acusou, acusou com tudo que podia e com o que não podia. E quem defendeu também, trabalhou nos limites e vem a justiça serenamente e com sua espada levanta serenamente e diz "Este caso, é caso de absolvição!".

Eu só lamento não poder devolver a ela seus sonhos, recolocá-la naquela UTI, porque as pessoas podem exercer a Medicina como qualquer profissão, até sem talento, mas sem honra você não exerce profissão nenhuma.

E as indenizações? Ela postulou uma indenização na Justiça do Trabalho contra o hospital e conseguiu. Hoje tal indenização já está consolidada pelo Tribunal Regional do Trabalho e deve importar em torno de 4 milhões de reais, isso se refere ao período em que ela esteve no hospital trabalhando mais do que devia, sem registro. A Justiça do Trabalho resgatou isso também.

Agora é claro que o Ministério Público vai aparecer e dizer "vou recorrer". Vou recorrer é conversa de perdedor! E aqui deveria ser humilde e pedir desculpas para a médica, pela destruição de uma vida, poderia esta desgraça bater em qualquer lar.

Mas eu digo a vocês, senhores e senhoras, foi um desafio! Somente escrevendo um livro, contando esta história eu possa passar aos senhores e senhoras o que se vai ao meu interior. No dela nem se fala. Mas eu como profissional me vi em momentos em que pensava que o direito às vezes não atendesse a necessidade daquele momento. O direito sendo utilizado como uma forma de terrorismo de estado contra cidadão. Isso nós não podemos mais deixar acontecer no Brasil, nós precisamos resgatar juízes imparciais, se não nós vamos virar uma Venezuela, nós vamos entoar aí um canto lúgubre de das liberdades perdidas.

Quando um advogado está trabalhando, sabe quem ele está defendendo? Ele está defendendo cada um de vocês dos excessos do Estado.

Nós queremos justiça, sim, mas o Estado tem que promover justiça e não vinganças e neste caso, neste momento brasileiro eu só tenho a enaltecer a justiça, os médicos, os peritos que foram maravilhosos, salvo um que se deixou encantar pelas luzes esfuziantes deste caso, que está falando besteira por aí, a pedido do Ministério Público, mas foi desmascarado por mais de 40 médicos, foi desmascarado pelo Conselho de Medicina nas suas câmaras técnicas e agora desmascarado pela sentença.

Então, o que nós queremos é o resgate da verdade, o resgate do equilíbrio, o resgate da justiça e dizer a todos que retirem as suas lições deste caso, que é um caso paradigmático. Tínhamos a Escola Base em São Paulo e agora temos um dia inesquecível para a Medicina. A Medicina sai do banco dos réus no Brasil! Hoje nós conseguimos estender a mão para a Medicina e tirá-la do banco dos réus. O lugar dela não é em delegacia de polícia, o lugar de médico é onde estava, lá na UTI. Ela nunca mais voltará. Não tem condições psicológicas para tanto. Mas eu quero dizer aos médicos que ainda estão trabalhando, que continuem trabalhando sem medo, porque a incompreendida Medicina Intensiva agora tem um belíssimo precedente. Então, coloco-me a dispor para perguntas. Quero agradecer a minha filha Louise, que acompanhou todo este processo, inclusive ficou grávida e passou a gravidez me ajudando neste processo. Quero, também, fazer um agradecimento público.

Repórter: Doutor, como ela recebeu a notícia e por que ela não comparece aqui hoje na coletiva de imprensa?

Elias: Eu creio que qualquer pessoa que recebesse uma notícia dessa estaria a esta hora na rua comemorando com seus amigos, abraçada com todo mundo, e ela vai fazer isso, tenho certeza. Esta acusação foi muito forte, esta mulher foi presa por exercer Medicina Intensiva, ela foi presa por suas virtudes e não por suas falhas e ficou firme, trabalhando conosco sua defesa, esclarecendo pontos técnicos, bom, a pergunta: ontem quando veio a notícia, fomos até a casa do filho dela – hoje ela mora com o filho, ela nem casa tem, nunca teve patrimônio, ao contrário do que falaram, ela não teve patrimônio nenhum. Morando com o filho, então fomos à casa do filho, entramos (eu sempre visito para conversar sobre processos) e disse a ela: "Dra. Virginia", ela veio e disse: "Sim?", eu disse: "Dra. Virginia, eu vim aqui lhe comunicar que a senhora foi absolvida!". Eu segurei as mãos dela porque senti que ela meio balançou, o olho dela ficou coberto de lágrimas e ela me abraçou muito forte e eu notei que no meio deste abraço forte ela amoleceu o abraço, eu achei que ela iria desmaiar; eu pedi uma cadeira e colocamo-la sentada. Foi muito forte a notícia e eu creio que uma notícia boa ou má, forte, pode causar mal à saúde das pessoas. E ontem tivemos já que chamar médicos, colegas dela para ajudá-la, e agora acabei de ter a informação de que ela teve uma queda de pressão. Mas eu empenho minha palavra de que ela vai evidentemente aparecer para todos vocês, só preciso que ela esteja bem... Mais alguma pergunta?

Repórter: Dr. a sentença do juiz foi bem de encontro a toda a tese da defesa durante todo esse tempo, né, de ausência de provas. O senhor considera isso...

Elias: Olha que interessante: quando me perguntavam se ela era inocente ou culpada, eu dizia: "não dá para falar inocente ou culpada antes de saber qual é o fato criminoso de que estão acusando". Nós não tínhamos nenhum fato criminoso. Então, eu dizia: "Não está provada a existência de um único fato criminoso. Exercer Medicina Intensiva não é crime, onde que ela praticou alguma coisa errada?". Mas eu tinha que usar o termo "inocente" sem ter um fato criminoso para que o povo entendesse. Inocente – isso sempre nós falamos desde o início, vocês têm registros. Pela complexidade de toda essa causa eu só estava aguardando a sentença, está no prelo este livro aqui (mostra um modelando da capa deste livro), ele vai explicar com detalhes cada momento desse processo. Porque não tem como, explicar de um por um não tem como, eu não tenho condições físicas de fazer isso. Então nós reunimos aqui esse caso e só estávamos aguardando a sentença para concluir, está no prelo este livro aqui. Para tentar desagravar um pouco a imagem dessa mulher, para tentar dizer ao mundo que ela simplesmente é uma médica que praticou Medicina Intensiva.

Repórter: Como foram, doutor, esses praticamente quatro anos?

Elias: Tivemos momentos, por exemplo, a prisão dela: imagine uma mulher que não praticou crime indo presa da forma que foi. Chegamos à prisão, conseguimos uma sala especial que ela tinha direito e aí entramos na sala com ela, aqui na Travessa da Lapa. Eu olhei e tinha uma cama de solteiro, um guarda-roupas (um lugar bem pequeno), um banheiro, eu disse a ela: "Olha, é o melhor que o sistema pode te oferecer. Perdoe-me. Perdoe a justiça.", ela olhou para mim na sua grandeza de espírito e disse assim: "Se o senhor acha que isso aqui é ruim, é porque o senhor não conhece a maioria dos lugares onde ficam os médicos plantonistas dos hospitais.". Ou seja, estão em uma situação pior do que o cárcere os nossos médicos plantonistas nos hospitais. Então, naqueles dias de tristeza, o que marcou: ela ficou na Travessa da Lapa

naquela "cela" digamos assim, especial, ou "sala" especial, mas é um lugar que tem grades. E quando a defesa teve acesso às gravações e conseguimos mostrar a maldade de trocar o verbo "raciocinar" por "assassinar", porque a polícia dizia que numa conversa telefônica ela teria dito para alguém "estamos livres para assassinar" e na gravação estava "estamos livres para raciocinar".
Repórter: O senhor acha que esse ponto foi fundamental nessa "condenação antecipada"?
Elias: Sim, se você fosse juíza ou qualquer um de nós fôssemos juízes e alguém aparecesse com um escrito desse dizendo isso, qualquer um de nós decretaria uma prisão. A questão é a seguinte, quando a gente conseguiu provar que isso era uma farsa, em represália, ela foi levada para a penitenciária feminina em Piraquara – em uma sexta-feira, se não me falha a memória – nós estivemos lá. E na entrada, as presas ficaram sabendo e começaram a gritar em coro: "Morte! Morte!" ela seria morta naquela penitenciária, talvez fosse até esse o interesse, para cobrir com terra um erro judiciário que marcou a história do Brasil. E aí eu consegui, com a direção, deixá-la separada das demais, até que segunda-feira o juiz devolve-a para o local onde estava. Ou seja, ela foi movida sem ordem judicial, o que é outra violação (o preso só pode ser movimentado com ordem judicial), então, foi um caso com uma série de lances diferentes. Tivemos uma série de ofensas dirigidas a nós, defensores, nas redes sociais. Demonizaram e se alguém gritasse "fogo!" ou "pega!", tenho certeza de que nós viraríamos uma Idade Média, nesse caso.
Repórter: Doutor, nessa história do "raciocinar" e "assassinar", na sua opinião – na opinião da defesa – a polícia errou ou agiu de má-fé?
Elias: Eu não acredito em erro porque conheço a nossa polícia. Policial nenhum iria fazer uma degravação ou uma transcrição de gravação e confundir o verbo "assassinar" com "raciocinar". Eu não acredito nisso, eu acredito que foi uma manobra ardilosa para conseguir um decreto de prisão preventiva.
Repórter: Doutor Assad, vocês pretendem processar de alguma forma o Estado? O senhor vinha falando o tempo todo em erro, agora o senhor falou que não acredita em erro, então acredita (pergunta para outro repórter: "sua pergunta foi 'erro ou má-fé, né?'"), então acredita em má-fé. E falou também que nada mais vai resgatar o que ela tinha, né? Pretendem entrar contra o Estado para ter algum tipo de reparação para a Dra. Virginia?
Elias: Veja, no dizer de Schopenhauer, você não pode "desacontecer" o que aconteceu. Não há dinheiro que devolva para alguém o sonho, a vida. Para que vocês tenham uma pequena base: claro que nós vamos colocar uma ação de indenização contra o Estado em caráter pedagógico, para que o Estado não venha a fazer isso com outras pessoas, com vocês, com os filhos de vocês, com tios, enfim, com outros médicos. O Estado tem que passar pela pedagogia da justiça sim, ele não quer que todos passem pela pedagogia da justiça? Passe ele também. Agora, uma coisa é certa: precisamos agora, há cerca de um mês (menos um pouco), precisamos sair com ela para irmos até um lugar

resolvermos questões fiscais, declaração de imposto de renda, etc. Quando ela desceu na calçada, vinha vindo um moço estudante com uma mochila, ele parou bem ligeiro, tirou um telefone celular do bolso e cruzando com ela já fotografou, como quem diz: "cruzei com a Dra. Morte!", mas eu quero dizer uma coisa para vocês – doutora vida! O que esse processo mostrou aqui foi que ela investia mais do que os protocolos recomendavam em seus pacientes.

Repórter: Só complementando a pergunta dos outros colegas aqui, o senhor pretende entrar com ação indenizatória contra mais outros órgãos como, por exemplo, a imprensa que divulgou todos os fatos desde o início, as emissoras, os jornais, enfim, eu vi que aqui no despacho, inclusive que o senhor mandou para a gente que o hospital já foi julgado e está devendo quatro milhões para a Doutora, é isso?

Elias: Olha, aquele que deu a notícia sem opinar, sem demonizar a médica, pode ficar tranquilo, aquele que fez um jornalismo investigativo. Mas aqueles, realmente, que se excederam vão ter que também passar por uma pedagogia. Talvez, vou conversar com ela, mas eu creio também na grandeza de espírito da médica Virginia. Eu acredito que essa indenização contra o hospital tratava de direitos trabalhistas.

Repórter: Só para gente entender, então nada tem a ver com o processo em si, né? É questão trabalhista.

Louise: É trabalhista.

Repórter: É do TRT.

Elias: Sim, do TRT. É uma primeira indenização, ela ficou uma mulher sem profissão, sem morar, sem teto, morando com o filho. Então ela foi buscar seus direitos trabalhistas, seria então uma das primeiras vias.

Repórter: Doutor, nessa sentença, nessa indenização já está embarcada a forma da demissão dela, é isso? No hospital, ou não? Isso vai ter um segundo momento?

Elias: Já está tratando da relação de trabalho como um todo, quando ela entrou, os expedientes que fazia, tentaram com documentos desqualificar, ou melhor, descaracterizar o vínculo e a justiça fez. Aliás, como as vezes em redes de TV, programas em que a justiça acaba entendendo que o apresentador é empregado da empresa e não autônomo, coisas desse tipo.

Repórter: O Hospital Evangélico passa por uma situação financeira bem complicada. Já foi feito esse pagamento? Tá uma briga aí também?

Elias: Não, o pagamento é uma outra questão. Existe uma fila de dívidas trabalhistas, talvez seja observada, mas uma coisa eu digo: terá uma ação de indenização contra o Estado, é necessário; o Estado deve pagar pelos seus erros também e deve dar o exemplo.

Repórter: O senhor já tem ideia do valor?

Elias: Terá que ser aferido por pessoas especializadas em calcular quanto uma pessoa perdeu e quanto deixou de lucrar, enfim, talvez a justiça do trabalho com a cifra que chegou já se tenha mais ou menos um vencimento que ela tinha e que parou de ter, e possivelmente a gente possa usar como paradigma para uma ação de indenização. A minha ênfase profissional é a área Penal, mas, eu posso dar algum palpite porque tendo uma base de quanto uma pessoa ganhava, etc. e isso já está decidido, eu creio que retirá-la de um meio e privá-la de tudo isso terá que indenizar nessa proporção, além da indenização pelos danos morais – esses são praticamente impossíveis de serem avaliados, mas a justiça terá sua fórmula de avaliação.

Repórter: Doutor, você falou dos quatro anos em que ela ficou sem ter onde morar, né? Que ela está morando com o filho, enfim, eu queria que o senhor fizesse um resumo sobre o que virou a vida dela depois desses quatro anos. Ela sai de casa? Ela tem vida pública, social, etc? E ela pretende voltar para a Medicina?

Elias: Olha, eu tenho certeza de que vocês vão poder perguntar para ela isso. Nós estaremos juntos daqui a pouco se Deus quiser, eu vou ver e aviso como vai ser. Mas a questão é a seguinte: eu não creio que ela volte, pelas conversas que tivemos. Eu não acredito na volta. Eu gostaria que voltasse, o que restou dela, voltasse a praticar a Medicina, aliás, durante todo esse tempo ela não teve nenhuma restrição para praticar a Medicina. O Conselho de Medicina não a suspendeu, apenas o juiz criminal determinou que ela não praticasse atos de Medicina Intensiva, apenas, enquanto discutíamos o processo. Mas ela poderia até, se quisesse, praticar atos. A vida pessoal dela: ninguém viu essa mulher no mercado fazendo compras, ninguém viu essa mulher em uma praça. E as poucas vezes em que saiu, ela procurou andar e passar despercebida, ela parecia uma procurada em seu próprio território, sob o pálio de sua própria bandeira. Parecia uma refugiada, digamos assim. Então esses anos todos foram de prisão, ela se auto impôs isso, ela não pôde sair livremente, andar de cabeça erguida, visitar um shopping. Para ser honesto com vocês, eu fiz aniversário de sessenta anos, convidei toda a minha família e tentei levá-la (à noite), ela foi, beijou todo mundo e meus convidados mesmo olharam para ela assim (não a família, os convidados um pouco mais distantes), então ela beijou todo mundo e saiu. No meu aniversário ela não pôde participar ou não se sentiu à vontade para tanto, isto há dois anos me parece – já revelando minha idade aqui para vocês.

Repórter: Doutor, o Ministério Público já falou que vão recorrer, eles vão dar uma coletiva em breve e um dos argumentos que eles estão apresentando é de que o juiz teria desconsiderado um laudo do IML que eles consideram muito importante. Como é que a defesa vê essa argumentação do MP?

Elias: Olha, dizer que vai recorrer é coisa de perdedor. Todo perdedor diz que vai recorrer. Então, temos alguém que perdeu uma questão criminal, vamos chamar assim – porque na justiça criminal não há perdedores nem ganhadores, só tem perdedores – mas vamos chamar assim. Dizer que vai recorrer é coisa de perdedor. Esses laudos e esse médico que eu chamo de cubano, que está assessorando o Ministério Público, ele é brasileiro, mas eu chamo de

cubano porque ele destoa de todas as opiniões técnicas, destoa dos protocolos nacionais de Medicina Intensiva, destoa dos protocolos de anestesiologia, dos consensos de farmacologia, enfim. Nós não temos preocupação nenhuma em discutir isso. O problema é que na entrevista coletiva deles, eles vão tentar, claro, transformar uma vitória da defesa em uma derrota, mas isso não vão conseguir, pois a palavra "absolvição" é muito forte, ela fala por si só.
Repórter: Mas o senhor não acredita então que o juiz desconsiderou esse laudo?
Elias: De maneira alguma.
Louise: O laudo oficial foi considerado pela sentença, o que o Ministério Público está querendo dizer é que não considerou o laudo do assistente técnico deles.
Elias: O assistente técnico deles tem alguma credencial, no passado, na área de Medicina Intensiva. Esse assistente se deixou inebriar pelas luzes esfuziantes do caso e está tentando dar opiniões. Mas o que eu posso dizer ao Ministério Público e ao assistente é o seguinte: quarenta médicos depuseram no processo, estariam errados? O Conselho de Medicina por suas câmaras técnicas, estariam errados? Todo mundo errado? O juiz que julgou? E ele certo? Perdoe-me... Eu acredito que isso é um fanatismo acusatório e repito: o Brasil tem que virar essa página, mas felizmente existem juízes no Paraná, juízes imparciais, juízes comprometidos com o instituto da imparcialidade do juiz. Juiz imparcial é uma conquista dos povos civilizados, só tem juiz imparcial em países que se dizem Estados Democráticos de Direito, juiz imparcial é uma garantia do cidadão.
Então eu espero ter esclarecido a vocês, ela foi absolvida, isto é muito forte e nós estamos felizes com o resultado e queremos que esse caso sirva de exemplo para que não se repitam erros judiciários desse modo. Obrigado. (Entrevista concedida aos principais veículos da imprensa em 21 de abril de 2017.)

Terminada a entrevista coletiva, todos os profissionais da imprensa se despediram e antes de sair, uma jornalista indagou sem gravar ou anotar: *"E se ela fosse julgada pelo tribunal do júri, na sua visão, qual seria o resultado?"*.

Ponderei que da forma como o processo foi instruído, se fizéssemos um desfile das provas que tínhamos aos jurados de Curitiba, cidade brasileira tida como de primeiro mundo, não tenho dúvidas de que absolveriam a médica. Seria a Medicina no banco dos réus e não a médica Virginia, rematei. Mas o que em seguida causou espanto foi o fato de os acusadores terem "convocado coletiva de imprensa" praticamente no mesmo horário apenas para dizerem que "iriam recorrer"[243].

Porém, desta feita isto já não assustou, nem tirou o sono de Virginia. Quando ela soube, perguntou-me sobre isto e para lhe acalmar o espírito, respondi: *"Dizer que vai recorrer é coisa de perdedor!"*.

---

243 Não recordo de outro caso em que a respeitável instituição tenha feito isto.

Como estaríamos no lugar de Virginia?

Nem a morte seria a melhor saída...

Éticos avaliam também na perspectiva do outro. Imaginemo-nos em nossos não tão fáceis ambientes de trabalho preocupados com os assuntos a ele ligados e de sobrevivência digna. Bruscamente, uma pessoa sussurra que a polícia veio nos buscar. E ela veio cega, surda e balbuciando velhas fórmulas gastas que possui uma ordem judicial para nossa prisão. Brada que devemos nos considerar presos e pede para que "acompanhemos".

No passo seguinte, antes de darem chance para qualquer defesa, sua imagem corre o mundo com acusações de ter assassinado, em série, 317 pessoas indefesas e num final de tarde deixado em uma prisão sem maiores explicações e sem que seu advogado pudesse acessar o conteúdo das alegadas investigações.

Pense leitor, como seriam as reações das pessoas do teu meio de vida, amigos, cônjuge, filhos, familiares, bairro, cidade?

E agora, focalize como seria o triste funeral do teu finado sonho. Aquele que no início da idade adulta foi projetado com tanto carinho e esperança, com duras etapas e desafios vencidos.

Talvez preferíssemos a morte, mas ela somente beneficiaria nossos falsos acusadores, eis que mortos não se defendem e essa acusação atinge o ser humano em sua parte imortal, que é a honra. Levaríamos para todo o sempre a marca indelével de criminosos. Partiríamos e a desonra ficaria. Enfim, nem a morte seria a melhor saída.

Alguns anos depois, a justiça reconhece tua inocência. Nada para comemorar além do resgate da verdade e do aspecto moral. Mas quem estaria realmente interessado no resgate da tua honra além das pessoas mais próximas?

As autoridades públicas, via de regra, estão preocupadas consigo próprias mais que com o cidadão e inclinadas a protegerem os ofensores acima dos ofendidos. Quem errou ficará impune, pois as indenizações são miseráveis no direito brasileiro e as autoridades não respondem pessoalmente por seus atos. Erram e abusam das pessoas com segurança sonambúlica na impunidade. O Estado, quando processado pelas vítimas de erros das autoridades públicas, é quem arca com as inexpressivas indenizações que são pagas com papéis do governo chamados "precatórios", também conhecidos como "moeda podre" que no mercado valem perto de 25% de seu valor nominal.

As indenizações no Brasil são inexpressivas porque falimos no ensino da ética e não nos preocupamos realmente com o outro. Muitos que demandam com o Estado, quando sobrevêm sentenças miseráveis ou miserabilizadas pelas Cortes Superiores, estas funcionam como nova agressão aos demandantes pelas mesquinharias e formas de pagamentos. Olham surpresos aos seus advogados e indagam: *"Tudo o que passei valeu isto apenas?"*.

Todo povo tem a justiça e a qualidade de educação que merece. A grande massa vive mal no Brasil, porque escolhe mal seus representantes políticos. Este estado de abandono faz desaparecer a capacidade de raciocinar criticamente e nos mantém aprisionados perpetuamente nessa debilidade, tornando impossível encontrar saídas para incontáveis desgraças. Este mesmo fenômeno faz com que imensa parcela de nossa gente, ainda pense que neste caso criminal *"o culpado foi absolvido"*.

Contraditoriamente, neste país do futebol, se o árbitro de uma partida apita errado, todos vaiam, protestam e iniciam levantes imediatos até com mortes. Curioso que em casos criminais, quando investigadores e acusadores não observam a lei e atuam fora das "regras do jogo", praticamente todos apoiam as autoridades erradas e aplaudem abusos blasfemando contra seus próprios direitos fundamentais de cidadania.

Na maioria dos países do mundo, medianamente civilizados, as cortes judiciais dizem para os acusadores, para os meios de comunicação e para as massas o que fazer. No Brasil essa lógica se inverte e "quem diz aos juízes" o que fazer são justamente as massas, a imprensa e os acusadores. E muitos magistrados dedignam-se abrindo mão do que lhes é mais precioso: suas liberdades de julgar de acordo com as regras processuais e suas consciências.

Este caso criminal, sem precedentes em nossa história, serve também como incomparável exemplo de independência judicial.

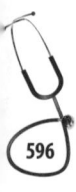

Epílogo

E Virginia como está?

Ou o que restou dela.

Quando comumente se pergunta de alguém se está bem, se faz por educação e sabendo-se de antemão que a pessoa está bem. Como não tivemos o prazer de conhecê-la antes daquele dia da prisão, mas pela convivência diuturna desde então, neste caso o mais correto seria indagar: *"Como está o que restou da médica intensivista Virginia Helena Soares de Souza?"*.

Permita o leitor uma breve digressão final, para tentar cumprir esta difícil missão de relatar fatos marcantes na vida do nosso povo tão carente de verdadeira justiça, quanto desinformado.

O Brasil é uma República Federativa que proclama solenemente ao mundo ser um "estado democrático de direito". Temos uma Constituição Federal, códigos penal e de processo penal delimitadores do nosso *due process of law*[244]. Mas todo esse plexo de direitos somente vigora, de fato, quando se tem estabilidade social, segurança jurídica e juízes conscientes de suas missões institucionais que propiciem a efetivação prática desses direitos.

Como não é a primeira vez na história da humanidade que a ignorância aprisionou a ciência, não será a última. Aliás, aqui, a ciência libertou a ciência e o Conselho Federal de Medicina, com este dramático exemplo poderia criar mecanismos de defesa das prerrogativas dos médicos, nos moldes da Ordem dos Advogados do Brasil e da ABRACRIM – Associação Brasileira dos Advogados

---

244 Devido processo legal.

Criminalistas, que tenho a honra de presidir. Não pode mais o órgão maior da classe médica nacional, nem seus filiados, conviver com crises de identidade próximas da autofagia, nem temer leigas campanhas midiáticas. Uma classe forte se faz com um órgão de classe forte que não deixa de proteger os éticos de desonras sem causas, que funcionam como espécies de "tsunamis" nas vidas dos profissionais.

Não nos descuidemos dos fanáticos "ladrões da liberdade" e dos roubos de carreiras, vidas e sonhos. Eles podem aparecer travestidos de autoridades públicas e absolutamente inconsequentes, pela certeza da impunidade e sedentos dos falsos aplausos da mesma massa que desde sempre gritou vigorosamente "*crucificai-o*", indistintamente, para culpados e para inocentes.

Daí as cautelas que deve ter a sociedade e a sensibilidade dos seus mecanismos de percepção, para que esta nobre tarefa não derive em terrorismo de estado contra cidadãos.

Como advogados de defesa da médica Virginia Helena Soares de Souza, não poderíamos ter agido de outra forma, apesar dos riscos reais que se apresentaram na difícil caminhada em busca da suprema aspiração da criatura humana que é a Justiça!

Afinal, o Estado é gerado pela nação, que vem da soma de todos nós. Assim, é até tolerável errar individualmente ou em pequenos grupos. Mas o erro de todos nós, juntos, traduz erro de uma época ou mesmo de uma era...

A resposta de como está Virginia é um desafio inclusive para aquela incomparável gladiadora. Não ousamos perguntar para ela sobre futuro, pois isto certamente revolverá tudo o que heroicamente suportou.

Prefiro recordar que, durante o processo, quando eu precisava ir até o apartamento dela, de uma janela do corredor daquele andar e antes de bater à porta, podia ver Virginia habitualmente sentada na cadeira de uma sacada que dá para um bosque ao longe. Esta cena se repetiu agora quando fui até ela para lhe entregar os originais deste livro, ocasião em que registrei com uma foto.

Recordo que numa dessas idas, observei daquela janela que Virginia estava imóvel como quem cochilava e não me permiti bater à sua porta. Fiquei contemplando-a por algum tempo e segui antiga recomendação humanista dos abolicionistas, que remonta ao final do nosso período imperial e que deve ter tocado o coração da Princesa Isabel para assinatura da Lei Áurea[245]. Esse ensinamento dos abolicionistas é até hoje passado de pai para filho na Lapa do Paraná, minha cidade natal, segundo o qual: *"quando encontrardes um escravo dormindo, não o acordai para não interromperdes um sonho de liberdade..."*.

---

245 Ano de 1888, Princesa Isabel assinou a denominada Lei Áurea que aboliu o regime de escravidão negra no Brasil. Fomos o último país do mundo a extirpar a escravidão negra.

Virginia sentada na cadeira da sacada com visão para um bosque ao longe.

Talvez ela esteja imaginando, enquanto mais uma vez contempla o infinito, quem serão as próximas vítimas? Em que lares a desgraça da injustiça, da ignorância e do fanatismo baterá às portas? Terão essas pessoas este mesmo final justo que tive após essa guerra judicial?

Referências

BARASH, Paul G.; CULLEN, Bruce F.; STOELTING, Robert K. *Fundamentos de anestesiologia clínica*. 4. ed. Porto Alegre: Artmed, 2017. - Cap. 13

Código de Ética de Medicina - Cap. 1

Código de Processo Penal - Cap. 1, Cap. 4, Cap. 6 e outros.

Constituição Brasileira - Cap. 5

Convenção Americana de Direitos Humanos - Cap. 5

DAVID, C; PINHEIRO, C; SILVA, N, et al. AIMB *Associação de Medicina Intensiva Brasileira*. São Paulo: Revinter, 2004. - Cap. 11

DAVID, C. *Ventilação mecânica da fisiologia a prática clínica*. Rio de Janeiro: Revinter, 2001. EUR Respir J 2000; 16; 263-268. Cap. 11

FERREIRA, A. B. de H. *Dicionário Aurélio da Língua Portuguesa*. Curitiba: Positivo, 2010. - Cap. 6

GOODMAN, Louis Sanford; GILMAM, Alfred Goodman. *Bases farmacológicas da terapêutica*. Rio de Janeiro: Guanabara Koogan, 1967. - Cap. 8

KNOBEL, Elias. *Condutas no paciente grave*. v. 1. Rio de Janeiro: Atheneu, 2016. - Cap. 8

LE BOM, Gustave. *As opiniões e as crenças*. São Paulo: Ícone, 2006. Cap. 1

LYONS, Albert S.; PETRUCELLI, R. Joseph. *Medicine: an illustrated history*. New York: Abrams, 1978. - Cap. 6

Pacto Internacional sobre Direitos Civis e Políticos - Cap. 5

Revista Veja. 10 ago. 2011, edição 2229, ano 44, nº 32, cuja reportagem *Entre a vida e a morte* - Cap. 4

JORNAL BRASILEIRO DE PNEUMOLOGIA. *Recomendações do III Consenso Brasileiro de Ventilação Mecânica*. Brasília, 2007. - Cap. 10 e outros.

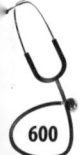